D1641314

C. Schah Sedi/M. Schah Sedi

Das verkehrsrechtliche Mandat
Band 5: Personenschäden

Das Mandat

Das verkehrsrechtliche Mandat

Band 5: Personenschäden

2. Auflage 2014

Von

Rechtsanwältin **Cordula Schah Sedi**
Fachanwältin für Verkehrsrecht
Mediatorin (Hochschule Darmstadt)
Rostock

und

Rechtsanwalt **Michel Schah Sedi**
Fachanwalt für Verkehrsrecht
Fachanwalt für Versicherungsrecht
Mediator (Hochschule Darmstadt)
Rostock

DeutscherAnwaltVerlag

Zitiervorschlag:
Das verkehrsrechtliche Mandat, Bd. 5, § 1 Rn 1

Hinweis

Die Formulierungs- und Berechnungsbeispiele in diesem Buch wurden mit Sorgfalt und nach bestem Wissen erstellt. Sie stellen jedoch lediglich Arbeitshilfen und Anregungen für die Lösung typischer Fallgestaltungen dar. Die Eigenverantwortung für die Formulierung von Verträgen, Verfügungen und Schriftsätzen sowie außergrichtlicher Anspruchsschreiben trägt der Benutzer. Autoren und Verlag übernehmen keinerlei Haftung für die Richtigkeit und Vollständigkeit der in dem Buch enthaltenen Ausführungen und Formulierungs- sowie Berechnungsbeispiele.

Anregungen und Kritik zu diesem Werk senden Sie bitte an
kontakt@anwaltverlag.de
Autoren und Verlag freuen sich auf Ihre Rückmeldung.

Copyright 2014 by Deutscher Anwaltverlag, Bonn
Satz: Griebsch & Rochol Druck, Hamm
Druck: Hans Soldan Druck GmbH, Essen
Umschlaggestaltung: gentura, Holger Neumann, Bochum
ISBN 978-3-8240-1303-6

Bibliografische Information der Deutschen Nationalbibliothek
Die Deutsche Nationalbibliothek verzeichnet diese Publikation in der Deutschen Nationalbibliografie; detaillierte bibliografische Daten sind im Internet über http://dnb.d-nb.de abrufbar.

Vorwort

Dieses Buch setzt mit dem 5. Band die Reihe „Das verkehrsrechtliche Mandat" nun in der 2. Auflage fort. Die Regulierung von Personenschäden gilt in der Praxis als schwierig. Das Buch wendet sich in erster Linie an Anwälte. Es kann selbstverständlich auch von Sachbearbeitern des Versicherers verwendet werden und ebenso von Mitarbeitern der Regressabteilung beim Sozialversicherungsträger. Schließlich enthält dieses Buch auch wichtige Tipps für Geschädigte selbst.

Die Autoren haben nicht das Ziel verfolgt, juristische Probleme wissenschaftlich aufzuarbeiten. Es geht vielmehr darum, praktische Tipps zur Erreichung eines optimalen Regulierungsergebnisses zu geben. Dieses Buch ist von Praktikern für Praktiker geschrieben worden.

Zwischen dem Erscheinen der 1. Auflage und der jetzt vorgelegten 2. Auflage sind wiederum 3 Jahre vergangen. Zeit, in der nennenswerte Entwicklungen im Personenschadensrecht zu verzeichnen waren. Vollständig neu ist § 8 entstanden. Hier ist der sogenannte dritte Wege in der Personenschadensregulierung beschrieben worden: die Mediation. Die Personen(groß)schadensregulierung in der Mediation ist ein Novum. Um die unterschiedlichen Facetten in Abgrenzung zum streitigen Verfahren aufzuzeigen, haben wir uns entschlossen, ein und denselben Lebenssachverhalt zunächst fiktiv in den Ablauf eines erstinstanzlichen Verfahrens vor einem beliebigen Landgericht zu implementieren. Im Folgenden haben wir diesen Lebenssachverhalt dann zum Gegenstand eines ebenso fiktiven außergerichtlichen Mediationsverfahrens gemacht. Nicht nur die unterschiedliche Herangehensweise, sondern auch die unterschiedlichen Ergebnisse sprechen eine eigene Sprache.

Auch der Haushaltsführungsschaden unterliegt einem Wandel. *Pardey* hat im Jahr 2013 mit der 8. Auflage dieses Tabellenwerkes behutsam das in der Vorauflage entstandene „Wirrwarr" zugunsten einer stark vereinfachten Handhabbarkeit des Werkes aufgelöst. Das wiederum bedeutete für die 2. Auflage eine vollständige Überarbeitung und Neukonzeption der entsprechenden Kapitel zum Haushaltsführungsschaden.

Bewegung ist auch in die Schmerzensgeldbemessungspraxis gekommen. So hat sich der 52. Deutsche Verkehrsgerichtstag 2014 in Goslar im Arbeitskreis II mit der Schmerzensgeldbemessungsthematik auseinandergesetzt. In den Abschlussempfehlungen heißt es, dass trotz der derzeitigen Rechtspraxis der Blick nicht versperrt sein sollte, andere Lösungsansätze in Betracht zu ziehen. Welche das konkret sein können, haben die Autoren nun in der 2. Auflage in § 3 A dargestellt.

Es war schon unser Anliegen, mit der 1. Auflage dieses Werkes einen Beitrag dazu zu leisten, dass Geschädigtenvertreter und Schädiger (bzw. der eintrittspflichtige Haftpflichtversicherer im Rahmen des gesetzlichen Schuldbeitritts) fair auf gleicher Augenhöhe miteinander umgehen und verhandeln können. An diesem Wunsch hat sich auch in der nun vorgelegten 2. Auflage nichts geändert. Für Anregungen ebenso wie auch Kritik sind die Autoren dankbar (*info@schah-sedi.de*).

Sommer 2014

Cordula Schah Sedi
Rechtsanwältin
Fachanwältin für Verkehrsrecht
Mediatorin (Hochschule Darmstadt
University of Applied Sciences)

Michel Schah Sedi
Rechtsanwalt
Fachanwalt für Verkehrsrecht
Fachanwalt für Versicherungsrecht
Mediator (Hochschule Darmstadt,
University of Applied Sciences)

Inhaltsübersicht

Inhaltsverzeichnis

Literaturverzeichnis

Buschbell, Münchener Anwaltshandbuch Straßenverkehrsrecht, 3. Auflage 2009

Buschbell/Hering, Handbuch Rechtsschutzversicherung, 5. Auflage 2011

Drees, Schadensberechnung bei Unfällen mit Todesfolge, 2. Auflage 1994

Eckelmann/Nehls, Schadensersatz bei Verletzung und Tötung, 1987

Hillmann/Schneider, Das verkehrsrechtliche Mandat, Bd. 2: Verkehrszivilrecht, 6. Auflage 2012

Gebhardt, Das verkehrsrechtliche Mandat, Bd. 1: Verteidigung in Verkehrsstraf- und Ordnungswidrigkeitenverfahren, 7. Auflage 2012

Graf/Grill/Wedig, Beschleunigungsverletzung der Halswirbelsäule, 2009

Grimm, Unfallversicherung: AuB, Kommentar, 5. Auflage 2013

Hacks/Wellner/Häcker, SchmerzensgeldBeträge 2014, 32. Auflage 2014

Himmelreich/Halm, Handbuch des Fachanwalts für Verkehrsrecht, 5. Auflage 2013

Hugemann, Personenschaden-Management, 2007

Jaeger/Luckey, Schmerzensgeld, 7. Auflage 2013

Jahnke, Abfindung von Personenschadenansprüchen, 2. Auflage 2008

Jahnke, Der Verdienstausfall im Schadenersatzrecht, 4. Auflage 2014

Jahnke/Thinesse-Wiehofsky, Unfälle mit Kindern und Arzthaftung bei Geburtsschäden, 1. Auflage 2013

Kuklinski/Schemionek, Schwachstelle Genick, 6. Auflage 2008

Küppersbusch/Höher, Ersatzansprüche bei Personenschaden, 11. Auflage 2013

Kuhn, Schadensverteilung bei Verkehrsunfällen, 8. Auflage 2013

Nehls/Nehls, Kapitalisierungstabellen, 2. Auflage 2001

Naumann/Brinkmann, Die private Unfallversicherung in der Beraterpraxis, 2. Auflage 2012

Palandt, Bürgerliches Gesetzbuch: BGB, 73. Auflage 2014

Pardey, Berechnung von Personenschäden, 4. Auflage 2010

Pardey, Der Haushaltsführungsschaden, 8. Auflage 2013

Prölss/Martin, Versicherungsvertragsgesetz, 28. Auflage 2010

Schulz-Borck/Günther, Der Haushaltsführungsschaden, Entgelttabellen TVöD, 2013

Schwintowski/C. Schah Sedi/M. Schah Sedi, Handbuch Schmerzensgeld, 2013

Slizyk, Beck'sche Schmerzensgeld-Tabelle, 10. Auflage 2013

Tietgens/Nugel, AnwaltFormulare Verkehrszivilrecht, 6. Auflage 2012

Trossen (Hrsg.), Mediation geregelt, Das Recht und die Mediation. Der praktische Lehrbuchkommentar zum Mediationsgesetz und zur ADR, 2013

van Bühren, Handbuch Versicherungsrecht, 6. Auflage 2013

van Bühren, Das verkehrsrechtliche Mandat, Bd. 4: Versicherungsrecht, 2. Auflage 2010

§ 1 Einleitung

Im Bereich des Straßenverkehrs werden mehr als 90 % der Personenschäden außergerichtlich reguliert. Nicht ganz so hoch ist die Quote bei der Regulierung von Privathaftpflicht- sowie Tierhalterhaftpflichtschäden. Im Bereich des Arzthaftpflichtrechts ist das Verhältnis eher umgekehrt: Die wenigsten Fälle werden außergerichtlich reguliert, hingegen muss der Geschädigte seine Ansprüche oftmals auf dem Klagewege durchsetzen. **1**

Der Schwerpunkt dieses Buches liegt in der Darstellung der außergerichtlichen Regulierung. Anhand von Beispielen und Musterschreiben werden die möglichen Ansprüche eines Geschädigten umfänglich und dennoch praxisnah dargestellt. **2**

Aufgrund ihrer langjährigen Erfahrung in der Bearbeitung von Personenschäden vertreten die Verfasser die Ansicht, dass die außergerichtliche Regulierung in fast allen Fällen einem gerichtlichen Verfahren vorzuziehen ist. Geschädigte gehen in der Regel – irrig – davon aus, dass ihnen vor Gericht alle geltend gemachten Ansprüche vollumfänglich zugesprochen werden, insbesondere wenn sie schuldlos in den schadensauslösenden Sachverhalt hineingeraten sind. Hierbei unterschätzen sie jedoch oftmals die mehrjährige Laufzeit eines solchen Klageverfahrens, den Zermürbungseffekt durch die Einholung unzähliger Sachverständigengutachten und letztlich überschätzen sie die Kompetenz eines Einzelrichters oder einer Kammer, die gerade nicht auf Deliktsrecht spezialisiert ist („Vor Gericht und auf hoher See ist man in Gottes Hand."). Geschädigte verstehen nicht, dass sie ein Klageverfahren möglicherweise auch deshalb verlieren, weil sie an der Darlegungs- und Beweislast scheitern oder weil während eines langjährigen Gerichtsverfahrens überholende Kausalitäten die zunächst gute Beweislage in ein völlig anderes Licht stellen. **3**

Vieles spricht für die außergerichtliche Regulierung: Der Anwalt und sein Mandant bestimmen das Regulierungstempo. Der Versicherer reguliert den Personenschaden in der Regel zeitnäher, als dass ein Gericht eine abschließende Entscheidung trifft. Weiterhin ist der Geschädigte nicht an einen vom Gericht bestimmten öffentlich bestellten und vereidigten Sachverständigen gebunden, sondern kann im Einvernehmen mit dem Gegner zum Beispiel den Arzt/die Klinik für ein Abschlussgutachten auswählen. Ferner ist der Geschädigte nicht mit den Kosten für derartige medizinische Feststellungen belastet, weil diese vom Versicherer in Auftrag gegeben und auch von diesem bezahlt werden. Im Klageverfahren hingegen ist der Geschädigte darlegungs- und beweisbelastet und muss entsprechende Kostenvorschüsse für die Einholung von Sachverständigengutachten für die anspruchsbegründenden Tatsachen aufbringen. Im Ergebnis spricht also mehr dafür, in die außergerichtliche Regulierung einzusteigen, als Personenschadenssachverhalte rechtshängig zu machen. **4**

5   Um den außergerichtlichen Regulierungsrahmen vollständig auszuschöpfen, gibt es noch einen dritten Weg – den, der durch ein außergerichtliches Mediationsverfahren führt. Die Autoren verstehen die Mediation im Personen(groß)schaden als eine Veranstaltung, bei der sowohl die Geschädigtenseite als auch die Schädigerseite anwaltlich vertreten ist und der Mediator die Parteien durch das Verfahren begleitet, ohne jedoch eigene Lösungsvorschläge zu unterbreiten. Die Mediation wird hier als ein strukturiertes und wiederum den Sachverhalt strukturierendes Verfahren verstanden. Anders als im Klageverfahren erarbeiten die Parteien gemeinsam miteinander eine Lösung, die deshalb auch eine besondere Tragfähigkeit in sich birgt und zu einer endgültigen Befriedung auf beiden Seiten führt. Dieser dritte Weg der Konfliktlösung ist ein Weg, der in Vielem einem gerichtlichen Klageverfahren deutlich überlegen ist. An dieser Stelle soll den Ausführungen in § 8 nicht vorgegriffen werden. Versteht man die Mediation als einen dritten Weg der Schadensregulierung, so darf nun in der 2. Auflage dieses Buches ein Kapitel zu diesem Thema nicht fehlen.

6   Gleichwohl muss davor gewarnt werden, die Regulierung eines Personen(groß)schadens auf die leichte Schulter zu nehmen. Die Regulierung des Personenschadens ist nicht nur eine rechtlich schwierige Materie, sondern erfordert vom Rechtsanwalt mit zunehmender Schadensintensität beim Mandanten ein erhebliches Einfühlungsvermögen in dessen Situation. Solche Sachverhalte stellen oftmals menschliche Tragödien dar. Der Verlust körperlicher Unversehrtheit, die Erkenntnis, auf dem Arbeitsmarkt nicht wieder Fuß fassen zu können, die Abkehr vieler Freunde („Wer will schon mit dem depressiven Geschädigten an Krücken in die Disco gehen?") und oftmals die unfallbedingte Trennung vom langjährigen Partner kennzeichnen die menschliche Seite des Lebenssachverhalts, den der Anwalt zur Regulierung angetragen bekommt. Es ist nicht nur das Leben des Einzelnen betroffen, sondern es sind ganze Familien, die mit ihrem Familienschicksal durch das Schicksal des Einzelnen tiefgreifend berührt und in ihren Grundfesten erschüttert sind. Schwerstgeschädigte legen ihre gesamte Existenz und finanzielle Zukunft in die Hand des Anwalts und vertrauen auf eine optimale Regulierung. Jeder Anwalt, der ein solches Mandat annimmt, muss sich der enormen emotionalen Verantwortung bewusst sein. Er ist oftmals das letzte Bindeglied des Geschädigten in die alte Welt derer, die nicht verletzt sind, die ihren Arbeitsplatz nicht unfallbedingt verloren haben und deren soziales Netzwerk weitestgehend funktionsfähig ist. Diese Situation fordert den Anwalt! Dass der Anwalt seinem Mandanten die Gesundheit nicht zurückgeben kann, liegt auf der Hand. Dass der Anwalt die zukünftige Lebenssituation seines Mandanten maßgeblich beeinflussen kann, sollte eindeutig als Chance und nicht als Risiko in der Schadensregulierung bewertet werden.

7   Um auf gleicher Augenhöhe mit dem Schädiger bzw. dessen Haftpflichtversicherer verhandeln zu können, bedarf es exzellenter Fachkenntnisse in Verbindung mit Verhandlungsgeschick und der Fähigkeit, den Lebenssachverhalt des Mandanten in groben Zügen für Jahrzehnte vorauszusehen, da andernfalls eine Entscheidung, ob kapitalisiert werden soll oder nicht gar nicht möglich wäre. Ob es überhaupt zur Kapitalisierung kommt, muss in jedem einzelnen Sachverhalt gründlich geprüft werden.

Ferner muss geprüft werden, ob es für den Mandanten vorteilhaft ist, wenn alle Ansprüche kapitalisiert werden oder ob der Vorteil vielmehr darin liegt, nur einzelne Ansprüche zu kapitalisieren oder gar einzelne Ansprüche nur über definierte Zeiträume zu kapitalisieren, um danach dem Mandanten die Sicherheit wiederkehrender Leistungen zu geben. Auch die Höhe erzielbarer Renditen auf dem Kapitalmarkt und der im Einzelnen aushandelbare Kap-Faktor müssen gründlich mit dem Mandanten besprochen werden. Die Kapitalisierungsparameter in dem einen Sachverhalt müssen nicht zugleich für einen anderen Sachverhalt passend sein. Deshalb ist jeder Anwalt gut beraten, wenn er sich vor einer möglichen (Teil-)Kapitalisierung intensiv mit dem Lebenssachverhalt und dem familiären Umfeld und den Bedürfnissen seines Mandanten beschäftigt.

Dieses Buch ist keine wissenschaftliche Auseinandersetzung mit dogmatischen Fragestellungen aus dem Deliktsrecht. Es vermittelt Praktikerwissen und ist gekennzeichnet durch Tipps aus der Regulierungspraxis des Geschädigtenvertreters. **8**

Mit diesem Buch soll der Anwalt effizient Personenschäden regulieren können. Dieses beginnt bereits beim Anlegen der Akte nach einem System, das dazu beiträgt, Ansprüche nicht zu übersehen, andererseits aber auch unnötige Arbeit zu ersparen. Bereits beim Anlegen der Akte werden die Weichen so gestellt, dass selbst nach Jahren der Mandatsbearbeitung ohne zeitaufwendiges Durchblättern und Suchen in der Akte, Dokumente auf den ersten Zugriff auffindbar sind. Zugleich erspart es sich der Anwalt, der die Akte in der hier empfohlenen Form anlegt, bei der Bezifferung der einzelnen Ansprüche stundenlang Akten zu sortieren oder in unsortierten Konvoluten Arztberichte, Rentenbescheide und Zuzahlungsquittungen etc. suchen zu müssen. **9**

Bereits das System der Aktenanlage gibt die Gliederung für das Anspruchsschreiben gegenüber dem Versicherer und auch die Gliederung des Aufklärungsschreibens an den Mandanten vor. So kann selbst in mehrbändigen Akten effizient gearbeitet werden. **10**

Die einzelnen Schadensersatzansprüche werden systematisch „zerlegt", so dass eine gründliche Bezifferung möglich ist, ohne dass wesentliche Positionen vergessen werden. Vollständig durchformulierte Mustertexte zur Geltendmachung der einzelnen Ansprüche sind ebenso enthalten wie Blanko-Muster für die Bezifferung eines Tötungsfalls. Die meisten Lebenssachverhalte beim Tötungsfall sind mit Beispielsberechnungen verständlich aufbereitet und der regulierende Anwalt hat die Möglichkeit, im Anhang vorhandene Blanko-Muster eins zu eins in die Handakte zu übernehmen, um die Unterhaltsansprüche der verschiedenen Hinterbliebenen errechnen zu können. **11**

3

12 Ein weiterer Schwerpunkt dieses Buches ist der außergerichtliche Abfindungsvergleich. Für die wesentlichen Zukunftsschadensvorbehalte zu den unterschiedlichen Schadensersatzansprüchen werden Musterformulierungen vorgeschlagen.

13 Nach der Erfahrung der Autoren wird oft die Vorbereitung und Bedeutung eines Regulierungsgesprächs beim Geschädigtenvertreter völlig unterschätzt. Deshalb werden für das „Herzstück" der außergerichtlichen Regulierung zahlreiche Tipps und Hinweise gegeben.

14 Vor Abschluss eines außergerichtlichen Abfindungsvergleichs ist der Mandant über dessen Bedeutung und Tragweite aufzuklären. Das ist einerseits deshalb erforderlich, weil der Mandant – und nicht sein Anwalt – mit dem Regulierungsergebnis für den Rest seines Lebens klarkommen muss. Andererseits lauert hier eine der größten Haftungsquellen des Anwalts. Die unzureichende Aufklärung steht hier beinahe der unterbliebenen Aufklärung gleich. Haftungsrechtlich entscheidend ist nicht nur die Tatsache, dass der Anwalt alle in Betracht kommenden Ansprüche erschöpfend und richtig beziffert, sondern darüber hinaus auch die Tatsache, dass er seinen Mandanten vor Abschluss eines außergerichtlichen Abfindungsvergleichs im erforderlichen und ausreichenden Umfang über Bedeutung und Tragweite der vom Versicherer angebotenen Abfindungszahlung aufklärt.

15 Ein weiterer Schwerpunkt dieses Buches liegt in der Darstellung unfallmedizinischer Aspekte häufig auftretender Ausgangsverletzungen. Da nach bisheriger Rechtsprechung des Bundesgerichtshofs mit dem Schmerzensgeld nicht nur die Ausgangsverletzungen und Dauerfolgen abgegolten werden sollen, sondern zugleich auch bereits die medizinisch objektiv vorhersehbaren Folgen (Spätschäden), muss der Rechtsanwalt hier medizinische Kenntnisse haben. Wer nicht weiß, mit welchen Komplikationen, Spätfolgen und Risiken einzelner Ausgangsverletzungen zu rechnen ist, wird für seinen Mandanten zwangsläufig zumindest nach der herkömmlichen Schmerzensgeldbemessungspraxis ein zu niedriges Schmerzensgeld fordern. Diese Rechtsprechung erfordert die Bezifferung des Schmerzensgeldes „von hinten": Nicht die Ausgangsverletzung ist das maßgebliche Kriterium, sondern das, was sich objektiv vorhersehbar aus der Ausgangsverletzung noch im Folgenden für den Geschädigten gesundheitlich ergeben kann. Es liegt auf der Hand, dass eine derartige Bearbeitungsweise zu wesentlich höheren Schmerzensgeldforderungen führen kann, als lediglich die schmerzensgeldrechtliche Bewertung einer oftmals medizinisch gut versorgten Ausgangsverletzung.

16 Der bisherigen und herkömmlichen Schmerzensgeldbemessungspraxis haben die Autoren in Kapitel 3 ein neues Schmerzensgeldbemessungsmodell – basierend auf Tagessätzen – gegenübergestellt (siehe § 3 Rn 17 ff.). Dieses Modell haben sie gemeinsam mit Prof. *Dr. Schwintowski* im Rahmen eines wissenschaftlichen Projektes an der Humboldt-Universität zu Berlin entwickelt. Die tagessatzbasierte Ermittlung von Schmerzensgeld resultiert nach Auffassung der Verfasser unmittelbar aus den Anforderungen, die der große Zivilsenat im Jahr 1955 (BGHZ 18, 149 ff.) formuliert hat. So wurde in den Empfehlungen des Arbeitskreises II, der sich auf dem 52. Deutschen Verkehrsgerichtstag 2014 in Goslar mit der Frage der Schmerzensgeldbemessungspraxis befasst hat, nach kontroverser Diskussion unter Beteiligung der Autoren aufgenommen, dass trotz der derzeitigen Rechtspraxis der Blick nicht versperrt sein sollte, andere Lösungsansätze in Betracht zu ziehen, wobei Richter am BGH *Wellner* damit ausdrücklich das hier in § 3 dargestellte, tagessatzbasierte Schmerzensgeldbemessungssystem angesprochen hat (vgl. § 3 Rn 17 ff.).

Damit wendet sich dieses Buch an alle Anwälte, die Personenschäden regulieren. **17** Selbst der Anwalt, der vielleicht nur ein einziges Mal während seiner Berufsausübung einen Personengroßschaden angetragen bekommt, wird daraus seinen Nutzen ziehen können, nicht zuletzt deshalb, um die eigene Haftung zu minimieren.

Nicht ausgeschlossen ist, dass der eine oder andere Rechtsanwalt nach der Lektüre **18** dieses Buches in seinen Aktenschränken sogar Personen(groß)schäden entdeckt, die er bis dato hinsichtlich Umfang und Tragweite als wesentlich geringer eingeschätzt hat.

§ 2 Die Mandatierung beim Personenschaden

Literatur: *Hillmann/Schneider*, Das verkehrsrechtliche Mandat, Band 2: Verkehrszivilrecht, 6. Auflage 2012; *Pschyrembel*, Klinisches Wörterbuch, 265. Auflage 2014; *Schah Sedi/Schah Sedi*, Die anwaltliche Beratungspflicht zu Beginn des Mandates und vor Abschluss eines außergerichtlichen Abfindungsvergleiches unter besonderer Berücksichtigung des Personenschadens, zfs 2008, 491 ff.; *Pardey*, Der Haushaltsführungsschaden, 8. Auflage 2013; *Tietgens/Nugel*, AnwaltFormulare Verkehrszivilrecht, 6. Auflage 2012; *van Bühren*, Interessenkonflikte bei der Vertretung mehrerer Unfallbeteiligter, zfs 2014, 189 ff.

A. Sachverhaltsermittlung

Am Anfang des Mandates steht die gründliche und umfängliche **Sachverhaltsermittlung**. Um den Mandanten pflichtgemäß vor Schäden zu bewahren und ihn entsprechend zu beraten und zu belehren, bedarf es zuvor einer sorgfältigen Aufklärung des Sachverhaltes. Zu den grundlegenden Pflichten des Anwalts gehört es, den rechtlich zu beurteilenden Sachverhalt sorgfältig und vollständig zu ermitteln. Immer dann, wenn nach den Umständen für eine zutreffende rechtliche Einordnung die Kenntnis weiterer Tatsachen erforderlich ist, deren rechtliche Bedeutung dem Mandanten nicht ohne Weiteres ersichtlich ist, darf sich der Anwalt nicht mit dem begnügen, was ihm sein Mandant berichtet, sondern er hat sich durch zusätzliche Fragen um eine ergänzende Aufklärung zu bemühen (BGH NJW 1994, 1472; 1994, 2223; 1998, 2048). Mit anderen Worten: Der Anwalt muss im Dialog mit seinem Mandanten auf eine umfassende Sachverhaltskenntnis hinarbeiten, was sich im Einzelfall nicht nur auf die Entgegennahme verbaler Sachverhaltsangaben durch den Mandanten beziehen kann, sondern darüber hinaus vielfach die Sichtung und das Studium der vom Mandanten beigebrachten oder beizubringenden Dokumente erfordert. Dieses kann im Einzelfall durchaus einen erheblichen Zeitaufwand darstellen, je nachdem wie viel Schriftverkehr der Mandant im Vorfeld entweder selbst geführt hat oder gegebenenfalls durch einen zuvor beauftragten Rechtsanwalt schon geführt worden ist. Hin und wieder kann dies ein zeitraubendes Unterfangen für den mandatierten Rechtsanwalt bedeuten. Dennoch ist dieses Zeitinvestment unabdingbare Voraussetzung für die Sachverhaltsermittlung und die sich daran anschließende Beurteilung der Sach- und Rechtslage, die der Anwalt dem Mandanten schuldet. Gegebenenfalls kann sogar ein Besuch des Anwalts in der Häuslichkeit des Mandanten oder aber bei längerem Krankenhausaufenthalt auch eine Besprechung mit dem Mandanten im Krankenhaus erforderlich sein.

B. Getrennte Akten für unterschiedliche Rechtsgebiete

Oftmals bringt es eine verkehrsrechtliche Mandatierung mit sich, dass unterschiedliche Rechtsgebiete betroffen sein können. Eine Grobeinteilung alleine im Bereich des Verkehrsrechts erstreckt sich auf die Rechtsgebiete des Verkehrsverwaltungsrechts, des Verkehrsordnungswidrigkeiten- bzw. Verkehrsstrafrechts sowie des Verkehrszivilrechts. Innerhalb des Verkehrszivilrechts ist eine weitere Untergliederung erforderlich: in den Sachschaden und in den Personenschaden. An den Personenschaden angebunden sind oftmals benachbarte Rechtsgebiete, wie das Recht der privaten Unfallversicherung sowie der Berufsunfähigkeitszusatzversicherung. Auch das Sozialrecht kann betroffen sein, wenn Ansprüche auf Leistungen aus der gesetzlichen Unfallversicherung und/oder aus der gesetzlichen Rentenversicherung in Betracht kommen. Gelegentlich bestehen auch Ansprüche gegen Sozialhilfeträger oder gegen die Bundesagentur für Arbeit.

3   Hierbei ist zu berücksichtigen, dass der Anwalt für jede dieser Angelegenheiten getrennt zu bevollmächtigen ist und jeder einzelne Auftrag getrennt und losgelöst von den anderen Einzelmandatierungen isoliert abrechenbar ist. Nicht nur wegen der besseren Übersichtlichkeit, sondern auch aus haftungsrechtlichen Überlegungen (unterschiedliche Verjährungsfristen und spezialgesetzliche Fristen – 12-Monatsfrist, 15-Monatsfrist und 18-Monatsfrist bei der privaten Unfallversicherung) empfiehlt sich die strikte Trennung in unterschiedliche Akten.

Praxistipp
Wenn die Einzelmandate kanzleiintern von verschiedenen Anwälten bearbeitet werden, dann sollte in regelmäßigen Abständen eine gemeinsame Besprechung aller Sachbearbeiter, die mit ein- und demselben Lebenssachverhalt mandatiert worden sind, erfolgen. Oftmals finden sich wichtige Informationen in medizinischen Gutachten, die in die Haftpflichtakte eingehen, aber nicht automatisch als Kopie zur Akte „private Unfallversicherung" oder „BUZ" oder „Erwerbsminderungsrente" genommen werden. Dadurch können wertvolle Informationen für die anderen Sachbearbeiter verloren gehen, obgleich sie sich in der Kanzlei bereits in einer Akte bei einem anderen Sachbearbeiter befinden.

C.   Parteiverrat (§ 356 StGB) vermeiden

4   Gerade in größeren Kanzleien kann es – zunächst unbemerkt – zur Doppelmandatierung kommen, weil unterschiedliche Beteiligte ein- und desselben Verkehrsunfalls Besprechungstermine bei unterschiedlichen Sachbearbeitern innerhalb eines Büros erhalten. Oftmals fällt das relativ schnell bei der Aktenanlage auf, insbesondere dann, wenn die Aktenführung elektronisch unterstützt wird.

5   Es gibt aber noch einen zweiten Aspekt, der den Anwalt oft unbemerkt in die Nähe des **Parteiverrats** bringen kann. Es sind oftmals die Konstellationen, in denen nicht nur der Fahrer des Fahrzeugs, sondern auch die Insassen des Fahrzeugs den Anwalt mit der Regulierung von Schmerzensgeld- und Schadensersatzansprüchen aus ein- und demselben Unfallereignis beauftragen wollen. Der Hintergrund ist darin zu sehen, dass seit dem 1.8.2002 der Insasse einen vollen Schadensersatzanspruch gem. § 7 StVG gegen den Halter einschließlich Schmerzensgeldanspruch hat, selbst wenn den Halter kein Verschulden trifft oder gar ein für den Halter unabwendbares Ereignis gegeben ist. Dies ist deshalb relevant, weil gegenüber einem Geschädigten, der selber nicht für die Betriebsgefahr eines verunfallten Kraftfahrzeugs einzustehen hat, wie dies bei Insassen der Fall ist, der Halter als Schädiger sich seit dem 1.8.2002 nur bei höherer Gewalt (§ 7 Abs. 2 StVG) entlasten kann. Dies gelingt so gut wie nie. Um aus diesem Dilemma heraus zu kommen, wird teilweise vertreten, dass der Anwalt sich bei der Interessenwahrnehmung der Fahrzeuginsassen das Mandat ausschließlich im Verhältnis zum gegnerischen Haftpflichtversicherer erteilen lassen soll, wobei ausdrücklich keine Ansprüche gegenüber dem eigenen Fahrer bzw. dessen Haftpflichtversicherung geltend gemacht werden sollen (*Hillmann/Schneider*, § 1 Rn 127 m.w.N.). Ein solches Vorgehen erfordert eine schriftlich dokumentierte Aufklärung des Mandanten. Ferner ist die Vollmacht schriftlich entsprechend zu beschränken mit dem Vermerk: „Die Geltendmachung von Schadensersatzansprüchen ausschließlich gegenüber dem gegnerischen Haftpflichtversicherer". Ob das allerdings eine wirklich tragfähige Lösung ist, muss jeder Anwalt für sich selbst entscheiden. Staatsanwälte können hier auch eine andere Auffassung vertreten. *Van Bühren* hält die Mehrfachvertretung für zulässig, wenn jeder betroffene Mandant über die Tatsache der Mehrfachversicherung aufgeklärt wird, ebenso über die daraus resultierenden nachteiligen Rechtsfolgen (*van Bühren*, zfs 2014, 194).

D. Erkennen des Personen(groß)schadens

Die größte Schwierigkeit bei der Regulierung des Personenschadens liegt darin, aus der Fülle der Personenschäden den Großschaden herauszufinden. Dieses erfordert besondere Sachkenntnis und begründet ein erhebliches Haftungspotential. Jeder Anwalt ist also gut beraten, bei der Aufklärung des Sachverhalts Indizien aufzunehmen, die für das Vorliegen eines Großschadens sprechen können. Salopp formuliert kann man sogar sagen, dass viele Anwälte **Personengroßschäden** in ihren Aktenschränken verwahren, ohne dies jemals erkannt zu haben. Die Abgrenzung des Personengroßschadens vom Personenschaden kann nach dem finanziellen Aufwand erfolgen, der vom Haftpflichtversicherer für die Regulierung aufzubringen ist (so *Buschbell*, § 26 Rn 6). Hier wird danach differenziert, ob für einen Personenschaden weniger als 50.000 EUR Aufwand zu leisten sind oder mehr als 50.000 EUR gezahlt werden müssen. Der Großschaden beginnt nach dieser Lesart also ab 50.000 EUR Aufwand. Unklar bleibt jedoch an dieser Stelle, wie der Aufwand zu definieren ist. Handelt es sich um die Ansprüche, für die der Geschädigte aktivlegitimiert ist oder auch um diejenigen Ansprüche, die bereits im Zeitpunkt des Unfallereignisses gem. § 119 SGB X auf den Sozialversicherungsträger übergegangen sind? Man muss wohl davon ausgehen, dass es sich bei der 50.000 Euro-Marke um diejenigen Ansprüche handelt, wegen derer der Geschädigte in seiner Person aktivlegitimiert ist. Dieses ist im Verhältnis zu den übergegangenen oder übergehenden Ansprüchen auf Dritte ohnehin oftmals der bei weitem kleinere Anteil am Gesamtschaden.

7   Nun steht es jedoch nicht von Anfang an offenkundig fest, dass der vorliegende Sachverhalt, der vom Mandanten vorgetragen wird, eine Entschädigungsleistung von mehr als 50.000 EUR für den Mandanten rechtfertigt. Gerade der Anwalt, der nur hin und wieder oder vielleicht nur ein einziges Mal in seiner Anwaltstätigkeit mit der Regulierung eines Personengroßschadens beauftragt wird, verfügt nicht über die nötige Erfahrung, um zu Beginn des Mandats überschlägig die einzelnen Schadensersatzpositionen ermitteln zu können, damit er feststellen kann, ob der vom Versicherer zu leistende Aufwand den Betrag von 50.000 EUR übersteigt oder nicht. Hierfür kommt es vielmehr auf verschiedene Indizien im Rahmen der Sachverhaltsaufklärung an. So spricht vieles für das Vorliegen eines Großschadens, wenn der Geschädigte ein Polytrauma erlitten hat. Hierbei handelt es sich um eine gleichzeitig entstandene Verletzung mehrerer Körperregionen oder Organsysteme, wobei wenigstens eine Verletzung oder die Kombination mehrerer lebensbedrohlich ist (*Pschyrembel*, Stichwort „Polytrauma"). Oftmals tritt als Folge eines Polytraumas ein medizinischer Dauerschaden bis an das Lebensende ein. Je nach Ausprägung des Dauerschadens ist damit der dauernde Verlust oder die dauerhafte erhebliche Einschränkung der Erwerbsfähigkeit verbunden. Dies führt nicht selten zum Verlust des Arbeitsplatzes, weil entweder die physischen oder die psychischen Voraussetzungen fehlen, die Arbeitsleistung im alten Umfang wie vor dem Unfall zu erbringen. Oftmals schildert der Mandant wochenlange bis monatelange stationäre Aufenthalte in Kliniken und Rehaeinrichtungen. Alle diese Aspekte sprechen für das Vorliegen eines Großschadens.

8   Wenn der Anwalt nun festgestellt hat, dass das ihm angetragene Mandat ein Personengroßschaden ist, muss er sich ernsthaft die Frage stellen, ob er die notwenige Kompetenz zur Regulierung der Ansprüche eines Schwerstverletzten überhaupt hat. So weist *Buschbell* (§ 1 Rn 2–4) zu Recht darauf hin, dass die Regulierung schwerwiegender Personenschäden notwendige Spezialkenntnisse erfordert, nicht zuletzt auch unter dem Aspekt der Vermeidung von Regressfällen. Um die Regulierung mit dem gegnerischen Haftpflichtversicherer auf gleicher Augenhöhe betreiben zu können, bedarf es enormer Spezialkenntnisse, nicht nur im Zivilrecht, sondern oftmals auch im Sozialrecht, wenn es z.B. um die Abgrenzung übergegangener oder übergehender Ansprüche geht. Man muss sich vor Augen halten, dass der Sachbearbeiter in der Personengroßschadensabteilung eines KH-Versicherers den ganzen Tag nichts anderes tut, als Personengroßschäden zu regulieren. Er ist also bestens mit der Materie vertraut. Der Versicherer wendet oftmals auch erhebliche Kosten auf, um seine Mitarbeiter in Seminaren intern oder extern schulen zu lassen. Großschadenssachbearbeiter erhalten auf diesem Wege immer wieder Kenntnis von aktueller Rechtsprechung. Sie haben eine große Anzahl von Fachzeitschriften regelmäßig zur Hand und darüber hinaus die Möglichkeit, hausintern beispielsweise auf medizinische oder verkehrsunfallanalytische Sachverständige zurückzugreifen. Dies alles kostet nicht nur Zeit, sondern auch Geld. Um also auf gleicher Augenhöhe mit dem Regulierer einer Großschadensabteilung verhandeln zu können, sollte der Geschädigtenvertreter mindestens spezialisierter Fachanwalt sein, der sich darüber hinaus nicht nur in den Pflichtfortbildungen, sondern in weiteren Fortbildungsveranstaltungen immer wieder auf den aktuellen Stand in der Rechtsprechung und auch in benachbarten Disziplinen, wie z.B. der Unfallchirurgie und -orthopädie sowie der Unfallpsychologie, bringen lässt. Auch Kenntnisse in der Unfallanalytik sind oftmals unabdingbar, um qualifizierte Einwände gegen das behauptete Mitverschulden des eigenen Mandanten vorbringen zu können. Der Erwerb all dieser Spezialkenntnisse ist nicht nur zeit-, sondern vor allem auch kostenintensiv im doppelten Sinne: Einerseits kann der Anwalt während solcher Fortbildungsmaßnahmen seine Dezernatsarbeit nicht voranbringen und entsprechend keine Honorareinnahmen erzielen und andererseits sind auch die Seminargebühren, die Kosten der Anreise und gegebenenfalls der Übernachtung in einem Hotel, nicht unerheblich. Insoweit wird man derartiges Spezialwissen, wie es für die Regulierung eines Personengroßschadens erforderlich ist, eher in größeren Kanzleien antreffen, als bei Einzelanwälten. Der Anwalt, der – aus welchen Gründen auch immer – nicht über das Spezialwissen verfügt, sollte sich entweder der Hilfe eines anderen erfahrenen Anwaltskollegen bedienen oder aber sich gründlich und zeitintensiv in die Spezialliteratur einarbeiten.

Um eine optimale Regulierung aller Schadensersatzansprüche des Geschädigten zu erzielen, ist es neben eigenen Spezialkenntnissen des Rechtsanwalts unabdingbar, dass dieser auf ein Netzwerk anderer Spezialisten aus dem medizinischen Bereich zurückgreifen kann. Als Interessenvertreter des Geschädigten bedarf es oftmals jahrelanger Kleinarbeit, um endlich diejenigen Mediziner zu finden, die ihrerseits über ausreichende Kompetenz verfügen, ohne ihre Neutralität durch bevorzugte Abarbeitung von Assekuranzaufträgen eingebüßt zu haben. Der spezialisierte Rechtsanwalt verfügt deshalb nicht nur über ein Netzwerk aus spezialisierten Medizinern, Psychologen und Traumatologen, sondern darüber hinaus gehören in das Netzwerk unabdingbar öffentlich bestellte und vereidigte Sachverständige im Bereich der Unfallanalytik. Zum Netzwerk zählen sollten auch Reha-Fachleute. Anwälte, die über dieses Know-how verfügen, sind prädestiniert für die optimale Schadensregulierung im Interesse des Geschädigten.

Letztlich sollte der Anwalt, der die Regulierung eines Personengroßschadens übernimmt, auf ausreichenden eigenen Versicherungsschutz bei seiner **Berufshaftpflichtversicherung** bedacht sein. Wer seine Mandate nur mit der gesetzlichen Mindestversicherungssumme abgesichert hat, sollte entweder das Einzelmandat isoliert versichern oder sich dessen bewusst sein, dass er im Schadensfalle mit anzunehmender Sicherheit persönlich und unbeschränkt seinem Mandanten gegenüber haften muss. Ein unzureichend beziffert oder völlig vergessener Teilaspekt in der Regulierung, wie z.B. der Haushaltsführungsschaden, kann im Abfindungsfall leicht zu einem Schaden im sechsstelligen Bereich zu Lasten des Mandanten

9

führen. Der Versicherungsschutz aus der Mindestversicherungssumme ist dann schnell erschöpft.

E. Tipps zur Aktenführung beim Personen(groß)schaden

10 In diesem Kapitel soll die Aktenführung bei der zivilrechtlichen Regulierung von Schmerzensgeld- und Schadensersatzansprüchen eines Geschädigten im Vordergrund stehen. Die **Aktenführung** in benachbarten Rechtsgebieten ist nicht Gegenstand dieser Darstellung. Gleichfalls kann für das Erstgespräch mit dem Mandanten auf diverse Checklisten in der Literatur verwiesen werden, so beispielsweise auf die Checklisten und Musterschreiben bei *Tietgens/Nugel*, AnwaltFormulare Verkehrszivilrecht, § 1 Rn 8 ff., 19 sowie bei *Hillmann/Schneider*, Das verkehrsrechtliche Mandat, Bd. 2: Verkehrszivilrecht, § 14 Anhang.

11 Hier geht es darum, dem Anwalt eine Gliederung seiner Akte an die Hand zu geben, die es ihm ermöglicht, einen Personen(groß)schaden zu strukturieren, um während der gesamten Zeit der Mandatierung die eingehenden Informationen, Dokumente etc. von Anfang an in eine systematische Ordnung zu bringen, die eine übersichtliche Abarbeitung der einzelnen Schadensersatzansprüche ermöglicht. Zu diesem Zweck benötigt man neben der gewöhnlichen Handakte mindestens einen Ordner mit Hebelmechanik (z.B. Leitzordner o.Ä.) sowie eine größere Anzahl von Trennblättern DIN lang (DL), die in größeren Abpackungen im Büroartikelhandel erstanden werden können. In der klassischen Handakte kann der Schriftverkehr mit dem Mandanten, dem gegnerischen Haftpflichtversicherer und auch dem Rechtsschutzversicherer geführt werden. Man kann jedoch auch auf die klassische Handakte verzichten und auch diesen Schriftverkehr von Anfang an in den Ordner mit einheften. Es bietet sich die nachfolgend dargestellte Gliederung innerhalb des Ordners an.

I. Handaktenblatt, Vollmachten, Entbindungserklärung von der ärztlichen Schweigepflicht

12 Das **Handaktenblatt**, die **Vollmachten** sowie die **Entbindungserklärung von der ärztlichen Schweigepflicht** werden jeweils in einzelne Folientaschen eingelegt und in die Akte obenauf geheftet (die Folientaschen verhindern das Einreißen dieser wichtigen Dokumente, zumal der Ordner oftmals durchgeblättert werden wird und erfahrungsgemäß die ersten Seiten dann besonders leiden).

II. Skizze der Verletzungen anhand des menschlichen Skeletts

13 Ebenfalls in eine Folientüte eingelegt wird die Abbildung eines menschlichen Skeletts. Dieses kann gegoogelt werden, wobei darauf zu achten ist, dass alle Gliedmaßen und alle Knochen vollständig abgebildet sind.

Um in der weiteren Regulierung schnell einen Überblick über die **Ausgangsverlet-**   **14**
zungen und **Dauerfolgen** zu erhalten, sollten auf diesem Blatt mit farbigem Stift
skizzenhaft die Ausgangsverletzungen eingetragen und die Dauerfolgen mit einer
anderen Farbe markiert werden. Für die Ausgangsverletzungen eignet sich der erste
Arztbericht nach dem Unfall. Hier sind oftmals alle aktuellen Diagnosen umfassend dargestellt. Hinsichtlich der Dauerfolgen sollte auf einen der letzten Arztberichte zurückgegriffen werden. Die Dauerfolgen kristallisieren sich erst im Laufe
der weiteren medizinischen Behandlung heraus und stehen oftmals erst nach ein
bis zwei Jahren überhaupt fest. Mit Hilfe der optischen Übersicht der Verletzungsfolgen kann in der Regulierung ein Schnellüberblick hinsichtlich der Parameter, die
bspw. für die Regulierung des Schmerzensgeldes ausschlaggebend sind, geschaffen
werden.

III. Sachverhaltsschilderung

Für eine Schnellübersicht und eine geordnete Darstellung des Sachverhaltes im   **15**
Schriftverkehr mit Dritten sollte bereits an dieser Stelle auf einer einzelnen Seite
eine kurze Sachverhaltsdarstellung des wesentlichen Unfallhergangs erfolgen. Hilfreich ist die Verkehrsunfallanzeige aus der amtlichen Ermittlungsakte oder eine
Sachverhaltsschilderung des Mandanten. Zweckmäßig ist auch eine handschriftli-
che Skizze, die die wesentlichen Eckpunkte der Unfallsituation enthält – möglicherweise ergänzt um Fotos von der Unfallstelle.

IV. Jahreskalendarium ab dem Unfalljahr

Zweckmäßig ist es, aus dem Internet den jeweiligen **Jahreskalender** seit dem Un-   **16**
fall auszudrucken. Dabei sollten alle Jahre vom Unfalltag an bis zum Regulierungsstichtag vollständig je auf einer einzelnen Seite abgedruckt sein, so dass ggf. mehrere dieser Kalendarien anzufertigen sind. In diese Ausdrucke sind alle stationären
Aufenthalte des Mandanten ebenso einzutragen wie alle ambulanten Behandlungs-
termine. Die unterschiedlichen stationären Aufenthalte und ambulanten Behandlungen werden mit verschiedenen Farben dargestellt. In einer Legende werden die
verwendeten Farben erklärt, z.B. rot für Klinikaufenthalte, grün für stationäre Reha-Maßnahmen, blau für ambulante Reha-Maßnahmen, gelb für ambulante Physiotherapie etc.

Dieses Kalendarium verhilft u.a. zur Substantiierung des Schmerzensgeldanspru-   **17**
ches, da die Vielzahl therapeutischer Maßnahmen schmerzensgelderhöhend wirkt.
Außerdem kann anhand dieser optischen Übersicht im Regulierungsgespräch der
visualisierte Eindruck der Behandlungsmaßnahmen durchaus sinnvoll sein.
Schließlich dient das Kalendarium mit den eingetragenen Daten der Bildung von
Zeitfenstern, die sowohl für den Haushaltsführungsschaden, als auch für den Erwerbsschaden erforderlich sind.

V. Schriftverkehr mit Mandant, Versicherer, Rechtsschutz etc.

18 Hinter diesem Trennblatt sollte der gesamte Schriftverkehr mit dem Mandanten, dem Versicherer und dem Rechtsschutzversicherer sowie sonstigen Dritten geführt werden. Die jeweiligen Anlagen dieser Schreiben sollten möglichst frühzeitig den Trennblättern zu den Themenbereichen Schmerzensgeld, Erwerbsschaden, Haushaltsführungsschaden etc. zugeordnet werden. Dies schafft eine Übersichtlichkeit des Schriftverkehrs.

VI. Schmerzensgeld

19 Hinter dem nächsten Trennblatt „**Schmerzensgeld**" werden fortan alle Arztberichte, Gutachten etc. gesammelt, möglichst in chronologischer Reihenfolge, wobei der jeweils aktuellste Bericht obenauf geheftet ist. Dieses Vorgehen ermöglicht bei der Anspruchsbezifferung ein schnelles Erfassen der schmerzensgeldrelevanten Eckdaten wie Ausgangsverletzungen, Behandlungsdauer und Dauerschäden. In der Regel verjüngt sich die medizinische Information, da das Unfallereignis in die Gegenwart hineinreicht. In den letzten Gutachten/Arztberichten wird der Fokus auf Dauerfolgen der Ausgangsverletzungen gerichtet sein. Wer die eingehenden medizinischen Befundunterlagen von Anfang an in dieser Reihenfolge abheftet, hat es bei der Bezifferung des Schmerzensgeldes und auch des Haushaltsführungsschadens einfacher.

VII. Erwerbsschaden

20 Hinter dem weiteren Trennblatt „**Erwerbsschaden**" werden alle Unterlagen für die Bezifferung des Erwerbsschadens gesammelt. Die Unterlagen beginnen zweckmäßigerweise mit den letzten zwölf Entgeltabrechnungen vor dem Verkehrsunfall und beinhalten dann den Nachweis sämtlicher Leistungsabrechnungen bzw. Leistungsbescheide der Sozialversicherungsträger. Zu nennen sind an dieser Stelle die Bestätigungen der gesetzlichen Krankenversicherung über Höhe und Leistungszeitraum von **Entgeltersatzleistungen.** Später sind Leistungsbescheide der Deutschen Rentenversicherung wegen der Zahlung von Erwerbsminderungsrente aufzunehmen. Im Falle eines Wegeunfalls kommen die Leistungsbescheide einer gesetzlichen Unfallversicherung bei erbrachten Entgeltersatzleistungen hinzu. Gegebenenfalls bezieht der Geschädigte nach Ablauf des Krankengeldes noch Arbeitslosengeld I, so dass Leistungsbescheide der Bundesagentur für Arbeit aufzunehmen sind. Wenn kein Sozialversicherungsträger eintrittspflichtig ist, können auch Leistungsbescheide der Sozialhilfe erfolgen, so dass diese ebenfalls in die Akte zu nehmen sind. Für die Bezifferung des Erwerbsschadens ist oftmals auch die Berechnung des Hätte-Verdienstes durch den ehemaligen Arbeitgeber hilfreich. Eine solche wird auch hinter das Trennblatt „Erwerbsschaden" zur Akte genommen.

Die chronologische Abheftung dieser Unterlagen vereinfacht letztlich auch die Be- **21** zifferung des Erwerbsschadens. Das Hätte-Einkommen ergibt sich regelmäßig aus den Entgeltabrechnungen vor dem Unfall und das Ist-Einkommen ergibt sich dann in chronologischer Reihenfolge aus den geleisteten Entgeltersatzleistungen. Die Differenz bildet den ersatzfähigen Schaden.

Für den verletzten selbstständigen Unternehmer ergibt sich für die Bezifferung sei- **22** nes Verdienstausfalls die Notwendigkeit betriebswirtschaftlicher Auswertungen, Bilanzen, Einnahmenüberschussrechnungen etc., welche ebenfalls zur Akte zu nehmen sind. Hinzu kommen Einkommensteuerbescheide sowie Bescheide über die gesonderte und einheitliche Feststellung von Besteuerungsgrundlagen und im Laufe der Regulierung oftmals eingeholte Sachverständigengutachten zur Höhe des Einkommensschadens des selbstständigen Unternehmers.

VIII. Haushaltsführungsschaden

Hinter dem Trennblatt „**Haushaltsführungsschaden**" werden zunächst die vom **23** Mandanten ausgefüllten Fragebögen (hierzu siehe z.b. Fragebögen 1–5 bei *Pardey, Der Haushaltsführungsschaden*) zur Akte genommen. Ergänzt werden diese Fragebögen durch Fotos vom Haushalt des Mandanten, wobei jeder Raum aus zwei verschiedenen Perspektiven erfasst sein sollte. Auch Außenansichten des bewohnten Gebäudes und fotografierte Gärten (Vorgarten/Hausgarten/Pachtgarten) sollten zur Akte genommen werden. Oftmals verfügen Mandanten sogar noch über bauplanungsrechtliche Unterlagen, die in Kopie ebenfalls im Regulierungsgespräch hilfreich sein können. Anhand dieser Materialien kann der Haushaltsführungsschaden unter Berücksichtigung von § 287 ZPO zuverlässig geschätzt werden und die vom Mandanten zur Verfügung gestellten Fotodokumente können im Regulierungsgespräch herangezogen werden, um einen besonders hohen Haushaltsführungsaufwand oder eine hohe Anspruchstiefe zu dokumentieren.

IX. Vermehrte Bedürfnisse/Pflegekosten

Hinter dem Trennstreifen mit der Beschriftung „**vermehrte Bedürfnisse/Pflege-** **24** **kosten**" werden alle Belege gesammelt, die der Mandant im Laufe der Regulierung zur Akte reicht, weil er unfallbedingt Ausgaben für die Anschaffung von **Hilfs-/ Heilmitteln** hatte. Hierhin gehören auch die Abrechnungen mit dem Pflegedienst bzw. eingeholte Pflegegutachten. Sämtliche Belege, die zur Bezifferung der vermehrten Bedürfnisse gesammelt werden, sollten an dieser Stelle zusammengeführt werden. Welche Hilfsmittel in die Regulierung eingeführt werden können, kann, z.B. unter *www.schah-sedi.de* nachgesehen werden. Eine alphabetische Liste ist aber auch unten abgedruckt (siehe § 3 Rn 304).

X. Tabellarische Anspruchsübersicht dem Grunde und der Höhe nach

25 Nachdem die einzelnen Ansprüche dem Grunde und der Höhe nach beziffert worden sind, empfiehlt es sich, eine tabellarische Übersicht in Form einer Excel-Tabelle anzulegen. Aus dieser Tabelle sollten die aufaddierten Zahlungsansprüche vom Unfalltag bis zum Regulierungsstichtag und für die Kapitalisierung in einer zweiten Spalte der zugrunde zu legende Jahresbetrag erfasst werden, wobei an dieser Stelle bereits in Vorbereitung des Regulierungsgesprächs durchaus die Faktoren für eine Kapitalisierung mit 2 %, 3 % und 4 % notiert werden sollten. Dies schafft Übersichtlichkeit und ist Argumentationshilfe im Regulierungsgespräch. Diese tabellarische Übersicht ermöglicht nach Abschluss der Regulierung einen schnellen Zugriff, wenn einige Jahre vergangen sind und die Akte bereits archiviert ist. Mit Hilfe dieser Übersicht können relativ schnell die geltend gemachten und regulierten Einzelbeträge erfasst werden. Dieses ist mitunter erforderlich, wenn bspw. der Mandant den Anwalt gesondert mit der Überwachung des Beitragsregresses für seine Altersrente beauftragt. Da diese Regressverfahren oftmals langjährig laufen, ermöglicht die tabellarische Übersicht die kurzfristige Einarbeitung in die „alte" Akte, ohne besonderen Zeitaufwand.

XI. Abfindungserklärung

26 Das letzte Trennblatt der Akte beinhaltet dann noch eine Kopie der **Abfindungserklärung** (Vordruck des Haftpflichtversicherers) sowie die ggf. damit im Zusammenhang stehenden Anlagen. Diese Unterlagen schließen die Akte chronologisch ab. Personen(groß)schadensakten sollten über die gesetzliche Aufbewahrungsfrist hinaus möglichst lebenslänglich, mindestens jedoch 30 Jahre, aufbewahrt werden – auch wenn das eine Anwaltskanzlei vor ein logistisches Problem stellen kann. Der Grund liegt darin, dass der Versicherer eine **Verjährungsverzichtserklärung** abgegeben hat oder erklärt hat, sich so behandeln zu lassen, als sei am Tage der Unterzeichnung der Abfindungserklärung gegen ihn ein gerichtliches Feststellungsurteil ergangen. Damit verjährt das Stammrecht erst in 30 Jahren. Auch wenn die Geltung von § 323 ZPO vereinbart wird, ist es unabdingbar, die Handakte möglichst über die gesetzliche Aufbewahrungspflicht gem. § 50 Abs. 2 BRAO hinaus aufzubewahren.

§ 3 Ansprüche bei Verletzung

A. Schmerzensgeld

Literatur: *Bischoff*, Psychische Schäden als Unfallfolgen, zfs 2008, 122 ff.; *Dahm*, Das Haftungsprivileg des § 828 II 1 BGB und seine Bedeutung für den Anspruch des Unfallversicherungsträgers aus übergegangenem Recht, NZV 2009, 378 f.; *Diehl*, Aktuelle Probleme des Schmerzensgeldes im Verkehrsrecht, zfs 2007, 10 ff.; *Eggert*, Schadensersatz bei psychischen Schäden, Verkehrsrecht aktuell 2005, 207 ff.; *Eggert*, Der Vorschadeneinwand des Schädigers im Haftpflichtprozess – Teil 2 Personenschaden, Verkehrsrecht aktuell 2010, 60 ff.; *Eggert*, HWS-Verletzungen in der aktuellen gerichtlichen Praxis, Verkehrsrecht aktuell 2004, 204 ff.; *Eggert*, Schmerzensgeld aktuell, Verkehrsrecht aktuell 2004, 24 ff.; *Eggert*, Prozessuale Besonderheiten beim Schmerzensgeld, Verkehrsrecht aktuell 2007, 64 ff.; *Ernst*, Erfolgreicher Nachweis von Unfallverletzungen und deren Folgen, Verkehrsrecht aktuell 2008, 186 ff.; *Grunewald/Nugel*, Betrugsabwehr bei behaupteten psychischen Unfallfolgen, zfs 2013, 607 ff.; *Hillmann/Schneider*, Das verkehrsrechtliche Mandat, Bd. 2: Verkehrszivilrecht, 6. Auflage 2012; *Hacks/Wellner/Häcker*, SchmerzensgeldBeträge 2014, 32. Auflage 2014; *Herr*, Schmerzensgeld im Zugewinnausgleich, NJW 2008, 262; *Jaeger/Luckey*, Schmerzensgeld, 7. Auflage 2014; *Jahnke/Thinesse-Wiehofsky*, Unfälle mit Kindern und Arzthaftung bei Geburtsschäden, 2013; *Halm/Staab*, Posttraumatische Belastungsstörungen nach einem Unfallereignis, DAR 2009, 677 ff.; *Jahnke*, Schadenrechtliche Aspekte der Schmerzensgeldrente, r+s 2006, 228 ff.; *von Jeinsen*, Das Angehörigenschmerzensgeld – Systembruch oder Fortentwicklung?, zfs 2008, 69 ff.; *Schwintowski/Schah Sedi/Schah Sedi*, Handbuch Schmerzensgeld, 2013; *Slizyk*, Beck'sche Schmerzensgeldtabelle, 9. Auflage 2013; *Stöhr*, Psychische Gesundheitsschäden und Regress, NZV 2009, 161 ff.; *Wertenbruch*, Haftung des Unfallverursachers für Zweitschädigung durch ärztliche Behandlung, NJW 2008, 2962 ff.; *Ziegler/Cayukli*, Unterschiedlich hohe Schmerzensgelder bei Männern und Frauen, zfs 2013, 424 ff.

I. Bisherige Praxis der Schmerzensgeldbemessung

In der Vorauflage zu diesem Buch befinden sich Ausführungen zur Schmerzensgeldbemessung, die sich im Wesentlichen in der Rechtspraxis nicht verändert haben. Stichwortartig mögen die dortigen Ausführungen zusammengefasst werden unter dem Begriff „herkömmliches Schmerzensgeldbemessungsmodell". **1**

Ausgangspunkt für die Bemessung des Schmerzensgeldes sind verschiedene Kriterien, die in der Rechtsprechung in § 252 Abs. 2 BGB bzw. § 253 Abs. 2 BGB n.F. herausgearbeitet worden sind. Am Anfang steht in der historischen Rückschau die Entscheidung des Großen Senats für Zivilsachen vom 6.7.1955 (BGHZ 18, 149; NJW 1955, 1675). Neben dem dort konstituierten Grundsatz der Doppelfunktion des Schmerzensgeldes, nämlich der Genugtuungsfunktion und dem Ausgleichsgedanken wurden dort die Kriterien Größe, Heftigkeit und Dauer der Schmerzen, Leiden, Entstellungen und psychische Beeinträchtigungen als maßgebliche Kriterien für die Bemessung von Schmerzensgeld bestimmt. **2**

3 Seitdem orientiert sich die Rechtsprechung bei der Bemessung von Schmerzensgeld mehr oder weniger an diesen Parametern, wobei aber eine saubere Subsumtion anhand von nachvollziehbaren Parametern, die diese Begriffe ausfüllen sollen, nicht stattfindet.

4 Es hat sich deshalb in der Folge eine Schmerzensgeldbemessungspraxis entwickelt, die immer wieder auf bereits entschiedene Sachverhalte zurückgreift – auf Vergleichsentscheidungen, von denen man annimmt, dass sie den aktuell zu entscheidenden Fall mehr oder weniger gut abbilden.

5 Um dieser Schmerzensgeldbemessungspraxis gerecht zu werden, wurden in der Praxis unendlich viele verschiedene Schmerzensgeldurteile in Sammlungen zusammengetragen. Die umfangreichste Schmerzensgeldsammlung stellt hier die Tabelle von *Hacks/Wellner/Häcker* in der derzeit 32. Auflage 2014 (vormals: *Hacks/Ring*), auch als ADAC-Schmerzensgeldtabelle bekannt, dar.

6 Generationen von Juristen suchen also bei der Bemessung von Schmerzensgeld nach Vergleichsentscheidungen, die möglichst dicht am zu entscheidenden Sachverhalt angelehnt sind. Damit ist ein doppeltes Dilemma verbunden: Zunächst sind die meisten Vergleichsentscheidungen eben doch nicht vergleichbar, weil die zugrunde liegenden Lebenssachverhalte nur geringe Überschneidungen und erhebliche Differenzen aufweisen. Zum anderen führt diese Arbeitsweise dazu, dass Schmerzensgeldbeträge quasi eingefroren werden, weil bereits ausgeurteilte Beträge zum Maßstab für eine sich später ereignete Verletzung gemacht werden. Diese Herangehensweise trägt maßgeblich dazu bei, dass Schmerzensgeldbeträge recht statisch sind und nicht der gleichen Dynamik unterliegen, wie beispielsweise die Regulierung eines Erwerbsschadens, bei dem im Hätte-Verlauf die individuelle Karriere des Geschädigten zugrunde zu legen ist.

7 So hat es in der Rechtsprechung durchaus namhafte Versuche gegeben, Schmerzensgeldbeträge anzuheben, um das Dilemma der bisherigen Regulierungspraxis abzufedern. Das LG München I hat am 29.3.2001 (Az. 19 O 8647/00) das seinerzeit höchste Schmerzensgeld in Höhe von 750.000 DM zzgl. einer monatlichen Rente von 1.500 DM ausgeurteilt, wobei in vergleichbaren Fällen bis dato Maximalbeträge von 450.000 DM bis 700.000 DM zzgl. monatlicher Renten zwischen 500 DM und 750 DM ausgeurteilt worden waren. Das Gericht hat damals ausgeführt, dass Schmerzensgelder in gewisser Weise mit der inflationierenden Entwicklung der allgemeinen Lebenshaltungskosten Schritt halten müssen, um ihrer Ausgleichsfunktion gerecht zu werden. Diese Entscheidung hat mit dazu beigetragen, dass in den Fällen schwerster Personenschäden, die oftmals mit einer völligen Persönlichkeitszerstörung einhergehen, nun höhere Schmerzensgelder ausgeurteilt werden, als vor der Jahrtausendwende. Dies alles geschieht jedoch wiederum, ohne dass Parameter entwickelt worden wären, die eine Vergleichbarkeit der Schmerzensgelder ermöglichen. Regelrecht phrasenhaft fallen die Begriffe „Größe, Heftigkeit und Dauer der Schmerzen, Leiden, Entstellungen und psychische Beeinträchtigungen", die bereits der Große Senat im Jahr 1955 entwickelt hat und die als Bemessungsgrundlage Anwendung finden sollten. Keinem Gericht ist es bis dato gelungen, nachvollziehbare Kriterien zu entwickeln, die insbesondere eine Vergleichbarkeit der einzelnen Schmerzensgeldentscheidungen untereinander herstellen und die eben jene Parameter des Großen Senates mit konkret fassbaren Inhalten füllen und die konkrete Beträge diesen einzelnen Parametern zuweisen.

So ist an sich die bisherige Bemessungspraxis von Schmerzensgeld unbefriedigend **8** und führt zu erheblichen Ungerechtigkeiten.

Um das Dilemma aufzuzeigen, in dem die Praxis bisher steckt, bedarf es nur weni- **9** ger Entscheidungen, die hier in einen Vergleichskontext gestellt werden. Im Folgenden werden vier verschiedene – willkürlich gewählte – Entscheidungen dargestellt und miteinander verglichen, wobei allen Entscheidungen gemeinsam ist, dass der Geschädigte eine Knieverletzung mit erheblichem Dauerschaden erlitten hat (zum Teil neben weiteren Verletzungen anderer Organe/Organteile). Die vier Vergleichsentscheidungen werden kurz wie folgt zusammengefasst:

Dem **OLG Hamm (Az. 13 U 1/98)** lag am 25.10.1999 folgender Sachverhalt zur Entscheidung vor: Schädelhirntraum 2. Grades mit Kopfplatzwunde; peripheres Horner-Syndrom mit Läsion des 3. postganglionären Neurons am linken Auge; stumpfes Thoraxtrauma mit Lungen- und Herzkontusion und Hämatothorax beidseits; stumpfes Bauchtrauma mit Leberverletzung des Schweregrades II und Einblutung in das Dickdarmgekröse; rechtsseitige Nierenkontusion mit Parenchymeinriss und retroperitonealem Hämatom; komplexer Kniebinnenschaden rechts mit Ruptur des vorderen und hinteren Kreuzbandes, Innenbandruptur und Riss der dorsomedialen Kapselschale des Kniegelenks.

Der Entscheidung des **LG Nürnberg vom 7.6.1994 (Az. 2 O 1622/94)** lag eine Kniescheibentrümmerfraktur mit der posttraumatischen Gefahr eines künstlichen Kniegelenks neben einer Oberschenkeltrümmerfraktur beidseits sowie einer beidseitigen Sprungbeinfraktur und einer Schlüsselbeinfraktur zugrunde. Daneben wurde ein komplizierter Heilungsverlauf mit 20 Operationen beschrieben.

Dem vom **LG Amberg am 8.12.2004 (Az. 22 O 1414/02)** entschiedenen Sachverhalt lag eine Wundinfektion im rechten Kniegelenk nach endoskopischem Eingriff zugrunde, mit dem 5 Operationen, 3 stationäre Aufenthalte von knapp 3 Monaten sowie 4 Monate Reha-Behandlung einhergingen.

In dem Fall, den das **LG Deggendorf am 4.9.2003 (Az. 3 O 306/02)** zu entscheiden hatte, ging es um eine schwere komplexe Knieverletzung, welche ebenfalls mit mehreren Operationen einherging.

Um eine Vergleichbarkeit dieser vier Entscheidungen herstellen zu können, ist eine **10** systematische Untersuchung anhand der vom Großen Zivilsenat (BGHZ 18,149 ff.) entwickelten Parameter erforderlich. Daneben wird hier erstmals das ausgeurteilte

Schmerzensgeld nicht nur als Kapitalbetrag, sondern auch als Tagessatz ausgewiesen. Es ergibt sich mithin folgende Übersicht:

	Lebensbeeinträchtigung*		Betrag	
	Größe* und Heftigkeit* der Schmerzen und Leiden sowie Entstellungen	Dauer* der Schmerzen und Leiden sowie Entstellungen	für die Gesamtdauer der Schmerzen und Leiden sowie Entstellungen	pro Tag
OLG Hamm 13 U 1/98 (25.10.1999)	MdE: 100 %	Restliche Lebenserwartung am Unfalltag:*** 49,40 Jahre	40.000 EUR	2,21 EUR
LG Nürnberg 2 O 1622/94 (7.6.1994)	GdS****: 50 %–60 %**	Restliche Lebenserwartung am Unfalltag:*** 39,48 Jahre	30.000 EUR	2,08 EUR
LG Amberg 22 O 1414/02 (8.12.2004)	GdS: 30 %–40 %**	Restliche Lebenserwartung am Behandlungstag:*** 48,67 Jahre	40.000 EUR	2,25 EUR
LG Deggendorf 3 O 306/02 (4.9.2003)	GdS: 20 %–30 %**	Restliche Lebenserwartung am Unfalltag:*** 58,24 Jahre	30.000 EUR	1,14 EUR

*   Terminologie des Großen Zivilsenats vom 6.7.1955 (BGHZ 18, 149)
**   Schätzung gem. Anlage zu § 2 der Versorgungsmedizinverordnung vom 10.12.2008
***   in Ermangelung von Sachverhaltsangaben wurde unterstellt, dass sich der Schadensfall drei Jahre vor dem Entscheidungsdatum ereignet hat
**** Grad der Schädigungsfolgen

11   Der Geschädigte, dessen Fall Gegenstand der Entscheidung des OLG Hamm war und der eine MdE von 100 % aufweist, bekommt für seine restlichen 49,4 Lebensjahre jeden Tag einen Betrag von 2,21 EUR an Schmerzensgeld; hingegen erhält ein anderer Mensch, der lediglich mit etwa der Hälfte der Beeinträchtigungen noch weitere 39 Jahre zu leben hat, täglich einen Schmerzensgeldbetrag von 2,08 EUR (Fall des LG Nürnberg). Bereits diese beiden Entscheidungen machen deutlich, wie ungerecht und widersprüchlich das bisherige Schmerzensgeldbemessungssystem

ist. So müsste man doch davon ausgehen, dass derjenige, der doppelt so viele Beeinträchtigungen und Schmerzen hinnehmen muss, was unzweifelhaft durch die MdE von 100 % ausgewiesen ist, auch das doppelte Schmerzensgeld erhalten müsste, wie derjenige, dessen GdS 50 %–60 % ausmacht. Die Gerichte behandeln beide Sachverhalte aber im Ergebnis beinahe gleich.

Noch krasser wird es, wenn man sich vor Augen führt, dass jemand, der ca. ein Drittel an Größe und Heftigkeit der Schmerzen und Leiden sowie Entstellungen zu verkraften hat – in Abgrenzung zu der Person, die vollumfänglich geschädigt ist – jedoch einen Schmerzensgeldbetrag erhält, der sogar noch auf den Tag gerechnet höher ist (nämlich um 0,04 EUR). Nichts anderes zeigen die Entscheidungen des OLG Hamm und des LG Augsburg im direkten Vergleich. **12**

Es ist ebenfalls nicht nachvollziehbar, dass jemand, der einen GdS von 20 %–30 % aufweist, einen Schmerzensgeldbetrag (taggenau) erhält, der jedoch um über 60 % niedriger ausfällt, als für denjenigen, dessen GdB 30 %–40 % beträgt. Das ist das Gefälle zwischen der Entscheidung des LG Amberg zu derjenigen des LG Deggendorf. **13**

Diese vier Entscheidungen zeigen das Dilemma der bisherigen Schmerzensgeldbemessung bei vergleichbaren Verletzungsbildern in beredter Weise. Vergleicht man die Entscheidungen des OLG Hamm und die des LG Amberg miteinander, so mag man feststellen, dass bei einer restlichen Lebenserwartung von knapp unter 50 Jahren identische Schmerzensgeldbeträge ausgeurteilt worden sind. Man muss doch auf der anderen Seite feststellen, dass die Größe und Heftigkeit der Schmerzen und Leiden sowie Entstellungen in beiden Sachverhalten so weit auseinander liegen, dass es nicht angehen kann, die weniger verletzte Person mit einem höheren Schmerzensgeldbetrag pro Tag zu bedenken. **14**

Vergleicht man die Entscheidung des LG Nürnberg mit der des LG Deggendorf, wobei in beiden Fällen jeweils 30.000 EUR ausgeurteilt worden sind, so tut sich ein ähnliches Bewertungsgefälle auf: In dem einen Fall muss jemand noch gute 39 Jahre nicht nur seine Verletzungsfolgen ertragen, sondern auch, dass er täglich lediglich 2,08 EUR zugesprochen bekommen hat. In dem anderen Fall, in dem Größe und Heftigkeit der Schmerzen und Leiden sowie Entstellungen in etwa die Hälfte ausmachen, bekommt der Verletzte ein Schmerzensgeld von 1,41 EUR pro Tag für gut 58 Jahre. **15**

Bereits die Analyse von vier – willkürlich gewählten – Schmerzensgeldentscheidungen, bei denen das verletzte Organ „Knie" im Vordergrund steht, zeigt, dass das bisherige Schmerzensgeldbemessungssystem nicht überzeugend ist. Es ist widersprüchlich, verfassungswidrig und nicht justiziabel. **16**

II.   Modell der taggenauen Schmerzensgeldbemessung nach Schwintowski und Schah Sedi/Schah Sedi

17   Dem traditionellen Schmerzensgeldbemessungssystem wird nun ein neues gegenübergestellt, welches bei genauer Betrachtung auch nicht „neu" ist, sondern bereits in der Entscheidung des Großen Zivilsenates vom 7.6.1955 (Az. GSZ 1/55, BGHZ 18, 149 ff.) angelegt ist. Das System wurde innerhalb eines wissenschaftlichen Projektes an der Humboldt-Universität zu Berlin entwickelt und hat Eingang gefunden in das Handbuch Schmerzensgeld von *Schwintowski/Schah Sedi/Schah Sedi*. Die Autoren haben ein System der taggenauen Bemessung von Schmerzensgeld entwickelt, welches alle Ungerechtigkeiten überwindet, die oben dargestellt sind und im Ergebnis ein angemessenes, individuell ermitteltes und nachvollziehbar berechnetes Schmerzensgeld entstehen lässt. Die dogmatischen Grundlagen für die taggenaue Bemessung von Schmerzensgeld sollen an dieser Stelle nicht vertieft werden. Stattdessen genügt hier der Hinweis auf das soeben zitierte Handbuch Schmerzensgeld, dort Teil A.

18   Das System der taggenauen Bemessung von Schmerzensgeld knüpft an die verschiedenen medizinischen Behandlungsstufen – Intensivstation, Normalstation, Rehabilitation, ambulante häusliche Behandlung und den Dauerschaden an. Für jeden einzelnen Tag dieser unterschiedlichen Behandlungs- bzw. Verlaufsstufen in der medizinischen Betreuung und der damit verbundenen Genesung, bietet das Schmerzensgeldbemessungssystem dem Geschädigten einen taggenauen Schmerzensgeldbetrag an. Es ist sehr leicht festzustellen, wie viele Tage jemand auf den einzelnen Behandlungsstufen verbracht hat. Dafür bedarf es lediglich eines Kalenders. Für jede Behandlungsstufe haben die Autoren des Handbuchs Schmerzensgeld einen Tagessatz in Euro entwickelt. Die Höhe dieses Tagessatzes wird maßgeblich bestimmt vom Grad des individuellen GdS (Grad der Schädigungsfolgen), so wie er in Teil B der Anlage zu § 2 der Versorgungsmedizinverordnung (und deren Rechtsvorgänger) bereits über Jahrzehnte bestimmt wird.

19   Analog zum Tabellenwerk beim Haushaltsführungsschaden (*Pardey*, Der Haushaltsführungsschaden, 8. Auflage 2013) finden sich im Handbuch Schmerzensgeld von *Schwintowski/Schah Sedi/Schah Sedi* in insgesamt vier Tabellen die exakten Tagessätze bereits ermittelt für die unterschiedlichen Behandlungsstufen sowie den Dauerschaden, und zwar ab dem Kalenderjahr 2000 bis zum Kalenderjahr 2011. Wer also nicht selbst rechnen möchte, kann auf die dortigen Tabellen – analog zum Tabellenwerk bei der Ermittlung des Haushaltsführungsschadens – zurückgreifen.

20   Das taggenaue Bemessungssystem von Schmerzensgeld ermöglicht im Ergebnis eine hohe Vergleichbarkeit ähnlicher Verletzungsbilder sowie Transparenz und Einheitlichkeit. Die Parameter des Bemessungssystems sind klar nachvollziehbar. Im Ergebnis wird damit eine Einheitlichkeit der Rechtsprechung hergestellt, was bis dato gerade nicht der Fall war, so wie oben eindrucksvoll aufgezeigt wurde (siehe Rn 9 ff.).

Der Schmerz unterscheidet nicht zwischen arm und reich, denn jeder Mensch ist **21** vor dem Schmerz gleich. Das hat zur Folge, dass es kein unterschiedliches Schmerzensgeld für Arme und für Reiche geben kann. Es ist die Lebensbeeinträchtigung, die alle verletzten Menschen gleichermaßen trifft und die zu kompensieren ist. Diese Gleichheit vor dem Schmerz entspricht der Gleichheit vor dem (monatlichen) Durchschnittseinkommen aller Bundesbürger (bezogen auf das monatliche Bruttonationaleinkommen je Einwohner, ausgewiesen vom Statistischen Bundesamt; *Schwintowski/Schah Sedi/Schah Sedi*, Handbuch Schmerzensgeld, Rn 286). Die Anbindung des Schmerzensgeldtagessatzes an das monatliche Durchschnittseinkommen aller Bundesbürger impliziert eine dynamische Entwicklung des Schmerzensgeldes. Auf eine Indexierung von Jahr zu Jahr kann verzichtet werden.

Die Höhe des Tagessatzes bemisst sich danach, wie viele Tage ein Geschädigter auf **22** der Intensivstation, Normalstation, in der stationären Reha bzw. in ambulanter Behandlung zuhause war. Der Dauerschaden rechtfertigt dann einen konstanten Tagessatz für die Zukunft, solange der Dauerschaden sich nicht verbessert oder verschlechtert.

Basierend auf der Entscheidung des Großen Zivilsenates aus dem Jahre 1955 **23** (BGHZ 18, 149 ff.) kommen auf einer zweiten Stufe korrigierende Zu- und Abschläge im jeweiligen Einzelfall hinzu und der Präventionsgedanke des Haftungsrechts findet auf einer dritten Stufe der Schmerzensgeldbemessung Eingang (*Schwintowski/Schah Sedi/Schah Sedi*, Handbuch Schmerzensgeld Rn 302 ff.).

Der 52. Deutsche Verkehrsgerichtstag 2014 hat sich im Arbeitskreis II mit dem „Problemfeld Schmerzensgeld" befasst. Sehr kontrovers wurde über die bisherige in Deutschland übliche Schmerzensgeldbemessungspraxis diskutiert, im Unterschied zur Schmerzensgeldbemessungspraxis in anderen europäischen Ländern. Ein weiteres Diskussionsfeld war die bisherige Bemessungspraxis anhand bereits rechtskräftig entschiedener Schmerzensgeldbeträge durch Gerichte im Unterschied zu einem tagessatzbasierten Bemessungsmodell, wie demjenigen, welches von Schwintowski/Schah Sedi/Schah Sedi vorgestellt worden ist. Selbst wenn der Arbeitskreis empfiehlt, grundsätzlich bei dem bisherigen Bemessungssystem zu bleiben, sollte trotz dieser Rechtspraxis der Blick nicht versperrt sein, andere Lösungsansätze in Betracht zu ziehen. Hierbei war es Herr Richter am BGH Wellner, der das tagessatzbasierte Bemessungssystem von Schwintowski/Schah Sedi/Schah Sedi ausdrücklich als eine mögliche Option verstanden wissen wollte.

III. Nach Zeitabschnitten gegliederte andere Schmerzensgeldbemessungssysteme in Literatur und Rechtsprechung

Ziegler und *Cayukli* (zfs 2013, 424 ff.) weisen bei ihrer Untersuchung von Schmer- **24** zensgeldern für den Verlust von Geschlechtsorganen, den Verlust der Zeugungsfähigkeit sowie den Verlust der Zeugungsfähigkeit in Verbindung mit Inkontinenz und Mastdarmentleerungsstörungen die Verfassungswidrigkeit dieser Schmerzensgeldrechtsprechung nach. Sie legen im Einzelnen dar, dass vergleichbare Verletzungsbilder bei Mann und Frau in der Schmerzensgeldbemessung völlig unterschiedlich von Gericht zu Gericht ausfallen und erblicken darin – zutreffend – einen Verstoß gegen Art. 3 Abs. 2 GG. Ebenso halten sie die Anknüpfung an Tabellenwerte nicht nur für subjektiv belastet, sondern im Wesentlichen für willkürlich. Ein weiterer Aspekt bei der Bewertung der bisherigen Schmerzensgeldrechtsprechung tritt noch hinzu. Die Autoren weisen zu Recht darauf hin, dass die Schmerzensgeldtabellen nicht die tatsächliche Regulierungspraxis wiedergeben, weil außergerichtliche Vergleiche in den Tabellen nicht enthalten sind. Sie halten die Tabellenbeträge deshalb nicht für repräsentativ. Nach ihrer Auffassung muss die Höhe des Schmerzensgeldes ohne Tabellenbezug geschlechtsunspezifisch und nach nachvollziehbaren Kriterien im Einzelfall begründet werden, wobei sich die Autoren ebenfalls auch hier auf die oben genannte Entscheidung des Großen Zivilsenates aus dem Jahre 1955 beziehen. Die Autoren fordern – ähnlich wie im Strafrecht – Tagessätze zu installieren, die sich an den wirtschaftlichen Verhältnissen der Beteiligten und den übrigen vom Bundesgerichtshof genannten Kriterien orientieren.

25 Am 19.09.2013 hatte der BGH zum Az. III ZR 405/12 Gelegenheit, sich zum immateriellen Schadensersatzanspruch wegen nachträglich verlängerter Sicherungsverwahrung zu positionieren. Vier Straftäter erhalten zwischen 49.000 EUR und 73.000 EUR wegen rechtswidrig nachträglich verlängerter Sicherungsverwahrung. Anspruchsgrundlage ist hier Art. 5 Abs. 5 EMRK. Danach haben die Betroffenen einen unmittelbaren Schadensersatzanspruch wegen rechtswidriger Freiheitsbeschränkung durch die öffentliche Hand, der vom Verschulden der handelnden Amtsträger unabhängig ist und auch den **Ersatz immateriellen Schadens** umfasst. Der BGH hat hier für jeden **Monat** nachträglich verlängerter Sicherungsverwahrung den Betrag von **500 EUR** als **immateriellen Schadensersatz** ausgeurteilt. Damit hat der BGH erstmals das Zeitmoment – ein Monat = 500 EUR – zum Maßstab für die Bemessung eines immateriellen Schadensersatzanspruchs gewählt. Dies könnte der Beginn einer neuen Ära der Schmerzensgeldbemessung in der höchstrichterlichen Rechtsprechung werden.

IV. Einzelfragen in der Schmerzensgeldbemessung nach bisheriger Bemessungspraxis

1. Verschuldenshaftung und Gefährdungshaftung

26 Nach § 253 Abs. 2 BGB kann wegen der Verletzung des Körpers und der Gesundheit Schadensersatz verlangt werden, auch für den Schaden, der kein Vermögensschaden ist. Es kann eine „billige Entschädigung in Geld" verlangt werden. Seit 1.8.2002 gilt dies nicht nur für die Verschuldenshaftung, sondern auch für die **Gefährdungshaftung**.

2. Hobby

Wenn jemand aufgrund der Verletzungsfolgen sein Hobby nicht mehr ausüben kann, ist dies ein Bemessungskriterium für das Schmerzensgeld. Gleiches gilt für den entgangenen Urlaub und die entgangene Lebensfreude, wie z.b. der Verlust der Fähigkeit Sport zu treiben und an kulturellen Veranstaltungen teilzunehmen.   **27**

3. Schmerzensgeld für Kinder

Das Schmerzensgeld für Kinder muss immer höher ausfallen, als dasjenige bei gleicher Verletzung/Dauerfolge bei einem Erwachsenen. Der Grund ist darin zu sehen, dass Kinder bis zum Erreichen der statistischen Lebenserwartung noch einen wesentlich längeren Leidensweg vor sich haben als ein verletzter Erwachsener.   **28**

4. Verletzungsbedingte Einschränkungen in der Tierhaltung

Verletzungsbedingte Einschränkungen in der Tierhaltung können an unterschiedlichen Stellen in der Schadensregulierung relevant werden. Einschränkungen in der Haustierpflege erhöhen das Schmerzensgeld. Bei der Haltung von Nutztieren für die Selbstversorgung ist die Position des Haushaltsführungsschadens tangiert und wenn Nutztiere zur Veräußerung gezüchtet werden und nicht mehr uneingeschränkt vom Geschädigten versorgt oder gepflegt werden können, ergibt sich ggf. ein Anspruch auf Ersatz des damit verbundenen Erwerbsschadens.   **29**

Praxistipp
Da oftmals vom Versicherer bei der Regulierung des Haushaltsführungsschadens eingewandt wird, dass die Tierpflege Hobby und deshalb schadensersatzrechtlich im Rahmen des Haushaltsführungsschadens nicht relevant sei, sondern mit dem Schmerzensgeld abgefunden werde, sollte bei Vorhandensein von Tieren, deren pflegerischer Aspekt ebenfalls in Euro erfasst werden. Das kann dadurch erfolgen, dass der Betreuungsaufwand für ein Haustier (z.B. Ausführen des Hundes), die Beschaffung von Tierfutter und auch die Verbringung des Tieres zum Tierarzt in ihrem zeitlichen Rahmen, geschätzt werden und pro Stunde ein Betrag von 10 EUR zugrunde gelegt wird. Der so ermittelte Monatsbetrag ist auf ein Jahr hochzurechnen und lebenslänglich zu kapitalisieren. Dieser Teilaspekt fließt in die Höhe des Schmerzensgeldes ein.

5. Psychische Unfallfolgen

Jeder Geschädigtenvertreter, der für seinen Mandanten Ansprüche wegen psychischer Unfallfolgen zu regulieren hat, tut gut daran, sich mit der entsprechenden Spezialliteratur (jüngst: *Grunewald/Nugel*, zfs 2013, 607 ff.) auseinanderzusetzen. Von großer Bedeutung ist hier eine sorgfältige dogmatische Aufarbeitung des vorliegenden Sachverhaltes. Wesentlich ist dabei die Frage, ob die psychische Unfallverletzung sich als Primärverletzung dargestellt hat (dann gilt das Beweismaß des   **30**

§ 286 ZPO) oder ob sich psychische Unfallfolgen als Folge einer physischen Primärverletzung darstellen (dann gilt § 287 ZPO). Alleine für das Beweismaß ist es von erheblicher Bedeutung, an dieser Stelle – ggf. auch im Zusammenwirken mit dem behandelnden Arzt – den Sachverhalt genau zu erforschen.

Praxistipp

Da die Hürde des Strengbeweises, mit der die Primärverletzung zu beweisen ist, deutlich schwerer zu nehmen ist, als die Hürde des § 287 ZPO im Rahmen der Schadensschätzung bei bewiesener Primärverletzung, sollte exakt medizinisch herausgearbeitet werden, ob die psychische Verletzung Primärschaden ist oder ob sie sich als Folge physischer Ausgangsverletzungen darstellt. In den meisten Fällen stellt sich die psychische Beeinträchtigung als Folge schwerer Primärverletzungen dar, wenn der Geschädigte realisiert, dass er aufgrund der Unfallfolgen sein bisheriges Leben in dieser Form nicht weiterführen kann. Zum Beispiel, wenn er feststellt, dass seine körperliche Unversehrtheit nicht wieder herzustellen ist, er in diesem Zusammenhang den Arbeitsplatz verlieren wird und er möglicherweise zum Pflegefall wird. In dieser Konstellation ist eher von einer psychischen Folge der Primärverletzung auszugehen, als von einer psychischen Primärverletzung aufgrund des Unfallgeschehens. Wegen der unterschiedlichen Anforderungen an die Darlegungs- und Beweislast lohnt es sich für den Geschädigtenvertreter immer, mit dem behandelnden Psychologen das Beschwerdebild exakt aufzuklären.

31 Derjenige Geschädigtenvertreter, der sich auf diese Art und Weise der Bezifferung des Schmerzensgeldes annähert, kann für seinen Mandanten die größten Erfolge verbuchen. Die sichere Erkenntnis des Geschädigten, dass er nach dem Unfall nicht mehr zurück in sein altes Leben gehen kann, löst oftmals einen erheblichen Depressionsschub aus. Der endgültige Verlust des Arbeitsplatzes, die gescheiterte medizinische und berufliche Rehabilitation und möglicherweise die Feststellung einer Schwerbehinderung und die tägliche Erfahrung der begrenzten physischen Leistungsfähigkeit, sind vielfach auslösender Faktor für das Entstehen massiver psychischer Probleme. Das darf nicht übersehen werden, zumal oft erst Monate nach dem Unfall vergehen, bevor der Geschädigte sich diesen medizinischen Befunden stellt.

6. Vorhersehbarkeitsrechtsprechung des BGH

32 Nach der Rechtsprechung des Bundesgerichtshofes gebietet der Grundsatz der Einheitlichkeit des Schmerzensgeldes, die Höhe des dem Geschädigten zustehenden Anspruchs aufgrund einer ganzheitlichen Betrachtung der den Schadensfall prägenden Umstände unter Einbeziehung der absehbaren künftigen Entwicklung des Schadensbildes zu bemessen (BGH, zfs 2006, 381 ff.). Damit geht es also um die Bemessung möglicher Verletzungsfolgen, die zum Beurteilungszeitpunkt zwar noch nicht eingetreten sind, deren Eintritt aber objektiv vorhersehbar erscheint, mit denen also gerechnet werden muss, obgleich sich die Folgen im Einzelfall auch nie realisieren müssen. In die Regulierung einzubeziehen ist also die theoretische Möglichkeit des Eintritts weiterer gesundheitlicher Verschlechterungen, auch dann, wenn ihr Eintritt im konkreten Fall unwahrscheinlich ist.

Verletzungsfolgen, deren Eintritt medizinisch **objektiv** nicht **vorhersehbar** ist, sind also solche, mit denen nicht oder nicht ernstlich gerechnet werden muss. Ob Verletzungsfolgen im Zeitpunkt der Zuerkennung eines Schmerzensgeldes erkennbar sind, beurteilt sich nicht nach der subjektiven Sicht der Parteien oder der Vollständigkeit der Erfassung des Streitstoffes durch das Gericht, sondern nach objektiven Gesichtspunkten, d.h. nach den Kenntnissen und Erfahrungen eines insoweit Sachkundigen (BGH zfs 2006, 382). Mithin ist nicht nur jede naheliegende Verletzungsfolge, sondern auch diejenige, die aus Sicht des (Fach-)Arztes objektiv vorhersehbar ist, mit in die Bemessung des Schmerzensgeldes einzubeziehen, unabhängig davon, ob sie sich jemals realisieren wird.

33

Praxistipp
Das bedeutet im Klartext, dass bei der Bemessung des Schmerzensgeldes nicht nur die Ausgangsverletzungen und die Dauerfolgen maßgeblich sind, sondern auch **Spätfolgen** bereits bei der Regulierung des Schmerzensgeldes zu berücksichtigen sind, unabhängig davon, ob sie jemals eintreten oder nicht.

Praxistipp
Bei der Bezifferung des Schmerzensgeldes sollte man „von hinten" anfangen. Objektiv denkbare Spätfolgen, die typischerweise mit den erlittenen Ausgangsverletzungen korrespondieren, bilden den Maßstab bei der Höhe des Schmerzensgeldes! So ist also bei einer bloßen Fraktur immer die Arthrose als objektiv vorhersehbare Folge bei der Regulierung in den Vordergrund zu stellen. Dieses führt dazu, dass die Schmerzensgeldsumme erheblich ansteigt.

Praxistipp
Der Geschädigtenvertreter sollte über den Haftpflichtversicherer Einfluss auf das oftmals in Auftrag gegebene Abschlussgutachten nehmen. Er sollte gezielt dem Versicherer aufgeben, dem Arzt die folgende Frage zu stellen:
„Welche gesundheitlichen Folgenschäden sind vorhersehbar, obgleich sie sich zum heutigen Zeitpunkt noch nicht realisiert haben?"

Praxistipp
Im Regulierungsgespräch ist es vorteilhaft, wenn der Anwalt sich mit den möglichen Folgeschäden der Ausgangsverletzungen im Vorfeld dezidiert beschäftigt hat. Wertvolle Hinweise liefert in diesem Zusammenhang der behandelnde Arzt des Mandanten, der durchaus unabhängig von einer Abschlussbegutachtung befragt werden kann. Im Übrigen wird auf die weiteren Ausführungen in diesem Buch verwiesen (siehe § 9 Rn 20 ff.); dort sind den häufigsten Schadensbildern die objektiv vorhersehbaren gesundheitlichen Folgeschäden zugeordnet.

34 In der Entscheidung des Thüringischen OLG v. 9.8.2006 (zfs 2007, 27 ff.) war eine verhältnismäßig geringfügige physische Ausgangsverletzung gegeben, nämlich ein Schleudertrauma der Halswirbelsäule mit weiteren geringfügigen physischen Beschwerden. In diesem Fall wurden die Folgeschäden, die in einer Somatisierungsstörung lagen, als medizinisch vorhersehbar eingestuft. Vom OLG wird ausgeführt, dass infolge eines von einem Betroffenen erlittenen Traumas sich eine psychische Erkrankung dergestalt entwickeln könne, dass Beschwerden in einer krankhaften Weise wahrgenommen werden. Das liege so nahe, dass dies selbst für medizinische Laien voraussehbar sei. Damit wurden die psychischen Folgen einer geringfügigen physischen Ausgangsverletzung dem Risikobereich des Geschädigten zugeordnet (Thüringisches OLG zfs 2007, 28).

Praxistipp
Bei physischen Ausgangsverletzungen, die in physische Dauerschäden übergehen, sollte der Anwalt immer daran denken, den behandelnden Arzt nach der Vorhersehbarkeit psychischer Folgen aufgrund der physischen Ausgangsverletzungen zu befragen. Da nach der Rechtsprechung die bloße objektive Vorhersehbarkeit ausreichend ist, wird in der Regel jeder Arzt, der auf diese Rechtsprechung hingewiesen wird, die Möglichkeit einer psychischen Folgeerkrankung aufgrund des stattgefundenen Unfalls attestieren. Somit fließt diese Spätfolge bereits zu einem frühen Zeitpunkt in die Bemessung des Schmerzensgeldes ein und erhöht dieses bereits von Anfang an.

35 Faktisch taucht auch das Problem auf, dass es mit größerem Zeitablauf immer schwieriger wird, behauptete Spätfolgen (soweit sie nicht objektiv vorhersehbar waren) kausal dem stattgefundenen Unfallereignis zuzurechnen. Insoweit ist es durchaus sinnvoll und im Interesse des Geschädigten, umfängliche medizinische Stellungnahmen zu den möglichen objektiv vorhersehbaren Spätschäden einzuholen, diese – mit Blick auf entsprechenden Verjährungsschutz – in die Schmerzensgeldbemessung einzubeziehen und die möglichen objektiv vorhersehbaren Spätfolgen explizit im Rahmen der Abfindungsvereinbarung zu benennen, um auf diesem Wege eine Rechtssicherheit für die Regulierung von Spätfolgen in ferner Zukunft zu erreichen.

Praxistipp
Bei Abschluss von außergerichtlichen Abfindungsvergleichen sollte der künftig zu erwartende immaterielle Schaden konkretisiert werden. Die objektiv vorhersehbare Spätfolge sollte ausdrücklich benannt werden. Je umfassender und erschöpfender an dieser Stelle gearbeitet wird, desto eher ist es später möglich, bei sich später realisierenden – jedoch vorhersehbaren – Spätfolgen nochmals in die Regulierung eines weiteren Schmerzensgeldbetrages einsteigen zu können.

36 Oftmals treten objektiv nicht vorhersehbare Spätfolgen viele Jahre später ein und es besteht daher ein Verjährungsrisiko.

Praxistipp

Das Verjährungsrisiko kann durch Erhebung einer Feststellungsklage und entsprechendes Feststellungsurteil aufgefangen werden. Für die außergerichtliche Regulierung ist eine schriftliche Vereinbarung in dem Sinne gleichwertig, dass der eintrittspflichtige Haftpflichtversicherer mit der Wirkung eines am Tage der Erklärung rechtskräftigen Feststellungsurteils seine Eintrittspflicht für den immateriellen Zukunftsschaden erklärt.

7. Bagatellverletzungen

Es gibt keine gesetzliche Regelung, wonach **Bagatellverletzungen** ohne Anspruch auf Schmerzensgeld bleiben. Das Gesetzgebungsvorhaben (Referentenentwurf, Begründung, S. 34), wonach der Betrag von 500 EUR als Erheblichkeitsschwelle definiert werden sollte, hat sich nicht in die Tat umsetzen lassen. Insoweit schließen selbst leichte Primärverletzungen ein Schmerzensgeld nicht grundsätzlich aus. Exemplarisch sei auf die Entscheidung des AG Lingen v. 28.11.1996 (zfs 1997, 172) hingewiesen. Der dortige Kläger erlitt zwei unfallbedingte Schürfwunden sowie eine 0,5 cm lange Schnittwunde, was ein Schmerzensgeld von 150 EUR gerechtfertigt hat.

37

In der Regulierungspraxis findet sich oftmals das Argument der Bagatellverletzung im Zusammenhang mit leichten Fahrzeugkollisionen im fließenden Verkehr mit geringer Geschwindigkeit. Es muss jedoch eindringlich davor gewarnt werden, per se jeden Auffahrunfall mit geringer Aufprallgeschwindigkeit unter den Begriff der Bagatellverletzung zu subsumieren. Das OLG Frankfurt hat am 28.2.2008 (zfs 2008, 264) entschieden, dass eine Harmlosigkeitsgrenze bei einer zusammenstoßbedingten Geschwindigkeitsänderung von weniger als 10 km/h als solche nicht anerkannt werden kann. Dieses wird richtigerweise damit begründet, dass es bei der Prüfung der Kausalität des Zusammenstoßes für die Verletzung neben der Geschwindigkeitsänderung auch unter anderem auf die Sitzposition des Geschädigten ankommen kann. Weitere Parameter für die Beurteilung sind darüber hinaus die Überdeckungszeit beider Fahrzeuge neben dem Zustand des Sitzes, Muskelanspannungen und Kopfdrehungen. Zu Recht hat deshalb der BGH eine schematisch gezogene Harmlosigkeitsgrenze abgelehnt (BGH v. 28.1.2003, zfs 2003, 287). An dieser Rechtsprechung hat er in den Folgejahren festgehalten (BGH v. 3.6.2008, NZV 2008, 507 sowie BGH v. 8.7.2008, NZV 2008, 501).

38

8. Vorschadenseinwand des Schädigers

Zunächst gilt der Grundsatz, dass ein Schädiger keinen Anspruch darauf hat, einen Gesunden zu schädigen, sondern dass er sein Opfer mit dessen konkreter körperlicher und psychischer Konstitution hinnehmen muss, so wie es ist.

39

40 In der Regulierungspraxis wird immer wieder suggeriert, dass ein vorgeschädigtes Opfer keinerlei Schmerzensgeld- und Schadensersatzansprüche hat. Das ist definitiv nicht richtig! Eine Vorschädigung stellt keinen haftungsrechtlichen Ausschlusstatbestand dar.

41 So hält der Bundesgerichtshof in ständiger Rechtsprechung daran fest, dass dem Schädiger auch die Auswirkungen seiner Verletzungshandlung zuzurechnen sind, die sich ergeben, weil der Verletzte bereits einen Vorschaden hatte oder eine grundsätzlich konstitutionelle Schwäche aufweist (BGH NJW 1989, 2616).

42 Allerdings darf das nicht darüber hinwegtäuschen, dass in Extremfällen die Haftung trotz adäquater Kausalität wegen fehlenden Zurechnungszusammenhangs vollständig entfallen kann. In der Mehrzahl der Fälle wirken sich physische wie auch psychische Vorschäden oder Schadensanlagen bei der Schadensbemessung zu Lasten des Geschädigten aus, schließen aber keinesfalls den Anspruch auf Schmerzensgeld oder Schadensersatz von vornherein aus. Ein Überblick zur aktuellen Rechtsprechung zum Vorschadenseinwand findet sich bei *Eggert* (Verkehrsrecht aktuell 2010, 60 ff.). Als groben Ausreißer muss man die Entscheidung des OLG Saarbrücken v. 21.7.2009 (NJW spezial 2009, 761) bewerten. Im dortigen Fall erlitt der Kläger bei einem Verkehrsunfall ein HWS-Schleudertrauma und diverse Prellungen am gesamten Körper sowie eine Läsion eines Schleimbeutels. Sachverständigenseits wurde eine Veranlagung des Geschädigten zu neurotischer Fehlverarbeitung diagnostiziert, wobei jedoch zu betonen ist, dass der Geschädigte trotz dieser Prädisposition in der Lage war, vor dem Unfall regelmäßig seiner Arbeit nachzugehen. Insoweit ist der ausgeurteilte Abschlag von 80 % aufgrund dieser psychischen Vorerkrankung schlicht als unangemessen zu bewerten.

9. Mitverschulden

43 Auch auf den Schmerzensgeldanspruch muss sich der Geschädigte ein etwaiges **Mitverschulden** nach § 254 BGB anrechnen lassen. Keinesfalls ist es jedoch richtig, das angemessene Schmerzensgeld um die im Übrigen mit dem Versicherer ausgehandelte Quote des Mitverschuldens zu kürzen. Der mathematische Kürzungsvorgang erfolgt bei allen anderen Schadensersatzpositionen, jedoch nicht in mathematischer Form beim Schmerzensgeld. Nach der Rechtsprechung des BGH (VersR 1970, 624) ist das Schmerzensgeld unter Berücksichtigung der Haftungsquote zu bestimmen, wobei allerdings das Verschulden nur **ein** Bemessungsfaktor von vielen ist, die im Rahmen der Doppelfunktion des Schmerzensgeldes Berücksichtigung finden. Aus diesem Grunde kann das Mitverschulden nicht der beherrschende Bemessungsfaktor beim Schmerzensgeld sein.

Praxistipp
Gerne wird das Schmerzensgeld vom Haftpflichtversicherer in der Praxis mathematisch entsprechend der ausgehandelten Mitverschuldensquote reduziert. Der Rechtsanwalt sollte auf die oben zitierte Rechtsprechung des Bundesgerichtshofes

und den Aspekt, wonach das Verschulden nur ein Bemessungsfaktor von vielen im Rahmen der Schmerzensgeldbemessung ist, verweisen. Er sollte die übrigen Aspekte im Rahmen der Ausgleichs- und Genugtuungsfunktion herausarbeiten und ein quasi „ungerades" Schmerzensgeld leicht nach unten abrunden. Er darf jedoch keinesfalls dabei die rechnerische Quote des Mitverschuldens erreichen, sondern muss immer oberhalb derer bleiben.

Es ist zu beachten, dass Kindern, die das 7. Lebensjahr nicht vollendet haben, ein **44** Mitverschuldensvorwurf überhaupt nicht gemacht werden kann und sich eine Reduzierung des Schmerzensgeldes von vornherein verbietet (§ 828 Abs. 1 BGB).

Kinder, die noch nicht das 10. Lebensjahr vollendet haben, sind nach § 828 Abs. 2 **45** BGB nicht verantwortlich für Schäden, die bei einem Unfall mit einem Kfz, einer Schienenbahn oder einer Schwebebahn einem Anderen zugefügt werden. Der BGH hatte die Gelegenheit, sich im Jahre 2004 zu diesem Haftungsprivileg zu äußern (BGH v. 30.11.2004, Az. VI ZR 353/03 und VI ZR 365/03 = NJW 2005, 354 und 356). In dieser Entscheidung hat der BGH klargestellt, dass dieses Haftungsprivileg in § 828 Abs. 2 BGB nach dem Sinn und Zweck der Vorschrift nur dort greifen könne, wo sich eine „typische Überforderungssituation des Kindes durch die spezifischen Gefahren des motorisierten Straßenverkehrs realisiert hat". Das bedeutet, dass sich im konkreten Kinderunfall zwischen dem vollendeten 7. Lebensjahr und dem vollendeten 10. Lebensjahr die Notwendigkeit ergibt, den vorliegenden Sachverhalt genau zu untersuchen. Hat sich der Unfall aufgrund einer typischen Überforderungssituation ereignet oder stand die Unachtsamkeit des Kindes in einer einfach gelagerten Verkehrssituation im Vordergrund? Letzteres wird wohl dann anzunehmen sein, wenn das Kind mit einem parkenden Fahrzeug kollidiert, weil es das eigene Gefährt (Skateboard, Inlineskates, Fahrrad etc.) nicht unter Kontrolle hat. *Jahnke/Thinesse-Wiehofsky* arbeiten sehr sorgfältig die verschiedenen Facetten des Mithaftungseinwandes des Kindes heraus (*Jahnke/Thinesse-Wiehofsky*, Rn 504 ff.). Beim Unfall mit Beteiligung von Kindern sei auf das Gesamtwerk als unverzichtbares Regulierungshilfsmittel hingewiesen.

Da die Neufassung von § 828 Abs. 2 BGB keinen Unterschied macht, ob das Kind **46** der betroffenen Altersstufe Täter oder Opfer ist, muss es sich auf den eigenen Ersatzanspruch auch kein Mitverschulden an der Schadensverursachung anrechnen lassen (*Dahm*, NZV 2009, 379).

10. Schmerzensgeldrente

In seiner grundlegenden Entscheidung hat der Große Senat für Zivilsachen am **47** 6.7.1955 (BGHZ 18, 149 ff.) die Eckpunkte für die Zuerkennung einer **Schmerzensgeldrente** formuliert. Anhaltende Schmerzen, die Notwendigkeit wiederholter schmerzhafter ärztlicher Eingriffe mit ungewissem Erfolg sowie drohende Gefahren unfallbedingter Spätschäden, rechtfertigen eine Schmerzensgeldrente ebenso wie der Verlust eines wichtigen Gliedes. Entscheidend ist, dass die Lebensbeeinträchtigung immer wieder neu und immer wieder schmerzlich empfunden wird und der ständigen nichtvermögensrechtlichen Beeinträchtigung eine laufende geldliche Entschädigung gegenübergestellt wird. An diesen Grundsätzen hat der BGH bislang in ständiger Rechtsprechung festgehalten.

48 In mathematischer Hinsicht müssten Kapital und Rente dabei in einem ausgewogenen Verhältnis zueinander stehen. Dies bedeutet nichts anderes, als dass im Falle der Zahlung einer Schmerzensgeldrente sich der daneben zu zahlende Einmalbetrag erheblich reduziert. Die Berechnung der Rente erfolgt unter der Prämisse, dass der monatliche Rentenbetrag so bemessen ist, dass er kapitalisiert in der Summe mit dem Einmalbetrag einen Gesamtbetrag ergibt, der in seiner Größenordnung einem ausschließlich in Kapitalform zuerkannten Betrag zumindest annähernd entspricht (BGH VersR 1976, 967 ff.).

49 Gerade vor dem Hintergrund, dass eine Schmerzensgeldrente nach der Rechtsprechung des BGH (VersR 1973, 1087) nicht durch Koppelung an den Lebenshaltungskostenindex dynamisch ausgestaltet werden darf, ist die Geldrente nicht gerade wirtschaftlich attraktiv. Mathematisch erhält der Geschädigte also bei Kombination einer Schmerzensgeldrente mit einem Kapitalbetrag nominell keinesfalls mehr, als bei einmaliger Abfindung des Schmerzensgeldes. Bereits aus diesem Grunde dürfte es fragwürdig sein, sich für die Schmerzensgeldrente zu entscheiden.

11. Regulierungsverzögerung/Zinsanspruch

50 Es liegt in der Natur der Sache, dass Haftpflichtversicherer erhebliche eigene wirtschaftliche Interessen (oder diejenigen ihrer Anteilseigner) verfolgen und deshalb gerade bei der Bevorschussung des Schmerzensgeldes nicht gerade mit vorauseilendem Gehorsam auffallen. Wenn es also um die Bevorschussung von Schmerzensgeld geht, dann sollte eine dezidierte Forderung anhand der zunächst feststehenden Ausgangsverletzungen unter Inbezugnahme auf die eine oder andere passende ähnliche Fallkonstellation mit Hilfe der Schmerzensgeldtabelle von *Hacks/Wellner/Häcker* ermittelt werden. Hierbei sollte so konkret wie möglich gearbeitet werden, um dem Versicherer die Notwendigkeit des geltend gemachten Vorschusses in der geltend gemachten Höhe vor Augen zu führen.

51 Eine unzureichende oder unterbliebene Vorschusszahlung auf das Schmerzensgeld rechtfertigt in jedem Falle die Erhöhung des im Übrigen angemessenen Schmerzensgeldes. Umfassende Rechtsprechungsnachweise zu den unterschiedlichen prozentualen Erhöhungstatbeständen bei **Regulierungsverzögerung** finden sich bei *Hacks/Wellner/Häcker* (Schmerzensgeldbeträge 2014, S. 18).

52 Um einen **Zinsanspruch** auf das Schmerzensgeld geltend machen zu können, ist es erforderlich, den Vorschuss in der oben beschriebenen Art und Weise (unter Vorlage eines aussagefähigen Arztberichtes sowie Hinweis auf in Parallelfällen ausgeurteilte Schmerzensgeldbeträge) unter Fristsetzung anzufordern. Da der Schmerzensgeldanspruch mit dem Schadensereignis entsteht, fallen Zinsen erst ab Verzug an (BGH NJW 1965, 1374).

Praxistipp
Bei der außergerichtlichen Regulierung von Schmerzensgeld und vorangegangenem zögerlichen Regulierungsverhalten lassen sich Haftpflichtversicherer nur sehr ungern aus kosmetischen Gründen auf die Zahlung eines Verzugszinses ein, obgleich dessen Voraussetzungen objektiv vorliegen. Oftmals wird der Geschädigtenvertreter in diesem Zusammenhang auf den Rechtsweg verwiesen. Taktisch kann an dieser Stelle auch so verfahren werden, dass das Schmerzensgeld moderat um den Zinsanspruch (5 Prozentpunkte Verzugszins über dem Basiszinssatz seit Verzug) erhöht wird, ohne einen Betrag als Zinsschaden gesondert auszuweisen. Damit ist dann optisch der Zinsanspruch geglättet und der Geschädigte erhält gleichwohl das, was ihm zusteht.

Praxistipp
An dieser Stelle sei noch auf eine wenig bekannte Regelung in § 3a Pflichtversicherungsgesetz hingewiesen. Danach muss der Versicherer unverzüglich, spätestens jedoch innerhalb von 3 Monaten, bei unstreitiger Eintrittspflicht auf die Schadensbezifferung ein Angebot vorlegen. Unterbleibt dies, entsteht ein Zinsanspruch – alleine durch Zeitablauf – nach § 288 Abs. 1 S. 2 BGB.

12. Schmerzensgeldtabellen: worauf bei der Anwendung zu achten ist

Die Schmerzensgeldbemessung erfolgt im Rahmen des § 287 ZPO, ist also eine **53** Schadensschätzung. Es kommt auf die oben genannten Bemessungskriterien an, die jedoch an sich noch nichts über die Höhe des anzusetzenden Schmerzensgeldes aussagen. Diese sind zwar im Regulierungsgespräch maßgebliche Eckpunkte für die Bezifferung des Schmerzensgeldes. Letztlich kommt es aber immer noch darauf an, in den gängigen **Schmerzensgeldtabellen** nach ähnlichen Ausgangsverletzungen und ähnlichen Dauerschäden sowie ähnlichen objektiv vorhersehbaren Spätfolgen zu suchen und die dort ausgeurteilten Schmerzensgeldbeträge vergleichend in die Regulierung des vorliegenden Einzelfalles einzubeziehen. Diese Arbeitsweise wird noch solange Bestand haben, bis sich das oben dargestellte Modell der taggenauen Bemessung von Schmerzensgeld etabliert hat.

Bereits oben (siehe Rn 27) war ausgeführt worden, wie der Verlust der Möglichkeit **54** ein Hobby auszuüben, schadensrechtlich erfasst werden kann. Diese individuelle Schadensermittlung geht Hand in Hand mit der Anwendung der gebräuchlichen Schmerzensgeldtabelle *Hacks/Wellner/Häcker* (Schmerzensgeldbeträge 2014), welche jährlich neu erscheint. Die Suche im gedruckten Exemplar kann mit der Suchmaske der Online-Version unter *www.juris.de* erheblich erleichtert werden.

Nahezu alle Schmerzensgeldbezifferungen lassen sich äußerst zufriedenstellend mit dieser Schmerzensgeldtabelle bearbeiten. Ergänzend kann auf *Jaeger/Luckey*, Schmerzensgeld sowie *Slizyk*, Beck'sche Schmerzensgeldtabelle, zurückgegriffen werden. Hier finden sich oftmals viele Entscheidungen mit einzelnen Ausgangsverletzungen. Hingegen sind in der Schmerzensgeldtabelle *Hacks/Wellner/Häcker* oftmals komplexe Verletzungssachverhalte erfasst, so wie sie sich in der Großschadensregulierung finden.

55   Bei der Bemessung des Schmerzensgeldes ist zu beachten, dass nicht auf veraltete Rechtsprechung zurückgegriffen wird. Dreh- und Angelpunkt ist die Rechtsprechung des LG München I aus dem Jahr 2001 (Az. 19 O 8647/00, zfs 2001, 356). Darin wurde erstmals das Bedürfnis nach höheren Schmerzensgeldern bei Personenschäden in den Vordergrund gestellt. Es wurde zum damaligen Zeitpunkt das höchste Schmerzensgeld mit 375.000 EUR zzgl. Rente in Höhe von 750 EUR monatlich ausgeurteilt. Dies wurde damit begründet, dass ein Bedürfnis nach höheren Schmerzensgeldern bestehe und der inflationären Entwicklung der Lebenshaltungskosten Rechnung getragen werden müsse. Da es sich um Einzelfälle handele, würde die Gemeinschaft der Versicherten nicht übermäßig belastet. Insoweit sollten in der Regulierung Entscheidungen, die älter als 10 Jahre sind, nicht mehr herangezogen werden. In der Vergangenheit hat sich ein gewisser Wertewandel dahingehend ergeben, dass die Schmerzensgeldbeträge moderat angehoben wurden und die bloße Indexierung von Entscheidungen, die älter als 10 Jahre sind, für die Regulierung nicht ausreichend ist.

56   Sollte es in Ausnahmefällen (z.B. wenn neuere Rechtsprechung zum Verletzungsbild des Mandanten nicht vorhanden ist) gleichwohl erforderlich sein, alte Entscheidungen heranzuziehen, dann sollte darauf geachtet werden, dass eine korrekte Indexierung des seinerzeit ausgeurteilten Schmerzensgeldbetrages erfolgt. Berechnungsbeispiele finden sich bei *Hacks/Wellner/Häcker* (S. 16). Nach der Indexierung sollte noch ein gewisser Aufschlag erfolgen, um der Rechtsprechung des LG München I (zfs 2001, 356) gerecht zu werden.

57   Zu berücksichtigen ist auch die geänderte Rechtsprechung des Bundesgerichtshofes im Jahr 1996 (BGH VersR 1996, 990), wonach der Richter durchaus die Möglichkeit hat, im streitigen Verfahren den im unbezifferten Schmerzensgeldantrag mitgeteilten Mindestbetrag für das Schmerzensgeld zu überschreiten. Die ältere Rechtsprechung war zu einem großen Teil davon ausgegangen, dass eine Überschreitung des bezifferten Mindestbetrages im Urteil nicht möglich ist und auf diese Weise sind viele Entscheidungen mit zu niedrigen Schmerzensgeldbeträgen ergangen, die an sich durchaus ein höheres Schmerzensgeld aufgrund der vorhandenen Verletzungsbilder gerechtfertigt hätten. Auch dies ist ein Grund dafür, dass Rechtsprechung, die aus heutiger Sicht 18 Jahre und älter ist, keinesfalls mehr in die Regulierung eingeführt werden sollte.

13. Gesamtschuldnerschaft bei ärztlichen Behandlungsfehlern

Arzt und Unfallverursacher haften als Gesamtschuldner, wenn dem Arzt bei der **58** Behandlung der Unfallverletzung ein **Behandlungsfehler** unterläuft (BGH NJW 1989, 767; OLG Koblenz NJW 2009, 3006; OLG Hamm r + s 1995, 340). Lediglich besonders gravierende Fehler bei der medizinischen Behandlung können sich als überholende Kausalität darstellen und damit einen eigenen Anspruch gegen den medizinischen Behandler auslösen.

Praxistipp
Beim Personenschaden sollte deshalb die abschließende Regulierung von Schmerzensgeld- und Schadensersatzansprüchen so lange zurückgestellt werden, bis die medizinische Heilbehandlung hinsichtlich sämtlicher geplanter operativer Eingriffe abgeschlossen ist. Damit soll auch die abschließende Metallentfernung, die oftmals zwischen 12 und 18 Monaten nach dem Unfallereignis erfolgt, angesprochen werden. Es handelt sich dabei zwar nur um einen relativ geringen operativen Eingriff, bei dem aber oftmals Fehler unterlaufen, die zu neuen gesundheitlichen Beeinträchtigungen des Geschädigten führen. Diese wirken sich zu Lasten des Erstschädigers schmerzensgelderhöhend aus. Wäre der Unfall bereits gegen Abfindungszahlung endgültig reguliert, dann wäre es dem Geschädigten nicht mehr möglich, die Ansprüche aus einer fehlerhaften Heilbehandlung geltend zu machen.

14. Anrechenbarkeit des Schmerzensgeldes
a) Hartz-IV
Bei der Grundsicherung für Arbeitssuchende ist Schmerzensgeld nach § 11 Abs. 3 **59** Nr. 2 SGB II nicht zu berücksichtigen.

b) Ehelicher Zugewinnausgleich
Nach der Rechtsprechung des BGH (BGH NJW 1981, 1836) ist Schmerzensgeld in **60** den Zugewinnausgleich einzubeziehen. Begründet wird dies damit, dass das Schmerzensgeld einen Vermögenswert darstellt, der wie alle anderen Vermögenspositionen objektiv und objektivierbar ist. Ausnahmefälle von diesem Grundsatz finden sich in der Härtefallregelung nach § 1381 BGB.

Nicht selten finden sich Lebenssachverhalte, in denen ein mitfahrender Ehegatte **61** von seinem Ehegatten schwer verletzt wird. In der Folge zerbricht die Ehe aufgrund des Unfallgeschehens und der verletzte Ehegatte auf dem Beifahrersitz erhält Schmerzensgeldzahlungen vom (eigenen) KH-Versicherer. Immer dann, wenn der Unfall die (letzte) Ursache für das Auseinanderbrechen einer Ehe darstellt, ist dieser Sachverhalt als Anwendungsfall des § 1381 BGB zu werten.

c) Prozesskostenhilfe
Nach § 115 Abs. 3 ZPO hat die die Prozesskostenhilfe beantragende Partei für die **62** Prozessführung ihr Vermögen einzusetzen, soweit dieses zumutbar ist. § 90

SGB XII gilt entsprechend. Mithin kann sich die die Prozesskostenhilfe begehrende Partei erfolgreich auf § 90 Abs. 3 SGB XII berufen, wonach der Einsatz von Schmerzensgeld eine Härte bedeutet und im Ergebnis Schmerzensgeld anrechnungsfrei bleibt.

B. Erwerbsschaden

Literatur: *Buschbell*, Der Kinderunfall im Straßenverkehr, SVR 2006, 245; *Eggert*, Der Einwand des Mitverschuldens beim Erwerbsschadensersatz, Verkehrsrecht aktuell 2006,116; *Ernst*, Die 12 wichtigsten Punkte zur Durchsetzung des Erwerbsschadens, Verkehrsrecht aktuell 2008, 132; *Heß/Burmann*, Vorteilsausgleichung beim Personenschaden, NJW-Spezial 2006, 447; *Jahnke*, Der Verdienstausfall im Schadensersatzrecht, 4. Auflage 2014; *Jahnke/ Thinesse-Wiehofsky*, Unfälle mit Kindern und Arzthaftung bei Geburtsschäden, 2013; *Kendell*, Maßnahmen zur Regulierung des Erwerbsschadens bei Selbstständigen und Freiberuflern, zfs 2007, 372; *Langenick*, Probleme bei der Ermittlung des Erwerbsschadens, insbesondere der Nachweis der Unpraktikabilität der Bruttolohnmethode auch bei sozialversicherten Geschädigten, NZV 2009, 257; *Medicus*, Schadensersatz bei Verletzung vor Eintritt in das Erwerbsleben, DAR 1994, 442; *Pardey*, Berechnung von Personenschäden, 4. Auflage 2010; *Scheffen/Pardey*, Schadensersatz bei Unfällen mit Minderjährigen, 2. Auflage 2003; *Schrader/Straube*, Die Anhebung der Regelaltersgrenze, NJW 2008, 1025; *Steffen*, Ersatz von Fortkommensnachteilen und Erwerbsschäden aus Unfällen vor Eintritt in das Erwerbsleben, DAR 1984, 1 ff.

I. Allgemeines

63 Die Bezifferung des **Erwerbsschadens** erfordert keine mathematisch hochtrabenden Kenntnisse. Sie erfordert jedoch ein Denken in Zeitfenstern. Die zeitlich systematische Erfassung des Erwerbsschadens in den denkbaren Zeitfenstern reduziert Fehlerquellen und schafft bei der Bezifferung eine Übersichtlichkeit. Auf diese Weise kann der Erwerbsschaden, welcher bis zum Eintritt in die Regulierungsverhandlungen entstanden ist, relativ schnell und mit einfachen Mitteln beziffert werden. Für die Bezifferung des Zukunftsschadens ist jedoch in der Regel eine Auseinandersetzung mit der Rechtsprechung und der Spezialliteratur unabdingbar.

1. Begriff

64 Die gesetzliche Regelung dieses Anspruchs findet sich in §§ 252, 842, 843 BGB, § 11 StVG. Der Anspruch besteht als Rentenanspruch, wobei gem. §§ 843 Abs. 2, 760 BGB die Rente vierteljährlich im Voraus zu leisten ist.

65 Der Verdienstausfall setzt eine **konkrete Vermögenseinbuße** beim Geschädigten voraus. Nicht ausreichend ist der Verlust oder die Minderung der Erwerbsfähigkeit als solcher. Die abstrakte Minderung der Arbeitsfähigkeit ist kein Schaden (BGH NJW 1970, 1411). Es müssen bezifferbare Vermögensverluste entstehen.

2. Umfang

Der Erwerbsschaden ermittelt sich nach der sogenannten **Differenzmethode** (BGH **66** NJW 1999, 3625). Es ist die rechnerische Differenz zwischen dem Einkommen ohne den Unfall (Hätte-Verdienst; Kontrollfrage: Was hätte der Geschädigte heute ohne den Unfall verdient?) und dem tatsächlichen Einkommen nach dem Unfall (Ist-Verdienst; Kontrollfrage: Wie hoch ist die Summe der monatlichen Einnahmen des Geschädigten nach dem Unfall?) zu bilden; davon abzuziehen ist eventuell ein sog. Vorteilsausgleich des Geschädigten, da er für die Ausübung seiner Berufstätigkeit (zeitweilig oder auf Dauer) keine Kosten mehr aufwenden muss. Gegebenenfalls ist das rechnerische Ergebnis dann wegen Verstoßes gegen die Schadensminderungspflicht des Geschädigten um nicht realisierte fiktive Einkünfte nach unten zu korrigieren. Vereinfacht kann man also sagen:

Hätte-Verdienst – Ist-Verdienst + Vorteilsausgleich – Schadensminderungspflicht = **67** Schaden (zur Schadensermittlung siehe auch Rn 52 ff., 75 ff.).

II. Einzelne Regulierungsabschnitte (vom Unfallzeitpunkt bis zum Eintritt in das gesetzliche Rentenalter)

1. Erstes Zeitfenster: Entgeltfortzahlung durch den Arbeitgeber

Der Verkehrsunfall bildet den Nullpunkt, von dem aus das erste Zeitfenster gebildet **68** wird. Dieses erfasst den Zeitraum vom Verkehrsunfall bis zum Ende der sechsten Woche nach dem Verkehrsunfallzeitpunkt. In diesem Zeitraum erhält ein Arbeitnehmer nach § 3 Entgeltfortzahlungsgesetz einen Anspruch auf **Entgeltfortzahlung** seines Arbeitseinkommens.

2. Zweites Zeitfenster: Krankengeld/Verletztengeld

An die Entgeltfortzahlung des Arbeitgebers schließt sich der Abschnitt der **Entgelt-** **69** **ersatzleistungen** an. Der Geschädigte erhält jetzt entweder von der Krankenkasse das **Krankengeld** (§ 44 SGB V) oder im Falle eines Arbeitsunfalls vom gesetzlichen Unfallversicherungsträger das **Verletztengeld** (§ 45 SGB VII). Dieses wird regelmäßig für einen Zeitraum von bis zu 78 Wochen geleistet.

3. Drittes Zeitfenster: Erwerbsminderungsrente/Verletztenrente

Wenn die Erwerbsfähigkeit des Geschädigten auf Dauer beeinträchtigt ist, wird **70** ihm vom zuständigen Träger der Rentenversicherung eine **Erwerbsminderungsrente** (§ 33 SGB VI) gewährt, sofern die weiteren Voraussetzungen vorliegen. Handelt es sich um einen Arbeitsunfall, dann hat der Geschädigte ggf. Anspruch auf eine **Verletztenrente** (§ 56 Abs. 1 SGB VII) seines gesetzlichen Unfallversicherungsträgers. Beide Renten können auch nebeneinander bestehen. Der Rentenbeginn kann auch bereits im zweiten Zeitfenster einsetzen, wenn nach der 26. Woche feststeht, dass die Minderung der Erwerbsfähigkeit andauert (§ 56 Abs. 1 SGB VII). Es ist nicht unbedingt erforderlich, dass das Krankengeld oder Verletztengeld für den Zeitraum von 78 Wochen gewährt wird. Steht bereits vor Ablauf von 78 Wochen fest, dass die Erwerbsfähigkeit auf Dauer beeinträchtigt ist, tritt der Rentenanspruch auf Erwerbsminderungsrente bzw. Verletztenrente (beim Arbeitsunfall) an die Stelle des Kranken- und Verletztengeldes. Das dritte Zeitfenster umfasst also temporär den Zeitraum ab dem Ende des Krankengeldes bzw. Verletztengeldes bis längstens zum Eintritt in das gesetzliche Rentenalter des Geschädigten.

71   Hierbei ist die Lebensarbeitszeit für Soldaten – je nach Dienstgrad und Verwendung – bis zum 41. oder 65. Lebensjahr zu berücksichtigen (§ 45 Soldatengesetz). Besonderheiten gelten ebenso für Polizisten und andere Beamte. Für Schwerbehinderte gilt das 63. Lebensjahr als das Ende der Lebensarbeitszeit (§ 236 a SGB VI). Im Übrigen ist für Arbeitnehmer durch die Anhebung der **Regelaltersrente** in § 35 SGB VI auf nunmehr vollendete 67 Lebensjahre das Ende des dritten Zeitfensters je nach Geburtsjahrgang des Geschädigten nicht mehr einheitlich. Für die Geburtsjahrgänge vor 1947 verbleibt es bei der Regelaltersrente ab dem vollendeten 65. Lebensjahr. Für die Geburtsjahrgänge ab 1965 greift die Regelaltersrente ab dem vollendeten 67. Lebensjahr ein. In der nachfolgenden Tabelle aus § 7a SGB II kann der Rentenbeginn der Geburtsjahrgänge ab 1947–1964 abgelesen werden.

72

für den Geburts- jahrgang	erfolgt eine Anhe- bung um Monate	auf Vollendung eines Lebensalters von Jahre u. Monate	
vor 1947	0	65	0
1947	1	65	1
1948	2	65	2
1949	3	65	3
1950	4	65	4
1951	5	65	5
1952	6	65	6
1953	7	65	7
1954	8	65	8
1955	9	65	9
1956	10	65	10
1957	11	65	11
1958	12	66	0
1959	14	66	2
1960	16	66	4
1961	18	66	6
1962	20	66	8
1963	22	66	10
1964	24	67	0

4. Viertes Zeitfenster: Eintritt in das gesetzliche Rentenalter

Mit dem Eintritt in das gesetzliche Rentenalter spätestens nach Vollendung des 67.   **73**
Lebensjahres erlischt der Erwerbsschaden des abhängig Beschäftigten. Der Geschädigte wäre jetzt aus dem Erwerbsleben ohnehin ausgeschieden, so dass ihm ein
zivilrechtlicher Erwerbsschadensersatzanspruch aufgrund des Verkehrsunfalls nicht
mehr erwächst. Gegebenenfalls ist an dieser Stelle dann zu prüfen, ob der Geschädigte gegen den Eintritt eines Rentenminderungsschadens gesichert ist. Der Anspruch des Sozialversicherers ist nach §§ 116 Abs. 1 S. 2 und 3, 119 SGB X bereits
im Zeitpunkt des Unfalls auf diesen übergegangen. In der zivilrechtlichen Schadensregulierung ist der Geschädigte also wegen dieses Anspruchs nicht aktivlegitimiert. Kommt es zu einem fehlerhaften Regress des Sozialversicherungsträgers gegenüber dem Haftpflichtversicherer des Geschädigten, kann der Geschädigte nicht
selbst gegen den Haftpflichtversicherer vorgehen, sondern nur gegen den Sozialversicherungsträger.

Die Fälle des fehlerhaften Regresses sind nicht so selten, wie man gemeinhin an-   **74**
nehmen möchte. Gerade im Falle des Mitverschuldens des Geschädigten kommt es
gelegentlich vor, dass in der zivilrechtlichen Regulierung eine andere Quote mit
dem Haftpflichtversicherer ausgehandelt wird, als letztlich vom Sozialversicherungsträger gegenüber dem Haftpflichtversicherer beim Rentenregress zugrunde
gelegt wird. Diese Quote benachteiligt den Geschädigten häufig erheblich im Verhältnis zu der ausgehandelten Quote in der zivilrechtlichen Regulierung. Der Geschädigte kann jedoch gegen die Sozialversicherung den Rechtsweg beschreiten.

> *Praxistipp*
> Zur Vermeidung eines **Rentenschadens** sollte der Rechtsanwalt seinen Mandanten
> über die Notwendigkeit der Überprüfung des erfolgten Rentenregresses des Sozi-
> alversicherers aufklären. Jedes Tätigwerden des Rechtsanwaltes gegen den Sozial-
> versicherer begründet ein neues Mandat und ist folglich unabhängig von der Regu-
> lierung der Ansprüche gegenüber dem Haftpflichtversicherer vergütungspflichtig.
> Der Anwalt sollte dies innerhalb des zivilrechtlichen Mandats dem Mandanten
> klar kommunizieren.

III. Schadensermittlung: Hätte-Verdienst minus Ist-Verdienst zuzüglich Vorteilsausgleich abzüglich Schadensminderungspflicht

1. Umfang des Hätte-Verdienstes

Der Hätte-Verdienst wird als Nettobetrag bei der Schadensbezifferung zugrunde   **75**
gelegt. Vom Bruttoentgelt sind die Arbeitnehmeranteile zur Sozialversicherung

(Arbeitslosenversicherung, Krankenversicherung, Pflegeversicherung, Rentenversicherung) ebenso abzusetzen wie die Einkommen- und Kirchensteuer sowie der Solidaritätszuschlag.

76   Der Hätte-Verdienst ermittelt sich beim Arbeitnehmer aus dem gesamten Nettogehalt inklusive aller Zulagen, wie **Schichtarbeitszeitvergütung**, **Erschwerniszulagen** (OLG Hamm zfs 1996,211), **Auslandsverwendungszulagen** (OLG Hamm DAR 2006,274), **Überstundenvergütung** (LG Saarbrücken zfs 2006, 500), **Bereitschaftsdienstzuschlag** (LG Saarbrücken zfs 2006, 500) und Gratifikationen wie zum Beispiel **Weihnachtsgeld** und **Urlaubsgeld**. Zum Bruttogehalt zählen auch **freie Kost** und **Mitarbeiterrabatte** (*Scheffen*, VersR 1990, 929). Zu berücksichtigen sind ferner **steuerfreie Spesen**, Verpflegungsmehraufwand, **Aufwandsentschädigungen** (OLG Hamm NZV 2006, 94), **Fahrtkostenersatz** (OLG Hamm NZV 2006, 94) und **Trennungsentschädigungen**. Hierbei ist zu bedenken, dass diese pauschalen Leistungen des Arbeitgebers als Ausgleich für Aufwendungen des Arbeitnehmers gewährt werden. Gegebenenfalls ist eine leichte Korrektur wegen ersparter Aufwendungen vorzunehmen, die daraus resultieren, dass dem Geschädigten die damit abzugeltenden Kosten nicht in vollem Umfange entstanden sind. Keinesfalls können deshalb die pauschalen Leistungen bei der Ermittlung des Hätte-Verdienstes vollständig entfallen. Ebenfalls zum Hätte-Verdienst werden **Nebeneinkünfte** gezählt. Zu nennen ist hier das **Trinkgeld** (OLG München zfs 1983, 229 und LG Hanau zfs 1994, 443) und auch die häufig anzutreffende Nebentätigkeit von Klinikärzten wie auch der Verdienstausfall von Studenten (OLG Schleswig, Der Verkehrsanwalt 2008, 122). Ebenfalls zum Hätte-Verdienst sind Steuerrückerstattungen zu addieren.

Praxistipp
Wenn der Geschädigte unregelmäßige Zulagen, Gratifikationen und Nebeneinkünfte erhält, sollten die Entgeltabrechnungen für das komplette Kalenderjahr vor dem Verkehrsunfall auf derartige Zahlungen überprüft werden. Die Gesamtsumme aus einem vollständigen Kalenderjahr kann durch Zwölftelung auf den Kalendermonat als Durchschnittswert heruntergerechnet werden und steht so bei der Schadensermittlung zur Verfügung. Da Trinkgelder regelmäßig nicht auf der Entgeltabrechnung erfasst sind, können diese aus dem Einkommensteuerbescheid des Geschädigten des Vorjahres entnommen werden und es kann ebenfalls durch Zwölftelung ein Monatsbetrag als Durchschnittswert ermittelt werden.

Hinweis
Nicht zum Hätte-Verdienst zählen Einnahmen aus Schwarzarbeit (LG Oldenburg NJW-RR 1988, 1496).

77   Zum Teil werden vereitelte **Eigenleistungen am Bau** ebenfalls dem Hätte-Verdienst zugeordnet (OLG Hamm VersR 1989, 152; OLG München zfs 1990, 154). Wegen der damit verbundenen Problematik, diese Eigenleistungen steuerrechtlich und sozialversicherungsrechtlich zu erfassen, sollten die vereitelten Eigenleistungen am Bau ebenso wie Renovierungsarbeiten im Haus sowie am Hausgrundstück dogmatisch den vermehrten Bedürfnissen zugeordnet werden.

Praxistipp
Wenn der Geschädigte über ein unregelmäßiges und schwankendes Einkommen verfügt, kann aus den Nettoentgelten der letzten ein bis drei Jahre vor dem Verkehrsunfall ein Monatsdurchschnitt ermittelt werden. Hierfür genügt häufig die Heranziehung der jeweiligen Entgeltabrechnung des Kalendermonates Dezember, wenn darin die Gesamtjahreseinkünfte kumuliert werden. Durch Zwölftelung des Jahresnettoeinkommens lässt sich schnell das durchschnittliche Nettomonatsentgelt ermitteln. Hilfsweise können auch die Einkommensteuerbescheide der letzten ein bis drei Jahre herangezogen werden. Wenn keinerlei schriftliche Unterlagen beigebracht werden können, besteht die Möglichkeit auf einen Vergleichsarbeitnehmer und dessen Einkommen abzustellen.

2. Umfang des Ist-Verdienstes

Der Ist-Verdienst ermittelt sich unter Berücksichtigung der oben aufgezeigten Zeitfenster aus den tatsächlichen Einnahmen des Geschädigten seit dem Verkehrsunfall bis zum Regulierungszeitpunkt. **78**

Abhängig Beschäftigte erhalten in den ersten sechs Wochen nach dem Unfall ihr Arbeitseinkommen gem. § 3 Entgeltfortzahlungsgesetz noch vom Arbeitgeber. Ein Erwerbsschaden könnte sich im Einzelfall daraus ergeben, dass die oben erwähnten Zulagen etc. im sechswöchigen Entgeltfortzahlungszeitraum vom Arbeitgeber nicht mehr gezahlt werden müssen. Insoweit muss der Geschädigtenvertreter in jedem Falle auch die Entgeltabrechnungen der ersten sechs Wochen nach dem Verkehrsunfall auf derartige Reduzierungen hin überprüfen. **79**

Daran schließt sich regelmäßig der Anspruch auf Zahlung von Krankengeld (§ 44 SGB V) beziehungsweise Verletztengeld (§ 45 SGB VII) an. Hier entsteht bereits die erste Lücke gegenüber dem Nettoentgelt, welches der Geschädigte zum Zeitpunkt des Unfalls verdient hat. Weitere Einnahmearten sind u.a. **Arbeitslosengeld** (§§ 3 Abs. 1 Nr. 8, 116 Nr. 1, 117 SGB III), **ALG II** (§ 19 SGB II) und **Übergangsgeld** (§ 35 SGB VII; § 20 SGB VI). Bei all diesen Einnahmen ist der Nettobetrag zu ermitteln. **80**

Praxistipp
Der Rechtsanwalt sollte sich die Abrechnungen der jeweiligen Drittleistungsträger von seinem Mandanten aushändigen lassen. Kontoauszüge lassen den Zeitraum häufig nicht erkennen und genügen daher nicht. Bei der Abrechnung ist zu berücksichtigen, dass Kranken- und Verletztengeld, soweit die Leistungsbeträge in Tagen ermittelt werden, mit 30 Tagen monatlich zu berechnen sind. Bei wöchentlichen Zahlungen ist der Wochenbetrag mit 4,33 zu multiplizieren, um so den Monats-

betrag zu ermitteln. Um sich viel Zeit bei der Berechnung des Erwerbsschadens zu ersparen, empfiehlt es sich, bis zum Abschluss des zweiten Zeitfensters abzuwarten. Regelmäßig erhalten dann die Geschädigten eine Abrechnung der vom Sozialversicherungsträger insgesamt erbrachten Zahlungen. Mithilfe dieser Gesamtabrechnung kann im zweiten Zeitfenster der Ist-Verdienst relativ unproblematisch ermittelt werden. Spätere Verrechnungen der Sozialversicherungsträger untereinander – z.B. bei nachträglich zuerkannter Erwerbsminderungsrente – bringen dann die Erwerbsschadensberechnung des Rechtsanwaltes nicht zu Fall. Für den Zeitraum der Leistung von Entgeltersatzleistungen genügt es, wenn der Anwalt vom Versicherer Vorschusszahlungen auf den überschlägig ermittelten Erwerbsschaden anfordert und eine spezifizierte Schadensbezifferung erst nach Beendigung der Entgeltersatzleistungen am Ende des zweiten Zeitfensters vornimmt.

Wenn der Anspruch auf Kranken- beziehungsweise Verletztengeld und auch gegebenenfalls auf Arbeitslosengeld erschöpft ist, wäre der Geschädigte auf Leistungen nach dem SGB II („Hartz IV") zu verweisen, soweit er keinen Anspruch auf Erwerbsminderungsrente beziehungsweise Verletztenrente hätte. Da es sich dabei um Leistungen der Sozialhilfe handelt, findet der Grundsatz der Subsidiarität der Sozialhilfe (§ 2 SGB XII) Anwendung. Das bedeutet, dass der Geschädigte immer dann, wenn er einen Erwerbsschadensersatzanspruch hat, Leistungen der Sozialhilfe nicht beanspruchen darf. Umgekehrt heißt das, dass der Versicherer den Geschädigten bei Vorliegen eines Erwerbsschadensersatzanspruchs nicht auf Sozialhilfe verweisen kann.

81   Der Zeitraum im dritten Zeitfenster ist geprägt durch die Gewährung einer Erwerbsminderungsrente/Verletztenrente. Für die Bezifferung der Ist-Einnahmen des Geschädigten kann der jeweilige Rentenbescheid des Sozialversicherungsträgers herangezogen werden. Daraus ergibt sich die Nettorente.

Praxistipp

Wenn feststeht, dass der Geschädigte auf Dauer Erwerbsminderungsrente/Verletztenrente beziehen wird, kann der Erwerbsschaden für die Vergangenheit sehr einfach beziffert werden.

Der Anwalt muss sich von seinem Mandanten lediglich diejenigen Abrechnungsschreiben beziehungsweise Bescheide des Sozialversicherungsträgers aushändigen lassen, die den gesamten Leistungszeitraum kumuliert erfassen. Gegebenenfalls kann der Mandant eine solche Bescheinigung beim Drittleistungsträger für den gesamten zurückliegenden Zeitraum bis zur Schadensbezifferung von dort einholen. Damit steht dann der Nettobetrag der Einnahmen des Geschädigten seit seinem Unfall ohne großen rechnerischen Aufwand in der Schadensbezifferung zur Verfügung.

Zu beachten ist unbedingt, dass Leistungen aus einer Berufsunfähigkeitszusatzversicherung (BUZ) und einer privaten Unfallversicherung sowie einer privaten Krankentagegeldversicherung nicht den Ist-Einnahmen hinzuzurechnen sind, weil es sich dabei um anrechnungsfreie **Summenversicherungen** handelt. Das gilt jedoch nicht bei Leistungen aus einer freiwilligen Versicherung in der gesetzlichen Unfallversicherung an den Mandanten. Hier besteht nach der Rechtsprechung Kongruenz.

Wenn sich der Geschädigte der Aufnahme einer zumutbaren (teilweisen) Erwerbstätigkeit widersetzt, werden die erzielbaren (fiktiven) Einkünfte bei der Bezifferung des Erwerbsschadens dem Ist-Verdienst hinzugerechnet (ständige Rechtsprechung, zuletzt: BGH zfs 2007, 83). Es wird keine Mitverschuldensquote gebildet. **82**

Kommt es nach dem Unfall und vor dem Wiedereintritt in die Erwerbstätigkeit zum Verlust des Arbeitsplatzes, sollte dagegen arbeitsgerichtlich vorgegangen werden. Die kampflose Akzeptanz einer arbeitgeberseitigen Kündigung kann leicht dazu führen, dass sich der Geschädigte die erzielbaren Einkünfte fiktiv beim Ist-Verdienst anrechnen lassen muss. Bei einer krankheitsbedingten Kündigung aufgrund der Unfallfolgen kann zuvor der gegnerische Haftpflichtversicherer um Kostendeckungszusage gebeten werden. Wird diese versagt, muss der Geschädigte das arbeitsgerichtliche Klageverfahren jedoch nicht aus eigenen Mitteln bezahlen. Der haftpflichtige Versicherer darf sich dann nicht darauf berufen, dass der Geschädigte seiner Schadensminderungspflicht nicht nachgekommen ist. Das wäre treuwidrig. Analog gilt das für den Fall, dass der Schädiger nicht bereit ist, die Kosten für die anwaltliche Vertretung vor dem Sozialgericht im Rentenverfahren gegen den Sozialversicherungsträger zu tragen. **83**

3. Vorteilsausgleich

Der **Vorteilsausgleich** bezieht sich auf Ersparnisse während der Zeit der Arbeitsunfähigkeit, die daraus resultieren, dass ein geschädigter Arbeitnehmer in diesem Zeitraum keine Aufwendungen für die Berufsausübung hat und gegebenenfalls während Zeiten stationärer Aufnahme die Kosten für die Ernährung zuhause gespart hat. **84**

Den Vorteilsausgleich kann man nicht in jedem Fall und pauschal in gleicher Höhe ansetzen. Im Interesse des Geschädigten sollte immer von dessen individueller Situation ausgegangen werden, anstelle auf pauschalierte Sätze zwischen 5 % und 10 % – wie häufig vom Versicherer gewünscht – zurückzugreifen. **85**

Die am häufigsten ins Feld geführte Position sind die Fahrtkosten eines Arbeitnehmers von Zuhause zum Arbeitsplatz. Nach diesseitiger Ansicht sind derartige ersparte Aufwendungen bei der Schadensbezifferung nicht mehr zu berücksichtigen, weil ein Arbeitnehmer wegen der aktuellen Rechtsprechung des Bundesfinanzhofes (BFH 26.2.2009, Az. VI R 17/07) diese Kosten als sogenannte „**Pendlerpauschale**" ab dem ersten Kilometer in seiner Einkommensteuererklärung geltend machen kann. Wenn dem Geschädigten also vor dem Schadensereignis kein finanzieller Nachteil dadurch entstanden ist, dass er mit seinem Kfz zur Arbeit gefahren ist, so ändert sich an dieser Situation auch nichts, wenn die Fahrtkosten nicht mehr anfal- **86** len, weil er verletzungsbedingt seine Erwerbstätigkeit nicht mehr ausübt. Damit bleibt auch kein Raum mehr für einen Vorteilsausgleich aufgrund ersparter Fahrtkosten.

87 Bei der Anrechnung von Kosten **doppelter Haushaltsführung** zulasten des Hätte-Einkommens (so *Jahnke*, S. 296) ist genauer hinzusehen: Kosten doppelter Haushaltsführung reduzieren den Hätte-Verdienst nur so lange, wie die doppelte Haushaltsführung nach dem schädigenden Ereignis noch aufrechterhalten wird. Häufig werden Zweithaushalte nach einem schweren Personenschaden am Arbeitsort aufgelöst, weil der Geschädigte in der Regel diese Kosten sparen möchte, zumal häufig vorhersehbar ist, dass er aufgrund der Verletzungsfolgen nicht mehr in der Lage sein wird, die alte Berufstätigkeit auszuüben.

> *Praxistipp*
> Zur Bestimmung des Enddatums der doppelten Haushaltsführung sollte sich der Rechtsanwalt von seinem Mandanten die Kündigung des Mietvertrages und die Meldebescheinigung vom Einwohnermeldeamt aushändigen lassen. Die Kosten für die Auflösung des zweiten Haushaltes sind unfallbedingt angefallen und vom Schädiger zu erstatten.

Zu den weiteren Positionen ersparter berufsbedingter Aufwendungen zählen gegebenenfalls Berufsbekleidung (OLG Schleswig NJW-RR 2004, 599) und die Kosten für deren Reinigung. Auch hier lohnt das genaue Hinschauen: Häufig trägt der Arbeitgeber die Kosten für die Reinigung der Berufsbekleidung, so dass ersparte Aufwendungen unfallbedingt nicht erkennbar sind.

88 Soweit Aufwendungen für die Anschaffung von **Arbeitsmitteln** (Fachliteratur, Werkzeug) erspart werden, sind diese dem Hätte-Verdienst gegenzurechnen. Jedoch ist zu berücksichtigen, dass die dafür aufgewandten Geldmittel vom Geschädigten in der Regel geringer sind, als vom Versicherer gerne geschätzt. Hier lohnt ein Blick in den Einkommensteuerbescheid der letzten ein bis drei Jahre vor dem Schadensereignis und die Einsichtnahme in die der jeweiligen Steuererklärung zugrunde liegenden Originalbelege des Geschädigten.

89 Bei der Anrechnung von Beiträgen zu **Berufsverbänden** und **Gewerkschaften** ist wiederum zu berücksichtigen, dass der Geschädigte häufig die Mitgliedschaft bereits dann gekündigt hat, wenn für ihn erkennbar wurde, dass eine Rückkehr in das Erwerbsleben verletzungsbedingt nicht mehr möglich ist. Auch hier sollte sich der Anwalt des Geschädigten die Kündigung der Mitgliedschaft aushändigen lassen, um so den exakten Zeitraum zu beziffern, innerhalb dessen derartige ersparte Aufwendungen den Hätte-Verdienst tatsächlich noch minimiert haben.

90 Dem vom Versicherer bei jungen männlichen Geschädigten häufig ins Feld geführte Einwand, der ohne den Unfall zu absolvierende **Grundwehrdienst** führe zum Vorteilsausgleich zulasten des Geschädigten, kann oftmals begegnet werden durch die Nachfrage beim geschädigten Mandanten, ob er anstelle des Grundwehrdienstes einen **Ersatzdienst** (Feuerwehr, THW, DRK oder ähnlichen Einrichtungen) neben seiner Berufstätigkeit während seiner Freizeit ausgeübt hätte. Bejahendenfalls gibt es keinen Vorteilsausgleich. Für Schadensfälle, bei denen ein Grundwehrdienst nach dem 1.7.2011 fiktiv behauptet wird, ist zu beachten, dass es seit dem Tage keine gesetzliche Wehrpflicht mehr gibt. Der Grundwehrdienst findet seitdem nur noch auf freiwilliger Basis statt.

Letztlich sind noch die ersparten Aufwendungen für die **häusliche Verpflegung**   **91** während der stationären Aufnahme in Kliniken und Reha-Einrichtungen im Rahmen des Vorteilsausgleichs zu berücksichtigen. Nach ständiger Rechtsprechung beträgt dieser rund 10 EUR pro Tag stationärer Unterbringung (OLG Oldenburg r+s 1980, 85, AG Nordhorn zfs 1988, 135). Dieser Betrag entspricht auch demjenigen, der nach §§ 39 Abs. 4, 40 Abs. 6 SGB V als Eigenanteil des Versicherten vom Sozialversicherungsträger ab Volljährigkeit des Geschädigten für einen Zeitraum von längstens 28 Tagen pro Kalenderjahr gefordert wird. (Beim Arbeitsunfall entfällt diese Zahlungspflicht). Danach beginnt rechnerisch erst der Vorteilsausgleich. Abweichungen nach oben benachteiligen den Geschädigten in der Schadensregulierung unangemessen. Dies gilt insbesondere dann, wenn der Geschädigte bereits vor dem Unfall nur Sozialhilfeleistungen zur Verfügung hatte; es ist mitunter schwer vorstellbar, dass von derartig niedrigen Einkünften 10 EUR pro Tag und Familienmitglied für die Ernährung ausgegeben werden. Gegebenenfalls muss dem im Rahmen der Schadensregulierung bei solchen familiären Verhältnissen durch Korrektur der Vorteilsangleichung nach unten betragsmäßig Rechnung getragen werden.

> *Praxistipp*
> Der Anwalt sollte zu diesem Zweck die Familie des Geschädigten bitten, über einen Zeitraum von einigen Wochen sämtliche Belege für Lebensmittel zu sammeln. Recht schnell lässt sich hier ein Durchschnittswert für die tägliche Geldausgabe zur Mahlzeitenzubereitung ermitteln.

Wenn feststeht, dass der Geschädigte wegen der Unfallfolgen seinen arbeitgeberseitig gekündigten Arbeitsplatz nicht wieder aufsuchen kann und erhält er im Kündigungsschutzverfahren eine **Abfindung**, dann ist diese im Rahmen des Vorteilsausgleichs nicht anzurechnen (BGH NZV 1990, 225; OLG Hamm r+s 1994, 417).   **92**

Nachdem der Hätte-Verdienst, der Ist-Verdienst und auch die ersparten Aufwendungen im Rahmen des Vorteilsausgleichs erfasst worden sind, steht somit zunächst der Nettoerwerbsschadensbetrag fest.   **93**

4. Schadensminderungspflicht

In der weiteren Schadensregulierung wird der Versicherer nunmehr die **Schadensminderungspflicht** des Geschädigten nach § 254 BGB einwenden. Hier stehen in der Regel zwei Argumente zur Verfügung: der Geschädigte wird aufgefordert, seine restliche Arbeitskraft zu verwerten (Erwerbsobliegenheit des Geschädigten) und/   **94** oder er wird zur Umschulung (auf Kosten der Sozialversicherung respektive des Haftpflichtversicherers) aufgefordert, um so wieder mindestens leidensgerecht ins Erwerbsleben integriert zu werden.

a) Erwerbsobliegenheit

95 Nach der ständigen Rechtsprechung des BGH ist der Geschädigte grundsätzlich verpflichtet, die ihm verbleibende Arbeitskraft in zumutbarer Weise so nutzbringend wie möglich schadensmindernd einzusetzen (BGH VersR 1983, 488; BGH DAR 2007, 141).

96 Die Zumutbarkeit für die Aufnahme einer Erwerbstätigkeit durch den Geschädigten bestimmt sich nach dessen Persönlichkeit, sozialer Lage, bisherigem Lebenskreis, Begabung und Anlagen, Bildungsgang, Kenntnissen und Fähigkeiten, bisherigem Werdegang, gesundheitlichen Verhältnissen, Alter, seelischer und körperlicher Anpassungsfähigkeit, Umstellungsfähigkeit, Art und Schwere der Unfallfolgen, Familie (Familienstand, Zahl und Alter der Kinder), und Wohnort (BGH VersR 1974, 142; BGH NJW 1984, 2520).

97 Verstößt der Geschädigte gegen die vom BGH entwickelten Grundsätze zur **Erwerbsobliegenheit**, so ist ein möglicher (fiktiver) Verdienst nach § 287 ZPO zu schätzen und auf den Erwerbsschadensersatzanspruch des Geschädigten anzurechnen. Eine quotenmäßige Kürzung darf nicht erfolgen (BGH NJW 2007, 64).

Praxistipp
Der Geschädigte sollte sich der kostenlosen Dienste der Bundesagentur für Arbeit zur Arbeitsvermittlung bedienen. Um einen leidensgerechten Arbeitsplatz vermittelt zu bekommen, ist es ratsam, wenn er die bislang vorliegenden medizinischen Unterlagen und auch das gegebenenfalls vorliegende Rentengutachten der Deutschen Rentenversicherung/des gesetzlichen Unfallversicherers vorlegt. Die Bundesagentur für Arbeit wird in einem solchen Falle ohnehin durch den eigenen medizinischen Dienst vorab prüfen, ob und gegebenenfalls in welchem Umfang und mit welchen Leistungseinschränkungen der Geschädigte in die Arbeitsvermittlung aufgenommen werden kann.

98 Wenn sich der Geschädigte als medizinisch (teilweise) arbeitsfähig erweist, aber andererseits ein (leidensgerechter) Arbeitsplatz trotz intensiver Suche und der Bereitschaft, den Wohnort zu wechseln nicht zur Verfügung steht, ist es ratsam, auf professionelles Schadensmanagement durch einen Reha-Dienst zurückzugreifen.

Praxistipp
Es ist die Aufgabe des Rechtsanwaltes, für seinen Mandanten mit dem Versicherer über die Einschaltung eines Reha-Dienstes zur beruflichen Rehabilitation des Geschädigten ins Gespräch zu kommen. Wenn am Ende nicht nur die eigenen Bemühungen des Geschädigten zur Wiedererlangung eines Arbeitsplatzes gescheitert sind, sondern auch diejenigen eines professionellen Schadensmanagers, steht der

Schadensregulierung auch des zukünftigen Erwerbsschadens gegebenenfalls durch Kapitalisierung faktisch nicht mehr viel im Wege.

Praxistipp
Der Rechtsanwalt sollte seinen Mandanten dazu anhalten, sich selbst aktiv um eine neue leidensgerechte Arbeitsstelle zu bemühen. Hierfür sollten neben der Bundesagentur für Arbeit auch private Arbeitsvermittlungsdienste eingeschaltet werden. Auch Initiativbewerbungen und die Auswertung der Stellenanzeigen in der örtlichen und auch überörtlichen Presse nebst schriftlicher Dokumentation der Bewerbungsversuche sollten vom Rechtsanwalt bei seinem Mandanten abgefordert werden. Mündliche Bewerbungsversuche müssen nachvollziehbar stichwortartig vom Geschädigten (mit wem, wann und über welche Arbeitsstelle, mit welchem Ergebnis gesprochen wurde) dokumentiert werden. In einem späteren Klageverfahren muss der Geschädigte gegebenenfalls darlegen, was er zur Schadensminderung unternommen hat (zuletzt BGH DAR 2007, 142).

Kommt es dann zur Arbeitsaufnahme und stellt sich dabei heraus, dass der Geschädigte den Anforderungen des Arbeitsplatzes nicht gewachsen ist und bricht er die Tätigkeit deshalb ab, ist er nicht verpflichtet, weitere Versuche der Arbeitsaufnahme zu unternehmen (BGH VersR 1961, 1018).

b) Umschulung

Wenn der Geschädigte in seinem erlernten oder ausgeübten Beruf wegen seiner Unfallfolgen nicht mehr tätig sein kann, gleichwohl aber noch ein mindestens teilweises Leistungsvermögen besteht, dann ist er im Rahmen seiner Schadensminderungspflicht verpflichtet, sich umschulen zu lassen (grundlegend: BGH NJW 1953, 1098). Voraussetzung ist jedoch, dass die berufliche Umschulung zur Abwendung eines Erwerbsschadens überhaupt objektiv sinnvoll erscheint (BGH NJW 1991, 1412). Wenn der Geschädigte dann eine Einkommensverbesserung erfährt, bleibt der Mehrbetrag bei der Frage des Vorteilsausgleichs unberücksichtigt (BGH NJW 1987, 2741).   **99**

IV. Prüfungsschema: Ermittlung des Erwerbsschadens (sog. ungedeckte Schadensspitze) eines abhängig Beschäftigten ohne Berücksichtigung des Zukunftsschadens

1. Ausgangspunkt: der Anspruch vom Unfallzeitpunkt bis zum Regulierungsstichtag

In der Regulierungspraxis stellt sich die Situation oftmals so dar, dass nach Abschluss der medizinischen Akutbehandlungen und vor Eintritt in die Phase der bloßen Erhaltungstherapien der Wendepunkt in der außergerichtlichen Schadensregulierung eintritt. Zu einem vom Rechtsanwalt und seinem Mandanten definierten   **100**

Zeitpunkt – dem Regulierungsstichtag – erfolgt die Bezifferung der rückständigen Ansprüche, so auch des Anspruchs auf Ersatz des Erwerbsschadens und von diesem Zeitpunkt aus gesehen die Bezifferung der zukünftigen Ansprüche. Regelmäßig liegt dieser Regulierungsstichtag in einem Zeitfenster zwischen zwei und drei Jahren nach dem Unfalltag. Bis zu diesem Termin sind die aufgelaufenen Erwerbschadensersatzansprüche durch Addition der in den jeweiligen Zeitfenstern entstandenen Teilbeträge zu ermitteln und ab diesem Termin ist eine Prognose hinsichtlich des Hätte-Verdienstes für die Zukunft erforderlich. Das nachfolgende Prüfungsschema bezieht sich auf den Zeitraum zwischen dem Unfalltag und dem Regulierungsstichtag. Für die Ermittlung des Anspruchs ab dem Regulierungsstichtag, also des Zukunftsschadens, wird verwiesen auf die Ausführungen unten (siehe Rn 109 ff.).

a) Ermittlung des Hätte-Verdienstes

101 Das Monatseinkommen bis zum Unfalltag (inkl. Zulagen etc., siehe Rn 75 ff.) wird mit der Anzahl der Monate seit dem Unfall bis zum Tage der Bezifferung des aufgelaufenen Erwerbsschadens multipliziert.

b) Ermittlung des Ist-Verdienstes

102 Die monatlichen Entgeltersatzleistungen (netto) seit dem Unfalltag (siehe Rn 78 ff.) werden bis zum Regulierungsstichtag aufaddiert.

c) Vorteilsausgleich

103 Der gesamte Zeitraum vom Unfalltag bis zum Regulierungsstichtag muss lückenlos erfasst werden und zu einer Gesamtsumme aufaddiert werden. Im Einzelfall sind die folgenden Positionen zu berücksichtigen: Kosten doppelter Haushaltsführung; Berufsbekleidung einschließlich Reinigung; Arbeitsmittel wie Fachliteratur und Werkzeug; Beiträge zu Berufsverbänden/Gewerkschaften; max. 10 EUR/Tag ersparte Aufwendungen bei stationärer Aufnahme für 28 Tage pro Monat (siehe Rn 84 ff.).

d) Schadensminderungspflicht

104 Bei einem Verstoß gegen die Erwerbsobliegenheit oder die Verpflichtung zur Umschulung minimiert sich der Erwerbsschaden um die erzielbaren (fiktiven) Einkünfte (Rn 95 ff.).

2. Berechnung der „ungedeckten Schadensspitze"

105

	Zwischensumme aus a)	(siehe Rn 101)
-	Zwischensumme aus b)	(siehe Rn 102)
-	Zwischensumme aus c)	(siehe Rn 103)
-	ggf. Zwischensumme aus d)	(siehe Rn 104)
=	Erwerbsschaden nach Nettolohntheorie	

Ein Berechnungsbeispiel befindet sich unten (siehe Rn 147, Muster 3.1).

Mitunter wird der Anwalt feststellen müssen, dass er einen erheblichen Berech- **106** nungsaufwand betrieben hat, um eine relativ kleine ungedeckte Schadensspitze zu ermitteln. Das tritt immer dann auf, wenn der Geschädigte zum Unfallzeitpunkt lediglich über ein geringes Einkommen verfügte, er jedoch andererseits Anspruch auf Rente wegen voller Erwerbsminderung hat und zugleich eine Verletztenrente des gesetzlichen Unfallversicherers zur Auszahlung gelangt. Hierbei ist zweierlei zu berücksichtigen: Zum einen kann selbst eine relativ geringe ungedeckte Schadensspitze bei einem jungen Arbeitnehmer im Falle der Kapitalisierung des Erwerbsschadens noch einen erheblichen Zahlbetrag ausmachen, der sich nicht selten im fünfstelligen Euro-Bereich bewegt. Zum anderen kann die ungedeckte Schadensspitze in der Zukunft größer werden, wenn die Drittleistungen des Sozialversicherungsträgers teilweise oder sogar gänzlich wegfallen. Zwar wird der Versicherer dann einwenden, dass mit dem Wegfall der Drittleistungen auf den Erwerbsschaden dokumentiert sei, dass der Geschädigte wieder arbeitsfähig ist, jedoch muss das nicht in jedem Fall so zutreffen. Es gibt keine Bindungswirkung der medizinischen Einschätzung des Sozialversicherungsträgers in der zivilrechtlichen Schadensregulierung.

Praxistipp
Immer dann, wenn die ungedeckte Schadensspitze relativ gering ist oder sogar Null beträgt, weil der Geschädigte zum Zeitpunkt der Bezifferung des Erwerbsschadens Entgeltersatzleistungen eines oder mehrerer Sozialversicherungsträger bezieht, muss der Anwalt zugunsten seines Mandanten mit dem Versicherer einen **Erwerbsschadensvorbehalt** vereinbaren. Das ist gerade dann wichtig, wenn eine abschließende Regulierung durch Zahlung einer Abfindungssumme erfolgen soll. Anderenfalls besteht die Gefahr, dass sich in der Zukunft ein Erwerbsschaden bei Reduzierung oder Wegfall der Leistungen eines oder mehrerer Sozialversicherungsträger ergibt und der Geschädigte seinen dann entstehenden Erwerbsschaden beim Versicherer wegen der abschließenden Regulierung durch Abfindungszahlung nicht mehr geltend machen kann. Gerät der Erwerbsschadensvorbehalt bei der Regulierung in Vergessenheit, droht dem regulierenden Rechtsanwalt unter Umständen ein erhebliches Haftungsrisiko.

3. Steuerschaden

Dem so ermittelten Nettoerwerbsschaden für den in der Vergangenheit liegenden **107** Zeitraum ist als weitere Schadensersatzpositionen die darauf anfallende **Einkommensteuer** hinzuzurechnen.

Wenn der Erwerbsschaden für mehrere Jahre in einem ersetzt wird und der Geschä- **108** digte dadurch die **Steuererleichterung des § 34 EStG** in Anspruch nehmen kann, verbleibt dieser Vorteil beim Geschädigten (BGH NJW 1994, 2084).

Praxistipp

Im Rahmen der Regulierungsverhandlungen sollte sich der Anwalt vom Versicherer einen Vorbehalt dergestalt erklären lassen, dass dieser zuzüglich zum Netto-Erwerbsschaden die darauf anfallende Einkommensteuer nach Vorlage des Einkommensteuerbescheides entweder an den Geschädigten oder aber unmittelbar an das Finanzamt leistet. Hierbei ist jedoch zu berücksichtigen, dass die Zahlung auf den Schaden ihrerseits im folgenden Jahr wiederum eine zu versteuernde Einnahme darstellt. Auch der darauf anfallende Einkommensteuerbetrag sollte dann entsprechend wieder vom Versicherer gegen Nachweis übernommen werden. Da jede weitere Zahlung des Versicherers auf den Schaden in den folgenden Jahren wiederum als steuerpflichtige Einnahme zu betrachten ist, besteht zum anderen auch die Möglichkeit der Einbindung des Finanzamtes bei der Ermittlung des Erwerbsschadens. In Abhängigkeit von der Höhe der Einkommensteuerzahlungsverpflichtung kann mit dem Finanzamt auch ein pauschalierter Steuerbetrag verhandelt werden, mit dem dann der gesamte Erwerbsschaden steuerrechtlich für die Zukunft abgegolten wird.

V.   Zukünftiger Erwerbsschaden ab dem Regulierungsstichtag – Zukunftsprognose

109   Der Zukunftsschaden, welcher per Definition ab dem Regulierungsstichtag zu laufen beginnt, erfordert eine Prognose. Diese bezieht sich auf die wahrscheinliche berufliche Entwicklung des Geschädigten ohne den Unfall und das damit verbundene Erwerbseinkommen. Führt man sich noch einmal vor Augen, dass es der Schädiger ist, der den Geschädigten in seine missliche Lage gebracht hat und damit für die schwierige Nachweissituation der Prognose verantwortlich ist (BGH VersR 2003, 233), dann dürfen die Anforderungen an die Darlegungslast nicht überstrapaziert werden und es reicht, wenn der Geschädigte Anknüpfungstatsachen vorträgt – und auch beweist –, die eine Schadensschätzung möglich machen (BGH VersR 1995, 420).

110   Für die Frage, ob er gegen den Schädiger einen Schadensersatzanspruch hat, gelten die strengen Beweisanforderungen des § 286 ZPO (BGH VersR 2003, 118).

111   Demgegenüber ergeben sich die Beweiserleichterungen aus den §§ 287 ZPO und 252 BGB für die Frage der Schadenshöhe. Der Geschädigte ist darlegungs- und beweisbelastet dafür, in welcher Höhe ihm wie lange ein Erwerbsschaden entstanden ist.

112   Nach § 252 BGB gilt als entgangen der Gewinn, der nach dem gewöhnlichen Lauf der Dinge oder nach den besonderen Umständen mit Wahrscheinlichkeit erwartet werden konnte. Darin ist eine den § 287 ZPO ergänzende Beweiserleichterung zugunsten des Geschädigten enthalten. Dieser braucht nur die Umstände darzulegen und in den Grenzen des § 287 ZPO zu beweisen, aus denen sich nach dem gewöhnlichen Verlauf der Dinge oder den besonderen Umständen des Falles die Wahrscheinlichkeit des Gewinneintritts ergibt (BGH NJW 1964, 662). Dabei dürfen keine zu strengen Anforderungen gestellt werden (BGH NJW 1993, 1990). Erforderlich, aber auch ausreichend ist, wenn der Geschädigte die Ausgangs- und Anknüpfungstatsachen für eine Schadensschätzung vorträgt (BGH NJW 2004, 1945).

Hingegen müssen die „besonderen Umstände" von demjenigen bewiesen werden, der sich darauf beruft (*Medicus*, DAR 1994, 442). **113**

1. Besonderheiten bei abhängig Beschäftigten

Nach § 252 BGB trägt der Geschädigte die Darlegungs- und Beweislast für die Prognose entsprechend dem **gewöhnlichen Lauf der Dinge**. Hierzu zählen allgemeine Lohnerhöhungen und auch die gewöhnlichen Aufstiegsmöglichkeiten, wobei der Geschädigte durchaus eine Vergleichsperson heranziehen kann. Andererseits gehört zum gewöhnlichen Lauf der Dinge auch ein Arbeitsplatzrisiko, wie zum Beispiel die Insolvenz des Arbeitgebers, worauf sich der Versicherer berufen könnte oder auch eine unfallunabhängige Erkrankung des Geschädigten, für die ebenso der Versicherer darlegungs- und beweisbelastet ist. **114**

Einen außergewöhnlichen Lauf der Dinge muss also entsprechend derjenige beweisen, der sich darauf beruft. Das können zum einen der Geschädigte und zum anderen der Versicherer sein. **115**

Für die Prognose ist nicht auf den Unfallzeitpunkt, sondern auf den Entscheidungszeitpunkt abzustellen. Dies ermöglicht die Berücksichtigung von Entwicklungen, die sich im Zeitraum zwischen dem Unfallereignis und dem Entscheidungszeitpunkt ergeben haben (BGH NJW 1999, 563). Bei der außergerichtlichen Regulierung ist der Entscheidungszeitpunkt in diesem Sinne analog der Regulierungsstichtag. **116**

2. Besonderheiten bei Kindern, Schülern, Auszubildenden und Studenten

Bei Kindern, Schülern, Auszubildenden und Studenten muss der Schädiger alle Nachteile ausgleichen, die aus dem verzögerten oder verhinderten Berufseinstieg entstehen (BGH VersR 1985, 62). Die **Prognose**, welchen Beruf der verletzte junge Mensch ohne den Unfall ergriffen hätte, ist umso schwieriger, je jünger der Verletzte ist und je weniger weit er in seiner bisherigen Berufsausbildung fortgeschritten ist. Am schwierigsten ist es, eine Prognose für die berufliche Entwicklung eines Kindes zu treffen. Hierbei gilt der Grundsatz, dass die Schwierigkeiten einer Prognose für die Entwicklung des Erwerbslebens nicht zulasten des in jungen Jahren Geschädigten gehen dürfen, da gerade das Schadensereignis die Aufklärungsprobleme zum Schadensumfang bedingt (BGH NJW 1995, 1023; BGH DAR 1995, 202; BGH NJW 1997, 931). Aus diesem Grunde dürfen an die Darlegung konkreter **117**

Anhaltspunkte für die Schadensermittlung im Rahmen der §§ 252 Satz 2 BGB, 287 Abs. 1 ZPO keine zu hohen Anforderungen gestellt werden. Dies gilt umso mehr, je jünger die geschädigte Person ist.

118   Für die Regulierungspraxis bedeutet das, dass umso mehr „spekuliert" werden darf, je weniger weit die Berufsausbildung gediehen ist (BGH NJW 1998, 1633; OLG Hamm VersR 2000, 234; OLG Stuttgart VersR 1999, 630). *Scheffen/Pardey*, Rn 906, schlagen vor, bei schweren Schädigungen von Kindern in jungen Jahren für den Zeitpunkt des hypothetischen Schul- und Ausbildungsabschlusses an einen Mindestersatz zu denken, der an die konkreten Verhältnisse anknüpft und so gewährleistet, dass betroffene Kinder einen angemessenen Ausgleich erhalten. Hierbei ist an die eigenen beruflichen Pläne des Kindes aus der Zeit vor dem Unfall ebenso wie an die konkreten Anstrengungen nach dem Unfall anzuknüpfen. Dabei fließen auch die Begabungen und Fähigkeiten des Kindes und auch seine Strebsamkeit in die Beurteilung mit ein. Statistische Daten sind bei einer solchen Beurteilung nicht aussagekräftig. Es kommt immer auf den individuellen Lebensweg auch des sehr jungen Geschädigten an. Dieser ist mehrheitlich geprägt von der Erziehung durch die Eltern und wird beeinflusst durch die Ausbildung und die berufliche Qualifikation von Eltern und Geschwistern, gegebenenfalls unter Berücksichtigung einer Familientradition („Arztfamilie") (OLG Frankfurt VersR 1985, 48; OLG Karlsruhe zfs 1990, 151).

119   Üblicherweise kann man von einem durchschnittlichen Erfolg in der hypothetisch anzunehmenden Erwerbstätigkeit des Kindes ausgehen. Wenn jedoch Anhaltspunkte für eine außergewöhnliche berufliche Laufbahn angelegt sind, wie zum Beispiel eine besondere musische Veranlagung („Wunderkind" am Klavier), so ist auf dieser Basis die Prognose hinsichtlich des Erwerbsschadens anzustellen.

120   Der 51. Deutsche Verkehrsgerichtstag 2013 hat sich im Arbeitskreis I mit der Erwerbsschadensermittlung vor oder kurz nach dem Berufseinstieg befasst. In den Abschlussempfehlungen heißt es, dass regelmäßig zumindest ein Mindesteinkommen festgestellt werden kann, auch wenn es sich nicht beweisen lässt, dass sich der behauptete Berufswunsch realisiert hätte. Das bedeutet nichts weniger und nichts mehr, dass es eine „Hartz IV-Karriere" per Definition nicht geben kann. Durch die aktuelle politische Diskussion zum Mindestlohn sollten hier kreative Anknüpfungspunkte gerade bei verletzten jungen Menschen bildungsferner Herkunft für die Erwerbsschadensregulierung möglich sein.

121   Maßgebliche Bedeutung kommt auch der Abschlussempfehlung Nr. 2 des 51. Deutschen Verkehrsgerichtstages 2013 im Arbeitskreis I zu: Soweit bei jungen Verletzten ein Erwerbsschaden feststeht oder jedenfalls deutlich absehbar ist, sollte der Versicherer zur Verhinderung einer wirtschaftlichen Notlage des Geschädigten angemessene Vorschusszahlungen leisten. Dieser Aspekt tritt in der Regulierung immer wieder nach hinten. Junge Menschen haben keinen Anspruch auf Ersatz des Erwerbsschadens gegen Sozialversicherungsträger, sofern sie nicht bereits in dieses

System finanziell geleistet haben. Das bedeutet, dass junge Verletzte sehr schnell der Sozialhilfe anheim fallen können, wenn eine Erwerbsschadensregulierung nicht forciert wird. Jeder Anwalt sollte deshalb mit dem Versicherer kurzfristig in Kontakt treten, wenn nach dem gewöhnlichen Verlauf der Dinge – d.h. ohne das stattgefundene Schadensereignis – der Mandant nun in das Berufsleben eingestiegen wäre. Hier besteht eine besondere Verpflichtung des Versicherers für angemessene Vorschüsse.

Ein häufig anzutreffender Fall ist die unfallbedingte Verzögerung in der Schul- oder Berufsausbildung, verbunden mit einem **verspäteten Eintritt in das Erwerbsleben**. Zur Schadensermittlung ist auch hier wieder der Ist-Verlauf mit dem Soll-Verlauf zu vergleichen (OLG Hamm VersR 2000, 234). Es ist zunächst die Differenz zwischen den Einkünften beim hypothetischen Beginn der Ausbildung und den fiktiven Einkünften bei verschobenem Ausbildungsende für den dazwischen liegenden Zeitraum zu bilden. Dabei kommt es nicht nur auf die entgangene Ausbildungsvergütung und das berufliche Einstiegsgehalt für den Zeitraum der Verzögerung an, sondern auch auf den lebenslangen Verdienst infolge verspäteter Einkommenssteigerungen. Damit Hand in Hand gehen auch Rentenminderungen. Dieser Leistungsverkürzungsschaden zur gesetzlichen Rente ist im Zeitpunkt des Eintritts des Versicherungsfalls zu ersetzen (*Scheffen/Pardey*, Rn 907). Der Anspruch ist zum Regulierungszeitpunkt meistens nicht bezifferbar. Der Mandant hat Anspruch auf einen konkreten Zukunftsschadensvorbehalt, wonach der Versicherer für den Rentenminderungsschaden einstehen wird. **122**

Wenn eine geplante Schul- oder Berufsausbildung, die bereits begonnen worden war, unfallbedingt abgebrochen werden muss, muss der Geschädigte unter Berücksichtigung der Beweiserleichterungen der §§ 287 ZPO, 252 BGB darlegen, dass er die Ausbildung ohne den Unfall erfolgreich abgeschlossen hätte. In die Beurteilung einbezogen wird vor allem deren bisheriger Verlauf, wobei wiederum vom gewöhnlichen und normalen Verlauf der Ausbildung auszugehen ist. Als Erwerbsschaden ist der nicht erzielte Verdienst anzusehen, der nach dem gewöhnlichen Lauf der Dinge oder nach den besonderen Umständen mit Wahrscheinlichkeit erwartet werden konnte (OLG Stuttgart VersR 1999, 630). **123**

Die Prognose des Erwerbsschadens eines jungen Geschädigten erfordert die Auseinandersetzung einerseits mit Spezialliteratur und andererseits der einzelfallbezogenen Rechtsprechung. Fallbeispiele finden sich bei *Scheffen/Pardey*, Rn 896, 898, 902 sowie *Ernst*, Verkehrsrecht aktuell 2008, 133 f. – jeweils unter Bezugnahme auf die aktuelle Rechtsprechung. **124**

Praxistipp
Wenn wegen des kindlichen oder jugendlichen Alters des Geschädigten eine Prognose zum Erwerbsschaden nicht möglich oder jedenfalls mit der Gefahr einer erheblichen Fehleinschätzung verbunden ist, andererseits aber davon auszugehen ist, dass er überhaupt in das Berufsleben eintreten wird, sollte zur Wahrung der An-

sprüche auf Ersatz des Erwerbsschadens, der Versicherer zur Abgabe einer entsprechenden außergerichtlichen Erklärung mit der Wirkung eines gerichtlichen Feststellungsurteils veranlasst werden.

Wenn jedoch andererseits feststeht, dass verletzungsbedingt ein Eintritt in das Berufsleben zu keinem Zeitpunkt stattfinden wird, sollte der Anwalt mit dem Mandanten besprechen, ob er im Rahmen von Abfindungsverhandlungen eine kapitalisierte (aufgeschobene) Leibrente geltend macht.

3. Besonderheiten bei Selbstständigen

125 In seiner Grundstruktur ermittelt sich der Erwerbsschaden des **Selbstständigen** ebenso wie beim abhängig Beschäftigten. Ein selbstständiger Unternehmer ist zunächst einmal verpflichtet, seine restliche Arbeitskraft im Rahmen des Zumutbaren zu verwerten (BGH VersR 1959, 374).

126 Allerdings erfolgt die Schadensberechnung nach der **Bruttomethode** (BGH NJW 1995, 389), was sich daraus ergibt, dass der Selbstständige keine Sozialversicherungsabgaben und auch keine Lohnsteuer bezahlt.

127 Für die Ermittlung des Erwerbsschadens ist der geschädigte Selbstständige darlegungs- und beweisbelastet im Hinblick darauf, wie sich sein Unternehmen ohne den Unfall voraussichtlich entwickelt hätte (BGH NJW 2001, 1046). Es ist also wie beim abhängig beschäftigten Arbeitnehmer eine Prognose zu erstellen. Ebenso kommen auch dem selbstständigen Unternehmer die Darlegungs- und Beweiserleichterungen der §§ 252 BGB, 287 ZPO zugute. Es kommt auch wiederum darauf an, Anknüpfungstatsachen darzustellen.

128 Für diese Anknüpfungstatsachen ist der geschädigte Unternehmer darlegungs- und beweisbelastet (BGH VersR 2003, 1141), wobei an die Darlegungslast keine allzu hohen Anforderungen gestellt werden dürfen (BGH NJW 1998, 1633).

129 Allerdings kommt es im Unterschied zum abhängig Beschäftigten beim verletzten selbstständigen Unternehmer für die Schadensermittlung nicht auf den Wegfall seiner Arbeitskraft an, sondern auf die negative Auswirkung in seinem Vermögen. Der Schädiger schuldet den **hypothetischen Unternehmergewinn** mindestens bis zur Wiederherstellung der Leistungsfähigkeit des Geschädigten, gegebenenfalls auch noch darüber hinaus, bis dieser wieder an den Unternehmergewinn anknüpfen kann, den er ohne Eintritt des Unfalls erreicht haben würde. Dieses ist der erstattungsfähige Schaden. Insoweit scheiden alle diejenigen Fälle aus, in denen der Selbstständige seine vorübergehende Leistungseinbuße nach seiner Genesung zum Beispiel durch Überstunden (BGH NJW 1971, 836) kompensiert oder durch organisatorische Maßnahmen (BGH VersR 1965, 85; BGH VersR 1961, 1018) ohne wirtschaftlichen Nachteil abfängt. Im Unterschied zum Arbeitnehmer bestimmt sich der Wert der Arbeitsleistung des Selbstständigen nicht nach seinem Zeiteinsatz im Unternehmen, sondern nach seinem wirtschaftlichen Erfolg. Aus diesem Grunde scheidet auch die Bezifferung des Erwerbsschadens abstrakt und fiktiv in Höhe des Gehaltes einer gleichwertigen Ersatzkraft aus (BGH VersR 1992, 973).

Es besteht eine dreifache Berechnungsmöglichkeit: es können die Kosten einer tat-sächlich eingestellten Ersatzkraft geltend gemacht werden, der Erwerbsschaden kann sich aus konkret entgangenen Geschäften ergeben und letztlich besteht die Möglichkeit einer abstrakten Berechnung auf der Grundlage der Vorjahresergebnis-se. Schließlich ist auch die Kombination denkbar, dass trotz eingestellter Ersatz-kraft Gewinneinbußen vorkommen. Dann sind beide Aspekte Gegenstand der Re-gulierungsverhandlungen. **130**

a) Kosten einer Ersatzkraft

Die Kosten einer Ersatzkraft müssen tatsächlich angefallen sein, das heißt die **Er-satzkraft** muss eingestellt worden sein (BGH VersR 1997, 453). Zum erstattungs-fähigen Ersatzanspruch gehören neben dem Arbeitsentgelt auch die Arbeitgeber-sowie Arbeitnehmeranteile zur Sozialversicherung und die abzuführende Lohnsteu-er. Etwaige Steuervorteile des selbstständigen Unternehmers als Folge der Per-sonalkostenerhöhung wachsen dem Schädiger zu. **131**

Die unentgeltliche Mitarbeit eines Familienangehörigen im Betrieb des verletzten Selbstständigen entlastet den Schädiger nicht. Zur Schadensbezifferung ist auf die Nettokosten für eine Ersatzkraft abzustellen (OLG Oldenburg zfs 1993, 263). **132**

Kommt es nicht zu einem vollständigen Ausgleich des wirtschaftlichen Nachteils des Unternehmers, etwa weil die eingestellte Ersatzkraft den Geschädigten nicht zu 100 % zu ersetzen vermag oder aber wenn sich wegen der starken persönlichen Be-ziehungen des Geschädigten zu seinen Kunden diese wegen seiner Abwesenheit weniger kauffreudig zeigen, entsteht gleichwohl ein restlicher Gewinnausfall. Die-se Lücke ist vom Schädiger auszufüllen. Hier können nebeneinander der konkrete Erwerbsschaden (Kosten Ersatzkraft) und der fiktive Erwerbsschaden (Lücke zum Unternehmergewinn ohne den Unfall) geltend gemacht werden. **133**

b) Entgang des Gewinns durch Umsatzreduzierung

Der Geschädigte hat die Möglichkeit, seinen Erwerbsschaden konkret durch **ent-gangene Geschäfte** nachzuweisen (OLG Hamm NZV 1995, 316; LG Saarbrücken zfs 2001, 108). Hierfür ist dreierlei nachzuweisen: zunächst, dass dem Geschädig-ten bestimmte Aufträge ohne den Unfall erteilt worden wären, weiterhin, dass er sie unfallbedingt nicht ausführen konnte und schließlich auch später nicht nach-holen konnte. Trotz der Beweiserleichterung des § 287 ZPO werden an den Nach-weis, dass einzelne Aufträge unfallbedingt entgangen sind, wegen der Manipulati-onsgefahr durch Gefälligkeitsbescheinigungen hohe Anforderungen gestellt (BGH NJW 1971, 836). **134**

c) Fiktive Schadensberechnung auf der Grundlage der Vorjahresergebnisse

135   Die Schadensbezifferung erfolgt anhand der **Betriebsergebnisse der Vorjahre**. Der Schaden ermittelt sich aus der Differenz zwischen dem hypothetischen Gewinn, den der Unternehmer ohne den Unfall erzielt hätte und demjenigen, der nach dem Unfall tatsächlich erzielt worden ist. Maßgeblicher Vergleichszeitraum vor dem Unfall sind die letzten 3–5 Jahre (BGH NJW 1999, 136). Bei der Schadensermittlung ist zu berücksichtigen, dass Einkünfte aus Vermietung und Verpachtung oder Kapitalerträge nicht zu berücksichtigen sind, weil sie von der Beeinträchtigung der körperlichen Integrität nicht berührt werden (*Pardey*, Rn 2350). Hierbei ist zu berücksichtigen, dass auch die Kosten vom hypothetischen Umsatz des Selbstständigen während der Zeit seiner Arbeitsunfähigkeit abzusetzen sind. Da es sich zumeist um Fixkosten handelt, nähert sich der Schaden des Selbstständigen zumeist dem Umsatzausfall.

136   Im Hinblick auf den Zukunftsschaden ist eine Erwerbsprognose erforderlich. Spätestens an dieser Stelle ist eine streitige Auseinandersetzung mit dem Versicherer vorprogrammiert. Zwar kommen dem Geschädigten an dieser Stelle wieder die Darlegungs- und Beweiserleichterungen der §§ 252 BGB, 287 ZPO zugute, jedoch sind wieder Anknüpfungstatsachen darzulegen. Schwierigkeiten ergeben sich bei jungen Unternehmen, insbesondere wenn zum Unfallzeitpunkt die Gründungsphase noch nicht oder erst soeben abgeschlossen worden ist und eine Berechnung des entgangenen Gewinns durch Vergleich von Betriebsergebnissen vor und nach dem Unfall noch nicht möglich ist. Gerade in dieser Phase ist der Erfolg eines Unternehmens ganz maßgeblich von der Persönlichkeit des Inhabers beeinflusst. Auch konjunkturelle Entwicklungen spielen bei der Bewertung des Umsatzrückgangs eine Rolle.

137   Bei der Schadensbezifferung ist auch immer die **Einkommenstendenz** zu sehen. Diese kann einerseits nach oben, aber andererseits auch nach unten zeigen. Fehlen Anhaltspunkte in die eine oder in die andere Richtung, dann kann auf den durchschnittlichen Erfolg des Geschädigten mit seinem Unternehmen abgestellt werden (BGH NJW 1998, 1634). Gleichwohl muss auch bei der Ermittlung eines durchschnittlichen Erfolges der individuelle wirtschaftliche Erfolg in der Zukunft – der Trend – ermittelt werden. *Pardey* (Rn 2374) zeigt verschiedene Berechnungsvorschläge zur Gewinnprognose auf.

138   In der Regulierungspraxis zeigt sich jedoch, dass der Geschädigtenvertreter eine andere Auffassung von der Erwerbsprognose hat, als der Versicherer. Entsprechend unterschiedlich fällt die Bezifferung dieser Schadensersatzposition aus. Es ist an dieser Stelle ratsam, wenn sich der Anwalt mindestens der Hilfe des Steuerberaters seines Mandanten zur Ermittlung des Erwerbsschadens bedient. Dies fußt nicht zuletzt auf der Erkenntnis, dass der Anwalt häufig die notwendigen Wirtschaftsdaten nicht selbst fehlerfrei ermitteln kann. Schließlich ist es auch eine Frage des Haftpflichtversicherungsschutzes, ob der Anwalt wirklich die Tätigkeit eines Steuerberaters oder Wirtschaftsprüfers an dieser Stelle übernehmen kann. Sollte sich herausstellen, dass auch der eigene Steuerberater des geschädigten Mandanten nicht in der Lage ist, den verletzungsbedingt entgangenen Gewinn zu ermitteln, dann sollte der Mandant auf die Möglichkeit hingewiesen werden, einen Sachverständigen zur Ermittlung seines fiktiven Gewinns einzuschalten. Die damit im Zusammenhang stehenden Kosten sind vom Schädiger zu erstatten. In diesem Zusammenhang soll auf die Entscheidung des BGH vom 20.10.2009 (DAR 2010, 82) hingewiesen werden. Danach ist es grundsätzlich möglich, im Wege des **selbstständigen Beweisverfahrens** ein Sachverständigengutachten zum entgangenen Gewinn des Selbstständigen einzuholen. Ausreichend, aber auch erforderlich, ist der Vortrag von Anknüpfungstatsachen.

Es ist häufig ratsam, einen Sachverständigen zur Schadensermittlung einzusetzen, **139** wenn der Geschädigte sein Unternehmen noch in der Gründungsphase führt und betriebswirtschaftliche Daten aus der Vergangenheit mindestens für einen Vergleichszeitraum von drei Jahren überhaupt nicht vorliegen. Oftmals wird ein Sachverständiger Vergleichszahlen aufgrund statistischer Branchenerhebungen als Ausgangsbasis nutzen. Schließlich ist auch nur dieser in der Lage, aufgrund der Einkommensteuerbescheide aus der Zeit vor der Aufnahme der selbstständigen Tätigkeit Informationen für den geplanten Unternehmenserfolg abzuleiten. Sollte der Sachverständige wider Erwarten zu dem Ergebnis gelangen, dass der Geschädigte auch ohne den Unfall seinen Betrieb nicht in die Gewinnzone geführt hätte, dann führt dies jedenfalls im Ergebnis nicht zum Wegfall des Erwerbsschadens. Fiktiv ist dann auf die Einkünfte des Geschädigten aus vergleichbarer abhängiger Beschäftigung abzustellen (BGH VersR 1957, 750).

d) Unfallbedingte Unternehmensaufgabe

Wenn der Geschädigte sein Unternehmen unfallbedingt aufgeben muss, ist er für **140** diesen Umstand darlegungs- und beweisbelastet, jedoch unter Berücksichtigung der Beweiserleichterungen der §§ 252 BGB; 287 ZPO (BGH VersR 1998, 772; BGH r+s 2001, 285).

Setzt der Geschädigte seine restliche Erwerbsfähigkeit dann in der Aufnahme einer **141** abhängigen Tätigkeit fort, so kann sich ein Erwerbsschadensersatzanspruch aus der Differenz zwischen seinem jetzigen Einkommen und dem mutmaßlichen Unternehmereinkommen darstellen (BGH r+s 2001, 285).

4. Erwerbsschaden des Arbeitslosen

Der Erwerbsschaden umfasst alle wirtschaftlichen Beeinträchtigungen, die der Ge- **142** schädigte erleidet, weil und soweit er seine Arbeitskraft verletzungsbedingt nicht verwerten kann. Ein derartiger Vermögensschaden entsteht auch bei einem Arbeitslosen. Der Hintergrund liegt darin, dass der Rechtsanspruch auf Arbeitslosenunterstützung nicht schon durch die bloße Tatsache der Arbeitslosigkeit entsteht, sondern voraussetzt, dass der Arbeitslose arbeitsfähig ist und sich der Arbeitsvermittlung zur Verfügung stellt. Die dem Arbeitslosen gezahlte Unterstützung soll ihm einen (teilweisen) Ausgleich für entgangenen Arbeitsverdienst verschaffen. Der Verlust der Arbeitslosenunterstützung ist daher als Erwerbsschaden anzusehen (BGH NJW 1984, 1811; BGH NJW 2008, 2185).

143 Zu berücksichtigen ist jedoch, dass dieser Schadensersatzanspruch nach § 116 SGB X auf die Bundesagentur für Arbeit übergeht, sofern diese Leistungsfortzahlung bei Arbeitsunfähigkeit nach § 126 Abs. 1 S. 1 SGB III erbringt.

Allerdings erleidet der nur vorübergehend arbeitslose Geschädigte einen Erwerbsschaden, wenn er ohne den Unfall wahrscheinlich eine Arbeitsstelle gefunden hätte (BGH NJW 1991, 2422).

5. Erwerbsschaden des Sozialhilfeempfängers

144 Auch Bezieher von Sozialhilfeleistungen nach dem SGB II und SGB XII können verletzungsbedingt Verdienstausfallansprüche erwerben. Zu berücksichtigen ist hierbei, dass die in der Vergangenheit bereits geleistete Sozialhilfe wegen § 116 SGB X vom Verdienstausfall abzusetzen ist.

145 Hinsichtlich zukünftiger Verdienstausfallansprüche greift der **Subsidiaritätsgrundsatz** und der Geschädigte muss zunächst seinen Anspruch auf Erwerbsschadensersatz realisieren, bevor er Sozialhilfeleistungen beziehen kann (BGH NJW 1997, 2175).

146 Problematisch gestaltet sich die Abfindung des Zukunftsschadens, weil gegebenenfalls bereits ein Forderungsübergang auf den Sozialhilfeträger stattgefunden hat, da ein solcher Forderungsübergang dann erfolgt, wenn infolge des schädigenden Ereignisses aufgrund konkreter Anhaltspunkte mit der Leistungspflicht eines Sozialhilfeträgers zu rechnen ist.

Praxistipp
Der Rechtsanwalt sollte bei einer solchen denkbaren Konstellation von der Kapitalisierung des Erwerbsschadens Abstand nehmen. Das Risiko, bereits unerkannt übergegangene Ansprüche wegen fehlender Aktivlegitimation rechtsunwirksam abfinden zu lassen, ist sehr hoch. Möglicherweise ist ein späterer Regress des Sozialhilfeträgers beim Geschädigten wegen dessen Entreicherung nicht mehr möglich und der Anwalt haftet selbst. Der sicherste Weg ist in diesem Fall die quartalsmäßig vorschüssige Rentenzahlung gem. §§ 843 Abs. 1, 760 BGB.

Praxistipp
Wenn der Geschädigte demgegenüber bereits Sozialhilfeleistungen (z.B. „Hartz IV") bezieht, ist die Sachlage differenziert zu betrachten. Bezog der Geschädigte bereits vor dem Unfallereignis diese Sozialhilfeleistungen, dann ist mit einiger Wahrscheinlichkeit davon auszugehen, dass er diese Sozialhilfeleistungen auch ohne den Unfall zumindest in der näheren Zukunft bezogen haben würde. Hat der

Geschädigte erst nach dem Unfallereignis Sozialhilfeleistungen bezogen, ist zu prüfen, ob dieses ausschließlich auf den Unfall zurückzuführen ist. Um Rechtssicherheit bei der Abfindung des Erwerbsschadens zu erlangen, sollte der Rechtsanwalt im einen wie im anderen Falle vom Träger der Sozialhilfe (Jobcenter, Bundesagentur für Arbeit) eine Erklärung anfordern, dass das Regressverfahren gem. § 116 SGB X beendet ist und keine weiteren Ansprüche gegenüber dem Haftpflichtversicherer geltend gemacht werden. Wird die Erklärung nicht abgegeben, sollte von einer Abfindung des Erwerbsschadens abgesehen werden. Es muss bei der quartalsmäßigen vorschüssigen Rentenzahlung gem. §§ 843 Abs. 1, 760 BGB bleiben.

VI. Formulierungsbeispiel zur außergerichtlichen Geltendmachung des zukünftigen Erwerbsschadens eines im Unfallzeitpunkt 16 Jahre alten ungelernten Mannes

▼

Muster 3.1: Außergerichtliche Geltendmachung des zukünftigen Erwerbsschadens   **147**

Kfz-Haftpflichtversicherer

Postfach 12345

12345 Musterstadt

Per Fax/per E-Mail

2.1.2014

Mandant ./. Versicherer

Unser Zeichen: ▓▓▓▓▓▓

Schadennummer: ▓▓▓▓▓▓

Sehr geehrte Damen und Herren,

in Ergänzung zu dem bisher geführten Schriftverkehr und insbesondere zu den bislang bezifferten Ansprüchen auf Ersatz des Haushaltsführungsschadens sowie der vermehrten Bedürfnisse und des Schmerzensgeldes, möchten wir nunmehr den Erwerbsschaden unseres Mandanten ab 1.1.2014 beziffern.

Trotz des Umstandes, dass Herr A im Unfallzeitpunkt als ungelernter Hilfsarbeiter bei der H-GmbH tätig war, ist aufgrund seines damaligen Alters (16 Jahre) von einer erheblichen beruflichen Weiterentwicklung auszugehen.

Hierbei sei auf die Rechtsprechung des BGH vom 14.1.1997 (Az.: VI ZR 366/95) hingewiesen, wonach bei der nach § 252 Satz 2 BGB anzustellenden Zukunftsprognose die wahrscheinliche künftige Entwicklung maßgeblich ist (BGH VersR

1997, 366 f.; DAR 1997, 153 f.). Nach Ansicht des OLG Celle (Az.: 14 U 45/06) ist die voraussichtliche berufliche Entwicklung eines Geschädigten ohne das Schadensereignis zu beurteilen. Hierfür muss der Geschädigte zwar soweit wie möglich konkrete Anhaltspunkte für die gem. § 252 BGB zu stellende Prognose dartun, es dürfen jedoch insoweit **keine zu hohen** Anforderungen gestellt werden. Dies gilt insbesondere dort, wo der Geschädigte – etwa weil er im Zeitpunkt des Schadensereignisses noch in der Ausbildung oder am Anfang seiner beruflichen Entwicklung stand – nur wenige konkrete Anhaltspunkte dazu liefern kann, wie sich sein Erwerbsleben voraussichtlich gestaltet hätte (OLG Celle VersR 2008, 82–83 sowie OLG Celle 14.01.2009, 14 W 52/08).

Die Berufsunfähigkeit unseres Mandanten wurde zwischenzeitlich attestiert, denn unser Mandant bezieht eine Erwerbsunfähigkeitsrente der DRV in Höhe von **622,29 EUR netto/Monat** (Anpassung zu 07/2013). Auch unter den von Ihnen erwähnten unfallunabhängigen Arbeitsmarktrisiken ist – den Unfall hinweggedacht – nach einer beruflichen Findungsphase und unter Berücksichtigung der schulischen und beruflichen Entwicklung, ein durchschnittlicher monatlicher Arbeitsverdienst in Höhe von 2.700,00 EUR netto am örtlichen Wirtschaftsmarkt Frankfurt/M. anzusetzen. Wir haben hierzu die familiären Verhältnisse der Familie A herangezogen: Allein zwei nahe Familienmitglieder sind trotz anderer Vorausbildung seit Jahren am Frankfurter Flughafen bei der X-AG angestellt; ein Werdegang, der sich auch für unseren Mandanten ohne den Unfall ergeben hätte.

1. Herr A. A. (Bruder)

■ Lademeister X-AG (seit 1994 angestellt)

■ kumulierte Entgeltabrechung Dez. 2012: Gesamtnetto 32.502,24 EUR → 2.708,52 EUR netto/Monat

2. Herr F. A. (Sohn)

■ Lademeister/Disponent X-AG (seit 2006 angestellt)

■ Entgeltabrechnung Oktober 2013: 2.182,55 EUR netto/Monat

Auf dieser Basis ließe sich der zukünftige Erwerbsschaden unseres Mandanten ab 01/2014 regulieren. Der monatliche Schadensbetrag beläuft sich auf **2.077,71 EUR netto** (2.700,00 EUR netto Hätte Verdienst ./. 622,29 EUR DRV Rente).

Der guten Ordnung halber möchten wir darauf hinweisen, dass wir uns selbstverständlich die Geltendmachung weiterer Schadensersatzbeträge bis zur abschließenden Regulierung der Ansprüche unseres Mandanten vorbehalten müssen. Wir gehen davon aus, dass wir in einem in Kürze zu führenden gemeinsamen Regulierungsgespräch auch die Frage klären können, ob der Erwerbsschaden verrentet werden soll oder ob sich gegebenenfalls eine Teilkapitalisierung für einen begrenzten Zeitraum anbietet.

Insoweit bitten wir um telefonische Rücksprache, um einen gemeinsamen Termin vereinbaren zu können.

Mit freundlichen Grüßen

Rechtsanwalt

C. Haushaltsführungsschaden

Literatur: *Buschbell* in Münchener Anwaltshandbuch, Straßenverkehrsrecht, 3. Auflage 2009; *Delank*, Sind nichteheliche Partner im Verkehrs- und Versicherungsrecht den ehelichen Partnern gleichzustellen?, zfs 2007, 183 ff.; *Eilers*, Psychische Schäden als Unfallfolgen, zfs 2009, 248 ff.; *Ernst*, Die 24 wichtigsten Punkte zur optimalen Durchsetzung des Haushaltsführungsschadens, Verkehrsrecht aktuell 2008, 42 ff.; *Ernst*, Anmerkung zu BGH, 3.2.2009 – VI ZR 183/08; *Hillmann/Schneider*, Das verkehrsrechtliche Mandat, Band 2, 6. Auflage 2012; *Halm/Staab*, Posttraumatische Belastungsstörungen nach einem Unfallereignis, DAR 2009, 677 ff.; *Heß/Burmann*, Der Haushaltsführungsschaden bei Verletzung – ein Fall für § 287 ZPO, NZV 2010, 8 ff.; *Jahnke*, Haushaltsführungsschaden, 48. VGT 2010, 99 ff.; *Jahnke*, Unfalltod und Schadensersatz, 2. Auflage 2012; *Jahnke/Thinesse-Wiehofsky*, Unfälle mit Kindern und Arzthaftung bei Geburtsschäden, 2013; *Kuhn*, Methoden zur Bewertung des Haushaltsführungsschadens, 48. VGT 2010, 123 ff.; *Küppersbusch/Höher*, Ersatzansprüche bei Personenschäden, 11. Auflage 2013; *Luckey*, Personenschaden, 2013; *Pardey*, Die nichteheliche Lebensgemeinschaft im Versicherungs- und Verkehrsrecht – Teil 1, zfs 2007, 243 ff.; – Teil 2, zfs 2007, 303 ff.; *Pardey*, Berechnung von Personenschäden, 4. Auflage 2010; *Pardey*, Neues zum Haushaltsführungsschaden; DAR 2010, 14 ff.; *Pardey*, Bemessung des Haushaltsführungsschadens, VersR 2010, 26 ff.; *Schah Sedi/Schah Sedi*, Der Haushaltsführungsschaden in der gerichtlichen und außergerichtlichen Regulierung, zfs 2009, 541 ff.; *Pardey*, Der Haushaltsführungsschaden, 8. Auflage 2013; *Warlimont*, Die Ermittlung des Wertes der Hausfrauenarbeit in Schadensersatzfällen nach der Analytischen Arbeitsbewertungsmethode, zfs 2007, 431 ff.; *Warlimont*, öffentlich bestellte und vereidigte Sachverständige für Haushaltsführungsschäden, 48. VGT 2010, 139 ff.; *Wessel*, Der Haushaltsführungsschaden: Anspruchsvoraussetzungen, Darlegung und Bewertung, 48. VGT 2010, 142 ff.

I. Allgemeines

1. Begriff

Der **Haushaltsführungsschaden** ist in der Regulierungspraxis die am häufigsten vergessene oder aber unzureichend bezifferte Einzelposition. Gerade im Falle der Kapitalisierung ist er oftmals höher als der Schmerzensgeldanspruch. Es wird um jeden 100-EUR-Schein beim Schmerzensgeld gekämpft. Beim kapitalisierten Haushaltsführungsschaden werden oftmals aus Unkenntnis oder Nachlässigkeit tausende von Euros in einem einzigen Schadensfall verschenkt. Dies ist an sich doppelt ärgerlich: nicht nur, dass der Geschädigte seine berechtigten Ansprüche im Falle der Unterzeichnung einer Abfindungserklärung gegenüber dem Haftpflichtversicherer vollständig verliert; auch der Anwalt verliert Honoraransprüche, die bei

148

einer Erhöhung des Gegenstandswertes infolge korrekter Berechnung des Haushaltsführungsschadens abzurechnen gewesen wären. Doch abgesehen davon setzt sich der Anwalt einem erheblichen Regressrisiko aus, wenn er vergisst den Haushaltsführungsschaden geltend zu machen oder ihn fehlerhaft beziffert. Glücklicherweise ist in den letzten Jahren eine gewisse Trendwende erkennbar, wonach der Haushaltsführungsschaden aus seinem Schattendasein herausrückt, nicht zuletzt durch seine Thematisierung beim 48. Verkehrsgerichtstag 2010 in Goslar. Wegen der erheblichen Unterschiede bei der Berechnung des Haushaltsführungsschadens im Falle der Tötung und im Falle der Verletzung des Geschädigten erfolgt an dieser Stelle ausschließlich die Darstellung der Ansprüche bei Verletzung. Wegen der Ansprüche bei Tötung wird verwiesen auf Kapitel 4 (siehe § 4 Rn 1 ff.).

2. Haushaltsführungsschaden als vermehrte Bedürfnisse und/oder als Erwerbsschaden

149 Dogmatisch ist die Haushaltstätigkeit im Ein-Personen-Haushalt und ebenso der Eigenanteil des Verletzten innerhalb einer Familie den vermehrten Bedürfnissen zuzuordnen (§ 843 Abs. 1 Alt. 2 BGB). In diesem Falle dient die Haushaltstätigkeit der Befriedigung der eigenen Bedürfnisse und der Wegfall der **Eigenversorgung** des Verletzten gehört deshalb zu den vermehrten Bedürfnissen. Wird die den Haushalt führende verletzte Person darüber hinaus auch für die anderen Familienmitglieder tätig, so ist das differenziert zu sehen. Auch hier ist wiederum der verletzungsbedingte Ausfall der Befriedigung der eigenen Bedürfnisse den vermehrten Bedürfnissen zuzuordnen, und ergänzend der verletzungsbedingte Ausfall der Haushaltsführungstätigkeit für die übrigen Familienmitglieder als **Erwerbsschaden** zu betrachten (§ 843 Abs. 1 Alt. 1 BGB). In diesem Zusammenhang ist auf das Gleichberechtigungsgesetz aus dem Jahre 1958 hinzuweisen, in dem erstmals die Tätigkeit der Ehefrau im Haushalt für die Familie nicht mehr als Dienst für den Ehemann, sondern als Berufsarbeit und damit als Erwerbstätigkeit qualifiziert worden ist (*Buschbell*, § 26 Rn 118).

150 Diese Ausführungen gelten für den Haushaltsführungsschaden im Rahmen der **Ehe** und ebenso für den Haushaltsführungsschaden in der **eingetragenen Partnerschaft**. Der Haushaltsführungsschaden in der **nichtehelichen Partnerschaft** ist davon dogmatisch abweichend zu beurteilen. Der BGH hat hierfür bereits im Jahr 1973 (BGH NJW 1974, 41) entschieden, dass es bei der Hausarbeit auf die für andere in Erfüllung einer gesetzlich geschuldeten **Unterhaltsverpflichtung** geleistete Tätigkeit ankommt, die eine der Erwerbstätigkeit vergleichbare Arbeitsleistung darstellt. Da gerade in der nichtehelichen Lebensgemeinschaft eine derartige gesetzlich geschuldete Unterhaltsverpflichtung nicht besteht, ergeben sich dogmatische Unsicherheiten bei der Begründung des Haushaltsführungsschadens. Die Fragestellung ist jedoch rein akademischer Natur. In der Regulierungspraxis gilt fast uneingeschränkt, dass auch ein Haushaltsführungsschaden in der nichtehelichen Lebensgemeinschaft reguliert wird. Eine Argumentationshilfe bietet das OLG Rostock (zfs 2003, 233 ff.). Danach entfällt der Schadensersatzanspruch in der nicht-ehelichen Lebensgemeinschaft nicht etwa deshalb, weil es an einer gesetzlichen Unterhaltspflicht fehlt. Der Anspruch besteht deshalb, weil der nichteheliche Partner, ohne rechtlich verpflichtet zu sein, Haushaltstätigkeit als freiwillige Leistung erbringt, die jedenfalls den Schädiger nicht entlasten soll und damit einen Schadensersatzanspruch des Geschädigten begründet. Im Hinblick auf den eigenen Mehrbedarfsschaden des verletzten nichtehelichen Partners ist ebenso wie bei der Ehe und auch der eingetragenen Partnerschaft auf die obigen Ausführungen zu verweisen. Die vereitelte Hausarbeit für den nichtehelichen Partner und die in der nichtehelichen Partnerschaft vorhandenen Kinder wird ohne konkrete dogmatische Zuordnung zum Erwerbsschaden in der Praxis ebenso überwiegend ohne Einschränkung reguliert. Nach *Pardey* (Der Haushaltsführungsschaden, S. 31) kommt es auf das Bestehen einer Unterhaltspflicht nicht an. Begründet wird dies damit, dass § 842 BGB wie alle verwandten Normen zum Erwerbsschaden auf wirtschaftliche Beeinträchtigungen wegen des Mangels der vollen Einsatzfähigkeit abstellt, ohne den Schadensersatz auf ausbleibende Gegenleistungen einzuengen. § 842 BGB schränkt § 249 BGB nicht ein und grenzt auch die Haftung nicht ein. § 842 BGB stellt den Vermögensbezug der Nachteile für Erwerb und Fortkommen klar, den die Restitution im Sinne des § 249 BGB gar nicht verlangt. Indem also darauf abgestellt wird, ob eine familienrechtlich geschuldete Leistung nicht mehr möglich ist, werden nach Auffassung von *Pardey* (Der Haushaltsführungsschaden, S. 31) § 249 BGB und § 842 BGB verkürzt. Dieses steht nach seiner Auffassung im Widerspruch zur bisherigen höchstrichterlichen Rechtsprechung und ist fernerhin ohne Legitimation im Gesetz.

Zum Meinungsstand in Rechtsprechung und Literatur sei an dieser Stelle auf die **151** umfänglichen Ausführungen von *Hillmann/Schneider* (Das verkehrsrechtliche Mandat, Bd. 1, § 9 Rn 473 ff.) hingewiesen. Im Ergebnis ist den dortigen Ausführungen in Rn 490 voll und ganz zuzustimmen. Letzten Endes geht es richtigerweise um die Fragestellung, warum es den Schädiger entlasten soll, wenn der Geschädigte zufälligerweise (noch) nicht verheiratet ist oder es sich um eine gleichgeschlechtliche, im Übrigen aber mit der Ehe vollkommen identische Lebensgemeinschaft handelt? Insoweit gelangen *Hillmann/Schneider* zu dem absolut folgerichtigen Ergebnis, welches auch hier vertreten wird, dass bei der Verletzung des Haushaltsführenden in der nichtehelichen Lebensgemeinschaft ein Ersatzanspruch wegen des Wegfalls der Eigenversorgung in jedem Falle besteht (*Hillmann/Schneider*, § 9 Rn 490). Weiterhin wird der Wegfall der Betreuung der von Haushaltsführenden abstammenden Kinder ebenfalls als Erwerbsschaden gesehen. Nach hier vertretener Auffassung besteht ein Anspruch auf Ersatz des Erwerbsschadens auch bei Betreuung der vom Geschädigten nicht abstammenden Kinder, soweit sie jedoch vom Lebenspartner abstammen und faktisch vom geschädigten Haushaltsführenden im gemeinsamen Haushalt „wie eigene Kinder" versorgt werden. Auch hier trägt der Gedanke des OLG Rostock, dass die tatsächlich erbrachte

Mehrarbeit des nichtehelichen Partners im Haushalt bei der Kinderbetreuung den Schädiger nicht entlasten darf, weil die freiwillige Leistung des Dritten dem Geschädigten zugute kommen sollte (OLG Rostock, zfs 2003, 234).

3. Kongruente Leistungen zum Haushaltsführungsschaden

152   Krankengeld, Verletztengeld, Übergangsgeld und Arbeitslosengeld sind Entgeltersatzleistungen und deshalb zunächst kongruent mit der Haushaltstätigkeit für andere Familienmitglieder (so OLG Hamm r+s 2001, 506; Landgericht Saarbrücken zfs 1994, 400) unter dem Gesichtspunkt des Erwerbsschadens (*Buschbell*, § 26 Rn 177). Geschädigtenfreundlich dagegen argumentiert das OLG Koblenz (VRS 81 (1991), 337), wonach ein Rechtsübergang beim Krankengeld gerade deshalb nicht stattfindet, weil es durch Beiträge des Geschädigten erkauft sei. Das überzeugt. Gleiches muss deshalb auch für das Arbeitslosengeld gelten.

153   Hinsichtlich einer Rente wegen verminderter Erwerbsfähigkeit sowie einer Verletztenrente eines Unfallversicherungsträgers geht der BGH ebenfalls von **Kongruenz** mit dem Erwerbsschaden aus (BGH NJW 1985, 735). Richtigerweise weist *Pardey* (Rn 2697) hinsichtlich der Verletztenrente aus der gesetzlichen Unfallversicherung auf die fehlende Kongruenz hin, weil diese auf dem Versicherungsprinzip und nicht auf dem Prinzip sozialer Fürsorge beruht. Gerne wird die Verletztenrente eines Unfallversicherungsträgers vom Haftpflichtversicherer zu Lasten des Geschädigten auf den Haushaltsführungsschaden angerechnet, mit dem Hinweis auf die Lohnersatzfunktion. Man muss sich jedoch vor Augen halten, dass die Verletztenrente aus der gesetzlichen Unfallversicherung aber nicht wegen der Haushaltsführung für die übrigen Familienmitglieder bezahlt wird, sondern im Zusammenhang mit einer anderen Beschäftigung im Sinne einer anderen Berufstätigkeit. Zu Recht weist *Pardey* deshalb darauf hin, dass ein relevanter Zusammenhang mit dem Schaden nicht vorliegt (Rn 2697).

Praxistipp
Wenn der Versicherer also unter Hinweis auf die Rechtsprechung des BGH (BGH NJW 1985, 735) auf Anrechnung der Erwerbsminderungsrente im Rahmen des Haushaltsführungsschadens besteht – soweit er als Erwerbsschaden zu qualifizieren ist, weil die Haushaltsführung für andere Familienmitglieder erbracht wird – so gilt dieses nur bis zum Eintritt in das gesetzliche Rentenalter (65. Lebensjahr bis maximal 67. Lebensjahr) des Geschädigten. In dem Moment wandelt sich die Erwerbsminderungsrente in eine Altersrente um und kann folglich den Verdienstausfall nicht mehr kompensieren. Die logische Folge ist, dass der Anwalt mit Eintritt in das gesetzliche Rentenalter des Geschädigten den Haushaltsführungsschaden wieder in voller Höhe in der Regulierung geltend machen muss. In diesem speziellen Fall ist bei der Bezifferung des Haushaltsführungsschadens deshalb in Zeitabschnitten vorzugehen. Es ist die MdH **bis** zum Eintritt in das gesetzliche

Rentenalter zu beziffern und darüber hinaus ist die MdH **ab** Eintritt in das gesetzliche Rentenalter zu berechnen.

Soweit der Geschädigte Pflegegeld bezieht, ist dieses kongruent mit den vermehr-   **154**
ten Bedürfnissen, also mithin für jenen Teil der Haushaltstätigkeit, die allein auf
die Befriedigung der eigenen Bedürfnisse des Geschädigten entfällt (*Pardey*,
Rn 2694).

Wenn im Einzelfall die oben beschriebenen kongruenten Leistungen entweder auf   **155**
den Erwerbsschaden oder aber auf den Mehrbedarfsanteil anzurechnen sind, bedient sich der BGH (BGH zfs 1974, 158; BGH NJW 1985, 735) der sogenannten
Kopfteilmethode. Zusammengefasst geht es bei der Kopfteilrechtsprechung darum, dass im Verletzungsfall in Mehrpersonenhaushalten danach zu differenzieren
ist, welcher Anteil an Haushaltsführungstätigkeit auf die vermehrten Bedürfnisse
entfällt und welcher Anteil auf den Erwerbsschaden (diese Differenzierung ist
erforderlich, um die oben beschriebenen kongruenten Leistungen zum Haushaltsführungsschaden jeweils korrekt zuweisen zu können und an der Stelle zur Anrechnung zu bringen, zu der sie dogmatisch gehören: entweder in den Mehrbedarfsanteil oder aber in den Erwerbsschadensanteil). Der BGH nimmt hier eine
Aufteilung nach Kopfteilen vor. Im 4-Personen-Haushalt (2 Ehepartner und 2 Kinder) ist danach $1/4$ Mehrbedarfsanteil und $3/4$ Erwerbsschaden, wenn die haushaltsführende Person verletzt wird. Nach der hier vertretenen Auffassung wird die Kopfteilrechtsprechung jedoch Familien mit mehreren Kindern nicht gerecht.
Sachgerechtere Ergebnisse im Interesse der geschädigten haushaltsführenden Person erzielt man, wenn man den tatsächlichen Aufwand für die Eigenversorgung
und den Haushaltsführungsaufwand für die einzelnen Familienmitglieder nach den
tatsächlich geleisteten Stunden aufteilt (ebenso *Pardey*, VersR 2010, 29; welcher im
Übrigen richtigerweise darauf hinweist, dass wissenschaftliche Nachweise dazu,
ob und in welchem Umfang Zeitaufwandsanteile personenunabhängig sind, nicht
überzeugend nachgewiesen seien, *Pardey*, Der Haushaltsführungsschaden, 8. Auflage, S. 34).

Je nachdem, ob die kongruente Leistung die Eigenversorgung oder den Erwerbs-   **156**
schadensanteil im Haushaltsführungsschaden betrifft, kann es zu unterschiedlichen
Ergebnissen kommen, wenn die Kopfteilrechtsprechung des BGH angewendet wird
oder aber, wenn eine individuelle Ermittlung des Aufwandes für die Eigenversorgung auf der einen Seite und der individuelle Aufwand für die Versorgung der Familienmitglieder auf der anderen Seite differenziert wird. Hat z.B. der Verletzte
Krankengeld, Rente wegen Erwerbsminderung oder Verletztengeld bezogen, so
handelt es sich um Leistungen, die den Verdienstausfall ausgleichen sollen und es
geht insoweit nur der Anspruch auf Ersatz des Erwerbsschadens auf den Sozialversicherungsträger über (oder aber Teile davon). Im Hinblick auf den Haushaltsführungsschaden bedeutet das, dass der Anteil entweder nach Kopfteilen oder aber der
tatsächlich geleistete Anteil an Haushaltsführungstätigkeit für Familienmitglieder

betroffen ist. Bereits an dieser Stelle kann es für die Anrechenbarkeit von Drittleistungen bei der Schadensregulierung zu unterschiedlichen Ergebnissen kommen. Umgekehrt betrifft dann die Zahlung von Pflegegeld nur den Eigenbedarfsanteil des Verletzten, so dass auch hier möglicherweise unterschiedliche Ergebnisse entstehen, je nachdem, ob man der Kopfteilrechtsprechung folgt oder eine individuelle Ermittlung im oben beschriebenen Sinne vornimmt.

4. Darlegungs- und Beweislast, § 287 ZPO

157 Der Haushaltsführungsschaden wird nach §§ 252 BGB, 287 ZPO geschätzt. Zunächst muss der Geschädigte den von ihm tatsächlich erbrachten Umfang der Hausarbeit bezogen auf den Gesamtaufwand im Haushalt darlegen und beweisen. Er muss vortragen, in welchem Umfang er vor dem Unfall für sich und die Familie Hausarbeiten verrichtet hat und in diesem Zusammenhang auch den Gesamtaufwand für die Haushaltsführung für die gesamte Familie. Schließlich muss der Geschädigte darlegen und beweisen, ob und in welchem Umfang er unfallbedingt in der Haushaltsführung eingeschränkt ist (MdH). Es sind hinreichende Anknüpfungstatsachen vorzutragen (OLG München v. 26.5.2010, Az. 20 U 5620/09).

II. Ermittlung des Schadensersatzbetrages anhand des Tabellenwerkes von Pardey in 3 Schritten

1. Aktualisiertes Tabellenwerk von Pardey – Der Haushaltsführungsschaden, 8. Auflage

158 Zum besseren Verständnis der nachfolgenden Ausführungen wird empfohlen, das Tabellenwerk von *Pardey* in der 8. Auflage parallel zu lesen. Alle Werte in den späteren Rechenbeispielen zu diesem Kapitel basieren auf den dortigen Tabellen, auf die im Einzelnen an der jeweiligen Stelle dezidiert hingewiesen wird.

159 Das Tabellenwerk in der 8. Auflage (2013) unterscheidet sich von der vorherigen Auflage dadurch, dass eine grundlegende Überarbeitung der Darstellung erfolgt ist. Die Irritationen, die in der Vorgängerauflage durch die Schaffung neuer Tabellen entstanden ist, konnte nun aufgelöst werden: Die Regulierung des Haushaltsführungsschadens ist relativ unkompliziert mit den Tabellen 1 und 2 sowie 9 und 11 im Verletzungsfall und demgegenüber mit der Tabelle 12 im Tötungsfall vorzunehmen. Etwas vergröbert soll der folgende Überblick über die Gestaltung der neuen Tabellen gegeben werden:

- **Tabelle 1**, wöchentliche Arbeitszeit in Haushalten mit bis zu 6 Personen in 4 Verhaltensalternativen bzw. Anspruchsstufen: „Verletzungsfalltabelle".
- **Tabelle 2**, basierend auf dem Datenmaterial der Tabelle 1, jedoch aufgegliedert in Zeitbedarf und Zeitaufwand.
- **Tabelle 3**, Zu- und Abschläge zum Grundbedarf, betreffend die Mahlzeitenzubereitung, die Haushaltstechnisierung, die Raumgrößen.

- **Tabelle 4**, zusätzliche Zeitansatztabelle für die Betreuung und Versorgung von Kleinkindern sowie Zeiten für weitere häusliche Tätigkeiten wie Gartenarbeit und Hausarbeit im weitesten Sinne.

- **Tabelle 5_1** sowie **Tabelle 5_2**, veraltete Tabelle „Reichenbach/Vogel" sowie Tabelle zur Gesamt-MdH zu verschiedenen Verletzungen/Verletzungsfolgen.

- **Tabelle 6**, mehrseitige und umfangreiche Tabelle zur Ermittlung der MdH bei diversen Verletzungen und Verletzungsfolgen, geordnet nach Körperteilen (vollständig neu entwickelt).

- **Tabelle 9**, Arbeitszeiten im Haushalt Alleinstehender: „Singletabelle".

- **Tabelle 10**, entspricht den vormaligen Tabellen 8, 9, 10 und 11 in der 7. Auflage.

- **Tabelle 11**, Arbeitszeit im Haushalt Alleinerziehender.

- **Tabelle 12**, reduzierte wöchentliche Arbeitszeit in fortgeführten Haushalten mit bis zu 6 Personen in 4 Verhaltensalternativen bzw. Anspruchsstufen: „Tötungstabelle".

Zusammengefasst ergibt sich folgendes Bild: **160**

■ Familienhaushalte mit und ohne Kinder	Tabelle 1 und 2
■ ergänzt um	Tabelle 3/4
■ MdH	Tabelle 6
■ Singlehaushalte	Tabelle 9
■ ergänzt um	Tabelle 3/4
■ MdH	Tabelle 6
■ Alleinziehend mit Kind/ern	Tabelle 11
■ ergänzt um	Tabelle 3/4
■ MdH	Tabelle 6

Zur Ermittlung des konkreten Schadensersatzbetrages kann die Tabelle 8 Anwen-   **161**
dung finden. Darin sind Stundenverrechnungssätze aus der Regulierungspraxis, soweit diese durch Gerichtsentscheidungen dokumentiert sind, abgedruckt. Ergänzend kann auf die TVöD-Stundenentgelte zurückgegriffen werden. Diese finden sich in der Tabelle 7_3. Die Eingruppierung von Ersatzkräften kann nach wie vor auf der Basis der Vorschläge von *Schulz-Borck*, abgedruckt in der Tabelle 7_2, erfolgen. Allerdings ist feststellbar, dass die tatsächliche Regulierungspraxis sich mittlerweile an Nettostundenverrechnungssätzen orientiert, insbesondere deshalb, weil die normative Abrechnung des Haushaltsführungsschadens die weitüberwiegende Variante in der Schadensregulierung gegenüber der Regulierung des Ersatzbetrags für die Einstellung einer Haushaltshilfe ist. Allerdings ist darauf hinzuweisen, dass die Stundensätze in der Tabelle 8 insoweit lediglich Eckpunkte darstellen. Es handelt sich dabei ausdrücklich nicht um festgeschriebene Stundensätze, son-

dern um solche, die vereinzelt von der Rechtsprechung aufgegriffen worden sind. In der Regulierungspraxis wird empfohlen, regionale Unterschiede aufzugreifen und im Einzelfall zu prüfen, welches die ortsübliche Vergütung für Haushaltstätigkeit am Markt ist. Hierbei ist insbesondere zu berücksichtigen, dass in Haushalten mit mehreren Kindern verstärkte Anforderungen an die Qualität der Haushaltsführungstätigkeit zu stellen sind und nicht reine „Putzfrauenlöhne" in der Regulierungspraxis zugrunde gelegt werden können.

2. Erster Schritt: Ermittlung des Arbeitszeitaufwandes des Verletzten vor dem Unfall, Fragebögen 2, 3, 4 und 5

162 Die Rechtsprechung weist richtigerweise darauf hin, dass es sich bei dem Tabellenwerk nicht um eine Anspruchsgrundlage handelt, sondern um Anhaltspunkte, die bei der Berechnung des Haushaltsführungsschadens herangezogen werden können (BGH NJW 2009, 2060 ff.).

163 Da im Vordergrund die individuelle Ermittlung des Arbeitszeitaufwandes vor dem Unfall und spiegelbildlich nach dem Unfallereignis stehen, können die Fragebögen 2, 3, 4 und 5 in der 8. Auflage herangezogen werden.

164 Da in der Regel die Ermittlung des Arbeitszeitaufwandes im Haushalt vor dem Schadensereignis nur geschätzt werden kann, liefert der Fragebogen 4 wertvolle Parameter, die bei der Ermittlung dieses Zeitumfangs maßgeblich sind. In der Regel haben Anspruchssteller vor dem Schadensereignis keine Aufzeichnungen über die Arbeitsbewältigung und Arbeitssituation im Haushalt angefertigt. Das ergibt sich zwangsläufig aus der Tatsache, dass niemand ohne konkreten Anlass derartige Aufzeichnungen vornimmt. Insoweit ist es vollkommen ausreichend, wenn mit Hilfe der oben genannten Fragebögen der Geschädigte – ggf. unter Zuhilfenahme der Familienmitglieder – rekapituliert, wer welche Haushaltstätigkeit mit welchem Zeitaufwand vor dem Unfallereignis wahrgenommen hat.

165 Ein Abgleich mit den Tabellen 1, 9 und 11, jeweils ggf. ergänzt durch die Tabelle 3 und 4, wird oftmals zu sehr tragfähigen Aussagen führen. Häufig bleibt die Schätzung des eigenen Arbeitsaufwandes bei der Haushaltsführung vom zeitlichen Volumen her hinter den statistischen Durchschnittswerten zurück, die das Tabellenwerk liefert. Sollte es im konkreten Fall anders herum sein, wird es erforderlich werden, dass der Anwalt seinen Mandanten noch einmal konkret zum dargelegten Haushaltsführungsaufwand befragen sollte, da offensichtlich Besonderheiten im Haushalt vorliegen, die in statistischen Durchschnittshaushalten nicht enthalten sind und die mit dem Versicherer explizit zu kommunizieren sind. Oder es ist schlicht so, dass sich der Geschädigte besonders liebevoll und zeitintensiv der Haushaltstätigkeit hingegeben hat. Hier werden in der Regulierung dann allerdings Abschläge zu erwarten sein.

166 Wesentlich ist also, dass bei der Schadensermittlung der Haushalt im vorliegenden Sachverhalt konkret untersucht wird. Etwaige Abweichungen von Durchschnitts-

haushalten sollten an dieser Stelle besonders herausgestellt werden, da sie schadensersatzrechtlich möglicherweise von Belang sein können.

Soweit Geschädigte auf die Mithilfe von Familienangehörigen zurückgreifen, muss **167** danach differenziert werden, ob diese Mithilfe tatsächlich erbracht wird oder ob es sich um eine bloße gesetzliche Mithilfeverpflichtung handelt. Diese kommt nämlich nicht zum Tragen, soweit sich die Mithilfe nicht tatsächlich realisiert (BGH NJW 1974, 1651; OLG Stuttgart, zfs 1983, 166).

Die Mithilfepflicht der im Haushalt lebenden Kinder wird in der Rechtsprechung **168** mit dem 12. oder dem 14. Lebensjahr angenommen (BGH NJW-RR 1990, 962; VersR 1983, 458; VersR 1973, 939; OLG Stuttgart, VersR 1993, 1536; OLG Hamburg, VersR 1988, 135). Aspekte, die die Mithilfepflicht beeinflussen, sind die Mithilfefähigkeit des Kindes, dessen Gesundheitszustand sowie der Entwicklungs- und Ausbildungsstand. Kinder, die sich in der Berufsausbildung befinden bzw. eine Ganztagsschule besuchen, werden einer geringeren Mithilfepflicht unterliegen, als Kinder, die bereits mittags aus der Schule kommen und dann in die Hausarbeit mit eingebunden sind.

Nach der Rechtsprechung ist im Schnitt davon auszugehen, dass sich die Mithilfe **169** pflicht von Kindern auf 7 Stunden pro Woche erstreckt (BGH VersR 1973, 939; OLG Stuttgart, VersR 1993, 1536; OLG Hamburg, VersR 1988, 135). An dieser Stelle ist jedoch wieder zu beachten, dass individuell sowohl Abweichungen nach unten als auch nach oben möglich sind. Bei Abweichungen nach oben, d.h. wenn Kinder also ungewöhnlich häufig im Haushalt mithelfen und dies einen höheren Zeitaufwand als eine Stunde pro Tag darstellt, sollte hier besonders dezidiert vorgetragen werden.

Zur Mithilfepflicht des Ehegatten ist auch hier wieder auf die tatsächlichen Verhält **170** nisse abzustellen (BGH NZV 1988, 60). Grob kann man davon ausgehen, dass in der **Alleinverdienerehe** wohl der andere Ehegatte vollumfänglich für die Haushaltsführung einsteht. Möglicherweise gibt es einzelne Bereiche, in denen der Alleinverdiener gleichwohl Hausarbeit verrichtet, z.B. wenn es um die Gartenpflege, Pkw-Wartung und Pflege sowie den Einkauf von schweren Gebrauchsgütern geht. An dieser Stelle wird es erforderlich sein, dass sich oftmals beide Partner ergänzen.

Wenn beide Partner Rentner sind oder die Eheleute eine **Doppelverdienerehe** füh **171** ren, dann kann in der Regel davon ausgegangen werden, dass die Hausarbeit gleichmäßig auf beide Partner verteilt ist. Analog gilt das selbstverständlich auch für die gleichgeschlechtlichen Lebensgemeinschaften nach dem Partnerschaftsgesetz.

Wenn sowohl voll berufstätige als auch teilweise berufstätige Eheleute bzw. Partner **172** sich die Haushaltsführung teilen, kann in der Regel davon ausgegangen werden, dass hier geviertelt wird: entweder $1/4$ zu $3/4$ oder aber gefünftelt in dem Sinne, dass der teilzeitbeschäftigte Ehegatte mit $4/5$ an der Haushaltsführungstätigkeit beteiligt ist.

173 Maßgeblich ist aber in jedem Einzelfall die tatsächliche Handhabung bzw. die möglicherweise im Einzelfall vorliegende vertragliche Ausgestaltung.

> *Praxistipp*
> In der Schadensregulierung sollte der geschädigte Haushaltsführende danach befragt werden, ob der jeweils andere Partner tatsächlich Haushaltsleistungen übernimmt und wenn ja, in welcher Größenordnung. Sollte sich herausstellen, dass der andere Partner berufsbedingt regelmäßig über längere Zeiträume bei auswärtiger Arbeit nicht im Familienhaushalt lebt, so dürfte die tatsächliche Mithilfe deutlich herabgesetzt und ggf. auf das Wochenende konkretisiert sein. Zur optimierten Regulierung der Ansprüche des Geschädigten sollte auf solche Besonderheiten vertieft eingegangen werden, da diese den Zeitaufwand des Haushaltsführenden deutlich aus den statistischen Mittelwerten herausheben. Ein statistisch über dem Durchschnitt liegender Haushaltsführungsaufwand des Geschädigten führt letzten Endes zu höheren Entschädigungsleistungen!

174 Zu beachten ist andererseits auch das eventuelle Vorhandensein einer ohnehin eingestellten **Haushaltshilfe**. Da diese nicht verletzt ist, kann der auf eine solche Hilfskraft delegierte Haushaltsführungsaufwand nicht zugunsten des im übrigen den Haushalt führenden Geschädigten gerechnet werden. Es ist jedoch in der Praxis häufig so, dass Haushaltshilfskräfte nur einzelne Teilbereiche der Haushaltsführung übernehmen, so z.B. die Raumreinigung, die Kinderbetreuung oder aber die Gartenarbeit. Somit verbleibt immer noch für den Geschädigten ein Teilbereich aus der Haushaltsführungstätigkeit, häufig insbesondere die Leitungstätigkeit, die bei Verletzung zum Schadensersatz verpflichtet.

> *Praxistipp*
> Bei der Ermittlung des Haushaltsführungsschadens ist es hilfreich, wenn der Anwalt den Haushalt des Geschädigten selbst einmal in Augenschein nimmt. Gerade unter schadensrechtlichen Aspekten fallen dem Anwalt häufig eher Besonderheiten im Zuschnitt des Haushaltes auf, die in den statistischen Tabellenwerken keinen Niederschlag gefunden haben. Bedeutsam sind in diesem Zusammenhang Haustiere, deren Pflege zeitweilig aufwendig sein kann und gerade in ländlichen Bereichen große **Nutzgärten**. Auch ist darauf zu achten, dass filigrane **Ziergärten** einer zeitaufwendigen Pflege bedürfen. Hier kommen ggf. Zuschläge aus der Tabelle 3 zum Tragen. Bei übermäßiger Tierhaltung ist eine Abgrenzung vom Hobby zum Nebenerwerb (z.B. Hundezucht) zu berücksichtigen. Die Beeinträchtigung beim Hobby ist schmerzensgeldrelevant. Dafür müsste dann jedoch die **Tierhaltung** einen gewissen Umfang angenommen haben. In der Schadensregulierung ist dann darauf zu achten, dass die Tierhaltung als Hobby das Schmerzensgeld auch wirklich erhöht, wenn sie im Haushaltsführungsschaden unbeachtlich bleiben soll.

Praxistipp
Kinder, die unter **Nahrungsmittelunverträglichkeiten**, Waschmittelallergien, **ADS/ADHS** leiden – was immer häufiger der Fall ist – benötigen einen erhöhten Betreuungsaufwand. Vielfach ist es auch erforderlich, dass für diese Kinder besondere Nahrungsmittel gekauft werden müssen, die dann individuell zuzubereiten sind, so dass ggf. mehrere warme Gerichte parallel gekocht werden müssen. Bei **Hautallergien** muss die Wäsche dieser Kinder gesondert mit speziellen Waschmitteln gereinigt werden. Dies ist ein erhöhter Zeitaufwand in der Haushaltsführung. Kinder, die unter ADS/ADHS leiden, stehen oftmals unter starker Medikation und es gibt einen erheblichen therapeutischen Betreuungsaufwand, der im Haushalt organisiert werden muss (Fahrten zum Arzt, zu sonstigen Therapien). Hier sollte der Anwalt explizit nachfragen, ob in der Familie des geschädigten Haushaltsführenden derartige Besonderheiten festzustellen sind.

Wenn eine Ermittlung des Arbeitszeitaufwandes des Verletzten vor dem Unfall im   **175** Haushalt individuell kaum oder gar nicht möglich ist, dann kann auf Durchschnittswerte zurückgegriffen werden. Nach der höchstrichterlichen Rechtsprechung können die Anhaltspunkte aus dem Tabellenwerk dann für die Regulierung zugrunde gelegt werden. Zwar ist dieses Tabellenwerk nicht als antizipiertes Sachverständigengutachten zu verstehen, jedoch haben in diesen Tabellen umfangreiche Haushaltserhebungen Eingang gefunden.

Praxistipp
Oftmals wendet der Versicherer ein, dass dieses Tabellenwerk überaltert sei und gerade die Tabellen zur Ermittlung des Arbeitszeitaufwandes bereits viele Jahre alt seien. Die Technisierung im Haushalt und der Verzehr von Fertigprodukten oder Halbfertigprodukten sei darin in zeitlicher Hinsicht nicht berücksichtigt worden. Das mag zwar für die Vorgängerauflage zutreffend sein, jedoch sollte der Versicherer an dieser Stelle darauf hingewiesen werden, dass trotz **Technisierung** des Haushaltes ein erheblicher Anteil von Hausarbeit immer noch manuell zu erledigen ist. Auch werden heutzutage an die Haushaltsführung in Ansehung **chronisch kranker Kinder** erheblich höhere Anforderungen gestellt, als diese in das Tabellenwerk Eingang gefunden haben. Kindliche Neurodermitis, Kinderasthma und psychische Erkrankungen bei Kindern sind ein Phänomen der jüngeren Vergangenheit und Behandlungskonzepte stehen erst seit wenigen Jahren zur Verfügung. Die Umsetzung dieser Behandlungskonzepte und die Integration dieser **besonderen Ernährungsanforderungen** obliegt in der Regel dem haushaltsführenden Geschädigten, so dass dieses einen erheblichen Zeitaufwand in Anspruch nimmt, welcher gerade in dem Tabellenwerk von *Pardey* noch nicht Berücksichtigung gefunden hat. Die in der Technisierung liegende Zeitersparnis wird durch den erhöhten Betreuungsaufwand chronisch kranker Kinder nicht nur vollkommen aufgezehrt, sondern dieser übersteigt die gewonnene Zeitersparnis häufig um ein

Vielfaches. Für künftige Schadensregulierungen ist dieser Einwand der Assekuranz überholt.

176 Für die Ermittlung des Zeitaufwandes des Verletzten vor dem Unfall für die Haushaltstätigkeit können ergänzend die Tabellen 1, 2, 9 und 11 mit den jeweils gesondert zu prüfenden Zu- und Abschlägen aus den Tabellen 3 und 4 angewendet werden. Es ist nochmals zu betonen, dass es sich nicht um „Anspruchsgrundlagen" in der Regulierung handelt, sondern um ein Datenmaterial, welches ergänzend herangezogen werden kann, wobei es vorrangig immer auf den individuellen Haushaltsführungsaufwand des Geschädigten vor dem Unfall ankommt. An dieser Stelle muss darauf hingewiesen werden, dass die Tabelle 12 ausschließlich Tötungsfälle betrifft. In Regulierungsverhandlungen wird oftmals zulasten der Geschädigten versucht, die Tabelle für die Tötungsfälle auch in den Verletzungsfällen anzuwenden. Hier ist besondere Aufmerksamkeit seitens des Geschädigtenvertreters geboten.

177 Die Zu- und Abschlagstabellen 3 und 4 führen zum Teil zu erheblichen Zuschlägen im Einzelfall. So weist *Pardey* (Der Haushaltsführungsschaden, 8. Auflage, S. 66) darauf hin – ebenso wie es bereits in der hiesigen Vorauflage vertreten worden ist –, dass bei Zwillingen bis zur Einschulung mehr als die doppelte Zeit aufzuwenden ist und demnach nochmals ein weiterer Zuschlag von 50 % der in der Tabelle 4 enthaltenen Zuschlagswerte für Kleinkinder anzusetzen ist.

178 Man kann gut und gerne davon ausgehen, dass für Zwillinge bis zur Einschulung ein Betreuungsaufwand von 2,5 Kindern besteht. Der Pflege- und Betreuungsaufwand für Zwillinge stellt besondere Anforderungen an die haushaltsführende Person. Es geht nicht nur darum, dass Mahlzeiten doppelt zubereitet werden müssen, sondern dass diese Kinder immer zeitgleich zu versorgen sind. Dieses führt zu einer insgesamt erheblichen Zeitverlängerung z.B. bei der Einnahme der Mahlzeiten. Beide Kinder müssen löffelweise wechselseitig während der gemeinsamen Mahlzeiteneinnahme gefüttert werden. Der ergänzende „Zwillingszuschlag", welcher nicht in der Tabelle 4 enthalten ist, kann bedenkenlos bis zur Einschulung hinzugerechnet werden.

179 Fernerhin ist zu berücksichtigen, dass die Mahlzeitenzubereitung und auch die Mahlzeiteneinnahme im Allgemeinen sowieso für Kinder vom Säuglingsalter bis zur Einschulung mit einem höheren Arbeitsaufwand verbunden sind. Hier sind deshalb erhebliche Zuschläge erforderlich, so wie es sich aus der Tabelle 4 ergibt. Diese Zuschläge können zwanglos nochmals erhöht werden, wenn Kinder Behinderungen aufweisen oder unter chronischen Krankheiten leiden. Die Betreuung von Kindern zwischen 5 und 7 Jahren kann pauschaliert einen Zusatzbedarf von 2 Stunden pro Tag, also 14 Wochenstunden ausmachen (*Pardey*, Der Haushaltsführungsschaden, 8. Auflage, S. 66). Mit dieser Aussage hat *Pardey* zwanglos die Tabelle 4 um eine weitere Spalte nach rechts pauschal ergänzt. Der erhöhte Zusatzbedarf kann sich in dieser Altersgruppe aus der Tatsache der Einschulung ergeben. Kinder zwischen 5 und 7 Jahren werden im Allgemeinen eingeschult bzw. befinden sich bereits durchaus auch in der 2. Klasse. Ein wesentliches Thema bei der Haushaltsführung ist an dieser Stelle die Hausaufgabenbetreuung. Kinder müssen oftmals erst an diese schulischen Verpflichtungen herangeführt werden und vielfach fällt es schwer, die nötige Konzentration für die Abarbeitung von Hausarbeiten aufzubringen, weshalb der Betreuungsaufwand an dieser Stelle besonders intensiv ist. Selbst für Kinder an Ganztagsschulen kann ein erhöhter Betreuungsaufwand im ersten und zweiten Schuljahr hinzutreten, weil erfahrungsgemäß die Vorbereitung für Klassenarbeiten in einer Ganztagsschule nicht vollumfänglich geleistet werden kann. Nicht selten ist es so, dass Kinder, die in der Ganztagsschule beschult werden, gleichwohl am späten Nachmittag noch einer intensiven häuslichen Betreuung bedürfen, um den Prüfungsstoff für Klassenarbeiten aufzunehmen.

3. Zweiter Schritt: Ermittlung der MdH

a) Terminologie

Es gilt die Einschränkung der Fähigkeit zur Haushaltsführung von anderen ähnlichen Begriffen abzugrenzen. So findet im Bereich der gesetzlichen Unfallversicherung der Begriff der MdE (Minderung der Erwerbsfähigkeit) im SGB VII Verwendung. Demgegenüber spricht man im sozialen Entschädigungsrecht in der Anlage zu § 2 der VersMedV heute vom Grad der Schädigungsfolgen (GdS) und dem Grad der Behinderung (GdB). Der vormals auch hier verwendete Begriff der MdE ist dadurch abgelöst worden. All das hat nichts mit der AU, der Arbeitsunfähigkeit – einem Begriff aus der gesetzlichen Krankenversicherung – zu tun. Auch die Gliedertaxe aus dem Bereich der privaten Unfallversicherung ist davon abzugrenzen. **180**

Bei der Bemessung des Haushaltsführungsschadens geht es also um die verletzungsbedingten Einschränkungen in der Fähigkeit zur Haushaltsführung. Der in der Vorauflage verwendete Begriff der haushaltsspezifischen MdE soll hier keine Verwendung mehr finden. Haushaltsführung ist nur zu einem Teil rechtlich betrachtet Erwerbstätigkeit, hingegen für die Eigenversorgung des Anspruchsstellers dogmatisch den vermehrten Bedürfnissen zuzuordnen. Der Begriff „haushaltsspezifische MdE" verkürzt insoweit diese dogmatischen Grundlagen. Auch die Verwendung des Begriffes der Minderung der Hausarbeitsfähigkeit wirkt verkürzend: Der Aspekt der Leitungsfunktion tritt nach diesseitiger Auffassung in den Hintergrund. Aus diesem Grunde haben sich die Autoren entschieden, mit dem Begriff „Minderung der Haushaltsführungsfähigkeit" zu arbeiten; kurz: MdH. Auch soll der Begriff der haushaltsspezifischen Behinderung, so wie er teilweise in der Literatur Verwendung findet, hier nicht zum Tragen kommen. Es geht nicht um eine Behinderung, sondern um den teilweisen oder vollständigen Verlust der Fähigkeit, einen Haushalt zu führen. Alleine die Begrifflichkeit der „Minderung der Haushaltsführungsfähigkeit" bildet alle Komponenten des Haushaltsführungsschadens ab: sowohl die Beeinträchtigung der Leitungsfähigkeit als auch die Beeinträchtigung der körperlichen Fähigkeit zur Haushaltstätigkeit. **181**

182   Bei der MdH geht es darum, das Ausmaß der unfallbedingten Beeinträchtigung des verletzten Haushaltsführenden und die dadurch bedingte konkrete Einschränkung in der Haushaltsführungsfähigkeit zu erfassen. Ausgangspunkt sind dabei sowohl physische als auch psychische Verletzungsbilder, die durchaus gleichrangig nebeneinander stehen können bzw. miteinander verbunden sein können. Verletzungen der Psyche (sowohl als Primär– als auch als Sekundärverletzung) können durchaus in Verbindung mit, aber auch vollkommen ohne physische Verletzungsbilder zu einer MdH führen. Das ist mittlerweile anerkannt und wird nicht mehr in Frage gestellt. Eine pauschalierende MdH bei psychischen Verletzungen/Verletzungsfolgen kann nicht konstatiert werden (ebenso *Pardey*, Der Haushaltsführungsschaden, 8. Auflage, S. 82). Es kommt immer auf den Einzelfall und die funktionelle Auswirkung bei der Haushaltsführungsfähigkeit an. Keinesfalls ist jedoch die Behauptung zutreffend, wonach psychische Unfallverletzungen/Verletzungsfolgen nicht zur Geltendmachung eines Haushaltsführungsschadens berechtigen. Es kommt insoweit immer auf den Einzelfall an.

183   Einen Gleichklang, etwa in dem Sinne, dass immer ein bestimmter Prozentsatz einer medizinisch festgestellten MdE zugleich die MdH darstellt, so wie es gelegentlich von Vertretern der Assekuranz bei der Regulierung behauptet wird, gibt es nicht. Im Einzelfall kann sogar eine relativ geringe MdE/ein geringer GdS/ein geringer GdB eine recht hohe MdH mit sich bringen. Auch ein umgekehrter Fall ist durchaus denkbar. Nicht selten sind auch die Fälle, in denen die MdE 100 % beträgt und die MdH ebenfalls 100 % ergibt. Dahin verbergen sich häufig Verletzungsfälle, bei denen physisch, psychisch und kognitiv vom Geschädigten keinerlei Haushaltsführungstätigkeit erbracht werden kann.

184   Andererseits ist es aber genauso möglich, dass im Einzelfall ein geringerer Grad der Erwerbsminderung vorliegt und der Verletzte dennoch gänzlich außer Stande ist, den Haushalt zu versorgen. Hier spielen die Einzelheiten der erlittenen Verletzungen und die daraus resultierenden Behinderungen gerade im Haushalt die entscheidende Rolle (LG Saarbrücken zfs 2006, 501).

185   Man wird in etwa sagen können, dass eine hohe MdE/ein hoher GdS/ein hoher GdB oftmals auch eine hohe MdH mit sich bringt. Andererseits kann eine geringe MdE/ein geringer GdS/ein geringer GdB durchaus im Einzelfall zu einer relativ hohen MdH führen.

Praxistipp

Versicherer wenden gerne die „Faustformel" an, wonach die MdE zu einer exakt halb so hohen MdH führt (so die mittlerweile überholte Rechtsprechung OLG Nürnberg DAR 2001, 366; LG Aachen NZV 2003, 137). Dies ist grundsätzlich falsch! Es ist im Einzelfall zu ermitteln, welche Arbeiten im Haushalt unfallbedingt nicht mehr möglich oder nicht mehr zumutbar sind. Dies ist je nach Größe und Ausstattung des Haushaltes unterschiedlich und deshalb einer „**Faustformel**" keinesfalls zugänglich.

b) Tabelle 6, Sachverständigengutachten, Selbsteinschätzung gem. § 287 ZPO

Zur Ermittlung der MdH steht nun die völlig neu entwickelte und gestaltete Tabelle **186** 6, abgedr. im Tabellenwerk *Pardey*, Der Haushaltsführungsschaden, 8. Auflage, zur Verfügung. Diese neue Tabelle ist nun gegliedert nach Körperteilen, wobei Nervenschädigungen der oberen und unteren Extremitäten nochmals gesondert ausgewiesen sind. In der laufenden Ziffer 8 sind Verletzungen und Verletzungsfolgen erfasst, die zugleich mehrere Körperteile oder den ganzen Körper auf einmal betreffen können. Unter der Ziffer 10 sind psychische Schäden im Sinne der ICD 10-F Klassifikation erfasst. Damit ist es also im Unterschied zur bisherigen Tabelle 6 von *Reichenbach/Vogel* nunmehr möglich, die MdH auch im Falle von Mehrfachverletzungen (z.B. Polytrauma) mit geringem Aufwand regulierungssicher einzuschätzen. Bei Mehrfachverletzungen geht man in der Bezifferung der MdH so vor, dass zunächst die Beeinträchtigungen nach Körperteilen und Organen ausdifferenziert werden. Dann sucht man aus den laufenden Ziffern 1–9 die jeweils betroffenen Körperteile bzw. Organteile hinsichtlich der MdH heraus. Wenn dieselben Körperteile aufgrund verschiedener Primärverletzungen betroffen sind, werden die Überschneidungen herausgearbeitet. An dieser Stelle sei auf das Beispiel in *Pardey*, Der Haushaltsführungsschaden, 8. Auflage, S. 98, verwiesen: Bei einer Kopfverletzung mit der Folge einseitiger Taubheit (15 % MdH) sowie einer Verletzung des oberen Sprunggelenks mit der Folge einer Versteifung (20 % MdH) stehen die Primärverletzungen in ihren haushaltsspezifischen Auswirkungen nebeneinander. Deshalb sind jeweilige Teilwerte zu addieren, so dass die haushaltsspezifische Gesamt-MdE 35 % beträgt.

Anders verhält es sich demgegenüber in dem Fall, in dem eine Mehrfachverletzung **187** mit Oberarmfraktur rechts und in der Folge einer Bewegungseinschränkung des Schultergelenks mit 30 % MdH zu Buche schlägt, eine Handgelenksfraktur rechts mit Versteifung mit 30 % MdH bewertet wird und ein Kniebinnenschaden rechts mit Bewegungseinschränkung mit 25 % MdH zu bewerten ist. Die Verletzungen des Oberarmes und des Handgelenks überschneiden sich hinsichtlich der haushaltsspezifischen Beeinträchtigung. Dieses schließt die Addition der auf die jeweilige Verletzung entfallenden Teilbeträge aus. Je nach Verletzungsfolge – Bewegungseinschränkung des Schultergelenks und Versteifung des Handgelenks – ist die jeweils höhere Minderung der Hausarbeitsfähigkeit in der Gesamtbetrachtung maßvoll anzuheben. Da beide Verletzungsfolgen mit je 30 % gleich hoch zu bewerten sind, kann die MdH hier mit 40 % angesetzt werden. Hinzuzurechnen ist der Knieschaden, der sich im Dauerschaden in einer Bewegungseinschränkung zeigt. Diese beträgt wie oben ausgeführt 25 % MdH. Somit kann vorliegend eine Gesamt-MdH von 65 % angenommen werden.

Für die Ermittlung der MdH stehen zwei Modelle zur Verfügung. Zum einen kann **188** die Berechnung mittels prozentualen Ausfalls erfolgen. Diese Berechnungsart bezeichnet Pardey als Quotenmethode (Pardey, Der Haushaltsführungsschaden, S. 8) In diesem Falle wird der unten vorgestellte Rechenweg benutzt (siehe Rn 252 ff.). Ebenso verfahren *Hillmann/Schneider* (*Hillmann/Schneider*, § 9 Rn 530 ff.).

189 Demgegenüber kann die Berechnung auch über die Ermittlung des **Zeitdefizits** erfolgen. Pardey bezeichnet dieses als Differenzmethode (Pardey, Der Haushaltsführungsschaden, S. 7). Beispielsberechnungen finden sich bei *Pardey*, Rn 2535. Ähnlich ging auch das OLG Rostock in seiner Entscheidung im Jahr 2002 vor (OLG Rostock zfs 2003, 233, 235).

190 Die Verfasser ziehen die zuerst genannte Methode aus Praktikabilitätsgründen vor. Sie ist weniger zeitaufwendig und rechnerisch leichter zu handhaben. Gravierende Unterschiede im rechnerischen Ergebnis beider Methoden sind nicht ersichtlich.

Praxistipp

Im Zusammenwirken mit dem Geschädigten können in Abweichung von der Tabelle 6 jedoch durchaus eigene Schätzwerte ermittelt werden. Hilfreich ist es, wenn der Anwalt den Geschädigten in seinem Haushalt aufsucht und dort konkret die Beeinträchtigungen in Augenschein nimmt. Bei diesem Vorgehen ist es hilfreich, sich der Übersicht und des Anforderungsprofils einzelner Tätigkeitsbereiche zu bedienen, die von *Pardey* im Haushaltsführungsschaden, 8. Auflage, S. 80 f. ausgearbeitet zur Verfügung stehen. Dort ist sehr dezidiert beschrieben, welche Anforderungen an Hausarbeit zu richten sind. Auf S. 80 findet sich eine Übersicht, die alphabetisch geordnet ist. Es finden sich dort nicht weniger als 45 Einzelaspekte, die Anforderungen wiedergeben, die an die physische und psychische Leistungsfähigkeit des Haushaltsführenden zu stellen sind. Auf S. 81 sind diese Anforderungen den jeweiligen Tätigkeitsbereichen in der Haushaltsführung zugeordnet. Diese Übersicht macht deutlich, an wie vielen Stellen sich ein und dieselbe Verletzung bzw. gesundheitliche Beeinträchtigung in den verschiedenen Tätigkeitsbereichen in der Haushaltsführung zeigen kann. Die Seiten 80 und 81 dieses Tabellenwerks sind insoweit eine wahre Fundgrube bei der Ermittlung und Bewertung der Einschränkungen in der Fähigkeit zur Haushaltsführung. Mitunter ist es auch zielführend, den Mandanten danach zu fragen, um wie viel Prozent er sich selbst bei der Ausübung einzelner Tätigkeitsbereiche beeinträchtigt fühlt. Häufig lassen sich dabei sehr realistische Werte finden. Als Anwalt sollte man nicht davor zurückschrecken, eine entsprechende Schätzung selbst vorzunehmen. Gerade in der außergerichtlichen Regulierung erweisen sich solche Selbsteinschätzungen häufig als tragbar und in der Kommunikation mit dem Versicherer mit geringen Abweichungen umsetzbar. Schlussendlich ist zu berücksichtigen, dass auch für den Versicherer ein nicht unerhebliches Prozessrisiko in der Einschätzung der MdH liegt. Hier besteht tatsächlich ein gewisser Regulierungsspielraum, den der Anwalt zugunsten seines Mandanten nutzen sollte.

Praxistipp
Oftmals scheut der Versicherer die Einholung eines spezialisierten Sachverständigengutachtens durch einen öffentlich bestellten und vereidigten Sachverständigen aus dem hauswirtschaftlichen Bereich und drängt den Rechtsanwalt dazu, die MdH durch einen Klinikarzt feststellen zu lassen. Häufig geht dies zu Lasten des Geschädigten! Das liegt bereits darin begründet, dass der Klinikarzt (in der Regel ein Chirurg oder Orthopäde) regelmäßig den Begriff der MdH überhaupt nicht kennt und ihn deshalb fahrlässigerweise mit der sozialversicherungsrechtlichen MdE gleichsetzt. Fernerhin dürfen erhebliche Zweifel daran bestehen, dass jeder beliebige Arzt dazu in der Lage ist, Behinderungen in der Haushaltsführung festzustellen. Welcher (Klinik)Arzt ist schon mit der eigenen Haushaltsführung im Mehrpersonenhaushalt vollumfänglich und in allen Details vertraut, um sich im Metier der MdH fehlerfrei zu bewegen? Die Einschaltung eines x-beliebigen (Klinik)Arztes zur Ermittlung der MdH ist also keinesfalls sachgerecht und abzulehnen. Der Arzt müsste schon eine nachgewiesene Kompetenz bei der Ermittlung einer MdH haben.

Der Rechtsanwalt sollte dem vom Gegner vorgeschlagenen Arzt die Frage stellen, ob er sich mit der Ermittlung der MdH auskennt. Es wird sich sehr schnell Spreu vom Weizen trennen lassen.

Praxistipp
Wenn im Einvernehmen zwischen dem Geschädigten und dem Versicherer ein Arzt zur Feststellung der MdH beauftragt werden soll, dann muss dazu ein Fragenkatalog erarbeitet werden. Der Anwalt sollte dann die vom Mandanten ausgefüllten Fragebögen 1–5 mit beifügen und zu den Beeinträchtigungen des Mandanten anhand der einzelnen Haushaltsbereiche umfänglich vortragen (vgl. *Pardey*, Der Haushaltsführungsschaden, 8. Auflage, S. 18, 76 ff.). Ein Arzt, der mit diesem Material versorgt ist, wird kaum umhin kommen, sich dezidiert mit den haushaltsspezifischen Einschränkungen aus den Verletzungsfolgen zu beschäftigen. Im Übrigen sind dann Gutachten zur MdH ohne Weiteres angreifbar, wenn der beauftragte Arzt sich mit diesen Sachverhaltsaspekten nicht auseinandersetzt.

Praxistipp
Eine fachlich (fast) unangreifbare gutachterliche Einschätzung der MdH liefert ein entsprechender öffentlich bestellter und vereidigter Gutachter in diesem Fachbereich. Hier kann auf das bundesweite Sachverständigenverzeichnis (**Gutachterliste**) im Internet der Industrie- und Handelskammer zurückgegriffen werden (*www.ihk.de*).

In der Regel ist von einem Gutachten zur MdH dann abzusehen, wenn die dauer-   **191**
haften Verletzungsfolgen unproblematisch aus der Tabelle 6 abgelesen werden können. Wie sich aus dem Tabellenwerk ergibt, stehen neben der Tabelle 6 noch die Tabellen 5_1 sowie 5_2 zur Verfügung. Bei der Erstgenannten handelt es sich um

die „alte Tabelle 6" der Vorauflagen von *Reichenbach/Vogel*. Aufgrund ihres erheblichen Alters sowie der Tatsache, dass nur ein geringer Anteil möglicher und häufig vorkommender Verletzungen und Verletzungsfolgen darin bearbeitet worden sind, ist die Anwendung dieser Tabelle entbehrlich.

192   Sollten im konkreten Einzelfall Verletzungen und Verletzungsendfolgen verblieben sein, die sich in der Tabelle 6 nicht finden lassen, dann ist gem. § 287 ZPO eine Schätzung der MdH durch den Anwalt (im günstigen Fall im gemeinsamen Zusammenwirken mit dem Geschädigten) erforderlich. Insoweit handelt es sich bei der Tabelle 6 nicht um einen abschließenden Katalog. Jedoch lassen sich viele Verletzungsfolgen mit dem dort abgedruckten Katalog schlussendlich doch bearbeiten. Das liegt daran, dass der Fokus der Tabelle 6 nicht auf der Primärverletzung liegt, sondern auf der Verletzungsfolge. Oftmals führen recht unterschiedliche Primärverletzungen dann jedoch auf der Ebene des Dauerschadens zu vergleichbaren Beeinträchtigungen bei der Hausarbeitsfähigkeit. Beispielhaft soll hier die Verletzungsfolge „Hirnschäden" benannt werden. Hirnschäden werden oftmals an verschiedenen Stellen des Körpers sichtbar: z.B. beim Sehvermögen, beim Hörvermögen, beim Gleichgewichtssinn, bei der Sprechfähigkeit sowie beim Geschmacks- und Geruchssinn. Auch Epilepsie und Intelligenzmängel können ihre Ursache durchaus in Hirnschädigungen haben. Insoweit kann man mit einem gewissen medizinischen Hintergrundwissen (welches sich der Anwalt relativ leicht im konkreten Einzelfall durch eine gezielte Frage bei dem betreuenden Arzt des Mandanten einholen kann) die MdH selbst bei nicht in der Tabelle 6 benannten Verletzungsbildern gleichwohl unter Rückgriff auf die Tabelle 6 erarbeiten.

193   Nicht jede physische oder psychische Verletzung, die medizinisch als Funktionsstörung oder Funktionseinschränkung deklariert wird, führt auf der Ebene der §§ 249, 842, 843 BGB zur Beeinträchtigung. Es ist denkbar, dass medizinisch festgestellte Beeinträchtigungen sich jedoch in der hauswirtschaftlichen Versorgung überhaupt nicht auswirken. Anders herum ist es auch denkbar, dass sich nur sehr geringe medizinische Funktionsstörungen oder Funktionseinschränkungen dann jedoch gravierend im Haushalt auswirken. Entscheidend ist die Situation des Einzelfalls. Dort, wo durch die ohnehin definierte Aufgabenverteilung im Mehrpersonenhaushalt eine medizinische Funktionsbeeinträchtigung haushaltsspezifisch nicht auffällig ist, wird sich keine MdH ergeben. Das wirft zugleich die Frage nach der Umorganisation auf. Im Mehrpersonenhaushalt kann durch Arbeitsteilung und (Um-)Organisation durchaus die eine oder andere medizinische Funktionsstörung kompensiert werden, so dass nur ein geringerer oder kein Haushaltsführungsschaden messbar ist. Allerdings hat die Verpflichtung zur Umverteilung der Hausarbeit da ihre Grenze, wo der Geschädigte „regelrechte Verrenkungen" ausführen muss, um den Schädiger zu entlasten (*Hillmann/Schneider*, § 9 Rn 551). Bereits per Definition schließt der Singlehaushalt die personelle Kompensation aus, da kein Partner zur Umverteilung zur Verfügung steht. Entsprechendes gilt auch für Alleinerziehende mit minderjährigen Kindern (ebenso: *Pardey*, Der Haushaltsführungsschaden, 8. Auflage, S. 77). Wenn sich der Haushalt als geeignet erweist, eine Umverteilung von Aufgaben vorzunehmen, dann bedeutet dies jedoch nicht, dass der unverletzte Partner ein größeres Kontingent an hauswirtschaftlichen Arbeiten zu verrichten hat, als zu dem Zeitpunkt, bevor der Verletzungsfall beim Partner eingetreten ist. Umverteilung bedeutet nichts anderes als Tausch. Es ist jedoch kein Tausch, wenn einer mehr zu tun hat als vorher, weil die verletzte Person aufgrund ihrer Verletzungsfolgen keine freien Kapazitäten in der Haushaltsführung zum Tauschen anzubieten hat. Diese Mehrbelastung der anderen Familienmitglieder darf den Schädiger nicht entlasten und ist deshalb ausgleichspflichtig. Dieser Gedanke findet sich auch in der Entscheidung des Kammergerichtes vom 5.6.2008, NJOZ 2008, 4695.

194 Bei nur vorübergehenden Verletzungsbildern kann ein Teil der Hausarbeit möglicherweise zeitweilig aufgeschoben werden. Das gilt allerdings nicht für sicherheitsrelevante Haushaltsführungstätigkeit, wie z.B. Winterdienst. Schnee und Eis müssen geräumt werden, wenn sie anfallen und nicht 4 Wochen später, wenn der Genesungsprozess es erlaubt, dass der Geschädigte diese Arbeiten wieder vornimmt. Insoweit hat die temporäre Kompensationsmöglichkeit durchaus ihre Grenzen. Wenn in einer solchen Situation der Geschädigte der Haushaltsführungstätigkeit gleichwohl unter Schmerzen nachkommt, so entlastet auch das den Schädiger nicht. Unter Schmerzen verrichtete Hausarbeit ist überobligatorisch und damit entschädigungspflichtig.

195 Eine Kompensation kann auch darin liegen, dass technische Hilfsmittel zum Einsatz kommen, die der Geschädigte bis dato nicht zur Verfügung hatte. Jedoch sind die Kosten für die Anschaffung derartiger Hilfsmittel ebenfalls vom Schädiger zu ersetzen – dogmatisch unter dem Aspekt der vermehrten Bedürfnisse.

196 Bei der Ermittlung der unfallbedingten MdH ist aus Schadensminderungsgesichtspunkten ggf. eine **Kompensation** der Beeinträchtigungen des Geschädigten zu verlangen. Allerdings ist die in diesem Zusammenhang oftmals geäußerte Annahme, der verletzte Arbeitnehmer habe bei 100 % Arbeitsunfähigkeit nun sehr viel freie Zeit, um seine Hausarbeit zu verrichten, fehl am Platz. Diese Auffassung verkennt nämlich, dass es gerade die Verletzungsfolgen sind, die den Arbeitnehmer gleichermaßen an der Erbringung seiner Haushaltsführungstätigkeit hindern. Letztlich schuldet der Verletzte arbeitsrechtlich als Äquivalent zur Entgeltfortzahlung bei 100 %iger Arbeitsunfähigkeit alles zu unterlassen, was den Genesungsprozess verzögert oder verhindert. Im Gegenteil: Der arbeitsunfähige Arbeitnehmer ist gehalten, sich so zu verhalten, dass seine Gesundheit möglichst bald wiederhergestellt wird. Hier steht also die Wiederherstellung der Gesundheit im Vordergrund. Letztlich darf auch nicht verkannt werden, dass die Verletzungsfolgen gerade auch Einschränkungen in der Haushaltsführung mit sich bringen, die auch durch einen größeren Zeiteinsatz nicht kompensierbar sind. Leicht ist an dieser Stelle die Schwelle zur überobligatorischen Erbringung von Haushaltstätigkeit überschritten. Eine Entlastung des Schädigers ergibt sich daraus – wie oben dargestellt – nicht.

197 Sehr geringfügige Verletzungsfolgen führen möglicherweise nicht zu einem Haushaltsführungsschaden. Nach einer alten Rechtsprechung des BGH (12.1.1965, VersR 1965, 461) gilt eine MdE von 20 % als kompensierbar. Diese Grenze ist zu hoch und gilt mittlerweile als überwunden. Es hat sich nämlich bis heute noch kein allgemein gültiger Erfahrungssatz entwickelt, dass bei 20 % und weniger keine praktischen Auswirkungen auf die Hausarbeit bestehen (*Pardey*, Der Haushaltsführungsschaden, 8. Auflage, S. 77). Richtigerweise kommt es immer auf die konkrete haushaltsspezifische Beeinträchtigung je nach Tätigkeit und individueller Situation an. So kann im Einzelfall eine MdE bis zu 10 % kompensierbar sein. Das gilt jedoch nicht pauschal, sondern ist im Einzelfall zu prüfen. Eine MdE von 10 % und darüber hinausgehend ist haushaltsspezifisch jedoch nicht mehr kompensationsfähig (LG Braunschweig SVR 2007, 99; OLG Rostock zfs 2002, 233). Eine Rechtsprechungsübersicht findet sich bei *Hillmann/Schneider* (Das verkehrsrechtliche Mandat, § 9 Rn 552). Das bedeutet, dass der Rechtsanwalt bei Feststellung einer MdE von 10 % immer auch das Vorliegen eines Haushaltsführungsschadens zwingend prüfen muss.

198 In jedem Sachverhalt ist eine Einzelfallentscheidung herbeizuführen. Gerade wegen der Beweiserleichterungen des § 287 ZPO und des nicht unerheblichen Prozessrisikos zu Lasten des Versicherers im Bereich der niedrigen MdE-Einschätzungen zwischen 10 % und 20 %, bietet sich eine außergerichtliche Einigung zwischen Anwalt und Versicherer an.

199 Für begrenzte Zeiträume kann durchaus auf eine **Pauschalberechnung** zurückgegriffen werden (so *Hillmann/Schneider*, § 9 Rn 554). Das löst keine Bedenken aus. Sollte es jedoch um die Dauer-MdH gehen, dann muss von einer leichtfertigen Pauschalberechnung abgesehen werden. Selbst die Kapitalisierung einer Dauer-MdH im Bereich zwischen 10 % und 15 % führt je nach Lebensalter des Geschädigten zu erheblichen Schadensersatzansprüchen im vier- bis fünfstelligen Euro-Bereich.

200 Bei einem Vorschaden ist differenziert vorzugehen: Ist der Haushalt trotz des Vorschadens bereits unter besonderer Anstrengung, jedoch im Ergebnis ohne Einschränkung, versorgt worden, besteht nun bei neuerlicher Verletzung ein uneingeschränkter Anspruch auf Ersatz des Haushaltsführungsschadens. Darauf weist *Pardey* (Der Haushaltsführungsschaden, 8. Auflage, S. 76) unter Verweis auf die Rechtsprechung des BGH hin. Hat allerdings der Vorschaden bereits zu Einschränkungen in der Haushaltsführungsfähigkeit geführt, ist dieser Umstand im Wege der objektiven Zurechnung bei neuerlicher Verletzung mit Einfluss auf den Haushaltsführungsschaden zu berücksichtigen. *Pardey* (Der Haushaltsführungsschaden, 8. Auflage, S. 76) weist darauf hin, dass der Ersatzanspruch sodann durch eine Quote dem Umfang nach entsprechend zu reduzieren ist. Ebenfalls mit Fingerspitzengefühl sind die Sachverhalte zu lösen, in denen bis zum streitgegenständlichen Schadensereignis ein kompensationsfähiger Vorschaden bestand, der sich jedoch mit Eintritt des jetzigen Schadensereignisses nicht mehr als kompensierbar darstellt. Als Beispiel mag der Fall dienen, in dem jemand vor dem Schadensereignis bereits am rechten Bein vorgeschädigt war, diese Vorschädigung im Haushalt mühelos durch das linke Bein kompensieren konnte und nunmehr am linken Bein so stark verletzt worden ist, dass üblicherweise eine Kompensation bestenfalls über das rechte Bein herstellbar gewesen wäre, wenn dieses nicht bereits durch den Vorschaden verletzt gewesen wäre. Schlussendlich ist der Anspruchsteller dann zu behandeln wie jemand, dem beide Beine verletzt worden sind und der deshalb in der Fähigkeit zur Haushaltsführung eingeschränkt ist. Abschläge auf der Ebene der objektiven Zurechnung ergeben sich an dieser Stelle nicht.

4. Dritter Schritt: Ermittlung des Schadensersatzbetrages, Tabellen 7_1, 7_2, 7_3, 8

Im letzten Schritt geht es darum, den Schadensersatzbetrag, der auf den Haushaltsführungsschaden entfällt, in seiner konkreten Höhe zu ermitteln. Dabei ist zu differenzieren, ob eine **Ersatzkraft** eingestellt worden ist oder nicht. Der bei weitem häufiger anzutreffende Sachverhalt betrifft den Fall, dass gerade keine Ersatzkraft eingestellt worden ist, sondern sich die Familie durch überobligatorische Mehrarbeit geholfen hat oder/und nicht im Haushalt lebende **Familienangehörige** wie Großeltern und Geschwister die Hausarbeit übernommen haben. Oftmals springen auch Freunde ein. Das alles entlastet den Schädiger nicht. Häufig sind Geschädigte nicht in der Lage, eine professionelle Ersatzkraft tatsächlich zu bezahlen, da der Versicherer lediglich Vorschusszahlungen erbringt, die es dem Geschädigten nicht ermöglichen, einen Arbeitsvertrag mit einer Ersatzkraft abzuschließen, weil er sich dann arbeitsrechtlich bindet und ein monatlicher Vergütungsanspruch der Ersatzkraft zu befriedigen ist. Aus Eigenmitteln können Geschädigte diese **Personalkosten** regelmäßig nicht vorstrecken. Letztlich besteht auch eine gewisse Restunsicherheit wegen der Höhe der Bezahlung der Ersatzkraft. Andererseits ist es auch nicht von der Hand zu weisen, dass „passgenaue" Ersatzkräfte häufig nicht in kurzer Zeit zu finden sind. Das betrifft insbesondere Haushalte mit mehreren Kindern unterschiedlichen Alters. Wenn dann die Familie im ländlichen Bereich wohnt, ist es lebensfremd, eine qualifizierte Ersatzkraft kurzfristig zu bekommen. Insoweit ist in derartigen Sachverhaltskonstellationen die Abrechnung des Haushaltsführungsschadens ohne Einstellung einer Ersatzkraft die naheliegende Lösung. Die Abrechnung erfolgt dann normativ.

201

a) Normative Abrechnung ohne Einstellung einer Ersatzkraft

202 Die **normative Abrechnung** erfolgt auf Nettolohnbasis, da schließlich im Haushalt des geschädigten Haushaltsführenden Lohnnebenkosten für die unentgeltlich erbrachten Leistungen der Familie und Freunde nicht anfallen.

203 Eine Empfehlung des 48. VGT in Goslar im Jahr 2010 lautete, den Stundensatz für die Schadensschätzung auf der Grundlage eines einschlägigen Tarifvertrages zu ermitteln (Empfehlung des 48. Deutschen Verkehrsgerichtstages 2010, Arbeitskreis IV, 48. VGT 2010, S. XIII). Dieser Empfehlung war eine leidenschaftliche Diskussion zu Fragen der Anwendung des sog. **Hausfrauentarifvertrages** (Einzelheiten *Nickel/Schwab*, SVR 2010, 11) vorangegangen. Der Arbeitskreis IV war einhellig der Auffassung, dass die zwischen dem Deutschen Hausfrauenbund e.V. und der Gewerkschaft Nahrung-Genuss-Gaststätten abgeschlossenen Tarifverträge bei der normativen Abrechnung des Haushaltsführungsschadens keine Anwendung finden sollen. Ebenso wurden mehrheitlich pauschalierte Stundenverrechnungssätze – wie in der Rechtsprechung gerne angenommen – abgelehnt. Stattdessen sprach sich die Mehrheit der Teilnehmer dieses Arbeitskreises dafür aus, den Tarifvertrag für den öffentlichen Dienst (TVöD) für die Schadensbezifferung heranzuziehen. Insoweit ist mit der Formulierung „einschlägiger Tarifvertrag" der TVöD gemeint und nicht etwa der „Hausfrauentarifvertrag". Gegen die Anwendung des „Hausfrauentarifvertrages" positioniert sich auch ganz klar die öffentlich bestellte und vereidigte Sachverständige zur Ermittlung des Haushaltsführungsschadens Warlimont (*Warlimont*, 48. VGT 2010, S. 141).

204 Eingruppierungsvorschläge finden sich in der Tabelle 7_1. Diese Tabelle war ursprünglich erforderlich geworden, als es um die Umstellung des BAT auf den TVöD bei der Bemessung des Schadensersatzbetrages für den Haushaltsführungsschaden ging. Die Tabelle 7_2 ist in zwei große Gruppen eingeteilt: Einerseits in den (zeitweiligen oder dauernden) teilweisen Ausfall des Haushaltsführenden und andererseits in den (zeitweiligen oder dauernden) überwiegenden oder völligen Ausfall des Haushaltsführenden. Ob und inwieweit das Tabellenwerk zukünftig auch noch regelmäßig um die Entgelttabellen des TVöD ergänzt wird, ist derzeit nicht vorhersehbar. Sollte keine Ergänzung mehr erfolgen, kann auf die Tabelle 7_3 zurückgegriffen werden. In dieser Tabelle sind die Nettostundenverrechnungsbeträge ausgewiesen. *Pardey* hat hier bereits eine Umrechnung von brutto auf netto vorgenommen.

205 In der außergerichtlichen Regulierung wird vom Versicherer jedoch gerne vom TVöD abgewichen und auf gerichtlich ausgeurteilte **Pauschalstundensätze** zurückgegriffen. Eine Übersicht über die verschiedenen Stundensätze in der Rechtsprechung bietet die neue Tabelle 8 bei *Pardey* (Der Haushaltsführungsschaden, 8. Auflage). Nach Bundesländern geordnet finden sich darin nun Stundenverrechnungssätze. Ausreißer nach unten sind eindeutig die in Sachsen und Thüringen ausgeurteilten Stundenverrechnungssätze. Die normative Abrechnung des Haushaltsführungsschadens auf dieser Basis wäre nichts weiter als die Legalisierung von Schwarzarbeit, da Stundenverrechnungssätze von 3 EUR und 5 EUR bestenfalls für allereinfachste Putzarbeiten auf der Basis von Schwarzarbeit angesetzt werden können. Interessant ist in diesem Zusammenhang die Diskussion um Mindesttariflöhne in Deutschland. Die Diskussion ist derzeit noch nicht abgeschlossen; sollte jedoch ein Mindestlohntarif Realität werden, dann dürften die sich aus der Tabelle 8 ergebenden Stundenverrechnungssätze zu einem Großteil Makulatur werden. Das wäre dann in der Regulierungspraxis unbedingt zu berücksichtigen.

In der Regulierungspraxis wird vom Versicherer der BAT X/TVöD E-Gr 1 herangezogen, sofern nicht vorrangig auf pauschalierte Stundensätze ausgewichen wird. Der Nettostundenabrechnungssatz würde sich nach TVöD E-Gr. 1 dann auf 7,73 EUR belaufen. Dies kann nicht unbesehen akzeptiert werden. Der BGH hat die Anwendung des BAT X in der Entscheidung vom 3.2.2009 (NJW 2009, 2060) nur im Falle eines 1-Personen-Haushaltes mit einfachen Wohnverhältnissen (65 qm), geringer technischer Ausstattung und einem unterdurchschnittlichen Haushaltseinkommen angenommen. In dieser Sachverhaltskonstellation mag die Nettostundenvergütung von 7,73 EUR bei normativer Abrechnung vertretbar sein. **206**

Es ist jedoch zu berücksichtigen, dass bei einem größeren Haushalt, insbesondere mit Kindern und bereits mit durchschnittlicher Ausstattung, eine höhere Vergütungsgruppe, mithin also ein höherer Stundensatz, heranzuziehen ist. Regionale Unterschiede sind hierbei nicht feststellbar. In Ballungsgebieten sind die Lebenshaltungskosten und damit verbunden die Arbeitsentgelte im Allgemeinen etwas höher als im Bundesdurchschnitt, so dass selbst bei normativer Abrechnung ein Nettostundenlohn von 10 EUR nicht unterschritten werden sollte. Im Ergebnis gilt das Gleiche auch für ländlich gelegene Haushalte. Hier ist nämlich festzustellen, dass der häufig anzutreffende Mangel an (qualifiziertem) Personal für Hausarbeit dazu führt, derartige Arbeitskräfte aus umliegenden Mittelzentren zu binden, was bereits wegen des arbeitsrechtlich vergütungsfreien Anfahrtweges und der damit verbundenen Mehrkosten beim Arbeitnehmer zu einem höheren Stundensatz führen muss. Die Höhe des Stundensatzes wird auch von der erforderlichen Qualifikation der Ersatzkraft bestimmt: die reine Putzhilfe ist mit 10 EUR netto/Std. anzusetzen. Hingegen sind bei Kinderbetreuung qualifizierte Anforderungen an das Personal zu stellen, die sich in höheren Vergütungssätzen (deutlich über 10 EUR netto!) widerspiegeln müssen – auch bei normativer Abrechnung. **207**

Praxistipp
Wenn der Versicherer weder einen angemessenen Nettostundenlohn in der Regulierung zugrunde legen möchte, noch sich auf die Anwendung der Tabellen TVöD geeinigt werden kann, dann sollte der Versicherer mit einer **Einzelabrechnung** der auf dem freien Markt einzukaufenden Leistung in Bezug auf die verletzungsbedingt eingeschränkten Tätigkeitsbereiche des Geschädigten konfrontiert werden. So kann z.B. die Preisliste der örtlichen Wäscherei für die Bewältigung der

Haushaltswäsche fiktiv herangezogen werden. Gleiches gilt für den örtlichen Gehwegreinigungsdienst sowie die Vergabe eines Auftrages zur Erledigung sämtlicher Familieneinkäufe. Wenn ortsübliche Preise nicht vorhanden sind, dann ist auf die Preisgestaltung der geografisch nächstgelegenen Dienstleister zurückzugreifen. Wegen weiterer Einzelheiten der in Betracht kommenden **Dienstleistungsangebote** sei an dieser Stelle auf den Aufsatz der Verfasser in zfs 2009, 541 ff. verwiesen. Sollte der Versicherer fernerhin argumentieren, dass derartige Leistungen nicht fiktiv abrechenbar seien, ist er auf die ständige Rechtsprechung zur fiktiven Abrechnung vermehrter Bedürfnisse und auch des Erwerbsschadens zu verweisen. Bereits das Reichsgericht (RGZ 148, 68, 70) hat entschieden, dass nicht nur die tatsächlichen Aufwendungen für die Befriedigung der durch eine Körperverletzung verursachten besonderen Bedürfnisse zu ersetzen sind, sondern dass der Ersatz für vermehrte Bedürfnisse auch zu leisten ist, als der Verletzte sie aus Mangel an eigenen Mitteln nicht befriedigen konnte. Einer fiktiven Abrechnung steht also nichts im Wege. Bestätigt wird diese Auffassung durch die ständige Rechtsprechung des BGH seit 1957 (NJW 1958, 627).

b) Einstellung einer Ersatzkraft

208 Die Ermittlung des Schadensersatzbetrages ist bei **konkreter Einstellung einer Ersatzkraft** natürlich leichter feststellbar.

209 Es bieten sich zwei Möglichkeiten in der Praxis an: entweder wird vom Geschädigten ein Dienstleistungsunternehmen mit der Erbringung der Arbeitsleistung im Haushalt beauftragt. Dieses erfolgt gegen Rechnungsstellung und der Schädiger ist in Höhe des Abrechnungsbetrages schadensersatzpflichtig. In diesem Fall muss der Geschädigte keinerlei Sozialabgaben oder Steuern abführen. Leistungserbringer sind oftmals professionelle Reinigungsunternehmen oder Anbieter sogenannter haushaltsnaher Dienstleistungen. Mitunter werden derartige Leistungen auch von privatrechtlichen oder öffentlich-rechtlichen Pflegedienstleistern erbracht. In all diesen Fällen wird die Haushaltsleistung dann per Rechnung abgerechnet und dieser Betrag ist vom Schädiger zu erstatten.

210 Andererseits bietet sich insbesondere bei dauerndem Ausfall des Haushaltsführenden die Einstellung einer Arbeitskraft an, die die Hausarbeit übernimmt. In diesem Falle hat der Geschädigte nicht nur Anspruch auf das Nettoarbeitsentgelt, welches er an den Arbeitnehmer auszuzahlen hat, sondern auch auf die damit im Zusammenhang stehenden Sozialversicherungsbeiträge und Steuern sowie Beiträge zur gesetzlichen Unfallversicherung.

211 Streitpunkt in der Praxis ist die Erforderlichkeit des Zeitumfangs und die Höhe des Stundensatzes, welcher bei der Fremdvergabe der Haushaltstätigkeit zugrunde gelegt worden sind. Der Versicherer vertritt oftmals die Auffassung, dass die eingestellte Ersatzkraft mit weniger Zeitaufwand den Ausfall des geschädigten Haushaltsführenden kompensieren kann und zumeist wird auch der abgerechnete Stundensatz für zu hoch gehalten.

Praxistipp
Die ortsüblichen Stundensätze für Haushaltstätigkeit können von der örtlichen IHK bzw. Handwerkskammer angefordert werden und als Vergleichswerte in der Regulierung vorgelegt werden. Mitunter finden sich auch zur Höhe des Stundensatzes Informationen bei der Bundesagentur für Arbeit. Hier ist eine kurze Internetrecherche hilfreich.

Praxistipp
Zum erforderlichen Zeitumfang sollten zwischen 2 und 3 Angebote eines auf Haushaltstätigkeit spezialisierten Dienstleisters eingeholt werden. Der erforderliche Zeitumfang wird dort durch standardisierte Arbeitswerte ermittelt, so dass oftmals unterschiedliche Dienstleister zu recht ähnlichen Angeboten für ein und denselben Haushalt gelangen. Dieses gibt eine gewisse Regulierungssicherheit.

Praxistipp
Wer auf der sicheren Seite sein möchte, sollte den Versicherer vor Einstellung einer Ersatzkraft über dieses Vorhaben informieren und sowohl die Erforderlichkeit des Zeitumfanges als auch die Höhe des Stundensatzes abklären. Damit kann dann zugleich die angemessene Bevorschussung dieser Kosten sichergestellt werden.

c) Mischform

Mitunter wird bei Ausfall des Haushaltsführenden für einen Teil der Hausarbeit eine Ersatzkraft eingestellt und der übrige Teil der Hausarbeit wird durch Freunde oder andere Familienmitglieder erbracht. Das liegt daran, dass eine Ersatzkraft lediglich für Reinigungsarbeiten gefunden werden kann, hingegen die Betreuung von Kleinkindern und schulpflichtigen Kindern in Ermangelung qualifizierten Personals nicht fremd vergeben werden kann. Auch für die **Mischform** ist der Schädiger ersatzpflichtig: es besteht ein Teilanspruch nach § 249 Abs. 2 BGB und ein Restschaden aus § 251 BGB. Beide Teilbeträge ergeben dann einen einheitlichen Schadensersatzanspruch (vgl. *Hillmann/Schneider*, § 9 Rn 505).   **212**

d) Laufzeit des Anspruchs auf Ersatz des Haushaltsführungsschadens

Zunächst einmal sei darauf hingewiesen, dass es keine abstrakte Altersgrenze und auch keine abstrakte Zeitgrenze für die Erbringung von Haushaltsführungstätigkeiten – das Schadensereignis hinweggedacht – gibt. Die Leistungsfähigkeit bei der Haushaltsführung ist höchst individuell. Überwiegend wird Hausarbeit bis ins hohe Alter selbst geleistet. Dort, wo die Leistungsfähigkeit nicht mehr besteht, liegt oftmals altersbedingte Pflegebedürftigkeit vor. Im Schadensfall kann hier ganz klar abgegrenzt werden: Wer schon vor dem Schadensereignis den Haushalt nicht mehr selbst geführt hat, weil er bereits pflegebedürftig war, kann dann im Folgenden auch kaum noch einen Haushaltsführungsschaden nachweisen. Anderseits ist es   **213** aber so, dass Menschen hohen Alters ungeachtet ihres Lebensalters nach wie vor weite Teile ihrer Haushaltsführung bis zum Schadensereignis selbst vorgenommen haben. Das bezieht sich insbesondere auf einfachere Arbeiten im Haushalt – eine Erkenntnis, die das OLG Celle bereits im Jahr 2011 kommuniziert hat (OLG Celle, 30.11.2011 – 14 U 182710 – zit. nach *Pardey*, Der Haushaltsführungsschaden, 8. Auflage, S. 25). Mit Recht weist *Pardey* auf die Entscheidung des OLG Düsseldorf v. 5.10.2010 in NJW 2011, 1152 hin, wonach die lebenslange verletzungsbedingte Einschränkung in der Haushaltsführungsfähigkeit einen Ersatzanspruch bis zum Lebensende begründet. Verbesserte Lebensbedingungen, die eine gestiegene Lebenserwartung zur Folge haben, verbesserte Gesundheitsvorsorge und die Ausstattung mit technischen Hilfsmitteln – zum Teil auch speziell für ältere Menschen entwickelt – lassen es nicht abwegig erscheinen, den Haushaltsführungsschaden durchaus bis zum 80. Lebensjahr laufen zu lassen. Man muss sich klar machen, wer die Darlegungs- und Beweislast für die Behauptung trägt, der Haushaltsführungsschaden sei z.B. bis zum 75. Lebensjahr limitiert. Die Darlegungs- und Beweislast für diese Aussage trägt nämlich der Schädiger. Da es keinen allgemeinen Erfahrungssatz gibt, dass die autonome Haushaltsführung auf das 75. Lebensjahr begrenzt ist, besteht der Anspruch zunächst einmal lebenslänglich. Die von der Assekuranz gerne in die Regulierung eingeführte magische Grenze des 75. Lebensjahres ist von selbiger im konkreten Einzelfall darzulegen und zu beweisen. Insoweit hat das OLG Düsseldorf (v. 18.9.2006 – 1 W 53/06) richtigerweise entschieden, dass es sich dabei nicht um ein Dogma handelt.

214 Grundsätzlich ist der Haushaltsführungsschaden ein Rentenanspruch, der eben gerade vom Gesetz nicht zeitlich befristet worden ist. Das spricht grundsätzlich schon einmal gegen eine **Befristung** mit Eintritt in das gesetzliche Rentenalter oder pauschal mit Erreichen des 75. Lebensjahres. Allerdings muss in der Praxis eine Lösung im Einzelfall gefunden werden, wobei es keine Rolle spielt, ob der Anspruch als Rente reguliert oder aber kapitalisiert werden soll. Auch im Falle der Kapitalisierung muss das Enddatum feststehen. So hat das Oberlandesgericht Rostock entschieden, dass der Haushaltsführungsschaden über das 75. Lebensjahr hinweg bestehen kann. Grundsätzlich hat das OLG Rostock den Feststellungsanspruch bejaht, dem Geschädigten ab dem 75. Lebensjahr weiter den Haushaltsführungsschaden zu ersetzen (OLG Rostock zfs 2003, 235).

215 Letzten Endes ist die **Laufzeit** des Anspruchs auf Ersatz des Haushaltsführungsschadens vom Einzelfall abhängig. Heute und noch mehr in nächster Zukunft bestimmen die „**Silver Agers**" das Straßenbild: eine Bevölkerungsgruppe, die sich durch eine hohe Selbstständigkeit in der Lebensgestaltung auszeichnet. Ein ausgeprägtes Gesundheitsbewusstsein geht bei dieser Altersgruppe oftmals mit hoher Mobilität und dem Verlangen nach autonomer Lebensgestaltung einher. So gehört es dort zur Selbstverständlichkeit, die Haushaltsführung so lange eigenständig zu erledigen, wie das selbstständige Leben im eigenen Haushalt aufrecht erhalten werden kann. Erst um eine altersbedingte Aufgabe der eigenen Wohnung zu vermeiden, wird Fremdhilfe auch in der Haushaltsführung abgefordert. Den Anspruch auf Ersatz des Haushaltsführungsschadens pauschal zeitlich zu limitieren, wird dem **Lebenskonzept** der meisten Geschädigten nicht gerecht. Insoweit muss also im Einzelfall geprüft werden, ob und wann der Geschädigte sich fremder Hilfe für einen altersbedingten Mehrbedarf in seinem Haushalt bedient hätte, wenn es nicht zum Unfall gekommen wäre. Auch an dieser Stelle ist der Rechtsanwalt wieder gefordert: er muss sich mit den individuellen Gegebenheiten seines vorliegenden Sachverhaltes vertraut machen und nach § 287 ZPO zu einer eigenen Einschätzung der Laufzeit des Haushaltsführungsschadens gelangen. Abzulehnen bleibt aber die zeitliche Limitierung des Ersatzanspruches auf den Eintritt in das gesetzliche Rentenalter. Es gibt keinen allgemeinen Grundsatz, wonach mit Erhalt des Altersrentenbescheides die Fähigkeit zur autonomen Haushaltsführung automatisch endet.

Praxistauglich ist der Vorschlag bei *Hillmann/Schneider*, den Haushaltsführungsschaden auf die **statistische Lebenserwartung** minus 2 Jahre zu limitieren (*Hillmann/Schneider*, § 9 Rn 542 ff.). Der Arbeitskreis IV des 48. VGT Goslar 2010 hat die Empfehlung ausgesprochen, für die Schätzung des Haushaltsführungsschadens kein allgemein gültiges Höchstalter zugrunde zu legen (Empfehlung des 48. Deutschen Verkehrsgerichtstages 2010, Arbeitskreis IV, 48. VGT 2010, S. XIII). **216**

In der Regulierung versucht die Assekuranz die zeitliche Limitierung des Haushaltsführungsschadens oftmals damit zu begründen, dass der Geschädigte aufgrund seiner Unfallverletzungen nun ein Vorversterbensrisiko hat und deshalb der Haushaltsführungsschaden nicht nur nicht lebenslänglich, sondern auch nicht einmal bis zum 75. Lebensjahr angenommen werden könne. Das Argument ist dann letzten Endes wiederum doch nicht zielführend, weil der Versicherer an dieser Stelle selbst vom unfallbedingten späteren Eintritt des Todes ausgeht, so dass sich in der weiteren Regulierung ein Unterhaltsanspruch des überlebenden Ehegatten gegen den Versicherer ergibt. Damit ist dann der Schaden dogmatisch lediglich verlagert, jedoch nicht aus der Regulierung herausgefallen. **217**

Auch Minderjährige haben bei Verletzung einen Anspruch auf Ersatz des Haushaltsführungsschadens. *Jahnke* weist zutreffend darauf hin, dass in einem solchen Fall zu prüfen ist, ob es sich rechtlich betrachtet nicht viel mehr um entgangene Dienste nach § 845 BGB handelt (*Jahnke/Thinesse-Wiehofsky*, Unfälle mit Kindern und Arzthaftung bei Geburtsschäden, § 3 Rn 114). Danach ist allerdings der Schadensersatzanspruch auf den Haushaltsführungsschaden nicht in der Person des Kindes gebunden, sondern der Anspruch steht den Eltern zu. Besonderheiten ergeben sich bei der Verletzung des volljährigen Kindes, welches im Haushalt seiner Eltern lebt. Hier hat der BGH nämlich das volljährige, nicht unterhaltsberechtigte Kind vollumfänglich berücksichtigt und einen 3-Personen-Haushalt zugrunde gelegt (BGH NJW 1974, 2280). Im Jahre 1989 hatte der BGH Gelegenheit, eine Haus- **218** halts- und Wirtschaftsgemeinschaft zwischen einem Volljährigen und seiner Mutter als einen 2-Personen-Haushalt zu qualifizieren (BGH NJW 1989, 2539). Oftmals versuchen Versicherer bei derartigen Sachverhaltskonstellationen zu argumentieren, dass erwachsene Kinder im „Hotel Mama" schon deshalb keinen eigenen Haushaltsführungsschaden haben können, da sie Bestandteil einer Versorgungsgemeinschaft seien, ohne jedoch selbst zu dieser beizutragen. Für eine derartige Behauptung ist der Schädiger darlegungs- und beweisbelastet. Im Einzelfall ist es an dieser Stelle wichtig, wenn der Anwalt mit seinem Mandanten exakt aufschlüsselt, welche konkrete Haushaltsführungtätigkeit vom volljährigen Kind im Haushalt der Eltern übernommen wird. Es gibt keinen allgemeinen Grundsatz, wonach erwachsene Kinder im Haushalt der Eltern keinerlei Beitrag zur Haushaltsführung leisten.

III. Haushaltsführungsschaden bei psychischen Verletzungen

219   Für Ansprüche aus § 823 Abs. 1 BGB kommt es nicht notwendigerweise auf eine ausschließlich physische Einwirkung auf den Körper des Verletzten an, es genügen auch psychische Einwirkungen (BGH NJW 1971, 1883). Die Bandbreite psychischer Unfallfolgen ist breit gefächert. Sie reicht vom leichten Unfalltrauma, welches nach wenigen Wochen restlos abgeklungen ist, über eine posttraumatische Belastungsstörung, Angststörungen, somatoforme Störungen bis hin zu depressiven Störungen einschließlich Suizidversuchen. Rechtsprechung und Literatur bieten zur Frage des Haushaltsführungsschadens aufgrund **psychischer Unfallfolgen** ein uneinheitliches Bild. Eine völlige Ablehnung (so *Eilers*, 248 ff.) ist schlicht unangemessen. Grundsätzlich ist davon auszugehen, dass psychische Unfallfolgen sich bei der konkreten Behinderung in der Haushaltsführung auswirken können (ebenso *Buschbell*, § 26 Rn 162). Ebenso wie bei physischen Verletzungen muss auch bei psychischen Unfallfolgen differenziert werden: Wenn der psychischen Unfallfolge kein eigener Krankheitswert zukommt, d.h. eine MdE von mindestens 10 v.H. festgestellt wird, kann sich daraus grundsätzlich ebenso keine haushaltsspezifische MdE ergeben, weil diese geringfügige Beeinträchtigung kompensierbar ist. Es ist im Einzelfall zu prüfen, zu welchen Leistungen innerhalb des Haushaltes ein Geschädigter aufgrund einer psychischen Unfallfolge nicht mehr fähig ist. Im Einzelfall mag sich dies lediglich auf die Haushaltsplanung und Haushaltsführung auswirken, in gravierenderen Fällen kann es zum völligen Erliegen sämtlicher Fähigkeiten in der Hausarbeit kommen, was jedoch von der Schwere der psychischen Beeinträchtigung abhängt. Ein suizidgeplagter Geschädigter ist regelmäßig nicht in der Lage, auch nur einen einzigen Teilaspekt an Haushaltstätigkeit überhaupt zu erfüllen. Wie im Falle physischer Unfallfolgen ist auch bei psychischen Unfallfolgen die Auswirkung auf die einzelnen Teilbereiche der Haushaltstätigkeit zu ermitteln. Auch hier greift wieder § 287 ZPO und der Anwalt muss im Zusammenwirken mit seinem Mandanten die konkrete Behinderung im Haushalt ermitteln. Dieses fällt in der Praxis umso leichter, wenn psychische Unfallfolgen mit physischen Dauerfolgen eines Unfalls Hand in Hand gehen. Eine haushalts-spezifische MdH wird ohne Weiteres feststellbar sein. Schwere psychische Unfall-folgen bei völligem Abklingen physischer Unfallfolgen sind dabei nicht aus-geschlossen.

Die Annahme, wonach aus einer geistigen Beeinträchtigung wiederum eine körper-liche Beeinträchtigung resultieren muss, um einen Haushaltsführungsschaden zu rechtfertigen (so OLG Celle, NJW-RR 2004, 1252) überzeugt nicht. In medizi-nischer Hinsicht müssen geistige Beeinträchtigungen nicht zwingend physische Folgen haben. Für die Regulierung des Haushaltsführungsschadens ist es ohne Be-lang, ob die Beeinträchtigung einen physischen oder einen psychischen Krankheits-wert hat; entscheidend ist alleine die Tatsache eines pathologischen Zustandes mit einer MdE von mindestens 10 %. **220**

Insoweit ist der Ansatz des BGH in NJW-RR 1992, 852 richtig, wonach kein Haus-haltsführungsschaden vorliegt, wenn die Hausarbeiten wie bisher ausgeführt wer-den können, jedoch nur eine Beeinträchtigung der (sozialrechtlichen) Arbeitsfähig-keit vorliegt. Dreh- und Angelpunkt bleibt mithin die Auswirkung psychischer Schäden auf die Fähigkeit zur Haushaltsführung. Dieses erfordert immer eine Be-trachtung des Einzelfalles, so dass im Ergebnis nicht generell gesagt werden kann, dass psychische Unfallfolgen keinen Anspruch auf Ersatz des Haushaltsführungs-schadens auslösen. In der Tabelle 6, dort Ziff. 9 bei *Pardey* (Der Haushaltsführungs-schaden, 8. Auflage, S. 98), findet sich der Aspekt der psychischen Schäden bei der Bemessung der MdH. Dort heißt es: „Jede Form der medizinisch festgestellten psy-chischen Störung und/oder Verhaltensstörung bedingt eine MdH, die individuell vom Tätigkeitsbereich und den Anforderungsprofilen abhängig ist. Je nach Schwe-regrad kommt eine Beeinträchtigung zwischen 25 bis 95 % MdH in Betracht." Psy-chische Verletzungsfolgen führen nicht zu pauschalierten Prozentsätzen der MdH. Entscheidend ist es, hier jeden individuellen Grad der psychischen Befindlichkeits-störung zu erfassen und die Auswirkungen auf die Haushaltsführungstätigkeit zu überprüfen. Dazu dient die Übersicht der Anforderungsprofile bei *Pardey* (Der Haushaltsführungsschaden, 8. Auflage, S. 80 f.). Soweit psychische Beeinträchti-gungen der Gesundheit Einfluss auf die Konzentrationsfähigkeit haben, sind bereits weite Teile der Haushaltsführungstätigkeit eingeschränkt. Zu beachten ist auch, ob aufgrund psychischer Verletzungsbilder Medikamente eingenommen werden müs-sen, die z.B. die Teilnahme am Straßenverkehr einschränken und aufgrund derer ein Bedienen von Maschinen nicht mehr möglich ist. In einem solchen Fall können durchaus mehr als die Hälfte der Teilbereiche der Haushaltsführungstätigkeit un-ausführbar geworden sein. **221**

Praxistipp
Wenn ein Mandant über psychische Belastungen nach dem Schadensereignis klagt, sollte der Anwalt hinterfragen, ob und ggf. welche Medikamente sein Man-dant wegen genau dieser Indikation verordnet bekommen hat. Oftmals ist die mit

diesem Medikament verbundene dämpfende Wirkung für sich genommen schon vollkommen ausreichend, um eine spürbare MdH feststellen zu können. Gemeinsam mit dem Mandanten sollten die Anforderungsprofile der verschiedenen Tätigkeitsbereiche der Haushaltsführung durchgesprochen werden (*Pardey*, Der Haushaltsführungsschaden, 8. Auflage, S. 81 gibt hier wertvolle Anhaltspunkte), weil relativ schnell eine spürbare MdH bei psychischen Verletzungsfolgen feststellbar ist. Treten daneben noch Einschränkungen in der Haushaltsführungstätigkeit aufgrund physischer Verletzungsbilder auf, findet eine Addition der jeweiligen MdH-Prozentsätze statt, so dass ein relativ hoher Haushaltsführungsschaden reguliert werden kann.

IV. Prüfungsschema zur Bezifferung des Haushaltsführungsschadens

1. Übersicht

222 An dieser Stelle soll auf die von *Hillmann/Schneider* entwickelte Formel für die Berechnung des Haushaltsführungsschadens Bezug genommen werden (*Hillmann/Schneider*, § 9 Rn 527). Die Autoren haben sie etwas verschlankt:

Zeitaufwand/Woche (im unverletzten Zustand)
x   Grad der MdH (laut Tabelle 6)
x   Stundenlohn (netto) x 7 Tage
x   4,33 Wochen
=   Schadensersatzbetrag für den Haushaltsführungsschaden pro Monat

> *Hinweis*
> Das Ergebnis ist ggf. um kongruente Leistungen sowie ein etwaiges Mitverschulden zu reduzieren.

Diese Formel ist zunächst einmal das Gerüst. Allerdings muss nun der Anwalt im Zusammenwirken mit seinem Mandanten „Butter bei die Fische tun", d.h., er muss individuellen Sachvortrag liefern, der eine Schadensschätzung nach § 287 ZPO ermöglicht. Das Tabellenwerk stellt keine Anspruchsgrundlage dar. Allerdings gestattet es der BGH dem Geschädigten, sich „in Ermangelung abweichender konkreter Gesichtspunkte grundsätzlich an dem Tabellenwerk zu orientieren" (BGH – VI ZR 183/08 (Leitsatz), NJW 2009, 2060 f.). Erforderlich ist ein konkreter Vortrag dazu, wie der Haushalt ausgestaltet ist, wie die Haushaltsführung bis zum Unfallereignis erfolgte und welche konkreten Tätigkeiten vor dem Schadensereignis vom Anspruchssteller ausgeübt worden sind. Weiterhin ist konkreter Vortrag zum Umfang der haushaltsspezifischen Beeinträchtigungen erforderlich, welcher zwanglos aus den medizinischen Verletzungsbildern i.V.m. den Anforderungsprofilen von *Pardey* (Der Haushaltsführungsschaden, 8. Auflage, S. 80 f.) abgeleitet werden kann, um dann auszuführen, welche Tätigkeiten innerhalb des Haushaltes schadensbedingt nicht mehr ausgeübt werden können.

2. Allgemeines

In der Mehrzahl der Fälle findet beim Personenschaden keine Einstellung einer Er-   **223**
satzkraft statt. Der Grund ist einerseits in der mangelnden finanziellen Ausstattung
des Geschädigten nach dem Unfallereignis zu sehen und andererseits in der Unsicherheit der Erstattbarkeit der Kosten einer Haushaltshilfe, insbesondere dann,
wenn gegebenenfalls noch ein Mitverschulden des Geschädigten im Raume steht.
Doch selbst dann, wenn sich der Geschädigte und seine Familie dazu entschließen,
vorübergehend oder dauerhaft den Ausfall des Haushaltsführenden durch Einstellung einer Ersatzkraft zu kompensieren, ist häufig eine geeignete Ersatzkraft entweder überhaupt nicht oder jedenfalls nicht so kurzfristig wie nötig zu finden. Erfahrungsgemäß springen dann die nächsten Verwandten ein und so manches
vorübergehende Hilfsangebot bekommt Dauercharakter. Damit ist die Rechtswirk-
lichkeit häufig von einem **dauerhaften Provisorium**, nämlich der familiären, ver-
wandtschaftlichen und freundschaftlichen Hilfe bei der Haushaltsführung geprägt.
Beide Handlungsalternativen sollen im Folgenden dargestellt werden.

Praxistipp
Die größten Erfolge in der Regulierung des Haushaltsführungsschadens erzielt der
Rechtsanwalt, wenn er möglichst dicht am individuellen Sachverhalt des Geschädigten arbeitet. Dieses erfordert einerseits eine optimale Zuarbeit des Mandanten
anhand der Fragebögen 1–5 bei *Pardey* (Der Haushaltsführungsschaden, 8. Auflage). Andererseits sollte es sich der Rechtsanwalt zur Regel machen, den verletzten Mandanten zu Hause aufzusuchen und sich selbst einen Überblick vom Zuschnitt des Haushaltes und dem erforderlichen Arbeitsaufwand – insbesondere
unter Berücksichtigung individueller Besonderheiten im Haushalt des Geschädigten – zu verschaffen.

Praxistipp
Für die erfolgreiche Schadensregulierung ist es unabdingbar, dass sich der Rechtsanwalt mit den physischen und psychischen Beeinträchtigungen seines Mandanten
intensiv beschäftigt. So kann es ratsam sein, die eine oder andere Verletzungsfolge
des eigenen Mandanten im Selbstversuch zu simulieren (zum Beispiel durch das
Fixieren eines Armes am Körper) und so zu versuchen, den eigenen Haushalt zu
führen. Bereits nach wenigen Minuten schärft sich das Bewusstsein für die Einschränkungen und Erschwernisse in der Haushaltsführung. Ohne den zweiten Arm
sind weite Teile der Hausarbeit überhaupt nicht ausführbar. Mit dem so gewonnenen Wissen fällt es leicht, die MdH nach § 287 ZPO selbst zu schätzen.

Ausgangspunkt für die Schadensbezifferung ist die tatsächlich aufgewendete Ar-   **224**
beitszeit, nicht der **objektive Arbeitszeitbedarf** (so zutreffend *Buschbell*, § 26
Rn 160; *Hillmann/Schneider,* § 9 Rn 526). Nicht maßgebend ist, wie viel Zeit eine
qualifizierte Ersatzkraft anstelle des Geschädigten für die Haushaltsführung aufwenden würde. Insoweit wählen *Küppersbusch/ Höher* (Rn 191) den falschen An-

satzpunkt, wenn sie darauf abstellent, wie viel Zeit eine professionelle Hilfskraft für die Aufrechterhaltung der Haushaltsführung im bisherigen Standard objektiv benötigt. Die Schadensermittlung ist naturgemäß subjektiv auf den eigenen Haushalt des Geschädigten und den dort subjektiv betriebenen Haushaltsführungsaufwand bezogen. Der geschädigte Haushaltsführende kann deshalb nicht am objektiven Maßstab einer **Fachkraft** hinsichtlich der aufzuwendenden Zeit und Sorgfalt in seinem Haushalt gemessen werden.

3. Prüfungsschema bei völligem (dauerhaften) Ausfall des Haushaltsführenden ohne Einstellung einer Ersatzkraft (normative Abrechnung)

225   Ein völliger Ausfall des Haushaltsführenden findet sich häufig bei schwerwiegenden Schädel-Hirn-Verletzungen in Verbindung mit weiteren schweren physischen Verletzungen, was sich unmittelbar in der Planung und Führung eines Haushaltes sowie der Erbringung von körperlicher Hausarbeit niederschlägt. Immer dann, wenn ein Haushaltsführender zum Pflegefall geworden ist, kann von einem dauerhaften völligen Ausfall in der Haushaltstätigkeit ausgegangen werden.

a)   Ermittlung der tatsächlich aufgewendeten Arbeitszeit für die Haushaltsführung, Tabelle 3, 5.1, 5.2

226   Die Ermittlung der tatsächlich aufgewendeten Arbeitszeit für die Haushaltsführung erfolgt anhand der Fragebögen 1, 2, 3, 4 und 5.

227   Wenn sich keine nennenswerten konkreten Anhaltspunkte im Einzelfall ergeben, die eine erhebliche Abweichung von den Tabellen 1, 9 und 11 rechtfertigen, dann können diese in der außergerichtlichen Regulierungspraxis zur Anwendung kommen, wobei die Zuschläge der Tabellen 3 und 4 nicht unbeachtet bleiben sollten.

228   Erhebliche Abweichungen von der Tabelle 1 können sich im Mehrpersonenhaushalt ergeben, wenn der andere Partner zum Beispiel wegen der Ausübung einer selbstständigen Tätigkeit oder wegen einer auswärtigen Berufstätigkeit von Montag bis Freitag daran gehindert ist, anfallende Hausarbeit zu übernehmen. Gleiches gilt für den Fall, dass Kinder Schüler an weiterführenden Schulen/Ganztagsschulen oder räumlich entfernt liegenden Schulen sind, weil dies in der Regel Abwesenheitszeiten vom Haushalt mit sich bringt, die es dem Kind nicht mehr ermöglichen, sich an der Hausarbeit zu beteiligen. Wenn sich aus diesen Gründen die gesetzliche **Mithilfepflicht** auf Null reduziert, dann kommt es auf die tatsächliche – in diesem Fall nicht geleistete – Hausarbeit der übrigen Familienmitglieder an. Größere Abweichungen von der Tabelle 1 zugunsten des alleinig haushaltsführenden Geschädigten sind deshalb ohne Weiteres möglich.

229   Es ist an dieser Stelle zu beachten, dass nicht fälschlicherweise die Tabelle 12 anstelle der Tabellen 1 und 2 Anwendung findet. Die Tabelle 12 bezieht sich auf die Tötungsfälle, hingegen wird die Tabelle 1 ff. bei den Verletzungsfällen angewendet.

Die Tabelle 1 wird ergänzt durch die Tabellen 3 und 4. Darin finden sich Zu- und **230** Abschläge in Wochenstunden. Die Tabelle 4 liefert wertvolle Informationen für die Ermittlung der tatsächlich aufgewendeten Arbeitszeit im Haushalt mit Kindern soweit die Betreuung durch den geschädigten Haushaltsführenden überwiegend oder ganz alleine wahrgenommen wird. In Abweichung zu den dort enthaltenen Ausführungen sollte ein weiterer Zuschlag bei **Zwillingen** bis zur Einschulung vorgenommen werden. Zwillinge erfordern einen höheren Betreuungsaufwand als zwei Kinder unterschiedlichen Alters. Hier ist ein Zeitansatz für beide Kinder wie für 2,5 Kinder gerechtfertigt (ebenso: *Pardey*, Der Haushaltsführungsschaden, 8. Auflage, S. 66). Auch Gartenpflege rechtfertigt Zeitzuschläge. Hier sollte der Geschädigte gesonderte Angaben machen, über wie viel Ziergarten, Gemüsegarten und Obstgarten er verfügt. Pachtgärten dürfen nicht vergessen werden.

Ein Abzug für die **Eigenversorgung** (vermehrte Bedürfnisse) des geschädigten **231** Haushaltsführenden kommt wegen des völligen Ausfalls denknotwendiger Weise nicht in Betracht. Der Ersatzanspruch bezieht sich also in jedem Falle auf die vollständig ausgefallene Eigenversorgung und die gegebenenfalls anteilige oder vollständige Mitversorgung von übrigen Familienmitgliedern (Erwerbsschaden).

b) Ermittlung der MdH, Tabelle 6

Die Ermittlung der **MdH** erfolgt zunächst durch Selbsteinschätzung. Möglich ist **232** auch die Schätzung eines öffentlich bestellten und vereidigten Sachverständigen für die Ermittlung des Haushaltsführungsschadens (wegen der Einzelheiten siehe oben Rn 188 ff.). Mit größter Zurückhaltung wird vorgeschlagen, dafür einen Mediziner auszuwählen. Dieser muss sich stark an der Tabelle 6 in Pardey, Der Haushaltsführungsschaden, 8. Auflage, orientieren.

Anhaltspunkte für die Selbsteinschätzung sowie die medizinische Einschätzung **233** gibt die nun stark erweiterte und völlig neu überarbeitete Tabelle 6 in Pardey, Der Haushaltsführungsschaden, 8. Auflage.

Bei völligem Ausfall des haushaltsführenden Geschädigten gelangt man zwangs- **234** läufig zu einer MdH von 90–100 %, je nachdem, ob noch planerische Aufgaben übernommen werden können oder nicht.

c) Ermittlung des Nettoentgelts einer Ersatzkraft, Tabellen 7_1, 7_2, 7_3, 8

In der Tabelle 7_2 in Verbindung mit Tabelle 7_1 finden sich Anhaltspunkte für die **235** **Eingruppierung** der Ersatzkräfte in den TVöD. In der Tabelle 7_3 finden sich die Entgeltgruppen 1–5 TVöD. Diese werden in der Fallgruppe des teilweisen Ausfalls des Haushaltsführenden angewendet. Weil die Anforderungen an eine Ersatzkraft bei überwiegendem oder völligem Ausfall des Haushaltsführenden größer sind, sind die Entgelte bei diesen Ersatzkräften ebenfalls höher. Mit aufsteigender Bezifferung der Entgeltgruppen erhöht sich die Vergütung.

236 Ergänzt werden die Tabellen 7_1, 7_2 und 7_3 durch die regelmäßig neu erscheinenden **Entgelttabellen TVöD,** die von *Schulz-Borck/Günther* begründet wurden und nun von Günther fortgesetzt werden.

Die TVöD-Tabelle von *Günther* gibt bereits das Monatsentgelt (brutto sowie netto) bei einer wöchentlichen Arbeitszeit von 1–70 Stunden wieder. In der Tabelle 7_3 bei *Pardey* (Der Haushaltsführungsschaden, 8. Auflage) sind lediglich Stundenverrechnungssätze in netto wiedergegeben. Hier muss mit dem Faktor 7 auf die Woche hochgerechnet und mit dem Faktor 4,33 multipliziert werden, um den Monatsbetrag zu erhalten.

d) Berechnungsformel für den Schadensersatzbetrag

237 Die Berechnungsformel unter Verwendung der oben (siehe Rn 162 ff.) ermittelten Werte lautet:

Erforderlicher Wochenzeitaufwand (siehe Rn 162 ff.) multipliziert mit der MdH (siehe § 3 Rn 180 ff.) ergibt den Arbeitszeitbedarf einer Ersatzkraft pro Woche.

238 In den Tabellen 7_1 und 7_2 wird nun die Eingruppierung der Ersatzkraft abgelesen und in der TVöD-Tabelle von *Günther* in der linken Spalte die Wochenstundenzahl gewählt (= Ergebnis des Multiplikationsvorgangs) und dann der Nettobetrag in der Spalte am rechten Rand abgelesen. Das Ergebnis ist der monatliche Nettobetrag, der für eine eingestellte Ersatzkraft aufzuwenden ist und der gleichermaßen für die normative Abrechnung dient. Wird mit der Tabelle 8 gearbeitet, so wird der Tagessatz auf die Woche (x 7) und auf den Monat (noch mal x 4,33 Wochen) hochgerechnet.

Davon abzusetzen sind ggf. Drittleistungen des Sozialversicherungsträgers (Einzelheiten siehe oben Rn 152 ff.). Im Falle des Mitverschuldens erfolgt dann erst zum Schluss die quotale Reduzierung als letzter Rechenschritt.

4. Beispiel: Völliger Ausfall der haushaltsführenden Geschädigten auf Dauer ohne Einstellung einer Ersatzkraft (normative Abrechnung)

■ **Sachverhalt**

239 Die als Unfallfolge schwerstverletzte und pflegebedürftige Ehefrau lebt mit ihrem Ehemann und einem achtjährigen Kind in einem gehobenen Haushalt mit 90 m² Wohnfläche (Eigenheim) sowie 300 m² Ziergarten. Bis zum Unfall war die Verletzte 30 h pro Woche erwerbstätig, ihr Ehemann ist 40 h pro Woche erwerbstätig. Das Familieneinkommen beträgt 4.200 EUR netto/Monat. Für die gesamte Hausarbeit sind ausweislich der ausgefüllten Fragebögen 1–5 55 h pro Woche erforderlich. Die Hausarbeit wurde bis zum Unfallzeitpunkt zu 75 % von der Geschädigten und zu 25 % von deren Ehemann erledigt. Das Kind hat keine Mithilfe im Haushalt geleistet.

Der Ehemann hat folgende Mithilfe im Haushalt geleistet: Er hat das achtjährige Kind morgens mit dem Pkw zur Schule gebracht, die vollständige Gartenarbeit inklusive der Reinigung der Außenflächen ebenso wie die Reparaturen im und am Haus alleine erledigt. Ihm oblag auch die alleinige Pflege des Familien-Pkws. Am wöchentlichen Großeinkauf hat er sich hälftig insofern beteiligt, als dass er schwere Gegenstände wie Getränkegebinde und volle Einkaufskisten in den Einkaufswagen, von dort in den Pkw und von dort in die Küche getragen hat.

Die geschädigte Ehefrau hat folgende Hausarbeit geleistet: Sie hat das Kind mittags mit dem Fahrrad von der Schule abgeholt, täglich vier Mahlzeiten (davon eine warme Mahlzeit) zubereitet, einschließlich Geschirrspülen. Ihr oblagen die Raumreinigung und das Waschen der gesamten Wäsche allein. Ebenso hat sie die Haushaltsplanung alleine erledigt. Sie hat an allen Schultagen die alleinige Hausaufgabenbetreuung und die Gesundheitsvorsorge für das gemeinsame Kind wahrgenommen, ebenso wie die Organisation der kindlichen Freizeitgestaltung. Häusliche Kleinarbeit, soweit sie innerhalb des Hauses zu erledigen war, hat die Geschädigte vollständig alleine geleistet. Neben dem gemeinsamen Wochengroßeinkauf mit ihrem Ehemann hat die Geschädigte an einem anderen Wochentag mit dem Fahrrad den Einkauf beim Bäcker und Fleischer für die Frischware alleine erledigt.

Die (sozialversicherungsrechtliche) MdE beträgt 100 % wegen der erlittenen schwersten physischen und psychischen Verletzungen. Die Geschädigte kann im Haushalt keine physischen Tätigkeiten mehr verrichten; auch planerische Aufgaben kann sie nicht mehr erfüllen.

■ **Ermittlung der tatsächlich aufgewendeten Arbeitszeit der Geschädigten im Haushalt**
Auswertung des Lebenssachverhalts: **240**

Arbeitszeitaufwand im Haushalt insgesamt: 55 h/Woche

davon entfallen auf die Ehefrau: 75 % = 41,25 h/Woche
davon entfallen auf dem Ehemann: 25 % = 13,75 h/Woche
davon entfallen auf das Kind: 0 h/Woche

Tabellen 1, 2: Verhaltensalternative bzw. Anspruchsstufe 3 – gehoben   **241**

Arbeitszeitaufwand im Haushalt insgesamt: 106,4 h/Woche

davon entfallen auf die Ehefrau: 56,7 h/Woche
davon entfallen auf den Ehemann: 49,7 h/Woche
davon entfallen auf das Kind: 0,0 h/Woche

Auffällig an diesem Beispielsfall ist die Tatsache, dass der individuell ermittelte   **242**
Arbeitszeitaufwand für die Erledigung der gesamten Hausarbeit unterhalb des statistischen Arbeitszeitaufwandes liegt. Die Differenz beträgt 51,4 h/Woche. Eine wesentliche Abweichung zum Tabellenwerk ergibt sich weiterhin aus dem Anteil der Hausarbeit, welcher auf die Hausfrau und andererseits auf den Ehemann ent-

fällt. Gegenüber der Tabelle 1 (2) entfällt im vorliegenden Fall 75 % der gesamten Hausarbeit auf die Ehefrau. Hingegen sind dies nach der Tabelle 1 (2) 53,29 %. Auffällig ist also, dass im konkreten Einzelfall der Arbeitszeitaufwand, welcher auf die Ehefrau entfällt, deutlich oberhalb der statistischen Durchschnittswerte liegt. Wenn nun also in der Regulierung Stundensätze geltend gemacht werden, die oberhalb der statistischen Werte liegen, dann ist dieses besonders zu begründen. Einerseits kann mit *Pardey* (VersR 2010, 33) argumentiert werden, dass die Zeitbefunde in der Tabelle 1 (2) jeweils nur als Mindestansatz bei der Schadensregulierung zu werten sind. Es sollten dann in der Anspruchsbegründung die wesentlichen Eckpunkte der ausgefüllten Fragebögen dargestellt und im streitigen Verfahren diese Aussagen unter Beweis gestellt werden. Festzustellen ist also, dass das Regulierungsergebnis besser wird, wenn sich der Anwalt die Mühe macht, die individuellen Lebensverhältnisse des Mandanten genauer anzuschauen (§ 287 ZPO!), anstelle sich voreilig lediglich auf statistische Durchschnittswerte zu beziehen.

■ **Ermittlung der MdH: 100 %**

243 Nach dem Sachverhalt besteht eine haushaltsspezifische MdE in Höhe von 100 %. Die Tabelle 6 kommt deshalb nicht zur Anwendung.

■ **Ermittlung des Nettoentgelts einer Ersatzkraft: 1.624,69 EUR netto/Monat**

244 **Tabelle 7_2 B**: Entgeltgruppe 6 TVöD (gehobener Haushalt mit schulpflichtigem Kind).

41,25 h/Woche, gerundet: 42 h/Woche = 1.703,50 EUR netto/Monat

■ **Formel**

245 42 Std./Woche

x   100 % MdE
_____
=   42 Std./Woche Arbeitszeitbedarf einer Ersatzkraft

Tabelle 7_2 B: Entgeltgruppe 6 TVöD

TVöD bei 42 Std/Woche: 1.703,50 EUR netto/Monat.

Praxistipp
Wenn der Versicherer demgegenüber den TVöD nicht anwenden möchte, dann muss der Anwalt darauf bedacht sein, einen Stundenverrechnungssatz von nicht weniger als 10 EUR zur Anwendung zu bringen. Das lässt sich relativ leicht damit begründen, dass vorliegend ein gehobener Haushalt betroffen ist, bei dem es ein schulpflichtiges Kind zu versorgen gilt.

■ **Ergebnis**

Der Haushaltsführungsschaden ist im vorliegenden Fall normativ mit 1.703,50 EUR netto pro Monat gegenüber dem Versicherer zu beziffern. Der Rentenanspruch besteht quartalsmäßig vorschüssig gemäß §§ 843 Abs. 2, 670 BGB. **246**

Änderungen im Haushalt, etwa durch Geburt und/oder Adoption weiterer Kinder und das Erwachsenwerden von Kindern, verändern die tatsächlich aufzuwendende Arbeitszeit im Haushalt mit der Folge einer Anpassung auch des Nettoentgelts einer fiktiven Ersatzkraft. **247**

5. Prüfungsschema bei teilweisem (dauerhaften) Ausfall des Haushaltsführenden ohne Einstellung einer Ersatzkraft (normative Abrechnung)

Im Unterschied zur Fallgruppe des völligen (dauerhaften) Ausfalls des Haushaltsführenden ergeben sich bei der Fallgruppe des teilweisen (dauerhaften) Ausfalls Abweichungen in der Berechnung im Hinblick auf eine prozentuale Minderung der MdH. Diese beträgt in dieser Fallgruppe weniger als 100 % MdH. **248**

> *Hinweis*
> Ein teilweiser Ausfall des Haushaltsführenden liegt vor, wenn der Geschädigte nur noch in Teilbereichen des Haushalts Arbeiten ausführen kann und das gegebenenfalls nur noch eingeschränkt.

a) Ermittlung der tatsächlich aufgewendeten Arbeitszeit für die Haushaltsführung, Tabelle 1 und 2

Auch hier erfolgt zunächst gem. § 287 ZPO die Ermittlung der tatsächlich aufgewendeten Arbeitszeit für die Haushaltsführung anhand der Angaben des Mandanten im Abgleich mit den Tabellen 1 und 2, weil die Ermittlung der tatsächlich aufgewendeten Arbeitszeit im zu regulierenden Schadensfall der schematischen Anwendung der Tabellen 1 und 2 immer vorgeht. **249**

Wenn sich jedoch keine nennenswerten konkreten Anhaltspunkte im Einzelfall ergeben, die eine Abweichung von den Tabellen 1 und 2 rechtfertigen, dann kommen diese zur Anwendung. **250**

Die Tabellen 1 und 2 werden ergänzt durch die Tabellen 3 und 4. Darin finden sich Zu- und Abschläge in Wochenstunden. Die Tabellen 3 und 4 liefern wertvolle Informationen für die Ermittlung der tatsächlich aufgewendeten Arbeitszeit im Haushalt mit Garten und mit Kindern, soweit die Betreuung durch den geschädigten Haushaltsführenden überwiegend oder ganz alleine wahrgenommen wird. In Abweichung zu den dort enthaltenen Ausführungen sollte ein weiterer Zuschlag bei Zwillingen bis zur Einschulung vorgenommen werden. Zwillinge erfordern einen höheren Betreuungsaufwand als zwei Kinder unterschiedlichen Alters. So ist ein Zeitansatz für beide Kinder wie für 2,5 Kinder gerechtfertigt (ebenso *Pardey*, Der Haushaltsführungsschaden, 8. Auflage, S. 66). **251**

b)   Ermittlung der MdH
aa)   Tabelle 6, Selbsteinschätzung gem. § 287 ZPO, Sachverständigengutachten

252   Anhaltspunkte für die medizinische Einschätzung gibt die Tabelle 6. Vorrangig ist jedoch die Selbsteinschätzung unter Berücksichtigung von § 287 ZPO. Die Selbsteinschätzung sollte sich zunächst einmal grob an den neun Tätigkeitsbereichen in der Haushaltsführung orientieren: Einkaufen, Ernährung, Geschirrreinigung, Reinigung von Haus und Wohnung, Wäschepflege, Gartenarbeit, Haushaltsführung und Organisation, Pflege und Betreuung von Personen im Haushalt, Sonstiges (häusliche Kleinarbeiten). Um die haushaltsspezifischen Einschränkungen bewerten zu können, können die von *Pardey* erarbeiteten Anforderungsprofile einzelner Tätigkeitsbereiche, herangezogen werden (siehe *Pardey*, Der Haushaltsführungsschaden, 8. Auflage, S. 81). Die prozentuale Minderung in diesen Tätigkeitsbereichen erfolgt durch Selbsteinschätzung. Diese Selbsteinschätzung erfolgt dann in allen neun Teilbereichen der Haushaltsführungstätigkeit. Alle neun Tätigkeitsbereiche werden addiert und diese Summe wird durch neun dividiert. Das Ergebnis ist die haushaltsspezifische MdH. Wenn Teilbereiche im Haushalt des Geschädigten nicht vorkommen, weil zum Beispiel kein Garten vorhanden ist, dann wird diese Spalte übersprungen und das Additionsergebnis wird durch acht dividiert.

253   Die Ermittlung der MdH kann auch durch einen hierauf spezialisierten (!) Mediziner oder einen öffentlich bestellten und vereidigten Sachverständigen für die Ermittlung des Haushaltsführungsschadens erfolgen.

bb)   Einzelne Zeitfenster bei der Ermittlung der MdH

254   Beim teilweisen Ausfall des Haushaltsführenden ist wie beim Erwerbsschaden in Zeitfenstern zu denken. Dies ergibt sich daraus, dass der Ausfall im Haushalt unmittelbar nach dem Unfallereignis größer ist, er mit zunehmender Genesung geringer wird und sich dann möglicherweise auf einem langjährigen gleichbleibenden Level, nämlich der sogenannten Dauer-MdH, hält.

255   Die MdH sollte sich im Wesentlichen in 3–4 Zeitfenster splitten lassen. Je nach dem vorliegenden Sachverhalt können dies auch weniger oder mehr sein. Wegen der Übersichtlichkeit der Bezifferung sollten aber nicht mehr als fünf Zeitfenster gebildet werden. Gegebenenfalls bietet es sich an, einige Zeiträume mit in etwa gleich bleibender MdH in ein einheitliches Zeitfenster zusammenzuziehen.

(1)   Erstes Zeitfenster: Stationärer Aufenthalt in Kliniken und Reha-Einrichtungen

256   Das erste Zeitfenster ist deckungsgleich mit dem stationären Aufenthalt in Kliniken und Reha-Einrichtungen. Der Geschädigte ist fernab vom Haushalt nicht in der Lage, diesen zu führen. Die MdH beträgt in den meisten Fällen 100 %. Gelegentlich besteht noch die Fähigkeit und auch Möglichkeit zur Haushaltsplanung, was die

MdH geringfügig ermäßigt. Zumeist ist die Haushaltsplanung fernab vom Haushalt jedoch gar nicht möglich.

Zu berücksichtigen ist jedoch, dass in Zeiten stationärer Behandlung der Haushalts- **257** führungsschaden gerade in einem Ein-Personen-Haushalt naturgemäß deutlich reduziert ist und sich mitunter auf **Erhaltungsmaßnahmen** reduziert (OLG Hamm NZV 2004, 631; BGH NJW 2009, 2061). Wenn die Versorgung von Tieren erforderlich ist, tritt eine wesentliche Reduzierung des Haushaltsführungsaufwandes nicht ein: Die Tiere müssen täglich ggf. mehrfach gefüttert und gepflegt werden, Tierkäfige sind zu reinigen, Futter muss eingekauft werden und die Wohnung, in der die Tiere gehalten werden, verschmutzt im allgemeinen ohne die Anwesenheit des Verletzten. Bei mehrwöchiger Abwesenheit muss regelmäßig gelüftet werden, im Winter muss geheizt werden, Blumen sind zu gießen und die Post muss täglich gesichtet werden. Ein Verzicht auf diese Maßnahmen kann zum Eindringen von Feuchtigkeit und Schimmel sowie Schädlingen führen. In Mehrfamilienhäusern kommt die Verpflichtung zur Reinigung der Gemeinschaftsflächen, Treppenhausreinigung etc. hinzu, bei Eigentum bestehen Straßen- und Gehwegreinigungspflichten und im Winter eine Räum- und Streupflicht der öffentlichen Wege. Insoweit ist eine Reduzierung des Zeitaufwandes bei stationärer Behandlung denkbar, jedoch einzelfallabhängig. Ein genereller pauschaler Abzug verbietet sich.

Nicht zu beanstanden ist die Einzelfallentscheidung des BGH (NJW 2009, 2060), **258** in welcher der Arbeitszeitaufwand im Ein-Personen-Haushalt bei vollständiger Abwesenheit des Verletzten auf 3 Std. wöchentlich geschätzt worden ist; Besonderheiten, wie zum Beispiel Tierhaltung, waren nicht gegeben; der Wohnraum umfasste 65 m^2 mit geringer technischer Ausstattung in einfachen Lebensverhältnissen. Keinesfalls kann jedoch grundsätzlich eine Reduzierung auf 15 % des Arbeitszeitaufwandes pauschal erfolgen.

Gerade im Mehrpersonenhaushalt wirkt sich die Abwesenheit des verletzten Haus- **259** haltsführenden nur geringfügig aus. Zur Abgrenzung des Eigenbedarfs (vermehrte Bedürfnisse) von der Haushaltsführung als Erwerbstätigkeit für die sonstigen Familienmitglieder wird Bezug genommen auf die Ausführungen oben (siehe Rn 149 ff.).

(2) Zweites Zeitfenster: Zwischen den stationären Aufenthalten bis zur Entlassung aus der letzten stationären Maßnahme

Mit dem zweiten Zeitfenster wird der Zeitraum zwischen den stationären Aufent- **260** halten bis zur Entlassung aus der letzten Reha-Maßnahme oder aber der Entlassung nach der letzten OP – meistens der Metallentfernung – erfasst. In diesem Zeitraum besteht häufig eine sehr reduzierte Fähigkeit zur Haushaltsführung. Oftmals handelt es sich auch um den Zeitraum, in dem der Geschädigte entweder noch auf den Rollstuhl oder auf Unterarmgehstützen oder sonstige Hilfsmittel angewiesen ist. Zeitweilig besteht auch noch eine Pflegestufe im zweiten Zeitfenster. Die MdH kann im Einzelfall noch sehr hohe Werte erreichen, bewegt sich deshalb häufig oberhalb von 50 %.

(3) Drittes Zeitfenster: Nach der Entlassung aus der letzten stationären Maßnahme – Dauer-MdH

261 Wenn die letzte stationäre Maßnahme abgeschlossen ist, liegt das Unfallereignis oftmals Monate oder gar Jahre zurück. In ärztlicher Hinsicht ist im Rahmen der medizinischen Wiederherstellung dann ein Zustand erreicht, der nicht weiter zu optimieren ist. Weitere Therapien haben nur noch den Zweck der Erhaltung des erreichten Zustandes, jedoch nicht mehr der Verbesserung des Gesundheitszustandes. Medizinisch ist der Geschädigte „austherapiert", was jedoch nicht gleichbedeutend ist mit einer vollständigen Wiederherstellung der Gesundheit wie am Tage vor dem Unfall!

262 In medizinischer Hinsicht ist jetzt eine (sozialrechtliche) MdE feststellbar, die sich wahrscheinlich in den nächsten Jahren nicht mehr verbessern, sondern im Einzelfall noch verschlechtern kann. Damit ist zunächst ein gewisser Dauerzustand erreicht. Dieser geht Hand in Hand mit einer dauerhaften MdH. Die Dauer-MdH ist jedoch wiederum individuell nach den oben dargestellten Grundsätzen zu ermitteln.

Praxistipp
Zur Abgrenzung der einzelnen Zeitfenster sollte sich der Anwalt eine kalendarische Jahresübersicht (12 Monate auf einem DIN A4 Blatt) für jedes Kalenderjahr (einschließlich des Unfalljahres) ab dem Verkehrsunfall anfertigen (siehe § 2 Rn 16). In diesen Blättern sollen zweckmäßigerweise die stationären Aufenthalte des Mandanten farbig markiert werden. Mit Hilfe der Kalenderblätter kann der gesamte Zeitraum der stationären Aufenthalte mühelos durch Addition der Wochen/ Monate ermittelt werden (= 1. Zeitfenster), die dazwischen liegenden Zeiträume können ebenso einfach addiert werden (= 2. Zeitfenster) und an die Entlassung aus der letzten stationären Maßnahme kann sich dann die Dauer-MdH anschließen (= 3. Zeitfenster).

Für jedes einzelne gebildete Zeitfenster ist eine MdH nach den oben dargestellten Grundsätzen zu ermitteln.

c) Ermittlung des Nettoentgelts einer fiktiven Ersatzkraft, Tabellen 7_1, 7_2, 8 und TVöD-Sammlung Schulz-Borck/Günther

263 Unter Berücksichtigung der gebildeten Zeitfenster muss auch das Nettoentgelt einer (fiktiven) Ersatzkraft ermittelt werden. Wenn eine Ersatzkraft die Leitungsfunktion des verletzten Haushaltsführenden übernehmen muss, ergibt sich aus der Tabelle 7_2 die Anwendung der Entgeltgruppen 2 oder 3 TVöD. In den übrigen Fällen kommt je nach Zuschnitt des Haushaltes entweder die Entgeltgruppe 1 oder 2 zur Anwendung.

Ergänzt werden die Tabellen 7_1 und 7_2 sodann durch die TVöD-Sammlung **264** *Günther*, aus der das Nettomonatsentgelt der fiktiven Ersatzkraft bei normativer Abrechnung des Haushaltsführungsschadens abgelesen werden kann.

Alternativ erfolgt die Abrechnung einer fiktiven Ersatzkraft unter Heranziehung **265** der Tabelle 8 bzw. der individuellen Schätzung eines ortsüblichen Stundensatzes. Bei der ortsüblichen Schätzung darf nicht außer Betracht gelassen werden, dass gerade in Ballungsgebieten die Stundenverrechnungssätze für bloße Putzarbeiten bereits bei mindestens 10 EUR pro Stunde liegen. Im ländlichen Raum ist darüber hinaus zu berücksichtigen, dass zwar die Stundenverrechnungssätze per se etwas günstiger sein können, andererseits jedoch die Stundenverrechnungssätze dann wieder anzuheben sind, wenn längere Anfahrtszeiten nahestehender Verwandter oder Freunde einzukalkulieren sind.

d) Berechnungsformel für den Schadensersatzbetrag

Die Berechnungsformel für den Schadensersatzbetrag lautet wiederum wie oben: **266**

erforderlicher Wochenzeitaufwand (siehe Rn 167 ff.) multipliziert mit der MdH (siehe Rn 227 ff.) ergibt den Arbeitszeitbedarf einer Ersatzkraft pro Woche.

Anhand der in den Tabellen 7_1, 7_2 gewählten Eingruppierung der Ersatzkraft **267** wird in der jeweiligen Tabelle der TVöD-Sammlung in der linken Spalte die Wochenstundenzahl gewählt und dann der Nettobetrag in der Spalte am rechten Rand abgelesen. Das Ergebnis ist der monatliche Nettobetrag, der für eine eingestellte Ersatzkraft aufzuwenden ist und gleichermaßen für die normative Abrechnung dient.

Zu beachten ist, dass diese Berechnungsformel für jedes Zeitfenster isolierte An- **268** wendung finden muss. Nur so können fehlerfrei die Teilbeträge ermittelt werden, die zum Schluss in ihrer Summe den gesamten Ersatzanspruch für den Haushaltsführungsschaden der Vergangenheit ausmachen.

Bei der Berechnung mit Stundenverrechnungssätzen ist zu berücksichtigen, dass der tägliche Aufwand an sieben Tagen (nicht an fünf Tagen) pro Woche zu leisten ist und ferner, dass der Wochensatz mit dem Faktor 4,33 zu multiplizieren ist, um den Monatsbetrag zu ermitteln.

Von dem so ermittelten rechnerischen Ergebnis sind gegebenenfalls Drittleistungen **269** des Sozialversicherungsträgers (Einzelheiten siehe oben Rn 152 ff.) abzusetzen. Im Falle des Mitverschuldens erfolgt dann erst ganz zum Schluss die quotale Reduzierung des ermittelten Gesamtbetrages als letzter Rechenschritt.

6. Beispiel: Teilweiser Ausfall der haushaltsführenden Geschädigten auf Dauer ohne Einstellung einer Ersatzkraft

■ **Sachverhalt**

Die unter den erheblichen Verletzungsdauerfolgen eines Verkehrsunfalls leidende **270** Ehefrau lebt mit ihrem Ehemann und einem achtjährigen Kind in einem gehobenen

Haushalt mit 90 m^2 Wohnfläche (Eigenheim) sowie 300 m^2 Ziergarten. Bis zum Unfall am 1.1.2010 war die am 30.6.1978 geborene Verletzte 30 Std. pro Woche erwerbstätig, ihr Ehemann ist 40 h pro Woche erwerbstätig. Das Familieneinkommen beträgt 4.200 EUR netto. Für die gesamte Hausarbeit sind 55 h pro Woche erforderlich. Die Hausarbeit wurde bis zum Unfallzeitpunkt zu 75 % von der Geschädigten und zu 25 % von deren Ehemann erledigt. Das Kind hat keine Mithilfe im Haushalt geleistet. Die Mithilfe des Ehemanns stellte sich wie folgt dar: Er hat das Kind morgens mit dem Pkw zur Schule gebracht, die vollständige Gartenarbeit inklusive der Reinigung der Außenflächen ebenso wie die Reparaturen im und am Haus alleine erledigt. Ihm oblag auch die alleinige Pflege des Familien-Pkw's. Zum wöchentlichen Großeinkauf hat er seine Frau begleitet und die schweren Gegenstände in den Pkw gestellt und von dort in die Küche getragen. Die geschädigte Ehefrau hat demgegenüber das Kind mittags mit dem Fahrrad von der Schule abgeholt, täglich drei Mahlzeiten (davon eine warme Mahlzeit) zubereitet, einschließlich Geschirrspülen. Ihr oblagen die Raumreinigung und das Waschen der gesamten Wäsche allein. Ebenso hat sie die Haushaltsplanung alleine erledigt. Sie hat an allen Schultagen die alleinige Hausaufgabenbetreuung und die Gesundheitsvorsorge für das gemeinsame Kind wahrgenommen ebenso wie die Organisation der kindlichen Freizeitgestaltung. Häusliche Kleinarbeit, soweit sie innerhalb des Hauses zu erledigen war, hat die Geschädigte vollständig alleine geleistet. Neben dem gemeinsamen Wochengroßeinkauf mit ihrem Ehemann hat die Geschädigte an einem weiteren Wochentag mit dem Fahrrad den Einkauf beim Bäcker und Fleischer für die Frischware alleine erledigt.

Aufgrund schwerster Kopfverletzungen leidet die Geschädigte unfallbedingt unter dauerhaften Kopfschmerzen und kognitiven Beeinträchtigungen. Sie leidet an den Folgen einer Beckenringfraktur, einer beidseitigen Oberschenkelfraktur und sie zog sich eine Verletzung mit Versteifungsfolge des oberen und unteren rechten Sprunggelenks zu. Die Geschädigte war im ersten Jahr nach dem Unfall 100 % in ihrer Erwerbsfähigkeit gemindert. In diesem Zeitraum hielt sie sich ununterbrochen in Kliniken und Reha-Einrichtungen stationär auf. Im zweiten und dritten Jahr nach dem Unfall konnte sie sich ausschließlich an Unterarmgehstützen schmerzhaft fortbewegen; die MdE betrug weiterhin 100 %. Drei Jahre nach dem Unfall benötigte die geschädigte Ehefrau für ihre Fortbewegung lediglich noch eine Unterarmgehstütze. Dieser Zustand wird sich nicht mehr verbessern. Die (sozialrechtliche) MdE wurde dauerhaft von den behandelnden Ärzten auf 60 % eingeschätzt.

■ **Ermittlung der tatsächlich aufgewendeten Arbeitszeit der Geschädigten im Haushalt: 41,25 Std./Woche**

271 An dieser Stelle kann vollumfänglich auf die Ausführungen oben (siehe Rn 239) Bezug genommen werden. Der Arbeitszeitaufwand im Haushalt allein für die Geschädigte beträgt 75 % von 55 Std., mithin also 41,25 Std./Woche.

Aus den Tabellen 1 und 2 „Verhaltensalternative bzw. Anspruchsstufe 3 – gehoben"   **272**
würde sich der Wert von 56,70 Std./Woche ergeben. Da jedoch nach § 278 ZPO die
Ermittlung der Eckpunkte des individuellen Sachverhaltes der reinen Anwendung
des Tabellenwerkes *Pardey* vorgeht, ist der individuell ermittelte Wert von 41,25
Std./Woche an Hausarbeit vor dem Verkehrsunfall für die Geschädigte zugrunde zu
legen. Der Rechtsanwalt der Geschädigten sollte unter Zuhilfenahme der Fragebögen 1–5 auf die Einzelheiten des Haushaltes eingehen und so die Anknüpfungstatsachen vortragen, aus denen sich der Arbeitszeitaufwand von 41,25 Std./Woche für
seine Mandantin ergibt.

■ Ermittlung der haushaltsspezifischen MdE

1. Zeitfenster: stationärer Aufenthalt in Kliniken und Reha-Einrichtungen (1 Jahr): 100 %

Nach dem Sachverhalt hat sich die verletzte Ehefrau 12 Monate in Kliniken und   **273**
Reha-Einrichtungen stationär aufgehalten. In dieser Zeit wurde medizinisch eine
(sozialrechtliche) MdE von 100 % festgestellt.

Die MdH beträgt in diesem Zeitraum ebenfalls 100 %, weil sich die Geschädigte in   **274**
keiner Hinsicht um die Haushaltsführung kümmern konnte und die zu Hause weggefallene Befriedigung des Eigenbedarfs (vermehrte Bedürfnisse) nicht nennens-
wert ins Gewicht fällt.

2. Zeitfenster: Fortbewegung an zwei Unterarmgehstützen (2 Jahre): 80 %

Im zweiten und dritten Jahr nach dem Unfall hat sich die Geschädigte ausschließ-   **275**
lich an zwei Unterarmgehstützen fortbewegt. Auch in diesem Zeitraum betrug die
(sozialrechtliche) MdE wieder 100 %.

Im Rahmen der MdH ist jedoch zu konstatieren, dass die Bewegungsfähigkeit und   **276**
physische Belastbarkeit so stark herabgesetzt war, dass in sämtlichen neun Teilbereichen der Haushaltsführung erhebliche Beeinträchtigungen vorlagen. Einzig
im Bereich der Haushaltsführung und Planung bestand eine leicht verbesserte Leistungsfähigkeit. Die MdH wird deshalb gemäß § 287 ZPO für dieses Zeitfenster mit
80 % angenommen.

3. Zeitfenster: Fortbewegung mit einer Gehstütze, zugleich Dauer-MdH ab dem 3. Jahr nach dem Unfall

Die Geschädigte wird sich dauerhaft in der Zukunft nur mit Hilfe einer Unterarm-   **277**
gehstütze fortbewegen können. Hinzu kommen dauerhafte Kopfschmerzen und kognitive Beeinträchtigungen, in deren Folge die Konzentrationsfähigkeit stark herabgesetzt ist. Aufgrund der Beckenverletzung, der Oberschenkelfrakturen und der
Versteifung des oberen und unteren rechten Sprunggelenks, kann sich die geschädigte Hausfrau nicht bücken, nicht auf die Zehenspitzen stellen und nach oben strecken und keine Gegenstände aufheben oder tragen. Weitere Einschränkungen finden sich in der Übersicht bei *Pardey* (Der Haushaltsführungsschaden, 8. Auflage,
S. 80).

278 In der Tabelle 6 finden sich in etwa die Verletzungsfolgen der Verletzten wieder. Die Folgen der Beckenringfraktur findet sich in Tabelle 6 Ziff. 3 „Beckenschaden mit funktionellen Auswirkungen", z.B. nach Beckenringfraktur" mit 30 % MdH.

279 Die beidseitige Oberschenkelfraktur kann in der Tabelle 6 der Ziff. 6, dort „Oberschenkel, Schmerzsyndrom, 35 %" zugeordnet werden.

280 Die Versteifung des oberen und unteren Sprunggelenks ergibt sich in der Tabelle 6 ebenfalls aus der Ziff. 6: „Oberes und unteres Sprunggelenk, Versteifung, einseitig, 25 %".

281 Die im Sachverhalt mitgeteilten dauerhaften Kopfschmerzen und kognitiven Beeinträchtigungen können in der Tabelle 6 in etwa der Ziff. 1 als „mittlerer bis starker Dauerkopfschmerz: 30 % MdH" zugeordnet werden. Nach den Sachverhaltsinformationen müssen dauerhafte Kopfschmerzen jedoch nicht zwangsläufig mittlere bis starke Kopfschmerzen sein. Unter Berücksichtigung der daneben bestehenden kognitiven Beeinträchtigungen wird hier diese Verletzungsfolge insgesamt mit einer MdH von 20 % bewertet.

282 Unter Berücksichtigung der Bewertungsaspekte beim Polytrauma (*Pardey*, Der Haushaltsführungsschaden, 8. Auflage, S. 98) überschneiden sich die Folgen der Beckenringfraktur nicht mit den übrigen Verletzungsfolgen. Damit bleibt eine MdH von 30 % bestehen. Die Oberschenkelverletzungen sowie die Versteifung des oberen und unteren rechten Sprunggelenks überschneiden sich in ihren funktionellen Auswirkungen bei der Haushaltsführung, so dass die höhere Einzel-MdH zum Tragen kommt – hier also 35 % MdH. Isoliert neben den beiden Einzel-MdH steht die dritte Einzel-MdH wegen der dauerhaften Kopfschmerzen und der kognitiven Beeinträchtigungen mit 20 % MdH. Insgesamt ergibt sich damit bei der Anwendung der Tabelle 6 eine MdH von 85 %.

283 Die Ermittlung der Dauer-MdH kann auch unabhängig von den Werten in der Tabelle 6 durch die eigene Einschätzung des Geschädigten in Zusammenarbeit mit seinem Rechtsanwalt erfolgen. Die neun Bereiche der Haushaltstätigkeit können dabei herangezogen werden. Die Selbsteinschätzung bezieht sich auf den prozentualen Anteil an der Haushaltsführung, welcher wegen der Verletzungsfolgen nicht mehr ausgeübt werden kann. Das stellt sich im obigen Sachverhalt wie folgt dar:
1. **Beschaffung, Einkauf**: 80 %
2. **Ernährung, Zubereitung, Vorratshaltung**: 70 %
3. **Geschirr spülen**: 80 %
4. **Putzen, Aufräumen, Raumreinigung**: 90 %
5. **Reinigung, Pflege, Instandhaltung der Wäsche**: 90 %
6. **Gartenarbeit**: übernimmt der Ehemann alleinig
7. **Haushaltsführung, Planung**: 30 %
8. **Betreuung Kinder und anderer Angehörige**: 80 %
9. **häusliche Kleinarbeit**, Sonstiges: 80 %

Summe: 75 %

Die individuelle Schadensermittlung geht der Anwendung von statistischem Mate-   **284**
rial vor. Da beide Wege aber zu ähnlichen Ergebnissen gelangen, wäre es nicht
falsch, wenn für die Geschädigte eine Dauer-MdH zwischen 75 % und 85 % rechnerisch zur Schadensermittlung zugrunde gelegt werden würde. In der nachfolgenden Berechnung soll von dem Mittelwert, d.h. einer MdH von 80 %, ausgegangen
werden.

■ **Eingruppierung einer (fiktiven) Ersatzkraft nach Tabellen 7_1, 7_2, 8**

1. Zeitfenster: Völliger Ausfall

In der Tabelle 7_2 kommt die TVöD Entgeltgruppe 6 zur Anwendung.   **285**

2. Zeitfenster: Zeitweiliger überwiegender Ausfall

In der Tabelle 7_2 kommt die TVöD Entgeltgruppe 6 zur Anwendung.   **286**

3. Zeitfenster: Dauernder teilweiser Ausfall

In der Tabelle 7_2 kommt die TVöD Entgeltgruppe 2 zur Anwendung (Gehobener   **287**
Haushalt mit schulpflichtigem Kind; Leitungsfunktion wird zwar nicht voll, aber
zu 70 % von der Geschädigten wahrgenommen).

■ **Formel**

1. Zeitfenster: 20.442,00 EUR

41,25 Std./Woche multipliziert mit 100 % MdH = 41,25 Std./Woche   **288**

gerundet: 42 Std./Woche

TVöD Entgeltgruppe 6: 1.703,50 EUR netto/Monat

Schadensersatzbetrag für ein Jahr: 1.703,50 EUR netto/Monat multipliziert mit 12
= **20.442,00 EUR.**

2. Zeitfenster: 33.617,52 EUR

41,25 Std./Woche multipliziert mit 80 % haushaltsspezifische MdE = 33 Std./Wo-   **289**
che

TVöD Entgeltgruppe 6: 1.400,73 EUR netto/Monat

Schadensersatzbetrag für zwei Jahre: 1.400,73 EUR netto/Monat multipliziert mit
24 = **33.617,52 EUR**

3. Zeitfenster: 1.183,92 EUR netto/Monat

290 41,25 Std./Woche multipliziert mit 80 % MdH = 33 Std./Woche

TVöD Entgeltgruppe 2: 1.183,92 EUR netto/Monat

Schadensersatzbetrag für die Zukunft: **1.183,92 EUR/Monat**

■ **Ergebnis**

291 54.059,52 EUR   +   1.183,92 EUR netto mtl. Rente
(quartalsmäßig vorschüssig gem. §§ 843 Abs. 2, 760 BGB)

Die verletzte Ehefrau hat einen Anspruch auf Ersatz des Haushaltsführungsschadens für die ersten drei Jahre nach dem Unfall in Höhe von insgesamt 54.059,52 EUR. Hinzu kommt ein zukünftiger monatlicher Anspruch auf Ersatz des Haushaltsführungsschadens in Höhe von 1.183,92 EUR netto. Dieser ist gemäß §§ 843 Abs. 2, 760 BGB quartalsmäßig vorschüssig ab 1.1.2013 vom Schädiger zu zahlen.

V. Formulierungsbeispiel zur außergerichtlichen Geltendmachung des Haushaltsführungsschadens vom Unfalltag bis zum Regulierungsstichtag und des sich daran anschließenden Zukunftsschadens

1. Allgemeines

292 Nach § 287 ZPO muss der Geschädigte substantiiert vortragen und notfalls auch beweisen, in welchem Umfang er vor dem Unfall tatsächlich Hausarbeit bezogen auf den Gesamtaufwand im Haushalt erbracht hat. Gegebenenfalls ist auch zu beweisen, welche Hausarbeit der Partner beziehungsweise die Kinder vor dem Unfall erbracht haben. Schließlich ist zu beweisen, ob und in welchem Umfang er in der Haushaltsführung eingeschränkt ist. Weiterhin muss er beweisen, auf welche konkreten Anforderungen im Haushalt sich die Unfallverletzungen ausgewirkt haben.

Der nachfolgende Beispielsfall ist so durchformuliert, wie dies zur außergerichtlichen Geltendmachung der Ansprüche eines Geschädigten beim gegnerischen Versicherer erfolgen kann.

2. Sachverhalt

293 An dieser Stelle soll der Sachverhalt des Beispiels oben (siehe Rn 239 ff.) zugrunde gelegt werden.

3. Bezifferung im Anspruchsschreiben an den gegnerischen Haftpflichtversicherer

Muster 3.2: Bezifferung im Anspruchsschreiben an den gegnerischen Haftpflichtversicherer   **294**

Kfz-Haftpflichtversicherer
Postfach 12345
12345 Musterstadt
per Fax/per E-Mail

15.12.2013

Schaden-Nr.: ▓▓▓▓▓▓

Unser Zeichen: ▓▓▓▓▓▓

Sehr geehrte Damen und Herren,

wir kommen zurück auf den in o.g. Angelegenheit geführten Schriftverkehr zum Schadensfall vom 1.1.2010. Bekanntermaßen erlitt unsere Mandantin an diesem Tag unverschuldet einen schweren Verkehrsunfall, der auf das Verschulden Ihres Versicherungsnehmers zurückzuführen ist, wobei sie infolge schwerster Kopfverletzungen an dauerhaften Kopfschmerzen und kognitiven Beeinträchtigungen leidet. Sie erlitt bei diesem Verkehrsunfall zudem eine Beckenringfraktur, eine beiderseitige Oberschenkelfraktur rechts sowie links und sie zog sich eine Verletzung mit Versteifungsfolge des oberen und unteren Sprunggelenks zu. Unsere Mandantin hat sich ein Jahr in stationärer Behandlung (Krankenhaus und Reha-Einrichtung) befunden; zwischen diesen Aufenthalten bewegte sie sich insgesamt 24 Monate ausschließlich mit zwei Unterarmgehstützen fort, wobei sie unter starken Schmerzen im Becken und den unteren Extremitäten litt. Aufgrund therapeutischer Erfolge gelang es nunmehr, eine der Gehhilfen abzulegen, wobei wir an dieser Stelle darauf hinweisen müssen, dass unsere Mandantin bedauerlicherweise für den Rest des Lebens auf die Benutzung der anderen Gehilfe angewiesen sein wird.

1. Normative Schadensabrechnung per 1.1.2013

Mit dem heutigen Schreiben möchten wir den Haushaltsführungsschaden beziffern. Insoweit betrachten wir den 31.12.2013 als Regulierungsstichtag, von dem aus die aufgelaufenen Ansprüche der Vergangenheit beziffert werden und die zukünftigen Ansprüche ab 1.1.2014 berechnet werden. Es erfolgte keine Einstellung einer Ersatzkraft. Der Ehemann unserer Mandantin, ihre Mutter und Freunde der Familie haben die Hausarbeit, die vor dem Unfall auf unsere Mandantin entfiel, unentgeltlich übernommen. Unsere Mandantin wünscht deshalb die normative Abrechnung des Haushaltsführungsschadens.

2. Grunddaten des Haushalts

Bis zu ihrem Unfall war unsere Mandantin 30 Std./Woche berufstätig. Ihr Ehemann geht einer vollschichtigen Erwerbstätigkeit nach. Das achtjährige Kind besucht die in der Innenstadt gelegene Grundschule. Die Familie lebt in einem gehobenen Haushalt mit 90 m^2 Wohnfläche (Eigenheim) sowie 300 m^2 Ziergarten am Stadtrand. Das Familieneinkommen beträgt 4.200 EUR netto/Monat. Im Übrigen wird Bezug genommen auf die ausgefüllten Fragebögen 1–5, die im Regulierungsgespräch vorgelegt werden können (*Pardey*, Der Haushaltsführungsschaden, 8. Auflage).

3. Tatsächlicher Arbeitsaufwand im Haushalt vor dem Unfall bezogen auf jedes einzelne Familienmitglied

Vor dem Verkehrsunfall hat unsere Mandantin 75 % der anfallenden Hausarbeit allein erledigt. Diese stellte sich im Einzelnen wie folgt dar: Sie hat das Kind mittags mit dem Fahrrad von der Schule abgeholt und täglich vier Mahlzeiten (davon eine warm) zubereitet, einschließlich Geschirr spülen. Ihr oblagen die Raumreinigung (inklusive Fensterputzen und Gardinenpflege) und das Waschen der gesamten Wäsche allein. Ebenso hat sie die Haushaltsplanung alleine erledigt und den gesamten Schriftverkehr mit Behörden, Banken und Versicherungen für die Familie geführt. Sie hat an allen Schultagen die alleinige Hausaufgabenbetreuung und die Gesundheitsvorsorge für das gemeinsame Kind ebenso wie die Organisation der kindlichen Freizeitgestaltung wahrgenommen. Häusliche Kleinarbeit, soweit sie innerhalb des Hauses zu erledigen war, hat unsere Mandantin alleine geleistet. Neben dem gemeinsamen Wocheneinkauf mit ihrem Ehemann, hat sie an einem weiteren Wochentag mit dem Fahrrad den Einkauf beim Bäcker und Fleischer für die Frischware alleine erledigt. Dieses kann vom Ehemann und der Schwägerin bestätigt werden.

Da das Kind unserer Mandantin in Teilbereichen Lernschwierigkeiten aufweist, wurde auf jegliche Mithilfe im Haushalt verzichtet. Das Kind muss einen erheblichen Teil seiner Freizeit darauf verwenden, den Schulstoff mit Unterstützung unserer Mandantin (täglich durchschnittlich 1,5 Stunden zusätzlich zu den Hausaufgaben) zu festigen.

Der Ehemann unserer Mandantin hat sich vor dem Unfall zu 25 % an der anfallenden Hausarbeit beteiligt. Er hat das Kind morgens mit dem Pkw zur Schule gebracht und die vollständige Gartenarbeit inklusive der Reinigung der Außenflächen ebenso wie die Reparaturen im und am Haus alleine erledigt. Zu seinen Aufgaben gehörte auch die alleinige Pflege des Familien-Pkws. Zum wöchentlichen Einkauf hat er unsere Mandantin begleitet, um die schweren Gegenstände zu tragen.

4. Haushaltsführungsgesamtaufwand vor dem Unfall

Für die Haushaltsführung benötigten die Eheleute vor dem Unfall gemeinsam wöchentlich 55 Std. Eine detaillierte Auflistung der anfallenden Arbeiten im Hinblick auf deren zeitlichen Umfang kann im Regulierungsgespräch zur Einsicht vorgelegt werden.

5. Unfallbedingte Einschränkungen in der Haushaltsführung bis 31.12.2012

Aufgrund des Verkehrsunfalls war unsere Mandantin auch außerhalb ihrer stationären Aufenthalte 24 Monate in ihrer Bewegungsfreiheit erheblich eingeschränkt. Jegliche Fortbewegung war nur mit Hilfe zweier Gehstützen möglich. Wegen ihrer starken Schmerzen in der Hüfte und den unteren Extremitäten schon bei kurzer Belastung musste sich unsere Mandantin mehrfach am Tage hinsetzen und hinlegen. Die Kopfschmerzen verhinderten zeitweilig jegliche Bewegung. Mit den Gehstützen rechts und links konnte unsere Mandantin im Wesentlichen nur im Sitzen den Einkaufszettel anfertigen und kleinere Schreibarbeiten am Küchentisch erledigen, soweit die Kopfschmerzen und Konzentrationsschwierigkeiten dies zuließen. Mit beiden Gehstützen konnte sie keine warmen Mahlzeiten zubereiten. Lediglich dann, wenn sie sich an die Arbeitsplatte angelehnt hat und deshalb nur eine Gehstütze anfassen musste, konnte sie mit dem anderen freien Arm das Besteck aus der Schublade entnehmen und die Teller und Tassen zum Frühstück beziehungsweise Abendessen auf der Arbeitsplatte bereitstellen. Die Zubereitung von Mahlzeiten war unmöglich, weil sie sich mit beiden Händen stets und ständig an den Gehhilfen festgehalten hat. Auch konnte sie das gebrauchte Geschirr nicht in die Spülmaschine hinein stellen und das gereinigte Geschirr nicht der Spülmaschine entnehmen. Unsere Mandantin konnte keinerlei Raumreinigungsarbeiten ausführen, weder mit dem Staubsauger, noch mit dem Besen. Eine Feuchtreinigung des Fußbodens war selbstverständlich ebenfalls nicht möglich. Nicht einmal Staubwischen konnte unsere Mandantin, da auch hierfür beide Hände zur freien Verfügung stehen müssen. Unsere Mandantin konnte die Waschmaschine nicht beladen und nicht entladen. Es war ihr nicht möglich, die gewaschene Wäsche zum Trocknen aufzuhängen, wieder abzunehmen und die Wäsche zu bügeln. Lediglich im Sitzen konnte sie Kleinteile zusammenlegen. Um die Wäsche dann jedoch in die Schränke zu verbringen, benötigte sie wiederum die Hilfe anderer. Als besonders belastend hat es unsere Mandantin empfunden, das Kind nicht mehr von der Schule abholen zu können und dem Kind nicht mehr die nötige Förderung bei den Hausaufgaben und den Extraaufgaben zuteil werden zu lassen. Die Kopfschmerzen und das mangelnde Konzentrationsvermögen ließen es nicht zu, dass unsere Mandantin die Hausaufgaben des Kindes betreuen konnte. Auch die notwendigen Arztbesuche mit dem Kind mussten von anderen Personen übernommen werden. Häusliche Kleinarbeit, wie zum Beispiel das Aufhängen eines Bildes oder das Auswechseln einer Glühbirne, war mit zwei Gehstützen nicht mehr machbar. Im Ergebnis kann also festgestellt werden, dass unsere Mandantin während der Dauer von zwei Jahren fast vollständig daran gehindert war, irgendwelche Hausarbeit zu leisten. Diese haben in der Zeit Freunde und auch die Mutter unserer Mandantin übernommenen, die sich deshalb täglich für einige Stunden im Haushalt unserer Mandantin aufgehalten haben. Ein Tagebuch über den Zeitraum von drei Wochen, dem entnommen werden kann, welche Hilfskräfte unentgeltlich welche Arbeit übernommen haben, kann im Regulierungstermin zur Einsicht vorgelegt werden.

6. (Zukünftige) dauerhafte unfallbedingte Einschränkungen in der Haushaltsführung ab 1.1.2013

Nachdem unsere Mandantin vor wenigen Wochen erfreulicherweise eine Gehstütze zur Seite legen konnte, benötigt sie jedoch leider für den Rest ihres Lebens die andere Gehhilfe, um sich unter Schmerzen fortzubewegen. Obgleich sie jetzt wieder einige Arbeiten im Haushalt ausführen kann, bedarf sie immer noch umfangreicher Hilfe Dritter. Unsere Mandantin wird nie wieder Fahrrad fahren können, weshalb das Kind nunmehr von der Großmutter mit dem Rad von der Schule abgeholt wird. Auch den Einkauf von Frischware unter der Woche (Brot und Wurstwaren sowie Fleisch) wird von der Großmutter übernommen. Das Frühstück und das Abendbrot kann unsere Mandantin in der Küche einhändig auf einem Tablett langsam zurechtstellen. Der Ehemann unserer Mandantin muss dieses dann jeweils zum Esszimmer tragen und auch später wieder zurückbringen. Warme Mahlzeiten kann unsere Mandantin nicht zubereiten, weil man dafür beide Hände benötigt, um beispielsweise Töpfe auf den Herd zu stellen oder auch herunterzunehmen. Unsere Mandantin kann unmöglich das Kochwasser von Kartoffeln, Nudeln und Reis abgießen oder aber Fleisch braten. Mit etwas Mühe und sehr viel Zeit gelingt es unserer Mandantin, einhändig die Spülmaschine zu bestücken. Das gereinigte Geschirr kann sie der Spülmaschine jedoch nicht entnehmen, um es an Ort und Stelle in Hängeschränke oder tief gelegene Unterschränke zu verbringen, weil sie sich wegen der Verletzungsfolgen weder hinaufstrecken noch hinunterbeugen kann. Da man zur Raumreinigung (saugen, fegen und wischen) beide Hände und Arme benötigt, muss sie diese Arbeiten auf Dritte übertragen. Wenn die Wäsche zu waschen ist, dann kann unsere Mandantin die Wäsche nur im Sitzen an der Waschmaschine vorsortieren. Sie kann die Wäsche aber nicht in gebückter Haltung in die Waschtrommel einlegen und nach Beendigung des Waschprogramms herausnehmen. Letztlich wäre auch der Wäschekorb mit der nassen Wäsche zu schwer, als dass sie ihn in irgendeiner Form einarmig fortbewegen könnte. Erst wenn die Wäsche getrocknet ist, kann sie Kleinteile wie die Unterwäsche und Strümpfe im Sitzen zusammenlegen, jedoch bereits um die Wäsche in die Schränke zu verbringen, benötigt sie wiederum Hilfe. Bügelwäsche erledigt ebenfalls die Mutter unserer Mandantin, weil unsere Mandantin einerseits wegen ihrer Schmerzen in den unteren Extremitäten und andererseits wegen der Gehstütze nicht am

Bügelbrett hantieren kann. Zwar versucht unsere Mandantin immer wieder eine gewisse Haushaltsplanung und Organisation zu bewerkstelligen. Zeitweilig verhindern jedoch ihre Kopfschmerzen jegliche Konzentration, so dass mitunter nicht einmal ein Einkaufszettel erstellt werden kann. Den Schriftverkehr mit Behörden, Banken und Versicherungen erledigt aus diesem Grunde nunmehr der Ehemann unserer Mandantin. Auch deshalb übernimmt nachmittags die Großmutter mit dem Enkelkind einen Teil der Hausaufgaben, während der Ehemann unserer Mandantin die restlichen noch am frühen Abend mit dem Kind abarbeitet, wenn er selbst von der Arbeit nach Hause gekommen ist. Häusliche Kleinarbeit, wie das Staubwischen in Hüft- und Brusthöhe oder das Annähen eines Knopfes erledigt unsere Mandantin im Sitzen. Den großen Wocheneinkauf führt unsere Mandantin in Begleitung des Ehemannes aus, wobei sie selbst jedoch keinerlei Waren aus den Regalen in den Einkaufswagen legt. Dieses muss der Ehemann übernehmen. Unsere Mandantin kommt weder an höher gelegene Waren heran, noch kann sie sich bücken, um Waren aus den tieferen Regalen hervor zu holen. Die Folgen der Beckenfraktur verhindern dies.

7. Ermittlung des Arbeitszeitaufwandes der Geschädigten im Haushalt anhand des Tabellenwerkes *Pardey*, Der Haushaltsführungsschaden, 8. Auflage

Aus den Tabellen 1 und 2 würde sich der Wert von 56,7 Std./Woche für die Geschädigte ergeben. Dieser Wert entspricht nicht dem realen Arbeitszeitaufwand der Geschädigten in ihrem Haushalt vor dem Unfall. Da jedoch nach §278 ZPO die Ermittlung der Eckpunkte des individuellen Sachverhaltes der reinen Anwendung des Tabellenwerkes *Pardey*, Der Haushaltsführungsschaden vorgeht, ist der individuell ermittelte Wert von 41,25 Std./Woche an Hausarbeit vor dem Verkehrsunfall für die Geschädigte zugrunde zu legen. Die im vorliegenden Sachverhalt ermittelte Zeit, die unsere Mandantin vor dem Unfall für die Erledigung des Haushaltes benötigt hat, ist durch Zeugenbeweis im Falle einer streitigen Auseinandersetzung belegt.

8. Ermittlung der MdH in den einzelnen Zeitfenstern

a) Stationäre Aufenthalte

Während der stationären Aufnahme und der Fortbewegung ausschließlich mit zwei Gehstützen betrug die sozialrechtliche MdE 100 %. Die Dauer-MdE seit Rückgabe einer der beiden Gehhilfen beträgt 75 %.

Diese Einstufung der Erwerbsminderung bezieht sich auf den allgemeinen Arbeitsmarkt. Vorliegend ist jedoch die konkrete Behinderung unserer Mandantin bei der Haushaltstätigkeit zu bewerten. Diese ist zu orientieren an den konkreten Verletzungen und deren Auswirkungen auf die einzelnen Verrichtungen, bezogen auf den jeweiligen Zeitraum. Zweckmäßigerweise haben wir drei Zeitfenster entwi-

111

ckelt, innerhalb derer der Haushaltsführungsschaden bezifferbar ist. Das erste Zeitfenster umfasst den Zeitraum der zwölfmonatigen stationären Aufnahme, das zweite Zeitfenster die Zeiträume (24 Monate), in denen unsere Mandantin sich ausschließlich mithilfe zweier Gehstützen fortbewegen konnte. Das dritte Zeitfenster beginnt mit der eingeschränkten Fortbewegung durch Verwendung einer Gehhilfe ab dem dritten Kalenderjahr nach dem Verkehrsunfall, also aus Vereinfachungsgründen ab dem 1.1.2013.

Die MdH beträgt im Zeitraum der stationären Behandlung 100 %, weil sich unsere Mandantin in dieser Zeit nicht um die Haushaltsführung kümmern konnte. Die zuhause weggefallene Eigenversorgung unserer Mandantin ist im Verhältnis zu den Haushaltsleistungen, die für den Ehemann und das Kind zu erbringen sind, eher geringfügig. Sämtliche oben aufgeführten Hausarbeiten sind auch in gleichem Umfang trotz Abwesenheit unserer Mandantin angefallen.

b) Mit zwei Gehhilfen

Im zweiten Zeitfenster ist die MdH gemäß § 287 ZPO mit 80 % anzusetzen. Insoweit wurde oben ausgeführt, welche Arbeiten unsere Mandantin im Zeitraum der Benutzung zweier Gehhilfen nicht erbringen konnte. Dies stellt der bei weitem größte Anteil an der Hausarbeit dar.

c) Dauer-MdH ab 1.1.2013

Auch im dritten Zeitfenster, nämlich dem Zeitraum ab dem dritten Jahr nach dem Verkehrsunfall für die Zukunft liegen noch erhebliche Behinderungen in den einzelnen Tätigkeitsbereichen eines Haushaltes vor. Vereinfachend kann zur Ermittlung der Dauer-MdH auf die Tabelle 6 bei *Pardey,* Der Haushaltsführungsschaden, 8. Auflage zurückgegriffen werden. Wenngleich sich dort nicht ohne Weiteres die Verletzungsfolgen unserer Mandantin wiederfinden, so besteht jedoch eine gewisse Vergleichbarkeit mit den Folgen einzelner dort dargestellter Verletzungen.

In der Tabelle 6 Ziff. 3 findet sich der Beckenschaden mit funktionellen Auswirkungen, z.B. nach Beckenringfraktur, welcher mit einer MdH von 30 % bewertet wird. Die Oberschenkelverletzung – resultierend in einem Schmerzsyndrom – findet sich in der Tabelle 6 in Ziff. 6 mit 35 % MdH. Die Versteifung des oberen und unteren rechten Sprunggelenks wird nach der Tabelle 6, ebenfalls Ziff. 6, mit 25 % MdH bewertet. Hinsichtlich der dauerhaften Kopfschmerzen sowie kognitiven Beeinträchtigungen findet sich keine unmittelbare Übereinstimmung mit einer Verletzungsfolge in der Tabelle 6. Hier wird die Ziff. 1 hinsichtlich mittlerer bis starker Dauerkopfschmerzen herangezogen und die dortige 30 %-ige MdH um 10 % reduziert, so dass in der Gesamtschau aller Verletzungsfolgen die Beckenringfraktur mit 30 % MdH zu Buche schlägt, die funktionellen Auswirkungen des Oberschenkelschmerzsyndroms sowie der Versteifung des oberen und unteren rechten

Sprunggelenks mit 35 % MdH zu bewerten sind und der dauerhafte Kopfschmerz mit kognitiven Beeinträchtigungen demgegenüber mit 20 % MdH.

Die Gesamtschau der einzelnen MdHs ergibt den Wert von 85 % Dauer-MdH ab dem 1.1.2013. (Eine Addition der Einzelwerte ist nicht zulässig.)

Selbst eine Schätzung nach § 287 ZPO unter Außerachtlassung der Tabelle 6 führt zu etwa gleichen Ergebnissen:

1. Beschaffung, Einkauf: 80 %
2. Ernährung, Zubereitung, Vorratshaltung: 70 %
3. Geschirr spülen: 80 %
4. Putzen, Aufräumen, Raumreinigung: 90 %
5. Reinigung, Pflege, Instandhaltung der Wäsche: 90 %
6. Gartenarbeit: übernimmt der Ehemann alleinig
7. Haushaltsführung, Planung: 30 %
8. Kinderbetreuung: 80 %
9. häusliche Kleinarbeit, Sonstiges: 80 %

Summe: 75 %

Beide Ermittlungsmethoden führen in etwa zu gleichen Ergebnissen. Vorliegend soll der Mittelwert – 80 %- Anwendung finden.

9. Berechnung des Rückstandes und des Zukunftsschadens

Unter Anwendung der Tabellen 7_1 und 7_2 des Tabellenwerkes *Pardey*, Der Haushaltsführungsschaden, 8. Auflage, findet im ersten Zeitfenster die Eingruppierung in die TVöD Entgeltgruppe 6 bei einem monatlichen Schadensersatzbetrag von 1.703,50 EUR netto bei Zugrundelegung einer 42 Stundenwoche statt. Der rückständige Schadensersatzanspruch für 12 Monate beläuft sich mithin auf **20.442,00 EUR netto.**

Im zweiten Zeitfenster ermittelt sich bei einer MdH von 80 % und einem Arbeitszeitaufwand unserer Mandantin vor dem Unfall von 41,25 Std./Woche der Arbeitsaufwand einer fiktiven Ersatzkraft auf 33 Std./Woche. (41,25 Std./Woche x 80 % = 33 Std./Woche) Unter Anwendung der TVöD Entgeltgruppe 6 ergibt sich ein Nettoarbeitsentgelt in Höhe von 1.400,73 EUR netto/Monat. Der rückständige Schadensersatzbetrag auf den Haushaltsführungsschaden für insgesamt 24 Monate beläuft sich mithin auf **33.617,52 EUR netto.**

Die Dauer-MdH wurde im dritten Zeitfenster ab 1.1.2013 für die Zukunft mit 80 % ermittelt. Unter Berücksichtigung des vor dem Unfall auf unsere Mandantin entfallenden Anteils an Hausarbeit in Höhe von 41,25 Std. in der Woche ergibt sich ein Arbeitszeitaufwand für eine fiktive Ersatzkraft in Höhe von 33 Std./Woche. (41,25 Std./Woche x 80 % = 33 Std./Woche). Für die Zukunft ist die TVöD Entgeltgruppe 2 anzuwenden, weil die Leitungsfunktion überwiegend wieder von unserer Man-

113

dantin übernommen wird und sich außerdem ein schulpflichtiges Kind im gehobenen Haushalt befindet. Der monatliche Schadensersatzbetrag für eine fiktive Ersatzkraft beläuft sich auf **1.183,92 EUR netto**. Bis zum 31.12.2013 sind 14.207,04 EUR aufgelaufen.

10. Rückständige und zukünftige Ansprüche auf Ersatz des Haushaltsführungsschadens

Im Ergebnis hat unsere Mandantin also einen Ersatzanspruch wegen des Haushaltsführungsschadens für den Zeitraum vom 1.1.2010 bis zum 31.12.2013 in Höhe von insgesamt 68.266,56 EUR netto (geleistete Vorschüsse sind davon abzusetzen). Für die Zukunft hat unsere Mandantin einen Anspruch auf Ersatz des Haushaltsführungsschadens in Höhe von 1.183,92 EUR netto/Monat. Unsere Mandantin könnte sich vorstellen, diesen gegen eine Abfindungszahlung zu kapitalisieren. Hierbei sind folgende Parameter zu berücksichtigen: Unsere Mandantin ist im Jahr 2013 36 Jahre alt. Es ergibt sich ein Barwertfaktor von 20,85 (bis zum 75. Lebensjahr) oder 22,93 (lebenslänglich) für die Kapitalisierung.[1] Die weiteren Einzelheiten der Kapitalisierung sollten dem in Kürze stattfindenden persönlichen Regulierungsgespräch vorbehalten bleiben. Bis dahin machen wir den Anspruch unserer Mandantin auf quartalsmäßig vorschüssige Zahlung geltend. Bitte überweisen Sie Anfang Januar 2014 den Betrag von 3.551,76 EUR netto für das 1. Quartal 2014 und ab dem 1.4.2014 quartalsmäßig diesen Betrag vorschüssig auf das Ihnen bekannte Konto unserer Mandantin zunächst bis zu dem Tag, an dem eine Einigung über die Abfindung des kapitalisierten Anspruchs herbeigeführt worden ist.

Bitte beachten Sie, dass mit Blick auf künftig notwendig werdende Änderungen aufgrund geänderter Lebensumstände die tatsächlichen Grundlagen der Schadensbemessung schriftlich festgehalten werden sollen. Das gilt natürlich nur für

[1] **Anmerkung**: Die zeitliche Limitierung des an sich lebenslänglich bestehenden Haushaltsführungsschadens wird von den Gerichten meistens auf das 75. Lebensjahr definiert. Hand in Hand damit geht dann ein Zukunftsschadensvorbehalt ab dem 75. Lebensjahr für den Haushaltsführungsschaden. Grundsätzlich ist es jedoch so, dass der Anspruch auf Ersatz des Haushaltsführungsschadens lebenslänglich läuft – unter der Voraussetzung, dass die MdH lebenslänglich die Kompensationsgrenze überschreitet. Die unterschiedlichen Barwertfaktoren ergeben sich also aus den unterschiedlichen Möglichkeiten der zeitlichen Limitierung für den Haushaltsführungsschaden. Der Anwalt muss darauf achten, wenn der Haushaltsführungsschaden bis zum 75. Lebensjahr kapitalisiert wird, dass ein weiterer Zukunftsschadensvorbehalt ab dem 75. Lebensjahr vom Versicherer erklärt wird, wobei dieser unbedingt mit einem Verjährungsverzicht zu verbinden ist. In der Regel wollen Versicherer den Verjährungsverzicht nur mit der Wirkung eines am Tage der Unterzeichnung der Abfindungserklärung rechtskräftigen Feststellungsurteils erklären. Schöner wäre es natürlich, wenn ein Verzicht auf die Einrede nach § 197 Abs. 2 BGB für den Mandanten durchgesetzt werden kann. Der Ermittlung der hier genannten Barwertfaktoren basiert auf der Annahme eines Kapitalisierungszinses von 3,5 %. Dabei handelt es sich um den 10-Jahres-Durchschnitt im Kalenderjahr 2011 (veröffentlicht bei *Jahnke*, Unfälle mit Kindern und Haftung bei Geburtsschäden, § 3 Rn 484).

den Fall, dass keine Kapitalisierung erfolgt. In einer (Teil-) Abfindungserklärung ist deshalb die Dauer-MdH, die Größe des Haushalts nach Wohnraum und Personenanzahl sowie die Höhe des zugrunde gelegten Stundensatzes festzuhalten. Bitte nehmen Sie deshalb in die von Ihnen zu fertigende (Teil-)Abfindungserklärung folgenden Text auf:

„Für die für die Bemessung des Anspruchs auf Ersatz des Haushaltsführungsschadens erforderlichen Daten wird Bezug genommen auf das Schreiben der bevollmächtigten Rechtsanwälte der Geschädigten vom 15.12.2013. Dies ist Gegenstand der (Teil-)Abfindungserklärung. Es gilt § 323 ZPO.“

Wegen der übrigen materiellen Ansprüche und des Schmerzensgeldanspruchs werden wir mit gesonderter Post in Kürze nach Auswertung des nunmehr vorliegenden ärztlichen Abschlussberichtes des berufsgenossenschaftlichen Unfallkrankenhauses auf Sie zukommen. Wir gehen davon aus, dass im Laufe des nächsten halben Jahres die Angelegenheit in einem persönlichen Gespräch abgeschlossen werden kann.

Zunächst dürfen wir um Überweisung des rückständigen Zahlbetrages auf den Haushaltführungsschaden in Höhe von

18.266,56 EUR

bis zum 31.12.2013

bitten (Vorschuss in Höhe von 50.000,00 EUR abgesetzt.)

Mit freundlichen Grüßen

Rechtsanwalt

D. Vermehrte Bedürfnisse

Literatur: *Buschbell*, Münchener Anwaltshandbuch Straßenverkehrsrecht, 3. Auflage 2009; *Haas*, Der Pflegebedarf querschnittsgelähmter Menschen, zfs 2006, 254 ff.; *Hillmann/Schneider*, Das verkehrsrechtliche Mandat, Band 2, § 9 Rn. 354 ff.; *Höfle*, Vermehrte Bedürfnisse und Heilungskosten, Homburger Tage 1995, Seite 29 ff.; *Jäger*, Handbuch des Fachanwaltes Verkehrsrecht, 3. Auflage 2009; *Pardey*, Der Haushaltsführungsschaden, 8. Auflage 2013; *Pardey*, Berechnung von Personenschäden, 4. Auflage 2010

I. Allgemeines

Eine große Fehlerquelle der Schadensregulierung liegt darin, dass der Anwalt und der Geschädigte häufig nicht alle in Betracht kommenden **vermehrten Bedürfnisse** erkennen und darüber hinaus bei deren Bezifferung nicht sauber gearbeitet wird. Auf diese Weise gehen in der Regulierung Schadensersatzleistungen im vier- bis

295

fünfstelligen Euro-Bereich verloren. Für den Rechtsanwalt ist dies ein erhebliches **Haftungsrisiko** und für den Geschädigten schlicht ärgerlich.

1. Begriff

296   Die gesetzliche Regelung dieses Anspruches findet sich in § 843 Abs. 1 Alt. 2 BGB: Tritt infolge einer Verletzung des Körpers oder der Gesundheit des Verletzten eine Vermehrung seiner Bedürfnisse ein, so ist dem Verletzten durch Entrichtung einer Geldrente Schadensersatz zu leisten.

297   Nach der Rechtsprechung umfasst der Begriff der „vermehrten Bedürfnisse" alle **unfallbedingten Mehrausgaben**, die den Zweck haben, diejenigen Nachteile auszugleichen, die den Verletzten infolge dauernder Beeinträchtigung seines körperlichen Wohlbefindens im Vergleich zu einem gesunden Menschen treffen (BGH VersR 1974, 162).

Daraus ergibt sich, dass die normalen **Lebenshaltungskosten**, die unabhängig vom Unfall sowieso anfallen, nicht zu den vermehrten Bedürfnissen gezählt werden. Diese sind Sowieso-Kosten. Verpflegungskosten im Krankenhaus sind nur im Einzelfall anspruchsmindernd zu bewerten. Der tägliche Zuzahlungsbetrag von 10,00 € wird vom Versicherer mit Hinweis auf volle Kongruenz nicht erstattet. Das muss nicht immer richtig sein, weil oftmals eine private Versorgung mit Obst neben der qualitativ reduzierten Krankenhauskost dringend erforderlich ist und deshalb nur eine anteilige Anrechnung geboten ist.

2. Umfang

298   Zunächst hat der Verletzte einen Anspruch auf Wiederherstellung seiner körperlichen Integrität, so als wäre der Unfall nicht geschehen. Das ist vielfach nur unvollkommen möglich und häufig auch völlig ausgeschlossen. Den Verletzten treffen zeitlich befristete, häufig aber auch dauernde Einschränkungen in seiner privaten Lebensführung und seiner Berufstätigkeit. Das hat wiederum eine Ausstrahlungswirkung auf sein soziales Umfeld, nämlich dessen Familie und seine Lebensbeziehungen. Das Unfallereignis zieht also weite Kreise, so dass man quasi von Mitopfern im unmittelbaren sozialen Umfeld des verletzten Menschen sprechen kann (*Höfle*, S. 29).

299   Soweit im unmittelbaren sozialen Umfeld durch die Familie und Freunde unentgeltliche Leistungen für den Verletzten erbracht werden, ist das gerade im Rahmen der Regulierung von vermehrten Bedürfnissen von erheblicher Bedeutung. Unentgeltlich erbrachte Leistungen vermindern nicht den Anspruch des Verletzten gegen den Schädiger und entlasten diesen damit nicht. Voraussetzung ist jedoch, dass der **Mehrbedarfsschaden** konkret und nachvollziehbar dargelegt wird. Wer die unentgeltliche Hilfe anderer in Anspruch nimmt, muss die Verrichtungen schildern, bei denen er sich einer Hilfe bedient (OLG Hamm DAR 2003, 118).

Praxistipp
Der Geschädigte sollte einen **Buchkalender** führen, in dem stichwortartig unentgeltlich erbrachte Leistungen der Familie und der Freunde notiert werden (wer hat wann was getan?), da die Regulierung durchaus einen mehrjährigen Zeitraum in Anspruch nehmen kann und die Erinnerung an den Umfang der Hilfeleistungen naturgemäß mit Zeitablauf verblasst.

3. Fälligkeit

Der Anspruch auf Ersatz von vermehrten Bedürfnissen entsteht mit dem Eintritt der **Bedürfnisminderung**, nicht erst mit der Befriedigung (BGH NJW 1970, 1411). Daraus folgt, dass die konkrete Anschaffung von Hilfsmitteln zur Befriedigung vermehrter Bedürfnisse nicht erforderlich ist. Häufig scheitert diese Anschaffung nämlich bereits daran, dass der Geschädigte nicht über ausreichende Geldmittel verfügt. Gleichwohl besteht ein Anspruch auf normative Abrechnung dieser Position. Voraussetzung ist lediglich, dass das in Rede stehende Hilfsmittel im Einzelfall unter Berücksichtigung der Schadenminderungspflicht sinnvoll und zweckmäßig ist. Unerheblich ist, ob und inwieweit der Geschädigte die vermehrten Bedürfnisse aus **Geldmangel** nicht befriedigt oder durch überpflichtgemäße Anstrengungen ausgeglichen hat. Das darf dem Schädiger nicht zugute kommen (KG v. 15.2.1982, VersR 1982, 978). **300**

Praxistipp
Wenn im Rahmen der Regulierungsverhandlungen vom Versicherer **Anschaffungsbelege** über die in Rede stehenden Hilfsmittel verlangt werden, so findet diese Forderung weder einen Anhaltspunkt in der gesetzlichen Regelung noch in der Rechtsprechung. Darauf sollte der Versicherer im Einzelfall durchaus hingewiesen werden.

Die Geldrente für vermehrte Bedürfnisse ist für drei Monate im Voraus zu zahlen (§§ 843 Abs. 2 S. 1, 760 BGB). Da durch § 760 BGB der Zahlungstermin nach dem Kalender bestimmt wird, kommt der Versicherer allein durch Zeitablauf in **Verzug**, wenn er zunächst einmal zur laufenden Zahlung aufgefordert worden ist, ohne dass eine Mahnung notwendig ist. **301**

Praxistipp
Der **Zinsschaden** ist eine Verhandlungsposition im **Regulierungsgespräch**, die taktisch zugunsten einer finanziell höherwertigen Schadensposition zurücktreten könnte.

II. Abgrenzung zum Heil- und Hilfsmittelverzeichnis, § 139 SGB V

Von den vermehrten Bedürfnissen im Sinne des § 843 Abs. 1 Alt. 2 BGB sind abzugrenzen die **Heil- und Hilfsmittel**, die vom Sozialversicherungsträger nach § 31 SGB VII gewährt werden können. Nach der Definition des § 31 SGB VII sind **302**

„Hilfsmittel alle ärztlich verordneten Sachen, die den Erfolg der **Heilbehandlung** sichern oder die Folgen von Gesundheitsschäden mildern oder ausgleichen." Zwischen den vermehrten Bedürfnissen und den Hilfsmitteln im Sinne dieser Norm können durchaus Überschneidungen bestehen. Insoweit ist zu beachten, dass dem Geschädigten ggf. der Anspruch auf ein bestimmtes Hilfsmittel im Rahmen der vermehrten Bedürfnisse nicht mehr zusteht (§ 116 SGB X) mit der Folge, dass der Geschädigte eine Regulierung durch den Versicherer nicht verlangen kann, weil er nicht aktivlegitimiert ist. Eine Schadensersatzpflicht des Schädigers besteht erst dann, wenn zuvor das Leistungssystem der Sozialversicherung ausgeschöpft ist.

Praxistipp
Bevor der Rechtsanwalt die vom Mandanten erarbeitete Liste der von ihm ausgewählten Hilfsmittel zur Befriedigung seiner vermehrten Bedürfnisse beim Versicherer geltend macht, muss geprüft werden, ob diese gegebenenfalls im **Hilfsmittelverzeichnis** des § 139 SGB V enthalten sind. Das Hilfsmittelverzeichnis der gesetzlichen Krankenversicherungen findet man im Internet unter *www.rehadat.de*. Gegebenenfalls kann sich auch eine Anfrage zur Kostenübernahme – kein Antrag! – bei der gesetzlichen Krankenversicherung oder beim gesetzlichen Unfallversicherer anbieten. Mit dieser Vorarbeit kann dem gerne pauschal ins Feld geführten Einwand des Versicherers begegnet werden, die gewünschten Hilfsmittel müssen beim Sozialversicherungsträger beantragt werden und dürfen deshalb nicht vom Versicherer reguliert werden.

III. Alphabetische Liste vermehrter Bedürfnisse

303 Für den Schadensersatz wegen vermehrter Bedürfnisse ist nicht entscheidend, ob die damit im Zusammenhang stehenden Ausgaben einmalig oder wiederkehrend, regelmäßig oder unregelmäßig entstehen. Deshalb kann in der nachfolgend aufgeführten **alphabetischen Liste** nur ein kleiner Teil der möglichen vermehrten Bedürfnisse wiedergegeben werden. Welche vermehrten Bedürfnisse im Einzelfall zum Schadensersatz berechtigen, ist ganz individuell und verletzungsabhängig. So können eine große Vielzahl von zum Beispiel **Haushaltsgerätschaften** wie einer elektrischen Brotschneidemaschine, einem elektrischen Dosenöffner, einer Linkshänderschere etc. vermehrte Bedürfnisse für den dauerhaft an der rechten Hand geschädigten **Rechtshänder** darstellen. Dies ist nämlich abhängig von den individuellen Verletzungsfolgen des Geschädigten und dem sich daraus ergebenden individuellen Bedarf an Hilfsmitteln. Deshalb ist es schier unmöglich, eine abschließende Aufzählung von vermehrten Bedürfnissen zu erstellen, weil sich plötzlich gewöhnliche Hausratsgegenstände als notwendige Hilfsmittel und damit vermehrte Bedürfnisse darstellen.

Praxistipp
Der Anwalt sollte seinen verletzten Mandanten bitten, über einen Zeitraum von mehreren Tagen an verschiedenen Stellen im Haushalt – zum Beispiel im Bade-

zimmer, in der Küche und im Wohnzimmer – je einen Notizblock zu deponieren, um die notwendigen Hilfsmittel zu notieren, die bei der Bewältigung des Alltags mit den individuellen Verletzungsfolgen erforderlich sind.

Die nachfolgende alphabetische Liste vermehrter Bedürfnisse ist nicht abschlie- **304** ßend, sie ist beliebig erweiterbar.

- **Arbeitstisch** – höhenverstellbar – sowie dazu passender Stuhl;
- **Aufzug** und Wartungskosten;
- **Automatikgetriebe** (BGH NJW RR 1992, 792);
- **Begleitperson** (für Freizeit, Kultur und Urlaub);
- **Behindertenwerkstatt**; diese Kosten sind Aufwendungen zur Teilnahme am Erwerbsleben;
- **behindertengerechter Umbau** von Wohnraum (BGH NJW 1982, 757);
- **Besuchskosten** (OLG Bremen NJW 2001, 903);
- **Bettstätte**, bestehend aus druckentlastender Spezialmatratze einschließlich Spezialbettrahmen;
- **Betreuungsaufwand**;
- **Blindenhund** und Futterkosten;
- **Diät** (BGH NJW 1982, 757);
- vereitelte **Eigenleistungen am Bauvorhaben** (OLG Hamm MDR 1989, 160: Entgehen eines Wertzuwachses oder Ersatz von Mehrkosten oder Ausgleich von Darlehenszinsen);
- **Fahrtkosten** für Besuche naher Angehöriger im Krankenhaus/Reha und eigene Fahrtkosten des Geschädigten zu Arzt-/Therapieterminen ggf. mit Kosten für den Fahrer;
- **Fahrrad** mit drei Rädern;
- **Fitnesscenterkosten** (LG Köln DAR 2003,120);
- **Fahrzeugkosten** (Anschaffungskosten, Umbaukosten für Automatikgetriebe, spezieller Fahrersitz, Einhandbetrieb, Personalkosten für Fahrer, Kosten für Treibstoffmehrverbrauch soweit wegen eingeschränkter Fähigkeit jetzt kürzere Strecken vermehrt mit dem Pkw stattfinden);
- **Heimunterbringung,** hier auch Kosten für Besuchsfahrten, unvermeidbare Übernachtungskosten für Besucher, unvermeidbarer Verdienstausfall für Besu-cher, unvermeidbare Kosten zur Betreuung anderer nächster Angehöriger;
- Aufwand für **Kleidung** (erhöhter Verschleiß bei Unterarmgehstützen/Rollstuhl, Übergröße im Krankenhaus und Reha bei drückenden Narben);
- **Körperpflegemittel** (BGH VersR 1982, 238);
- **Kommunikationshilfe** (Schreibhilfe: BGH VersR 1982, 238; Lesegerät, Spracherkennung, PC, Flatrate);
- **Küche** (Neuanschaffung oder Umbau, soweit der Geschädigte mit dem Roll-stuhl unterfahrbare Geräte und Arbeitsflächen benötigt oder Arbeitshöhen au-ßerhalb der Norm benötigt werden);
- Erhöhte **Nebenkosten** (Heizung, Strom, Wasser);

119

- Mehraufwand für **Pflege** (Pflegekosten, Pflegeheim bzw. Pflegekraft, aber auch Pflegeleistungen der Familienangehörigen);
- Kosten für **Physiotherapie** (wegen der Budgetierung kann der behandelnde Arzt mitunter nicht im ausreichenden Umfang Therapien verordnen. Das gilt auch für Ergotherapie, Wassertherapie, Massage, Fango Packungen etc.) (KG NZV 1992, 236);

Praxistipp
Der Geschädigte soll sich vom behandelnden Arzt die ärztliche Notwendigkeit von zum Beispiel 60 Einheiten Physiotherapie, manueller Therapie, Massage usw. im Zeitraum von drei Monaten schriftlich bestätigen lassen mit dem Hinweis, dass wegen der Budgetüberschreitung im konkreten Einzelfall eine Verordnung auf Kassenrezept nicht möglich ist. In diesem Fall erteilt der Versicherer oftmals eine Kostenübernahme sogar auf der Basis von privatärztlicher Abrechnung.

- **Privatunterricht** für Kinder/Schüler (BGH MDR 1992, 1191);
- Sonderzubehör zum **Rollstuhl** sowie rollstuhlgerechte Spezialkleidung für den täglichen Bedarf:
- Zuzahlungen zum orthopädischen **Schuhwerk** (KG NZV 1992, 236);
- **Schwimmbad** (Kosten für den Bau eines eigenen privaten Schwimmbades, Kosten für Eintrittsgelder im öffentlichen Schwimmbad) (OLG Hamm VersR 2000, 234; OLG Nürnberg VersR 1971, 260);
- **Stärkungsmittel**/Nahrungsergänzungsmittel, soweit verordnet (BGH NJW 1958, 627);
- **Steuerberatungskosten** wegen der Unmöglichkeit einer eigenhändigen Steuererklärung;
- **Treppenlift**;
- **Umzugskosten** (OLG München DAR 2003, 172) und Mietmehrkosten, die daraus resultieren, dass der Geschädigte einen langjährigen preiswerten Mietzins bislang gezahlt hat, der jedoch nicht mehr marktüblich beim Wohnungswechsel ist;
- erhöhte **Versicherungsprämien** (z.B. Zuschlag bei Lebensversicherung und privater Krankenversicherung) (VersR 2000, 234; OLG Karlsruhe zfs 1994, 241);
- erhöhte Kosten für die Benutzung **öffentlicher Verkehrsmittel**, wenn der Geschädigte zuvor ein Fahrrad benutzt hat oder die Wege zu Fuß zurückgelegt hat;
- **Wäschetrockner**.

Praxistipp
Eine Zusammenstellung möglicher vermehrter Bedürfnisse mit weiterführenden Links zu Herstellern findet sich unter *www.schah-sedi.de*. Die Liste ist geordnet nach verschiedenen Lebensbereichen, innerhalb derer vermehrte Bedürfnisse entstehen können und umfasst mehrere 100 einzelne Hilfsmittel mit Herstellernachweisen.

Praxistipp

Bei der Ausarbeitung der Zusammenstellung vermehrter Bedürfnisse sollte der Rechtsanwalt sich in die Lage seines Mandanten hineinversetzen, wobei es im Einzelfall hilfreich sein kann – je nach Verletzungsfolgen des Mandanten – selbst einen ganzen Tag lang zum Beispiel eine Gehhilfe zu benutzen oder einen Arm am Körper fest zu fixieren, um das Tagesgeschehen einhändig zu erledigen. Das schärft den Blick für die erforderlichen Hilfsmittel. Hilfreich ist auch ein **Hausbesuch** beim Geschädigten, um dessen Wohn- und Lebenssituationen in die Bedarfsüberlegungen einzubeziehen.

IV. Bedarfsermittlung

Nachdem der Geschädigte gemeinsam mit seinem Rechtsanwalt die Auswahl der notwendigen Hilfsmittel zur Bewältigung und Befriedigung seiner vermehrten Bedürfnisse ausgewählt hat, stellt sich die Frage, in welchem Umfang diese beim Versicherer zu beziffern sind: einmalig oder regelmäßig oder unregelmäßig in mehrjährigen Abständen – je nachdem, wann eine erneute Anschaffung zu erwarten ist? Die Antwort des BGH auf diese Frage ist unbefriedigend: Es muss sich bei den vermehrten Bedürfnissen um Mehraufwendungen handeln, die dauernd und regelmäßig erforderlich sind (BGH VersR 1982, 238). Diese begrenzte Sichtweise wird jedoch dem Bedarf an Artikeln zur Befriedigung der vermehrten Bedürfnisse nicht gerecht. Es kommen auch solche Mehraufwendungen als Schadensersatzposition in Betracht, die gelegentlich, im Extremfall sogar nur einmalig und solche, die darüber hinaus auch unregelmäßig erforderlich sind. Letzten Endes bestimmen das Lebensalter des Geschädigten und die Intensität der Nutzung der Hilfsmittel deren Lebensdauer und damit auch das Erfordernis einer erneuten Anschaffung. Ein junger Geschädigter kann durchaus im Laufe seines Lebens noch einige Male das Erfordernis zur räumlichen Aufstockung seines behindertengerechten Wohnraums haben. Dies kann sich alleine durch die Vergrößerung seiner familiären Situation ergeben. Auch wird ein junger Geschädigter im Laufe seines Lebens mehrfach einen leidensgerecht ausgestatteten Pkw anschaffen müssen, schlicht deshalb, weil das einmal angeschaffte Fahrzeug nur einer begrenzten Lebensdauer unterliegt. Etwas anderes mag hinsichtlich des Bedarfs von älteren Geschädigten gelten. Hier kann ein einmal angeschaffter PC als Kommunikationshilfe bis zum Rest des Lebens ausreichend sein, was im Falle eines jungen Geschädigten mit Sicherheit kaum der Fall sein wird.

305

Diese Beispiele verdeutlichen, dass vermehrte Bedürfnisse auch **einmalige** oder **gelegentlich anfallende Kosten** auslösen können, ebenso wie regelmäßige in kleineren oder größeren Zeitabständen anfallende **Dauerkosten**. Das macht die Regulierung gegenüber dem Versicherer unübersichtlich. Wenn die Regulierung als

306

Geldrente gem. §§ 843 Abs. 2 S. 1, 760 BGB erfolgt, muss ein quartalsmäßiger Vorschuss beziffert werden. Monatlich regelmäßig anfallende Kosten zur Befriedigung vermehrter Bedürfnisse können im 3-Monatszeitraum multipliziert werden (z.B. die Bevorschussung der Miete eines behindertengerechten Stellplatzes am Arbeitsplatz).

Praxistipp
Für die Neuanschaffung eines Pkw mit behindertengerechter Ausstattung sollte dem Versicherer rechtzeitig ein Kostenvoranschlag vorgelegt werden, damit der Geschädigte entsprechend bevorschusst werden kann. Nach Anschaffung des Pkw sollte der Erwerb beim Versicherer umgehend unter Verrechnung des Vorschusses abgerechnet werden. Alternativ kann auch vereinbart werden, dass der Versicherer unmittelbar bei Fälligkeit an den Autoverkäufer leistet.

307 Wenn die Regulierung vermehrter Bedürfnisse als einmalige Abfindung im Rahmen einer abschließenden Abfindungserklärung realisiert werden soll, ist anders vorzugehen.

§ 843 Abs. 3 BGB gewährt dem Verletzten das Recht, statt einer Rente eine Kapitalabfindung zu verlangen, vorausgesetzt ein wichtiger Grund liegt dafür vor. Ohne an dieser Stelle auf die engen Voraussetzungen für einen Kapitalisierungsanspruch eingehen zu wollen, soll der Blick auf die Regulierungsrealität gerichtet werden. Der bei weitem größte Anteil von Personenschäden wird in der Praxis durch Zahlung einer einmaligen Kapitalabfindung reguliert. Wenn sich der Geschädigte aus gut überlegtem Eigeninteresse für eine Kapitalabfindung entscheidet, so ist es die Aufgabe des ihn vertretenden Rechtsanwalts diese zu beziffern. Einerseits ist natürlich unbedingt auf Vollständigkeit der denkbaren vermehrten Bedürfnisse zu achten. Andererseits muss der Rechtsanwalt auch in die Zukunft blicken und ggf. einen geänderten zukünftigen Bedarf in der Regulierung berücksichtigen. Unter diesem Blickwinkel ist jede einzelne Position in der Liste der vermehrten Bedürfnisse abzuklopfen. Hier ist eine gewisse Weitsicht des Rechtsanwalts unabdingbar.

308 Jede Einzelposition ist hinsichtlich der Laufzeit ihres Bedarfs und der damit im Zusammenhang stehenden Kosten (ggf. unter Berücksichtigung einer von den allgemeinen **Lebenshaltungskosten** abweichenden Kostensteigerung im Einzelfall) bezogen auf den Jahresbedarf zu beziffern. Der so ermittelte Jahresbedarf ermöglicht in den Regulierungsverhandlungen die kurzfristige Bezifferung des kapitalisierten Wertes. Außerdem kann der Jahresbedarf mühelos durch Division in die quartalsmäßigen Vorschüsse der Regulierung eingestellt werden (§§ 843 Abs. 2 S. 1, 760 BGB), wenn in den Regulierungsverhandlungen mit dem Versicherer eine Abfindung (vorerst) nicht erzielbar erscheint.

Praxistipp
Bei jungen Verletzten ist kaum absehbar, welche konkreten vermehrten Bedürfnisse in der Zukunft anfallen. Da das auch von der gesundheitlichen Entwicklung beeinflusst wird, sollte der Anwalt gut überlegen, ob er dem Mandanten zur Kapitalisierung der zukünftigen vermehrten Bedürfnisse raten soll. Das Haftungsrisiko an dieser Stelle ist unübersehbar. Weniger haftungsträchtig ist es, mit dem Versicherer einen materiellen Zukunftsschadensvorbehalt im Hinblick auf die vermehrten Bedürfnisse zu vereinbaren (mit der Wirkung eines gerichtlichen Feststellungsurteils) und die in der Vergangenheit aufgelaufenen vermehrten Bedürfnisse abzurechnen. Dieser Zukunftsschadensvorbehalt ist in der Gebührenabrechnung mit dem dreieinhalbfachen Jahresbetrag (42 Monate) (§§ 23 RVG, 48 Abs. 1 S. 1 GKG, 9 ZPO) der bislang p.a. aufgelaufenen vermehrten Bedürfnisse zu bewerten.

Die vom Geschädigten im Zusammenwirken mit seinem Rechtsanwalt ausgearbeitete Liste der vermehrten Bedürfnisse ist im Falle einer Kapitalisierung unter Berücksichtigung einer durchschnittlichen Lebensdauer jeder einzelnen Aufwendung abzuarbeiten. Einerseits bietet sich für die Bemessung der Lebensdauer ein Rückgriff auf die Dauer der **steuerlichen Abschreibung** an, andererseits genügen auch Erfahrungswerte aus der täglichen Lebenserfahrung. Hierbei ist zu berücksichtigen, dass insbesondere Elektro- und Elektronikartikel kaum wirtschaftlich reparabel sind und eine entsprechend kurze Lebensdauer haben, die regelmäßig die Anschaffung eines Folgegerätes erforderlich macht. So weisen elektrische Kleingeräte im Haushalt selten eine Lebensdauer von mehr als 3–5 Jahren auf, bei verstärkter Benutzung sogar noch weniger. Bekleidung unterliegt darüber hinaus je nach Beanspruchung zum Beispiel im Rollstuhl einem erhöhten Verschleiß (Pulloverbündchen). Wichtig ist also, dass sich der Geschädigte und sein Rechtsanwalt die individuelle Lebensdauer eines Hilfsmittels mit großer Sorgfalt und Umsicht ermitteln. Der Anschaffungspreis wird dann durch die geschätzte Haltbarkeit in Jahren dividiert, so dass der Jahresbetrag zur Barwertermittlung zur Verfügung steht. **309**

Ein pauschalierter Kostenansatz für die gesamte Schadensersatzposition der vermehrten Bedürfnisse, gegebenenfalls im Rahmen einer Schätzung „über den Daumen" benachteiligt den Geschädigten bei der Regulierung, weil kein Versicherer sich auf eine solche Bezifferung einlässt. Er wird bestenfalls ein Angebot unterbreiten, das bei näherer Betrachtung inakzeptabel ist. Sollte der Versicherer das geschätzte Angebot des Geschädigtenvertreters akzeptieren, dann muss davon ausgegangen werden, dass dem Geschädigten ein wesentlich höherer Schadensersatzbetrag zusteht, als gefordert wurde. Das ist haftungsrechtlich bedenklich. **310**

V. Musterfall zur außergerichtlichen Geltendmachung vermehrter Bedürfnisse

311 Muster 3.3: Außergerichtliche Geltendmachung vermehrter Bedürfnisse

Kfz-Haftpflichtversicherer

Postfach 12345

Musterstadt

3.9.2014

Mandant ./. Versicherer

Schaden-Nr.: ▓▓▓▓▓▓▓

Unser Zeichen: ▓▓▓▓▓▓

Sehr geehrte Damen und Herren,

Bezug nehmend auf die bisher in obiger Sache geführte Korrespondenz, möchten wir nunmehr die vermehrten Bedürfnisse unseres Mandanten zur Regulierung bringen. Bitte beachten Sie, dass wir uns bis zur endgültigen Regulierung die Geltendmachung weiterer Einzelpositionen vorbehalten müssen. Bereits von Ihnen geleistete Vorschüsse sind sodann selbstverständlich abzusetzen.

Unser Mandant erlitt bei dem Verkehrsunfall – Frontalkollision fahrerseitig versetzt – am 3.9.2011 eine Sprunggelenkfraktur links, eine Oberschenkelfraktur links, eine Beckenringfraktur, eine Verletzung der Lenden- und Halswirbelsäule und schwere Kopfverletzungen. Nach anfänglicher Pflegenotwendigkeit bedurfte er dauerhaft einer Schmerztherapie, der regelmäßigen Konsultation des Orthopäden sowie Neurologen und einer mehrjährigen psychotherapeutischen Betreuung. Er leidet unter Dauerschmerz verbunden mit starken Bewegungseinschränkungen und er muss seinen Körper in regelmäßigen Abständen mehrfach am Tage einem Positionswechsel zwischen liegen, sitzen, stehen und gehen unterziehen. Der Geschädigte ist schnell erschöpft. Um den physiotherapeutischen Erfolg zu sichern, wurde ihm ein Jahr nach dem Verkehrsunfall – ab dem 2.9.2012 – ärztlich angeraten, sukzessive am Reha-Sport im Fitnessstudio teilzunehmen und einen gezielten Muskelaufbau zu betreiben. Das Datum der Bezifferung der Ansprüche ist der 2.9.2014, also drei Jahre nach dem Unfall. Im ersten Jahr nach dem Unfall hat sich der Geschädigte überwiegend stationär in Kliniken und Reha-Einrichtungen befunden bzw. war zu Hause pflegebedürftig. Danach hat er mit der ambulanten Therapie und dem Reha-Sport begonnen. Er wird dauernd in ärztlicher Behandlung bleiben. Heute machen wir für unseren Mandanten die folgenden vermehrten Bedürfnisse geltend.

1. Fahrtkosten

Als unfallbedingte und ständig wiederkehrende Aufwendungen stellen sich für unseren Mandanten die Fahrtkosten für die Durchführung von Arztbesuchen sowie Therapiestunden und der tägliche Besuch des Sportstudios ebenso wie ein Wocheneinkauf mit dem Pkw dar. Ohne den Verkehrsunfall wären diese Fahrtkosten für unseren Mandanten nicht entstanden, weil er vor dem Unfall zwei Einkäufe pro Woche mit dem Fahrrad erledigt hat und er nun verletzungsbedingt nicht mehr Radfahren kann. Die erhöhten Fahrtkosten ergeben sich aus der Wahrnehmung folgender Termine:

	Jahresfahrleistung im eigenen Pkw
Akupunktur zweimal wöchentlich (einfache Fahrt 8 km)	1.696 km
Psychotherapie einmal wöchentlich (einfache Fahrt 21 km)	2.226 km
Orthopäde alle zwei Monate einmal (einfache Fahrt 75 km)	900 km
Uniklinik viermal im Jahr (einfache Fahrt 75 km)	600 km
Neurologe/Chirurg viermal im Jahr (einfache Fahrt 15 km)	120 km
Fitnessstudio täglich (einfache Fahrt 8 km)	5.280 km
eine wöchentliche Einkaufsfahrt (einfache Fahrt 8 km)	848 km

Insgesamt legt unser Mandant also unfallbedingt 11.670 km p.a. mit dem eigenen Pkw zurück. Es ist darauf hinzuweisen, dass unser Mandant jedoch nur kurze Strecken alleine fahren kann. Dies ist dem Umstand geschuldet, dass er bei bestimmten Blickwinkeln Doppelbilder sieht und mehrfach täglich unter starken Kopfschmerzanfällen leidet und das Risiko der Eigen- und Fremdgefährdung bei der Teilnahme am Straßenverkehr zu reduzieren ist. Wenn ihn ein Kopfschmerzanfall überfällt, dann besteht bei Zurücklegung einer Kurzstrecke von weniger als 20 km in jedem Fall die Möglichkeit, entweder das Ziel zu erreichen oder aber umzudrehen und nach Hause zu fahren. Daher ist es also erforderlich, dass er die Strecken zum Orthopäden sowie zur Uniklinik als Beifahrer zurücklegt. Er benötigt deshalb etwa zehnmal pro Jahr zur Wahrnehmung von Arzt- und Behandlungsterminen einen Fahrer, der während der Dauer der Behandlung auf ihn wartet. Der Zeitaufwand pro Fahrereinsatz ist mit 5 Stunden zu kalkulieren, da es nicht nur um die Fahrzeit, sondern auch um die Wartezeit während der Behandlung des Mandanten geht.

Zu der wöchentlichen Einkaufsfahrt ist auszuführen, dass unser Mandant vor dem Verkehrsunfall etwa zweimal wöchentlich mit dem Fahrrad den Einkauf für das Ehepaar erledigt hat. Seit dem Verkehrsunfall kann unser Mandant nicht mehr Fahrrad fahren wegen seiner Schmerzen im Rücken, der Knie und Handgelenke. Außerdem ist sein Gleichgewichtsorgan durch den Tinnitus beeinträchtigt. Es besteht die Gefahr eines Sturzes mit dem Fahrrad. Um dieser Gefahr aus dem Weg zu gehen, hat unser Mandant das Fahrradfahren aus Sicherheitsgründen vollständig aufgegeben. Das Einkaufszentrum befindet sich etwa 8 km (einfache Fahrt) vom Wohnort unseres Mandanten entfernt. Den zweiten Einkauf, der gewöhnlich im Laufe einer Woche im Haushalt unseres Mandanten erforderlich ist, wird von der Ehefrau mit dem Fahrrad – wie vor dem Unfall – wahrgenommen.

Insgesamt ergibt sich deshalb hinsichtlich der erhöhten Fahrtkosten folgende Berechnung:

11.670 km p.a. x 0,30 EUR	3.501,00 EUR
Kosten für den Fahrer 10 x 5 h x 8 EUR netto Stundenlohn	400,00 EUR
erhöhte Fahrtkosten insgesamt	**3.901,00 EUR** p.a.

Für insgesamt drei Kalenderjahre seit dem Unfall beläuft sich der rückständige Anspruch auf **11.703,00 EUR.**

2. Pkw-Umrüstungskosten

Unser Mandant hat eine linksseitige Knieverletzung erlitten und kann deshalb lediglich ein Fahrzeug mit Automatikgetriebe führen. Die Betätigung der Kupplung, um das Schaltgetriebe zu aktivieren, ist ihm aus Schmerzgründen nicht möglich. Deshalb hat unser Mandant Anspruch auf Umrüstung seines Pkw auf Automatik. Die Umrüstung des Schaltgetriebes auf Automatikgetriebe kostet 1.700 EUR. Unter Zugrundelegung der steuerlichen Abschreibung des Fahrzeugs und damit einschließlich des Automatikgetriebes von 6 Jahren, ergibt sich ein jährlich aufzuwendender Betrag von ca. **284,00 EUR.**

Schließlich benötigt unser Mandant wegen seiner Hüft- und Wirbelsäulenverletzungen und den sich daraus zeigenden Schmerzfolgen einen speziellen Fahrersitz. Er kostet 2.475 EUR. Ebenfalls unter Berücksichtigung der steuerlichen Abschreibung des Fahrzeugs und des darin enthaltenen Sitzes über den Zeitraum von 6 Jahren muss unser Mandant also jährlich **412,50 EUR** für diesen Sitz aufwenden.

3. Stuhl und Tisch

Wie bereits mehrfach ausgeführt, leidet unser Mandant unter Schmerzen im Knie, in der Hüfte, im Rücken und in der Halswirbelsäule. Er muss seinen Körper ständig einem Positionswechsel unterziehen. So muss er sich bspw. mehrfach am Tag hinlegen zur Entlastung seiner Wirbelsäule. Er kann nicht ständig auf dem gleichen Stuhl sitzen und benötigt zur Erledigung von Schreibarbeit sowie seiner eingeschränkten Haushaltsführungstätigkeit einen Tisch, der höhenverstellbar ist, an dem er also wahlweise im Sitzen und im Stehen arbeiten kann. Hierfür ist die Anschaffung eines Therapie- und Arbeitsstuhls von der Firma X für **1.420,05 EUR** notwendig.

Darüber hinaus ist die Anschaffung eines Sessels mit ergonomisch geformter Rückenlehne, integrierter Lordosestütze sowie Kopfstütze und verstellbarer Fußauflage erforderlich. Dieser Sessel wird von der Fa. Y angeboten. Er ist erhältlich zum Preis von **2.060 EUR.**

Für die Verrichtung von Tätigkeiten im Sitzen muss unser Mandant das Sitzmöbel zwischen dem eingangs beschriebenen Arbeitsstuhl und einem Einbeinhocker wechseln. Der Einbeinhocker ist ein Stützhocker, der eine halb sitzende und halb stehende Position unterstützt. Er findet insbesondere als Stehhilfe Verwendung bei der Benutzung des höhenverstellbaren Tisches, an dem unser Mandant zeitweilig im Stehen tätig ist, wenn er aus Gründen der Schmerzhaftigkeit aus der Sitzposition aufstehen muss. Dieser Spezialhocker ist von der Fa. Z zum Preis ab **344 EUR** erhältlich.

Zur Verlagerung des Körpergewichtes ist die Benutzung eines Sitz-/Stehtisches erforderlich. Dieser wird ebenfalls von der Fa. Z. angeboten. Das preiswerteste Modell eines Sitz-/Stehtisches kostet **952 EUR.** Er ist motorisch verstellbar, zum Angleichen an die jeweilige Arbeitsposition. Außerdem verfügt er über ein kleines Packmaß und ist deshalb transportfähig. Dies ist für unseren Mandanten deshalb besonders wichtig, da er den Tisch auf Urlaubsfahrten mitnehmen und am Ziel in rückenschonender Weise die Mahlzeiten einnehmen kann. Auch der Stützhocker weist lediglich geringe Abmessungen auf und kann deshalb bequem im Auto verstaut werden.

Die Gesamtkosten für die Anschaffung dieser Sitzmöbel und Arbeitshilfen beläuft sich auf 4.783 EUR. Da unser Mandant einer Erwerbstätigkeit seit dem Unfall nicht mehr nachgehen kann, ist er also auf die Benutzung dieser Sitzmöbel Tag um Tag vollschichtig angewiesen. Damit unterliegen diese einer stärkeren Abnutzung als andere Sitzmöbel. Die Neuanschaffung ist deshalb alle 5 Jahre erforderlich, so dass ein jährlich aufzuwendender durchschnittlicher Aufwand von 956,60 EUR zu Buche schlägt. Von diesem Betrag sind die Sowieso-Kosten für die Anschaffung eines Schreibtisches, Schreibtischstuhls, Küchenstuhls und Sessels abzusetzen. Ein höhenverstellbarer Arbeitsstuhl sowie ein Schreibtisch sind für den Preis von 200 EUR (ohne besondere technische Ausstattung) zu haben. Ein bequemer Fernsehsessel kostet 300 EUR, so dass Sowieso-Kosten in Höhe von 500 EUR anfallen. Ohne den Unfall hätte unser Mandant einen Einbeinhocker nicht gekauft, so dass Sowieso-Kosten hierfür nicht anzusetzen sind. Unter Berücksichtigung der Tatsache, dass unser Mandant zum Unfallzeitpunkt berufstätig war, er also diese Sitz- und Arbeitsmöbel lediglich abends bzw. am Wochenende benutzt hat, ist die Gebrauchstauglichkeit für 10 Jahre anzunehmen, so dass sich ein jährlicher Kostenaufwand von 50 EUR für diese Möbel ergibt. Mithin sind also von den monatlich aufzuwendenden Kosten i.H.v. 956,60 EUR für die speziellen Sitz- und Tischmöbel 50 EUR p.a. abzusetzen, so dass sich ein jährlicher Betrag von **906,60 EUR p.a.** ergibt, welcher von unserem Mandanten unter Berücksichtigung der Abnutzung bei gesteigerter Benutzung ergibt.

4. Sportbekleidung/Badebekleidung

Unser Mandant besucht seit zwei Jahren nahezu täglich das Fitnessstudio und er geht mehrfach in der Woche schwimmen. Ein ärztliches Attest, aus dem sich die unfallbedingte Notwendigkeit ergibt, liegt in der Anlage bei. Unser Mandant benötigt Sport- sowie Badebekleidung, die wegen ihrer häufigen Benutzung einer starken Abnutzung unterliegt. Außerdem benötigt unser Mandant entsprechende Wechselbekleidung, da er bei täglichem Besuch des Fitnessstudios nicht über einen längeren Zeitraum hinweg – bis zur nächsten Befüllung der Waschmaschine – dieselbe Bekleidung tragen kann. Wegen der starken Abnutzung der Bekleidung und der Notwendigkeit einer Wechselausstattung sind pro Winter- und Sommersaison Kosten für die Sportbekleidung in Höhe von 800 EUR aufzuwenden. Eine Badehose kostet im Schnitt 50 EUR; unser Mandant benötigt davon 2 Stück p.a. Das Chlorwasser führt zu einer Materialzersetzung, insbesondere im Bereich der Gummibündchen. Die für die Badebekleidung aufzuwendenden Kosten belaufen sich auf 100 EUR. Hinsichtlich des Schuhwerks im Fitnessstudio war bereits an obiger Stelle auf die Notwendigkeit der Anschaffung von jährlich 2 Paar Sportschuhen hingewiesen worden. Insoweit fällt diese Position an dieser Stelle nicht noch einmal an. Ingesamt ergibt sich also ein Investitionsbedarf in Sportbekleidung/Badebekleidung von jährlich **900 EUR.**

Der Rückstand für die vergangenen zwei Jahre beläuft sich auf **1.800 EUR.**

5. Heizungs-, Wasser- und Strommehrverbrauch

Da unser Mandant seit dem Verkehrsunfall einer Erwerbstätigkeit aus gesundheitlichen Gründen nicht mehr nachgehen kann, hält er sich also täglich zu Hause auf. Zuvor hat er eine vollschichtige Auswärtstätigkeit ausgeübt, so dass er wenigstens 9 Stunden am Tag nicht im Hause war (8 Stunden Arbeitszeit zzgl. 1 Stunde Fahrtzeit für Hin- und Rückweg). Da sich unser Mandant nunmehr überwiegend zu Hause aufhält, fallen höhere Heizkosten im Winter und ein höherer Stromverbrauch für Licht an. Diese Beträge sind jährlich mit 600 EUR anzusetzen. Hierbei sind die Abwesenheitszeiten durch Arztbesuche etc. bereits berücksichtigt. Damit ergibt sich ein unfallbedingter Zusatzaufwand an Energiekosten in Höhe von **1.200,00 EUR p.a.**

Für die vergangenen zwei Jahre seit Beendigung der vorerst letzten stationären Aufnahme beläuft sich der Rückstand auf **1.200,00 EUR.**

6. Pflegekosten

Unser Mandant bezog in der Zeit vom 3.9.2011 bis zum 31.3.2012 Leistungen aus der Pflegestufe 2. Im Zeitraum von 1.4.2012 bis zum 31.12.2012 bezog er Leistungen nach der Pflegestufe 1.

Bei der Eingruppierung in die Pflegestufe 1 blieb jedoch unberücksichtigt, dass unser Mandant über einen Zeitraum von insgesamt 3 Monaten, nämlich bis zum 8.7.2012, an den Rollstuhl gebunden war. Er bedurfte hier eines wesentlich höheren Pflegeaufwandes, als dieser mit der Pflegestufe 1 tatsächlich abgegolten ist. Dieser darüber hinausgehende Pflegebedarf, der nach SBG XI nicht ausgeglichen wird, ist jedoch vom Schädiger zu ersetzen. Wir verweisen insoweit auf die Entscheidung des OLG Koblenz, 18.9.2000, VersR 2002, 244.

Unter Berücksichtigung der Tatsache, dass diese pflegerischen Leistungen neben dem Pflegedienst des DRK von der eigenen Mutter unseres Mandanten sowie von Freunden erbracht worden ist, ergibt sich Folgendes:

Es bestand ein pflegerischer Aufwand von 150 min täglich entsprechend § 15 SGB XI i.V.m. § 14 SGB XI. Abzüglich des mit der Pflegestufe 1 abgegoltenen Zeitaufwandes von 90 min ergibt sich ein Mehrbedarf von 60 min täglich für Körperpflege und Mobilität, d.h. also ein Wochenaufwand von 7 Stunden.

Unter Zugrundelegung des Verrechnungssatzes von 20,00 EUR netto (für diese Grundpflege) ergibt sich für insgesamt 3 Monate bis zum 8.7.2012 ein Nettoaufwand von 606,20 EUR/Monat. Während dieses Zeitraums erhielt unser Mandant ein Pflegegeld in Höhe von 225,00 EUR, welches abzusetzen ist, so dass sich ein monatlicher Mehraufwand von 381,20 EUR für 3 Monate, mithin **1.143,60 EUR** netto ergeben. Diesen Betrag machen wir hiermit geltend.

Bei der Eingruppierung in die Pflegestufe 2 blieb zudem unberücksichtigt, dass unser Mandant über den Zeitraum von insgesamt 7 Monaten bettlägerig war und insbesondere wegen der Inkontinenz einer gesteigerten Tag- und Nachtpflege bedurfte. Es war also ein wesentlich höherer Pflegeaufwand erforderlich, als dieser mit der Pflegestufe 2 tatsächlich abgegolten worden ist. Diese pflegerischen Leistungen wurden neben dem Pflegedienst des DRK von der Mutter unseres Mandanten erbracht. In dem maßgeblichen Zeitraum ergibt sich Folgendes:

Es bestand eine pflegerischer Aufwand von wenigstens 270 min täglich entsprechend § 15 SGB XI i.V.m. § 14 SGB XI. Abzüglich des mit der Pflegestufe 2 abgegoltenen Zeitaufwandes von 180 min ergibt sich ein Mehrbedarf von 90 min täglich für Körperpflege und Mobilität, d.h. also ein Wochenaufwand von gerundet 11 Stunden.

Unter Zugrundelegung des Stundenverrechnungssatzes von 20,00 EUR netto ergibt sich für insgesamt 7 Monate vom 3.9.2011 bis zum 31.3.2012 ein Nettoaufwand von 952,00 EUR monatlich. Während dieses Zeitraumes erhielt unser Mandant ein Pflegegeld in Höhe von 430,00 EUR/monatlich, welches abzusetzen ist, so dass sich ein monatlicher Mehrbedarf von 522,60 EUR für 7 Monate, mithin **3.658,20 EUR** netto ergeben. Diesen Betrag machen wir hiermit geltend.

7. Bekleidungsaufwand während Krankenhausaufenthalt/Reha-Maßnahme

Unser Mandant musste sich eine Übergangsgarderobe anschaffen, in einer wesentlich höheren Konfektionsgröße, als derjenigen, die er normalerweise trägt. Dies ergibt sich daraus, dass die Kleidung während der stationären Aufnahme nicht auf die Wunden drücken durfte. Hier sind einmalige Anschaffungskosten von **1.319 EUR** angefallen. Die Belege können im Regulierungsgespräch auf Verlangen vorgelegt werden. Die Bekleidung in der Übergröße kann unser Mandant jetzt nicht mehr tragen, so dass Sowieso-Kosten nicht angefallen sind. Diesen Betrag machen wir hiermit ebenfalls geltend.

8. Zusammenfassung

Grundsätzlich gehen wir davon aus, dass für die zukünftigen vermehrten Bedürfnisse ein materieller Zukunftsschadensvorbehalt mit der Wirkung eines gerichtlichen Feststellungsurteils erklärt wird. Allerdings könnte sich unser Mandant auch vorstellen, einzelne vermehrte Bedürfnisse zu kapitalisieren, die dann für die Zukunft aus dem Vorbehalt natürlich ausgeklammert werden. Die Einzelheiten der Kapitalisierung sollten dann in einem persönlichen Regulierungsgespräch verhandelt werden. Insoweit sehen wir Ihrem Kapitalisierungsangebot entgegen. Allerdings verbietet sich die Kapitalisierung der Pflegekosten. Hier muss es zwingend beim materiellen Zukunftsschadensvorbehalt verbleiben.

In Ansehung der bereits geleisteten Vorschüsse dürfen wir um kurzfristige Anweisung eines weiteren Vorschusses in Höhe von

10.000,00 EUR

bis zum

15.9.2014

unmittelbar auf das Konto unseres Mandanten bitten.

Diesem Schreiben beigefügt haben wir eine Stellungnahme des behandelnden Facharztes unseres Mandanten, der Sie die medizinische Indikation sämtlicher geltend gemachter Hilfs-/Heilmittel entnehmen können. Des Weiteren haben wir diesem Schreiben beigefügt das Schreiben des gesetzlichen Krankenversicherers unseres Mandanten, in welchem die Kostenübernahme für die oben geltend gemachten Hilfs-/Heilmittel abgelehnt wird.

Mit gesonderter Post werden wir kurzfristig die übrigen Schadensersatzansprüche unseres Mandanten Ihnen gegenüber beziffern. Wir regen deshalb in Kürze ein Regulierungsgespräch über die Schadensangelegenheit in unserem Büro an. Bitte rufen Sie uns nach Erhalt dieses Schreibens an, damit wir einen Termin vereinbaren können.

Mit freundlichen Grüßen

Rechtsanwalt

Anlagen:
- Schreiben Dr. X vom 1.8.2014
- Schreiben Krankenkasse vom 27.8.2014

VI. Schwerpunkt: Vermehrte Bedürfnisse für Behinderte und pflegebedürftige Geschädigte

1. Pflegekosten

Pflegebedürftige Geschädigte können entweder in der Familie von Familienange-   **312**
hörigen oder von Freunden zu Hause betreut werden, oder aber von **professionellen
Pflegekräften** in der eigenen Häuslichkeit versorgt werden. Schließlich besteht
auch die Möglichkeit einer Unterbringung und Betreuung im **Pflegeheim.**

Die Betreuung eines pflegebedürftigen Geschädigten in seiner Häuslichkeit durch   **313**
Familienangehörige oder Freunde darf den Schädiger jedoch dann nicht entlasten,
wenn diese Tätigkeiten unentgeltlich erbracht werden (BGHZ 140, 39; OLG
Hamm DAR 1994, 496). Ersatzpflichtig ist der volle erforderliche Aufwand (LG
Würzburg, DAR 2002, 74). Deswegen ist im Rahmen der Schadensregulierung
mindestens der Nettolohn einer pflegerischen Hilfskraft als Untergrenze einzusetzen. Anhaltspunkt für die Vergütung bildet der BAT für Pflegekräfte (LG Detmold
NZV 2004, 198 = 11,60 EUR netto pro Stunde). Andererseits besteht auch die
Möglichkeit einer fiktiven Abrechnung der erbrachten unentgeltlichen Hilfeleistungen von Freunden und Familienmitgliedern (OLG Köln FamRZ 1989, 178). Die
fiktive Abrechnung kann als Untergrenze auf der Basis des seit 1.8.2010 geltenden
Mindestlohns von 8,50 EUR netto/Std. in Westdeutschland und 7,50 EUR netto/Std.
in Ostdeutschland für Pflegekräfte erfolgen. Dies bezieht sich lediglich auf ein-
fachste Leistungen im Sinne der Betreuungspflege. Darüber hinausgehende Tätigkeiten sind nach dem TVöD (früher BAT für Pflegekräfte) abzurechnen.

Praxistipp
Der Mandant soll ein Pflegetagebuch schreiben, in dem die konkreten Arbeiten
der Familienangehörigen notiert werden nach Tag und Zeitaufwand.

Grundsätzlich gilt, dass man bei Pflegeleistungen genau differenzieren muss. Es ist   **314**
zu differenzieren nach Grundpflege (zum Beispiel: Füttern, Waschen, Ankleiden,
Umsetzen in Rollstuhl etc.), Betreuungspflege (Beispiel: Ausfahrt in den Park mit
dem Rollstuhl, Brettspiele zur Beschäftigung des zu Pflegenden) und Bereitschaftspflege (Beispiel: nächtliche Rufbereitschaft für den Fall von Spastiken oder Atem-
not). Hinsichtlich aller drei Bereiche ist für die Regulierung zu unterscheiden, welcher Anteil der Pflege tatsächlich auf welchen Bereich entfällt. Wichtig ist dies für

die Festlegung des jeweiligen Stundensatzes. Die Grundpflege ist höher zu vergüten als die reine Bereitschaftspflege. Unter Zuhilfenahme des angesprochenen Pflegetagebuches oder eines Pflegegutachtens können die jeweiligen Zeitabschnitte stundengenau für den Tag bestimmt werden, womit dann ein Pflegebedarf pro Tag errechnet werden kann. Sofern eine Betreuung in einer Tagespflegeeinrichtung oder aber in einer Werkstatt für behinderte Menschen erfolgt, sind diese Zeiten ebenfalls entsprechend zu berücksichtigen. Es empfiehlt sich, hier für jeden Tag einzeln die Stunden genau abzurechnen und die entsprechenden Sätze geltend zu machen, da mitunter gerade am Wochenende der Anteil der familiären Pflegeleistungen oftmals höher ist, weil Pflegedienste nur zeitlich limitiert zur Verfügung stehen.

315 Eine über 14 Std./Woche hinausgehende Tätigkeit ist nach § 3 S. 1 Nr. 1a SGB VI versicherungspflichtig, so dass der Versicherer die Kosten der gesetzlichen Rentenversicherung ebenso zu tragen hat. Hinzu kommen etwaige Steuern sowie der Arbeitgeberanteil zur Sozialversicherung. Jede Arbeitskraft ist bei der gesetzlichen Unfallversicherung auf Kosten des Schädigers anzumelden.

316 Außerdem ist § 44 SGB XI zu beachten. **Pflegende Familienangehörige** sind zur Sozialversicherung anzumelden, diese Kosten sind vom Schädiger zu erstatten (BGH VersR 1999, 252) zuzüglich etwaiger Steuern und des Arbeitgeberanteils zur Sozialversicherung. Ebenfalls besteht Versicherungspflicht bei der gesetzlichen Unfallversicherung zu Lasten des Schädigers.

317 In der Schadensregulierung besteht häufig Unsicherheit auf Seiten des Geschädigten, welcher zeitliche Aufwand für welche pflegerische Maßnahme einzusetzen ist und ob dafür eine Fachkraft oder eine Hilfskraft erforderlich ist. Diese Unsicherheit besteht insbesondere dann, wenn Leistungen aus der Pflegeversicherung zum Beispiel für Pflegestufe III erbracht werden, aber der darin erfasste Zeitumfang (4 Stunden täglich) beim besten Willen nicht mit dem zeitlichen Umfang der darüber hinausgehenden notwendigen Pflegeleistungen in Einklang zu bringen ist.

Praxistipp
Meistens kann man zur Klärung dieser Fragestellung mit dem Versicherer eine Einigung dahingehend erzielen, dass dieser ein Gutachten zur Ermittlung des zeitlichen Umfanges der notwendigen Pflege und der Höhe der Pflegekosten in Auftrag gibt. Dies kann häufig über einen Rehabilitationsdienst abgewickelt werden. Der Anwalt sollte darauf achten, dass dem Gutachter die Frage aufgegeben wird, eine Abgrenzung zu dem Zeitaufwand vorzunehmen, der gemeinhin in die Bezifferung des Haushaltsführungsschadens fällt. Andernfalls besteht das Risiko, dass mit dem Argument, dass Haushaltsführungsleistungen bereits im Rahmen der ermittelten Pflegekosten enthalten sind, unberechtigte Abzüge im Rahmen des Haushaltsführungsschadens vom Versicherer vorgenommen werden. Der Hintergrund ist darin zu sehen, dass sich die Sachverständigen häufig an den sozialrechtlichen Vorgaben im SGB X orientieren und zugleich einen Zeitaufwand im Bereich der Ernährung

sowie der hauswirtschaftlichen Versorgung (Einkaufen, Kochen und Reinigung der Wohnung) im Rahmen der Ermittlung des Pflegebedarfes mitberücksichtigen, ohne diesen jedoch zeitlich zu definieren und betragsmäßig zu beziffern.

Wenn der pflegebedürftige Geschädigte zu Hause durch externe Fachkräfte betreut **318** wird, besteht selbstverständlich ebenso ein Anspruch auf Erstattung dieser Kosten. Diese können im Einzelfall auch die Kosten einer Heimunterbringung übersteigen (OLG Bremen VersR 1999, 1030; OLG Koblenz VersR 2002, 244). In der Praxis gibt es verschiedene Modelle einer Betreuung durch Pflegekräfte zu Hause. So können persönliche Assistenten diese Tätigkeit übernehmen; der Geschädigte tritt dann als Arbeitgeber auf. Bei der Schadensregulierung sind auch die Arbeitgeberanteile des Geschädigten zur Sozialversicherung seines angestellten Pflegepersonals vom Versicherer ebenso wie Steuern und Beiträge zur Berufsgenossenschaft zu zahlen. Als Alternative zum sogenannten Arbeitgebermodell gibt es auch **Assistenzgenossenschaften**, bei denen die Assistenten ihrerseits angestellt sind. Der entscheidende Vorteil der **persönlichen Assistenz** liegt darin, dass die Geschädigten sich nicht zeitlich und inhaltlich an vorgegebene Leistungskomplexe anpassen müssen, die durch die Pflegeversicherung vorgegeben werden. Die persönliche Assistenz ermöglicht es weitgehend ein **selbstbestimmtes Leben** zu leben (*Haas*, zfs 2006, 254 ff.).

Zu berücksichtigen ist, dass bei persönlicher Assistenz für die Assistenzkraft gege- **319** benenfalls ein erhöhter Wohnraumbedarf besteht. Hier ist möglicherweise sowohl an ein eigenes Zimmer für die Pflegekraft als auch an ein eigenes Bad zu denken. Dies ist im Rahmen der unten beschriebenen Kosten für behindertengerechtes Wohnen (siehe § 3 Rn 321) zu regulieren.

Wenn der pflegebedürftige Geschädigte im Pflegeheim betreut wird, sind vom Ver- **320** sicherer diese Kosten zu erstatten. Gleiches gilt bei der Unterbringung in der Behindertenwerkstatt. Der angemessene und erforderliche **Betreuungsbedarf** kann in verschiedener Weise gedeckt werden. Die Ersatzfähigkeit von Tagespflegeheimkosten haben nicht zur Voraussetzung, dass die dortige Unterbringung aus medizinischen Gründen unumgänglich ist (OLG Köln MDR 1989, 160).

2. Ausgewählte Hilfsmittel bei Pflegebedürftigkeit

Neben den Ansprüchen auf Erstattung der Pflegekosten hat der pflegebedürftige **321** Geschädigte eine Anzahl weiterer vermehrter Bedürfnisse, die im Einzelnen vom Rechtsanwalt zu regulieren sind. So kann zum Beispiel die **behindertengerechte Ausstattung** des bereits vorhandenen Wohnraums zum Tragen kommen. Im Einzelfall kann auch die Notwendigkeit des Umbaus von vorhandenem Wohnraum ebenso zur Regulierung anstehen wie der Neubau von behindertengerechtem Wohnraum. Diese Kosten sind vom Versicherer ebenfalls zu tragen (BGH VersR 1982, 238). Diese Grundsätze gelten auch für eine Ferienwohnung und einen vorhandenen **Zweitwohnsitz**. Dem BGH lag sogar ein Sachverhalt zur Entscheidung vor, wo es um die behindertengerechte Ausstattung eines Schlosses ging (BGH VersR 2005, 1559).

Praxistipp
Die Ermittlung der Kosten für die behindertengerechte Ausstattung des Wohnraums bzw. für den eventuell notwendigen Umbau oder Neubau sollte im Zusammenwirken mit dem Haftpflichtversicherer durch einen Sachverständigen ermittelt werden. Damit können Verzögerungen in der Regulierung vermieden werden, die daraus resultieren, dass der Versicherer andere Vorstellungen von der Umsetzung der notwendigen Belange des Geschädigten hat, als dieser selbst. Der Rechtsanwalt sollte darauf achten, dass dem Gutachter sogleich die Frage aufgegeben wird, zu klären, welche Kosten ggf. vom Sozialversicherungsträger getragen werden. Hier ist zu berücksichtigen, dass der Geschädigte wegen § 116 SGB X in der Schadensregulierung hinsichtlich dieser Kostenaspekte nicht aktivlegitimiert ist.

322 Eine Besonderheit im Rahmen der Regulierung vermehrter Bedürfnisse besteht darin, dass die notwendigen Umbaukosten bzw. Neubaukosten zur Ermöglichung eines behindertengerechten Lebens nicht fiktiv geltend gemacht werden können (OLG Hamm NZV 2003, 192).

323 Zu beachten ist für die praktische Regulierung weiterhin, dass für die behindertengerechte Einrichtung eines Arbeitsplatzes, die Eintrittspflicht des Integrationsamtes besteht. Einerseits geht der Schadensersatzanspruch vom Geschädigten auf das Integrationsamt nicht über; andererseits handelt es sich nicht um freiwillige Leistungen eines Dritten, mit der Folge, dass sich insoweit der Schadensersatzanspruch des Geschädigten mindert.

324 Wenn die bislang bewohnte Wohnung nicht ausreichend Platz gewährt, damit der behinderte Geschädigte darin leben kann, hat er Anspruch auf die **Umzugskosten** in eine Wohnung, die den Mehrbedarf an Platz deckt. Die damit im Zusammenhang stehenden Kosten für eine **höhere Miete** sind ebenfalls vom Versicherer zu übernehmen. In diesem Zusammenhang ist auch darauf hinzuweisen, dass pflegebedürftige Geschädigte häufig mehr Geld für Heizungsenergie ausgeben müssen. Häufig müssen die Wohnungen auch im Sommer durchgeheizt werden und im Winter muss eine höhere Raumtemperatur zur Verfügung stehen. Dieser Mehrbedarf ist eine Schadensersatzposition.

325 Für die Fortbewegung ist an ein **behindertengerechtes Kraftfahrzeug** zu denken. Dieses kann entweder als gebrauchtes Fahrzeug angeschafft werden (es finden sich zahlreiche Anbieter im Internet) oder aber es ist eine Neuanschaffung mit individuellem Umbau erforderlich. Mitunter ist es auch ausreichend, das vorhandene Fahrzeug auf Automatikbetrieb umzurüsten und zum Beispiel einen Schwenksitz zu integrieren. Auch ist ein Umbau von Fußpedalbetrieb auf Handbetrieb möglich. Es ist ratsam, sich umfänglich mit den technischen Möglichkeiten einer Umrüstung zu beschäftigen um die damit verbundenen Kosten im Rahmen der Regulierung beim Versicherer geltend zu machen. Im Internet finden sich zahlreiche spezialisierte

Anbieter, die auch zugleich die notwendige behördliche Zulassung wegen der Umrüstung veranlassen und die Drittleistungen beim SVT einholen. Im Zusammenhang mit der Anschaffung eines solchen Fahrzeugs ist auch an den Mehrverbrauch von Treibstoff zu denken, da der Geschädigte das Fahrzeug auch für häufigere Kurzfahrten benutzen muss, die er ggf. ohne den Unfall zu Fuß oder aber mit dem Fahrrad erledigt hätte.

Die Rechtsprechung lässt insofern eine pauschale Schätzung des Mehrverbrauchs **326** von Treibstoff zu. Im Regelfall orientiert man sich hier am Anschaffungspreis eines Fahrzeugs, das auch ohne die Behinderung und ohne den Unfall angeschafft worden wäre und setzt hier 1/6 dieses Vergleichspreises an.

Als Alternative zur Anschaffung eines behindertengerechten Fahrzeugs kommt die **327** Kostenübernahme des Versicherers für die Inanspruchnahme des **Fahrdienstes** in Betracht, der oftmals von Organisationen wie dem Deutschen Roten Kreuz etc. angeboten wird. Hier sollte mit dem Versicherer gemeinsam eine kaufmännische Kalkulation der einen oder anderen Variante besprochen werden.

Der Geschädigte hat auch Anspruch auf Ermöglichung einer Urlaubsreise und den Besuch von kulturellen Veranstaltungen (Kinobesuche, Theater etc.). Die reinen Kosten für die Wahrnehmung dieser Freizeitgestaltung sind mindestens hinsichtlich der Notwendigkeit einer **Begleitperson** voll vom Versicherer zu erstatten. Mitunter ist eine Urlaubsreise für den Rollstuhlfahrer nur über einen Spezial-Anbieter möglich. Hier sind die Mehrkosten gegenüber einer vergleichbaren Urlaubsreise für einen nichtbehinderten Menschen als Schadensersatz geltend zu machen. Der Mehrpreis ist vom Versicherer zu erstatten. Hinzu kommen gegebenenfalls die Kosten für eine Begleitperson (Stundenhonorar sowie Kosten der Urlaubsreise an sich).

Für Geschädigte, die auf die Benutzung des Rollstuhls angewiesen sind, findet sich **328** zahlreiches Zubehör, welches in der Anschaffung unabdingbar ist. Insoweit wird verwiesen auf die Zusammenstellung bei *www.schah-sedi.de*.

Der pflegebedürftige Geschädigte hat unter Umständen Anspruch auf die Kosten- **329** übernahme für die Benutzung eines **Fitnessstudios** oder **Schwimmbades** (einschließlich der damit im Zusammenhang stehenden Fahrtkosten). In diesem Zusammenhang soll die Entscheidung des OLG Nürnberg VersR 1971, 260 nicht unerwähnt bleiben, wo dem Geschädigten der Neubau eines behindertengerechten Schwimmbades zugesprochen worden ist.

Auch der Anspruch auf eine **Kur** ist nicht unwesentlich. Gerade vor dem Hinter- **330** grund, dass die gesetzliche Sozialversicherung in diesen Bereichen zunehmend restriktiver entscheidet, besteht häufiger der Anspruch auf zivilrechtliche Regulierung der damit verbundenen Kosten. Hier ist wiederum ggf. die Begleitperson rechtlich zu berücksichtigen.

3. Kongruente Leistungen

331 Bei der Regulierung vermehrter Bedürfnisse von behinderten Menschen oder pflegebedürftigen Geschädigten muss im Einzelfall immer geprüft werden, ob kongruente Leistungen gewährt worden sind, weil dann ein Anspruchsübergang gem. § 116 SGB X auf den Sozialversicherungsträger stattgefunden hat und der Geschädigte im Rahmen der zivilrechtlichen Regulierung nicht mehr aktivlegitimiert ist. Eine Verletztenrente aus der gesetzlichen Unfallversicherung kann im Rahmen der vermehrten Bedürfnisse dann Anrechnung finden, soweit diese rechtlich nicht als kongruente Leistung auf den Erwerbsschaden angerechnet wird. Eine doppelte Anrechnung verbietet sich. Wenn also im Einzelfall ein Erwerbsschaden für den Geschädigten rechnerisch nicht besteht, dann kann es bestenfalls noch zur Anrechnung der Verletztenrente aus der gesetzlichen Unfallversicherung im Rahmen der vermehrten Bedürfnisse kommen. Es ist jedoch zugunsten des Geschädigten der anrechnungsfreie Teil der Verletztenrente eines Unfallversicherungsträgers gem. § 93 Abs. 2 Nr. 2a SGB VI zu beachten. Hier besteht keine Kongruenz.

332 Sollte der Geschädigte Pflegegeld aus der Pflegeversicherung erhalten oder Leistungen der Sozialhilfe beziehen, so handelt es sich in beiden Fällen um kongruente Leistungen (BGH NJW 1996, 726 ff.; BGH zfs 2006, 618 ff.; BGH NJW 2004, 2892).

VII. Schwerpunkt: Verletzungsbedingte Beeinträchtigung in der Haushaltsführung als vermehrtes Bedürfnis

1. Allgemeines

333 Die beeinträchtigte Fähigkeit zur Haushaltsführung kann einerseits dem Erwerbsschaden und andererseits den vermehrten Bedürfnissen zuzurechnen sein. Das hängt davon ab, ob die Arbeitsleistung dem Beitrag zum gesetzlich geschuldeten Familienunterhalt (§ 1360 BGB) – dann Haushaltsführungsschaden – oder der Befriedigung der eigenen persönlichen Bedürfnisse dient, (weshalb man auch vom **Eigenversorgungsanteil** spricht) – dann vermehrte Bedürfnisse. Wenn der Geschädigte Haushaltstätigkeit für den Ehegatten und die Kinder verrichtet, so ist der darauf gerichtete Schadensersatzanspruch rechtlich als Erwerbsschaden zu qualifizieren. Der Anteil an Haushaltstätigkeit für den Geschädigten persönlich ist folglich den vermehrten Bedürfnissen schadensersatzrechtlich zuzuordnen.

2. Abgrenzung Haushaltsführungsschaden – vermehrtes Bedürfnis nach der Kopfteil-Rechtsprechung des BGH im Mehrpersonenhaushalt

334 Besteht ein Haushalt aus mehr als zwei Personen ist also eine Abgrenzung zwischen dem Erwerbsschaden (weil die Haushaltsführung für die Familie erbracht wird) und dem eigenen Mehrbedarf (vermehrtes Bedürfnis) erforderlich. Der BGH stellt auf die Zahl der Familienmitglieder ab (BGH NJW 1985, 735). Begründet wird dies damit, dass der personenunabhängige Zeitaufwand allen Personen zugute kommt.

3. Abgrenzung Haushaltsführungsschaden – vermehrte Bedürfnisse im Mehrpersonenhaushalt nach dem tatsächlichen Aufwand

Die Sichtweise des BGH wird jedoch nicht allen Familienkonstellationen gerecht **335** (ebenso *Pardey*, Der Haushaltsführungsschaden, 8. Auflage, S. 33 ff.). Gerade große Haushalte mit vielen Kindern erfordern einen wesentlich höheren Zeitaufwand in der Haushaltsführung für die Familie, insbesondere dann, wenn Kleinst- und Kleinkinder vorhanden sind, die rund um die Uhr betreut werden müssen. Auch sind Kleinkinder häufiger krank als ältere Kinder, was den erwerbsschadensrechtlichen Anteil deutlich erhöht. Bei einer „**Kopfzahlregelung**" werden Geschädigte, die (kleine) Kinder im Haushalt zu versorgen haben, unangemessen benachteiligt. Diese Argumentation findet ihre Stütze auch in der Tabelle 4 bei *Pardey* in der Zuschläge für die Kinderbetreuung von Geburt an bis zur Einschulung enthalten sind (*Pardey*, Der Haushaltsführungsschaden, 8. Auflage, S. 66 ff.).

Praxistipp
Es ist ratsam, wenn der Geschädigte über einen Zeitraum von 2–4 Wochen notiert, welche Haushaltstätigkeit in welchem zeitlichen Umfang für den Geschädigten selbst und im Übrigen für die anderen Familienmitglieder erledigt wird. Zur Vereinfachung sollte auf die üblichen 9 Tätigkeitsbereiche der Hausarbeit in *Pardey* zurückgegriffen werden (*Pardey*, Der Haushaltsführungsschaden, 8. Auflage, S. 29). Nur so kann gewährleistet werden, dass eine Schadensschätzung nach § 287 ZPO wegen vorhandener Anknüpfungstatsachen im sachgerechten Interesse des Geschädigten erfolgen kann.

4. Berechnungsbeispiel: Schadensaufteilung in Haushaltsführungsschaden und vermehrtes Bedürfnis im Mehrpersonenhaushalt nach dem tatsächlichen Aufwand

Ausgangspunkt bildet ein 4-Personen-Haushalt mit zwei grundschulpflichtigen **336** Kindern. Der individuell in der Familie ermittelte wöchentliche Zeitaufwand für die Erledigung der gesamten Haushaltstätigkeit anhand der Tätigkeitsbereiche in Anlehnung an die Tabelle 1 bei *Pardey*, Der Haushaltsführungsschaden, 8. Auflage, beläuft sich auf ca. 80 h in der Anspruchsstufe 1. Die MdH beträgt 50 %, so dass bei Anwendung der Vergütungsgruppe TVöD E.-Gr. 3 ein monatlicher Schadensersatzanspruch wegen verminderter Haushaltsführungstätigkeit in Höhe von 1.542,01 EUR netto besteht. Der individuell ermittelte Eigenversorgungsanteil des Geschädigten beträgt 7 Std./Woche. Der Geschädigte erhält 800 EUR netto Verletztengeld im Monat.

337   Die Berechnung sieht wie folgt aus:

1. Ermittlung des Eigenversorgungsanteils in Prozent
- 7 Stunden Eigenversorgungsanteil = x
- 80 Stunden = 100 % Haushaltstätigkeit für die gesamte Familie

Berechnung:

$$\frac{7 \times 100/80}{} = 8,75\%$$

Der Eigenversorgungsanteil beträgt **8,75 %**.

2. Ermittlung des Eigenversorgungsanteils in Euro
- 1.542,01 EUR = Schadensersatzbetrag bei 50 % MdH = 100 %
- x = 8,75 %

Berechnung:

$$\frac{1.542,01 \text{ EUR} \times 8,75\%}{} = 134,92 \text{ EUR}$$

Der Eigenversorgungsanteil beträgt **134,92 EUR**.

338   Nur in dieser Höhe werden die kongruenten Leistungen (Verletztenrente, Pflegegeld oder Leistungen der Sozialhilfe) angerechnet: 800 EUR – 134,92 EUR = 527,91 EUR. Der Restbetrag in Höhe von 527,91 EUR wird bei Vorliegen der Voraussetzungen gegebenenfalls vom Erwerbsschadensersatzanspruch als kongruente Leistung abgesetzt. Der Restbetrag in Höhe von 1.407,09 EUR ist vom Versicherer als Ersatzleistung auf den Haushaltsführungsschaden zu zahlen, wenn keine weitere Kongruenz besteht.

> *Praxistipp*
> Gerne setzt der Versicherer pauschal die gesamte kongruente Leistung in voller Höhe bei den vermehrten Bedürfnissen ab. Dies kann zur Haftungsfalle für den Rechtsanwalt werden und benachteiligt gegebenenfalls den Geschädigten in einer finanziellen Größenordnung vom mehreren tausend Euro, je nach Laufzeit des Anspruchs. Dem Anwalt kann nur empfohlen werden, rechnerisch gründlich zu arbeiten und sich die Mühe zu machen, das obige Rechenbeispiel in den Sachverhalt des eigenen Mandanten umzusetzen.

339   Sollten keine individuell ermittelten Werte aus dem Haushalt des Geschädigten hinsichtlich des Anteils des Haushaltsführungsaufwandes für die Familie und dem Eigenversorgungsanteil möglich sein, kann (mit erheblichen Bedenken) die Berechnungsgrundlage des BGH zum „**Kopfanteilprinzip**" (BGH Versicherungsrecht 1996, 1565) angewendet werden.

340   Im obigen Rechenbeispiel würde das zu einer deutlichen Verschlechterung des Ergebnisses zulasten des Geschädigten führen, weil 25 % (das rechnerische Verhältnis des Geschädigten zum Umfang der vierköpfigen Familie beträgt 25 % zu 75 %)

statt 8,75 % Eigenversorgungsanteil zugrunde zu legen sind. Nominal bedeutet das im Falle der Kapitalisierung unter Umständen eine Differenz zulasten des Geschädigten im 4–5stelligen Eurobereich. Insoweit lohnt sich also der rechnerische Mehraufwand einer individuellen Schadensermittlung.

Es ist zu beachten, dass die Ermittlung des Eigenversorgungsanteils im Verhältnis zum sonstigen Haushaltsführungsschaden in Zeitabschnitten erfolgen sollte. Das ergibt sich bei Familien mit Kindern daraus, dass die Kinder größer werden und damit der Eigenversorgungsanteil des Geschädigten mit dem steigenden Lebensalter des Kindes beziehungsweise der Kinder zunehmen wird. Andererseits wird der Eigenversorgungsanteil mit zunehmendem Lebensalter des Geschädigten im 2-Personen-Haushalt dann geringer, wenn der andere Ehegatte oder Partner seinerseits aufgrund des fortgeschrittenen Alters einen gestiegenen allgemeinen Betreuungsbedarf hat, zu dessen Erbringung der Geschädigte unterhaltsrechtlich verpflichtet ist. Er wird auch dann geringer, wenn sich die Familie durch die Geburt oder Adoption weiterer Kinder vergrößert.   **341**

5. Kongruente Leistungen

Besonderheiten ergeben sich hinsichtlich der kongruenten Leistungen dann, wenn die Haushaltstätigkeit als Erwerbsschaden zu qualifizieren ist. Insoweit ist an dieser Stelle auf die Ausführungen oben zu verweisen (Rn 152 ff.).   **342**

Zum Eigenversorgungsanteil kann hinsichtlich der Kongruenz auf vorstehende Ausführungen verwiesen werden (Rn 331 ff.).

§ 4 Ansprüche bei Tötung

A. Allgemeines

Die Tötungsfälle sind in der Praxis bei der Bearbeitung von Personenschäden äu- **1**
ßerst „unbeliebt", da sie sehr kompliziert zu rechnen sind, viel Zeitaufwand in der
Bearbeitung bedeuten und für den Anwalt vergütungsrechtlich wenig lukrativ sind.

Bis dato gab es keine umfangreichen Berechnungsmuster, in denen die einzelnen **2**
Tötungsfälle mit ihren verschiedenen Konstellationen detailliert berechnet wurden.
In der gängigen Literatur existieren teilweise Beispielfälle, jedoch nicht in dem
Umfang, wie sie im Anhang in diesem Buch aufgeführt sind (vgl. § 11 Rn 1 ff.).
Mit der nachfolgenden umfangreichen Darstellung soll eine Lücke geschlossen
werden. Der Anwalt, der einen Tötungsfall bearbeitet, kann daher die Blanko-Muster 1 zu 1 für seinen Fall übernehmen. Er kann die Blanko-Muster kopieren und
trägt lediglich noch seine Daten in die Muster ein. Dies bedeutet eine erhebliche
Erleichterung bei der Bearbeitung von Tötungsfällen. Natürlich sind die hier verwendeten Quoten nicht als Dogma zu werten. Die Quoten dienen der Erleichterung
der Berechnung und basieren zum Großteil auf der Rechtsprechung sowie den Berechnungen, welche sich in der Praxis durchgesetzt haben.

Wie alle Quoten, alle Tabellen oder sonstigen Hilfsmittel dienen diese Muster le- **3**
diglich der Orientierung. Der Anwalt darf deshalb grundsätzlich nie den Einzelfall
aus den Augen verlieren. Von den standardisierten Quoten oder Tabellen muss im
Einzelfall abgewichen werden, wenn die individuellen Verhältnisse des Mandanten
dies erfordern. Ein krampfhaftes Festhalten am Mustervordruck wäre dann falsch.

Tötungsfälle gehören zum Repertoire des Verkehrsrechtlers und müssen ebenso **4**
akribisch wie Verletzungsfälle bearbeitet werden. Um Fehlerquellen zu vermeiden,
jedoch alle Facetten mit vernünftigem Aufwand abzuarbeiten, wurden in diesem
Buch die Blanko-Muster entworfen. Versicherer haben mittlerweile je nach Einzelfall unterschiedliche Rechenprogramme entwickelt oder sich eigene Muster zuge-
legt. In der Regel sind diese jedoch nicht veröffentlicht, sondern gehören zur individuellen Grundausstattung der Großschadenssachbearbeiter.

Bevor ein Tötungsfall bearbeitet wird, ist zunächst eine erbrechtliche Prüfung zur **5**
Feststellung des Erben vorzunehmen. Es ist zuerst – wie aus dem Erbrecht bekannt
– zu prüfen, ob eine gesetzliche Erbfolge oder eine gewillkürte Erbfolge vorlag.
Diese erbrechtliche Grundsatzfrage ist wichtig, da im Ergebnis mehrere An-
spruchsberechtigte vorhanden sein können und sich die grundsätzliche Frage stellt,
wen der Anwalt vertritt. Vertritt er alle Erben oder nur den hinterbliebenen Ehe-
mann/die hinterbliebene Ehefrau? Ferner hat diese erbrechtliche Prüfung auch eine
gebührenrechtliche Bedeutung. Es empfiehlt sich, für jeden Anspruchsberechtigten
eine gesonderte Akte zu führen, damit kein Durcheinander in den Unterlagen entsteht.

6 Teilweise wird immer wieder vorgetragen, dass die Unterhaltsberechnungen wie im Familienrecht mit der Düsseldorfer Tabelle durchzuführen sind. Das ist falsch. Insofern können die familienrechtlichen Grundlagen eines Unterhaltsanspruchs keineswegs auf die Tötungsfälle im deliktsrechtlichen Bereich angewandt werden.

7 Oftmals hat der Getötete nach einem Unfallereignis noch einige Zeit gelebt und ist erst nach einer Zeitspanne verstorben. In diesen Fällen muss genau getrennt werden, ob der Verletzte noch eigene Schadensersatzansprüche hatte. Dies können z.B. Gehaltsdifferenzschäden, Sachschäden, Heilbehandlungskosten oder aber auch selbstverständlich ein Schmerzensgeldanspruch gewesen sein, welcher dann auf die Erben übergegangen ist (§ 1922 BGB). Hiervon losgelöst sind die Ansprüche, die durch den Tod des zuvor Verletzten überhaupt erst entstanden sind. Es herrscht der Grundsatz, dass normalerweise jeder für seinen Unterhalt selbst sorgt. Personen, die das nicht können, sind im Sinne des Gesetzes bedürftig und unterhaltsberechtigt. Der Unterhaltsanspruch ist daher eine Durchbrechung des Prinzips, dass Dritte, die nicht selber beim Unfall sterben, keine Ersatzansprüche geltend machen können. Es ist folglich sauber zwischen den Erben und den Unterhaltsgeschädigten zu trennen. Der Unterhaltsanspruch nach § 844 BGB ist nicht Gegenstand des Nachlasses des Getöteten, sondern steht ausschließlich den Unterhaltsgeschädigten zu.

8 Man prüft immer, ob der Getötete einen eigenen Anspruch auf Schadensersatz hatte. Dies bedeutet im Umkehrschluss, dass der Unterhaltsgeschädigte sich z.B. ein etwaiges Mitverschulden des Getöteten anrechnen lassen muss. Es finden hier die Grundsätze der §§ 846, 254 BGB Anwendung.

Praxistipp

Allerdings ist auch hier – wie bei den Verletztenfällen – keinesfalls pauschal ein Mitverschulden anzunehmen, sondern es bedarf einer exakten Prüfung, ob auch wirklich das vom Versicherer behauptete Mitverschulden des Getöteten vorlag. Hier ist oft eine Rücksprache mit technischen Sachverständigen notwendig, da aus unserer Erfahrung der Einwand des Mitverschuldens vom Geschädigtenvertreter viel zu schnell akzeptiert wird mit der Folge, dass dann sämtliche Schadenspositionen gequotelt werden. Gerade bei Verletzung der Gurtpflicht kann das Mitverschulden bei überwiegendem Verschulden des Gegners völlig zum Erliegen kommen. Es existiert hierzu umfangreiche Rechtsprechung, die der Anwalt kennen sollte. Von daher ist bei der haftungsbegründenden Kausalität äußerste Sorgfalt geboten und keinesfalls vorschnell eine Quote, die der Versicherer „diktiert", zu akzeptieren.

Sollte beim Getöteten ein Arbeitsunfall im engeren Sinne vorgelegen haben (§§ 104 ff. SGB VII), so muss sich dies der Unterhaltsgeschädigte ebenfalls anrechnen lassen.

B. Barunterhaltsschaden

Literatur: *Drees*, Schadensberechnung bei Unfällen mit Todesfolge, 2. Auflage 1994; *Eckelmann/Nehls*, Schadensersatz bei Verletzung und Tötung, Ausgabe 1987; *Ege*, Unterhaltsschaden und fixe Kosten, in: Ersatz des Unterhaltsschadens, Schriftenreihe der Arbeitsgemeinschaften des Deutschen Anwaltvereins, 1989, S. 87; *Hillmann/Schneider*, Das Verkehrsrechtliche Mandat, Bd. 2: Verkehrszivilrecht, 6. Auflage 2012, *Jahnke*, Unfalltod und Schadenersatz, Unterhaltsschaden und andere Ansprüche im Todesfall, 2. Auflage 2012; *Küppersbusch*, Ersatzansprüche bei Personenschaden, 10. Auflage 2010; *Pardey*, Berechnung von Personenschäden, 4. Auflage 2010; *Rogge*, Pubertät – Loslassen und Halt geben, 15. Auflage 2008; *Schmitz-Herscheidt*, Der Unterhaltsschaden in der Praxis, VersR 2003, 33; *Schulz-Borck/Pardey*, Der Haushaltsführungsschaden, 7. Auflage 2009; *Pardey*, Der Haushaltsführungsschaden, 8. Auflage 2013; *Teda*, Die Beerdigungskosten, DAR 1985, 10 ff.; *Wenker*, Die Kosten der Beerdigung, VersR 1998, 557

I. Allgemeine Grundsätze

1. Unterhaltsberechtigte

Wird ein Mensch getötet, der gesetzlich zum Unterhalt verpflichtet war, so haben die Angehörigen, die unterhaltsberechtigt sind, einen Schadensersatzanspruch. Die gesetzliche Vorschrift, die den Anspruch regelt, ist § 844 Abs. 2 BGB. Hiernach sind ersatzberechtigt die Personen, denen der Getötete im Zeitpunkt des Unfalls **gesetzlich unterhaltsverpflichtet** war. Nach dem Gesetz sind dies: **9**

- ■ Ehegatten untereinander, § 1360 ff. BGB, dies gilt auch für getrennt lebende Ehegatten (vgl. §§ 1361 ff. BGB). Ferner gilt dies auch nach der Scheidung (vgl. §§ 1570 ff. BGB);
- ■ Abkömmlinge:
- ▓ eheliche Kinder, minderjährig und volljährig (§ 1601 BGB);
- ▓ minderjährige unverheiratete Kinder (§ 1600 Abs. 2 BGB);
- ▓ adoptierte Kinder (§§ 1754, 1751 Abs. 4 BGB);
- ▓ nichteheliche Kinder (§ 1615a BGB);
- ▓ noch nicht geborene, aber schon gezeugte Kinder (§ 1844 Abs. 2 S. 2 BGB);

Praxistipp
Die beiden Gruppen Ehegatten und Kinder spielen bei der Berechnung des **Unterhaltsschadens** die Hauptrolle. Hierbei ist immer exakt zu trennen zwischen den einzelnen Personen, die anspruchsberechtigt sind. Ferner hat der Rechtsanwalt sich von den verschiedenen Personen jeweils gesonderte Vollmachten geben zu lassen, damit feststeht, ob das Mandat für alle anspruchsberechtigten Personen besteht oder zum Beispiel nur für den Ehegatten, aber nicht für die Kinder. Des Weiteren ist zu ermitteln, wer Erbe ist. Es ist zu prüfen, ob eine gesetzliche oder gewillkürte Erbfolge gegeben ist. Wenn die Frage geklärt ist, muss der Erbschein an den Versicherer geschickt werden. Wichtig ist, dass der mandatierte Anwalt für den Fall, dass er mehrere Erben vertritt, jeden einzelnen Anspruch bei jeder einzelnen Person prüft und beim Versicherer losgelöst voneinander geltend macht.

- alle übrigen **Verwandten in gerader Linie** (§ 1601 BGB);
- die Mutter des **nichtehelichen** Kindes (§ 1615l BGB);
- Partner einer eingetragenen **gleichgeschlechtlichen Lebenspartnerschaft** (§ 5 LPartG; *Rötel*, NZV 2001, 329 ff.).
- Ein Unterhaltsanspruch besteht nicht für folgende Personen:
- **Stiefkinder** gegen den Ehepartner des leiblichen Elternteils;
- **Pflegekinder**;
- **Geschwister**;
- **Verlobte** (OLG Frankfurt VersR 1984, 449);
- **Unterhaltsberechtigte aufgrund einer vertraglichen Vereinbarung.** Dies ergibt sich aus dem Gesetz (§ 844 Abs. 2 BGB: „Kraft Gesetz" nicht „Kraft Vertrag").

Praxistipp
Der BGH gestattet es, im Klageverfahren für jeden Geschädigten einen bezifferten Klageantrag zu stellen, z.B. für den überlebenden Ehegatten und die überlebenden Kinder, sich aber mit einer anderen Aufteilung der dann zuzusprechenden Gesamtrente einverstanden zu erklären. Dies ist indirekt eine Durchbrechung der den Zivilprozess beherrschenden **Dispositionsmaxime** nach § 308 ZPO (BGHZ 11, 181).

2. Bedürftigkeit des Unterhaltsberechtigten

10 Der Unterhaltsberechtigte hat nur dann einen Anspruch, wenn er bedürftig ist. Für den Anspruch des **Ehegatten** auf Familienunterhalt nach § 1360 BGB gibt es hier eine Besonderheit. Die Vorschrift des § 1602 BGB findet keine Anwendung. Dies bedeutet, dass der Versicherer nicht mit dem Argument gehört werden kann, dass ein Unterhaltsanspruch ausgeschlossen ist, weil das eigene Einkommen zum eigenen Unterhalt reichen würde (Stichwort: die „reiche Witwe").

11 In anderen Fällen ist dagegen stets zu prüfen, ob die Unterhaltsberechtigten sich aus eigenem Vermögen selbst unterhalten können (§ 1602 BGB). Dies betrifft z.B. die Fälle der minderjährigen Kinder, die über eigenes nennenswertes Vermögen verfügen.

Praxistipp
Sollte tatsächlich einmal der Fall vorliegen, dass die Minderjährigen beim Unfalltod eines Elternteils schon „reich" waren, bleibt selbstverständlich der Anspruch auf Naturalunterhalt bestehen. Dies darf der Anwalt nicht übersehen.

a) Erwerbstätigkeitspflicht

12 Sehr häufig tragen Versicherer vor, wenn Witwen (wenn von Witwen die Rede ist, gilt das Gesagte natürlich auch für Witwer, wenn nicht der Ehemann verstirbt, sondern die Ehefrau) Unterhaltsansprüche geltend machen, die Witwe habe gar keinen Unterhaltsanspruch, weil sie nach dem Tod ihres Mannes nunmehr arbeiten könne.

Sollte dieser Einwand kommen, hat der Anwalt der Witwe die insofern günstige Rechtsprechung des BGH auf seiner Seite. Danach gilt der Einwand nur in engen Grenzen. Die Witwe kann lediglich auf eine **zumutbare Tätigkeit** verwiesen werden. Wie generell bei derartigen Einwänden der Versicherer ist auch hier die Schadensminderungspflicht nach § 254 Abs. 2 BGB Maßstab. Der BGH hat entschieden, dass für die Frage, was der Witwe zumutbar ist, die Persönlichkeit der Witwe heranzuziehen ist, ebenso wie die bisherige Erwerbsstellung der Witwe, die wirtschaftlichen und sozialen Verhältnisse, in der die Ehegatten lebten und die Länge der Ehe (BGH VersR 76, 877; VersR 84, 936).

Ferner ist zu prüfen, ob betreuungsbedürftige Kinder vorhanden oder ob die Kinder in der Pubertät sind (BGH NJW 1984, 2520).

Praxistipp
Versicherer wenden manchmal ein, dass die Witwe arbeiten kann, weil die Kinder schon ziemlich groß sind, denn schließlich waren wir doch früher auch „Schlüsselkinder". In diesem Fall sollte der Anwalt das Buch von *Rogge* „Pubertät – Loslassen und Haltgeben" kennen und den Schadensregulierer darauf hinweisen, welche Probleme Kinder in der Pubertät haben und wie wichtig gerade in diesen Fällen die noch übrig gebliebene Mutter oder der alleinstehende Vater ist, damit das Kind nicht aus der Bahn geworfen wird. In solchen Fällen kann der Witwe nach der Rechtsprechung des BGH nicht zugemutet werden, einer Erwerbstätigkeit nachzugehen und selber Geld zu verdienen.

Einer Witwe mit kleinen Kindern ist grundsätzlich eine Erwerbstätigkeit nicht zuzumuten, da die kleinen Kinder uneingeschränkt die Mutter brauchen und hier kein Verstoß gegen die Schadensminderungspflicht vorliegt, soweit keine Arbeit durch die Witwe aufgenommen wird. **13**

Praxistipp
Versicherer kommen oftmals mit dem Argument, dass die Witwe nach dem Tod des Ehemanns nun etwas mehr Zeit hat, weil sie den Teil der Haushaltsarbeit nicht machen muss, den sie für den Ehemann gemacht hat. Folglich kann die Witwe auch arbeiten gehen und Geld verdienen. Hier hat der Geschädigte ebenfalls die Rechtsprechung des BGH auf seiner Seite, da die Witwe sich per se nach den Unterhaltsberechnungsgrundsätzen schon einen Abzug anrechnen lassen muss, weil Hausarbeit eingespart wurde.

b) Wiederverheiratungsmöglichkeit

Von dem Zeitpunkt der **Wiederheirat** des hinterbliebenen Ehegatten an besteht, solange diese neue Ehe dauert, kein Schadensersatzanspruch. **14**

> *Praxistipp*
> Der Anwalt sollte daher seine Mandantin aufklären, dass sie durch eine erneute Heirat ihre Unterhaltsansprüche verlieren würde (BGH NJW 1979, 268). Wenn die neue Ehe erneut geschieden wird, dann kann der Unterhaltsanspruch jedoch auch wieder aufleben.

c) Spätere Bedürftigkeit

15   Denkbar ist z.b. der Fall, dass ein Kind zu dem Zeitpunkt, in dem sein Vater stirbt, ein eigenes Einkommen hat und daher nicht unterhaltsbedürftig ist, aber später nicht mehr über dieses Einkommen verfügt und unterhaltsbedürftig wird.

> *Praxistipp*
> Dann sollte der Anwalt eine Feststellungsklage erheben, um die zukünftigen Unterhaltspflichten zu sichern, damit keine Verjährung eintritt. Bei nicht bedürftigen Kindern ist daher immer an diesen Gesichtspunkt für die Zukunft zu denken, da sich die Lebenssituation schnell ändern kann.

3. Leistungsfähigkeit des Verpflichteten

16   Die Witwe hat keinen Unterhaltsanspruch, wenn der getötete Ehemann nicht **leistungsfähig** war. In der Praxis spielt dieser Aspekt nicht so eine große Rolle, zumal der Geschädigte sich auf die Beweiserleichterung des § 287 ZPO stützen kann (BGH zfs 1987, 133 und OLG Bremen zfs 1990, 187). Ferner kommt es auch nicht darauf an, ob der Unterhaltsverpflichtete (z.b. der getötete Ehemann) in der Vergangenheit seine Unterhaltspflicht auch tatsächlich erfüllt hat, da es nur auf das Bestehen und die Durchsetzbarkeit des Anspruchs als solchem ankommt (OLG Bremen zfs 1990, 187 und OLG Celle zfs 2005, 129).

Zudem ist auch immer zu prüfen, falls ein Fall von Nichtleistungsfähigkeit besteht, ob der Getötete ggf. später ohne den Unfall leistungsfähig geworden wäre. Auch in diesem Fall ist dann an eine Feststellungsklage zu denken oder aber außergerichtlich mit dem Versicherer ein entsprechender Zukunftsschadensvorbehalt mit der Wirkung eines gerichtlichen Feststellungsurteils auszuhandeln, wobei gleichzeitig immer auf die Einrede der Verjährung seitens des Versicherers verzichtet werden sollte. Wenn Versicherer diesen Vorbehalt nicht freiwillig geben, muss eine Feststellungsklage erhoben werden; manchmal genügt auch schon die Drohung mit einer solchen Klage.

4. Gesetzlicher Unterhalt

17   § 844 Abs. 2 BGB besagt, dass der **gesetzlich geschuldete**, nicht der tatsächlich geleistete Unterhalt zu berücksichtigen ist. Was darunter zu verstehen ist, regelt das BGB in den §§ 1360, 1360a Abs. 1 sowie §§ 1602 Abs. 2 Nr. 2, 1610 Abs. 1 und Abs. 2 BGB. Dies bemisst sich nach den konkreten Verhältnissen der Familie aufgrund der Lebensstellung (Was war der erlernte Beruf/ausgeübte Beruf? Welcher

Lebensstil existierte?). Ein Blick in das Gesetz zeigt, was unter angemessenem Unterhalt zu verstehen ist. § 1360a Abs. 1 BGB führt dies aus. Danach umfasst der angemessene Unterhalt alles, was nach den Verhältnissen der Ehegatten erforderlich ist, um die Kosten des Haushaltes zu bestreiten und die persönlichen Bedürfnisse der Ehegatten und den Lebensbedarf der gemeinsamen unterhaltsberechtigten Kinder zu befriedigen.

Man unterscheidet hier zwischen dem sogenannten **Barunterhalt** und dem sogenannten **Naturalunterhalt**. Der Barunterhalt sind Unterhaltsleistungen in Geld. Es kommt hier insbesondere auf die Einkommensverhältnisse des Barunterhaltspflichtigen an. Vereinfacht ausgedrückt bedeutet dies, dass der Vater oder die Mutter Einkommen erzielt und das Einkommen der Familie zur Verfügung stellt. **18**

Zum sogenannten Naturalunterhalt zählt die persönliche Zuwendung durch Betreuung und Erziehung der Kinder, aber auch der gesamte Bereich der Haushaltsführung.

Generell ist bei der gesetzlichen Vorgabe zu beachten, dass die Eheleute auch **Vereinbarungen** oder **Absprachen** treffen können. Die Eheleute können z.B. entsprechend ihres Lebensstils bestimmen, dass das gesamte Einkommen zum Lebensunterhalt ausgegeben werden soll und nichts zur Vermögensbildung angespart werden muss. Der eine gibt etwas mehr aus, der andere ist eher etwas sparsam. Wenn solche Absprachen zwischen den Eheleuten existieren, sind diese auch haftungsrechtlich nach dem Tod des Partners oder Ehegatten verbindlich. **19**

Praxistipp
Gerade der Bereich der **Vermögensbildung** spielt häufiger eine Rolle, da Versicherer generell immer den Einwand erheben, dass von dem Nettoeinkommen die Rücklagen zur Vermögensbildung abzuziehen sind. Dadurch fällt der Unterhaltsschaden geringer aus. Wenn die Eheleute aber etwas anderes vereinbart haben und nicht extrem sparsam sind, so muss sich der Geschädigte dies auch nicht anspruchsmindernd abziehen lassen. Natürlich ist bezüglich der Verhältnisse darauf abzustellen, ob die entsprechenden Angaben im Hinblick auf das Einkommen realistisch sind. Sollte der Getötete Vorstandsvorsitzender eines DAX-Unternehmens gewesen sein, wird man sicherlich nicht sagen können, dass er sein komplettes Einkommen in den Lebensunterhalt gesteckt hat, sondern dann sind mit an Sicherheit grenzender Wahrscheinlichkeit gewisse Beträge auch in die Vermögensbildung geflossen. Bei mittleren und kleinen Einkommen kann aber keinesfalls zwangsläufig von einer Rücklage zur Vermögensbildung ausgegangen werden. Es gibt ganz viele Familien, und diese werden immer mehr, die kein Geld für die Vermögensbildung zurücklegen können, weil sie das gesamte – geringe – Einkommen benötigen, um die Lebenshaltungskosten zu decken.

5. Laufzeit des Anspruchs

20 Die **Laufzeit** des Unterhaltsschadens ist durch den mutmaßlichen Tod des Unterhaltsverpflichteten begrenzt. Es ist daher zuerst zu schauen, wer verstorben ist. Ist der Ehemann verstorben, muss geprüft werden, wann das statistische Lebensende des Ehemanns gewesen wäre. Hierzu sind die gängigen **Sterbetafeln** heranzuziehen. Die aktuellen Sterbetafeln sind unter *www.destatis.de* (Quelle: statistisches Bundesamt) einsehbar. Es wird hier insoweit auf das statistische Bundesamt verwiesen. Man benötigt diese Daten, um den kapitalisierten Betrag auszurechnen. Zunächst ist deshalb das Alter des Betroffenen zum Zeitpunkt des Unfalls bzw. zum Zeitpunkt des Kapitalisierens zu ermitteln. Anschließend ist zu prüfen, wie hoch die durchschnittliche Lebenserwartung noch gewesen wäre. Bei einem zum Zeitpunkt des tödlichen Unfalls 58-jährigen Mann wäre die durchschnittliche Lebenserwartung noch 22,5 Jahre (siehe Sterbetafel 2006/2008) gewesen. Anschließend wird der Kapitalisierungsbetrag ermittelt. Im Einzelnen wird im Kapitel „Kapitalisierung" hierauf noch eingegangen (siehe § 6 Rn 1 ff.).

21 Wichtig ist, dass der Unterhaltsschaden über den Zeitraum des 67. Lebensjahres hinaus, d.h. bis zum statistischen Lebensende, zu berechnen ist. Ein grober Fehler wäre es, den Unterhaltsschaden nur bis zum 67. Lebensjahr zu berechnen.

Praxistipp
Die Witwe ist grundsätzlich nach den individuellen Lebensumständen ihres verstorbenen Mannes zu befragen. Dies ist deshalb wichtig, weil die Tabellen bei *Küppersbusch* lediglich die statistische Lebenserwartung auflisten. Im konkreten Fall kann es jedoch so sein, dass eine überdurchschnittliche Lebensdauer anzunehmen ist. Die Witwe sollte daher danach befragt werden, welche Maßnahmen der Verstorbene konkret zur Gesunderhaltung ergriffen hat. Es kann bei gesunder Lebensweise auch ein Blutbild des behandelnden Arztes herangezogen werden, um zu dokumentieren, dass der Verstorbene wahrscheinlich über das statistische Lebensende hinaus gelebt hätte. Hilfreich ist auch ein Vorerkrankungsregister der Krankenkasse. Im Ergebnis kann die unterhaltsberechtigte Ehefrau manchmal einen höheren Anspruch durchsetzen.

22 Bei einer Klage ist der geschätzte Zeitpunkt des voraussichtlichen Todes des Unterhaltspflichtigen (z.B. des verstorbenen Ehemanns) in einem Zahlungsantrag und in einem Leistungsantrag genau mit einem Kalendertag anzugeben (BGH VersR 1986, 463). Andernfalls kann ein teilweises Unterliegen mit entsprechender Kostenfolge der Fall sein.

23 Bei den **Kindern,** mithin den Waisen, ist hinsichtlich der Dauer der Unterhaltszahlungen Folgendes zu beachten:

Normalerweise ist der Anspruch bis zum 18. Lebensjahr gegeben (vgl. BGH NJW 1983, 2197). Keinesfalls sollte aber der Anspruch generell von vornherein immer auf 18 Jahre begrenzt werden. Es kann durchaus sein, dass die Kinder über das 18. Lebensjahr hinaus weiterhin unterhaltsberechtigt sind.

Praxistipp
Der Anwalt muss hier seine Mandantin nach der eigenen Ausbildung befragen, um so Rückschlüsse auf diejenige des Kindes zu ziehen. Die Lebensstellung, die Begabung, der Entwicklungsstand des Kindes und der anderen Geschwister sind ebenfalls zu erfragen. Ferner ist die überlebende Ehefrau nach den Plänen für das gemeinsame Kind zu befragen. Kommt man zu dem Ergebnis, dass das Kind z.B. zum Gymnasium gehen wird und anschließend studieren will, ist über das 18. Lebensjahr hinaus Unterhalt zu zahlen. Der Anspruch kann durchaus bis zum **27. Lebensjahr** bestehen (vgl. OLG Düsseldorf NJW 1961, 1408). Auch hier sind die Ansprüche für die Kinder ggf. durch einen Zukunftsschadensvorbehalt oder ein Feststellungsurteil für den Mandanten abzusichern.

II. Technik der Unterhaltsberechnung (Ansprüche Witwe/Witwer)

1. Einleitung

Die einzelnen Unterhaltsberechnungen führen in der Praxis oft zu Problemen. Daher enthält dieses Buch eine Beispielsammlung (siehe Rn 58 ff.), in der alle gängigen Probleme jeweils konkret an einem Beispiel durchgerechnet sind. Ferner enthält das Buch **Blanko-Muster** im Anhang (siehe § 11 Rn 1 ff.), damit der Anwalt, der die Ansprüche seiner Mandantin oder seines Mandanten zu berechnen hat, „seine Zahlen" nur noch einzusetzen braucht. In einem allerersten Schritt ist zunächst der nachfolgende **Fragebogen** mit dem Mandanten durchzugehen.

24

2. Ermittlung des Barunterhaltsschadens

Fragebogen zur Ermittlung des Barunterhaltsschadens   **25**
a) Alleinverdiener Ehe:
   ■ ja
   ■ nein
b) Doppelverdiener Ehe:
   ■ ja
   ■ nein
c) Wer ist gestorben?
   ■ Ehemann
   ■ Ehefrau
d) Wer macht Ansprüche geltend?
   ■ Ehefrau
   ■ Ehemann
   ■ Kind 1

- Kind 2
- Kind 3

e) Nettoeinkommen des Verstorbenen:

g) Fixkosten:

f) Nettoeinkommen der/des Witwe/Witwers:

g) Fixkosten:

h) Witwenrente:

i) Waisenrente Kind 1:

j) Waisenrente Kind 2:

k) Waisenrente Kind 3:

l) Haftungsquote:

m) Prozentualer Fixkostenanteil Ehemann (Berechnungsmuster 1 siehe Rn 45):

n) Prozentualer Fixkostenanteil Ehefrau (Berechnungsmuster 1 siehe Rn 45):

o) Unterhaltsquote Alleinverdiener (Tabelle 1 siehe Rn 29):

p) Unterhaltsquote Doppelverdiener (Tabelle 2 siehe Rn 30):

q) Anteile Fixkosten (Tabelle 3 siehe Rn 31):

Nach Beantwortung dieses Fragebogens kann jeder Fall des Unterhaltsschadens berechnet werden. Am Anfang scheint die Barunterhaltsberechnung recht kompliziert zu sein. Tatsächlich lässt sich mit den einzelnen Beispielsfällen und den jeweiligen Erläuterungen jedoch problemlos jeder Fall lösen. Wie ein Unterhaltsschaden berechnet wird, soll im Überblick anhand des **6-Stufenmodells** erläutert werden.

3. 6-Stufenmodell zur Ermittlung des Unterhaltsschadens

26 1. Stufe **Ermittlung des Nettoeinkommens des Getöteten**
Was zu dem Nettoeinkommen zu zählen ist und was nicht, wird unter 2. (siehe Rn 33 ff.) erläutert. Bei der Ermittlung des Nettoeinkommens wird auch gefragt, wie viel Geld die Familie für die Vermögensbildung verwendet hat, da der Betrag vorher abzuziehen ist (siehe Rn 34).

2. Stufe   **Fixe Kosten** abziehen: Der Mandant muss nach den Fixkosten befragt werden. Hierzu gibt es eine umfangreiche Liste (siehe Rn 42).

3. Stufe   Verteilung des übrig gebliebenen Einkommens auf den Getöteten und die Hinterbliebenen nach **Unterhaltsquoten** (Tabelle 1/Tabelle 2 siehe Rn 29, 30)

4. Stufe   Hinzurechnen der **anteiligen Fixkosten** bei den Hinterbliebenen (Tabelle 3 siehe Rn 31)

5. Stufe   Eventuell **Abzug ersparter Unterhalt** (bei Doppelverdienern)

6. Stufe   Abzug von **Witwen-** oder/und **Waisenrente** oder Berücksichtigung einer **Mitverschuldensquote** des Getöteten (siehe Rn 55)

Die Tabellen 1–3, die für die Unterhaltsberechnung benötigt werden, sind nachfolgend abgedruckt (siehe Rn 29 ff.).

Die Tabelle 1 enthält die Unterhaltsquoten, soweit es sich um einen Alleinverdiener handelt. Die Tabelle 2 enthält die Unterhaltsquoten, sofern es sich um eine Doppelverdienerehe handelt. Die Tabelle 3 enthält die Anteile der Fixkosten. Vertritt der Anwalt z.B. eine Witwe, die Unterhaltsansprüche geltend macht, wobei der verstorbene Ehemann der Alleinverdiener war und zwei Kinder existieren, so beträgt die Unterhaltsquote nach Tabelle 1 30 %.

Lag dagegen eine **Doppelverdienerehe** vor, besteht für die Witwe bei zwei Kindern eine Unterhaltsquote nach Tabelle 2 von 35 %. Sämtliche genannten Quoten haben sich in der Praxis außergerichtlich durchgesetzt und basieren zum Großteil auf der Rechtsprechung der Oberlandesgerichte und der Rechtsprechung des BGH (BGH DAR 1987, 220; BGH VersR 1990, 317; BGH VersR 1984, 398; BGH VersR 1986, 264; OLG Düsseldorf NZV 1993, 473; OLG Brandenburg zfs 1999, 330). Der BGH (VersR 1987, 1244; VersR 1987, 507) verwendet bei Kindern je nach Alter unterschiedliche Quoten, da der Unterhaltsbedarf der Kinder sich je nach Lebensalter ändert. Dies ist zwar richtig, führt aber in der Praxis zu sehr komplizierten Berechnungen, ohne den Fall wirklich abschließen zu können. Deshalb sollte hier mit den genannten Quoten gerechnet und anschließend, nachdem die Zahlen errechnet wurden, ein Zu- oder Abschlag vorgenommen werden. **27**

Die Quoten haben sich in der Praxis durchgesetzt, um die Vielzahl der außergerichtlichen Fälle praktikabel zu lösen. Im Einzelfall kann hiervon natürlich abgewichen werden, da die Quoten kein Dogma sind und immer anhand des Einzelfalls geprüft werden muss, ob individuelle Umstände, welche den Bedarf des jeweiligen Unterhaltsberechtigten betreffen, es rechtfertigen, mit anderen Quoten zu rechnen. Bei diesen individuellen Umständen könnte es sich zum Beispiel um die Höhe des Einkommens, das Lebensalter oder die Ausbildung der Kinder handeln, welche Einfluss auf die Quotenermittlung haben. **28**

29 **Tabelle 1: Unterhaltsquoten Alleinverdiener**

Konstellation*	Quote	
Alleinverdiener und keine Kinder	Getöteter	55 %
	Witwe	45 %
Alleinverdiener und ein Kind	Getöteter	45 %
	Witwe	35 %
	Kind	20 %
Alleinverdiener und zwei Kinder	Getöteter	40 %
	Witwe	30 %
	Kind 1	15 %
	Kind 2	15 %
Alleinverdiener und drei Kinder	Getöteter	34 %
	Witwe	27 %
	Kind 1	13 %
	Kind 2	13 %
	Kind 3	13 %

*Die Tabelle gilt entsprechend für den umgekehrten Fall, dass nicht der Ehemann verstirbt, sondern die Ehefrau tödlich verunfallt.

30 **Tabelle 2: Unterhaltsquoten Doppelverdiener**

Konstellation*	Quote	
Doppelverdiener und keine Kinder	Getöteter	50 %
	Witwe	50 %
Doppelverdiener und ein Kind	Getöteter	40 %
	Witwe	40 %
	Kind	20 %
Doppelverdiener und zwei Kinder	Getöteter	35 %
	Witwe	35 %
	Kind 1	15 %
	Kind 2	15 %
Doppelverdiener und drei Kinder	Getöteter	30,5 %
	Witwe	30,5 %
	Kind 1	13 %
	Kind 2	13 %
	Kind 3	13 %

*Die Tabelle gilt entsprechend für den umgekehrten Fall, dass nicht der Ehemann verstirbt, sondern die Ehefrau tödlich verunfallt.

Tabelle 3: Anteile Fixkosten   **31**

Die in Tabelle 3 genannten Anteile Fixkosten haben sich ebenfalls in der Praxis außergerichtlich durchgesetzt und basieren zum Großteil auf der Rechtsprechung des BGH (BGH VersR 1989, 333). Auch hier sind die Zahlen kein Dogma und ggf. den individuellen Verhältnissen anzupassen.

Konstellation*		Quote
Allein-/Doppelverdiener und keine Kinder	Witwe	100 %
Allein-/Doppelverdiener und ein Kind	Witwe	66,6 %
	Kind	33,3 %
Allein-/Doppelverdiener und zwei Kinder	Witwe	50 %
	Kind 1	25 %
	Kind 2	25 %
Alleinverdiener und drei Kinder	Witwe	40 %
	Kind 1	20 %
	Kind 2	20 %
	Kind 3	20 %

*Die Tabelle gilt entsprechend für den umgekehrten Fall, dass nicht der Ehemann verstirbt, sondern die Ehefrau tödlich verunfallt.

Nachfolgend werden die einzelnen Positionen innerhalb der 6 Stufen erläutert. Der   **32**
Anwalt, der einen Unterhaltsschaden zu berechnen hat, kann bei den einzelnen Positionen, wie z.B. Fixkosten oder Nettoeinkommen oder Anteile Fixkosten nachschlagen, um zu prüfen, ob für seinen Fall Probleme existieren oder nicht.

Praxistipp
Generell kann gesagt werden, dass das **A und O** bei der Berechnung des Unterhaltsschadens die **fixen Kosten** sind. Versicherer versuchen hier immer wieder, berechtigte Ansprüche zu reduzieren, indem sie behaupten, die fixen Kosten seien geringer als geltend gemacht. Keinesfalls sollte der Anwalt sich mit zu geringen fixen Kosten zufrieden geben. Gerade bei Haushalten, in denen ein geringes Einkommen existiert, können fixe Kosten deutlich über **50 %** realistisch sein. Versicherer versuchen zunächst einmal, die fixen Kosten bei 15 % anzusetzen, um dann großzügig im Vergleich eventuell 20 % anzubieten. Im Einzelnen wird bei den fixen Kosten hierauf exakt eingegangen. Vorab soll der Anwalt an dieser Stelle sensibilisiert werden, dass er, wenn er auf der Klaviatur der fixen Kosten richtig spielen kann, extrem viel für seinen Mandanten herausholen kann. Wenn hier unsauber und unprofessionell gearbeitet wird, verschenkt der Anwalt für seinen Mandanten unter Umständen zigtausende von Euro. Daraus ergibt sich zugleich ein hohes Haftungsrisiko.

a) Erste Stufe: Nettoeinkommen des Getöteten

33 Der Getötete war familienrechtlich verpflichtet, Unterhalt zu leisten. Grundlage ist daher das **Nettoeinkommen** des Getöteten zum Unfallzeitpunkt. Dessen Höhe ist mit der Witwe/dem Witwer zunächst zu klären.

aa) Arbeitnehmer

34 War der Getötete Arbeitnehmer, muss die überlebende Ehefrau dem Anwalt sämtliche Lohn- und Gehaltsabrechnungen eines Jahres überlassen und dieser muss das Nettoeinkommen anhand dieser Unterlagen ermitteln. Ferner ist der Steuerbescheid vorzulegen. Zum Einkommen gehören folgende Positionen:

- **Überstundenvergütungen**
- **Zulagen**
- **Urlaubsgeld**
- **Weihnachtsgeld**
- **Treueprämie** (BGH VersR 1971 153)
- **Sachbezüge** z.B. Nutzungsrecht bezüglich eines Dienstwagens (OLG Hamm zfs 1996, 211)
- **Steuerrückerstattungen** (Steuerbescheid)
- **Nebenverdienste**
- **Eigenheimzulage** (Bescheid des Finanzamtes) (BGH 98 VersR 2004, 75)
- Renten, die der Befriedigung des Unterhaltsbedarfs dienen (wie z.b. **Verletztenrente**)
- Erwerbsersatzeinkommen, wie z.b. **Krankengeld, Verletztengeld, Arbeitslosengeld I, Arbeitslosengeld II, Grundsicherung**
- **Nicht: Kindergeld**, dieses bleibt bei der Berechnung des Unterhaltsschadens außer Betracht (BGH, Urt. v. 12.7.1979, DAR 1980, 85 und OLG Saarbrücken SP 2005, 160)
- **Kapitaleinkünfte**, z.B. Einkünfte aus Vermietung- und Verpachtung, sind zu berücksichtigen, wenn sie dem Unterhalt dienen
- **Trinkgelder** (Steuererklärung, Steuerbescheid)
- **Kapitalertragszinsen** (Steuerbescheid)
- **Jubiläumszuwendungen**
- **Streitig: Auslösen, Spesen, Werkzeuggeld und Aufwandsentschädigungen**

Praxistipp
Die vier letztgenannten Positionen sind streitig. Der Versicherer wendet oftmals ein, dass sie nicht zur Sicherstellung des Familienunterhalts bestimmt sind und beruft sich auf die BGH-Entscheidung VersR 1986, 264. Hier sollte der Anwalt die Entscheidung des OLG Hamm (VersR 1983, 927) darstellen, wonach oftmals derartige Leistungen eine Art verschleiertes Zusatzeinkommen und dann natürlich zu berücksichtigen sind. Der Anwalt sollte sich daher genau die Gehaltszahlungen daraufhin ansehen, ob die Spesen in der abgerechneten Höhe tatsächlich angefallen sind. Er sollte die Witwe fragen, wie hoch tatsächlich die Kosten der Übernach-

tung waren. Waren diese geringer als der vom Arbeitgeber erstattete Betrag, dann wird es sich wahrscheinlich um ein „verschleiertes Zusatzeinkommen" gehandelt haben, welches beim Unterhalt Berücksichtigung findet. Aus der Erfahrung der Autoren ist bekannt, dass man sich in einem solchen Fall mit dem Versicherer zum Beispiel auf eine 50 %ige Quote einigen kann, d.h. 50 % der Aufwandsentschädigung und Spesen sind dann doch bei dem Unterhalt beim Nettoeinkommen zu berücksichtigen und nicht generell abzuziehen. Es ist daher immer auf die tatsächlichen Verhältnisse abzustellen. So hat der BGH (BGH VersR 1987, 507) entschieden, dass bei Spesen, die zur Deckung besonderer Lasten einer im Außendienst tätigen Person gezahlt werden, $^1/_3$ des Spesenansatzes den Nettoeinkünften hinzugerechnet werden muss. Der Anwalt sollte daher nicht ohne nähere Prüfung den Einwand des Versicherers akzeptieren, dass generell alle Aufwandsentschädigungen, Spesen, Werkzeuggeld sowie Auslösen vom Nettoentgelt abzuziehen sind.

Mitunter kann eine solche vergleichsweise Lösung für den Geschädigten schon einen deutlich höheren Unterhaltsanspruch bedeuten. Um das Nettoeinkommen zu errechnen, werden vom Bruttoeinkommen die Steuern, Sozialversicherungsbeiträge (Arbeitnehmeranteile zur Kranken-, Pflege-, Renten- und Arbeitslosenversicherung) sowie Aufwendungen zur Vermögensbildung und Werbungskosten abgesetzt.

Praxistipp
Bei der **Vermögensbildung** wendet der Versicherer fast immer einen Abzug ein. Deswegen sieht man in den Tabellen der Versicherer auch immer bei der Ermittlung des Nettoeinkommens als nächstes den Abzug für Vermögensbildung. Hier muss der Anwalt aufpassen, denn es gibt keine allgemeinen Richtlinien, ab welchem Einkommen Familien zwangsläufig immer Geld für die Vermögensbildung verwenden. Wenn der Versicherer mit pauschalen Ansätzen daherkommt, muss der Anwalt dem entgegentreten. Maßgeblich sind die individuellen **Vereinbarungen** und tatsächlichen Handhabungen der Ehegatten untereinander. Wenn die Eheleute sich entschieden haben, die gesamten Einkünfte vollständig für den Lebensunterhalt einzusetzen, so hat der Versicherer das zu akzeptieren und er kann nicht pauschal behaupten, dass von dem Nettoeinkommen ein gewisser Betrag für die Vermögensbildung abzuziehen ist. Gerade bei Einkommen kleinerer und mittlerer Art haben die Familien in der Regel kein Geld für die Vermögensbildung zur Verfügung. Von daher ist es hier wichtig, dass von dem Nettoeinkommen nur Abzüge für die Vermögensbildung vorgenommen werden, wenn diese auch tatsächlich nachgewiesen sind.

Da Versicherer oft die Vermögensbildung ins Spiel bringen, ist dem Rechnung getragen und ein Beispiel mit einer Vermögensbildung aufgenommen und gerechnet (siehe Rn 59). Schließlich enthält der Anhang ebenfalls ein Blanko-Muster zur Berechnung mit einer Vermögensbildung (siehe § 11 Rn 19).

bb)   Selbstständige

35   War der Getötete selbstständiger Unternehmer, sollte der Anwalt mehrere Dinge beachten. In diesem Fall gibt es keinen Arbeitsvertrag, keine Gehaltsabrechnungen oder sonstigen feststehenden monatlichen Größen. Es ist vielmehr anhand der letzten 3 bis 4 Jahre zu prüfen, welchen durchschnittlichen Gewinn der **Selbstständige** erwirtschaftet hat. Entweder ist dies anhand der betriebswirtschaftlichen Auswertungen oder der Bilanzen vorzunehmen. In der Praxis empfiehlt es sich, hier mit einem Sachverständigen zusammenzuarbeiten bzw. sich mit dem Versicherer auf einen Sachverständigen (Steuerberater oder Wirtschaftsprüfer) zu einigen, der ein Gutachten erstellt.

Praxistipp

Der Geschädigtenanwalt muss bei der Formulierung des Gutachterauftrages, den der Versicherer vergibt, mitwirken und den Sachverständigen darauf hinweisen, wie auf der Klaviatur des § 286 ZPO und des § 287 ZPO zu spielen ist. Dies ist deshalb wichtig, weil das Gesetz dem Geschädigten nach § 287 ZPO Beweiserleichterungen einräumt. Hiernach reicht es nämlich aus, wenn der Gewinn mit einer **gewissen** Wahrscheinlichkeit erzielt worden wäre.

Praktisch ist daher die Frage zu stellen, welche Umsätze und Erlöse der Geschädigte vor dem Unfall erzielt hat und welche Umsätze und Erlöse der Selbstständige nach dem Unfall voraussichtlich erzielt hätte. Hier ist der Anwalt gefordert: er muss das Gutachten exakt überprüfen. Er muss fragen, ob z.B. in der Vergangenheit besondere Investitionen getätigt wurden oder in der Zukunft beabsichtigt waren. Ferner sind die Hinterbliebenen danach zu fragen, welche Unternehmensveränderungen in der Zukunft angestanden hätten: Sollte z.B. der Betrieb erweitert werden? Ferner ist anhand der Bilanz zu prüfen, inwieweit das Betriebsergebnis in der Vergangenheit pro Jahr gestiegen ist, um daraus die Zukunftsprognosen herleiten zu können.

Praxistipp

Es empfiehlt sich, eine Prognose des zukünftigen **Betriebsgewinns immer** mit einem Fachmann (Steuerberater, Wirtschaftsprüfer) abzusprechen, da auch von dem Betriebsgewinn eine **Investitionsrücklage von 25 %** abzusetzen ist. Die Berechnungen derartiger Prognosen sind daher in der Praxis nicht leicht und sollten schon deshalb stets mit der Hilfe eines spezialisierten Betriebswirtes durchgeführt werden.

36   Gerade bei **Familienunternehmen** kommt es vor, dass die Witwe den Betrieb weiterführt. Hier sind insbesondere landwirtschaftliche Betriebe oder auch kleinere und mittlere Einzelunternehmen zu nennen. Liegt ein solcher Fall vor, greift die sogenannte **Quellentheorie**. Das bedeutet, dass der Unterhalt aus derselben **Quelle** bestritten wird. Es ist daher lediglich die Person des Unterhaltspflichtigen gewechselt worden. Nach der Rechtsprechung müssen die Unterhaltsberechtigten sich die-

se Einkünfte im Wege des Vorteilsausgleichs anrechnen lassen. Auch dies ist dogmatisch für die Hinterbliebenen schwer zu verstehen, jedoch angesichts der höchstrichterlichen Rechtsprechung zu akzeptieren (vgl. BGH VersR 69, 951).

Liegt ein solcher Fall vor, kann den Hinterbliebenen jedoch oftmals geholfen wer- **37**
den, indem genau geprüft wird, ob der Witwe die Fortführung des Geschäfts auch
zumutbar ist. Nur wenn die Zumutbarkeit feststeht, erfolgt nämlich eine Anrechnung im Rahmen des Vorteilsausgleichs. Die Frage der Zumutbarkeit richtet sich
nach Alter, Leistungsfähigkeit, früherer Tätigkeit und Ausbildung der Witwe sowie
der Frage, ob Kinder vorhanden und wie alt diese sind. Konkret bedeutet dies, dass
es der Witwe zum Beispiel nicht zumutbar ist, einen Betrieb fortzuführen, wenn
Kleinkinder oder Minderjährige bis zum 15. Lebensjahr zu betreuen sind. Der Witwe ist die Fortführung dagegen immer dann zumutbar, wenn sie früher schon im
Unternehmen ihres Mannes gearbeitet hat, die Ausbildung, die sie selber absolviert
hat, mit dem Gegenstand des Unternehmens im Einklang steht und keine oder aber
erwachsene Kinder vorhanden sind.

> *Praxistipp*
> Die Frage der **Zumutbarkeit** ist daher für den Anwalt im Rahmen der Quellen-
> theorie die Weichenstellung, mit der er eine Anrechnung der Erträge am ehesten
> kippen kann. Versicherer versuchen oft vorschnell, Gutachter zu beauftragen, die
> den Betrieb unter Berücksichtigung der Quellentheorie bewerten und entsprechen-
> de Gutachten erstellen, die dann eine Anrechnung der Einkünfte vornehmen. Hier
> muss der Anwalt dagegen halten und genau eruieren, ob der Witwe eine Fortfüh-
> rung des Betriebs tatsächlich zumutbar wäre.

b)   Zweite Stufe: Fixe Kosten
aa)   Bedeutung
Wenn man das Nettoeinkommen errechnet hat, sind hiervon die fixen Kosten abzu- **38**
setzen. Die **Fixkosten** stellen das **A und O** der Unterhaltsberechnungen dar. Die
fixen Kosten sind alle Kosten, die unabhängig von dem Wegfall des Getöteten im
Haushalt **weiterlaufen**, vgl. BGH NJW 1998, 985 und NJW 2007, 506. Rechnerisch müssen die fixen Kosten vom Nettoeinkommen abgezogen werden und
dann dem Anteil der Unterhaltsgeschädigten an dem verbleibenden Nettoeinkommen wieder zugeschlagen werden, vgl. BGH VersR 1986, 39. Wer hier leichtfertig
oder oberflächlich die Fixkosten berechnet, verschenkt Tausende von Euro. Falsch
ist es in diesem Zusammenhang, die Fixkosten nicht zu berechnen, auf die Anrechnung beim Nettoeinkommen zu verzichten und stattdessen dann lediglich die Unterhaltsquoten anzuheben (so *Jahnke*, Unfalltod und Schadenersatz, § 6 Rn 296 ff.).
Wer sich hier als Geschädigtenanwalt auf eine derartige Vorgehensweise einlässt,
begibt sich in den Bereich der Anwaltshaftung. Denn die später folgenden Rechen-
beispiele zeigen, dass gerade die Berechnung der Fixkosten das A und O für die
Berechnung des Unterhaltsschadens ist. Diese Kosten werden anschließend bei der
Berechnung verteilt und den einzelnen „Berechtigten" in vollem Umfang wieder

gutgeschrieben. Kontrollbeispiele der Fixkosten zeigen, dass für den Mandanten erhebliche Mehrleistungen möglich sind. Die im Anschluss abgedruckte Fixkostenliste ist eine Blanko-Liste, die vom Mandanten komplett ausgefüllt werden kann. Es handelt sich hierbei um die umfangreichste bislang veröffentlichte Fixkostenliste.

39 Immer wieder gerne versuchen Versicherer mit Quoten von 20 % und darunter des Nettoeinkommens als Fixkosten zu rechnen. Hierauf sollte sich der Geschädigtenanwalt nicht einlassen, da gerade bei niedrigen Einkommen eine tatsächliche Berechnung der Fixkosten anhand der umfangreichen Fixkostenliste ergeben wird, dass Fixkosten deutlich über **50 % des Nettoeinkommens** liegen können. Bei niedrigen Einkommen ist es erwiesenermaßen so, dass am Ende des Monats die Familien vielleicht noch 5 EUR oder 10 EUR für ein Eis oder einen Kinobesuch zur Verfügung haben. Statistisch gesehen ist festzuhalten, dass die Schere zwischen arm und reich immer weiter auseinander geht. Das heißt, dass immer mehr Familien mit immer weniger Einkommen auskommen müssen. Im Ergebnis können mehrere 100 EUR monatlich mehr an Unterhaltsleistungen für den Mandanten erzielt werden, wenn die Fixkostenliste sauber abgearbeitet wird. Nach der Rechtsprechung des BGH (BGH DAR 2007, 201) ist es zulässig, **40 % des Familieneinkommens** als Fixkosten anzusehen. Das zeigt, dass Fixkosten von lediglich 20–30 % des Nettoeinkommens bei Weitem zu niedrig sind. Da der Geschädigte für die Höhe der fixen Kosten darlegungs- und beweispflichtig ist, muss der Mandant hier aufgefordert werden, die Kontoauszüge der letzten Jahre durchzusehen und zu prüfen, welche Sachen angeschafft wurden. Ferner ist der Mandant danach zu befragen, welche Rücklagen gebildet werden sollten oder gebildet wurden, z.B. für das Auto, die Wohnungseinrichtung oder für etwaige Reparaturen am Eigenheim. Es ist natürlich bekannt, dass für viele Anschaffungen keine Belege mehr existieren. Dann ist es jedoch sinnvoll, mit dem Zeugenbeweis zu arbeiten und auf diese Weise zu belegen, dass tatsächlich diese oder jene Anschaffung erfolgt ist.

> *Praxistipp*
> Der Anwalt muss auch aufpassen, dass der Mandant nicht zwei verschiedene Fixkostenlisten abgibt. Die **Fixkostenliste der Deutschen Rentenversicherung** ist in ihrem Umfang wesentlich geringer als die hier Abgedruckte. Da der Versicherer an die Liste der Deutschen Rentenversicherung beim Rentenregress gelangt, wird er einwenden, die umfangreiche Fixkostenliste in der zivilrechtlichen Regulierung nicht zu akzeptieren, weil sie einen Widerspruch aufweist zu der Liste der Deutschen Rentenversicherung. Der Anwalt muss daher darauf achten, dass die Fixkostenlisten nicht erheblich voneinander abweichen.

40 Sollten sich die Fixkosten infolge des Todes des Unterhaltsberechtigten verändern, sind die ursprünglichen Fixkosten vom Nettoeinkommen des Getöteten abzuziehen und die aktuellen Fixkosten dem Anteil der Unterhaltsgeschädigten zuzuschlagen.

Auch hier muss jedoch genau geprüft werden, ob tatsächlich und wodurch eine Erhöhung oder Veränderung eingetreten sein kann.

bb)   Fixkostenliste

Der Anwalt muss mit dem Geschädigten nur die **Fixkostenliste** (siehe Rn 42) ausfüllen und am Ende die Einzelbeträge addieren. Da die Liste naturgemäß nicht abschließend sein kann, empfiehlt sich als   **41**

Praxistipp
Ein Gang durch den Supermarkt, ein Möbelhaus oder ein Kaufhaus hilft bei der Erstellung der Fixkostenliste, da mitunter Positionen, für die Geld ausgegeben wurde, vergessen wurden, diese aber bei einem Gang durch die Geschäfte wieder gedanklich aktiviert werden.

Die Fixkostenliste basiert u.a. auf der Liste von *Ege*, S. 81 ff., *Schmitz-Herscheidt*,   **42**
VersR 2003, 33, *Schulz-Borck/Hofmann*, 7. Auflage, Tabelle 5.3. sowie des OLG Brandenburg NZV 2001, 213.

▼

Fixkostenliste

I. Monatliche Aufwendungen für Wohnung/Haus (Liste alphabetisch geordnet)

- Batteriekosten für Elektrogeräte (z.b. Fernbedienung etc.)   EUR

- Bettenreinigung   EUR

- Christbaum mit Zubehör   EUR

- Energiekosten wie z.b. Gas einschließlich Grundgebühr, Heizöl, Fernwärme   EUR

- Ersatzkosten (Ersatz für Haushaltsgeräte, Koch- und Essgeschirr, Küchenutensilien)   EUR

- Feuerlöscherwartung   EUR

- Gartengeräte, Werkzeug   EUR

- Gebühr für Straßen- und Gehwegreinigung   EUR

- Gemeinschaftsanlagen (Strom und Wartung)   EUR

- Grundsteuer   EUR

- Hausmeisterkosten   EUR

- Kaminkehrer samt Abgasmessungen   EUR

- Kerzen (Zier-, Advents- und Notfallkerzen)   EUR

- Miete/Mietwert   EUR

- Müllabfuhr ▨ EUR
- Nebenkosten, Stromgeld samt Grundgebühr und Zählermiete, Wasser- und Abwasserkosten samt Wasseruhrmiete, Warmwasserkosten ▨ EUR
- Reinigungsmaterialien/Putzmittel, Spültaps, Spülersalz, Klarspüler, Waschmittel, Entkalker ▨ EUR
- Reparaturaufwendungen (beim Mieter Kleinreparaturen gem. Vertrag) ▨ EUR
- Rücklagen Ersatzbeschaffung (z.B. Mobiliar) ▨ EUR
- Rücklagen Instandhaltung Haus ▨ EUR
- Schönheitsreparaturen/Rücklagen (mietvertragliche oder übliche) ▨ EUR
- Straßenreinigung ▨ EUR
- Streumaterial, Eisschaber, Schneeräumgeräte ▨ EUR
- Teppichreinigung ▨ EUR
- Ungezieferbekämpfung ▨ EUR
- Verbrauchserfassungskosten, Zählermiete ▨ EUR
- Wartungskosten Heizkessel samt Brenner/Blitzableiter ▨ EUR
- Wartungskosten EDV, Computer etc. und Rücklage für Neuanschaffung oder Erweiterung ▨ EUR
- Wohnungseinrichtung (Raten/Rücklagen für Neu-/Ersatzkäufe, Instandhaltung) [in der heutigen Zeit eine nicht zu unterschätzende Position, da ganze Wohnungseinrichtungsgegenstände vielfach finanziert werden] ▨ EUR
- Zimmerpflanzen (Schnitt- und Topfpflanzen) ▨ EUR
- Zins- und Instandhaltungsaufwendungen bis zur Höhe der fiktiven Miete [BGH VersR 1988, 954: wenn der Hinterbliebene nicht zur Miete wohnt, sondern ein eigenes Haus besitzt] ▨ EUR

II. Monatlicher Aufwand für den *Garten*

- Düngemittel ▨ EUR
- Ersatzpflanzen für Zier- und Nutzgarten ▨ EUR
- Gärtner ▨ EUR
- Herbizide, Insektizide ▨ EUR

■ Obstbaumschnitt   EUR

■ Rasenmäher (Treibstoff, Wartung)   EUR

■ Erde, Mulch   EUR

III.Grabpflege

■ Grabpflegekosten bei Fremdvergabe   EUR

■ jahreszeitliche Neubepflanzung   EUR

IV.Tierhaltung

■ Tierfutter   EUR

■ Hundepensionskosten bei Abwesenheit   EUR

■ Hundesteuer   EUR

■ Tierarztkosten   EUR

V. Monatlicher Aufwand für *Freizeit, Information, Unterhaltung, Bildung*

■ GEZ Gebühren   EUR

■ Büchereinkäufe für Familie/Buchclub   EUR

■ Fernseh- und Radioprogramm-Zeitschrift   EUR

■ Fernsehgebühren wie Pay TV (Premiere Abos)   EUR

■ Gemeindeblatt/Amtsblatt/Kirchenblatt/Sonntagszeitung EUR

■ Illustrierte/Lesezirkel, Fachzeitschriften   EUR

■ Kabelanschlussgebühr (Sattelitenempfangsgebühr bei   EUR
Eigenanlage)

■ Kindergartenbeitrag [BGH VersR 1998, 333]   EUR

■ Leasinggebühr für Fernseher und HiFi-Anlage   EUR

■ Tageszeitung, regional und überregional   EUR

■ Telefongrundgebühr/Handygrundgebühr   EUR

■ Trinkgeld Zeitungsträger/Postzusteller   EUR

■ Vereinsbeiträge bei Familienmitgliedschaft für Tennis, Golf,   EUR
Fußball etc.

VI. Monatlicher Aufwand für *Versicherungen*

■ Auslandskrankenversicherung   EUR

■ Familienunfallversicherung   EUR

■ Familienhaftpflichtversicherung   EUR

■ Familienrechtsschutzversicherung   EUR

■ Gebäudeversicherung, Sturmschaden- u. Leitungswasser-   EUR
schadenversicherung

■ Gewässerschadenversicherung   EUR

■ Hausratsversicherung   EUR

■ Tierhalterhaftpflichtversicherung (Hund, Pferd)   EUR

■ Insassenunfallversicherung   EUR

■ Kaskoversicherung   EUR

■ Kraftfahrzeughaftpflichtversicherung   EUR

■ Krankenversicherung, Krankentagegeldzusatzversicherung   EUR

■ Neuwertversicherung Elektro- und Gasgeräte des Hausrats   EUR

■ Öltankversicherung   EUR

■ Prämien für Kapitallebensversicherungen (teilweise)   EUR
(BGH zfs 2012, 686)

■ Privathaftpflichtversicherung   EUR

■ Reisegepäckversicherung   EUR

■ Sterbegeldversicherung   EUR

■ Verkehrs-Rechtsschutzversicherung   EUR

VII. Monatlicher Aufwand für *Familienfahrzeug*

■ AU-Untersuchung (jährlich)   EUR

■ Automobilclub-Beitrag (wie ADAC, AVD)   EUR

■ Benzinkosten (streitig; wohl ja, bei Fahrten, die die Familie   EUR
betreffen, wie Urlaubsfahrten, Verwandten- und Bekanntenbesuche)

■ Garagenmiete/Stellplatzkosten   EUR

■ Kraftfahrzeugsteuer   EUR

■ Reparaturrücklagen oder Reparaturkosten   EUR

■ Rücklagen/Raten für Ersatz- oder Neufahrzeug/Abschrei-   EUR
bung

■ Schutzbriefe   EUR

■ TÜV-Gebühren (Anfall 2 Jahre)   EUR

■ Wagenpflege (Waschen, Konservieren, Pflegemittel, Münz-   ▓▓▓▓EUR
staubsauger)

■ Wartungsdienst   ▓▓▓▓EUR

▲

In einem neueren Urteil hat der BGH (Urt. v. 5.6.2012, zfs 2012, 686) entschieden,   **43**
dass nunmehr auch Aufwendungen für eine Lebensversicherung eines Selbstständigen fixe Kosten bei der Bestimmung des Baruntehaltsschadens sein können. In
dem Urteil hatte der BGH wie folgt ausgeführt:

> *„Aufwendungen für die Lebensversicherung der Ehefrau des getöteten Selb-*
> *ständigen, die während der Zeit der aktiven beruflichen Tätigkeit erbracht wur-*
> *den, sind mit dem Anteil, der nicht der Vermögensbildung dient, als fixe Kosten*
> *von dem unterhaltsrechtlich relevanten Nettoeinkommen abzuziehen."*

Der BGH stellte fest, dass Aufwendungen ohne Rücklagen zur Altersvorsorge, soweit den betreffenden Personen keine ausreichend gesetzliche Altersrente zur Verfügung steht, als fixe Kosten behandelt werden. Insofern ist dieses Urteil für Geschädigtenvertreter von Bedeutung, da hierdurch bei der Berechnung eine
Erhöhung des Schadensersatzanspruches entsteht.

Praxistipp
Der Anwalt sollte daher nach Lebensversicherungen und deren Ausgestaltung fragen, da durch diese teilweise Anrechnung der Prämien für die Kapitallebensversicherung durch dieses BGH-Urteil sich nunmehr Erhöhungen für den Mandanten
beim Unterhaltsschaden ergeben können. In der Entscheidung des BGH vom
5.6.2012 hatten der Kläger und der verstorbene Ehemann gemeinsam einen Im-
bissbetrieb geführt und argumentiert, dass die Prämien für die Kapitallebensversicherung zu berücksichtigen seien, da es **Aufwendungen und Rücklagen** zur Altersvorsorge seien. Die Kläger hatten sich zu Recht darauf berufen, dass nach der
ständigen Rechtsprechung des BGH Aufwendungen und Rücklagen von Selbstständigen zur Altersvorsorge, welche während der Zeit der aktiven beruflichen Tätigkeit erbracht wurden, als fixe Kosten des Haushalts Berücksichtigung finden
müssen und sich hier auf die ständige Rechtsprechung des BGH (z.B. VersR 64,
778) berufen. Insofern ist dieses Urteil von erheblicher Relevanz, da nach Schätzungen in Deutschland ca. 100 Mio. Kapitallebensversicherungen existieren und
daher dieses Problem häufiger auftreten kann.

Nicht zu den Fixkosten zählt dagegen der Aufwand für Kleidung und Nahrung.   **44**

cc)   Prozentualer Fixkostenanteil Ehemann/Ehefrau/Doppelverdiener

Wenn **beide Ehegatten berufstätig** waren, d.h. der Getötete und auch der Hinter-   **45**
bliebene, ändert sich die Berechnung bei den **Fixkosten**. In diesen Fällen sind nicht
vom Nettoeinkommen des Getöteten 100 % der Fixkosten abzuziehen, sondern es
ist zunächst der prozentuale **Fixkostenanteil** des Ehemanns und der Ehefrau aus-

zurechnen. Diese Rechnung erfolgt sehr einfach: Beide Nettoeinkommen werden ins Verhältnis gesetzt. Dies geschieht entsprechend des nachfolgend abgedruckten Berechnungsmusters 1.

Beispiel
Der Ehemann verdient 3.000 EUR netto, die Ehefrau 1.800 EUR netto. Beide Einkommen werden addiert = 4.800 EUR. Von diesen 4.800 EUR Gesamteinkommen sind 1 % = 48 EUR (= x). Nun muss das Einkommen der Ehefrau von 1.800 EUR durch 48 dividiert werden und man erhält die prozentuale Verhältniszahl. Dies sind dann ausgerechnet 37,5 %, denn 1.800 EUR dividiert durch 48 = 37,5. Der Anteil des Ehemanns wird analog dazu ebenfalls ausgerechnet. Das Einkommen des Ehemanns von 3.000 EUR wird durch 48 dividiert und man erhält 62,5, d.h. 62,5 %. Das Verhältnis der beiden Einkommen von 3.000 EUR netto des Ehemanns und 1.800 EUR netto der Ehefrau entspricht also einem Verhältnis von 62,5 % zu 37,5 %.

Die Prozentzahlen müssen jetzt auf die fixen Kosten angewendet werden. Wenn also die Fixkosten 2.000 EUR betragen, was vorher anhand der exakten Fixkostenliste errechnet wurde, muss bei einem Doppelverdiener und der Berechnung des Unterhaltsschadens daher die errechnete Prozentzahl auf die Fixkosten umgerechnet werden. Konkret bedeutet dies, z.B. bei 2.000 EUR Fixkosten würde man, wenn man den Unterhaltsschaden der Witwe ausrechnet, vom Nettoeinkommen also 62,5 % der Fixkosten absetzen. 62,5 % von 2.000 EUR sind 1.250 EUR. Im Unterschied zur Alleinverdienerehe sind bei der Doppelverdienerehe nicht 100 % der Fixkosten vom Nettoeinkommen abzuziehen, sondern der errechnete prozentuale Fixkostenanteil des Ehemanns und der prozentuale Fixkostenanteil der Ehefrau. Aus diesem Grund enthält der Fragebogen, mit dem die Berechnung eines Unterhaltsschadens immer beginnt, die Rubrik **prozentualer Fixkostenanteil Ehemann und prozentualer Fixkostenanteil Ehefrau**. Hat man diesen Wert ausgerechnet, kann man ihn in den Beispielsfällen und in den Blankovordrucken anwenden. In dem vorliegenden Beispielsfall ist der **prozentuale Fixkostenanteil Ehemann** = 1.250 EUR (62,5 % von 2.000 EUR Fixkosten) und der **prozentuale Fixkostenanteil Ehefrau** = 750 EUR (37,5 % von 2.000 EUR Fixkosten).

▼

46 **Berechnungsmuster 1**

Prozentualer Fixkostenanteil Ehemann/Ehefrau (Doppelverdienerehe)

(Verhältnis beider Einkommen zu den Fixkosten)

Formel:

1.) $$\dfrac{\text{Nettoeinkommen Ehemann + Nettoeinkommen Ehefrau}}{100} = X$$

2.) $\dfrac{\text{Nettoeinkommen Ehemann}}{X} = \mathbf{y}\,\%$

$\dfrac{\text{Nettoeinkommen Ehefrau}}{X} = \mathbf{z}\,\%$

3.) **y %** von den Fixkosten = prozentualer Fixkostenanteil Ehemann
z % von den Fixkosten = prozentualer Fixkostenanteil Ehefrau

Beispiel:

Nettoeinkommen Ehemann	= 3.000,00 EUR
Nettoeinkommen Ehefrau	= 1.800,00 EUR
Fixkosten	= 2.000,00 EUR

1.) $\dfrac{3.000,00\,\text{EUR} + 1.800,00\,\text{EUR}}{100} = \dfrac{4.800,00\,\text{EUR}}{100} = 48\ (= X)$

2.) $\dfrac{3.000,00\,\text{EUR}}{48} = 62,5\,\%$

$\dfrac{1.800,00\,\text{EUR}}{48} = 37,5\,\%$

3.) 62,5 % von 2.000,00 EUR = prozentualer Fixkostenanteil des Ehemanns
    = 1.250,00 EUR

37,5 % von 2.000,00 EUR = prozentualer Fixkostenanteil der Ehefrau
    = 750,00 EUR

▲

c) Dritte Stufe: Unterhaltsquoten

aa) Alleinverdiener

Nachdem im vorherigen Kapitel das Nettoeinkommen berechnet wurde und davon **47** die fixen Kosten abgezogen wurden, muss nunmehr dieser errechnete Betrag auf die einzelnen Unterhaltsberechtigten verteilt werden. Hierfür dient die Tabelle 1 (siehe Rn 29). Diese Verteilung auf die Unterhaltsberechtigten erfolgt nach **Unterhaltsquoten**. Der BGH hat solche Quoten gebilligt (BGH VersR 1986, 264). Der Anwalt, der einen solchen Fall zu berechnen hat, muss schauen, ob der Getötete ein Alleinverdiener war oder ob eine Doppelverdienerehe vorlag. Handelte es sich um eine Alleinverdienerehe, wird die Tabelle 1 angewandt. Bei einem Doppelverdiener verwendet man die Tabelle 2. Man unterscheidet in der Regulierungspraxis zwischen Alleinverdienerehen und Doppelverdienerehen deswegen, weil die Ansicht vertreten wird, dass der Alleinverdiener berufsbedingte Mehraufwendungen hat, die nicht mit denjenigen von Doppelverdienern zu vergleichen sind.

Praxistipp

Die Unterhaltquoten sind, wie vorstehend bereits erwähnt, **kein Dogma**. Sollte der Anwalt in seinem Fall zu dem Ergebnis gelangen, dass die Quoten auf den vorliegenden Sachverhalt nicht passen, weil der Grad der Teilhabe am Familieneinkommen mit den Quoten nicht kompatibel ist, so muss versucht werden, gegenüber dem Versicherer mit anderen Quoten zu rechnen. In der Literatur wird zum Beispiel die Auffassung vertreten, dass bei einem Getöteten, einer Witwe und einem Kind nicht die Quote von 45 %, 35 % und 20 % anzuwenden ist, sondern stattdessen 45 %, 40 % und 15 % (*Drees*, S. 38). *Eckelmann/Nehls*, S. 119, wiederum vertreten andere Quoten und unterscheiden zusätzlich noch hinsichtlich des Alters der Kinder. In der Praxis sind jedoch die hier abgedruckten Quoten der Tabelle 1 zu verwenden. Aus Praktikabilitätsgründen werden daher diese Quoten in den Beispielfällen angewandt. Je nach Verhandlungsgeschick kann der Anwalt es jedoch erreichen, zugunsten seines Mandanten eventuell hiervon abzuweichen.

In einem Regulierungsgespräch hilft mitunter auch der Hinweis darauf, dass die in der Praxis durchgesetzten und hier abgedruckten Quotentabellen nur teilweise höchstrichterlich bestätigt sind. Diese Tabellen sind auch **nicht wissenschaftlich** durch Vergleichsstudien begründet worden. Die Idee dieser Quoten stammt von den Versicherern selbst, um Geld zu sparen. Es ist daher in jedem Einzelfall konkret der Mandant zu befragen, ob die individuellen Verhältnisse einen erhöhten Unterhaltsbedarf rechtfertigen, der es ermöglicht, zugunsten des Geschädigten von einer anderen Unterhaltsquote auszugehen. Diese Argumentation sollte immer bei der Regulierungspraxis im Auge behalten werden. In zahlreichen Regulierungsgesprächen konnten die Verfasser deshalb auch im Vergleichswege höhere Unterhaltsbeträge für den Mandanten erhalten.

Soll der Anwalt dagegen den Unterhaltsschaden eines **Kindes** (eines Waisen) ausrechnen, muss er einfach in der Tabelle 1 oder 2 unter der Rubrik der Kinder die entsprechenden Zahlen ablesen. Auch hier haben sich in der Praxis Unterhaltsquoten herausgebildet, die in Tabelle 1 und Tabelle 2 festgehalten sind. Der BGH vertritt zwar die Auffassung, dass man bei den Waisen noch nach dem jeweiligen Alter zu unterscheiden habe. In der Regulierungspraxis ist dies jedoch extrem schwer durchzusetzen, da die Kinder dann jeweils, wenn sie älter werden, einer anderen Stufe zuzuordnen sind und außergerichtlich die Akte dann in der Regel nicht abgeschlossen werden kann, weil die Ansprüche immer neu zu berechnen sind. Von daher verwendet man in der Praxis auch bei den Kindern die Unterhaltsquoten entsprechend der Tabellen 1 oder 2.

Praxistipp

In der Regulierungspraxis kann hier jedoch am Ende der Regulierung noch einmal deutlich zugunsten der Kinder nach oben abgewichen werden. Nach höchstrichterlicher Rechtsprechung (BGH VersR 1987, 1243) hängt der unterschiedliche Unterhaltsbedarf der Kinder vom Alter ab. Genau aus diesem Grunde vertreten zum Beispiel auch *Eckelmann/Nehls*, S. 117, die Auffassung, dass die in der Praxis durchgesetzten und hier abgedruckten Quoten für Kinder viel zu niedrig angesetzt sind. Der Anwalt, der Kinder vertritt, hat daher bei einem Regulierungsgespräch gute Chancen, den tatsächlichen persönlichen Unterhaltsbedarf seines Mandanten höher anzusetzen als in der pauschalisierten Quotentabelle. Versicherer wollen in der Regel aus Kostengründen die Akte schließen und daher abfinden. Sie könnten die Akte jedoch nicht abfinden, wenn nach den Altersstufen, wie sie der BGH zugrunde legt, die Berechnungen zu erfolgen haben, denn in diesem Fall müsste für jedes Kind neu gerechnet werden, wenn dieses in eine neue Altersstufe kommt. Aus Praktikabilitätsgründen bilden daher die abgedruckten Quoten die Basis für die Berechnung des Unterhaltsschadens bei den Kindern. Anschließend können Zuschläge vorgenommen werden, wenn dies aufgrund des persönlichen Unterhaltsbedarfs angebracht ist. Diese Auffassung ist auch in der Mehrzahl der Fälle im Interesse der Mandanten, da die Geschädigten in der Regel kein Interesse an einem dogmatischen Rechtsstreit über Jahre hinweg haben, sondern ihren Fall zeitnah erledigt wissen möchten. Bekanntlich ist ein Vergleich nur dann gut, wenn er beiden wehtut. Haftungsrechtlich hat der Anwalt hier auch nichts zu befürchten, wenn er den Mandanten richtig aufgeklärt und gegenüber gestellt hat, was voraussichtlich bei einer gerichtlichen Lösung erreicht werden könnte und was bei einer außergerichtlichen Lösung erreicht worden ist.

bb) Doppelverdiener

Hier gilt, was bereits beim Alleinverdiener gesagt wurde. Der Anwalt muss die Werte aus Tabelle 2 übernehmen, wenn es sich um eine **Doppelverdienerehe** handelt. Vertritt der Anwalt zum Beispiel eine Witwe mit zwei Kindern, beträgt ihre Quote nach Tabelle 2: 40 %. **48**

d) Vierte Stufe: Anteile fixe Kosten

Hat man das Nettoeinkommen ermittelt, die Fixkosten abgesetzt und die Unterhaltsquote errechnet, kommt der **vierte Schritt (4. Stufe)**. Nun muss der Anteil des Unterhaltsberechtigten an den Fixkosten wieder **hinzuaddiert** werden. Dafür dient die Tabelle 3 (siehe Rn 31). **49**

Bei der Berechnung eines Unterhaltsschadens in einer **Doppelverdienerehe** ist eine Besonderheit zu berücksichtigen. Bevor die Tabelle 3 mit dem entsprechenden Anteil angewandt wird, muss zuvor der prozentuale Fixkostenanteil des Ehemanns oder der prozentuale Fixkostenanteil der Ehefrau errechnet werden, denn nur von diesen errechneten Werten ist bei der Doppelverdienerehe der entsprechende Anteil aus der Tabelle 3 zu entnehmen. Dies ist wichtig, da ansonsten falsche Unterhaltsberechnungen erfolgen (zur Berechnung des prozentualen Fixkostenanteils des Ehemanns siehe Rn 45 ff., inkl. Berechnungsmuster 1). Bei einer Alleinverdienerehe ist der prozentuale Fixkostenanteil dagegen als solcher nicht zu berücksichtigen, sondern dort sind 100 % der Fixkosten als Ausgangsbasis anzusetzen und dann an- **50** schließend aus der Tabelle 3 der jeweilige Wert zu übernehmen. In den einzelnen Beispielen ist dies noch einmal erläutert und veranschaulicht.

Sollten dagegen die Ansprüche der Kinder/Waisen errechnet werden, ist aus der Tabelle 3 der jeweilige Wert bezüglich der Kinder abzulesen, je nachdem, ob ein Kind oder zwei Kinder Unterhaltsansprüche geltend machen. Auch hier unterscheidet man, ob eine Alleinverdienerehe oder eine Doppelverdienerehe vorliegt.

51 Liegt eine Alleinverdienerehe vor, ist in der 4. Stufe der jeweilige prozentuale Anteil an den Fixkosten aus der Tabelle 3 zu entnehmen. Handelt es sich zum Beispiel um eine Alleinverdienerehe mit einem Kind, so sind den errechneten fixen Kosten 33 % hinzu zu addieren. In den einzelnen Berechnungsbeispielen ist dies in den jeweiligen Stufen – in diesem Fall in der 4. Stufe – geschehen und noch einmal die jeweilige anzuwendende Tabelle in Klammern aufgeführt.

52 Liegt dagegen bei der Berechnung des Unterhaltsschadens der Kinder/Waisen eine Doppelverdienerehe vor, muss auch hier zunächst der **prozentuale Fixkostenanteil** des Ehemanns/Vaters errechnet werden. Auch hierfür dient wieder das Berechnungsmuster 1 (siehe Rn 45 ff.). Hat man den prozentualen Fixkostenanteil des Ehemanns/Vaters errechnet, ist von **diesem Wert** aus der Tabelle 3 (siehe Rn 31) der entsprechende prozentuale Anteil zu bilden.

e) Fünfte Stufe: Ersparter Unterhalt (bei Doppelverdienern)

53 Im Unterschied zur Alleinverdienerehe gibt es bei der Berechnung der Doppelverdienerehe eine 5. Stufe: den ersparten Unterhalt oder auch Vorteilsausgleich. Bei den Berechnungsmustern der Alleinverdienerehe fehlt diese 5. Stufe, da kein ersparter Unterhalt abzusetzen ist.

Durch den Wegfall der Beteiligung des getöteten Ehepartners am eigenen Nettoeinkommen muss sich die Witwe, die die Ansprüche geltend macht, einen ersparten Unterhalt abziehen lassen. Der ersparte Unterhalt der 5. Stufe wird wie folgt berechnet: Man errechnet das Einkommen des Hinterbliebenen (Witwe/Witwer), also desjenigen, der die Ansprüche geltend macht und zieht von diesem Einkommen den **prozentualen Fixkostenanteil** der Witwe/des Witwers ab. Wie der prozentuale Fixkostenanteil ausgerechnet wird, ist anhand des Berechnungsmusters 1 (siehe Rn 46) veranschaulicht. Anschließend wird die Unterhaltsquote des Getöteten aus der Tabelle 2 (siehe Rn 30) entnommen. Dieser prozentuale Wert ergibt den ersparten Unterhalt, der in der 5. Stufe abzuziehen ist.

54 Anhand eines Beispiels soll dies verdeutlicht werden: Das Nettoeinkommen der Witwe beträgt 1.800 EUR, die Fixkosten betragen 2.000 EUR, der Ehemann hat ein Nettoeinkommen von 3.000 EUR. Der Ehemann verstirbt, es sind keine Kinder vorhanden. Der prozentuale Fixkostenanteil des Ehemanns beträgt 1.250 EUR (62,5 % von 2.000 EUR), der prozentuale Fixkostenanteil der Witwe/Ehefrau beträgt 750 EUR (37,5 % von 2.000 EUR). Die beiden Einkommen der Eheleute stehen daher in einem Verhältnis von 62,5 % zu 37,5 %. Von dem Nettoeinkommen der Witwe in Höhe von 1.800 EUR ist der prozentuale Fixkostenanteil der Witwe in Höhe von 750 EUR abzuziehen, so dass ein Betrag von 1.050 EUR verbleibt. Hiervon ist aus der Tabelle 2 die Quote von 50 % auszurechnen, so dass ein ersparter Unterhalt von 525 EUR zu subtrahieren ist. Diese Summe (525 EUR) ist von der zuvor errechneten 4. Stufe abzusetzen. In den einzelnen Berechnungsbeispielen ist die 5. Stufe noch einmal mit denselben Zahlen erläutert.

Sind in der Doppelverdienerehe in dem zu errechnenden Fall dagegen Kinder vorhanden, muss die entsprechende Unterhaltsquote aus Tabelle 2 (siehe Rn 30) entnommen werden. Bei einem Kind beträgt die Quote 40 %, bei zwei Kindern 35 % und bei drei Kindern 30,5 %.

f) Sechste Stufe: Mitverschulden/Witwenrente

Sollte seitens des Getöteten ein **Mitverschulden** am Unfall vorliegen, so muss sich der Dritte, der nunmehr die Ansprüche geltend macht, dieses Verschulden anspruchsmindernd gem. §§ 846, 254 BGB zurechnen lassen. Dies geschieht dadurch, dass die Haftungsquote ermittelt wird und entsprechend in den Beispielen bei der Anspruchsberechnung gekürzt wird.   **55**

> *Praxistipp*
> Es ist hier immer genau zu prüfen, ob wirklich ein Mitverschulden vorliegt. Versicherer versuchen häufig und manchmal auch recht pauschal von einem Mitverschulden auszugehen. Der Anwalt sollte hier mit Kfz-Sachverständigen und Unfallrekonstruktionsgutachtern zusammenarbeiten. Oftmals wird z.B. der Einwand des Nichtanschnallens als Mitverschuldenseinwand seitens des Versicherers vorgebracht. Hat der Versicherer dann jedoch nicht die Beweise gesichert, z.B. den Gurt ausgebaut und gutachtertechnisch untersucht, kann dieser Einwand in einem Prozess nicht aufrechterhalten werden. Dann darf sich der Anwalt nicht pauschal außergerichtlich einen Abzug von 20 oder 30 % anrechnen lassen. Hier muss er immer die Beweislast im Auge haben und entsprechend vortragen. Bei einem Personengroßschaden kann gerade eine Quote einen erheblichen Betrag in Euro ausmachen. Deshalb sollte sich der Geschädigtenanwalt nie auf pauschale Quoten einlassen und auch nie zu leichtfertig die vom Versicherer vorgegebene Quote akzeptieren. Ein exaktes Überprüfen des jeweiligen Einzelfalles kann daher sehr viel bringen, denn wenn die Quote einmal feststeht, werden **sämtliche** Schadenspositionen entsprechend gekürzt.

Wurde eine **Witwenrente** gezahlt, muss diese abgesetzt werden. In den einzelnen diesbezüglich abgedruckten Fällen ist der entsprechende Rechenschritt mit aufgeführt.   **56**

Eine weitere Besonderheit bei den Doppelverdienerfällen besteht im Rahmen des Mitverschuldens in Form des **Quotenvorrechts**. Bei der 5. Stufe des ersparten Unterhalts ist dieses Quotenvorrecht zu berücksichtigen (BGH VersR 1987, 70). Die Witwe, die den Anspruch geltend macht, kann den ersparten Unterhalt mit dem   **57**

169

Mitverschuldensanteil verrechnen. Dies hat für sie Vorteile. In den einzelnen Beispielen ist bei den Doppelverdienerfällen und den Mithaftungsfällen in der 6. Stufe das Quotenvorrecht eingearbeitet. Es wird daher zunächst der prozentuale Mitverschuldensanteil, nachdem der Betrag in der 5. Stufe errechnet wurde, berücksichtigt. Der Unterhaltsbetrag von 870 EUR monatlich würde bei einem 50 %igen Mitverschulden 435 EUR monatlich betragen. Nach der Rechtsprechung des BGH kann jedoch die Witwe zunächst den Mitverschuldensanteil mit dem eigenen ersparten Unterhalt (siehe 5. Stufe) verrechnen. Bei dem errechneten Beispiel (siehe Rn 71) in der Fallliste muss die Witwe sich daher nur einen monatlichen Betrag von 67,50 EUR bezüglich des Mitverschuldens anrechnen lassen und nicht von 435 EUR, was den ursprünglichen 50 %igen Mitverschuldensanteil ausmachen würde. Die Beispiele zeigen, dass das Quotenvorrecht auf keinen Fall vergessen werden darf, da dies bei der Berechnung des Unterhaltsschadens zu erheblichen Unterschieden führen kann. Auch hier lauert eine Haftungsfalle für den mandatierten Rechtsanwalt.

III. Musterfälle

1. Allgemeines

58 Zunächst werden in den Beispielfällen komplett die Konstellationen durchgerechnet, in denen eine **Alleinverdienerehe** vorliegt – Fälle unter 3a–h (siehe Rn 60–67). Danach werden die Fälle durchgerechnet, in denen von einer **Doppelverdienerehe** ausgegangen wird – Fälle unter 3i–p (siehe Rn 68–75). Hieran schließen sich die Fälle an, in welchen nicht die Witwe oder der Witwer Ansprüche stellt, sondern der Unterhaltsanspruch der **Kinder/Waisen** errechnet wird – Fälle unter 4c (siehe Rn 80–91). Bei den Fällen der Doppelverdienerehe wendet der BGH die sogenannte „verfeinerte" Methode (BGH VersR 1983, 726) an und kommt zu demselben Ergebnis, wie in den Musterbeispielen ausgeführt, auch wenn die Berechnung etwas anders erfolgt. Bei den einzelnen Berechnungen ist immer genau zu unterscheiden, ob die Ansprüche der Witwe, des Witwers oder der Kinder/Waisen errechnet werden. Der Verstorbene ist immer in Fettdruck hervorgehoben, so dass es leichter ist, den Fall herauszuarbeiten. Ferner ist kursiv gedruckt, ob es sich um eine Alleinverdiener- oder eine Doppelverdienerehe handelt. Außerdem ist „abzüglich" und „zuzüglich" in den Beispielen auch jeweils fett gedruckt, damit man dies nicht bei der Berechnung verwechselt. Ferner wurden einige Beispiele auch unter Berücksichtigung eines Quotenvorrechts gerechnet. Im Anhang des Buches (siehe § 11 Rn 3 ff.) finden sich die Beispiele nochmals in Form von Blanko-Mustern zum Vervielfältigen. Diese Vorlagen können bereits während der Mandatsbesprechung verwendet werden, um die Angaben des Mandanten schneller zu erfassen.

Praxistipp

Immer, wenn ein Mitverschulden im Raum steht und eine Doppelverdienerehe gegeben ist, muss der Anwalt an das Quotenvorrecht denken. Das Quotenvorrecht wirkt sich umso gravierender aus, je höher die jeweilige Mitverschuldensquote ausfällt (zum Quotenvorrecht vgl. BGH VersR 1987, 70).

Schließlich ist, wie bereits erwähnt, die jeweilige Quote (Prozent) in den Mustern lediglich ein Vorschlag zur vereinfachten Bearbeitung der Fälle. Sollten individuell die Verhältnisse in dem jeweiligen Fall anders liegen, müssen die Quoten individuell angepasst werden, da die Quote teilweise von den Versicherern ins Spiel gebracht wird, um die Fälle praktikabel zu lösen. Dies hat der BGH (VersR 83, 726) mehrfach betont.

2. Berechnung mit Vermögensbildung

Innerhalb der Fälle ist im Beispiel q (siehe Rn 76) auch ein Beispiel aufgeführt, falls die **Vermögensbildung** einmal eine Rolle spielen sollte. Versicherer wenden einen Abzug wegen Vermögensbildung immer wieder ein. Von daher ist es wichtig, dass der Anwalt auch die Beispiele rechnen kann, wenn der Einwand der Vermögensbildung vorgebracht wird, da nur so die Berechnung überprüft werden kann. Sollten also in einem Sachverhalt der Getötete und seine Ehefrau über ein großes Einkommen verfügen, so dass es auch zur Vermögensbildung herangezogen wurde, dann ist exemplarisch sowohl ein Beispiel mit Zahlen durchgerechnet als auch ein Blanko-Muster dargestellt. Im Prinzip ändert sich bei den einzelnen Stufen nicht viel. Lediglich bei der ersten Stufe ist vom Nettoeinkommen der prozentuale Anteil an der Vermögensbildung abzuziehen. Es ist daher konkret der Mandant zu fragen, wie viel Geld im Monat für eine Vermögensbildung zurückgelegt wurde. Nehmen wir einmal an, der Betrag wäre monatlich mit 500,00 EUR anzusetzen, dann ist in der ersten Stufe hiervon der prozentuale Anteil des Getöteten abzuziehen. Die beiden Nettoeinkommen des Getöteten und der Ehefrau sind dementsprechend ins Verhältnis zu setzen und hiervon der Anteil an der Vermögensbildung abzuziehen. Hatte also, wie in unserem Berechnungsmuster 1 angenommen, der Ehemann ein Nettoeinkommen von 3.000,00 EUR und die Ehefrau ein Nettoeinkommen von 1.800,00 EUR, so beträgt das Verhältnis an den beiden Nettoeinkommen 62,5 % zu 37,5 %. Es wird insofern auf das Berechnungsmuster 1 (siehe Rn 46) verwiesen. Konkret beträgt der Anteil an der Vermögensbildung bei dem Ehemann daher 62,5 % von der Gesamtvermögensbildung von 500,00 EUR, mithin 312,50 EUR. Zum besseren Verständnis ist die Abweichung von den sonstigen Mustern umrandet dargestellt. Hinsichtlich der weiteren Stufen bleibt alles beim Alten, nur in der 5. Stufe im Bereich des Vorteilsausgleichs muss wieder der prozentuale Anteil an der Vermögensbildung abgesetzt werden. Konkret bedeutet dies, dass auf die Witwe bei einem prozentualen Anteil von 37,5 % bei einer Vermögensrücklage von 500,00 EUR monatlich der Betrag von 187,50 EUR entfällt. Zum besseren Verständnis wurde auch diese Abweichung von den Standardmustern umrandet, so dass diese Besonderheit besser ins Auge fällt und bei der Berechnung leichter zu berücksichtigen ist. Ansonsten ändert sich bei den Berechnungen nichts, so dass nun auch der Anwalt auf den Einwand des Versicherers hinsichtlich einer etwaigen

Vermögensbildung reagieren kann und die Unterschiede mit und ohne Vermögensbildung gegenüberstellen kann. Im Ergebnis wird der Anwalt sehen, dass die Geschädigten besser fahren, wenn die Vermögensbildung nicht abgesetzt wird, da dann unterm Strich ein höherer Anspruch verbleibt. Aus Vereinfachungsgründen ist lediglich ein Beispiel mit der Vermögensbildung aufgeführt mit einem anliegenden Blanko-Muster. Sollten andere Quoten eine Rolle spielen, so sind die Variablen entsprechend zu ändern.

3. Ansprüche Witwe/Witwer (Barunterhalt)
a) Alleinverdiener ohne Kind (ohne Mithaftung)

60 Beispiel

Ehemann verstirbt, *Alleinverdiener*, keine Kinder, Nettoeinkommen Ehemann 3.100,00 EUR, fixe Kosten 1.500,00 EUR, Witwenrente 500,00 EUR, Mitverschulden 0 %

Lösung:

1. Stufe

Nettoeinkommen Ehemann	3.100,00	EUR mtl.

2. Stufe

abzgl. fixe Kosten	– 1.500,00	EUR mtl.
	= 1.600,00	**EUR mtl.**

3. Stufe

Unterhaltsquote Witwe	**45 %**	= 720,00	**EUR mtl.**
(Tabelle 1 siehe Rn 29)		(45 % von 1.600,00	EUR)

4. Stufe

zzgl. Anteile fixe Kosten	**100 %**	+ 1.500,00	EUR mtl.
(Tabelle 3 siehe Rn 31)			
		= 2.220,00	**EUR mtl.**

5. Stufe: entfällt

6. Stufe

abzgl. Witwenrente		– 500,00	EUR mtl.
Zwischensumme		= 1.720,00	**EUR mtl.**
abzgl. Mitverschulden	**0 %**	– 0,00	EUR mtl.
Ergebnis Barunterhalt		= 1.720,00	**EUR mtl.**

Blanko-Muster in Kapitel 11 (siehe § 11 Rn 3).

b)   Alleinverdiener ohne Kind (mit Mithaftung)

▼

Beispiel   **61**

Ehemann verstirbt, *Alleinverdiener*, keine Kinder, Nettoeinkommen Ehemann 3.100,00 EUR, fixe Kosten 1.500,00 EUR, Witwenrente 500,00 EUR, Mitverschulden 30 %

Lösung:

1. Stufe

Nettoeinkommen Ehemann	3.100,00	EUR mtl.

2. Stufe

abzgl. fixe Kosten	–	1.500,00	EUR mtl.
	=	**1.600,00**	**EUR mtl.**

3. Stufe

Unterhaltsquote Witwe	**45 %**	=	**720,00**	**EUR mtl.**
(Tabelle 1 siehe Rn 29)		(45 % von 1.600,00	EUR)	

4. Stufe

zzgl. Anteile fixe Kosten	**100 %**	+	1.500,00	EUR mtl.
(Tabelle 3 siehe Rn 31)				
		=	**2.220,00**	**EUR mtl.**

5. Stufe: entfällt

6. Stufe

abzgl. Witwenrente		–	500,00	EUR mtl.
Zwischensumme		=	**1.720,00**	**EUR mtl.**
abzgl. Mitverschulden	**30 %**	–	516,00	EUR mtl.
Ergebnis Barunterhalt		=	**1.204,00**	**EUR mtl.**

▲

Blanko-Muster in Kapitel 11 (siehe § 11 Rn 4).

c)   Alleinverdiener mit 1 Kind (ohne Mithaftung)

62   Beispiel

Ehemann verstirbt, *Alleinverdiener*, ein Kind, Nettoeinkommen Ehemann
3.100,00 EUR, fixe Kosten 1.500,00 EUR, Witwenrente 500,00 EUR, Mitverschulden 0 %

Lösung:

1. Stufe

Nettoeinkommen Ehemann	3.100,00	EUR mtl.

2. Stufe

abzgl. fixe Kosten	–	1.500,00	EUR mtl.
	=	**1.600,00**	**EUR mtl.**

3. Stufe

Unterhaltsquote Witwe	**35 %**	=	560,00	EUR mtl.
(Tabelle 1 siehe Rn 29)		(35 % von 1.600,00	EUR)	

4. Stufe

zzgl. Anteile fixe Kosten	**66,6 %**	+	1.000,00	EUR mtl.
(Tabelle 3 siehe Rn 31)		(66,6 % aus 1.500,00	EUR)	
		=	**1.560,00**	**EUR mtl.**

5. Stufe entfällt

6. Stufe

abzgl. Witwenrente		–	500,00	EUR mtl.
Zwischensumme		=	**1.060,00**	**EUR mtl.**
abzgl. Mitverschulden	**0 %**	–	0,00	EUR mtl.
Ergebnis Barunterhalt		=	1.060,00	EUR mtl.

Blanko-Muster (siehe § 11 Rn 5).

d)   Alleinverdiener mit 1 Kind (mit Mithaftung)

63   Beispiel

Ehemann verstirbt, *Alleinverdiener*, ein Kind, Nettoeinkommen Ehemann
3.100,00 EUR, fixe Kosten 1.500,00 EUR, Witwenrente 500,00 EUR, Mitverschulden 30 %

Lösung:

1. Stufe

Nettoeinkommen Ehemann	3.100,00 EUR mtl.

2. Stufe

abzgl. fixe Kosten	–	1.500,00 EUR mtl.
	=	**1.600,00 EUR mtl.**

3. Stufe

Unterhaltsquote Witwe	**35 %**	=	560,00 EUR mtl.
(Tabelle 1 siehe Rn 29)		(35 % von 1.600,00 EUR)	

4. Stufe

zzgl. Anteile fixe Kosten	**66,6 %**	+	1.000,00 EUR mtl.
(Tabelle 3 siehe Rn 31)		(66,6 % aus 1.500,00 EUR)	
		=	**1.560,00 EUR mtl.**

5. Stufe: entfällt

6. Stufe

abzgl. Witwenrente		–	500,00 EUR mtl.
Zwischensumme		=	1.060,00 EUR mtl.
abzgl. Mitverschulden	**30 %**	–	318,00 EUR mtl.
Ergebnis Barunterhalt		=	**742,00 EUR mtl.**

Blanko-Muster in Kapitel 11 (siehe § 11 Rn 6).

e)   Alleinverdiener mit 2 Kindern (ohne Mithaftung)

Beispiel   **64**

Ehemann verstirbt, *Alleinverdiener,* zwei Kinder, Nettoeinkommen Ehemann 3.100,00 EUR, fixe Kosten 1.500,00 EUR, Witwenrente 500,00 EUR, Mitverschulden 0 %

Lösung:

1. Stufe

Nettoeinkommen Ehemann	3.100,00 EUR mtl.

2. Stufe

abzgl. fixe Kosten	–	1.500,00 EUR mtl.
	=	**1.600,00 EUR mtl.**

3. Stufe

Unterhaltsquote Witwe	**30 %**	=	**480,00**	**EUR mtl.**
(Tabelle 1 siehe Rn 29)		(30 % von 1.600,00	EUR)	

4. Stufe

zzgl. Anteile fixe Kosten	**50 %**	+	750,00	EUR mtl.
(Tabelle 3 siehe Rn 31)		(50 % aus 1.500,00	EUR)	
		=	**1.230,00**	**EUR mtl.**

5. Stufe: entfällt

6. Stufe

abzgl. Witwenrente		–	500,00	EUR mtl.
Zwischensumme		=	**730,00**	**EUR mtl.**
abzgl. Mitverschulden	**0 %**	–	0,00	EUR mtl.
Ergebnis Barunterhalt		=	**730,00**	**EUR mtl.**

Blanko-Muster in Kapitel 11 (siehe § 11 Rn 7).

f) Alleinverdiener mit 2 Kindern (mit Mithaftung)

65 Beispiel

Ehemann verstirbt, *Alleinverdiener*, zwei Kinder, Nettoeinkommen Ehemann 3.100,00 EUR, fixe Kosten 1.500,00 EUR, Witwenrente 500,00 EUR, Mitverschulden 30 %

Lösung:

1. Stufe

Nettoeinkommen Ehemann	3.100,00 EUR mtl.

2. Stufe

abzgl. fixe Kosten	–	1.500,00	EUR mtl.
	=	**1.600,00**	**EUR mtl.**

3. Stufe

Unterhaltsquote Witwe	**30 %**	=	480,00	EUR mtl.
(Tabelle 1 siehe Rn 29)		(30 % von 1.600,00	EUR)	

4. Stufe

zzgl. Anteile fixe Kosten	**50 %**	+	750,00	EUR mtl.
(Tabelle 3 siehe Rn 31)		(50 % aus 1.500,00	EUR)	
		=	**1.230,00**	**EUR mtl.**

5. Stufe: entfällt

6. Stufe

abzgl. Witwenrente		–	500,00	EUR mtl.
Zwischensumme		=	**730,00**	**EUR mtl.**
abzgl. Mitverschulden	**30 %**	–	219,00	EUR mtl.
Ergebnis Barunterhalt		=	**511,00**	**EUR mtl.**

Blanko-Muster in Kapitel 11 (siehe § 11 Rn 8).

g) Alleinverdiener mit 3 Kindern (ohne Mithaftung)

Beispiel 66

Ehemann verstirbt, *Alleinverdiener*, drei Kinder, Nettoeinkommen Ehemann 3.100,00 EUR, fixe Kosten 1.500,00 EUR, Witwenrente 500,00 EUR, Mitverschulden 0 %

Lösung:

1. Stufe

Nettoeinkommen Ehemann	3.100,00	EUR mtl.

2. Stufe

abzgl. fixe Kosten	–	1.500,00	EUR mtl.
	=	**1.600,00**	**EUR mtl.**

3. Stufe

Unterhaltsquote Witwe	**27 %**	=	**432,00**	**EUR mtl.**
(Tabelle 1 siehe Rn 29)		(27 % von 1.600,00	EUR)	

4. Stufe

zzgl. Anteile fixe Kosten	**40 %**	+	600,00	EUR mtl.
(Tabelle 3 siehe Rn 31)		(40 % aus 1.500,00	EUR)	
		=	**1.032,00**	**EUR mtl.**

5. Stufe: entfällt

6. Stufe

abzgl. Witwenrente		–	500,00 EUR mtl.
Zwischensumme		=	**532,00 EUR mtl.**
abzgl. Mitverschulden	0 %	–	0,00 EUR mtl.
Ergebnis Barunterhalt		=	**532,00 EUR mtl.**

Blanko-Muster in Kapitel 11 (siehe § 11 Rn 9).

h)   Alleinverdiener mit 3 Kindern (mit Mithaftung)

67   Beispiel

Ehemann verstirbt, *Alleinverdiener,* drei Kinder, Nettoeinkommen Ehemann 3.100,00 EUR, fixe Kosten 1.500,00 EUR, Witwenrente 500,00 EUR, Mitverschulden 30 %

Lösung:

1. Stufe

Nettoeinkommen Ehemann	3.100,00 EUR mtl.

2. Stufe

abzgl. fixe Kosten	–	1.500,00 EUR mtl.
	=	**1.600,00 EUR mtl.**

3. Stufe

Unterhaltsquote Witwe	**27 %**	=	**432,00 EUR mtl.**
(Tabelle 1 siehe Rn 29)		(27 % von 1.600,00 EUR)	

4. Stufe

zzgl. Anteile fixe Kosten	**40 %**	+	600,00 EUR mtl.
(Tabelle 3 siehe Rn 31)		(40 % aus 1.500,00 EUR)	
		=	**1.032,00 EUR mtl.**

5. Stufe: entfällt

6. Stufe

abzgl. Witwenrente		–	500,00 EUR mtl.
Zwischensumme		=	**532,00 EUR mtl.**
abzgl. Mitverschulden	**30 %**	–	159,60 EUR mtl.
Ergebnis Barunterhalt		=	**372,40 EUR mtl.**

Blanko-Muster (siehe § 11 Rn 10).

i) Doppelverdiener ohne Kind (ohne Mithaftung)

Beispiel   68

Ehemann verstirbt, *Doppelverdiener*, keine Kinder, Nettoeinkommen Ehemann 3.000,00 EUR, Nettoeinkommen Witwe (Ehefrau) 1.800,00 EUR, fixe Kosten 2.000,00 EUR, Witwenrente 500,00 EUR, Mitverschulden 0 %, prozentualer Fixkostenanteil Ehemann 1.250,00 EUR (62,5 % von 2.000,00 EUR, Berechnungsmuster 1), prozentualer Fixkostenanteil Witwe/Ehefrau 750,00 EUR (37,5 % von 2.000,00 EUR, Berechnungsmuster 1)

Lösung:

1. Stufe

Nettoeinkommen des Getöteten	=	3.000,00	EUR mtl.

2. Stufe

abzgl. prozentualer Fixkostenanteil Ehemann	–	1.250,00	EUR mtl.
(Berechnungsmuster 1 siehe Rn 46)	(62,5 % von 2.000		EUR mtl.
	=	**1.750,00**	**EUR mtl.**

3. Stufe

Unterhaltsquote der Witwe	**50 %** =	**875,00**	**EUR mtl.**
(Tabelle 2 siehe Rn 30)			

4. Stufe

zzgl. Anteil (Tabelle 3 siehe Rn 31) des prozentualen Fixkostenanteils Ehemann (Berechungsmuster 1 siehe Rn 46)	**100 %** +	1.250,00	EUR mtl.
Zwischensumme	=	**2.125,00**	**EUR mtl.**

5. Stufe

abzgl. Vorteilsausgleich/ersparter Unterhalt		
Nettoeinkommen Witwe	1.800,00 EUR mtl.	
abzgl. prozentualer Fixkostenanteil Witwe	–	750,00 EUR mtl.
(Berechnungsmuster 1 siehe Rn 46)	(37,5 % aus 2.000 EUR)	
	=	**1.050,00 EUR mtl.**

Unterhaltsquote getöteter Ehemann (Tabelle 2 siehe Rn 30)	50 % =	**525,00 EUR mtl.**

–	525,00 EUR mtl.
=	**1.600,00 EUR mtl.**

6. Stufe

abzgl. Witwenrente		– 500,00 EUR mtl.
Zwischensumme		= 1.100,00 EUR mtl.
abzgl. Mitverschulden	0 %	– 0,00 EUR mtl.
Ergebnis Barunterhalt		= **1.100,00 EUR mtl.**

Blanko-Muster in Kapitel 11 (siehe § 11 Rn 11).

j)   Doppelverdiener ohne Kind (mit Mithaftung)

69   Beispiel

Ehemann verstirbt, *Doppelverdiener*, keine Kinder, Nettoeinkommen Ehemann 3.000,00 EUR, Nettoeinkommen Witwe (Ehefrau) 1.800,00 EUR, fixe Kosten 2.000,00 EUR, Witwenrente 500,00 EUR, Mitverschulden 50 %, prozentualer Fixkostenanteil Ehemann 1.250,00 EUR (62,5 % von 2.000,00 EUR, Berechnungsmuster 1) prozentualer Fixkostenanteil Witwe/Ehefrau 750,00 EUR (37,5 % von 2.000,00 EUR, Berechnungsmuster 1)

Lösung:

1. Stufe

Nettoeinkommen des Getöteten	= 3.000,00 EUR mtl.

2. Stufe

abzgl. prozentualer Fixkostenanteil Ehemann (Berechnungsmuster 1 siehe Rn 46)	– 1.250,00 EUR mtl. (62,5 % von 2.000,00 EUR)
	= **1.750,00 EUR mtl.**

3. Stufe

Unterhaltsquote der Witwe (Tabelle 2 siehe Rn 30)	**50 %**	= **875,00 EUR mtl.**

4. Stufe

zzgl. Anteil (Tabelle 3 siehe Rn 31) des prozentualen Fixkostenanteils Ehemann (Berechungsmuster 1 siehe Rn 46)	**100 %**	+	1.250,00	EUR mtl.
Zwischensumme		=	**2.125,00**	**EUR mtl.**

5. Stufe

abzgl. Vorteilsausgleich/
ersparter Unterhalt
Nettoeinkommen Witwe   1.800,00 EUR mtl.
abzgl. prozentualer Fix-   750,00 EUR mtl.
kostenanteil Witwe   (37,5 % von
(Berechnungsmuster 1   2.000 EUR)
siehe Rn 46)

                     =   1.050,00 EUR mtl.

Unterhaltsquote getöte-
ter Ehemann   **50 % =**   525,00 EUR mtl.
(Tabelle 2 siehe Rn 30)

                     –   525,00   EUR mtl.
                     =   **1.600,00   EUR mtl.**

6. Stufe

abzgl. Mitverschulden   **50 % =**   800 EUR mtl.
aber: Quotenvorrecht!
Verrechnung mit erspartem Un-   –   525,00 EUR
terhalt möglich (Stufe 5)

                    =   **275,00 EUR**

                     –   275,00   EUR mtl.
abzgl. Witwenrente   –   500,00   EUR mtl.
Ergebnis Barunterhalt   =   **825,00   EUR mtl.**

Blanko-Muster in Kapitel 11 (siehe § 11 Rn 12).

k)   Doppelverdiener mit 1 Kind (ohne Mithaftung)

▼

70   Beispiel

Ehemann verstirbt, *Doppelverdiener,* ein Kind, Nettoeinkommen Ehemann 3.000,00 EUR, Nettoeinkommen Witwe (Ehefrau) 1.800,00 EUR, fixe Kosten 2.000,00 EUR, Witwenrente 500,00 EUR, Mitverschulden 0 %, prozentualer Fixkostenanteil Ehemann 1.250,00 EUR (62,5 % von 2.000,00 EUR, Berechnungsmuster 1) prozentualer Fixkostenanteil Witwe/Ehefrau 750,00 EUR (37,5 % von 2.000,00 EUR, Berechnungsmuster 1)

Lösung:

1. Stufe

Nettoeinkommen des Getöteten	=	3.000,00 EUR mtl.

2. Stufe

abzgl. prozentualer Fixkostenanteil Ehemann	–	1.250,00 EUR mtl.
(Berechnungsmuster 1 siehe Rn 46)	(62,5 % von 2.000,00 EUR)	
	=	**1.750,00 EUR mtl.**

3. Stufe

Unterhaltsquote der Witwe	**40 %**	=	**700,00 EUR mtl.**
(Tabelle 2 siehe Rn 30)			

4. Stufe

zzgl. Anteil (Tabelle 3 siehe Rn 31)	**66,6 %**	+	833,33 EUR mtl.
des prozentualen Fixkostenanteils			
Ehemann			
(Berechnungsmuster 1 siehe Rn 46)	(66,6 % aus 1.250,00 EUR)		
Zwischensumme		=	**1.533,33 EUR mtl.**

5. Stufe

abzgl. Vorteilsausgleich/		
ersparter Unterhalt		
Nettoeinkommen Witwe	1.800,00 EUR mtl.	
abzgl. prozentualer Fix-	–	750,00 EUR mtl.
kostenanteil Witwe	(37,5 % aus	
(Berechnungsmuster 1	2.000 EUR)	
siehe Rn 46)		
	=	**1.050,00 EUR mtl.**

182

Unterhaltsquote getöteter Ehemann (Tabelle 2 siehe Rn 30)	40 % =	420,00 EUR mtl.	
		–	420,00 EUR mtl.
		=	1.113,33 EUR mtl.

6. Stufe

abzgl. Witwenrente		–	500,00 EUR mtl.
Zwischensumme		=	**613,33 EUR mtl.**
abzgl. Mitverschulden	0 %	–	0,00 EUR mtl.
Ergebnis Barunterhalt		=	**613,33 EUR mtl.**

Blanko-Muster in Kapitel 11 (siehe § 11 Rn 13).

l)   Doppelverdiener mit 1 Kind (mit Mithaftung)

Beispiel   **71**

Ehemann verstirbt, *Doppelverdiener,* ein Kind, Nettoeinkommen Ehemann 3.000,00 EUR, Nettoeinkommen Witwe (Ehefrau) 1.800,00 EUR, fixe Kosten 2.000,00 EUR, Witwenrente 500,00 EUR, Mitverschulden 50 %, prozentualer Fixkostenanteil Ehemann 1.250,00 EUR (62,5 % von 2.000,00 EUR, Berechnungsmuster 1) prozentualer Fixkostenanteil Witwe/Ehefrau 750,00 EUR (37,5 % von 2.000,00 EUR, Berechnungsmuster 1)

Lösung:

1. Stufe

Nettoeinkommen des Getöteten	=	3.000,00 EUR mtl.

2. Stufe

abzgl. prozentualer Fixkostenanteil Ehemann (Berechnungsmuster 1 siehe Rn 46)	–	1.250,00 EUR mtl.
		(62,5 % von 2.000,00 EUR)
	=	**1.750,00 EUR mtl.**

3. Stufe

Unterhaltsquote der Witwe (Tabelle 2 siehe Rn 30)	40 %	=	700,00 EUR mtl.

4. Stufe

zzgl. Anteil (Tabelle 3 siehe Rn 31) des prozentualen Fixkostenanteils Ehemann	**66,6 %**	+	833,33	EUR mtl.
(Berechnungsmuster 1 siehe Rn 46)		(66,6 % aus 1.250,00	EUR)
Zwischensumme		=	**1.533,33**	**EUR mtl.**

5. Stufe

abzgl. Vorteilsausgleich/
ersparter Unterhalt
Nettoeinkommen Witwe   1.800,00 EUR mtl.
abzgl. prozentualer Fix-   –   750,00 EUR mtl.
kostenanteil Witwe   (37,5 % aus
(Berechnungsmuster 1   2.000,00 EUR)
siehe Rn 46)
                  =   1.050,00 EUR mtl.

Unterhaltsquote getöteter
Ehemann   **40 %** =   420,00 EUR mtl.
(Tabelle 2 Rn 30)

                                     –   420,00   EUR mtl.
                                     =   **1.113,33**   **EUR mtl.**

6. Stufe

abzgl. Mitverschulden   **50 %** =   556,66 EUR mtl.
aber: Quotenvorrecht!
Verrechnung mit erspartem   –   420,00 EUR mtl.
Unterhalt möglich (Stufe 5)
                   =   136,66 EUR mtl.

                                     –   136,66   EUR mtl.
abzgl. Witwenrente   –   500,00   EUR mtl.
Ergebnis Barunterhalt   =   **476,67**   **EUR mtl.**

Blanko-Muster in Kapitel 11 (siehe § 11 Rn 14).

m)   Doppelverdiener mit 2 Kindern (ohne Mithaftung)

Beispiel   **72**

Ehemann verstirbt, *Doppelverdiener*, zwei Kinder, Nettoeinkommen Ehemann
3.000,00 EUR, Nettoeinkommen Witwe (Ehefrau) 1.800,00 EUR, fixe Kosten
2.000,00 EUR, Witwenrente 500,00 EUR, Mitverschulden 0 %, prozentualer Fixkostenanteil Ehemann 1.250,00 EUR (62,5 % von 2.000,00 EUR, Berechnungsmuster 1) prozentualer Fixkostenanteil Witwe/Ehefrau 750,00 EUR (37,5 % von
2.000,00 EUR, Berechnungsmuster 1)

Lösung:

1. Stufe

Nettoeinkommen des Getöteten	=	3.000,00 EUR mtl.

2. Stufe

abzgl. prozentualer Fixkostenanteil Ehemann	–	1.250,00 EUR mtl.
(Berechnungsmuster 1 siehe Rn 46)	(62,5 % von 2.000,00	EUR)
	=	**1.750,00 EUR mtl.**

3. Stufe

Unterhaltsquote der Witwe	**35 %**	=	**612,50 EUR mtl.**
(Tabelle 2 siehe Rn 30)			

4. Stufe

zzgl. Anteil (Tabelle 3 siehe Rn 31)	**50 %**	+	625,00 EUR mtl.
des prozentualen Fixkostenanteils			
Ehemann			
(Berechnungsmuster 1 siehe Rn 46)	(50 % aus 1.250,00	EUR)	
Zwischensumme	=		**1.237,50 EUR mtl.**

5. Stufe

abzgl. Vorteilsausgleich/ ersparter Unterhalt		
Nettoeinkommen Witwe	1.800,00 EUR mtl.	
abzgl. prozentualer Fix-	–	750,00 EUR mtl.
kostenanteil Witwe	(37,5 % aus	
(Berechnungsmuster 1	2.000,00 EUR)	
siehe Rn 46)		
	=	1.050,00 EUR mtl.

Unterhaltsquote getöteter Ehemann (Tabelle 2 siehe Rn 30)	**35 %** =	367,50 EUR mtl.		
			–	367,50 EUR mtl.
			=	**870,00 EUR mtl.**

6. Stufe

abzgl. Witwenrente		–	500,00 EUR mtl.
Zwischensumme		=	**370,00 EUR mtl.**
abzgl. Mitverschulden	**0 %**	–	0,00 EUR mtl.
Ergebnis Barunterhalt		=	**370,00 EUR mtl.**

Blanko-Muster in Kapitel 11 (siehe § 11 Rn 15).

n)   Doppelverdiener mit 2 Kindern (mit Mithaftung)

73   Beispiel

Ehemann verstirbt, *Doppelverdiener*, zwei Kinder, Nettoeinkommen Ehemann 3.000,00 EUR, Nettoeinkommen Witwe (Ehefrau) 1.800,00 EUR, fixe Kosten 2.000,00 EUR, Witwenrente 500,00 EUR, Mitverschulden 50 %, prozentualer Fixkostenanteil Ehemann 1.250,00 EUR (62,5 % von 2.000,00 EUR, Berechnungsmuster 1) prozentualer Fixkostenanteil Witwe/Ehefrau 750,00 EUR (37,5 % von 2.000,00 EUR, Berechnungsmuster 1)

Lösung:

1. Stufe

Nettoeinkommen des Getöteten	=	3.000,00 EUR mtl.

2. Stufe

abzgl. prozentualer Fixkostenanteil Ehemann	–	1.250,00 EUR mtl.
(Berechnungsmuster 1 siehe Rn 46)	(62,5 % von 2.000,00 EUR)	
	=	**1.750,00 EUR mtl.**

3. Stufe

Unterhaltsquote der Witwe (Tabelle 2 siehe Rn 30)	**35 %**	=	**612,50 EUR mtl.**

4. Stufe

zzgl. Anteil (Tabelle 3 siehe Rn 31) des prozentualen Fixkostenanteils Ehemann	**50 %**	+	625,00	EUR mtl.
(Berechnungsmuster 1 siehe Rn 46)		(50 % aus 1.250,00 EUR)		
Zwischensumme		=	**1.237,50**	**EUR mtl.**

5. Stufe

abzgl. Vorteilsausgleich/ ersparter Unterhalt			
Nettoeinkommen Witwe		1.800,00 EUR mtl.	
abzgl. prozentualer Fix- kostenanteil Witwe	–	750,00 EUR mtl.	
(Berechnungsmuster 1 siehe Rn 46)		(37,5 % aus 2.000,00 EUR)	
	=	1.050,00 EUR mtl.	
Unterhaltsquote getöte- ter Ehemann	**35 %** =	367,50 EUR mtl.	
(Tabelle 2 siehe Rn 30)			
		–	367,50 EUR mtl.
		=	**870,00 EUR mtl.**

6. Stufe

abzgl. Mitverschulden	**50 %** =	435,00 EUR mtl.		
aber: Quotenvorrecht!				
Verrechnung mit erspartem Unterhalt möglich (Stufe 5)	–	367,50 EUR mtl.		
	=	67,50 EUR mtl.		
			–	67,50 EUR mtl.
abzgl. Witwenrente			–	500,00 EUR mtl.
Ergebnis Barunterhalt			=	**302,50 EUR mtl.**

Blanko-Muster in Kapitel 11 (siehe § 11 Rn 16).

o) **Doppelverdiener mit 3 Kindern (ohne Mithaftung)**

74 **Beispiel**

Ehemann verstirbt, *Doppelverdiener*, drei Kinder, Nettoeinkommen Ehemann 3.000,00 EUR, Nettoeinkommen Witwe (Ehefrau) 1.800,00 EUR, fixe Kosten 2.000,00 EUR, Witwenrente 500,00 EUR, Mitverschulden 0 %, prozentualer Fixkostenanteil Ehemann 1.250,00 EUR (62,5 % von 2.000,00 EUR, Berechnungsmuster 1) prozentualer Fixkostenanteil Witwe/Ehefrau 750,00 EUR (37,5 % von 2.000,00 EUR, Berechnungsmuster 1)

Lösung:

1. Stufe

Nettoeinkommen des Getöteten	=	3.000,00 EUR mtl.

2. Stufe

abzgl. prozentualer Fixkostenanteil Ehemann	–	1.250,00 EUR mtl.
(Berechnungsmuster 1 siehe Rn 46)	(62,5 % von 2.000,00 EUR)	
	=	**1.750,00 EUR mtl.**

3. Stufe

Unterhaltsquote der Witwe	**30,5 %**	=	**533,75 EUR mtl.**
(Tabelle 2 siehe Rn 30)			

4. Stufe

zzgl. Anteil (Tabelle 3 siehe Rn 31)	**40 %**	+	500,00 EUR mtl.
des prozentualen Fixkostenanteils Ehemann			
(Berechnungsmuster 1 siehe Rn 46)	(40 % aus 1.250,00 EUR)		
Zwischensumme		=	**1.033,75 EUR mtl.**

5. Stufe

abzgl. Vorteilsausgleich/ ersparter Unterhalt		
Nettoeinkommen Witwe	1.800,00 EUR mtl.	
abzgl. prozentualer Fixkostenanteil Witwe	–	750,00 EUR mtl.
(Berechnungsmuster 1 siehe Rn 46)	(37,5 % aus 2.000,00 EUR)	
	=	1.050,00 EUR mtl.

Unterhaltsquote getöteter Ehemann   **30,5 %** =   320,25 EUR mtl.
(Tabelle 2 siehe Rn 30)

-   320,25 EUR mtl.
=   **713,50 EUR mtl.**

6. Stufe

abzgl. Witwenrente	–	500,00 EUR mtl.
Zwischensumme	=	**213,50 EUR mtl.**
abzgl. Mitverschulden 0 %	–	0,00 EUR mtl.
Ergebnis Barunterhalt	=	**213,50 EUR mtl.**

Blanko-Muster in Kapitel 11 (siehe § 11 Rn 17).

p) Doppelverdiener mit 3 Kindern (mit Mithaftung)

Beispiel   **75**

Ehemann verstirbt, *Doppelverdiener*, drei Kinder, Nettoeinkommen Ehemann 3.000,00 EUR, Nettoeinkommen Witwe (Ehefrau) 1.800,00 EUR, fixe Kosten 2.000,00 EUR, Witwenrente 500,00 EUR, Mitverschulden 50 %, prozentualer Fixkostenanteil Ehemann 1.250,00 EUR (62,5 % von 2.000,00 EUR, Berechnungsmuster 1) prozentualer Fixkostenanteil Witwe/Ehefrau 750,00 EUR (37,5 % von 2.000,00 EUR, Berechnungsmuster 1)

Lösung:

1. Stufe

Nettoeinkommen des Getöteten   =   3.000,00 EUR mtl.

2. Stufe

abzgl. prozentualer Fixkostenanteil Ehemann   –   1.250,00 EUR mtl.
(Berechnungsmuster 1 siehe Rn 46)   (62,5 % von 2.000,00 EUR)

=   **1.750,00 EUR mtl.**

3. Stufe

Unterhaltsquote der Witwe   **30,5 %**   =   **533,75 EUR mtl.**
(Tabelle 2 siehe Rn 30)

4. Stufe

zzgl. Anteil (Tabelle 3 siehe Rn 31)	**40 %**	+	500,00	EUR mtl.
des prozentualen Fixkostenanteils				
Ehemann				
(Berechnungsmuster 1 siehe Rn 46)	(40 % aus 1.250,00			EUR)
Zwischensumme	=		**1.033,75**	**EUR mtl.**

5. Stufe

abzgl. Vorteilsausgleich/
ersparter Unterhalt
Nettoeinkommen Witwe 1.800,00 EUR mtl.
abzgl. prozentualer Fix- − 750,00 EUR mtl.
kostenanteil Witwe
(Berechnungsmuster 1 (37,5 % aus
siehe Rn 46) 2.000,00 EUR)
= 1.050,00 EUR mtl.

Unterhaltsquote getöte-
ter Ehemann **30,5 %** = 320,25 EUR mtl.
(Tabelle 2 siehe Rn 30)

− 320,25 EUR mtl.
= **713,50** **EUR mtl.**

6. Stufe

abzgl. Mitverschulden **50 %** = 356,75 EUR mtl.
aber: Quotenvorrecht!
Verrechnung mit erspartem − 320,25 EUR mtl.
Unterhalt möglich (Stufe 5)
= 36,50 EUR mtl.

− 36,50 EUR mtl.
abzgl. Witwenrente − 500,00 EUR mtl.
Ergebnis Barunterhalt = **177,00** **EUR mtl.**

Blanko-Muster in Kapitel 11 (siehe § 11 Rn 18).

q) Doppelverdiener ohne Kinder (ohne Mithaftung/mit Vermögensbildung)
▼

76 Beispiel

Ehemann verstirbt, *Doppelverdiener,* keine Kinder, Nettoeinkommen Ehemann
3.000,00 EUR, Nettoeinkommen Witwe (Ehefrau) 1.800,00 EUR, fixe Kosten
2.000,00 EUR, Witwenrente 500,00 EUR, Mitverschulden 0 %, prozentualer Fix-

kostenanteil Ehemann 1.250,00 EUR (62,5 % von 2.000,00 EUR, Berechnungsmuster 1) prozentualer Fixkostenanteil Witwe/Ehefrau 750,00 EUR (37,5 % von 2.000,00 EUR, Berechnungsmuster 1), Vermögensbildung 500,00 EUR, Verhältnis des Nettoeinkommens 62,5 % zu 37,5 %, vgl. Berechnungsmuster 1 siehe Rn 46.

Lösung:

1. Stufe

Nettoeinkommen des Getöteten	=	3.000,00	EUR mtl.
abzgl. 62,5 % Anteil Vermögensbildung	–	312,50	EUR mtl.
	(62,5 % von 500,00	EUR)	
	=	**2.687,50**	**EUR**

2. Stufe

abzgl. prozentualer Fixkostenanteil Ehemann	–	1.250,00	EUR mtl.
(Berechnungsmuster 1 siehe Rn 46)	(62,5 % von 2.000,00	EUR)	
	=	**1.437,50**	**EUR mtl.**

3. Stufe

Unterhaltsquote der Witwe	**50 %**	=	**718,75** EUR mtl.
(Tabelle 2 siehe Rn 30)			

4. Stufe

zzgl. Anteil (Tabelle 3 siehe Rn 31) des	**100 %**	+	1.250,00	EUR mtl.
prozentualen Fixkostenanteils Ehemann				
(Berechungsmuster 1 siehe Rn 46)				
Zwischensumme		=	**1.968,75**	**EUR mtl.**

5. Stufe

abzgl. Vorteilsausgleich/		
ersparter Unterhalt		
Nettoeinkommen Witwe	1.800,00 EUR mtl.	
abzgl. 37,5 % Anteil an	–	187,50 EUR mtl.
Vermögensbildung	(37,5 % von 500,00 EUR)	
	=	1.612,50 EUR mtl.
abzgl. prozentualer Fixkos-	–	750,00 EUR mtl.
tenanteil Witwe		
(Berechnungsmuster 1	(37,5 % aus 2.000,00 EUR)	
siehe Rn 46)		
	=	862,50 EUR mtl.

Unterhaltsquote getöteter Ehemann (Tabelle 2 siehe Rn 30)	50 % =	431,25 EUR mtl.		
			–	431,25 EUR mtl.
			=	**1.537,50 EUR mtl.**

6. Stufe

abzgl. Witwenrente		–	500,00 EUR mtl.
abzgl. Mitverschulden	0 %	–	0,00 EUR mtl.
Ergebnis Barunterhalt		=	**1.037,50 EUR mtl.**

▲

Blanko-Muster in Kapitel 11 (siehe § 11 Rn 19).

4. Unterhaltsansprüche der Waisen
a) Allgemeines

77 Wie bereits mehrfach erwähnt, ist streng zwischen den einzelnen Unterhaltsgläubigern zu unterscheiden.

Hat der Anwalt daher sowohl die hinterbliebene Ehefrau als auch die Kinder zu vertreten, muss für die Kinder (Waisen) jeweils getrennt der Unterhaltsschaden ausgerechnet werden. Die Waisen haben nur dann einen Anspruch, wenn sie gemäß § 1602 BGB bedürftig sind (BGH 1962, 176; NJW 1974, 745). Insofern ist dies ein Unterschied zu den **Ehegatten**, da diese unabhängig von einer Bedürftigkeit einen Unterhaltsanspruch gegeneinander haben. Es ist also zu prüfen, ob das Kind eigene Einkünfte hat.

78 Hinsichtlich einer **Erbschaft** ist zu unterscheiden, ob es eine fremde Erbschaft ist, die mit diesem Tötungsfall nichts zu tun hat, oder ob es sich um eine Erbschaft handelt, die der Waise deswegen erhalten hat, weil z.B. sein Vater oder seine Mutter unfallbedingt verstorben ist. Lediglich eine fremde Erbschaft muss sich das Kind anrechnen lassen. Für den Fall, dass der Getötete selber der Erblasser war, ist streitig, ob eine Anrechnung im Rahmen des Vorteilsausgleichs zu berücksichtigen ist. Nach der Quellentheorie des BGH (BGHZ 115, 228) ist ein Vorteilsausgleich aus einer Erbschaft oder einer Versicherung nicht anzurechnen, sofern diese bei Weiterleben des Getöteten nicht für den Unterhalt verwendet worden wären. Die Argumente hierfür überzeugen auch, da das Kind zu einem späteren Zeitpunkt diese Vermögenswerte **sowieso** erhalten hätte und zwar dann, wenn z.B. der Vater oder die Mutter ohne den Verkehrsunfall auf natürlichem Wege verstorben wäre. Der Anwalt sollte sich daher nicht pauschal Abzüge oder Vorteilsausgleiche anrechnen lassen, wenn diese nicht begründet sind. Im Einzelnen ist hier Vieles streitig. Die Waisen müssen sich in jedem Fall nicht die Zahlungen von **privaten Versicherern** anspruchskürzend anrechnen lassen. Dies sind z.B. Leistungen aus der privaten Unfallversicherung oder Lebensversicherung (BGH NJW 1979, 760).

Praxistipp

Im Allgemeinen hilft dem Anwalt gegenüber dem Versicherer daher folgendes Argument: Ohne das schädigende Ereignis (dem Verkehrsunfall, bei dem z.b. der Vater verstorben ist) hätte das Kind die Einkünfte aus dem Vermögen zu einem späteren Zeitpunkt ohnehin erhalten. Von daher scheint eine automatische Anrechnung im Wege des Vorteilsausgleichs nicht sachgerecht.

b) Technik der Unterhaltsberechnung

Auch hier ist die Heranziehung des **Blankovordrucks** der erste Schritt. Dort kön-   79
nen bereits während des Mandantengesprächs die entsprechenden Daten eingetragen werden. Grundlage ist das Nettoeinkommen des verstorbenen Vaters. Hiervon werden die Fixkosten abgezogen. Sodann wird die Unterhaltsquote des Kindes (Waisen) aus der Tabelle 1 (siehe Rn 29) abgelesen. Als nächster Schritt wird der Fixkostenanteil dazugerechnet. Hier geht man nach Tabelle 3 (siehe Rn 31) und übernimmt den dort angegebenen Wert. Als nächster Schritt ist zu schauen, ob das Kind eine Waisenrente bekommt. Sollte dies der Fall sein, muss diese abgezogen werden. Schließlich erhält man den Anspruch des jeweiligen Waisen. Sollte auch hier ein Fall der Mithaftung gegeben sein, muss am Ende noch die Mithaftungsquote gebildet werden, d.h. von dem errechneten Unterhaltsschaden werden z.b. 30 % abgezogen. Auch dies ist in den jeweiligen Fallsammlungen aufgeführt, so dass der Anwalt einfach nur „seinen Fall" ausrechnen muss, je nachdem, ob er ein Kind, zwei Kinder oder drei Kinder vertritt, oder ob es sich um eine Alleinverdiener- oder um eine Doppelverdienerehe handelt.

c) Musterfälle: Ansprüche der Waisen/Kinder (Barunterhalt)
aa) Alleinverdiener mit 1 Kind (ohne Mithaftung)

Beispiel   80

Ehemann (Vater) verstirbt, *Alleinverdiener*, ein Kind, Nettoeinkommen Ehemann 3.100,00 EUR, fixe Kosten 1.500,00 EUR, Waisenrente 200,00 EUR, Mithaftung 0 %

Lösung:

1. Stufe

Nettoeinkommen Ehemann/Vater	=	3.100,00 EUR mtl.

2. Stufe

abzgl. fixe Kosten –	1.500,00	EUR mtl.
=	**1.600,00**	**EUR mtl.**

193

3. Stufe

Unterhaltsquote Kind	**20 %**	=	**320,00**	**EUR mtl.**
(Tabelle 1 siehe Rn 29)		(20 % von 1.600,00		EUR)

4. Stufe

zzgl. Anteile fixe Kosten	**33,3 %**	+	500,00	EUR mtl.
(Tabelle 3 siehe Rn 31)		(33,3 % aus 1.500,00		EUR)
		=	**820,00**	**EUR mtl.**

5. Stufe: entfällt

6. Stufe

abzgl. Waisenrente		–	200,00	EUR mtl.
Zwischensumme		=	**620,00**	**EUR mtl.**
abzgl. Mitverschulden	**0 %**	–	0,00	EUR mtl.
Ergebnis Barunterhalt		=	**620,00**	**EUR mtl.**

Blanko-Muster in Kapitel 11 (siehe § 11 Rn 20).

bb)   Alleinverdiener mit 1 Kind (mit Mithaftung)

81   Beispiel

Ehemann (Vater) verstirbt, *Alleinverdiener*, ein Kind, Nettoeinkommen Ehemann 3.100,00 EUR, fixe Kosten 1.500,00 EUR, Waisenrente 200,00 EUR, Mithaftung 30 %

Lösung:

1. Stufe

Nettoeinkommen Ehemann/Vater	=	3.100,00	EUR mtl.

2. Stufe

abzgl. fixe Kosten	–	1.500,00	EUR mtl.
	=	**1.600,00**	**EUR mtl.**

3. Stufe

Unterhaltsquote Kind	**20 %**	=	**320,00**	**EUR mtl.**
(Tabelle 1 siehe Rn 29)		(20 % von 1.600,00		EUR)

4. Stufe

zzgl. Anteile fixe Kosten	**33,3 %**	+	500,00 EUR mtl.
(Tabelle 3 siehe Rn 31)		(33,3 % aus 1.500,00 EUR)	
		=	**820,00 EUR mtl.**

5. Stufe entfällt

6. Stufe

abzgl. Waisenrente	–	200,00 EUR mtl.
Zwischensumme	=	**620,00 EUR mtl.**
abzgl. Mitverschulden	**30 %** –	186,00 EUR mtl.
Ergebnis Barunterhalt	=	**434,00 EUR mtl.**

Blanko-Muster in Kapitel 11 (siehe § 11 Rn 21).

cc)   Alleinverdiener mit 2 Kindern (ohne Mithaftung)

Beispiel 82

Ehemann (Vater) verstirbt, Alleinverdiener, zwei Kinder, Nettoeinkommen Ehemann 3.100,00 EUR, fixe Kosten 1.500,00 EUR, Waisenrente 200,00 EUR, Mithaftung 0 %

Lösung:

1. Stufe

Nettoeinkommen Ehemann/Vater	=	3.100,00 EUR mtl.

2. Stufe

abzgl. fixe Kosten	–	1.500,00 EUR mtl.
	=	**1.600,00 EUR mtl.**

3. Stufe

Unterhaltsquote Kind	**15 %**	=	**240,00 EUR mtl.**
(Tabelle 1 siehe Rn 29)		(15 % von 1.600,00 EUR)	

4. Stufe

zzgl. Anteile fixe Kosten	**25 %**	+	375,00 EUR mtl.
(Tabelle 3 siehe Rn 31)		(25 % aus 1.500,00 EUR)	
		=	**615,00 EUR mtl.**

5. Stufe: entfällt

6. Stufe

abzgl. Waisenrente		–	200,00 EUR mtl.
Zwischensumme		=	**415,00 EUR mtl.**
abzgl. Mitverschulden	0 %	–	0,00 EUR mtl.
Ergebnis Barunterhalt		=	**415,00 EUR mtl.**

Blanko-Muster in Kapitel 11 (siehe § 11 Rn 22).

dd)   Alleinverdiener mit 2 Kindern (mit Mithaftung)
▼

83   Beispiel

Ehemann (Vater) verstirbt, *Alleinverdiener,* zwei Kinder, Nettoeinkommen Ehemann 3.100,00 EUR, fixe Kosten 1.500,00 EUR, Waisenrente 200,00 EUR, Mithaftung 30 %

Lösung:

1. Stufe

Nettoeinkommen Ehemann/Vater	=	3.100,00 EUR mtl.

2. Stufe

abzgl. fixe Kosten	–	1.500,00 EUR mtl.
	=	**1.600,00 EUR mtl.**

3. Stufe

Unterhaltsquote Kind	**15 %**	=	**240,00 EUR mtl.**
(Tabelle 1 siehe Rn 29)		(15 % von 1.600,00	EUR)

4. Stufe

zzgl. Anteile fixe Kosten	**25 %**	+	**375,00 EUR mtl.**
(Tabelle 3 siehe Rn 31)		(25 % aus 1.500,00	EUR)
		=	**615,00 EUR mtl.**

5. Stufe: entfällt

6. Stufe

abzgl. Waisenrente		–	200,00 EUR mtl.
Zwischensumme		=	**415,00 EUR mtl.**
abzgl. Mitverschulden	**30 %**	–	124,50 EUR mtl.
Ergebnis Barunterhalt		=	**290,50 EUR mtl.**

Blanko-Muster in Kapitel 11 (siehe § 11 Rn 23).

ee)   Alleinverdiener mit 3 Kindern (ohne Mithaftung)

Beispiel   **84**

Ehemann (Vater) verstirbt, *Alleinverdiener,* drei Kinder, Nettoeinkommen Ehemann 3.100,00 EUR, fixe Kosten 1.500,00 EUR, Waisenrente 200,00 EUR, Mithaftung 0 %

Lösung:

1. Stufe

Nettoeinkommen Ehemann/Vater		=	3.100,00	EUR mtl.

2. Stufe

abzgl. fixe Kosten		–	1.500,00	EUR mtl.
		=	**1.600,00**	**EUR mtl.**

3. Stufe

Unterhaltsquote Kind	**13 %**	**=**	**208,00**	**EUR mtl.**
(Tabelle 1 siehe Rn 29)		(13 % von 1.600,00		EUR)

4. Stufe

zzgl. Anteile fixe Kosten	**20 %**	**+**	300,00	EUR mtl.
(Tabelle 3 siehe Rn 31)		(20 % aus 1.500,00		EUR)
		=	**508,00**	**EUR mtl.**

5. Stufe: entfällt

6. Stufe

abzgl. Waisenrente		–	200,00	EUR mtl.
Zwischensumme		**=**	**308,00**	**EUR mtl.**
abzgl. Mitverschulden	**0 %**	–	0,00	EUR mtl.
Ergebnis Barunterhalt		**=**	**308,00**	**EUR mtl.**

Blanko-Muster in Kapitel 11 (siehe § 11 Rn 24).

ff)   Alleinverdiener mit 3 Kindern (mit Mithaftung)

85   Beispiel

Ehemann (Vater) verstirbt, *Alleinverdiener*, drei Kinder, Nettoeinkommen Ehemann 3.100,00 EUR, fixe Kosten 1.500,00 EUR, Waisenrente 200,00 EUR, Mithaftung 30 %

Lösung:

1. Stufe

Nettoeinkommen Ehemann/Vater		=	3.100,00 EUR mtl.

2. Stufe

abzgl. fixe Kosten		–	1.500,00 EUR mtl.
		=	**1.600,00 EUR mtl.**

3. Stufe

Unterhaltsquote Kind	**13 %**	=	**208,00 EUR mtl.**
(Tabelle 1 siehe Rn 29)		(13 % von 1.600,00	EUR)

4. Stufe

zzgl. Anteile fixe Kosten	**20 %**	+	300,00 EUR mtl.
(Tabelle 3 siehe Rn 31)		(20 % aus 1.500,00	EUR)
		=	**508,00 EUR mtl.**

5. Stufe: entfällt

6. Stufe

abzgl. Waisenrente		–	200,00 EUR mtl.
Zwischensumme		=	**308,00 EUR mtl.**
abzgl. Mitverschulden	**30 %**	–	92,40 EUR mtl.
Ergebnis Barunterhalt		=	**215,60 EUR mtl.**

Blanko-Muster in Kapitel 11 (siehe § 11 Rn 25).

gg)   Doppelverdiener mit 1 Kind (ohne Mithaftung)

86   Beispiel

Ehemann (Vater) verstirbt, *Doppelverdiener*, ein Kind, Nettoeinkommen Ehemann 3.000,00 EUR, Nettoeinkommen Witwe/Ehefrau 1.800,00 EUR, fixe Kosten 2.500,00 EUR, Waisenrente 200,00 EUR, Mithaftung 0 %, prozentualer Fixkostenanteil Ehemann/Vater 1.562,50 EUR (62,5 % von 2.500,00 EUR, Berechnungsmuster 1), prozentualer Fixkostenanteil Ehefrau/Mutter 937,50 EUR (37,5 % von 2.500,00 EUR, Berechnungsmuster 1)

Lösung:

1. Stufe

Nettoeinkommen Ehemann/Vater	=	3.000,00 EUR mtl.

2. Stufe

abzgl. prozentualer Fixkostenanteil Ehemann/Vater	–	1.562,50 EUR mtl.
(Berechnungsmuster 1 siehe Rn 46)		
	=	**1.437,50 EUR mtl.**

3. Stufe

Unterhaltsquote Kind	**20 %**	=	**287,50 EUR mtl.**
(Tabelle 2 siehe Rn 30)		(20 % von 1.437,50 EUR)	

4. Stufe

zzgl. Anteile	**33,3 %**	+	520,83 EUR mtl.
(Tabelle 3 siehe Rn 31) des prozentualen			
Fixkostenanteils des Ehemanns/ Vaters		(33,3 % von 1.562,50 EUR)	
(Berechnungsmuster 1 siehe Rn 46)			
		=	**808,33 EUR mtl.**

5. Stufe: entfällt

6. Stufe

abzgl. Waisenrente		–	200,00 EUR mtl.
Zwischensumme		=	**608,33 EUR mtl.**
abzgl. Mitverschulden	**0 %**	–	0,00 EUR mtl.
Ergebnis Barunterhalt		=	**608,33 EUR mtl.**

Blanko-Muster in Kapitel 11 (siehe § 11 Rn 26).

hh) Doppelverdiener mit 1 Kind (mit Mithaftung)

Beispiel 87

Ehemann (Vater) verstirbt, *Doppelverdiener,* ein Kind, Nettoeinkommen Ehemann 3.000,00 EUR, Nettoeinkommen Witwe/Ehefrau 1.800,00 EUR, fixe Kosten

2.500,00 EUR, Waisenrente 200,00 EUR, Mithaftung 30 %, prozentualer Fixkostenanteil Ehemann/Vater 1.562,50 EUR (62,5 % von 2.500,00 EUR, Berechnungsmuster 1), prozentualer Fixkostenanteil Ehefrau/Mutter 937,50 EUR (37,5 % von
2.500,00 EUR, Berechnungsmuster 1)

Lösung:

1. Stufe

Nettoeinkommen Ehemann/Vater	=	3.000,00 EUR mtl.

2. Stufe

abzgl. prozentualer Fixkostenanteil Ehemann/Vater	–	1.562,50 EUR mtl.
(Berechnungsmuster 1 siehe Rn 46)		
	=	**1.437,50 EUR mtl.**

3. Stufe

Unterhaltsquote Kind	**20 %**	=	**287,50 EUR mtl.**
(Tabelle 2 siehe Rn 30)		(20 % von 1.437,50	EUR)

4. Stufe

zzgl. Anteile	**33,3 %**	+	520,83 EUR mtl.
(Tabelle 3 siehe Rn 31) des prozentualen			
Fixkostenanteils des Ehemanns/ Vaters		(33,3 % von 1.562,50	EUR)
(Berechnungsmuster 1 siehe Rn 46)			
		=	**808,33 EUR mtl.**

5. Stufe: entfällt

6. Stufe

abzgl. Waisenrente		–	200,00 EUR mtl.
Zwischensumme		=	**608,33 EUR mtl.**
abzgl. Mitverschulden	**30 %**	–	182,50 EUR mtl.
Ergebnis Barunterhalt		=	**425,83 EUR mtl.**

Blanko-Muster in Kapitel 11 (siehe § 11 Rn 27).

ii) Doppelverdiener mit 2 Kindern (ohne Mithaftung)

88 Beispiel

Ehemann (Vater) verstirbt, *Doppelverdiener*, zwei Kinder, Nettoeinkommen Ehemann 3.000,00 EUR, Nettoeinkommen Witwe/Ehefrau 1.800,00 EUR, fixe Kosten

2.500,00 EUR, Waisenrente 200,00 EUR, Mithaftung 0 %, prozentualer Fixkosten-anteil Ehemann/Vater 1.562,50 EUR (62,5 % von 2.500,00 EUR, Berechnungsmus-ter 1), prozentualer Fixkostenanteil Ehefrau/Mutter 937,50 EUR (37,5 % von 2.500,00 EUR, Berechnungsmuster 1)

Lösung:

1. Stufe

Nettoeinkommen Ehemann/Vater	=	3.000,00 EUR mtl.

2. Stufe

abzgl. prozentualer Fixkostenanteil Ehemann/Vater	–	1.562,50 EUR mtl.
(Berechnungsmuster 1, siehe Rn 44)		
	=	**1.437,50 EUR mtl.**

3. Stufe

Unterhaltsquote Kind	**15 %**	=	**215,62 EUR mtl.**
(Tabelle 2 siehe Rn 30)		(15 % von 1.437,50 EUR)	

4. Stufe

zzgl. Anteile	**25 %**	+	390,62 EUR mtl.
(Tabelle 3 siehe Rn 31) des prozentualen			
Fixkostenanteils des Ehemanns/ Vaters		(25 % von 1.562,50 EUR)	
(Berechnungsmuster 1 siehe Rn 46)			
		=	**606,24 EUR mtl.**

5. Stufe: entfällt

6. Stufe

abzgl. Waisenrente		–	200,00 EUR mtl.
Zwischensumme		=	**406,24 EUR mtl.**
abzgl. Mitverschulden	**0 %**	–	0,00 EUR mtl.
Ergebnis Barunterhalt		=	**406,24 EUR mtl.**

Blanko-Muster in Kapitel 11 (siehe § 11 Rn 28).

jj) Doppelverdiener mit 2 Kindern (mit Mithaftung)

Beispiel 89

Ehemann (Vater) verstirbt, *Doppelverdiener*, zwei Kinder, Nettoeinkommen Ehe-mann 3.000,00 EUR, Nettoeinkommen Witwe/Ehefrau 1.800,00 EUR, fixe Kosten

2.500,00 EUR, Waisenrente 200,00 EUR, Mithaftung 30 %, prozentualer Fixkosten-anteil Ehemann/Vater 1.562,50 EUR (62,5 % von 2.500,00 EUR, Berechnungsmus-ter 1), prozentualer Fixkostenanteil Ehefrau/Mutter 937,50 EUR (37,5 % von 2.500,00 EUR, Berechnungsmuster 1)

Lösung:

1. Stufe

Nettoeinkommen Ehemann/Vater		=	3.000,00 EUR mtl.

2. Stufe

abzgl. prozentualer Fixkostenanteil Ehemann/Vater		–	1.562,50 EUR mtl.
(Berechnungsmuster 1 siehe Rn 46)			
		=	**1.437,50 EUR mtl.**

3. Stufe

Unterhaltsquote Kind	**15 %**	=	**215,62 EUR mtl.**
(Tabelle 2 siehe Rn 30)		(15 % von 1.437,50 EUR)	

4. Stufe

zzgl. Anteile	**25 %**	+	390,62 EUR mtl.
(Tabelle 3 siehe Rn 31) des prozentualen			
Fixkostenanteils des Ehemanns/ Vaters		(25 % von 1.562,50 EUR)	
(Berechnungsmuster 1 siehe Rn 46)			
		=	**606,24 EUR mtl.**

5. Stufe: entfällt

6. Stufe

abzgl. Waisenrente		–	200,00 EUR mtl.
Zwischensumme		=	**406,24 EUR mtl.**
abzgl. Mitverschulden	**30 %**	–	121,87 EUR mtl.
Ergebnis Barunterhalt		=	**284,37 EUR mtl.**

Blanko-Muster in Kapitel 11 (siehe § 11 Rn 29).

kk)   Doppelverdiener mit 3 Kindern (ohne Mithaftung)

90   Beispiel

Ehemann (Vater) verstirbt, *Doppelverdiener,* drei Kinder, Nettoeinkommen Ehe-mann 3.000,00 EUR, Nettoeinkommen Witwe/Ehefrau 1.800,00 EUR, fixe Kosten

2.500,00 EUR, Waisenrente 200,00 EUR, Mithaftung 0 %, prozentualer Fixkosten-anteil Ehemann/Vater 1.562,50 EUR (62,5 % von 2.500,00 EUR, Berechnungsmus-ter 1), prozentualer Fixkostenanteil Ehefrau/Mutter 937,50 EUR (37,5 % von 2.500,00 EUR, Berechnungsmuster 1)

Lösung:

1. Stufe

Nettoeinkommen Ehemann/Vater	=	3.000,00 EUR mtl.

2. Stufe

abzgl. prozentualer Fixkostenanteil Ehemann/Vater	–	1.562,50 EUR mtl.
(Berechnungsmuster 1 siehe Rn 46)		
	=	**1.437,50 EUR mtl.**

3. Stufe

Unterhaltsquote Kind	**13 %**	=	**186,87 EUR mtl.**
(Tabelle 2 siehe Rn 30)		(13 % von 1.437,50 EUR)	

4. Stufe

zzgl. Anteile	**20 %**	+	312,50 EUR mtl.
(Tabelle 3 siehe Rn 31) des prozentualen			
Fixkostenanteils des Ehemanns/ Vaters		(20 % von 1.562,50 EUR)	
(Berechnungsmuster 1 siehe Rn 46)			
		=	**499,37 EUR mtl.**

5. Stufe: entfällt

6. Stufe

abzgl. Waisenrente		–	200,00 EUR mtl.
Zwischensumme		=	**299,37 EUR mtl.**
abzgl. Mitverschulden	**0 %**	–	0,00 EUR mtl.
Ergebnis Barunterhalt		=	**299,37 EUR mtl.**

Blanko-Muster in Kapitel 11 (siehe § 11 Rn 30).

II) Doppelverdiener mit 3 Kindern (mit Mithaftung)

Beispiel 91

Ehemann (Vater) verstirbt, *Doppelverdiener*, drei Kinder, Nettoeinkommen Ehe-mann 3.000,00 EUR, Nettoeinkommen Witwe/Ehefrau 1.800,00 EUR, fixe Kosten

2.500,00 EUR, Waisenrente 200,00 EUR, Mithaftung 30 %, prozentualer Fixkostenanteil Ehemann/Vater 1.562,50 EUR (62,5 % von 2.500,00 EUR, Berechnungsmuster 1), prozentualer Fixkostenanteil Ehefrau/Mutter 937,50 EUR (37,5 % von
2.500,00 EUR, Berechnungsmuster 1)

Lösung:

1. Stufe

Nettoeinkommen Ehemann/Vater		=	3.000,00 EUR mtl.

2. Stufe

abzgl. prozentualer Fixkostenanteil Ehemann/Vater		–	1.562,50 EUR mtl.
(Berechnungsmuster 1 siehe Rn 46)			
		=	**1.437,50 EUR mtl.**

3. Stufe

Unterhaltsquote Kind	**13 %**	=	**186,87 EUR mtl.**
(Tabelle 2 siehe Rn 30)		(13 % von 1.437,50 EUR)	

4. Stufe

zzgl. Anteile	**20 %**	+	312,50 EUR mtl.
(Tabelle 3 siehe Rn 31) des prozentualen			
Fixkostenanteils des Ehemanns/ Vaters		(20 % von 1.562,50 EUR)	
(Berechnungsmuster 1 siehe Rn 46)			
		=	**499,37 EUR mtl.**

5. Stufe entfällt

6. Stufe

abzgl. Waisenrente		–	200,00 EUR mtl.
Zwischensumme		=	**299,37 EUR mtl.**
abzgl. Mitverschulden	**30 %**	–	89,81 EUR mtl.
Ergebnis Barunterhalt		=	**209,56 EUR mtl.**

▲

Blanko-Muster in Kapitel 11 (siehe § 11 Rn 31).

C. Haushaltsführungsschaden

I. Allgemeines

92 Der BGH hat entschieden, dass die Führung des Familienhaushalts eine Unterhaltsleistung im Sinne des § 1360 BGB darstellt (BGH VersR 1968, 852). Wird also z.B.

bei einem Unfall die Hausfrau oder der Hausmann getötet, so haben die Hinterbliebenen einen Schadensersatzanspruch aus § 844 Abs. 2 BGB, § 10 Abs. 2 StVG.

Allerdings ist zu berücksichtigen, dass im Fall der Tötung auf den Ersatz des ge- **93** setzlichen Unterhalts abzustellen ist und nicht wie bei den Verletzungsfällen auf den tatsächlich erbrachten Beitrag (siehe § 3 Rn 148 ff.). Es wäre daher verfehlt, wenn man die Grundsätze des Haushaltsführungsschadens bei den Verletztenfällen auf den **Haushaltsführungsschaden bei den Tötungsfällen** anwenden würde.

In den einzelnen Kapiteln wird getrennt untersucht, je nachdem, ob in dem jeweili- **94** gen Fall eine Alleinverdienerehe oder eine Doppelverdienerehe vorlag bzw. ob die Hausfrau oder der Hausmann in dem Haushalt mitgewirkt haben oder nicht. Des Weiteren werden die Ansprüche der Waisen untersucht, da diese wiederum Unterschiede in der Berechnung gegenüber den Ansprüchen der Witwe/des Witwers aufweisen. So erfolgt bei den Waisen zum Beispiel kein Abzug wegen Unterhaltsersparnis (Vorteilsausgleich). Von besonderer Bedeutung ist ferner, dass das Ausmaß des gesetzlichen Unterhalts nach § 844 Abs. 2 BGB von den jeweiligen **Absprachen der Ehegatten** abhängig ist. Diese Absprachen über die Aufteilung der Haushaltsführung, die die Eheleute untereinander getroffen haben, sind schadensrechtlich vollumfänglich zu berücksichtigen. Konkret bedeutet dies, dass der Versicherer diese Absprachen akzeptieren muss. Nach der Rechtsprechung des BGH ist nur dann eine Grenzziehung geboten, wenn die Absprachen in einem offensichtlichen Missverhältnis stehen (BGH VersR 1983, 688). Ein offensichtliches Missverhältnis wäre z.B. gegeben, wenn beide zu 50 % berufstätig sind, es zwischen den Ehegatten aber eine Absprache gab, dass die Ehefrau 100 % des Haushalts führt und alleine die Kinder betreut, während der Ehemann gar keine Mithilfepflicht hatte. Eine solche Absprache wäre nicht berücksichtigungsfähig.

Praxistipp
Der Anwalt, der den Haushaltsführungsschaden berechnet, sollte daher als Allererstes den Mandanten danach befragen, wie die Absprache zum Umfang der Haushaltsführung aussah.

Wie bei den Verletztenfällen ist auch bei den Tötungsfällen hinsichtlich des Haus- **95** haltsführungsschadens zu unterscheiden, ob eine **Ersatzkraft** eingestellt wurde oder ob **keine Ersatzkraft** eingestellt wurde. Wenn für den getöteten Haushaltsführer eine Ersatzkraft eingestellt wurde, sind deren Kosten voll zu ersetzen, wobei sämtliche Lohnnebenkosten sowie Weihnachts- und Urlaubsgeld ebenfalls an den Anspruchssteller zu entrichten sind (BGH VersR 1986, 790).

Wird dagegen keine Ersatzkraft eingestellt, wie dies in der Mehrzahl der Fälle an- **96** zunehmen ist, wird durch Mehrarbeit der übrigen Familienmitglieder der Ausfall des getöteten Haushaltsführers kompensiert. Das bedeutet für den Schädiger jedoch keine Entlastung. Die Hinterbliebenen können den Schaden vielmehr fiktiv abrechnen (vgl. BGH VersR 1986, 790; OLG Stuttgart VersR 1993, 1356). Der BGH (NJW 1983, 1425) hat zudem entschieden, dass bei einer fiktiven Abrechnung des

Haushaltsführungsschadens der Nettolohn einer vergleichbaren Ersatzkraft zugrunde zu legen ist. Wie dieser Nettolohn und dieser Haushaltsführungsschaden errechnet werden, ergibt sich aus den im Weiteren aufgeführten einzelnen Beispielen.

Bei den folgenden Berechnungen wurde das Tabellenwerk *Schulz-Borck/Hofmann* (6. Auflage) verwendet. Insofern wurde der Praxis, dass bei Tötungsfällen oftmals nach wie vor die 6. Auflage zur Berechnung herangezogen wird, gerecht. Gleichwohl ist ein Beispiel eingebaut, in dem die Neuauflage von *Pardey* (Der Haushaltsführungsschaden, 8. Auflage) Berücksichtigung findet. Im Ergebnis ist sowohl die alte Berechnung als auch die neue Berechnung nach *Pardey* sachgerecht. Sollte sich in der Regulierungspraxis ausschließlich die 8. Auflage von *Pardey* durchsetzen, wird dies zukünftig berücksichtigt. Die Tabelle 1 bei *Schulz-Borck/Hofmann* ist bei *Pardey* Tabelle 12 (Der Haushaltsführungsschaden, 8. Auflage, S. 136). Im Prinzip kann diese Tabelle genauso gut herangezogen werden, da auch hier vier Anspruchsstufen (Anspruchsstufe 1–4) vorhanden sind, was den jeweiligen Haushalt innerhalb der Ausstattung betrifft. Ferner ist zwischen Ehemann und Ehefrau unterschieden sowie zwischen Erwerbstätigen und Nichterwerbstätigen. Berücksichtigung finden die Entgelttabellen aus *Schulz-Borck*, Entgelttabellen TVöD/Bund zur Bewertung von Personenschäden in der Haushaltsführung, Stand August 2013.

97 Das allgemeine **Berechnungsschema des Haushaltsführungsschadens** ist Folgendes:

1. Schritt Berechnung des wöchentlichen **Arbeitzeitbedarfs** eines reduzierten Personenhaushalts (Tabelle 1 *Schulz-Borck/Hofmann*) (Tabelle 12 *Pardey*)

2. Schritt Abzug der **Mithilfepflicht** der Hinterbliebenen (Ehemann/Ehefrau und Waisen) in wöchentlichen Stunden

3. Schritt **Multiplikation** dieser errechneten wöchentlichen Stundenzahl mit dem **Stundenlohn** einer **Hilfskraft** (BAT/TVÖD) (Tabelle 1.1 *Schulz-Borck*, Entgelttabellen, Stand August 2013)

4. Schritt **Aufteilung** des errechneten monatlichen Nettoschadens auf die Hinterbliebenen (Witwe/Witwer/Waisen) nach **Quoten** (Tabelle 4 siehe Rn 114)

Die Anwendung dieser 4-Schritt-Methode erfolgt in den einzelnen Fällen bzw. unter den folgenden Rubriken.

II.   Ansprüche des Witwers, wenn die Nur-Hausfrau verstirbt

1.   Allgemeines

98 In diesem Kapitel wird der Haushaltsführungsschaden des Witwers nach einem Verkehrsunfall geprüft, dessen Ehefrau verstorben ist, die nicht berufstätig war und allein den Haushalt geführt hat.

Zunächst ist wieder die Frage zu stellen, ob nach dem Tod der Hausfrau eine Ersatzkraft eingestellt wurde oder ob Familienmitglieder, Nachbarn oder andere Verwandte freiwillig diese Arbeit übernommen haben. Wurde eine Ersatzkraft eingestellt, ist der anzusetzende Wert problemlos durch die konkrete Lohnabrechnung zu ermitteln. Wurde dagegen keine Ersatzkraft eingestellt, wie dies in der Mehrzahl der Praxisfälle gegeben ist, kann der Witwer fiktiv gegenüber dem Versicherer abrechnen. Fiktiv im Sinne des normativen Schadensbegriffes bedeutet, dass der Betrag, der für eine einzustellende Hilfskraft nötig wäre, errechnet werden muss. Wie eine solche fiktive Abrechnung erfolgt, ergibt sich aus der oben näher erläuterten 4-Schritt-Methode (siehe Rn 99 ff.).

2. Berechnungsgrundsätze

Die 4-Schritt-Methode: **99**

a) 1. Schritt: Berechnung des wöchentlichen Arbeitszeitbedarfs beim reduzierten Haushalt

Im Tötungsfall wird Tabelle 1 angewandt. Es empfiehlt sich daher, das Tabellen-   **100**
werk *Schulz-Borck/Hofmann*, 6. Auflage; *Schulz-Borck/Pardey*, 7. Auflage oder
Pardey, 8. Auflage anzuschaffen und anhand des jeweiligen Sachverhaltes die notwendigen Zahlen zu ermitteln.

Hinweis
Alle drei Auflagen des Haushaltsführungsschadens, also die 6. Auflage von
Schulz-Borck/Hofmann, die 7. Auflage von *Schulz-Borck/Pardey* und die 8. Auflage von *Pardey* können verwendet werden. Bei den Regulierungsgesprächen mit
den Versicherern wird bei den Tötungsfällen oftmals die 6. Auflage von *Schulz-Borck/Hofmann* bevorzugt, weil diese einfach zu handhaben ist.

Aus der Tabelle 1 kann man verschiedene Größen ersehen: einmal die Haushalts-   **101**
größe, wie der Haushalt ausgesehen hat, bevor eine Person durch deren Tod weggefallen ist und danach den „reduzierten" Haushalt. Aus diesem Grund ist z.B. auch
in der Stufe 3 bei einem ursprünglichen 2-Personen-Haushalt von 43,0 Wochenstunden die Wochenstundenzahl auf 31,6 Stunden in einem reduzierten 2-Personen-Haushalt „geschrumpft." Der Grund liegt in der Reduzierung des Haushaltsführungsaufwandes. Die Anwendung dieser Tabelle ist sehr einfach. Der Anwalt muss
nur gucken, ob in seinem Fall ein 2-, 3-, 4-, 5- oder 6- Personen-Haushalt vorlag.

Als Nächstes muss geprüft werden, ob der Haushaltsstandard einfach, mittelmäßig,   **102**
gehoben oder hoch war. Dies dokumentiert in der Tabelle die Anspruchsstufe 1, 2,
3 oder 4. Ein einfacher Haushalt hat die Anspruchsstufe 1, ein mittlerer Haushalt
die Anspruchsstufe 2, ein gehobener Haushalt die Anspruchsstufe 3, ein Haushalt
mit einem hohen Standard die Anspruchsstufe 4.

Praxistipp
In der Praxis spielen sich die Mehrzahl der Fälle in der Anspruchsstufe 2 und 3 ab, wobei die Anspruchsstufe 3 am häufigsten in den Haushalten verbreitet ist. Sollte es tatsächlich einmal so sein, dass der Haushaltsstandard als extrem einfach oder extrem hoch einzuordnen ist, muss dementsprechend die Anspruchsstufe 1 oder die Anspruchsstufe 4 angesetzt werden.

103   Diese Systematik soll nun an zwei Beispielen durchgeprüft werden. Waren z.B. in dem Haushalt Ehefrau, Ehemann und zwei Kinder vor dem Unfall vorhanden, liegt insgesamt ein 4-Personen-Haushalt vor. War der Haushalt zudem gehoben, d.h. in der Anspruchsstufe 3 anzusiedeln, ergibt sich ein wöchentlicher Arbeitszeitbedarf nach Tabelle 1 vor dem Unfall von 71,3 Stunden. Der sogenannte **reduzierte** 4-Personen-Haushalt hat nach dem Tod der Hausfrau daher nur noch einen wöchentlichen Arbeitszeitbedarf von 65,6 Stunden.

Waren vorher drei Kinder vorhanden, zudem Ehefrau und Ehemann, ergibt sich ein 5-Personenhaushalt. In Anspruchsstufe 3, d.h. bei einem gehobenen Haushalt, ergibt sich ein Arbeitszeitbedarf von wöchentlich 81,4 Stunden. Der **reduzierte** 4-Personen-Haushalts-Wochenbedarf beträgt daher nach dem Unfall, d.h. nachdem eine Person durch deren Tod weggefallen ist, 74,7 Stunden pro Woche.

104   Es darf jedoch die Tabelle 1 nicht starr angewendet werden, da das Tabellenwerk *Schulz-Borck/Hofmann* zwar in der Rechtsprechung des BGH anerkannt ist, allerdings gleichwohl im Interesse des Mandanten immer der Einzelfall geprüft werden muss.

Praxistipp
D.h. der Mandant ist immer konkret nach seinen individuellen Verhältnissen zu befragen. Dies bedeutet, dass von der Tabelle 1 individuelle Zu- oder Abschläge gemacht werden können. Als Orientierung bezüglich der Zu- und Abschläge dient hier Tabelle 2 des Buches von *Schulz-Borck/Hofmann*.

105   Zuschläge können sich z.B. dann ergeben, wenn der Mandant über ziemlich große Wohnräume verfügt oder, was im ländlichen Bereich sehr häufig vorkommt, ein extrem großer Nutzgarten oder Ziergarten vorhanden ist. Ganz entscheidend sind jedoch die Zuschläge für Kleinkinder. Gerade Kinder unter 6 Jahren bedürfen einer Beaufsichtigung rund um die Uhr. Gleiches gilt für pflegebedürftige Kinder (im Einzelnen hierzu siehe § 3 Rn 174).

Praxistipp
In der heutigen Zeit spielen bei Kindern Allergien und die Krankheiten ADHS sowie ADS eine immer größere Rolle. In diesen Fällen kann der Anwalt berechtigterweise Zuschläge verlangen, da die betroffenen Kinder einen erhöhten wöchentlichen Arbeitszeitbedarf rechtfertigen. Es muss daher in Form der Schätzung im Sinne des § 287 ZPO eine Erhöhung des wöchentlichen Arbeitszeitbedarfs erfolgen.

Sollte dagegen der Haushalt über Personal (Putzfrau oder Gärtner) verfügen, müss- **106**
te im Umkehrschluss ein Abzug innerhalb Tabelle 1 erfolgen.

b) 2. Schritt: Abzug der Mithilfepflicht der Hinterbliebenen
(Ehemann/Ehefrau und Waisen) in Wochenstunden
aa) Ehepartner

Inwieweit der hinterbliebene Ehepartner zur Mithilfe im Haushalt verpflichtet war, **107**
richtet sich nach mehreren Kriterien. Es ist zu prüfen, ob der Ehepartner allein berufstätig oder ob der andere Partner ebenfalls berufstätig war. Ferner ist zu prüfen,
ob der Ehepartner selbstständig war oder angestellt, da in der Regel Selbstständige
sich noch mehr um ihre beruflichen Belange kümmern und weniger im Haushalt
mitarbeiten als Angestellte, die nach einem 8-Stunden Tag üblicherweise zu Hause
und damit im Haushalt etwas mehr Zeit verbringen. *Schulz-Borck/Hofmann* gehen
in ihrer Tabelle bei dem hier zu entscheidenden Fall, in welchem der hinterbliebene
Ehemann allein berufstätig war und die Hausfrau allein den Haushalt geführt hat,
von einer **0 %igen Mithilfepflicht** aus. Gestützt wird diese Argumentation unter
anderem auf die Entscheidung des OLG Frankfurt vom 26.7.2005 (SP 2005, 338)
und die Entscheidung des OLG Oldenburg vom 20.12.1982 (VersR 1983, 890). Begründet wird diese Rechtsprechung damit, dass der allein Berufstätige in der Ehe
die Aufgabe übernommen hat, das Geld zu verdienen, während die Hausfrau sich
um den Haushalt allein kümmert. Sollte der berufstätige Ehepartner dagegen im
Haushalt mithelfen, ist diese Haushaltshilfe **freiwillig** und **keine Pflicht**. Aus diesem Grund kann berechtigterweise die Rechtsauffassung vertreten werden, dass in
den Fällen, in denen die Nur-Hausfrau stirbt, die Mithilfepflicht des Ehepartners
mit 0 % anzusetzen ist.

Es gibt jedoch auch die Auffassung, wonach ein solches Rollenbild in der heutigen **108**
Zeit nicht mehr zutrifft. In einem Regulierungsgespräch würde wahrscheinlich der
Versicherer argumentieren, dass die modernen Ehen heute so aussehen, dass auch
nach Dienstschluss der allein berufstätige Ehemann zu Hause durchaus noch gewisse Dinge im Haushalt erledigt, wie zum Beispiel Rasen mähen oder die Betreuung
der Kinder. Vertritt man selbst diese Auffassung, kann man insofern eine **Mithilfe-**
pflicht von **10 bis 20 %** des **nicht reduzierten Personenhaushalts** nach Tabelle 1
von *Schulz-Borck/Hofmann* annehmen.

Soweit man dieser modernen Ansicht folgt, kann im umgekehrten Fall, der später **109**
noch erläutert wird, wenn nämlich nicht die Nur-Hausfrau bei dem Unfall verstirbt,
sondern der allein verdienende Ehemann, natürlich auch diese einen Haushaltsführungsschaden haben. Insofern ist dem Argumentationsfeld des Anwalts, je nachdem, wen er vertritt, durchaus ein Spielraum gegeben. Der Versicherer wird in jedem Fall auch diese Argumente mit in die Waagschale werfen, sofern sie für ihn
gegebenenfalls eine geringere Zahlungspflicht zur Folge haben können.

Generell gilt jedoch nochmals der Hinweis, dass der Anwalt seinen Mandanten de- **110**
tailliert danach befragen muss, welche **Absprachen** es zwischen den Eheleuten

hinsichtlich der Haushaltsaufteilung gab, da der Versicherer diese gegen sich gelten lassen muss. Wenn es also beispielsweise die Absprache zwischen den Eheleuten gab, dass der allein verdienende Ehemann nichts im Haushalt zu erledigen hat, dann ist die Mithilfepflicht des Ehemanns auch tatsächlich bei **0 %** anzusetzen. Der Versicherer kann dann auch keine Mithilfepflicht des Ehepartners abziehen.

bb)   Kinder (Waisen)

111   Wenn Kinder vorhanden sind, ist nach der Rechtsprechung auch deren etwaige **Mitarbeitspflicht** abzusetzen. Dies ist weitgehend unbekannt. Die Mithilfepflicht ergibt sich aus § 1619 BGB. Allerdings sind nicht alle Kinder zur Mithilfe im Haushalt verpflichtet. Die Rechtsprechung zieht die Grenze etwa **bei 14 Jahren** (OLG Stuttgart VersR 1993, 1536 und OLG Hamburg VersR 1988, 135) und nimmt eine Mithilfepflicht in Höhe von **7 Stunden wöchentlich** an.

> *Praxistipp*
> Auch hier sind die Zahlen aus den Tabellen nicht stur zu übernehmen, sondern es ist **individuell zu erfragen**, ob z.b. durch Belastungen in der Schule oder Ausbildung oder aber durch besondere Sport- oder Musikaktivitäten des Filius der Ansatz von 7 Stunden wöchentlich eventuell zu hoch angesetzt sind.

112   Im konkreten Fall ist daher nachzufragen, wie viele Kinder welchen Alters im Haushalt leben. Sind mehrere Kinder ab 14 Jahren vorhanden, so muss jedes Kind 7 Stunden wöchentlich mithelfen. Sind die Kinder dagegen unter 14 Jahre alt, ist generell keine Mithilfepflicht abzuziehen.

cc)   Beispiel Abzug Mitarbeitspflicht

113   Diese oben genannte Mitarbeitspflicht soll nun anhand eines kurzen Beispiels erläutert werden.

Beispiel

Der Ehemann ist Alleinverdiener, es ist ein 15-jähriger Sohn vorhanden, die Nur-Hausfrau verunglückt tödlich, der Haushaltstyp ist gehoben (Anspruchsstufe 3, Tabelle 1 *Schulz-Borck/Hofmann*, Mitarbeitspflicht Ehemann nach Absprache 20 %.

In diesem Fall würde sich der Abzug der wöchentlichen Mitarbeitspflicht der Hinterbliebenen wie folgt rechnen:

gehobener **nichtreduzierter** 3-Personen-Haushalt (Tabelle 1 *Schulz-Borck/Hofmann*).

	61,9 Stunden
davon 20 % Mithilfepflicht	12,38 Stunden

Dieser errechnete wöchentliche Stundenwert von 12,38 wird nun von dem **reduzierten** 3-Personen-Haushalt bei Anspruchsstufe 3 innerhalb der Tabelle 1 *Schulz-*

Borck/Hofmann abgezogen. Der Wert im reduzierten Haushalt beträgt somit 52,9 Stunden. Hiervon wird nun der errechnete 20 %ige Mithilfeanteil von 12,38 Stunden subtrahiert, so dass sich ein Wochenstundenbedarf von 40,6 Stunden ergibt. Nun muss noch die Mithilfepflicht des Sohnes von wöchentlich 7 Stunden von dem Wert 40,6 abgezogen werden, so dass sich als Arbeitszeitbedarf wöchentlich ein Wert von 33,6 Stunden errechnet.

▲

c) 3. Schritt: Ermittlung des Schadensersatzbetrages

Nachdem nunmehr der wöchentliche Arbeitszeitbedarf unter Abzug der Mitarbeits-   **114**
pflicht ausgerechnet wurde, muss dieser multipliziert werden mit dem Nettostundenlohn einer Ersatzkraft. Welche Stundenvergütung angemessen ist, ist anhand des Tabellenwerkes *Schulz-Borck* (Entgelttabellen TVöD/Bund, Stand August 2013) zu entnehmen. Es ist hier auf Tabelle 1.1 zu verweisen. Welche Entgeltgruppe man für seinen Fall zugrunde legt, hängt davon ab, wie viele Familienmitglieder vorhanden sind, ferner wie alt die Kinder sind und ob es sich um einfache oder gehobene Haushalte handelt. Von einem Abdruck der Tabelle 1.1 von *Schulz-Borck* wurde hier abgesehen, da dies bei Weitem zu umfangreich ist und daher mit dem Konzept dieses Buches nicht vereinbar wäre. Der Anwalt, der Personenschäden bearbeitet, **muss** sich daher zwangsläufig jedes Jahr dieses Tabellenwerk zulegen. Die Tabelle 1.1 geht von Stundenwerten von 9,13 EUR (BAT X/TVöD, Gruppe1) bis 19,80 EUR (BAT IV a/TVöD, Gruppe 11) aus.

Sind z.b. Kinder im Heranwachsenden-Alter vorhanden, ist ein Wert nach BAT   **115**
VIII (heute: TVöD E.-Gr. 3) (netto 12,42 EUR) bis BAT VI (heute: TVöD E.-Gr. 6) (14,16 EUR) angemessen (BGH VersR 1979, 670).

In dem hier zu bearbeitenden Fall, indem die Nur-Hausfrau verstirbt und ggf. noch Kinder vorhanden sind, lässt es sich sicherlich rechtfertigen, TVöD E.-Gr. 5 mit 13,56 EUR netto anzusetzen. Wie bereits erwähnt, ist dies jedoch individuell mit dem Mandanten zu besprechen und mit dem Versicherer auszudiskutieren.

d) 4. Schritt: Aufteilung errechneter monatlicher Nettoschaden auf die Hinterbliebenen nach Quoten (Witwe/Witwer/Waisen nach Tabelle 4)

In den 3 vorherigen Schritten wurde der monatliche Nettobetrag des Haushaltsfüh-   **116**
rungsschadens errechnet. Dieser Betrag ist nunmehr im 4. Schritt auf die Hinterbliebenen, d.h. auf den überlebenden Ehegatten und die Kinder (Waisen) aufzuteilen. Wie dies erfolgt, ergibt sich aus **Tabelle 4**, die im Folgenden abgedruckt ist. Die in Tabelle 4 genannten Quoten haben sich in der Praxis außergerichtlich durchgesetzt und basieren zum Großteil auf der Rechtsprechung des BGH (BGH VersR 1984, 875; BGH VersR 72, 176). Auch hier sind die Quoten ggf. den individuellen Verhältnissen anzupassen.

117   **Tabelle 4**

Konstellation	Quote	
Hinterbliebener und keine Kinder	Hinterbliebener	100 %
Hinterbliebener und 1 Kind	Hinterbliebener	$^2/_3$ (66,7 %)
	Kind	$^1/_3$ (33,3 %)
Hinterbliebener und zwei Kinder	Hinterbliebener	$^1/_2$ (50 %)
	Kind 1	$^1/_4$ (25 %)
	Kind 2	$^1/_4$ (25 %)
Hinterbliebener und drei Kinder	Hinterbliebener	$^2/_5$ (40 %)
	Kind 1	$^1/_5$ (20 %)
	Kind 2	$^1/_5$ (20 %)
	Kind 3	$^1/_5$ (20 %)

118   Auch diese Konstellationen sollen anhand eines Beispiels näher veranschaulicht werden. Hat man daher nach den drei Schritten zuvor mithilfe des Tabellenwerks *Schulz-Borck/Hofmann* den monatlichen Nettobetrag den Haushaltsführungsschaden errechnet und liegt dieser zum Beispiel bei 1.000 EUR, würde sich dieser Schaden auf die Hinterbliebenen bei einem Kind und dem Witwer wie folgt aufteilen: Hinterbliebener 2/3 (66,7 %), Kind 1/3 (33,3 %). Konkret bedeutet dies, dass der Ehemann von den 1.000 EUR Haushaltsführungsschaden 667 EUR erhält und das Kind 333 EUR.

119   In dem Fall, in dem die Nur-Hausfrau verstirbt und der Witwer Ansprüche wegen des Haushaltsführungsschadens geltend macht, ist ausnahmsweise noch ein fünfter Schritt durchzuführen, der den Mandanten zwar schwer verständlich zu machen, jedoch nach der Rechtsprechung zu berücksichtigen ist. Hierbei handelt es sich um die **Unterhaltsersparnis des Witwers.**

e)   5. Schritt: Unterhaltsersparnis des Witwers

120   § 844 Abs. 2 BGB ist ein Schadensersatzanspruch. Insofern kommt hier ein Vorteilsausgleich in Betracht. Der BGH begründet dies damit, dass der Ehemann durch den Tod seiner Ehefrau von seiner Barunterhaltpflicht ihr gegenüber entlastet wird (BGH NJW 1971, 2066). Diese Unterhaltsersparnis wird genauso ausgerechnet, wie dies im Rahmen der Barunterhaltsberechnung geschieht. Es wird also das Nettoeinkommen des Ehemannes ermittelt, hiervon werden die fixen Kosten abgezogen und anschließend wird die Unterhaltsquote nach Tabelle 1 gebildet. Im vorliegenden Fall beträgt die Unterhaltsquote der Ehefrau 35 %, weil ein Kind vorhanden ist (siehe Tabelle 1, Rn 121). Die Tabelle ist nachfolgend abgedruckt.

Tabelle 1 **121**

Konstellation	Quote	
Alleinverdiener und keine Kinder	Getöteter	55 %
	Witwe	45 %
Alleinverdiener und 1 Kind	Getöteter	45 %
	Witwe	35 %
	Kind	20 %
Alleinverdiener und zwei Kinder	Getöteter	40 %
	Witwe	30 %
	Kind 1	15 %
	Kind 2	15 %
Alleinverdiener und drei Kinder	Getöteter	34 %
	Witwe	27 %
	Kind 1	13 %
	Kind 2	13 %
	Kind 3	13 %

Dogmatisch sind dieser Vorteil und diese Unterhaltsersparnis schwierig zu begrün- **122**
den. Wahrscheinlich hatte der BGH hier wieder einmal das Ziel vor Augen und
musste dementsprechend unter dem Gesichtspunkt von Gerechtigkeitsgrundsätzen
eine Begründung entwickeln. Da die Rechtsprechung des BGH jedoch immer noch
gilt, muss der Anwalt, der den Haushaltsführungsschaden bei der Nur-Hausfrau berechnet, sich hiermit beschäftigen (zur Kritik siehe Rn 143).

3. Mithaftung

Sollte eine Mithaftung vorliegen, zum Beispiel weil die getötete Nur-Hausfrau den **123**
Unfall zu 30 % mitverschuldet hat, muss sich der Witwer dies anrechnen lassen. Es
gilt jedoch auch hier, wie beim Unterhaltsschaden, das **Quotenvorrecht** (BGH
VersR 1987, 70). Das heißt, der hinterbliebene Ehemann kann den ersparten Unterhalt zunächst mit dem von ihm zu tragenden Mitverschuldensanteil verrechnen. In
der Beispielsammlung ist ein Fall mit Quotenvorrecht (Beispiel siehe Rn 125)
durchgerechnet. Zuvor soll die Anwendung des Quotenvorrechts jedoch erläutert
werden. Würde zum Beispiel der monatliche Betrag des Haushaltsführungsschadens 1.000 EUR betragen und hätte die verstorbene Ehefrau ein 30 %iges Mitverschulden, käme normalerweise ein Betrag von 700 EUR als Ergebnis heraus, da
70 % von 1.000 EUR = 700 EUR sind. Bei einem 2/3 Anteil aus der Tabelle 4 ergä-
be sich daher ein Betrag von 466,67 EUR, da 2/3 von 700 EUR = 466,67 EUR sind.
Von diesem Betrag in Höhe von 466,67 EUR kann der Geschädigte nun den errechneten Betrag der Unterhaltsersparnis in vollem Umfang mit der Mitverschuldensquote verrechnen. Läge zum Beispiel die Unterhaltsersparnis bei 350 EUR, so
könnte von diesem Betrag der Geschädigte vorweg seinen Mitverschuldensanteil

abziehen, 2/3 von 300 EUR = 200 EUR. Das heißt, von 350 EUR Unterhaltsersparnis darf der Geschädigte zunächst die 200,00 EUR (30 % Mitverschulden) absetzen. 350 EUR – 200 EUR ergibt einen Betrag von 150 EUR. Dieser Betrag wird nun von den oben errechneten 466,67 EUR subtrahiert, so dass ein Betrag von 316,67 EUR verbleibt. Die Anwendung des Quotenvorrechts bedeutet daher bei dem Fall, in welchem die Nur-Hausfrau verstirbt und eine Unterhaltsersparnis berücksichtigt werden muss, einen deutlichen Gewinn für den Geschädigten, da eine Vorwegverrechnung mit seinem Mitverschuldensanteil möglich ist. Dies sollte der Anwalt beachten, damit er das Optimum an Schadensersatzleistungen für seinen Mandanten realisieren kann.

124 In einem Beispiel soll einerseits mit Quotenvorrecht und andererseits ohne Quotenvorrecht gerechnet werden: es ist von einem angenommenen Haushaltsführungsschaden von 1.000 EUR auszugehen. Ferner existiert ein Kind, die angenommene Unterhaltsersparnis liegt bei 350 EUR.

125

ohne Quotenvorrecht		mit Quotenvorrecht	
Haushaltsführungsschaden	1.000 EUR	Haushaltsführungsschaden	1.000 EUR
Mithaftung 30 %	– 300 EUR	Mithaftung 30 %	– 300 EUR
	= 700 EUR		= 700 EUR
Quote 66,7 %	= 466,67 EUR	Quote 66,7 %	= 466,67 EUR
(Tabelle 4)		(Tabelle 4)	
abzgl. Unterhaltsersparnis	– 350 EUR	abzgl. Unterhaltsersparnis aber Vorwegverrechnung mit Mitverschulden	– 150 EUR
Ergebnis	= 116,66 EUR	Ergebnis	= 316,66 EUR

4. Stellungnahme

126 Generell kann gesagt werden, dass der Haushaltsführungsschaden in der Rechtsprechung in der Regel **stiefmütterlich** behandelt wird. Kritik ergibt sich aus Folgendem:

■ Es ist fraglich, ob der gesetzlich geschuldete Unterhalt anzusetzen ist und nicht der tatsächliche Unterhalt, da die Rechtsprechung auch nicht unterscheidet, ob die Verhältnisse einer nicht intakten Ehe genauso zu bewerten sind wie bei einer intakten Ehe.

■ Es ist weiterhin fraglich, ob die Mithilfepflicht der Kinder von 7 Stunden pro Woche ab 14 Jahren in der Praxis tatsächlich bei allen Familien gegeben ist. In der Regel sieht die Realität anders aus.

■ Wenn keine Ersatzkraft eingestellt wird, ist der Stundenlohn nach der Rechtsprechung auf der Basis des TVöD eigentlich viel zu niedrig.

■ Ferner ist eine Reduzierung auf den Nettolohn ebenfalls nicht nachvollziehbar, insbesondere dann nicht, wenn der Dritte (z.B. Verwandte) seine zuvor ausgeübte Tätigkeit aufgibt. Der pauschale Abzug von z.B. 30 % (OLG Stuttgart VersR

1993, 1536) vom Bruttolohn lässt sich auch nicht ansatzweise dogmatisch begründen.

■ Der erneute Abzug des ersparten Unterhalts für den Fall, dass die Nur-Hausfrau stirbt, lässt sich dogmatisch ebenfalls nur schwer begründen und ist nicht nachvollziehbar.

■ Die Aufteilung des BGH nach Quoten (Tabelle 4 siehe Rn 117) ist wissenschaftlich und empirisch nicht belegt, sondern entspricht allenfalls den Billigkeitsgrundsätzen (Wo sollte die Reise hingehen?).

Im Ergebnis kann daher die Rechtsprechung zum Haushaltsführungsschaden durchaus kritisiert werden, da der Beruf „Hausfrau" in der Rechtsprechung offensichtlich noch nicht die Bedeutung hat, die er eigentlich haben müsste.   **127**

Möglicherweise kann der einzelne Anwalt in der Regulierungspraxis aus dieser Argumentation Honig saugen und einen höheren Betrag für seinen Mandanten erzielen. Im Ergebnis sollte aber im Interesse des Mandanten immer berücksichtigt werden, dass es wenig sinnvoll ist, jede unterschiedliche Rechtsauffassung durchzuklagen.   **128**

5. Beispiel Ansprüche des Witwers, wenn die Nur-Hausfrau verstirbt

Dieses o.g. 5-Stufen-Modell soll nun anhand eines Beispiels durchgerechnet werden. Im Anhang ist das entsprechende Blanko-Muster abgedruckt (Anhang siehe § 11 Rn 32), welches der Anwalt nur noch kopieren muss und für seinen Sachverhalt verwenden kann.   **129**

▼

Beispiel

Ehemann ist *Alleinverdiener,* Nettoeinkommen 2.500,00 EUR, fixe Kosten 1.250,00 EUR, 15-jähriger Sohn, Mitarbeitspflicht des Ehemanns im Haushalt laut Absprache 0 %, die **Nur-Hausfrau verunglückt tödlich**, gehobener Haushalt, Anspruchsstufe 3 (Tabelle 1, *Schulz-Borck/Hofmann*), großer Garten, Haftung 100 %

Lösung: Berechnung des Haushaltsführungsschadens des **Witwers**

1. Schritt	wöchentlicher Arbeitsbedarf reduzierter Haushalt		
3 Personenhaushalt	**52,9**	Wochenstunden	
10 % Zuschlag Garten	**5,3**	Wochenstunden	
Abschlag		Wochenstunden	
	= **58,2**	Wochenstunden	
2. Schritt	Mithilfepflicht Hinterbliebene		
Abzug Wochenstunden:	**0**	Ehegatte	
	7	Kind	= **51,2** Wochenstunden

215

3. Schritt	Multiplikation der errechneten wöchentlichen Stundenzahl mit Stundenlohn einer Hilfskraft
51,2 Wochenstunden	BAT VII/TVÖD = 2.047,03 EUR mtl. Netto
	(Tabelle 1.1 *Schulz-Borck*, Stand August 2013)
4. Schritt	Aufteilung des errechneten Nettobetrages auf Hinterbliebene gem. Quote
	(Tabelle 4)
66,7 (2/3) Prozent	= 1.364,68 EUR mtl. netto

5. Schritt	Unterhaltsersparnis
Nettoeinkommen Ehemann:	2.500,00 EUR mtl.
abzgl. fixe Kosten:	– 1.250,00 EUR mtl.
=	**1.250,00 EUR mtl.**

davon Abzug Unterhaltsquote der Getöteten (Ehefrau)

	35 %	= 437,50 EUR
	(Tabelle 1)	(35 % von 1.250,00 EUR)
Zwischenergebnis:		**= 927,18 EUR mtl.**
		(1.364,68 EUR – 437,50 EUR)
evtl. Mithaftung	**100 %** Haftung	= 927,18 EUR mtl.
evtl. Quotenvorrecht		= 927,18 EUR mtl.
Ergebnis Anspruch Haushaltsführungsschaden		**= 927,18 EUR mtl.**

III. Ansprüche der Witwe, wenn der Alleinverdiener verstirbt

1. Allgemeines

130 Vertritt man die Auffassung, dass das moderne Rollenbild der Ehe nicht so ausgestaltet ist, dass der Alleinverdiener im Haushalt nach Beendigung seiner Arbeitstätigkeit gar nichts mehr verrichtet, so kann die Witwe in diesem Fall einen eigenen Haushaltsführungsschaden geltend machen, wenn ihr alleinverdienender Ehemann verstirbt. Diese Rechtsauffassung lässt sich begründen, da es durchaus üblich ist, dass ein alleinverdienender Ehemann sich nach der Arbeit zum Beispiel noch um die Kinder kümmert oder aber am Wochenende den Rasen mäht oder den Einkauf erledigt. Von daher ist ein Anteil von 20 % an der Hausarbeit in einem solchen Fall gerechtfertigt. Dies bedeutet dann für die Ehefrau, dass sie diesen Anteil beim Tod des Ehemanns als Haushaltsführungsschaden geltend machen kann. Die Berechnung dieses Haushaltsführungsschadens erfolgt nach einer **4-Schritt-Methode**. Im Grunde genommen ist, wenn die Nur-Hausfrau verstirbt, dieselbe Methode anzuwenden, die zuvor bei den Ansprüchen des Witwers angewandt wurde. Es wird auf die einzelnen Schritte dort verwiesen. Daher werden hier nur die Besonderheiten oder die Abweichungen erwähnt.

2. Berechnungsgrundsätze

Die 4-Schritt-Methode: **131**

a) 1. Schritt: Berechnung des wöchentlichen Arbeitszeitbedarfs beim reduzierten Haushalt

In einem ersten Schritt ist der Arbeitszeitbedarf durch die Tabelle 1 *Schulz-Borck/*   **132**
Hofmann auszurechnen (siehe Rn 97).

Praxistipp
Auch hier sind die Zu- und Abschläge von Bedeutung. Insbesondere kann bei einem großen Garten oder einem Haushalt, in dem mehrere Tiere versorgt werden, ein deutlicher Zuschlag erfolgen, da oftmals die Ehemänner die Gartenarbeit und Betreuung der Tiere übernehmen.

Der Sachbearbeiter muss auch in einem solchen Fall prüfen, ob Kinder vorhanden   **133**
sind und die entsprechenden Werte aus der Tabelle 1 *Schulz-Borck/Hofmann* entnehmen.

b) 2. Schritt: Abzug der Mithilfepflicht der Hinterbliebenen (Ehemann, Ehefrau, Waisen) in Wochenstunden

Auch hier verweisen wir auf die Ausführungen, die bereits zuvor gemacht wurden   **134**
(siehe Rn 107).

aa) Ehepartner

Geht man beispielsweise davon aus, dass die überwiegende Hausarbeit von der   **135**
nicht berufstätigen Ehefrau gemacht wurde, so ist es angemessen, die Mithilfepflicht der Ehefrau mit **80 %** anzusetzen. Konkret bedeutet dies, dass der Ehemann als Alleinverdiener 20 % im Haushalt hilft. Hierbei ist ebenfalls entscheidend, was die beiden Ehepartner abgesprochen haben. Die Absprache muss der Versicherer gegen sich gelten lassen. Dies ist nur dann nicht zulässig, wenn es sich um ein krasses Missverhältnis handelt. Davon ist beim Alleinverdiener mit 20 % Haushaltsführungstätigkeit jedoch nicht auszugehen.

bb) Kinder (Waisen)

Auch insofern wird auf die Ausführungen bezüglich der Nur-Hausfrau verwiesen   **136**
(siehe Rn 113). Sollten Kinder vorhanden sein, müssen diese im Haushalt ab einem bestimmten Lebensjahr mithelfen. Dies ist in § 1619 BGB verankert. Die Rechtsprechung nimmt bei **14-jährigen Kindern** eine Mithilfepflicht von **7 Stunden wöchentlich** an. Es ist daher wiederum zu prüfen, ob Kinder in diesem Alter im Haushalt leben. Ist dies der Fall, muss das berücksichtigt werden.

cc) Beispiel: Abzug Mitarbeitspflicht

137 Die oben genannten Werte sollen ebenfalls anhand eines Beispiels näher erläutert werden. Der Ehemann ist Alleinverdiener, er verunglückt tödlich, der Haushaltstyp ist gehoben (Anspruchsstufe 3, Tabelle 1 *Schulz-Borck/Hofmann).* Die Mitarbeitspflicht der Ehefrau beträgt nach Absprache 80 %. Der Sohn ist 7 Jahre alt.

In diesem Fall würde sich der Abzug der wöchentlichen Mitarbeitspflicht der Hinterbliebenen wie folgt berechnen.

gehobener, nicht reduzierter 3-Personen-Haushalt	61,9 Stunden
(Tabelle 1 *Schulz-Borck/Hofmann)*	
davon Abzug 80 % Mithilfepflicht Ehefrau	49,52 Stunden

Eine Mithilfepflicht des Kindes ist nicht abzuziehen, da dieses Kind noch keine 14 Jahre alt ist.

138 Dieser errechnete wöchentliche Stundenwert von 49,52 Stunden wird von dem reduzierten 3-Personen-Haushalt der Anspruchsstufe 3 innerhalb der Tabelle 1 *Schulz-Borck/Hofmann)* subtrahiert. Der reduzierte Wert im 3-Personen-Haushalt beträgt 52,9 Stunden. Hiervon wird wiederum der errechnete Wert 49,52 abgezogen, so dass sich ein Restwochenstundenbedarf von 3,38 Stunden ergibt. Jedoch könnte man hier noch einen 10 %igen Zuschlag aufgrund eines großen Gartens, falls dieser vorhanden ist, berücksichtigen. 10 % von einem Stundenwert von 52,9 entsprechen 5,3 Stunden. Es würde sich ein Restwochenstundenbedarf von 8,68 Stunden ergeben.

c) 3. Schritt: Multiplikation dieser errechneten Wochenstundenzahl mit dem Stundenlohn einer Hilfskraft (TVöD)

139 Nachdem der wöchentliche Arbeitszeitbedarf unter Abzug der Mitarbeitspflicht ausgerechnet wurde, muss dieser nun mit dem Stundenlohn einer Ersatzkraft multipliziert werden. Welche Stundenvergütung anzusetzen ist, ist auch hier den Entgelttabellen *Schulz-Borck* zu entnehmen. Tabelle 1.1 ist hier anzuwenden. Allgemein herrscht, wie bereits in den Vorausführungen erwähnt, Streit hinsichtlich der jeweils anwendbaren Entgeltgruppe des TVöD. Es ist daher zu prüfen, ob Kinder im Haushalt leben und ob es sich um einfache oder gehobene Haushalte handelt. Die Spannbreite reicht daher wöchentlich von 9,13 EUR bis 19,80 EUR. Sind wie hier Kinder im Heranwachsenden-Alter vorhanden (Kind war 7 Jahre alt), ist die Heranziehung des TVöD E.-Gr. 5 mit einem Wert von 13,56 EUR sicherlich angemessen. Nach Tabelle 1.1. *Schulz-Borck* ergibt sich ein Nettobetrag von 422,25 EUR.

d) 4. Schritt: Aufteilung errechneter monatlicher Nettoschaden auf die Hinterbliebenen nach Quoten (Witwe, Witwer, Waisen nach Tabelle 4)

140 In den drei vorherigen Schritten wurde der monatliche Nettobetrag des Haushaltsführungsschadens errechnet. Dieser Betrag ist in dem vierten Schritt auf die Hinterbliebenen, das heißt auf den überlebenden Ehegatten und die Kinder, aufzuteilen.

Wie dieser einzelne monatliche Betrag auf die Hinterbliebenen aufzuteilen ist, ergibt sich wiederum aus Tabelle 4, die im Folgenden abgedruckt ist.

Tabelle 4   **141**

Konstellation	Quote	
Hinterbliebener und keine Kinder	Hinterbliebener	100 %
Hinterbliebener und 1 Kind	Hinterbliebener	$^2/_3$ (66,7 %)
	Kind	$^1/_3$ (33,3 %)
Hinterbliebener und zwei Kinder	Hinterbliebener	$^1/_2$ (50 %)
	Kind 1	$^1/_4$ (25 %)
	Kind 2	$^1/_4$ (25 %)
Hinterbliebener und drei Kinder	Hinterbliebener	$^2/_5$ (40 %)
	Kind 1	$^1/_5$ (20 %)
	Kind 2	$^1/_5$ (20 %)
	Kind 3	$^1/_5$ (20 %)

Ein Haushaltsführungsschaden von 422,25 EUR würde bei einem hinterbliebenen   **142**
Ehegatten und einem Kind mit der Quote 2/3 (66,7 %) und 1/3 (33,3 %) zu rechnen
sein. Bei 422,25 EUR würden daher die Witwe 281,64 EUR und das Kind
140,61 EUR für den erlittenen Haushaltsführungsschaden monatlich erhalten.

Als fünfter Schritt ist wiederum die Unterhaltsersparnis (Vorteilsausgleich) zu be-   **143**
rücksichtigen. Im Ergebnis bleibt daher oftmals in dieser Fallgruppe kein Haushaltsführungsschaden übrig. Die Unterhaltsersparnis ist dem Mandanten oftmals
auch sehr schwer zu vermitteln, da keine Witwe oder kein Witwer einen Vorteil darin sieht, wenn die Ehefrau oder der Ehemann „wegfällt". Es gibt aber verständli-
cherweise die Rechtsprechung des BGH (VersR 84,189; VersR 84, 79) hierzu.
Gleichwohl sollte versucht werden, in einem Regulierungsgespräch diese Rechtsprechung in Frage zu stellen. Denn dogmatisch lässt sich die Rechtsprechung des
BGH zum Vorteilsausgleich nur schwer begründen. Im Ergebnis führt diese nicht
nachvollziehbare Rechtsprechung dazu, dass oftmals ein Schadensersatzanspruch
komplett entfällt. Eine solche Missachtung der Haushaltstätigkeit kann wohl kaum
im Sinne des Gesetzgebers gewesen sein. Weiterhin schwankt der BGH auch in seinen Entscheidungen. In der Entscheidung BGH NJW 52, 459 hatte der BGH eine
komplette Anrechnung sämtlicher Vorteile noch abgelehnt. In der Entscheidung
BGH FamRZ 71, 566 soll nun die Einschränkung nicht mehr gelten. Schließlich
sollen aber wieder in den Entscheidungen BGH VersR 79, 670 und BGH VersR 84,
189 Ausnahmen von der vollen Vorteilsausgleichspflicht zulässig sein. In der BGH-
Entscheidung VersR 79, 670 ging es darum, dass das Nähen von Kleidern für die
Familie oder das Ernten von Früchten aus dem eigenen Garten nicht mehr zum gesetzlichen Unterhalt gehört, sondern eine überobligationsmäßige Unterhaltsleistung
der Hausfrauen darstelle.

144 Von einer Beispielrechnung wurde hier abgesehen, da regelmäßig aufgrund der Vorteilsausgleichsrechtsprechung des BGH kein Haushaltsführungsschaden (Naturalunterhalt) rechnerisch übrig bleibt. Der Barunterhalt bleibt dagegen und muss selbstverständlich geltend gemacht werden.

IV. Ansprüche des Witwers, wenn die mitverdienende Ehefrau verstirbt

1. Allgemeines

145 In diesem Fall erfolgt die Berechnung wiederum nach der 4-Schritt-Methode. Es wird daher vollumfänglich auf die vorherigen Ausführungen zur 4-Schritt-Methode Bezug genommen. Generell kann hier gesagt werden, dass auch vorliegend die Absprache unter den Eheleuten entscheidend ist. Der Anwalt muss daher zunächst den Mandanten befragen, wie die Absprache im Haushalt konkret aussah, wer also wie viel Prozent der Arbeit im Haushalt übernommen hat. Geht man z.B. davon aus, dass beide vollzeitberufstätig waren und ähnlich viel verdient haben, ist es absolut legitim, die Aufteilung des Haushalts mit 50 % zu 50 % vorzunehmen. Konkret bedeutet dies, dass die Mitarbeitspflicht des Ehemanns bei 50 % liegt. Je nach Fall ist die Mitarbeitspflicht entsprechend anzupassen. War es zum Beispiel so, dass die Ehefrau nur halbtags gearbeitet hat, muss entsprechend ihr Anteil im Haushalt höher liegen. In diesem Fall könnte man die Mitarbeitspflicht des Ehemanns bei nur 25 % ansetzen, da die Ehefrau 75 % des Haushalts erledigt hat, weil sie nicht voll berufstätig war. Insofern dienen die Berechnungsbeispiele nur zur Verständlichmachung des Systems. Die einzelnen Variablen müssen in den Blanko-Mustern von den bearbeitenden Anwälten individuell für ihren Fall eingesetzt werden. Der fünfte Schritt, die Berücksichtigung der Unterhaltsersparnis, kommt nicht zum Tragen, da die Unterhaltsersparnis (Vorteilsausgleich) schon beim Barunterhalt berücksichtigt wurde und von daher nicht zweimal abgezogen werden kann. Bekanntlich werden beide Zahlen (Barunterhalt und Naturalunterhalt) am Ende addiert.

2. Beispiel: Ansprüche des Witwers, wenn die mitverdienende Ehefrau verstirbt

146 Beispiel

Ehemann hat Nettoeinkommen von 1.500,00 EUR, Ehefrau hat auch Nettoeinkommen von 1.500,00 EUR. Sie haben einen 5-jährigen Sohn. Mitarbeitspflicht des Ehemanns im Haushalt laut Absprache 50 %, die **Ehefrau verunglückt tödlich**, gehobener Haushalt, Anspruchsstufe 3 (Tabelle 1 *Schulz-Borck/Hofmann*), großer Garten, Haftung 100 %.

Lösung: Berechnung des Haushaltsführungsschadens des Witwers

1. Schritt	wöchentlicher Arbeitsbedarf reduzierter Haushalt	
3 Personenhaushalt	**52,9** Wochenstunden	
10 % Zuschlag Garten	**5,3** Wochenstunden	
Abschlag	Wochenstunden	
=	**58,2** Wochenstunden	

2. Schritt	Mithilfepflicht Hinterbliebene	
Abzug Wochen-	– Ehegatte	(50 % von 61,9, siehe Tabel-
stunden:	**30,95**	le 1 *Schulz-Borck/Hofmann*)
	0 Kind	
=	**27,25 Wochenstunden**	

3. Schritt — Multiplikation der errechneten wöchentlichen Stundenzahl mit Stundenlohn einer Hilfskraft

27,25	Wochenstunden	BAT VII/TVöD E.-Gr. 5
		= 1.204,95 EUR mtl. netto
		(Tabelle 1.1, *Schulz-Borck*)

4. Schritt — Aufteilung des errechneten Nettobetrages auf Hinterbliebene gem. Quote

(Tabelle 4)

	67 (2/3) Prozent	=	<u>803,29</u> EUR mtl. netto
Zwischenergebnis:		=	**803,29** EUR mtl.
evtl. Mithaftung	**100 % Haftung**	=	<u>803,29</u> EUR mtl.
Ergebnis Anspruch Haushaltsführungs-		=	**803,29 EUR mtl.**
schaden			

V. Ansprüche der Witwe, wenn der mitverdienende Ehemann verstirbt

1. Allgemeines

Auch hier wird auf die Ausführungen zur 4-Schritt-Methode verwiesen. Im Ergebnis ist dieser Fall genauso zu prüfen, wie der Fall, in welchem der Witwer Ansprüche geltend macht. Es ist also auch an dieser Stelle zunächst danach zu fragen, welche Absprache in der Ehe getroffen wurde, wer wie viel Prozent der Hausarbeit erledigt hat. Realistisch ist es, auch hier 50 % anzunehmen, wenn beide die gleiche Arbeitszeit investiert haben. Um einmal mit anderen Beispielen zu rechnen, soll nunmehr in einem fiktiven Fall angenommen werden, dass es sich um eine Witwe handelt, die Karriere machte und daher länger arbeitete als ihr Ehemann. Es soll konkret der Fall angenommen werden, dass die Witwe ganztags arbeitete und der Ehemann halbtags, weil er sich noch um die zwei Kleinkinder (3 und 5 Jahre alt)

147

221

gekümmert hat, wenn diese aus dem Kindergarten kamen. Die Absprache war dergestalt, dass die Witwe 25 % im Haushalt mitarbeitete und der Ehemann 75 % übernahm. Ferner soll in diesem Fall eine Quote von 70 % angenommen werden, da ein 30 %iges Mitverschulden vorlag. Es existiert wiederum ein großer Garten. Nach der 4-Schritt-Methode würde man daher zu folgendem Ergebnis gelangen.

2. Beispiel: Ansprüche der Witwe, wenn der mitverdienende Ehemann verstirbt

148 Beispiel

Ehefrau hat ein Nettoeinkommen von 3.000,00 EUR, Ehemann ein Nettoeinkommen von 1.500,00 EUR, zwei Kinder (3 und 5 Jahre alt), Mitarbeitspflicht der Ehefrau 25 % laut Absprache, **mitverdienender Ehemann verunglückt tödlich**, gehobener Haushalt, Anspruchsstufe 3 (Tabelle 1 *Schulz-Borck/Hofmann*), großer Garten, Haftung 70 %

Lösung: Berechnung des Haushaltsführungsschadens der Witwe

1. Schritt	wöchentlicher Arbeitsbedarf reduzierter Haushalt		
4 Personenhaushalt		65,6	Wochenstunden
20 % Zuschlag	Garten & 2 Kleinkinder	13,3	Wochenstunden
Abschlag			Wochenstunden
		= **78,9**	**Wochenstunden**

2. Schritt	Mithilfepflicht Hinterbliebene	
Abzug Wochenstunden:	17,825	Ehegatte (25 % von 71,3, siehe Tabelle 1 *Schulz-Borck/Hofmann*)
	0	Kind 1
	0	Kind 2
	= **61,075**	**Wochenstunden**

3. Schritt Multiplikation der errechneten wöchentlichen Stundenzahl mit Stundenlohn einer Hilfskraft

61,075	Wochenstunden	BAT VII/	**2.323,95**	**EUR mtl. netto**
		TVöD E.-Gr. 5 =		
		(Tabelle 1.1 *Schulz-Borck*)		

4. Schritt Aufteilung des errechneten Nettobetrages (Tabelle 4)
auf Hinterbliebene gem. Quote

50 Prozent		=	1.161,97	EUR mtl. netto
Zwischenergebnis:		=	**1.161,97**	**EUR mtl.**
evtl. Mithaftung	70 % Haftung	=	813,40	EUR mtl.
(30 % Mitverschulden)				
Ergebnis Anspruch Haushaltsführungs-		=	**813,40**	**EUR mtl.**
schaden				

VI. Ansprüche der Waisen

1. Allgemeines

Der Anspruch der Waisen wird ebenfalls nach der zuvor erläuterten 4-Schritt-Me-   **149**
thode errechnet. Es besteht nur insofern ein Unterschied, als dass hinsichtlich der
errechneten monatlichen Eurobeträge eine andere Quote gebildet wird als beim
Ehemann oder der Ehefrau. Hier dient zur Orientierung die Tabelle 4. Diese wird
aus Vereinfachungsgründen auch an dieser Stelle für die vorliegende Konstellation
nochmals abgedruckt.

Tabelle 4   **150**

Konstellation	Quote	
Hinterbliebener und keine Kinder	Hinterbliebener	100 %
Hinterbliebener und 1 Kind	Hinterbliebener	$^2/_3$ (66,7 %)
	Kind	$^1/_3$ (33,3 %)
Hinterbliebener und zwei Kinder	Hinterbliebener	$^1/_2$ (50 %)
	Kind 1	$^1/_4$ (25 %)
	Kind 2	$^1/_4$ (25 %)
Hinterbliebener und drei Kinder	Hinterbliebener	$^2/_5$ (40 %)
	Kind 1	$^1/_5$ (20 %)
	Kind 2	$^1/_5$ (20 %)
	Kind 3	$^1/_5$ (20 %)

Insoweit ist auch hier der entsprechende Wert abzulesen. Je nachdem, ob ein Kind,   **151**
zwei Kinder oder drei Kinder Ansprüche geltend machen. Macht zum Beispiel lediglich ein Kind einen Anspruch geltend, ist der monatliche Haushaltsführungs-
schadensbetrag zu dritteln. Sind zwei Kinder vorhanden, bekommt jedes Kind ein
Viertel, das heißt 25 %. Aus Vereinfachungsgründen soll dies ebenso anhand eines
Beispiels einmal ausgerechnet werden.

2. Beispiel: Ansprüche der Waisen

Ehefrau, Ehemann, großer Garten, zwei Kinder (5 und 4 Jahre alt), **Ehefrau wird getötet**, gehobener Haushalt, Anspruchsstufe 3 (Tabelle 1 *Schulz-Borck/Hofmann*), Mitarbeitspflicht Ehemann im Haushalt laut Absprache 25 %, Haftung 100 %

Lösung: Berechnung des Haushaltsführungsschadens der Waisen

1. Schritt	wöchentlicher Arbeitsbedarf reduzierter Haushalt	
4 Personenhaushalt		65,6 Wochenstunden
20 % Zuschlag	Garten & 2 kleine Kinder	13,12 Wochenstunden
Abschlag		Wochenstunden
	=	**78,72 Wochenstunden**

2. Schritt	Mithilfepflicht Hinterbliebene	
Abzug Wochenstunden:	17,82	Ehegatte (25 % von 71,3, siehe Tabelle 1 *Schulz-Borck/Hofmann*)
	0	Kind 1
	0	Kind 2
	= **60,9**	**Wochenstunden**

3. Schritt Multiplikation der errechneten wöchentlichen Stundenzahl mit Stundenlohn einer Hilfskraft

60,9	Wochenstunden	BAT VII/ TVöD E.-Gr. 5 (Tabelle 1.1 *Schulz-Borck*)	= 2.323,95 EUR mtl. netto

4. Schritt Aufteilung des errechneten Nettobetrages auf Hinterbliebene gem. Quote (Tabelle 4)

25 Prozent (nach Tabelle 4)	=	580,98 EUR mtl. netto
Zwischenergebnis:	=	**580,98 EUR mtl.**
evtl. Mithaftung 100 % Haftung	=	580,98 EUR mtl.
Ergebnis Anspruch Haushaltsführungsschaden	=	**580,98 EUR mtl.**

3. Berechnung mit Tabelle 12 (nach Pardey, Der Haushaltsführungsschaden, 8. Auflage)

152 Wer nicht nach der bisherigen Praxis die jeweiligen Tabellen von *Schulz-Borck/Hofmann*, sondern die von *Pardey* (Der Haushaltsführungsschaden, 8. Auflage) anwenden will, greift dort auf Tabelle 12 zurück (*Pardey*, Der Haushaltsführungsscha-

224

den, S. 136). Wie der Tabelle zu entnehmen ist, funktioniert das System ebenso wie bei *Schulz-Borck/Hofmann*.

Es ist wieder der reduzierte Personenhaushalt aus der Tabelle abzulesen, je nachdem, ob Anspruchsstufe 1, 2, 3 oder 4 gegeben ist. Normalerweise ist bei der Mehrzahl der Fälle Anspruchsstufe 3, d.h. ein gehobener Haushalt gegeben. Es wird dann noch unterschieden zwischen Ehefrau/Ehemann und erwerbstätig/nicht erwerbstätig. Dies ist der Grundwert des Haushaltsführungsschadens oder wie *Pardey* feststellt, des Versorgungsdefizits. Die Berechnung erfolgt wie bisher:

1. Ermittlung des Werts,
2. abzügl. der Mithilfepflicht,
3. multipliziert mit dem jeweiligen TVöD-Wert aus Tabelle 1.1 (Entgelttabellen),
4. Aufteilung nach den Quoten (siehe Rn 117).

Im Ergebnis kann jeder für sich entscheiden, ob er mit dem Werk von *Pardey* und hier der Tabelle 12 arbeitet oder aber die Tabelle 1 von *Schulz-Borck/Hofmann* zugrunde legt. Die etwaigen Zeitzu- oder -abschläge sind bei *Pardey* unter Tabelle 3 (Der Haushaltsführungsschaden, S. 63) aufgeführt. Das gleiche gilt für die Entgelttabellen TVöD von *Schulz-Borck* bzgl. der mehrfach zitierten Tabelle 1.1 mit den jeweiligen Stundensätzen.

VII. Sonstige Fallkonstellationen

1. Haushaltsführungsschaden und nichteheliche Lebensgemeinschaft

Die Mehrzahl der Gerichte nimmt zurzeit an, dass kein Haushaltsführungsschaden in dieser Konstellation gegeben ist, da ein nichtehelicher Lebenspartner gegenüber seinem Partner keine **gesetzliche Unterhaltspflicht** habe. Das LG Zweibrücken hat eine andere Auffassung vertreten (zfs 1994, 363). Ferner wird in der Literatur (vgl. *Hugar*, NZV 2007, 1 und *Rötel*, NZV 2001, 329) die Auffassung vertreten, dass auch in der nichtehelichen Lebensgemeinschaft ein Haushaltsführungsschaden in Tötungsfällen gegeben ist. Wenn in der nichtehelichen Lebensgemeinschaft tatsächlich die klassische Hausfrauenrolle eingenommen wurde, das heißt, dass die „Ehefrau" als Partnerin zu Hause bleibt und sich um den Haushalt kümmert, dann scheint es aus Sicht des Verfassers schwierig, einen Haushaltsführungsschaden abzulehnen. In diesem Fall müsste der Gesetzgeber tätig werden, da die ratio, die hinter den Entscheidungen zum Haushaltsführungsschaden bei Tötungsfällen bezüglich Ehepartnern steht, genauso auf derartige Fälle angewandt werden kann. Anderenfalls würde der Schädiger zu Unrecht entlastet. Dieser Gedanke würde auch der Tendenz Rechnung tragen, dass immer mehr Partner unverheiratet bleiben. Von daher wäre es nur fair und konsequent, wenn auch für die Betroffenen ein Haushaltsführungsschaden angenommen werden würde. Die Rechtsgeschichte zeigt, dass oftmals der Gesetzgeber nicht alle denkbaren Auswirkungen des gesell-

153

schaftlichen Wandels berücksichtigt hat. Von daher spricht nichts dagegen, diese Lücke durch die Rechtsprechung zu schließen.

2. Laufzeit des Haushaltsführungsschadens

a) Ehegatten

154 Bei Ehegatten ist der Anspruch hinsichtlich des Haushaltsführungsschadens grundsätzlich für die **mutmaßliche Lebensdauer** des Getöteten gegeben (vgl. BGH NZV 2004, 291). Ohne nähere Angaben würde hier die statistische Lebenserwartung anhand der Sterbetafel ermittelt werden. Liegen im konkreten Fall dagegen besondere Anhaltspunkte vor, wonach beim Betroffenen eine Abweichung von der statistischen Lebenserwartung begründet werden kann, so ist der sich hieraus ergebende Wert heranzuziehen.

b) Kinder

155 Der Anspruch der Kinder gegen die Eltern, welcher im Rahmen des Haushaltsführungsschadens zu berücksichtigen ist, besteht nicht nur bis zum 18. Lebensjahr, sondern unter Umständen bis zum **Abschluss der Ausbildung** (BGH VersR 1973, 84).

3. Tod des nichtehelichen Vaters

156 Denkbar ist auch noch der Fall, dass aus einer nichtehelichen Lebensgemeinschaft ein Kind hervorgeht und der Vater dieses nichtehelichen Kindes bei einem Verkehrsunfall getötet wird. Mangels einer gesetzlichen Unterhaltspflicht haben die Partner untereinander keinen Anspruch, anders aber das nichteheliche Kind des Getöteten. Wie dieser Anspruch berechnet wird, ergibt sich nach denselben Grundsätzen, die bei ehelichen Kindern angewandt werden. Insofern ist nur wichtig, soweit eine solche Konstellation vorliegt, dass der Anspruch des Kindes auf Ersatz des Haushaltsführungsschadens nicht vergessen wird, geltend zu machen. Andernfalls droht dem Anwalt ein Regress.

D. Betreuungsunterhaltsschaden

I. Allgemeines

157 Dogmatisch ist zwischen **Barunterhalt**, dies sind die Unterhaltsleistungen in Geld, und dem **Betreuungsunterhalt** zu trennen. Zum Betreuungsunterhalt zählt neben der klassischen Haushaltsführung (Einkauf, Geschirr spülen, putzen, Gartenarbeit etc.) auch die Beaufsichtigung und Erziehung der Kinder. Bei den Kindern wird häufig in der Praxis dieser sog. Betreuungsunterhaltsschaden sträflich nicht beachtet. Von daher weisen *Hillmann/Schneider* (Das verkehrsrechtliche Mandat, Bd. 2, § 10 Rn 148 ff.) zu Recht darauf hin, dass dieser Betreuungsunterhaltsschaden ebenfalls zu errechnen und ggf. zu kapitalisieren ist.

Es existieren hier zwei verschiedene Möglichkeiten. Entweder wird der Betreu- **158**
ungsunterhaltsschaden separat errechnet und dann entsprechend nach Quoten
aufgeteilt oder aber, was dogmatisch sauberer ist, im Rahmen des Haushaltsführungsschadens berücksichtigt. Aus diesem Grund enthält die Tabelle 2 *Schulz-
Borck/Hofmann* auch entsprechende Zuschläge, was die Kinderbetreuung und Erziehung betrifft. Jedoch ist die Tabelle 2 mit den entsprechenden Zuschlägen nicht
ausreichend. Dies ergibt sich daraus, dass z.b. bei Kleinkindern unter 1 Jahr die
Addition der einzelnen Stunden pro Woche einen Gesamtarbeitszeitbedarf von ca.
42 Stunden pro Woche ergibt. Nach *Schulz-Borck/Hofmann* müsste man insofern
bei dem Arbeitszeitbedarf bei Kleinkindern unter 1 Jahr einen Zuschlag von ca. 40
Stunden pro Woche vornehmen, wie dies beim Haushaltsführungsschaden explizit
errechnet wurde.

Es ist jedoch zu berücksichtigen, dass bei Kleinkindern unter 1 Jahr eine Rund- **159**
umbetreuung tatsächlich erforderlich ist. Es erscheint daher eher angebracht, dass
bei Kleinkindern ein Arbeitszeitbedarf von **14 Stunden täglich** angenommen wird.
Die 14 Stunden täglich ergeben sich aus der Tatsache, dass eine 24-stündige Betreuung erforderlich ist und die Schlafzeit von ca. 10 Stunden hiervon abzuziehen
ist. Tatsächlich würde dann ein wöchentlicher Zuschlag von 98 Stunden angemessen sein, da 14 Stunden täglich x 7 Tage = 98 Stunden wöchentlich ergeben. Selbst
wenn großzügigerweise noch ein Abzug von 8 Stunden vorgenommen werden würde, käme man auf einen Zuschlag von wöchentlich 90 Stunden. Dies wird in der
Bearbeitung der Fälle, in denen die Waisen Ansprüche geltend machen, im Rahmen
des Betreuungsunterhaltsschadens viel zu wenig berücksichtigt. Diese Zahlen basieren auf der Umfrage von Müttern, die allesamt bestätigt haben, dass ein Klein-
kind rund um die Uhr abzüglich der Schlafzeit zu betreuen ist. Ferner haben die
Mütter bestätigt, dass ihre Hausarbeit komplett liegen bleibt und diese grundsätzlich nur dann gemacht werden kann, wenn die Kinder schlafen.

Von daher kann nicht oft genug darauf hingewiesen werden, dass der Betreuungs- **160**
unterhaltsschaden bei Kindern einen erheblichen monatlichen Betrag ausmacht und
dieser vom Anwalt unbedingt zu berücksichtigen ist. Hierbei spielt es keine Rolle,
ob man ihn dogmatisch korrekt mit einem Zuschlag im Rahmen des Haushaltsführungsschadens berechnet oder aber, wie von *Hillmann/Schneider* vorgeschlagen
(Das verkehrsrechtliche Mandat, Bd. 2, § 10 Rn 150), separat ausrechnet.

Die Verfasser halten es für schwierig, pauschal aufgrund des Alters der Kinder Ta- **161**
bellen hinsichtlich des Arbeitszeitbedarfs anzugeben. Richtig und durchaus praktikabel erscheint vielmehr, dass der Mandant konkret danach zu befragen ist, wie der
Arbeitszeitbedarf in der Familie aussieht. Wenn die Zahlen vom Mandanten realistisch wiedergegeben werden, sind diese dem Versicherer mitzuteilen. Dies ist auch
deswegen sachgerechter, weil nicht jedes Kind gleichviel Betreuung und Aufsicht
benötigt. Kinder, die an ADS oder ADHS leiden, sind wesentlich betreuungsinten-
siver. Ferner wird jede Mutter und jeder Vater bestätigen, dass es Schlafkinder gibt,

die häufiger und länger schlafen als durchschnittlich üblich. Dagegen gibt es Kinder, die auch in sehr jungen Jahren mit weitaus weniger Schlaf auskommen und von daher auch mehr beschäftigt werden müssen. Es spielt auch eine Rolle, ob die Mutter die Nahrung jeweils selber zubereitet oder lediglich vorgefertigte Nahrung aus dem Supermarkt aufwärmt. Schließlich sind manche Kinder auch pflegebedürftig und benötigen deutlich mehr Zeit und Aufwand in der Woche als Kinder, die weite Teile ihrer Grundversorgung selbst beherrschen.

Praxistipp
Sollten in der Familie z.B. **Zwillinge** vorhanden sein, ist es gerechtfertigt, mit dem 2,5 fachen Kindersatz zu rechnen, da Untersuchungen bei Müttern ergeben haben, die Zwillinge großgezogen haben, dass dies den 2,5 fachen Arbeitszeitbedarf in Anspruch genommen hat. Es ist dann lediglich der Zuschlag beim wöchentlichen Arbeitszeitbedarf innerhalb des Haushaltsführungsschadens entsprechend zu erhöhen und, wie in den obigen Beispielen berechnet, anhand der einzelnen Quoten der Unterhaltsanspruch monatlich auszurechnen.

162 Darüber hinaus bedarf die Tabelle 2 bei *Schulz-Borck/Hofmann* hinsichtlich des Zuschlags für Kinder im Rahmen des Betreuungsunterhaltsschadens insofern auch einer Ergänzung, weil die Tabelle bei Kindern ab 6 Jahren aufhört. Selbstverständlich muss der Betreuungsunterhaltsschaden aber auch für die Kinder berechnet werden, die älter als 6 Jahre sind. Auch hier ist der Mandant nach dem Arbeitszeitbedarf konkret zu befragen und dieser Zuschlag im Rahmen des Haushaltsführungsschadens zu berechnen. Gerade Kinder in der Pubertät bedürfen einer erhöhten Betreuung und einer erhöhten Aufmerksamkeit seitens der Eltern. Schließlich ist es auch erwiesen, dass die Pubertät heute bei den Kindern schon früher beginnt als dies noch vor Jahren der Fall war. Die „Vorpubertät" beginnt heute mittlerweile ab einem Alter von ca. 10 bis 11 Jahren.

163 Der Betreuungsunterhaltsschaden endet in der Regel mit 18 Jahren. Wenn die Kinder aber noch während der Ausbildung oder des Studiums bei den Eltern wohnen, ist auch hier ein angenommenes Ende der Ausbildung – mit spätestens **27 Jahren** – gerechtfertigt. Der Arbeitszeitbedarf bei größeren Kindern, die studieren oder den größten Teil des Tages in der Schule oder Berufsschule verbringen, ist geringer anzusetzen als bei Kleinkindern und Kindern mittleren Alters. Auch hier ist eine konkrete Befragung des Mandanten hinsichtlich des Arbeitszeitbedarfs notwendig, um diesen individuell zu ermitteln. In Regulierungsgesprächen kann auf die Rechtsprechung des BGH hingewiesen werden, wonach minderjährige Kinder ein Recht auf Betreuung haben (BGH NJW 1994, 2234). Ferner ergibt sich dies aus dem Gesetz (§ 1606 Abs. 3 S. 2 BGB).

164 Ob beim Betreuungsunterhaltsschaden die Quote bezüglich des Haushaltsführungsschadens 1 zu 1 zu übernehmen ist oder aber eventuell bei Kleinkindern den Kindern eine höhere Quote zuzubilligen ist, ist umstritten und muss im Rahmen eines Regulierungsgespräches erörtert werden. Der BGH billigt dem hinterbliebenen

Ehegatten beim Betreuungsunterhalt eine höhere Quote als dem Kind zu (BGH NJW 1974, 1238). Das OLG Stuttgart (VersR 1993, 1536) sieht dagegen die höhere Quote beim Kind. Auch beim Betreuungsunterhaltsschaden sind die **Absprachen der Eltern** zu beachten, d.h. der Versicherer muss die Absprachen hinsichtlich des Arbeitszeitbedarfs bei dem Betreuungsunterhaltsschaden akzeptieren. Lediglich wenn diese Absprachen in einem krassen Missverhältnis stehen (BGH NJW 1988, 2365), ist eine Korrektur vorzunehmen.

Dass es hinsichtlich des Arbeitszeitbedarfs schwierig ist, bei dem Betreuungsunter- **165** haltsschaden der Kinder mit festen Tabellen zu arbeiten, hat das OLG Stuttgart in seiner Entscheidung VersR 1993, 1537 auch noch einmal betont. Das OLG Stuttgart vertritt zu Recht die Auffassung, dass sich der Arbeitszeitbedarf nach dem Umfang der gesetzlich geschuldeten Unterhaltsführung richtet und somit nach dem sozialen Stand der Familie, der Größe und Ausstattung des Haushalts, der Zahl, dem Alter sowie dem Gesundheitszustand der einzelnen Familienmitglieder. Die Tabelle 1 bei *Schulz-Borck/Hofmann* kann hier als Richtlinie herangezogen werden. Im Rahmen des Arbeitszeitbedarfs der Kinderbetreuung und Kindererziehung sind nach Ansicht der Verfasser jedoch deutlich höhere Zuschläge als die in Tabelle 2 bei *Schulz-Borck/Hofmann* ausgewiesenen notwendig.

II. Sonderfälle

1. Tod der alleinerziehenden Mutter

Für den Fall, dass die alleinerziehende Mutter verstirbt und die Halbwaisen bei Ver- **166** wandten untergebracht werden, ist der Haushaltsführungsschaden inkl. des Betreuungsunterhaltsschadens separat zu errechnen. Auch hier kann das Tabellenwerk *Schulz-Borck/Hofmann* und insbesondere die Tabelle 1 und die Tabelle 8 herangezogen werden, um den Arbeitszeitbedarf zu errechnen. Ferner sind die Kosten zu ersetzen, die die Verwandtschaft oder die Pflegefamilie tatsächlich für die Aufnahme der Kinder oder des Kindes aufgewendet hat. Hier ist z.B. an die Schaffung von zusätzlichen Kinderzimmern oder den Kauf eines größeren Autos zu denken. Ferner sind die Nettokosten einer Ersatzkraft zugrunde zu legen. Im Einzelfall können sogar die Bruttobeträge und nicht die Nettobeträge zu berücksichtigen sein, insbesondere dann, wenn die einspringende Pflegekraft ihre eigene berufliche Erwerbstätigkeit aufgegeben hat.

2. Tod beider Elternteile

Für den Fall, dass beide Eltern bei einem Verkehrsunfall ums Leben kommen, muss **167** der Versicherer sowohl den kompletten Naturalunterhaltsschaden (Haushaltsführungsschaden inkl. Betreuungsunterhaltsschaden) als auch den kompletten Barunterhaltsschaden der Vollwaisen ersetzen (siehe hierzu auch die BGH-Entscheidung VersR 1986, 264).

3. Unterbringung in einem Pflegeheim

168 Sollten die Waisen in einem **Pflegeheim** untergebracht werden, sind die konkret angefallenen Kosten vom Schädiger zu ersetzen (LG Duisburg VersR 1985, 698).

4. Tötung des Kindes/Ansprüche der Eltern

169 Für den Fall, dass nicht die Eltern bei einem Unfall versterben, sondern das Kind getötet wird, kann den Eltern ebenfalls ein Unterhaltsersatzanspruch gegen den Versicherer zustehen (§§ 1601 ff. BGB). Da dieser in der Regel noch nicht aktuell besteht, müssten die hinterbliebenen Eltern eine Feststellungsklage erheben (siehe OLG Celle NJW-RR 1988, 990). Das Feststellungsinteresse kann bereits bejaht werden, wenn die bloße Möglichkeit einer zukünftigen Unterhaltspflicht besteht (OLG Koblenz NJW 2003, 521). Gerade unter dem Gesichtspunkt, dass die Sozialleistungen von staatlicher Seite immer weiter zurückgeschraubt werden, ist ein solcher Unterhaltsanspruch im Auge zu behalten.

E. Beerdigungskosten

I. Anspruchsberechtigte Personen

170 § 844 Abs. 1 BGB besagt, dass die Kosten der Beerdigung demjenigen zu ersetzen sind, welchem die Verpflichtung obliegt, diese Kosten zu tragen. Nach § 1968 BGB ist dies in der Regel der Erbe. Liegt eine Erbenmehrheit vor, hat die Erbengemeinschaft die Kosten zu tragen.

Es kann aber auch sein, dass der Unterhaltsverpflichtete die **Beerdigungskosten** zu tragen hat, soweit die Bezahlung nicht von dem Erben zu erlangen ist (§ 1615 Abs. 2 BGB, siehe ferner § 1615m, § 1316a Abs. 3 und 1361 Abs. 4 S. 4 BGB).

Schließlich kann auch ein Anspruch aus GoA gemäß § 683 BGB in Betracht kommen, was vor allen Dingen bei Partnern einer nichtehelichen Lebensgemeinschaft der Fall sein kann (OLG Köln FamRZ 1992, 55 und *Wenker*, VersR 1998, 557).

II. Überholende Kausalität

171 Der Schädiger und mithin der Versicherer kann nicht argumentieren, die Beerdigungskosten seien nicht zu übernehmen, da der Getötete bereits schwer krank war und von daher in Kürze sowieso verstorben wäre. Der Schädiger darf sich nicht auf überholende Kausalität berufen (vgl. BGH NJW 1992, 3298; OLG Karlsruhe NZV 1992, 444 und OLG Düsseldorf zfs 1994, 405).

III. Umfang der Ersatzpflicht

1. Allgemeines

172 Im Rahmen von § 1968 BGB sind die Kosten einer **standesgemäßen Beerdigung** zu ersetzen. Diese richtet sich nach der Herkunft, der Lebensstellung und den wirtschaftlichen Verhältnissen des Erblassers, wobei eine würdige und angemessene Bestattung der Maßstab ist.

 Praxistipp
Wenn jüngere Personen versterben und kein nennenswerter Nachlass vorhanden ist, ist auf die soziale Stellung der Eltern abzustellen. Ferner sind auch der Herkunftskreis des Erblassers und der betroffene Kulturkreis zu berücksichtigen. Schließlich können auch regionale Besonderheiten dazu führen, dass bestimmte Kosten vom Schädiger zu übernehmen sind.

Im Einzelnen sind viele Positionen streitig. Teilweise gehen Gerichte (z.B. KG Berlin VersR 1999, 504) auch dazu über, nicht immer nur die jeweiligen Einzelpositionen einer Beerdigung zu überprüfen, sondern auf die Gesamtbelastung abzustellen. Dies scheint auch sinnvoll, da es mitunter, z.B. der trauernden Witwe schwer verständlich zu machen ist, dass der Versicherer eine detaillierte Liste der Beerdigungsteilnehmer haben möchte und geprüft werden muss, ob diese in einem Verwandtschafts- oder Bekanntschaftsverhältnis zum Erblasser standen. Zum Glück ist ein solches Verlangen seitens des Versicherers die absolute Ausnahme. **173**

2. Beerdigungskosten – Blanko-Muster

Beerdigungskosten von 10.000 EUR bis 15.000 EUR sind in einem deutschen Haushalt des Mittelstandes üblich und auch zu erstatten. Nachfolgend ist ein Blanko-Muster abgedruckt, welches die Einzelpositionen enthält, die nach der Rechtsprechung erstattungsfähig sind. Ansonsten wird auf die Literatur (*Teda*, DAR 1985, 10 ff. sowie *Wenker*, VersR 1998, 557) verwiesen. **174**

▼

Beerdigungskosten

Kosten des Sarges (Kissen, Decke, Hemd)	EUR
Kosten der Einsargung	EUR
Kosten der Sargträger	EUR
Blumenschmuck	EUR
Pfarrer	EUR
Musik	EUR
Chor	EUR
Aufbahrungskosten	EUR
Gebühren (kirchliche und behördliche Bestattungsgebühren, Sterbeurkunden)	EUR
Telefongebühren (Vorbereitung der Bestattung sowie Benachrichtigung der Angehörigen)	EUR
Kosten Todesanzeigen (Karten, Zeitungsanzeigen etc.)	EUR
Bewirtungskosten und Unterbringung von Trauergästen	EUR

Überführungskosten an den Heimatort und eventuelle Umbettung	▨▨▨ EUR
Kosten Kränze und Erstbepflanzung	▨▨▨ EUR
Kosten Grabstein, Grablaterne und sonstige Grabausstattung	▨▨▨ EUR
Kosten Trauerkleidung	▨▨▨ EUR
Verdienstausfall (Vorbereitungstag und Tag der Beerdigung) (OLG Hamm VersR 1956, 666)	▨▨▨ EUR
Gesamtkosten	▨▨▨ EUR

175 Im Einzelnen kann gesagt werden, dass einige Punkte darüber hinaus noch streitig sind, wie z.b. der Vorteilsausgleich bei der **Trauerkleidung.** Versicherer wenden hier immer wieder ein, dass schwarz doch eine modische Farbe sei und die Trauerkleidung auch privat sehr gerne getragen werde. Auch diese Rechtsauffassung ist den Geschädigten nur schwer zu vermitteln. Zudem schaden sich Versicherer mit einer derartigen Auffassung in erheblichem Maße selbst. Denn im Ergebnis sind die Kosten der Trauerkleidung in der Regel und in Bezug auf eine Gesamtbetrachtung so minimal, dass es seitens des Versicherers viel klüger wäre, über diese Position nicht zu diskutieren. Schließlich ist es auch eher unüblich, dass die Trauerkleidung „gerne" noch privat getragen wird. Diese Bekleidung wird wegen ihrer emotionalen Wirkung nie wieder, bestenfalls zur nächsten Beerdigung noch einmal, getragen.

> *Praxistipp*
> Da einzelne Positionen hier streitig sind, sollte mit dem Sachbearbeiter des Versicherers in einem Telefonat eine Klärung erreicht werden, anstatt Einzelpositionen gerichtlich einzuklagen.

176 Aus der Praxis lässt sich noch erwähnen, dass die Kosten eines **Doppelgrabs** und Doppelgrabsteins oder Familiengrabs nie komplett übernommen werden, sondern immer nur in Bezug auf denjenigen, der verstorben ist, d.h. in Höhe der Kosten für ein Einzelgrab oder einen Einzelgrabstein. Ferner akzeptiert die Rechtsprechung zurzeit auch die Kosten der Testamentseröffnung, des Erbscheins sowie der Testamentsvollstreckung nicht, vgl. OLG Koblenz zfs 1982, 7. Auch dies ist schwer nachzuvollziehen. Weiterhin sind die Kosten der Pflege und Instandhaltung des Grabes nach der Rechtsprechung nicht zu ersetzen (OLG Düsseldorf zfs 1997, 159). Diese Auffassung überzeugt ebenfalls nicht, da dogmatisch gesehen diese Kosten eigentlich zu erstatten sein müssten. Nur am Rande erwähnt, aber wohl selbstverständlich ist, dass spezielle Grabsteinsanfertigungen von Künstlern oder spezielle Figuren als Grabstein nicht erstattungsfähig sind (OLG Düsseldorf VersR 1995, 1195). Streit herrscht oftmals auch über die Erstattungsfähigkeit von **Reisekosten von Verwandten**, die aus ganz Deutschland oder sogar aus dem Ausland zur Beerdigung fahren müssen. Die Rechtsprechung besagt hier, dass diese per se nicht erstattungsfähig sind (BGH VersR 1960, 357). Dies ist schwer nachzuvollziehen, zumal die Entscheidung auch recht alt ist und heute wahrscheinlich nicht mehr so ausfallen würde. Etwas anderes gilt dann, wenn die nahen Angehörigen bedürftig sind und die Kosten für die Reise selber nicht aufbringen konnten. Dann wird aus ethisch-moralischen Gründen argumentiert, dass ausnahmsweise die Kosten der Schädiger zu tragen hat. Nach der Rechtsprechung sind auch solche Kosten nicht zu erstatten, die dadurch entstanden sind, dass aufgrund der Todesnachricht ein Urlaub abgebrochen werden musste (BGH DA 1989, 263).

F. Schmerzensgeld

Literatur: *Hacks/Wellner/Häcker*, Schmerzensgeldbeträge 2014, 32. Auflage 2013; *v. Jeinsen*, Das Angehörigenschmerzensgeld – Systembruch oder Fortentwicklung?, zfs 2008, 61 ff.; *Klinger*, NZV 2005, 290; *Katzenmeier*, Die Neuregelung des Anspruchs auf Schmerzensgeld, JZ 2002, 1029; *Janssen*, Das Angehörigenschmerzensgeld in Europa und dessen Entwicklung, ZRP 2003, 156 ff.; *Schwintowski/Schah Sedi/Schah Sedi*, Angehörigenschmerzensgeld – Überwindung eines zivilrechtlichen Dogmas, zfs 2012, 6 ff.; *A. Staudinger*, Vom Ausbau des § 844 Abs. 2 S. 1 BGB über den erleichterten Nachweis eines Schockschadens bis hin zur Angehörigenentschädigung, DAR 2012, 280 ff.

I. Angehörigenschmerzensgeld

1. Aktuelle Rechtslage

Nach der geltenden Rechtslage löst der seelische Schmerz durch den Tod eines nahen Angehörigen in der Regel keinen Schmerzensgeldanspruch aus (OLG Köln VersR 1982, 558; BGH NJW 2005, 2614). Auch schwere Schicksalsschläge wie der Tod eines nahen Angehörigen seien dem allgemeinen Lebensrisiko zuzuordnen und nicht durch ein Schmerzensgeld auszugleichen. Anlässlich der Schuldrechtsreform 2002 wurde versucht, dies zu ändern. Im Ergebnis blieb es jedoch bei der bisherigen Rechtslage. Der BGH hat sich dahingehend geäußert, dass nur in Ausnahmefällen ein Schmerzensgeld zugebilligt werden kann und zwar dann, wenn die gesundheitliche Beeinträchtigung nach Art und Schwere deutlich über das hinausgeht, was Nahestehende normalerweise als mittelbar Betroffene bei dem Miterleben des Todes eines nahen Angehörigen erleiden (BGH DAR 1989, 263). Erst wenn die Beeinträchtigung medizinisch fassbar ist und selbst einen echten Krankheitscharakter aufweist, ist ein Schmerzensgeldanspruch naher Angehöriger gerechtfertigt. **177**

Erfreulicherweise hat der **50. Verkehrsgerichtstag** 2012 durch den Arbeitskreis I ergeben, dass in den Fällen fremdverursachter Tötung eines nahen Angehörigen ein Entschädigungsanspruch für Ehe- und Lebenspartner sowie Eltern und Kindern vom Gesetzgeber zu schaffen ist. **178**

> *Praxistipp*
> Da die nur schwer nachzuvollziehende Rechtsprechung nach wie vor aktuell ist,
> empfiehlt es sich, als Anwalt mit Psychologen zusammenzuarbeiten und zu prü-
> fen, ob im vorliegenden Fall eine solche medizinisch feststellbare Beeinträchti-
> gung gegeben ist, um so den Angehörigen ein Schmerzensgeld zuzubilligen. Die
> Entscheidungen der Gerichte zum Schmerzensgeld schwanken in derartigen Fällen
> der Höhe nach von 2.000 DM (KG OLGR 1999, 45) bis 15.000 EUR (OLG Frank-
> furt zfs 2004, 452). Selbst im Fall des Todes dreier Kinder im Alter zwischen 17
> und 21 Jahren hat die Rechtsprechung lediglich ein Schmerzensgeld von 30.000
> DM zugebilligt (OLG Nürnberg DAR 1995, 447).

2. Stellungnahme

179   Es ist in keiner Weise hinnehmbar, dass in Deutschland kein Angehörigenschmerzensgeld gezahlt wird. Fast das gesamte europäische Ausland sieht ein solches vor.
Die Gründe, warum in Deutschland kein Angehörigenschmerzensgeld gezahlt
wird, sind rein fiskalischer Natur. Um das zu verschleiern, werden vermeintlich
rechtliche Gründe angeführt. Bei näherer Betrachtung sind jedoch sämtliche ange-
führten Gründe nicht haltbar.

a) Argument „Schadensbemessung"

180   So wird z.B. angeführt, ein Angehörigenschmerzensgeld sei nicht gerechtfertigt, da
es zu Schwierigkeiten bei der Schadensbemessung kommen würde. Dieses Argument überzeugt nicht, da es nur eine Frage der Zeit ist, bis entsprechende Urteile
vorliegen. Es wäre daher problemlos möglich, auch die Urteile im Bereich des An-
gehörigenschmerzensgeldes z.B. in den Schmerzensgeldtabellen *Hacks/Wellner/
Häcker* oder *Jaeger/Luckey* abzudrucken und als Vergleichsmaßstab heranzuziehen.
Bei den Verletztenfällen ist es bekanntlich auch so, dass die Urteile nur eine Orien-
tierungsgröße darstellen und der Einzelfall individuell bewertet werden muss. Es
gibt keinen Grund, warum sich in der Praxis dies nicht auch beim Angehörigenschmerzensgeld einspielen kann. Die Verfasser vertreten sogar die Auffassung,
dass innerhalb der Urteile auch die sonst üblichen Kriterien bei der Genugtuungsfunktion des Schmerzensgeldes eine Rolle spielen müssen. Es ist daher ein Unterschied zu machen, ob z.B. der Unfall mit Todesfolge leicht fahrlässig verursacht
wurde oder aber von einem Verkehrsrowdy, der möglicherweise noch unerlaubt die
Unfallstelle verlassen hat und erst später ermittelt werden konnte. Ferner muss es
auch einen Unterschied machen, ob es sich um eine schmerzhafte Todesart handelt
oder der Tod sofort eingetreten ist. Denn es ist ein Unterschied, ob z.B. ein naher
Angehöriger stundenlang miterlebt, wie seine Ehefrau mit dem Tod ringt oder der
Ehegatte demgegenüber gar nicht am Unfallort anwesend ist und lediglich die Todesnachricht übermittelt bekommt. Studien von Psychologen belegen, dass dies bei
der Aufarbeitung des Verlustes des nahen Angehörigen eine gravierende Rolle
spielt. Von daher ist der Leidensdruck des Trauernden im ersten Fall viel größer.

Mitunter müssen die Hinterbliebenen über Jahre psychologisch betreut werden. Es muss auch eine Rolle spielen, ob der Getötete jung oder alt war. Denn es ist ebenso ein Unterschied, ob die Eltern ein Kind in jungen Jahren verlieren oder ein Kind, das selbst bereits in der zweiten Lebenshälfte stand. Der Verlust eines jungen Kindes oder gar der Verlust mehrerer junger Kinder ist ein viel größerer Schicksalsschlag und muss innerhalb der Genugtuungsfunktion des Schmerzensgeldes daher wesentlich höher bewertet werden. Gleiches gilt für den umgekehrten Fall, dass Kleinkinder ihre Eltern verlieren oder erwachsene Kinder ihre Eltern verlieren. Des Weiteren ist auch zu berücksichtigen, ob ein Mitverschulden seitens des Getöteten vorlag oder nicht. Entsprechend der aktuellen BGH-Rechtsprechung zum Verletztenschmerzensgeld ist dann eine Reduzierung des Schmerzensgeldes vorzunehmen, ohne dass explizit gequotet wird. Schließlich sollte auch der Grad der Verwandtschaft eine Rolle spielen, da es nach der Rechtsprechung der ausländischen europäischen Gerichte so ist, dass es einen Unterschied macht, ob die Ehefrau, der Ehemann oder ein Kind verstorben ist. Es sind in diesen Fällen höhere Schmerzensgelder zuzubilligen, als wenn „lediglich" erwachsene Geschwister versterben oder der Großvater verstirbt. Die Verfasser halten es auch für gerechtfertigt zu prüfen, ob die Ehe zerrüttet war oder nicht, obgleich dies Probleme in der Darlegungs- und Beweislast begründet. Möglicherweise liegt aber schon ein Scheidungsantrag vor oder die Eheleute lebten getrennt, so dass in einem solchen Fall die Schmerzensgeldleistungen auch geringer ausfallen müssten.

Nach der derzeitigen Rechtslage ist Deutschland aber, ähnlich wie beim Zinssatz bei der Kapitalisierung, ein Entwicklungsland und absolut geschädigtenfeindlich.

b) Argument „Amerikanische Verhältnisse"

Als zweites Argument wird seitens der Gegner der Einführung eines Angehörigen- 181 schmerzensgelds oftmals angeführt, ein solches sei abzulehnen, da ansonsten „amerikanische Verhältnisse" in Deutschland eintreten würden. Auch dieses Argument überzeugt nicht, da das amerikanische Rechtssystem mit dem deutschen Rechtssystem nicht vergleichbar ist. Deutsche Gerichte würden aller Wahrscheinlichkeit nach maßvoll entscheiden und einem Angehörigen lediglich die Beträge zubilligen, die auch angemessen sind. Die bisher höchste Schmerzensgeldentscheidung im Verletztenfall des LG Kiel (614.000,00 EUR, Urt. v. 11.7.2003, Az. 6 O 13/03 = VersR 2006, 279) war bekanntlich eine Ausnahme und nicht der Beginn einer „Amerikanisierung".

c) Argument „Feststellbarkeit von Trauer"

Als drittes Argument wird oftmals angeführt, dass Trauer und Schmerz eines nahen 182 Angehörigen nur schwer feststellbar sind und auch von jedem Menschen unterschiedlich verarbeitet werden. Dieses Argument überzeugt ebenso wenig, da jeder, der einmal mit einem mittelbaren Opfer gesprochen hat, das einen nahestehenden Menschen verloren hat, feststellen wird, dass die überwiegende Mehrzahl der Menschen durch den Tod des nahen Angehörigen massiv in der eigenen Lebensführung beeinträchtigt wird. Die jetzt geltende Rechtsprechung, wie sie unter anderem vom OLG Koblenz (OLGR 2001, 9) praktiziert wird, wonach bei einem Geschädigten trotz massiver Depressionen, Schlafstörungen, Alpträume, Seelenschmerzen, Weinkrämpfe, Kreislaufstörungen und Kollapse kein konkret medizinisch fassbarer Krankheitswert gegeben sei, kann jedenfalls nicht hingenommen werden.

Es kann nicht angehen, dass deutsche Gerichte Milliarden von Euro bei leichten HWS-Schleudertraumata-Fällen zubilligen und sich im Einzelfall damit jahrelang beschäftigen, dagegen aber bei solch massiven Verlusten und Beeinträchtigungen in der Lebensführung, wie sie bei dem Tod eines nahen Angehörigen gegeben sind, in Deutschland kein Schmerzensgeldanspruch anerkannt wird.

183   Auch stellt sich die Frage, warum der Geschädigte Nutznießer vom Tod des Unfallopfers sein soll. Es bleibt zu hoffen, dass im Zuge der EU-Harmonisierung Deutschland den Status als Entwicklungsland in dieser Hinsicht aufgibt und trotz der Lobbyarbeit der Versicherer das Angehörigenschmerzensgeld sich durchsetzen wird. Möglicherweise kann das Angehörigenschmerzensgeld in naher Zukunft beim Verkehrsgerichtstag in Goslar thematisiert werden, um anschließend dem Gesetzgeber eine Vorlage zu liefern. Es wäre in der Rechtsprechung und der Rechtsgeschichte nicht das erste Mal, dass der Gesetzgeber Missstände korrigiert. Dies wäre auch insbesondere unter dem Gesichtspunkt überfällig, dass psychotherapeutische Studien belegt haben, dass der Unfallverlust eines nahen Angehörigen massivste seelische Erschütterungen hervorruft und auch für den mittelbar Geschädigten sehr „schmerzhaft" ist.

d) Versichertengemeinschaft

184   Immer wieder hört man auch das Argument, dass die Versichertengemeinschaft und mithin jeder Versicherungsnehmer es sich nicht leisten könne, ein sogenanntes Angehörigenschmerzensgeld einzuführen, da dies zu einer Prämienerhöhung führen würde. Auch dieses Argument überzeugt nicht, denn zum Glück sind in den letzten Jahren die sogenannten Tötungsfälle in Deutschland rückläufig. In Deutschland liegt die aktuelle Zahl von Verkehrstoten bei ca. 4.500 im Jahr. Stellt man diese Zahl im Verhältnis zu den Verletzten und Schwerstverletzten, die im sechsstelligen Bereich sind, so stellt man fest, dass glücklicherweise die Zahl der Verkehrstoten innerhalb der Prämienberechnung und der tatsächlichen Auszahlungsbeträge seitens der Versicherer nur eine geringe Rolle annehmen. Es wäre daher überhaupt kein Problem, ein solches Angehörigenschmerzensgeld einzuführen, denn es kann nicht sein, dass in Deutschland für jedes noch so alte Auto z.B. Nutzungsausfall oder ein Vorteilsausgleich entrichtet wird, für den Verlust eines nahen Angehörigen dagegen nur im Ausnahmefall Gelder seitens des Versicherers gezahlt werden. Teilweise wird argumentiert, dass das Angehörigenschmerzensgeld dogmatisch nicht einzuordnen sei. Auch dies ist wenig überzeugend, da es problemlos seitens des Gesetzgebers eingeführt werden könnte. Zudem ist die oben erwähnte

Nutzungsausfallentschädigung bei Fahrzeugen ebenfalls dogmatisch nicht einzuordnen. Theoretisch könnte auch ein Nutzungsausfall für eine wertvolle Uhr, ein wertvolles Boot oder für einen Pelzmantel begründet werden. Es sollte sich allerdings generell die Frage gestellt werden, ob Sachwerte wie Pkw in Deutschland schutzwürdig sind oder eher Menschenleben naher Angehöriger.

Es kann daher nur noch einmal dringend dazu angeraten werden, dass der Gesetzgeber **endlich** aktiv wird und diese missliche Lage in Deutschland ändert. Weitere Argumente zum Angehörigenschmerzensgeld finden sich auch in den Aufsätzen von *A. Staudinger* (DAR 2012, 280 ff.) und *Schwintowski/Schah Sedi/Schah Sedi* (zfs 2012, 6 ff.).
185

II. Vererblichkeit

Schadensersatzrechtlich ist an den Schmerzensgeldanspruch zu denken, den der Verletzte inne hatte und der nach seinem Tod auf die Erben übergegangen ist. Nach heutiger Rechtslage ist es so, dass der Schmerzensgeldanspruch auf die Erben übergeht, ohne dass vertraglich ein Anerkenntnis gegeben sein muss oder die Sache rechtshängig gemacht werden müsste. § 847 Abs. 1 S. 2 BGB a.F. sah dies noch vor.
186

> *Praxistipp*
> Der Anwalt muss daher in den Fällen, in welchen der Verletzte noch eine Weile lebte und erst nach einiger Zeit verstorben ist, daran denken, dass die Erben diesen Schmerzensgeldanspruch geltend machen (können).

Nach der Rechtsprechung des BGH ist eine Gesamtbetrachtung der immateriellen Beeinträchtigung vorzunehmen. Es sind Art und Schwere der Verletzung zu berücksichtigen sowie das Leiden und dessen Wahrnehmung durch den Verletzten, aber auch das Zeitfenster, wann die Verletzung eingetreten ist und wann der Verletzte gestorben ist (BGH NJW 1998, 2741). Danach ist es nicht zwangsläufig so, dass der Verletzte die Verletzungen auch tatsächlich noch empfunden haben muss (BGH NJW 1998, 2741). Im Einzelnen ist hier Vieles rechtlich noch nicht ausgeurteilt, da nur 2 % der Fälle gerichtlich entschieden werden und der Großteil dieser Fälle außergerichtlich gegen geringe Zahlungen abgefunden wird. Die Urteile reichen von 10.000 DM (OLG Schleswig NJW 1988, 569) bis 35.000 EUR (OLG Oldenburg VersR 1996, 736).
187

Es kann aber auch Fälle geben, in denen der Tod erst viel später – nach wochenlangem Todeskampf – eintritt. Dann ist der Leidensweg des Geschädigten natürlich viel länger gewesen, so dass ein höheres Schmerzensgeld ausgeurteilt wird. Die Entscheidung des LG Bochum (*Hacks/Wellner/Häcker*, SchmerzensgeldBeträge 2014, Nr. 2659) sah z.B. ein Schmerzensgeld von 153.000 EUR bei Eintritt des Todes nach 3 Jahren vor. Die Entscheidung des LG Trier (*Hacks/Wellner/Häcker*, SchmerzensgeldBeträge 2014, Nr. 2550) sah ein Schmerzensgeld sogar in Höhe von bis zu 200.000 EUR vor bei einem Leidensweg von 2 3/4 Jahren bis zum Todeseintritt.
188

§ 5 Personenschadensmanagement

Literatur: *Buschbell*, Münchener Anwaltshandbuch Straßenverkehrsrecht, 3. Auflage 2009; *Hillmann/Schneider*, Das verkehrsrechtliche Mandat, Bd. 2: Verkehrszivilrecht, 6. Auflage 2012; *Höfle*, Das Rehabilitations-Management, Ein hervorragendes Mittel der erfolgreichen anwaltlichen Schadensregulierung, MittBl. der ARGE VerkR 2006, 48 ff.; *Hugemann*, Personenschaden-Management, 2007; *Lauer*, Personenschadensmanagement – Fallerkennung und Prozess, MittBl. der ARGE VerkR 2006, 43 ff.; *Schneider*, Personenschadensmanagement aus Sicht des Geschädigten, zfs 2008, 303 ff.

A. Allgemeines

Personenschadensmanagement – kurz: Reha-Management – ist aus der Regulie-   **1**
rungspraxis beim Personen(groß)schaden nicht mehr wegzudenken. Reha-Management ist fest etabliert in der Schadensregulierung und ein Geschädigter, der über seinen Rechtsanwalt die Einschaltung von Personenschadensmanagement beim Haftpflichtversicherer einfordert, läuft in der Regel „offene Türen" ein. Der Grund liegt in der **win-win-Situation.** Der Geschädigte wird massiv unterstützt bei der Folgenbeseitigung des Schadensereignisses und der Versicherer kann durch gezielte Maßnahmen eine Chronifizierung von Unfallfolgen vermeiden und erheblich dazu beitragen, dass der Geschädigte wieder in das Berufsleben integriert wird. Darin steckt ein riesiges finanzielles Sparpotenzial für den Haftpflichtversicherer.

B. Zivilrechtliches Schadensmanagement – sozialrechtliches Schadensmanagement

Die Geburtsstunde des zivilrechtlichen **Schadensmanagements** ist auf die zweite   **2**
Hälfte der 90er Jahre des vorherigen Jahrhunderts zu datieren. Das Personenschadensmanagement war bereits zweimal beim Verkehrsgerichtstag in Goslar Thema eines Arbeitskreises, nämlich beim 38. Verkehrsgerichtstag im Jahr 2000 und beim 46. Verkehrsgerichtstag im Jahr 2008.

Es gibt eine parallele sozialrechtliche Entwicklung mit der Schaffung des SGB IX   **3**
vom 1.7.2001. In diesem Gesetz ist die Rehabilitation und Teilhabe behinderter Menschen geregelt. Zur **Teilhabe** werden Leistungen zur **medizinischen Rehabilitation**, Leistungen zur **Teilhabe am Arbeitsleben, unterhaltssichernde** und andere ergänzende **Leistungen,** ebenso wie Leistungen zur Teilhabe am **Leben in der Gemeinschaft** gezählt (§ 5 SGB IX).

Unverkennbar ist eine große Schnittmenge der sozialrechtlichen Leistungsgruppen   **4**
zu den Bereichen und Arten des Reha-Managements, die sich wie folgt darstellen: **medizinisches Reha-Management, Pflegemanagement, berufliches Reha-Management** und **Technikmanagement.** In der Praxis feststellbar ist das Phänomen, dass die Gewährung gleichartiger sozialrechtlicher Leistungen nach SGB IX einen

Anlaufzeitraum von 1–2 Jahren benötigt, hingegen vergleichbare Leistungen des Reha-Managements innerhalb weniger Wochen nach dem Schadensereignis dem Geschädigten bereits zur Verfügung stehen können. Bedenkt man, dass der Sozialversicherungsträger die von ihm aufgewendeten Kosten für Teilhabeleistungen nach einem Schadensereignis ohnehin beim Haftpflichtversicherer regressiert, dann fällt auf, dass dem Haftpflichtversicherer durch die Einschaltung des Reha-Managements an sich keine Mehrkosten entstehen, da er diese bei alternativem Tätigwerden des Sozialversicherungsträgers nämlich ohnehin zu tragen hätte. Eine Kostenersparnis ergibt sich im Einzelfall immer dann, wenn Teilungsabkommen zwischen dem Sozialversicherungsträger und dem Haftpflichtversicherer bestehen, die einen 100 %igen Regress der vom Sozialversicherungsträger erbrachten Teilhabeleistungen ausschließen.

5   Jedem Geschädigten ist jedoch die Inanspruchnahme des Personenschadensmanagements auf Kosten des Haftpflichtversicherers anzuraten, weil hier die Flexibilität der privatrechtlichen Organisationsform deutlich im Vordergrund steht in Abgrenzung zu den sozialrechtlichen Vorgaben, die ein Sozialversicherungsträger zu beachten hat, bevor er gleichwertige **Teilhabeleistungen** erbringen kann.

C. Rechtsbeziehungen innerhalb des Schadensmanagements: Code of Conduct, Ziff. 1

6   Personenschadensmanagement basiert auf der Existenz eines **Dreiecksverhältnisses** zwischen dem Versicherer, dem Reha-Dienst sowie dem Geschädigten, vertreten durch seinen Rechtsanwalt. Rechtlich von besonderem Interesse ist die Rechtsbeziehung zwischen dem Geschädigten und dem Reha-Dienst. Nachdem zuvor ein Vertrag zugunsten Dritter zwischen dem Haftpflichtversicherer und dem Reha-Dienst geschlossen wurde, stellt sich alsdann die Frage nach der Qualität der Rechtsbeziehung zwischen dem Geschädigten und dem Reha-Dienst. In diesem Rechtsverhältnis besteht kein Vertragsverhältnis. Auf der anderen Seite ist zu berücksichtigen, dass der Geschädigte dem Reha-Manager sehr sensible und höchstpersönliche Daten mitteilen muss, um das angestrebte Reha-Ziel zu erreichen. In diesem Rechtsverhältnis besteht ein Bedürfnis nach Kontrollmechanismen, die den persönlichkeitsrechtlichen Schutz des Geschädigten einerseits sicherstellen und andererseits den Ausschluss schadensersatzrechtlicher Nachteile gewährleisten. In diesem Sinne wurde im Arbeitskreis I des 46. Deutschen Verkehrsgerichtstages 2008 eine Empfehlung postuliert, wonach die für die effektive Arbeit des Reha-Managements erforderliche Unabhängigkeit dadurch sichergestellt wird, dass die bereits im Jahr 2001 entwickelten Grundsätze, nämlich der **„Code of Conduct" des Reha-Managements (Ziff. 1)** zugrunde gelegt wird. Der volle Wortlaut des Code of Conduct des Reha-Managements ist abgedruckt im Mitteilungsblatt der ARGE Verkehrsrecht (2006, 48). Danach darf das Reha-Management nicht vom Haftpflichtversicherer selbst durchgeführt werden, sondern nur von einem personell

und organisatorisch vom Haftpflichtversicherer unabhängigen **Rehabilitationsdienst**. Dieser ist weisungsfrei und neutral. Das **Rehabilitationsziel** bestimmt die Art und den Umfang der Tätigkeit des Reha-Dienstes. Er ist hinsichtlich aller außerhalb des Rehabilitationszieles liegenden Erkenntnisse zur Verschwiegenheit verpflichtet. Weiterhin hat er sich jeglicher Einflussnahme oder Beurteilung auf die Regulierung des Schadens zum Grund oder zur Höhe der Ansprüche zu enthalten und bereits der Möglichkeit des Entstehens eines dahingehenden Anscheins entgegenzuwirken. Zur Sicherung der Qualität, der Objektivität und Wahrung der Unabhängigkeit, muss beim Rehabilitationsdienst ein **Beirat** oder eine vergleichbare Einrichtung errichtet sein. Diese besteht aus mindestens 3 Experten aus den Bereichen Medizin, Recht und Arbeits-/Sozialwesen. Die Berufung des Vertreters aus dem Bereich Recht bedarf der Zustimmung der **ARGE Verkehrsrecht** im Deutschen Anwaltverein.

D. Fallerkennung: Welcher Sachverhalt ist für Reha-Management geeignet?

Ein Sachverhalt ist dann für das Schadensmanagement geeignet, wenn bei beruflichen Fragestellungen die Aussicht besteht, eine angemessene, auf den Geschädigten zugeschnittene, wirtschaftlich sinnvolle Beschäftigung zu erhalten oder eine dem (Rest-)Leistungspotential entsprechende neue berufliche Tätigkeit zu finden. Das berufliche Reha-Management stößt jedoch dann an seine Grenzen, wenn schwerste Verletzungen, das fortgeschrittene Lebensalter des Geschädigten (ggf. in Verbindung mit mangelnder oder fehlender beruflicher Qualifikation) und infrastrukturell schlechte Arbeitsmarktbedingungen bestehen. Im Einzelfall ist sehr genau auszuloten, ob bei Vorhandensein eines oder mehrerer dieser genannten Aspekte das berufliche Schadensmanagement nicht deshalb in Frage zu stellen ist, weil das gewünschte Rehabilitationsziel realistischerweise nicht erreicht werden kann. Man muss sich auch vor Augen halten, dass bei dem Geschädigten mit dem Angebot des beruflichen Reha-Managements die Hoffnung geweckt wird, wieder „in sein altes Leben" zurückkehren zu können. Das Scheitern eines derartigen beruflichen Schadensmanagements kann zu schwerwiegenden psychischen Folgeproblemen führen.

Mitunter ist es im Rahmen der Schadensregulierung notwendig, den steinigen Weg eines von Anfang an wenig aussichtsreichen beruflichen Schadensmanagements zu gehen. An dieser Stelle soll die oftmals gehandhabte Regulierungspraxis des Erwerbsschadens durch den Haftpflichtversicherer kritisch gewertet werden, wenn dieser unter dem Gesichtspunkt der Schadensminderung vom Geschädigten den Einsatz seiner **Restleistungsfähigkeit** fordert, obgleich der Geschädigte dazu aufgrund der Unfallfolgen kaum im Stande ist. Nicht selten droht der Versicherer, von der ungedeckten Schadensspitze den Verdienst aus einem fiktiven 450-Euro-Job abzusetzen. Diese Konstellation ist oftmals dann gegeben, wenn der Geschädigte

7

8

nach sozialrechtlichen Parametern noch im Stande ist, eine Erwerbstätigkeit von weniger als 3 Stunden/Tag auszuüben, er jedoch keiner Erwerbstätigkeit nachgeht. Die sozialmedizinische Leistungsbeurteilung ist jedoch nicht der alleinige Maßstab für die zivilrechtliche Erwerbsschadensregulierung. Oftmals sind es gerade die oben genannten sozioökonomischen Parameter wie das fortgeschrittene Lebensalter des Geschädigten und die bereits unfallbedingte Dauer der Arbeitslosigkeit von mehr als einem Jahr (nach der Definition der Bundesagentur für Arbeit zählt der Geschädigte dann zur Gruppe der sogenannten Langzeitarbeitslosen), die der Rückkehr auf den Arbeitsmarkt entgegenstehen. Nicht selten steht auch die Intensität des physischen Dauerschadens in Verbindung mit einer mangelnden oder gänzlich fehlenden beruflichen Qualifikation einer beruflichen Wiedereingliederung selbst für weniger als 3 Stunden/Tag im Wege. Der Arbeitsmarkt in seiner heutigen Ausprägung ist nicht darauf ausgerichtet, schwer-/schwerstverletzte Langzeitarbeitslose aufzunehmen, bei denen jederzeit die Gefahr besteht, dass sie den Anforderungen des Arbeitsplatzes unfallbedingt nicht mehr gewachsen sind. Das Überangebot gesunder und nicht behinderter Arbeitnehmer wirkt sich zu Lasten der Unfallopfer aus. Dies ist jedoch dem Schadensfall geschuldet, nicht dem Arbeitsmarkt und sollte nicht mit dem allgemeinen Arbeitsplatzrisiko vermengt werden. Deshalb liegt das Risiko, eine bestehende Restleistungsfähigkeit nicht marktgerecht zu verwerten, beim Versicherer und nicht beim Geschädigten.

9   Wenn gleichwohl ein Versicherer unter Hinweis auf die Schadensminderungspflicht die fehlende Mitwirkung bei der Bekleidung eines 450-Euro-Jobs reklamiert und die ungedeckte Schadensspitze entsprechend zu kürzen beabsichtigt, dann sollte der Geschädigtenvertreter die Einschaltung von Personenschadensmanagement zur beruflichen Rehabilitation beim Versicherer anregen und ausdrücklich die Leistungsbereitschaft des Geschädigten in den Vordergrund stellen und das Restleistungsvermögen anbieten.

10   Wenn dann trotz professioneller Unterstützung durch ein Reha-Management eine Rückkehr ins Arbeitsleben nicht mehr möglich ist, steht der Regulierung der ungedeckten Schadensspitze beim Erwerbsschaden nichts mehr im Wege. Der Anwalt, der zur optimierten Schadensregulierung diesen Weg mit seinem Mandanten gehen möchte, tut gut daran, dem Mandanten von Anfang an das hohe Risiko des Scheiterns einer beruflichen Rehabilitation aufzuzeigen, um dann nicht negative psychische Befindlichkeiten auszulösen, wenn das Schadensmanagement ergebnislos beendet wird.

11   Aspekte, die einen Sachverhalt als geeignet für das Personenschadensmanagement erscheinen lassen, sind trotz des Unfallereignisses physische und psychische Leistungsfähigkeit, Selbstvertrauen und Dynamik.

12   Im Bereich der medizinischen Rehabilitation ist die Erkennung des geeigneten Falls recht einfach: Bei schweren und schwersten Personenschäden sollte immer die professionelle medizinische Rehabilitation durch einen Reha-Dienst beim Versicherer angeregt werden. Unabhängig davon, ob eine vollständige Wiederherstellung möglich ist, um den Verletzten in der Folge dann beruflich zu rehabilitieren, ist die medizinische Wiederherstellung für alle Beteiligten immer eine win-win-Situation. Der Versicherer spart bei frühzeitiger professioneller medizinischer Betreuung eine Menge an Kosten, die sich durch lang anhaltende und sich immer weiter verschlechternde Schadensbilder aufgrund unzureichender medizinischer Versorgung ergeben. Der Geschädigte kann demgegenüber auf diesem Wege auch in den Genuss von **privatärztlicher Behandlung** gelangen, wenn er ansonsten „**Kassenpatient**" ist. Oftmals ist es möglich, Behandlungstherapien auf Empfehlung des Reha-Managers vom Versicherer direkt bezahlt zu bekommen, die üblicherweise nur im Wege einer privatärztlichen Verordnung möglich sind.

Praxistipp
Der Rechtsanwalt sollte frühzeitig die medizinische Rehabilitation durch einen Reha-Dienst anregen und bereits im ersten gemeinsamen Gespräch mit dem Fallmanager und dem Geschädigten abklären, welche Behandlungsmöglichkeiten bestehen, um eine optimale Wiederherstellung des Gesundheitszustandes zu erreichen. Hier sollten ausdrücklich auch solche medizinisch erforderlichen Therapien angesprochen werden, deren Kosten der gesetzliche Sozialversicherer oftmals nicht trägt. Namentlich sind dies osteopathische Behandlungen, die äußerst wirkungsvoll sein können, sich jedoch wegen der erforderlichen Anzahl als eine verhältnismäßig teure Therapie darstellen können.

Praxistipp
Oftmals scheuen Ärzte davor zurück, den Geschädigten die medizinisch notwendigen physiotherapeutischen Behandlungsmaßnahmen zu verordnen. In der Regel wird dies damit begründet, dass das Budget für diese Leistung bereits vom Arzt erschöpft worden sei. Auch hier bietet sich die Einschaltung medizinischen Schadensmanagements an, um von neutraler Seite abklären zu lassen, ob derartige therapeutische Maßnahmen erforderlich sind und deshalb auf „kurzem Wege" unmittelbar vom Versicherer an den Leistungserbringer vergütet werden können.

Die Einschaltung des Pflegemanagements versteht sich immer dann von selbst, **13** wenn ein Geschädigter unfallbedingt pflegebedürftig ist im Sinne der §§ 15 ff. SGB XI. Hier sollte der Geschädigtenvertreter sofort bei Mandatsbeginn auf die Einschaltung von Reha-Management hinwirken, um eine mögliche häusliche Pflegesituation zu optimieren, indem Familienangehörige vom Fallmanager entsprechend beraten werden und eine möglichst passgenaue Ausstattung mit Pflegemitteln und Hilfsmitteln erfolgen kann.

Zumeist geht die Einschaltung des Pflegemanagements mit dem Technikmanagement Hand in Hand. Damit ist der Aspekt der Planung und Koordination eines **bar-** **14** **rierefreien Umfeldes** angesprochen. Kein Geschädigter sollte sich unnötig mit diesen Fragestellungen beschäftigen. Reha-Dienste haben professionalisierte Schadensmanager für diese Sparte. Es handelt sich dabei um spezialisierte Architekten oder Bauingenieure. Deren profundes Spezialwissen sollte sich der Geschädigte durch Einschaltung von Reha-Management zunutze machen.

Praxistipp
Zur Festigung von einzelnen Regulierungspositionen, insbesondere im Rahmen der vermehrten Bedürfnisse, ist es immer sinnvoll, wenn der Rechtsanwalt für seinen Mandanten die Einschaltung von Personenschadensmanagement initiiert. Auf diesem Wege erhält der Geschädigte nicht selten einen „Fürsprecher" in der Gestalt des Schadensmanagers, wenn es um die optimierte Naturalrestitution des Schadens geht. Das Votum des Schadensmanagers für die Kostenübernahme von Hilfs-/Heilmitteln kann langwierige Entscheidungsfindungsprozesse beim Sozialversicherer ersetzen, die nicht selten die Durchführung eines sozialgerichtlichen Klageverfahrens notwendig machen. Dem Geschädigten ist nicht damit gedient, dass er die medizinisch notwendigen Hilfs-/Heilmittel erst nach einem jahrelangen sozialgerichtlichen Klageverfahren vom Sozialversicherungsträger bezahlt bekommt. Personenschadensmanagement verkürzt hier den Leidensweg des Geschädigten im wahrsten Sinne des Wortes, wenn aufgrund des Votums des Schadensmanagers der Versicherer trotz möglicher vorrangiger Leistungsverpflichtung des Sozialversicherers in die Leistungserbringung aktiv durch direkte Kostenübernahme einsteigt.

E.   Ablauf des Reha-Managements: Code of Conduct, Ziff. 2

15   Das Verfahren des Reha-Managements wird ebenfalls maßgeblich bestimmt durch den **„Code of Conduct" (Ziff. 2)**. Insoweit wird Bezug genommen auf die Ausführungen von *Höfle* (MittBl. der ARGE VerkR 2006, 48 f.). Grundsätzlich gilt: Reha-Management erfolgt auf freiwilliger Basis – auf beiden Seiten. Weder der Haftpflichtversicherer noch der Geschädigte haben einen einklagbaren Anspruch auf Durchführung des Reha-Managements. Dies wäre auch letztlich deshalb kontraproduktiv, weil die Basis einer vertrauensvollen Zusammenarbeit zwischen dem Geschädigten und dem Reha-Manager damit zerstört wäre.

16   Schadensmanagement erfolgt aufgrund einer Vereinbarung zwischen dem Haftpflichtversicherer und dem Anwalt des Geschädigten. Der Verständigung über das „ob" des Reha-Managements folgt eine einvernehmlich zwischen Haftpflichtversicherer und Anwalt zu treffende Vereinbarung über den zu beauftragenden Reha-Dienst.

17   Gemeinsam mit dem Haftpflichtversicherer legt der Geschädigtenanwalt in Absprache mit seinem Mandanten das **Rehabilitationsziel** fest. Die Beauftragung eines Reha-Dienstes erfolgt immer und ausschließlich auf Kosten des Schädigers, selbst dann, wenn möglicherweise eine Haftungsquote gegeben ist. Selbst eine teilweise Kostenerstattung durch den Geschädigten ist ausgeschlossen, wenn das

Reha-Management fehlschlägt oder, aus welchen Gründen auch immer, abgebrochen wird.

Entscheidend ist, dass die Entbindungserklärung von der Schweigepflicht vom Reha-Dienst nur zum Zwecke der medizinischen und/oder beruflichen Rehabilitation verwendet werden darf. Sie ist deshalb nicht gegenüber dem Haftpflichtversicherer, sondern ausschließlich gegenüber dem Reha-Dienst zu erteilen. In der Entbindungserklärung ist das Rehabilitationsziel zu definieren. Damit ist ausgeschlossen, dass „**Zufallsfunde**" dem Haftpflichtversicherer zur Kenntnis gelangen. **18**

Der Haftpflichtversicherer, der Geschädigte und auch dessen Anwalt haben sich einseitiger fernmündlicher Information zu enthalten. Sollte diese im Interesse der Erreichung des Rehabilitationsziels unbedingt notwendig sein, so sind die jeweils anderen Beteiligten in dem beschriebenen Dreiecksverhältnis davon unverzüglich schriftlich zu unterrichten. **19**

Wichtig ist, dass sich sowohl der Haftpflichtversicherer, als auch der Anwalt des Geschädigten dazu verpflichten, in einem etwaigen Rechtsstreit Mitarbeiter des Rehabilitationsdienstes nicht als Beweismittel in das Verfahren einzuführen. **20**

Um einen geordneten Qualitätsstandard des Schadensmanagements zu gewährleisten, sollte der Geschädigtenvertreter vor Beauftragung eines Reha-Dienstes darauf achten, dass dieser von der Arbeitsgemeinschaft Verkehrsrecht des Deutschen Anwaltsvereins geprüft wurde. Nur wenn der „Code of Conduct" in allen Einzelheiten erfüllt ist und sich der Reha-Dienst verpflichtet hat, die im Rahmen des „Code of Conduct" aufgestellten Verfahrensgrundsätze einzuhalten, kann er auf Antrag von der ARGE anerkannt werden. Diejenigen Reha-Dienste, die dieses Anerkennungsverfahren durchlaufen haben, dürfen im Rechtsverkehr nach außen auf diese Anerkennung hinweisen. Diese Anerkennung ist ein wichtiges Qualitätsmerkmal bei der Auswahl des Reha-Dienstes. **21**

Das **Muster einer Rehabilitationsvereinbarung** unter Einhaltung des „Code of Conduct" findet sich bei *Buschbell* (Münchener Anwaltshandbuch Straßenverkehrsrecht, § 26 Rn 323 und 324). **22**

Ergänzend sollte eine verjährungsunterbrechende oder verjährungshemmende Maßnahme ergriffen werden, weil andernfalls die Gefahr besteht, dass bei Scheitern oder vorzeitiger Beendigung des Reha-Managements Ansprüche des Geschädigten verjähren. Oftmals läuft das Reha-Management über Jahre, ohne dass parallel dazu ein Abschluss der Schadensangelegenheit in rechtlicher Hinsicht gefunden werden kann. Mit Sicherheit wäre es zweckwidrig, den Versicherer nur zum Zwecke der Erlangung eines rechtskräftigen Titels mit einer Feststellungsklage zu überziehen. Das würde das Schadensmanagement überschatten und könnte sich negativ auf die vertrauensvolle Zusammenarbeit zwischen Geschädigtem und Reha-Manager auswirken. Sinnvoller ist es stattdessen, den Versicherer aufzufordern, mit der Wirkung eines am Tage der Abgabe der Erklärung rechtskräftig werdenden Feststellungsurteils zu erklären, dass dieser für alle immateriellen und materiellen An- **23** sprüche aus dem Schadensereignis eintritt, soweit diese Ansprüche nicht auf Dritte übergegangen sind oder übergehen werden – und das unter Verzicht auf die Einrede der Verjährung gem. § 202 Abs. 2 BGB.

24 Wenn der Versicherer eine derartig weitreichende Erklärung zu diesem Zeitpunkt noch nicht außergerichtlich abgeben möchte, dann sollte jedenfalls eine Vereinbarung des Inhaltes getroffen werden, wonach die Verjährung der Schadensersatzansprüche während des Laufs des Schadensmanagements als gehemmt gilt (*Hillmann/Schneider*, Das verkehrsrechtliche Mandat, Bd. 2, § 9 Rn 581).

F. Aufgaben des Rechtsanwalts und seine Vergütung

25 Häufig ist es der Rechtsanwalt des Geschädigten, der den dringenden Handlungsbedarf für professionelles Schadensmanagement aufgrund der Schwere der Ausgangsverletzungen feststellt. Der Anwalt, der Schadensmanagement initiiert, bürdet sich ein gutes Stück an Mehrarbeit gegenüber dem „Normalfall" der bloßen Schadensregulierung aus einem Verkehrsunfall, auf. Aktives Schadensmanagement verlangt vom Rechtsanwalt des Geschädigten ein **hohes persönliches Engagement** und einen weitaus größeren Zeiteinsatz in der Schadensregulierung als unter Verzicht auf das Schadensmanagement. Zunächst sind die Verhandlungen mit dem Haftpflichtversicherer zum „ob" des Schadensmanagements zu führen und es ist die Rehabilitationsvereinbarung im Zusammenwirken mit dem Geschädigten und dem gegnerischen Haftpflichtversicherer auszuarbeiten. Aktives Schadensmanagement erfordert in vielen Bereichen die Präsenz des Rechtsanwalts, wenn es um Besprechungen mit dem Geschädigten und dem Schadensmanager geht. Damit sind Anfahrtswege verbunden, weil derartige Besprechungen überwiegend in der Häuslichkeit des Geschädigten stattfinden. Diese **Meetings** gehen mit einem hohen Beratungsbedürfnis des Geschädigten vor einem solchen Termin und in der Nacharbeit eines solchen Termins einher. Der Geschädigte ist unsicher, wie er sich im Gespräch verhalten soll. Vielfach wird dem Schadensmanager ein (unbegründetes) Misstrauen des Geschädigten entgegen gebracht, frei nach dem Motto, der Schadensmanager arbeitet doch sowieso nur für den Haftpflichtversicherer nach der Melodie „wes' Brot ich ess, des' Lied ich sing". Es erfordert vom Geschädigtenvertreter viel Einfühlungsvermögen und Sachkompetenz, dem eigenen Mandanten klarzumachen, welchen Bedeutungsgehalt hier der „Code of Conduct" hat. Bei vielen Geschädigten verbleibt in der Zusammenarbeit mit dem Schadensmanager immer eine gewisse Reserviertheit und Zurückhaltung. Nicht selten gibt es in der gemeinsamen Gesprächsführung mit dem Schadensmanager, dem Geschädigten und seinem Rechtsanwalt die Situation, in der der Schadensmanager eine gewisse Loyalität zugunsten des Haftpflichtversicherers und damit zu Lasten des Geschädigten verbalisiert. Das ist oftmals dann der Fall, wenn der Geschädigte kostenintensive, therapeutische Leistungen abfordert, die in dieser Form nicht vom Sozialversicherungsträger getragen werden. Es ist immer wieder die Aufgabe des Rechtsanwalts, mit Fingerspitzengefühl auf eine vertrauensvolle Zusammenarbeit hinzuwirken, damit das Rehabilitationsziel erreicht werden kann.

Die Nachbereitung derartiger gemeinsamer Besprechungstermine erfordert die Abwägung von Vor- und Nachteilen der Umsetzung einer konkreten Reha-Maßnahme. Darüber ist der Geschädigte umfänglich zu beraten. Wenn er sich dann auf eine Reha-Maßnahme einlässt, die der Fallmanager vorschlägt, ist es die Aufgabe des Rechtsanwalts, die **Kontrollfunktion** auszuüben, ob die Maßnahme sachgerecht umgesetzt wird und der Schadensmanager dabei seine Objektivität und Unabhängigkeit bewahrt. **26**

Fernerhin erfordert Schadensmanagement vom Anwalt auch die Bewältigung zusätzlicher Papierberge: Nicht selten kommen im Laufe eines mehrjährigen Schadensmanagements zahlreiche umfängliche Ergebnisberichte und/oder Zwischenergebnisberichte zusammen, die verantwortungsvoll durchgearbeitet werden müssen und mit dem Mandanten zu besprechen sind. Das erfordert vom Rechtsanwalt auch besondere medizinische Fachkenntnisse im Rahmen der medizinischen Rehabilitation, weil die Berichte zumeist durch ergänzende Befundunterlagen oder ergänzend eingeholte spezielle medizinische Stellungnahmen angereichert sind. Um also eine vom Schadensmanager vorgeschlagene Rehabilitationsmaßnahme zu erfassen, die Umsetzung kritisch zu begleiten und das erreichte Ziel zu überprüfen, bedarf es besonderer Kompetenzen des Rechtsanwalts. Derjenige Rechtsanwalt, der sich darauf einlässt, aktives Schadensmanagement für seinen Mandanten zu begleiten, wird sehr viel Zeit in die Schadensregulierung investieren müssen. Auch wird er sich mit den emotionalen Unfallfolgen seines Mandanten beschäftigen müssen. An dieser Stelle ist dann neben exzellentem juristischem Handwerkszeug die Fähigkeit zur Empathie Voraussetzung für die Schadensregulierung. **27**

Wegen dieser hohen Verantwortung, dem erheblichen Zeitaufwand und dem erhöhten Haftungsrisiko ist die Einbindung des Rechtsanwalts in das Schadensmanagement gebührenrechtlich von gesonderter Bedeutung. Nach einhelliger Auffassung ist das Reha-Management eine **„andere Angelegenheit" im Sinne von § 15 RVG** (*Hugemann*, Personenschaden-Management, S. 145; *Buschbell*, a.a.O., § 26 Rn 323). Empfohlen wird in diesem Zusammenhang der Abschluss einer Vergütungsvereinbarung des Rechtsanwalts mit dem Haftpflichtversicherer in Höhe von 3,5 Gebühren nach dem Wert der Aufwendungen des Haftpflichtversicherers für das Schadensmanagement (so *Hillmann/Schneider*, a.a.O., § 9 Rn 583; *Hugemann*, a.a.O., S. 150 ff.). **28**

Praxistipp
Mitunter erscheint dem Haftpflichtversicherer der Ansatz einer 3,5 Gebühr nach dem Wert der Aufwendungen des Haftpflichtversicherers im Schadensmanagement für zu hoch und er stellt im selben Atemzug das Reha-Management zur Disposition. An dieser Stelle sollte der Anwalt dem Versicherer klar machen, dass auch der Versicherer ein Interesse am Tätigwerden des Anwalts im Schadens-

management hat, weil dessen Qualifikation und Kooperationsbereitschaft den Ablauf des Reha-Managements fördern, statt ihn unnötig zu behindern. Dem Versicherer sollte aufgezeigt werden, dass nur das Schadensmanagement zu einer schnelleren und erfolgversprechenderen Rückkehr des Geschädigten in das Erwerbsleben und damit eine deutliche Reduzierung des Erwerbsschadens zur Folge haben wird. Auch hinsichtlich der medizinischen Rehabilitation gilt, dass diese zu einer erheblichen Kostenreduzierung durch Optimierung der Pflege und Versorgung des Mandanten mit technischen Hilfsmitteln führt. Hierfür ist unbedingt der Sachverstand des Schadensmanagers erforderlich. Schließlich soll dem Versicherer in einer solchen Situation entgegengehalten werden können, dass nur eine frühzeitige professionelle Intervention die Ausweitung des ohnehin schon eingetretenen Schadens verhindert. Der Anwalt sollte sich als Bindeglied zwischen Mandant und Schadensmanager darstellen, der erheblichen Einfluss auf die win-win-Situation des Schadensmanagements hat.

Praxistipp
In der Praxis hat es sich bei der Abfindung des Personenschadens als eine tragfähige Lösung zur Abrechnung erwiesen, wenn mit dem Haftpflichtversicherer eine Erhöhung des Erledigungswertes um ein oder zwei Gebührensprünge vereinbart wird.

Der Rechtsanwalt sollte sich bei der Einbindung in das Schadensmanagement bewusst sein, dass er eine verantwortungsvolle und haftungsträchtige Aufgabe übernimmt, die niemand von ihm zum Nulltarif verlangen kann.

§ 6 Bezifferung der Ansprüche und Kapitalisierung

Literatur: *Gräfenstein/Deller*, Kapitalisierung von Renten – Zinsfuß, Dynamisierung, Kapitalertragsteuer, zfs 2014, 69 ff.; *Himmelreich/Halm*, Handbuch des Fachanwalts für Verkehrsrecht, 5. Aufl. 2014; *Jahnke*, Abfindung von Personenschadenansprüchen, 2. Auflage 2008 (Tabellen mit Zinsfüßen von 4 % bis 8 %); *Küppersbusch*, Ersatzansprüche bei Personenschäden, 11. Auflage 2013; *Nehls*, Kapitalisierung und Verrentung von Schadensersatzforderungen, zfs 2004, 193 ff.; *Nehls*, Der Abfindungsvergleich beim Personenschaden, SVR 2005, 161 ff.; *Nehls/Nehls*, Kapitalisierungstabellen, 2. Auflage 2001 (Tabellen mit Zinsfüßen von minus 5 % bis plus 10 %); *Pardey*, Berechnung von Personenschäden, 4. Auflage 2010; *Schneider*, Nochmals: Kapitalisierung und Verrentung von Schadensersatzforderungen, zfs 2004, 541 ff.; *Schah Sedi/Schah Sedi*, Abfindung oder Rente beim Personenschaden? – aus Anwaltssicht, zfs 2008, 183 ff.; *Schwintowski*, Schutzfunktion und wichtiger Grund in § 843 Abs. 3 BGB, VersR 2010, 149 ff.

A. Einleitung

I. Kapitalisierungsbegriff

Die **Kapitalisierung** von Ansprüchen ist sicherlich eines der schwierigsten Themen im Bereich des Personenschadensrechts. Es soll daher versucht werden, mit einfachen Worten das Kapitel besser zu verstehen. Gerade innerhalb dieses Themenkomplexes ist in der Anwaltschaft Vieles unbekannt. Wenn Fachleute sich über dieses Thema unterhalten, fallen die Begriffe „Kapitalzinssatz", „Barwert", „wichtiger Grund" im Sinne von § 843 Abs. 3 BGB, „Rentendynamik", „Laufzeiten von Schadensersatzrenten" oder der Begriff „Abgeltungssteuer". **1**

Es sollen die Begriffe erläutert werden, so dass nach Durcharbeit dieses Kapitels ein bisschen Licht auf diese Thematik scheint. **2**

Praxistipp
Gerade Anwälte haben hier erheblichen Nachholbedarf, da sie dieses Feld viel zu oft dem Versicherer überlassen. Der Versicherer ist hochprofessionell geschult, so dass der Außenschadensregulierer, der einen Personengroßschaden mit dem Anwalt bespricht, der die Interessen der Geschädigten vertritt, oftmals leichtes Spiel hat.

Praxistipp
Generell kann gesagt werden, dass nur dann, wenn der Anwalt auf gleicher Augenhöhe mit dem professionell geschulten Sachbearbeiter des Versicherers steht, er eine Chance hat, durch Sachargumente und fundierte Rechtsprechungskenntnisse höhere Zahlungen für seinen Mandanten zu erreichen. Versicherer sind überwiegend als Aktiengesellschaft organisiert und ausschließlich auf Gewinnmaximierung ausgerichtet. Kein Versicherer wird daher aus ethisch moralischen oder ande-

ren Gründen Zahlungen für den Geschädigten erbringen. Er wird nur dann leisten, wenn er merkt, dass der gegnerische Anwalt über ebenso gute Sachkenntnisse verfügt, so dass ein Prozess möglicherweise mit höheren Kosten verbunden ist und von daher ein außergerichtlicher Vergleich sinnvoller erscheint. Dies ist die Chance für den Anwalt, der Geschädigte vertritt. Auf diese Weise kann er durch eine professionelle Arbeitsweise für seinen Mandanten erhebliche Mehrzahlungen erreichen, als wenn er sich nicht mit dieser Materie befasst.

3 Wie bereits erwähnt, kann der Geschädigte mehrere Ansprüche haben. So zum Beispiel einen Haushaltsführungsschaden, der monatlich zu einer Zahlung berechtigt. Darüber hinaus kann er aber auch einen monatlichen Zahlungsanspruch haben, weil er einen Erwerbsschaden hat oder aber es ist ein monatlicher Betrag zu zahlen, weil er unter dem Stichwort der vermehrten Bedürfnisse einen Zahlungsanspruch hat. Nachdem die monatlichen Beträge der jeweiligen einzelnen Schadenspositionen (vermehrte Bedürfnisse, Erwerbsschaden, Haushaltsführungsschaden etc.) errechnet wurden, kann der Geschädigte nunmehr jeweils den Versicherer auffordern, gem. §§ 843 Abs. 2, 670 BGB quartalsmäßig vorschüssig zu leisten.

4 Der Geschädigte kann aber auch an seinen Anwalt herantreten und diesen fragen, ob es möglich ist, eine **Kapitalabfindung** vom Versicherer zu bekommen. Man spricht dann von der Kapitalisierung einer Schadensersatzrente. **Kapitalisierung** bedeutet also zunächst, dass die monatlichen oder vierteljährlich zu zahlenden Schadensersatzrenten (zum Beispiel Haushaltsführungsschaden, Erwerbsschaden, vermehrte Bedürfnisse) nunmehr nicht mehr monatlich oder vierteljährlich gezahlt werden, sondern durch eine Einmalzahlung komplett für die Zukunft abgefunden werden. Der Geschädigte soll dann einen Kapitalbetrag erhalten, der während der voraussichtlichen Laufzeit der Rente zusammen mit dem Zinsertrag dieses Kapitals ausreicht, die an sich geschuldeten monatlichen Renten zu zahlen. Anders ausgedrückt heißt dies, von diesem Kapitalbetrag darf am Ende der Laufzeit nichts mehr übrig sein, so als ob der Geschädigte jeden Monat seinen Schadensersatzbetrag vom Versicherer erhalten hätte.

II. Zinsertrag

5 Über den **Zinsertrag** herrscht zwischen den Versicherern und den Geschädigten Streit, denn der Versicherer verlangt von dem Geschädigten, dass dieser die Kapitalabfindung, die er bereits jetzt erhält, obwohl seine monatlichen Leistungen erst in Zukunft fällig werden würden, anlegt. Der Versicherer argumentiert aus dem Gesichtspunkt der Schadenminderungspflicht des § 254 Abs. 2 BGB, dass der Geschädigte diese Kapitalabfindung mit einem hohen Zinssatz anlegen muss. Versicherer argumentieren natürlich, dass der Geschädigte mit einem Zinssatz von 5 % oder 5,5 % rechnen muss, da unterm Strich dann natürlich für den Versicherer eine geringere Zahlung zu leisten ist. Geschädigtenvertreter argumentieren, dass ein Zinssatz von 5 % oder 5,5 % unrealistisch ist und vertreten den Standpunkt, dass tatsächlich ein Zinssatz von 2,0 % bis 2,5 % angemessen ist.

Hinsichtlich des Zinssatzes herrscht seit Jahren Streit zwischen den Geschädigten-   **6** vertretern und den Vertretern der Versicherer. Die Hauptvertreter der Geschädigtenseite für einen Zinssatz von 2,0 % sind *Nehls*, *Hillmann/Schneider* und *Schah Sedi*. Diesbezüglich existieren mehrere Publikationen. Auf der Gegenseite stehen die Interessenvertreter der Versicherer wie *Jahnke* und *Küppersbusch*.

Neben dem Streit über den Zinssatz geht es auch noch um andere Aspekte: **7**

■ **Steuern**: Auf die Zinsen sind Steuern zu zahlen (25 %),

■ **Verwaltungskosten des Kapitals**: Wenn eine Kapitalsumme heute angelegt werden soll, verlangen die Banken oder Fondsmanager hierfür Verwaltungskosten.

■ **Rentendynamik und Inflation**: Es nützt dem Geschädigten nichts, wenn er sich von der zum Stichtag X ausgezahlten Summe in 15 Jahren vielleicht viel weniger kaufen kann, weil die **Lebenshaltungskosten** gestiegen sind oder ein Vergleichsarbeiter, der keinen Unfall hatte und nach wie vor arbeiten kann, schon 3 Lohnerhöhungen erhalten hat und somit deutlich mehr Geld zur Verfügung hat als derjenige, der seinen Erwerbsschaden abgefunden bekommen hat.

B.   § 843 Abs. 3 BGB (der wichtige Grund)

Zunächst empfiehlt es sich, den Gesetzeswortlaut des § 843 Abs. 3 BGB zu lesen.   **8** Viele Anwälte wissen nicht, ab wann der Geschädigte überhaupt einen einklagbaren Anspruch auf Kapitalabfindung hat, d.h. wann der Geschädigte unabhängige Gerichte entscheiden lassen darf, ob er eine Kapitalabfindung bekommt. Denn wenn zwischen dem Versicherer und dem Geschädigten zum Beispiel wegen des Zinssatzes Streit herrscht, weil 2 % oder 3 % Zinsen bei einer langen Laufzeit schon einmal 100.000 EUR oder 150.000 EUR Differenz ausmachen, wird der Mandant den Anwalt fragen, wenn er sich mit dem Versicherer nicht einigen kann, ob er dann einen „einklagbaren Anspruch" hat, so dass ein ordentliches Zivilgericht diese Frage klären kann.

§ 843 Abs. 3 lautet: **„Statt der Rente kann der Verletzte eine Abfindung in Ka-**   **9** **pital verlangen, wenn ein wichtiger Grund vorliegt."** Dies bedeutet mit anderen Worten, dass der Geschädigte immer nur dann einen einklagbaren Anspruch nach § 843 Abs. 3 BGB auf Kapitalabfindung und nicht auf Zahlung einer Rente hat, wenn ein „wichtiger Grund" vorliegt.

Seitens der Versicherer wird in Regulierungsgesprächen vertreten, das Problem des ·   **10** wichtigen Grundes stelle sich gar nicht, da die Versicherer sowieso immer ein Interesse an einer Kapitalabfindung haben und fast nie eine Rente der einzelnen Schadenspositionen möchten. Diese Aussage ist als solche richtig, aber leider auch nur die halbe Wahrheit. Es ist zwar richtig, dass Versicherer die Sache durch eine Kapitalabfindung abschließen wollen, da dann keinerlei weitere Verwaltungskosten und Personalkosten entstehen, wenn sie die Akte schließen und ins Archiv legen können. Der Versicherer kann jedoch, worauf noch näher einzugehen sein wird, die Spielregeln für eine Kapitalabfindung diktieren, denn wenn zum Beispiel Streit wegen der Höhe des Zinssatzes herrscht, kann der Geschädigte gerade nicht die Verhandlungen abbrechen mit dem Hinweis auf eine „**Abfindungsklage**"! Dies kann der Geschädigte gerade wegen § 843 Abs. 3 BGB nicht, da in der Regel kein wichtiger Grund vorliegt. Die Verfasser haben in einem ihrer Aufsätze (zfs 2008, 183 ff.) dieses Problem erläutert und unter dem Stichwort des „take it or leave it"-Gedanken zusammengefasst. Dies bedeutet, dass der Geschädigte nur den Zinssatz nehmen kann, den ihm der Versicherer anbietet. Anderenfalls hat er kein Recht auf Kapitalabfindung, es sei denn, es liegt (ausnahmsweise) ein wichtiger Grund vor.

11　In der gesamten Rechtsprechung der letzten Jahrzehnte existiert gerade einmal eine handvoll Entscheidungen, in denen die Gerichte entschieden haben, dass ein wichtiger Grund vorliegt mit der Folge, dass der Geschädigte einen einklagbaren **Anspruch auf Kapitalabfindung** hat. Die wichtigste Entscheidung des BGH datiert vom 8.1.1981 (Az. XI ZR 128/79, BGHZ 79, 187; zfs 1981, 105). Ferner ist auf die Entscheidungen des OLG Koblenz vom 7.7.1997 (OLGR 1997, 332), des OLG Stuttgart (VersR 1998, 366) sowie des LG Stuttgart (DAR 2007, 467) hinzuweisen.

I.　Zahlungsschwierigkeiten des Ersatzpflichtigen

12　In der Rechtsprechung ist es zum Beispiel als wichtiger Grund angenommen worden, wenn es zu **Zahlungsschwierigkeiten des Ersatzpflichtigen** kommen kann. Da jedoch in der Mehrzahl der Fälle hinter dem Schädiger eine Haftpflichtversicherung steht und kein großes Versicherungsunternehmen zahlungsunfähig wird, hat der Geschädigte fast nie einen „wichtigen Grund" im Sinne von § 843 Abs. 3 BGB. Lediglich in den Fällen, in denen die Deckungssumme überschritten sein kann, d.h. oftmals bei Altfällen, könnte man annehmen, dass hier „Zahlungsschwierigkeiten" des Schädigers und mithin seines Haftpflichtversicherers im Rahmen des gesetzlichen Schuldbeitritts gegeben wären, so dass dann auch ein wichtiger Grund in Betracht käme. In der Rechtsprechung sind aktuell diesbezüglich Klagen anhängig. Es bleibt abzuwarten, wie die Gerichte hierüber entscheiden werden.

II.　LG Stuttgart

13　In der Entscheidung des LG Stuttgart (DAR 2007, 467) ging es darum, dass der Kläger stark geräuschempfindlich war. Aus diesem Grund vertrat das Gericht die Meinung, dass der Kläger ein Wohnumfeld benötigt, in dem er möglichst wenigen Stressfaktoren ausgesetzt sei. Zur Verwirklichung dieses Umzugs bedarf es einer Kapitalabfindung, so dass die monatlich zu zahlende Rente hierfür nicht gereicht hätte. Das Gericht nahm aus diesen persönlichen Gründen einen wichtigen Grund in der Person des Klägers an. Wörtlich heißt es in der Entscheidung des LG Stuttgart: „Der Kläger ist stark geräuschempfindlich [...]. Daraus folgt, dass der Kläger ein *Wohnumfeld* benötigt, das möglichst wenig Stressfaktoren setzt. Die Ehefrau hat [...] plausibel geschildert, dass die derzeitige Wohnsituation für den Kläger und seine Ehefrau nicht befriedigend ist, da der Kläger aufgrund seines Ruhebedürfnisses und seines distanzsuchenden Verhaltens in der Nachbarschaft aneckt. Hieraus können sich Konflikte ergeben, die den Kläger zusätzlich belasten. Dem labilen Wesen des Klägers entspricht mehr ein *Wohnumfeld*, das dem Kläger ausreichend *Rückzugsmöglichkeiten* gibt und bei dem der Kläger in seinem Verhalten nicht auf die Nachbarschaft Rücksicht zu nehmen hat. Die Ehefrau des Klägers hat einen dahingehenden gemeinsamen Wohnwunsch geäußert und das Vorhaben erläutert, in ein Haus in einer weniger dicht besiedelten Gegend umzuziehen. Zur Verwirklichung dieses Umzugs besteht ein hoher Kapitalbedarf. Bei monatlichen Rentenzahlungen wäre der Handlungsspielraum des Klägers demgegenüber erheblich eingeschränkt. Er müsste dann weiterhin mit möglichen Konflikten rechnen, denen er bei einer Kapitalabfindung und einer für ihn günstigeren Wohnsituation aus dem Weg gehen kann." Hinzu kam bei dieser Entscheidung, dass der Versicherer auf Zeit spielte und die Regulierungsverhandlungen sich schon länger als 20 Jahre hinzogen. Es wurde ein Sachverständiger angehört, der sich dazu äußerte, dass ein noch längeres Verhandeln und ein Nichtbeenden dieses Falles durch eine Kapitalabfindung für den Kläger sehr zermürbend wäre und von daher die Kapitalabfindung der bessere Weg sei.

Praxistipp
Die Entscheidung des LG Stuttgart zeigt, dass Anwälte hinsichtlich des wichtigen Grundes viel mutiger sein sollten und durchaus einmal ihre einzelnen Fälle danach überprüfen sollten, ob für den konkret zu entscheidenden Fall ein wichtiger Grund vorliegt.

III. Günstigerformel

In diesem Zusammenhang ist auf den lesenswerten Aufsatz von *Schwintowski*   **14**
(VersR 2010, 149 ff.) hinzuweisen, der sogar die Ansicht vertritt, dass es keiner Änderung des Gesetzeswortlautes bedarf, sondern dass es ausschließlich aus Sicht des Geschädigten zu beurteilen sei, ob ein wichtiger Grund vorliegt. Nach der sogenannten **Günstigerformel** hat der Geschädigte immer dann ein Recht auf Kapitalabfindung, wenn diese für ihn günstig ist. *Schwintowski* führt hier Argumente an, wonach es für den Geschädigten günstig ist, dass eine Abfindung sich seelisch und psychisch auf den Geschädigten positiv auswirkt. Beispiele sind:

- Wenn er durch die Abfindung die Möglichkeit hat, ihm nahestehende Personen räumlich in einem Haus einzubinden.

- Wenn er sich durch die Kapitalabfindung selbstständig machen kann und dadurch seinem Wunsch auf berufliche Umgestaltung gerecht werden kann.

■ Wenn ein Umzug in ein Haus in einem naturbelassenen Stadtteil, welches barrierefrei ist, sich auf das seelische Gleichgewicht des Geschädigten günstig auswirkt.

Schwintowski leitet die Argumente aus dem historischen Hintergrund von § 843 Abs. 3 BGB ab und kommt dogmatisch richtig zu dem Ergebnis, dass es keiner Gesetzesänderung bedarf, sondern bei sauberer Analyse und Berücksichtigung der Motive zum BGB der Geschädigte ein **Wahlrecht** hat zu entscheiden, ob ein wichtiger Grund vorliegt oder nicht.

Praxistipp
Insofern kann auch dieser Aufsatz wiederum als Denkanregung verstanden werden, hinsichtlich des wichtigen Grundes mutiger vorzugehen. Ob die Gerichte der Auffassung von *Schwintowski* folgen, dass es keiner Gesetzesänderung des § 843 Abs. 3 BGB bedarf, sondern dass der jetzige Wortlaut ein solches Wahlrecht zulasse, bleibt abzuwarten. Die Verfasser könnten sich vorstellen, dass der BGH, wenn er die Chance hätte, einmal eine Grundsatzentscheidung bezüglich des wichtigen Grundes zu treffen, durchaus die plausiblen Argumente von *Schwintowski* heranzieht. Allerdings könnte es auch so sein, dass der BGH sich, wie in anderen Rechtsgebieten, nicht generell positioniert, sondern nur über den wichtigen Grund im Einzelfall entscheidet, denn bekanntlich springt der BGH nie höher als er muss.

15   Die Mehrzahl der Gerichte hat jedoch die Fälle des wichtigen Grundes bisher überwiegend abgewiesen, da argumentiert wird, dass ein wichtiger Grund immer nur dann vorliegt, wenn sich nicht bereits jede Kapitalabfindung auf das Verhalten des Geschädigten günstig auswirkt, sondern erst wenn ein bestimmtes Gewicht gegeben ist, es sich nahezu aufdrängt, dass vorliegend eine Kapitalabfindung für die seelische, psychische und körperliche Entwicklung des Geschädigten günstig ist.

IV.   Wahlrecht zwischen Rente und Kapitalabfindung

16   Verschiedene Geschädigtenvertreter, allen voran *Nehls*, haben in den letzten Jahrzehnten die Auffassung vertreten, dass der Gesetzgeber aktiv werden müsse und § 843 Abs. 3 BGB dahingehend ändern solle, dass in das Gesetz ein **Wahlrecht** hineingeschrieben wird, wonach eine Rentenzahlung oder eine Kapitalabfindung möglich ist. Diesbezüglich gab es auch schon mehrere Ansätze im Rahmen der Verkehrsgerichtstage, zuletzt auf dem 43. VGT in Goslar. Dort stand diese Problematik erneut auf der Tagesordnung. Es konnten jedoch einige Versicherer wieder verhindern, dass das Gesetz geändert wurde. Der Grund liegt auf der Hand, da Versicherer durch eine Nichtänderung des aktuellen § 843 Abs. 3 BGB Milliarden Euro sparen, denn bei gerichtlichen Entscheidungen würden naturgemäß ganz andere Zinssätze als Rechnungsgrundlage herangezogen werden. In einer gerichtlichen Entscheidung könnten auch Einschätzungen von **Finanzexperten** eingeholt werden, die durch Gutachten in Bezug auf **Anlagestrategien**, prognostizierte **Realrenten** und Beobachtungszeiträume erhellen könnten, ob ein Zinssatz von 5 % in der jeweils

aktuellen Marktlage Jahr für Jahr angemessen ist oder nicht. In diesem Zusammenhang ist darauf hinzuweisen, dass die einzige Entscheidung des höchsten deutschen Gerichts in Zivilsachen **30 Jahre** alt ist. Berücksichtigt man diesen langen Zeitraum, werden einem die Dimensionen dieser Problematik erst einmal bewusst, denn jährlich ereignen sich 400.000 Verkehrsunfälle in Deutschland mit Personenschäden und statistisch gesehen werden 95 % der Unfälle außergerichtlich verglichen. Hätte man jedes Jahr eine höchstrichterliche Rechtsprechung mit einem aktuellen Zinssatz, auf den man verweisen könnte, in dem die aktuelle Inflationsrate, die Rentendynamik, die Wirtschaftslage und andere Kriterien eine Rolle spielen würden, so hätten die Geschädigten auf deutlich höhere Leistungen einen Rechtsanspruch. Aus diesem Grund haben die Verfasser auch in mehreren Publikationen die Auffassung vertreten, dass Deutschland hinsichtlich des Zinssatzes ein Entwicklungsland ist.

Versicherer und teilweise auch der BGH argumentieren immer mit dem Solidar-   **17**
gedanken in der Versichertengemeinschaft, dass angeblich die Geschädigten bei einem Wahlrecht auf Kapitalabfindung diese Beträge durch Luxusanschaffungen schnell aufbrauchen würden und dann der Allgemeinheit „auf der Tasche liegen" würden und dann die „Versichertengemeinschaft" dafür haftet. Jeder, der professionell Personengroßschäden bearbeitet, weiß, dass dies für die Mehrheit der Geschädigten nicht zutrifft. Die Mehrzahl der Geschädigten möchte vielmehr endlich finanziell einen Schlussstrich unter die Angelegenheit ziehen und die Kapitalabfindung sinnvoll und konservativ anlegen. Bei ganz vielen der Schwerstgeschädigten tritt ein Zermürbungseffekt ein, da die Regulierungen sich 20 und 30 Jahre hinziehen können und sie sich permanent erneut mit den Versicherern streiten müssen, welcher Betrag nun angemessen ist oder nicht oder ob diese oder jene Schadensposition zum Beispiel aus dem Bereich der vermehrten Bedürfnisse in den Heil- und Hilfsmittelkatalog fällt oder ob die ärztliche Notwendigkeit gegeben ist. Aus Gesprächen mit Fachärzten ist bekannt, dass gerade solche Menschen, für die sich das gesamte Leben nach einem schweren Verkehrsunfall ändert, durch eine solche Regulierungspraxis seelisch zerbrechen und mitunter sogar suizidgefährdet sind. Würde man dem Geschädigten daher ein Wahlrecht zubilligen, so dass er es in der Hand hat, ob er eine Rentenzahlung oder eine Kapitalabfindung vom Versicherer verlangt, so könnte man erhebliches Leid vermeiden. Aus zahlreichen Gesprächen ist den Verfassern bekannt, dass gerade Schwerstgeschädigte oftmals nicht über eigenes Kapital verfügen, um zum Beispiel durch Selbstständigkeit einen Neuanfang zu beginnen. Gerade durch die restriktive Geldpolitik der Banken aufgrund von **Basel II** und anderen Steuerungsmechanismen ist es Privatleuten fast nicht mehr möglich, **Darlehen zur Existenzgründung** aufzunehmen. Würde man diesen Geschädigten dagegen eine Kapitalabfindung zur Verfügung stellen, könnten sie einen Teilbetrag hiervon für eine Selbstständigkeit verwenden. Dies würde sich für die Geschädigten aus psychologischer Sicht als Vorteil erweisen, da es für ihr Selbstbewusstsein und ihre weitere Lebensplanung extrem vorteilhaft wäre, wenn sie ihr

gehandicaptes Leben nunmehr selber wieder in die Hand nehmen könnten und nicht ausschließlich auf Fremdhilfe angewiesen wären. Dieser Gesichtspunkt wird bei dem wichtigen Grund viel zu wenig berücksichtigt

C. Zinssatz

18 Wie bereits mehrfach erwähnt, ist die Festlegung des Zinssatzes im Rahmen der Kapitalabfindung das A und O. Da der Geschädigte durch die Kapitalabfindung die monatlichen Rentenzahlungen bereits vor Fälligkeit erhält, muss er das Geld verzinslich anlegen. Der vor der Fälligkeit zur Auszahlung kommende Betrag ist um die Höhe der erzielbaren Zinsen zu reduzieren.

19 *Praxistipp*
Völlig falsch wäre, wenn der Anwalt in einem Regulierungsgespräch einen hohen Zinssatz für seinen geschädigten Mandanten verlangen würde, da nach dem Grundsatz „je niedriger der Zinsfuß, desto höher der Barwert" der Anwalt für den Geschädigten natürlich mit einem Zinssatz kapitalisieren muss, der so niedrig wie möglich ist. Der Grund liegt darin, dass der vor Fälligkeit zur Auszahlung kommende Betrag gerade um die Höhe der erzielbaren Zinsen **reduziert wird**. Von daher versuchen Versicherer, den Zinssatz so hoch wie möglich anzusetzen und Geschädigtenvertreter so niedrig wie möglich.

Es gilt deshalb: Je niedriger der Zinsfuß, desto höher der Barwert.

20 Es lässt sich daher festhalten, dass Anwälte bei der Regulierung die Höhe des Zinssatzes am meisten beachten müssen. Es kann notfalls bei den einzelnen Schadenspositionen in Absprache mit den Mandanten nachgegeben werden. Beim Zinssatz sollte jedoch versucht werden, diesen so niedrig wie möglich festzusetzen, da das für den Mandanten die finanziell größte Auswirkung hat.

21 *Freyberger* hat in seinem Seminar „Der Abfindungsvergleich bei Personenschäden" auf das **„Jesus"-Beispiel** hingewiesen. Dieses besagt: „Jesus bekommt zur Geburt von seinem Vater einen Cent geschenkt. Diesen bringt er auf die Bank, die ihm verspricht, jedes Jahr 4 % Zinsen gutzuschreiben. Wie hoch ist das Kapital nach 2000 Jahren? Das Ergebnis lautet: $1,04^{2000}$. Man müsste die Erde für diesen Betrag zweimal in Gold aufwiegen." Dieses Beispiel zeigt, warum die Zinsen so von Bedeutung sind. Genau aus diesem Grunde versuchen Versicherer auch, in den Regulierungsgesprächen so zu tun, als ob die 5 % Zinsen in Stein gemeißelt sind und hieran nicht zu rütteln ist.

Praxistipp
Da die Außenregulierer der Versicherer mit dem Grundsatz zum Regulierungsgespräch anreisen, dass über alles geredet werden könne, aber nicht über den Zinssatz und dass dieser bei mindestens 5 % feststehe, muss der Anwalt in dem Regulierungsgespräch taktisch vorgehen. Es existieren heute Rechenprogramme (z.B. als Online-Version bei Erwerb des Buches von *Pardey*, Berechnung von Personen-

schäden, 4. Auflage), in denen jeweils bei den einzelnen Schadenspositionen individuell die verschiedenen Zinssätze, also entweder 2 %, 3 %, 4 % oder 5 % durchgerechnet werden können. Je nach Laufzeit ergibt sich daher ein Differenzbetrag von Summe X. Möglicherweise kann dieser auf eine andere Schadensposition addiert werden. Konkret wird dann das Kind nur anders benannt. Der Versicherer verliert auf diese Art und Weise jedoch nicht sein Gesicht und kann argumentieren, dass er höchstens mit 4,5 % oder 5 % kapitalisiert habe. Wenn der Anwalt seinen Mandanten über diese Vorgehensweise detailliert aufklärt und der Mandant diese akzeptiert, wäre ein solcher Vergleich zulässig.

Praxistipp
Sollte der Außenregulierer partout nicht kompromissbereit sein und bei 5 % oder 5,5 % ausharren und auch sonst nicht vergleichsbereit sein, hilft in der Praxis oftmals der Hinweis, dass dann eben in Absprache mit dem Mandanten die Akte „offen" bleibt und es zu keiner Kapitalabfindung kommt. Dann muss der Versicherer notfalls quartalsmäßig vorschüssig leisten. Es sind entsprechend jeden Monat Belege hinsichtlich sämtlicher Positionen an den Versicherer zu schicken, so dass der Versicherer einen erhöhten Verwaltungsaufwand hat und möglicherweise nach einer Zeit einlenkt, von seinem Standpunkt abrückt und hierdurch dem Geschädigten entgegenkommt. Versicherer unterliegen einer strengen Controlling-Abteilung, wo exakt errechnet wird, was es kostet, wenn die Akte nicht geschlossen wird, sondern stattdessen jeden Monat von den Sachbearbeitern erneut bearbeitet werden muss. Es kann daher nochmals nur der Tipp gegeben werden, dass eine Abfindung um jeden Preis auf gar keinen Fall angestrebt werden sollte, sondern immer nur dann, wenn die Zahlen stimmen.

I. Höhe des Zinssatzes

Bei der Festlegung des Zinssatzes verlangen die Versicherer von den Geschädigten, dass der Geschädigte auf dem Kapitalmarkt einen Zinssatz von 5 % garantiert erzielen wird. Jeder, der sich mit dem Kapitalmarkt aktuell und auch in den letzten Jahren beschäftigt hat, weiß, dass ein solcher Zins bei Anlegung eines Kapitalbetrages nicht zu erzielen ist. Wenn also heute ein Geschädigter mit einer Kapitalabfindung von ca. 500.000 EUR zu einer Bank geht und diese bittet, ihm 5 % oder 6 % Zinsen zu geben, würde dieser von keiner Bank Hilfe bekommen. Für ein Sparbuch liegt der Mittelwert bei 1,5 %, für Festgeld bei 2 %, für die Umlaufrendite öffentlicher Wertpapiere bei 3 %, für langfristige Anlagen bei 3,5 % bis 4 %. Spekulative Anlagen verbieten sich, da die Kapitalabfindung für den Geschädigten die einzige Geldquelle in seinem Leben darstellt und mit diesen Geldern nicht spekulativ umgegangen werden darf. Das Merkwürdige an der Sache ist, dass selbst dann, wenn der Geschädigte das Geld dem **Versicherer** anbietet und fragt, ob dieser über eine Kapitallebensversicherung verfügt und wie hoch denn der Garantiezins ist, er als Antwort bekommt, der Garantiezins liege bei 2,25 %. Der Geschädigte als Laie bei

22

257

Geldanlagemöglichkeiten soll demgegenüber fiktiv 5 % auf dem Kapitalmarkt erzielen. Der Versicherer, der in Geldanlagemöglichkeiten dagegen absoluter Profi ist, bietet lediglich einen Garantiezins von 2,25 %. Allein dieser Vergleich zeigt schon, warum sich Versicherer so stark dagegen wehren, dass Gerichte sich zu dem Zinssatz positionieren. Denn wenn jedes Jahr ein Gericht unter Heranziehung von Sachverständigen aussagefähige Werte zu dem aktuellen Zinssatz ausurteilen würde, würde man feststellen, dass ein Zinssatz von höchstens 2,0 %, wenn nicht sogar darunter, angemessen wäre.

23 In diesem Zusammenhang ist nochmals auf die Entscheidung des LG Stuttgart hinzuweisen, in der festgehalten wurde, dass das Gericht dem in der Literatur als üblich bezeichneten 5 %igen Zinsfuß **ausdrücklich** nicht folgt. Das LG Stuttgart führt an: „Die Umlaufrendite ist damit ein Maß für das Zinsniveau am Rentenmarkt (Quelle: *www.boerse.ard.de*). [...] Im Jahr 2004 bewegte sich die Umlaufrendite im Bereich von 3,6 %, im Dezember sogar nur zwischen 3,25 und 3,50 %. Das Zinsniveau **festverzinslicher Wertpapiere** hat sich damit seit 1991 etwa halbiert." Ferner führt das Gericht aus, dass die Erträge nach § 43 Abs. 1 Nr. 7 EStG um die damals geltende Kapitalertragssteuer zu kürzen sind (jetzt aktuell 25 %). Das Gericht führt daher aus: „Es verbleibt dem Anleger dann eine **effektive Rendite** von noch **3,75 %**." Wobei hierbei die **Verwaltungskosten des Kapitals** und die **Dynamisierung** wegen Preissteigerungen und die Dynamisierung wegen Gehaltserhöhungen noch nicht berücksichtigt sind. Zieht man diese auch noch ab, so ist der von den Verfassern vertretene Zinssatz von 2,0 % daher angemessen.

24 In der Grundsatzentscheidung des BGH von 1981 hatte dieser aufgezeigt, dass es allein mit dem Zinssatz noch nicht getan ist. Berücksichtigt man die weiteren Faktoren, so ist ein Zinssatz von sogar unter 2 % möglich. Die einzelnen Faktoren sind:

■ Dynamisierung wegen Preissteigerungen,

■ Dynamisierung wegen Gehaltserhöhungen,

■ Steuern auf die Zinsen,

■ Verwaltungskosten des Kapitals.

1. Dynamisierung wegen Preissteigerungen

25 Wie bereits erwähnt, muss diese Einmalkapitalabfindung zuzüglich des sich erzielbaren Zinsertrages für den Geschädigten ausreichen, dass er sich jeden Monat seinen Betrag entnimmt und am Ende der errechneten Laufzeit das Kapital vollständig aufgezehrt ist. Man muss also bei dem Zinssatz die **Dynamisierung wegen Preissteigerungen** berücksichtigen, da die Preise jedes Jahr steigen werden. Seit dem Zweiten Weltkrieg sind bis heute die Preise gestiegen und werden auch in Zukunft weiter steigen. Alle anderen Prognosen sind unrealistisch.

2. Dynamisierung wegen Gehaltserhöhungen

Auch die Gehälter sind in den letzten Jahren gestiegen. Anhand der Unterlagen der **26** Arbeits- und Sozialstatistik vom Bundesministerium ergibt sich, dass die Gehälter im Durchschnitt um 2 % gestiegen sind. Schaut man sich die Geschichte der Gewerkschaften und die entsprechenden Tarifabschlüsse an, so sind diesbezüglich ebenfalls Steigerungen in den letzten Jahren vorgenommen worden. Es gibt hierzu Statistiken und Auftragsarbeiten der Bundesregierung, die davon ausgehen, dass Lohnsteigerungen nominal von bis zu 3 % bis zum Jahre 2050 realistisch sind. Ferner kann festgestellt werden, dass in dem Moment, in dem die Wirtschaft sich positiv entwickelt, automatisch die Rufe der Gewerkschaften nach Lohn- und Gehaltserhöhungen kommen werden. Also dürfen diese Gedanken nicht ignoriert werden. Von daher ist es nicht abwegig, 1 % bis 2 % von dem Zinssatz abzuziehen, so dass selbst von dem 5 %igen Zinssatz des Versicherers nur noch 4 % oder 3 % übrig bleiben. In der Grundsatzentscheidung des BGH von 1981 hatte dieser ausdrücklich darauf hingewiesen, dass es zu den Aufgaben des Tatrichters gehört, bei der Schätzung im Rahmen des § 287 ZPO alle maßgebenden Umstände in Betracht zu ziehen, wobei hierzu auch diese Kriterien wie Löhne und Gehälter zählen.

3. Abgeltungssteuer

Berücksichtigt man ferner, dass die Zinsen, die der Geschädigte aus der Anlage des **27** Geldes erhält, zu versteuern sind, d.h. der Staat verlangt 25 % **Abgeltungssteuer**, ist auch dies nochmals mit einem Abzug von ca. 1 % beim Kapitalisierungszins zu berücksichtigen.

4. Verwaltungskosten des Kapitals

Nach der Grundsatzentscheidung des BGH von 1981 sind auch die **Verwaltungs-** **28** **kosten des Kapitals zu** berücksichtigen, da kein Geldinstitut der Welt und auch kein Fondsmanager eine Vermögensverwaltung kostenlos vornehmen wird. Jeder, der Geld bei professionellen Anlegern anlegt, hat dies zu bezahlen. Dies sind die Verwaltungskosten des Kapitals. Realistisch liegen die Verwaltungskosten bei einem seriösen Unternehmen zwischen 1,5 % und 2 % des Vermögenswertes. In diesem Zusammenhang sei nochmals erwähnt, dass das Kapital nach Abzug dieser Kosten und nach Berücksichtigung der Gehalts- und Preissteigerungen am Ende dem Geschädigten bis zum Ende der Laufzeit jeweils monatlich seinen errechneten Betrag erbringen muss. Bei einer ordnungsgemäßen Berechnung des Zinsfußes ist daher zwingend notwendig, alle Parameter zu berücksichtigen. Die Verwaltungskosten des Kapitals können durchaus mit 1 % angesetzt werden bei dem Abzug des Zinsfußes, so dass am Ende nur noch ein Zinsfuß von 3 % übrig bleibt.

Im Ergebnis ist es daher durchaus realistisch, dass der Effektivzinssatz, d.h. der **29** Zinsfuß, der tatsächlich am Ende für die Kapitalisierungstabellen anzuwenden ist, bei lediglich 2 % anzusetzen ist. Wie im Einzelnen die Technik der Kapitalisierung erfolgt, wird auf den folgenden Seiten beschrieben. Bereits jetzt zeigt die Berücksichtigung des tatsächlichen Zinsfußes, warum Versicherer partout mit 5 % kapitalisieren wollen und nicht, wie eigentlich angemessen, mit 2 %.

30 Ein Blick ins benachbarte Ausland zeigt, dass die **Schweiz** viel weiter ist und hinsichtlich des Zinssatzes gerade kein Entwicklungsland ist. In der Schweiz ist höchstrichterlich seit Jahren 3,5 % als Zinssatz festgeschrieben. Dies wurde durch das Bundesgericht festgestellt. Es läuft sogar eine Diskussion, diesen Zinsfuß auf 2 % zu senken, da seriöse Finanzexperten zum Ergebnis gekommen sind, dass der tatsächliche Zinsfuß mit 2 % anzunehmen ist. Anderenfalls verliert der Geschädigte tatsächlich erhebliche Summen an Geld. Seit dem schweizerischen **Beretta-Entscheid** (BGE, 125 III, 312) ist der Zinsfuß von 3,5 %, ursprünglich als Nominalzins, zu einem Realzins geworden. In der Schweiz gibt es die Rechtsprechung zum wichtigen Grund, wie sie in Deutschland existiert, gerade nicht, so dass die Gerichte auch mit entsprechenden Beweisbeschlüssen den tatsächlichen Zinssatz ermitteln können.

Praxistipp
In zahlreichen Gesprächen haben die Verfasser den Außenregulierern und den Abteilungsleitern der Versicherer vorgeschlagen, dass es für den Fall, dass der Zinssatz von 5 %, wie seitens der Versicherer immer propagiert, tatsächlich angemessen ist, dann problemlos auch möglich wäre, einen solchen Zinssatz von einem höchstrichterlichen Gericht überprüfen zu lassen. Nach dem Motto: Wenn der Zinssatz tatsächlich bei 5 % liegen würde, könnte dieser doch auch problemlos überprüft werden und der Versicherer hätte nichts zu verlieren. Im Ergebnis ließ sich jedoch keiner der Versicherer darauf ein, dies tatsächlich durch ein ordentliches Gericht einmal überprüfen zu lassen, da jeder, der sich mit der Materie beschäftigt, weiß, dass die jetzige außergerichtliche Regulierungspraxis zulasten der Geschädigten geht.

Um dies noch einmal zu betonen, den Versicherern ist überhaupt kein Vorwurf zu machen, dass sie so eine Auffassung hinsichtlich des Zinssatzes vertreten. Bei den Aktiengesellschaften geht es ausschließlich um Gewinnmaximierung und es ist von daher sogar seitens der Versicherer eine **Pflicht**, solch eine Auffassung zu vertreten. Es sollten dann jedoch auch klar die Dinge angesprochen werden, da nur so Transparenz in die Angelegenheit kommen kann.

Praxistipp
Ferner ist wichtig, dass jede einzelne Schadensposition, die kapitalisiert werden soll, getrennt auch auf den jeweiligen Zinssatz und die unterschiedliche, materiellrechtliche Laufzeit untersucht werden muss. So ist zum Beispiel für den Bereich der vermehrten Bedürfnisse, wenn es um Leistungen der Pflege oder andere Positionen geht, in Zukunft mit deutlich höheren Preissteigerungen im Vergleich zur Inflation zu rechnen. Gerade im medizinischen Bereich werden die Kosten explodieren. Von daher bietet sich an, den Bereich der vermehrten Bedürfnisse im Hin-

blick auf die Kapitalisierung auf keinen Fall mit 5 % zu kapitalisieren, sondern mit mindestens 2,0 %. Diesen Gedanken hat das Landgericht Stuttgart ebenfalls in seinem Urteil berücksichtigt, denn dort heißt es wörtlich: „Für die Zukunft ist zu berücksichtigen, dass im Gesundheitswesen mit Preissteigerungen zu rechnen ist, die über die Steigerung der allgemeinen Lebenshaltungskosten hinaus gehen. Aufgrund der reformbedingten Einschnitte vor allem bei den Leistungen der Krankenversicherer ist zu erwarten, dass der Kläger für die Inanspruchnahme ärztlicher Leistungen und für den Erwerb von Heilmitteln einen – deutlich – höheren Eigenanteil zu tragen hat als in der Vergangenheit."

Praxistipp

Dass der Zinssatz von 5 % nicht korrekt ist, zeigt sich insbesondere daran, dass für die **Rückstellungen** bzw. für die **Reservierung** dieser Fälle viel niedrigere Kapitalisierungszinsfüße angegeben werden als die propagierten 5 %. Insofern kann der Anwalt in einem Regulierungsgespräch den Regulierer bitten, den Zinssatz offen zu legen, der für die Reservierung dieses Falles seitens des Versicherers gewählt wurde. Sie werden dann als Antwort erhalten, dass der Versicherer diese interne Information nicht offenlegen möchte. Durch diesen Widerspruch haben Sie dem Versicherer aufgezeigt, dass seine Argumente hinsichtlich eines 5 % Zinssatzes nicht zutreffen können und so die Möglichkeit eröffnet, im Rahmen der Gesamtabfindung für Ihren Mandanten einen höheren Betrag zu erzielen. In der bereits erwähnten legendären BGH-Entscheidung vom 8.1.1981 hatte dieser die Sache an das OLG Frankfurt zurückverwiesen. In dieser Entscheidung wurde seitens des OLG ein Beweisbeschluss erlassen mit folgendem Inhalt: „Es soll ein Sachverständigengutachten über den Barwert der dem Pfleger zustehenden Erwerbsausfallrente eingeholt werden, [...]. Für die Zeit vom 1.1.1974 bis Ende 1983 soll ein Tabellenzinsfuß (Effektivzinssatz) für die einzelnen Jahre zugrunde gelegt werden, der sich ergibt aus der Differenz zwischen der durchschnittlichen jährlichen statistischen Rendite festverzinslicher Wertpapiere in Prozent, vermindert um 2 und der jeweiligen tatsächlichen prozentualen Erhöhung der Beamtenbezüge des Bundes in diesem Jahr. [...] Der Zeit ab 1.1.1985 soll ein Tabellenzinsfuß von 2 % zugrunde gelegt werden." Die Dimensionen dieser Entscheidung, wenn es zu Gericht kommt, wurden auch deutlich, weil der vom OLG Frankfurt bestellte gerichtliche Sachverständige allein nur für den kapitalisierten Verdienstausfall in diesem Verfahren einen Verdienstausfall von rund 1,3 Mio. DM errechnete. Die Parteien hatten sich in der Entscheidung des OLG Frankfurt auf diesen Wert verglichen, so dass es nicht zu einem Urteil kam. Die Entscheidung des OLG Frankfurt zeigt jedoch, welche tatsächlichen Zahlungen der Geschädigte erreichen kann, wenn gerichtlich bestellte Sachverständige, die sich mit einer entsprechenden Zinsproblematik auskennen, zum Zuge kommen können.

II. Aufklärung Zinssatz und wichtiger Grund

31   Nicht nur vor dem Hintergrund ständiger Rechtsprechung (zuletzt OLG Celle v. 6.5.2009 – 3 U 294/08, OLGR Celle 2009, 661 H) halten die Verfasser es für notwendig, dass der Anwalt seinen Mandanten im Rahmen einer schriftlichen Aufklärung informiert, welche Zahlungen voraussichtlich gerichtlich erfolgt wären, wenn ein wichtiger Grund im Sinne von § 843 Abs. 3 BGB gegeben wäre. Ferner ist in dem Aufklärungsschreiben dann auf der anderen Seite die angestrebte außergerichtliche Einigung mit dem Versicherer darzustellen. Denn nur so kann der Mandant abwägen, ob er einem außergerichtlichen Vergleich zustimmt oder eine gerichtliche Auseinandersetzung mit dem Versicherer anstrebt oder aber keine Kapitalabfindung möchte und stattdessen eine monatliche oder vierteljährliche Rentenzahlung. In diesem Zusammenhang empfehlen sich Rechenprogramme, da es einfacher ist, die verschiedenen Eventualitäten und Zahlen aufzulisten, wenn Rechenprogramme verwendet werden. Anhand dieser Übersichten kann der Mandant schnell einordnen, was zum Beispiel sein Fall für Einbußen bringen wird, wenn statt mit 4 % mit 5 % kapitalisiert wird oder statt mit 3 % mit 4 %. Es ist sicherlich nicht so, dass jeder Anwalt damit rechnen muss, wenn dieser mit 5 % oder sogar mit 6 % kapitalisiert, persönlich in Haftung genommen zu werden. Wichtig ist nur, dass der Anwalt seinen Mandanten hinsichtlich der kompletten Zinsproblematik **aufklärt**, da anderenfalls der Mandant gar nicht weiß, was er für einen Vergleich abschließt.

32   Jeder Anwalt, der sich mit Berufshaftpflichtversicherungen beschäftigt, weiß, welch hohe Anforderungen der BGH an die Aufklärungspflicht des Anwalts setzt. An dieser Stelle sei auf die Rechtsprechung des BGH zu der sog. antizipierenden Sichtweise hingewiesen (NJW 1993, 734). Dort wurde festgehalten, dass der Anwalt noch klüger sein muss als der BGH und selbst ein falsches BGH-Urteil den Anwalt nicht davon entbindet, in die Haftung genommen zu werden. Der BGH verlangt vom Anwalt auch, dass er eine sich abzeichnende Rechtsprechung oder einen Wandel in der Rechtsprechung erkennt und den Mandanten auf etwaige Gefahren hinweist.

> *Praxistipp*
> In diesem Zusammenhang ist darauf hinzuweisen, dass es mittlerweile spezialisierte Rechtsanwaltskanzleien gibt, die überwiegend Anwaltshaftungsfälle bearbeiten und es sich zur „lukrativen Mission" gemacht haben, gegen Kollegen vorzugehen und deren Tätigkeit auf etwaige Fehler zu überprüfen. Von daher kann aus Anwaltssicht immer wieder betont werden, dass der sicherste Weg der beste Weg ist und dass der Mandant über alles Relevante detailliert aufgeklärt wird, auch wenn dies mit Mühe und Zeitaufwand verbunden ist.

Praxistipp

Es empfiehlt sich auch, vom Mandanten die Aufklärungsschreiben schriftlich gegenzeichnen zu lassen und am Besten statt mit Tackernadeln mit Ösen zu verbinden, damit auch der vollständige Nachweis der Aufklärung erbracht werden kann. Wer ganz sicher gehen will, lässt sogar jede einzelne Seite des Aufklärungsschreibens vom Mandanten gegenzeichnen, damit der Nachweis erbracht wurde, dass hinsichtlich sämtlicher Seiten im Rahmen des Aufklärungsschreibens aufgeklärt wurde. Professionelle Aufklärungsschreiben sind bei Personengroßschäden daher mitunter 20 bis 30 Seiten lang, da es um mehrere Schadenspositionen innerhalb eines Gesamtvergleichs geht und um mehrere Einzelprobleme. Der Anwalt sollte sich in einem Abschlussgespräch mit dem Mandanten auch Zeit nehmen, damit der Mandant über die Aspekte, die in dem Regulierungsgespräch erörtert wurden und mitunter juristisches Spitzenwissen betreffen, aufgeklärt wird und diese auch versteht.

D. Technik der Kapitalisierung

I. Einleitung

Damit man einen Kapitalabfindungsbetrag ermittelt, ist zunächst zwischen Ansprüchen der Vergangenheit und der Zukunft zu unterscheiden.   **33**

1. Vergangenheit

Die Schadenspositionen, die in der Vergangenheit angefallen sind, werden addiert.   **34** Dies soll an einem Beispiel dokumentiert werden. Der Geschädigte hat als Schadensposition zunächst einen Haushaltsführungsschaden von monatlich 520 EUR. Der Verkehrsunfall war am 15.10.2007. Das Regulierungsgespräch, in dem kapitalisiert werden soll, ist am 15.3.2010. Dann sind die monatlich fälligen Zahlungen der Vergangenheit zu addieren. Vom 15.10.2007 bis zum 15.3.2010 sind 2 volle Jahre und 5 weitere Monate vergangen. Das heißt, es sind insgesamt 29 Monate, die addiert werden müssen. Bei einem monatlichen Haushaltsführungsschaden von 520 EUR ergibt sich eine Teilposition für den Haushaltsführungsschaden für die Vergangenheit von 15.080 EUR. Der Geschädigte kann also für den Haushaltsführungsschaden für die Vergangenheit 15.080 EUR zzgl. Verzugszins verlangen. Dieser kann am Ende im Rahmen der Gesamtregulierung berücksichtigt und anhand eines Zinsrechners kurz überprüft werden.

Hinsichtlich der weiteren Schadenspositionen, wie zum Beispiel beim Gehaltsdiffe   **35** renzschaden, wird ebenso verfahren. Es wird der monatliche Betrag errechnet und von dem Zeitpunkt des Verkehrsunfalls bis zu dem Stichtag der Kapitalisierung (Kapitalisierungszeitpunkt) werden die fälligen Zahlungen der Vergangenheit addiert. So erhält man je nach einzelnen Schadenspositionen eine Gesamtsumme für die Vergangenheit.

2. Zukunft

36   Hinsichtlich der Zukunft erfolgt nun die Kapitalisierung. Das heißt, für die erst noch fällig werdenden einzelnen monatlichen Schadensersatzzahlungen wird der Barwert ermittelt – es wird kapitalisiert.

II. Was braucht man für die Kapitalisierung?
1. Stichtag der Kapitalisierung oder Kapitalisierungszeitpunkt

37   Dieser ist notwendig, da man den Tag, an dem kapitalisiert werden soll, zum Beispiel das Datum des Regulierungsgesprächs oder das Ende des laufenden Jahres als Grundlage haben muss, um zu sehen, welcher Betrag für die Zukunft errechnet wird und welcher noch in die Vergangenheit ragt.

2. Geburtsdatum des Geschädigten

38   Man benötigt das Geburtsdatum des Geschädigten. Ferner ist das exakte Alter zum Zeitpunkt der Kapitalisierung deswegen so wichtig, da die Kapitalisierungstabellen nach dem jeweiligen Alter des Geschädigten untergliedert sind. Es ergibt sich von selbst, dass ein junger Geschädigter eine höhere Kapitalabfindung erhält als ein älterer Geschädigter, der womöglich nur noch 5 oder 10 Jahre im Arbeitsleben gestanden hätte und von daher dem Zeitpunkt des Ausscheidens aus dem Erwerbsleben von 67 Jahren viel näher ist, als ein junger Geschädigter.

3. Kapitalisierungstabellen

39   Kapitalisiert wird mit **Kapitalisierungstabellen**. Kapitalisierungstabellen sind eine Kombination aus **Sterbetafeln** und **Barwerttabellen**. Man könnte den **Rentenbarwert** auch durch versicherungsmathematische Sachverständige errechnen lassen. In der Regulierungspraxis haben sich jedoch die Kapitalisierungstabellen als ausreichend erwiesen, so dass diese problemlos angewandt werden können. Die gängigste Regulierungstabelle ist die von *Küppersbusch* (Ersatzansprüche bei Personenschäden, 11. Auflage 2013). Daneben gibt es auch noch Kapitalisierungstabellen von *Nehls* (Kapitalisierungstabellen, 2. Auflage 2001). Dies sind mit Abstand die umfangreichsten Tabellen. Im Ergebnis unterscheiden sich die Tabellen nur geringfügig. Die Kapitalisierungstabellen berücksichtigen Sterbetafeln, da man nicht weiß, wann der Geschädigte sterben wird. Von daher muss man sich an dem mutmaßlichen Lebensende orientieren, das statistisch gesehen für den Geschädigten zu erwarten ist. Das statistische Bundesamt gibt Sterbetafeln heraus, die zwischen den Lebenserwartungen von Männern und Frauen unterscheiden (siehe auch *www.destatis.de*). Im Zeitalter der Rechenprogramme gibt es computergestützte bzw. Online-Rechenprogramme. Es ist hier auf *Pardey* (Berechnung von Personenschäden, 4. Auflage 2010) hinzuweisen. Mit dem Buch erwirbt man zugleich den Onlinezugang zu einem Kapitalisierungsrechner. Diese Kapitalisierungstabellen sind vom BGH auch akzeptiert. Wir verweisen in diesem Zusammenhang nochmals auf die Standard-Entscheidung des BGH vom 8.1.1981 (zfs 1981, 105 ff.). Allerdings hat der BGH hinsichtlich dieser Kapitalisierungstabellen auch wörtlich festgehalten: „Indessen darf nicht übersehen werden, dass die Kapitalisierungstabellen im Wesentlichen entwickelt worden sind, um den Versicherungsgesellschaften die Errechnung der erforderlichen Rücklagen unter Berücksichtigung der für die **Versichertengemeinschaft** geltenden Durchschnittswerte zu ermöglichen. Soll, wie im Streitfall, eine Abfindungssumme für den **Verletzten** festgesetzt werden, so müssen unabdingbar dessen **individuelle Verhältnisse** berücksichtigt werden, soweit sie von diesen statistischen Durchschnittswerten abweichen." Insofern muss auch hier, wie bei allen Tabellen, davor gewarnt werden, diese blind anzuwenden und als Dogma zu bezeichnen. Es sind immer die individuellen Verhältnisse des Geschädigten zu berücksichtigen und zu überprüfen, ob im Einzelfall von den Tabellen abgewichen werden kann. Bei den Tötungsfällen wurde dies bereits im Rahmen der Quoten erwähnt. Diese sind nur Anhaltspunkte und die individuellen Verhältnisse des Geschädigten sind immer mit zu berücksichtigen. Gleichwohl sind diese Tabellen und auch die Quoten in der Praxis ein gängiges Hilfsmittel, um derart komplizierte Fälle wie Personengroßschäden zu lösen.

Praxistipp
Wenn der Anwalt über entsprechende Rechenprogramme verfügt, macht dies im Regulierungsgespräch einen professionellen Eindruck, da die Außenregulierer zurzeit noch „den Küppersbusch" verwenden und die einzelnen Faktoren mit dem Taschenrechner multiplizieren. Wie alle Rechenprogramme erleichtern die Computerprogramme dem Anwender die Arbeit. Darüber hinaus haben Computerprogramme den Vorteil, dass in Regulierungsgesprächen viel leichter die einzelnen Zinssätze mit ihren Ergebnissen gegenübergestellt werden können. So lässt sich problemlos die Zahl X bei einem Zinssatz von 3 % mit der Zahl Y bei einem Zinssatz von 4 % und mit der Zahl Z bei einem Zinssatz von 5 % gegenüberstellen und verdeutlichen, welche Spannen zugunsten des Geschädigten erzielbar sind. Sollte der Anwalt, der Personenschäden bearbeitet, noch nicht über die Rechenprogramme verfügen, kann er selbstverständlich auch mit den nichtdigitalisierten Tabellen von Küppersbusch arbeiten.

4. Schadenspositionen, die einer Kapitalisierung unterliegen

a) Erwerbsschaden, aktuell bis 67 je nach Lebensalter des Geschädigten (vgl. § 3 Rn 50) **40**

b) Pflegeaufwendungen, lebenslänglich

c) Haushaltsführungsschaden, lebenslänglich, allerdings strittig

d) vermehrte Bedürfnisse, lebenslänglich

Konkret heißt dies, dass je nachdem, welche Schadensposition kapitalisiert werden muss, innerhalb der Kapitalisierungstabellen die richtige Tabelle ausgewählt werden muss. Soll zum Beispiel lebenslang kapitalisiert werden, so muss unterschieden werden, ob es sich um einen Mann oder eine Frau handelt, so dass dann die Tabelle I/1 (lebenslängliche Leibrente Männer) oder I/8 (lebenslängliche Leibrente Frauen) von *Küppersbusch* heranzuziehen sind.

5. Laufzeit der Rente

41 Man unterscheidet verschiedene Rentenarten.

a) Lebenslängliche Leibrente

42 Die **lebenslängliche Leibrente** endet mit dem Tod des Geschädigten. Es liegt dieser Leibrente die entsprechende Sterbewahrscheinlichkeit und damit durchschnittliche Lebenserwartung des Geschädigten zugrunde.

b) Temporäre Leibrente

43 Bei der **temporären Leibrente** wird, anders als bei der lebenslänglichen Leibrente, nicht bis zum Tode gerechnet, sondern bis zu einem bestimmten Alter. Bei *Küppersbusch* wird daher je nach Geschlecht unterschieden zwischen Mann und Frau, temporäre Leibrenten bis zum 60. Lebensjahr oder bis zum 75. Lebensjahr. Wie bereits erwähnt, verwendet man bei den einzelnen Schadenspositionen Haushaltsführungsschaden, Pflegekosten und vermehrte Bedürfnisse die lebenslängliche Leibrente. Dagegen verwendet man beim Erwerbsschaden eine temporäre Leibrente, wobei streitig ist, bis zu welchem Zeitpunkt. Versicherer argumentieren, dass kein Arbeitnehmer bis zum gesetzlichen Renteneintritt kraft Lebensalters arbeitet, sondern dass in der Regel mit vorzeitigem Ruhestand zu rechnen ist. Das ist so nicht richtig, da aufgrund der demographischen Entwicklung immer mehr ältere Menschen in den Firmen tätig sind und diese auch noch körperlich und geistig in der Lage sind, länger zu arbeiten. In Zukunft wird wahrscheinlich sogar die Diskussion geführt werden, dass eine Berechnung bis 70 Jahren anzunehmen ist, weil immer mehr Menschen immer länger arbeiten.

44 Darüber hinaus sollte auch geschaut werden, aus welcher Berufsgruppe der Geschädigte kommt, da es bei einzelnen Berufsgruppen gerade zwischen abhängiger und selbstständiger Tätigkeit Unterschiede gibt. Bei Selbstständigen ist es durchaus gerechtfertigt, dass bis zum 70. Lebensjahr eine temporäre Leibrente berechnet wird, da die Mehrzahl der Selbstständigen nicht schon mit 60 oder 65 Jahren aufhört zu arbeiten.

45 Diese beiden Arten von Renten, die temporäre Leibrente und die lebenslange Leibrente, beinhalten mit Abstand die Mehrzahl der Fälle, die in der Kapitalisierungspraxis eine Rolle spielen. Daneben gibt es noch andere Rentenarten, die hier ebenfalls kurz erwähnt werden sollen.

c) Aufgeschobene Rente

46 Eine **aufgeschobene Rente** liegt dann vor, wenn sie schon zum Kapitalisierungszeitpunkt abgefunden werden soll, aber erst in Zukunft zu zahlen ist. Solche aufgeschobenen Renten kommen zum Beispiel dann zum Tragen, wenn junge Menschen, wie Kinder, durch einen Unfall verletzt sind, so dass sie den Schaden noch nicht jetzt haben, aber später haben würden, wenn sie einen eigenen Haushalt führen oder einem Beruf nachgehen. Man kann sich jedoch jetzt schon – zum Kapitalisierungszeitpunkt – mit dem Versicherer auf eine Zahlung einigen, obwohl der Schaden zum Beispiel 1.000,00 EUR monatlich Haushaltsführungsschaden und 1.500,00 EUR monatlich Erwerbsschaden erst in einigen Jahren entstehen würde.

Alternativ kann die Akte natürlich auch offen bleiben und erst zu einem späteren **47** Zeitpunkt, zum Beispiel mit 18 Jahren, der Schaden errechnet werden. Dann muss die Akte nur gegen entsprechende Verjährungsverzichtserklärung durch den Zukunftsschadensvorbehalt und einem Verzicht auf die Einrede der Verjährung abgesichert werden.

Wie eine solche aufgeschobene Leibrente errechnet wird, ist nicht ganz einfach. Es **48** wird die Differenz der sofort beginnenden lebenslänglichen Leibrente abzüglich einer temporären Leibrente gebildet. Der Barwert bildet sich dadurch, dass die Differenz einer sofort beginnenden lebenslänglichen Leibrente von der temporären Leibrente abgezogen wird. Die aufgeschobene Leibrente soll einmal an einem Beispiel errechnet werden. Eine Witwe ist 35 Jahre alt und erhält eine Unterhaltszahlung von jährlich 12.000 EUR. Allerdings wird in 10 Jahren ihr Kind die Ausbildung beendet haben. In 10 Jahren würde die jährliche Unterhaltszahlung daher 15.000 EUR betragen. Dann ist zunächst der Kapitalisierungsfaktor aus der Tabelle I/8 bei *Küppersbusch/Höher* (11. Auflage) bei einer Frau von 35 Jahren mit 3 % Zinsen zu entnehmen. Dieser beträgt 25,246. Von diesem Faktor ist der Faktor der temporären Leibrente bis zum 65. Lebensjahr abzuziehen. Dies ist beim 3 %igen Zinssatz der Faktor 19,559. Zieht man diesen Faktor von 25,246 ab, erhält man den Faktor 5,687. Mit diesem Faktor ist die Jahresrente von 15.000 EUR zu multiplizieren. Ferner ist zusätzlich für die ersten 10 Jahre der Jahresrentenbetrag von 12.000 EUR mit dem Faktor 19,559 zu multiplizieren und anschließend sind beide Werte zu addieren.

d) Verbindungsrente

Von einer **Verbindungsrente** spricht man bei einer Rente, die zum Beispiel an ein **49** Paar, Ehemann und Ehefrau, bis zum Tod des zuerst Sterbenden, also bis zur Auflösung des Paares durch Tod zu zahlen ist. Bevor man hier den entsprechenden Kapitalisierungswert untersucht, ist der Altersunterschied zwischen Mann und Frau zu bestimmen, wobei es hier Tabellen in 5er Schritten gibt: Verbindungsrente Mann 10 Jahre jünger, Verbindungsrente Mann 5 Jahre jünger, Verbindungsrente Mann und Frau gleich alt, Verbindungsrente Mann 5 Jahre älter, Verbindungsrente Mann 10 Jahre älter. Diese Tabellen sind bei *Küppersbusch/Höher* unter den Nummern II 15 bis 19 zu finden. Allerdings sind diese Tabellen mit äußerster Skepsis zu betrachten, da die Werte nur ein Herantasten an den konkreten Fall bedeuten. Es werden dann beide voraussichtlichen Lebenserwartungen miteinander verbunden, weshalb man von einer Verbindungsrente spricht. Im Einzelnen ist bei diesen Verbindungsrenten vieles streitig, so dass die jeweiligen Daten exakt gegenübergestellt werden müssen. Aus der Praxis kann jedoch nur von einer leichtfertigen Anwendung der Verbindungsrenten gewarnt werden, da in der Regel der Geschädigte hierbei schlechter abschneidet als bei einer normalen Kapitalisierung ohne Verbindungsrente.

50 Gerade bei Unterhaltsansprüchen, d.h. bei den Tötungsfällen, versuchen Versicherer immer die Verbindungsrente anzuwenden. Der Grund liegt auch hier auf der Hand: Bei Anwendung der Verbindungsrente anstelle von einer Leibrente entstehen niedrigere Kapitalisierungsfaktoren, so dass am Ende der Versicherer weniger an den Geschädigten zahlen muss. Die Motivation für die Schaffung einer Verbindungsrente liegt darin: Bei der ursprünglichen Kapitalisierungstabelle, welche keine Verbindungsrente enthält, liegt nur die Lebenserwartung des getöteten **Unterhaltspflichtigen** zugrunde, aber nicht die Lebenserwartung des **Unterhaltsberechtigten**. Konkret heißt dies, es soll berücksichtigt werden, dass eventuell der Unterhaltsberechtigte auch während der Laufzeit der Rente schon sterben kann. Dogmatisch ist dies jedoch nicht sauber, da theoretisch auch die Person mit der größeren Lebenserwartung schon vorher sterben kann. Der Gesetzeswortlaut von § 844 Abs. 2 BGB, der gegen eine Verbindungsrente spricht, lautet wie folgt: „Stand der Getötete zur Zeit der Verletzung zu einem Dritten in einem Verhältnis, vermöge dessen er diesem gegenüber kraft Gesetzes unterhaltspflichtig war oder unterhaltspflichtig werden konnte, und ist dem Dritten infolge der Tötung das Recht auf den Unterhalt entzogen, so hat der Ersatzpflichtige dem Dritten durch Entrichtung einer Geldrente insoweit Schadensersatz zu leisten, als der Getötete während der mutmaßlichen Dauer seines Lebens zur Gewährung des Unterhalts verpflichtet gewesen sein würde; (...)." Es steht jedoch nicht in § 844 BGB, dass der Schädiger der Witwe einen Unterhaltsanspruch zu zahlen hat „bis zur Auflösung des Paares durch den Tod des zuerst Sterbenden". Im Ergebnis bedeutet dies nichts anderes, als dass sich dogmatisch die Verbindungsrenten aus dem Gesetz nicht herleiten lassen und von daher bei der Regulierung im Unterhaltsfall abzulehnen sind. Dogmatisch sauber wäre, die entsprechenden Leibrenten anzuwenden und notfalls mit einem geringfügigen Abschlag zu arbeiten.

6. Kapitalisierungszinssatz

51 Wie vorher bereits erwähnt, ist der **Zinssatz** das A und O bei der Kapitalisierung. Der Zinssatz ist den jeweiligen Kapitalisierungstabellen zu entnehmen und findet sich oben in der Spalte, wobei dieser ab der 9. Auflage von *Küppersbusch* nun auch endlich mit 3 % angegeben ist.

> *Praxistipp*
> Man muss sich das einmal vorstellen: Jahrzehntelang wurden die gängigen Kapitalisierungstabellen von *Küppersbusch* erst ab einem Zinssatz von 4 % angegeben.

Konkret heißt dies, dass über Jahrzehnte Anwälte gar nicht gewusst haben, dass sie mit einem falschen Zinssatz kapitalisieren. Denn vor der 9. Auflage bei *Küppersbusch* gab es nur die Kapitalisierungstabellen von *Nehls*, die erfahrungsgemäß jedoch die wenigsten Anwälte angewandt hatten. Im Regulierungsgespräch hat der Versicherer immer die Tabellen von *Küppersbusch* aufgeschlagen, so dass der Assekuranz Milliarden eingespart wurden. Seit der 9. Auflage gibt es die Tabellen mit einem Zinssatz ab 3 %. Korrekterweise müssten die Tabellen auch noch eine Spalte mit dem Kapitalisierungsfaktor für einen Zinssatz von 2 % und 1 % enthalten, da nur so die Zahlen überhaupt miteinander verglichen werden können. Notfalls muss der Anwalt zur Erlangung eines 2 %igen Zinssatzes die Kapitalisierungsfaktoren entsprechend erhöhen, um Probeberechnungen anstellen zu können.

Die **Zinssatzproblematik** soll anhand eines Beispiels erläutert werden, um die Tabelle besser zu verstehen. Wenn man zum Beispiel die Tabelle lebenslängliche Leibrente (Tabelle I 1) bei *Küppersbusch* (11. Auflage), nimmt und unterstellt, dass der Geschädigte zum Kapitalisierungszeitpunkt 30 Jahre alt ist, findet man in der Spalte „Alter 30 Jahre" bei einem Zinssatz von 3 % den Kapitalisierungsfaktor 25,173. Nimmt man eine 4 %ige Verzinsung, hat man den Kapitalisierungsfaktor bei einem 30-jährigen von 21,167, bei einer 5 %igen Verzinsung von 18,133. Da die **Kapitalisierungsformel** immer lautet, **52**

Barwert (Kapitalbetrag) = Jahresrente x Kapitalisierungsfaktor

sieht man, wie wichtig der Zinssatz ist, weil aus den Tabellen der Kapitalisierungsfaktor naturgemäß ansteigt, je niedriger der Zinssatz ist. Je nachdem, ob die jeweilige Schadensersatzforderung mit 2 % oder mit 5 % kapitalisiert wird, kann sich im Einzelfall ein 5–6stelliger Differenzbetrag ergeben. Berücksichtigt man, dass der Zinsfaktor sich auf jede einzelne Schadensposition, also den Haushaltsführungsschaden, die vermehrten Bedürfnisse, die Pflegekosten, den Erwerbsschaden etc. auswirkt, wird die Dimension des Zinssatzes noch einmal deutlich, denn die Differenz bei einzelnen Schadenspositionen kann zum Beispiel 100.000 EUR betragen, bei der anderen 80.000 EUR und bei der nächsten dagegen 50.000 EUR. Addiert man jedoch sämtliche Unterschiedsbeträge aller Schadensersatzpositionen, kann je nach Schwere und Art und Umfang der Verletzung sogar ein Unterschied von bis zu 500.000 EUR auszumachen sein.

III. Stellungnahme

Die Dimensionen eines Zinssatzes von 2 % anstelle von 5 % in der gesamten Versicherungsbranche soll anhand von ein paar Zahlen verdeutlicht werden: **53**

■ Statistisch gesehen verletzen sich im Straßenverkehr ca. 400.000 Menschen jährlich. Die aktuelle Zahl für 2009 des statistischen Bundesamts lag bei 397.866 Menschen; im Vorjahr 2008 waren es 409.047 Verletzte. Die Jahre davor war die Verletztenrate noch höher. So lag die Zahl 2003 bei 462.066. Allerdings sind nicht alle diese Verletzten Schwerstverletzte, sondern die überwiegende Zahl sind Leichtverletzte, bei denen die Kapitalisierungsproblematik keine Rolle spielt. Es kann jedoch über die Jahrzehnte ein Mittelwert gebildet werden, dass in etwa jedes Jahr 50.000 Schwer- und Schwerstverletzte im Straßenverkehr vorkommen.

■ Geht man ferner von einem realistischen Einsparwert von 200.000 EUR aus, der einen Unterschied von 2 % zu 5 % pro Schwerstverletztenfall ausmacht, so kann sich jeder die Einsparung ausrechen.

■ Geht man ferner davon aus, dass dies nur die Spitze des Eisberges ist, da dies lediglich die Haftpflichtfälle im Straßenverkehr betrifft, jedoch die Zinsproblematik auch die anderen Haftpflichtfälle, wie Arzthaftung, private Haftpflichtfälle, Tierhalterhaftpflichtschäden und sonstige Haftpflichtschäden betrifft, so ergibt sich hierdurch noch einmal ein erheblicher Betrag.

■ Des Weiteren ist zu berücksichtigen, dass der Geschädigte nur zu 1/3 aktivlegitimiert ist. 2/3 eines Großschadens darf der Geschädigte nicht selber geltend machen, da hier die Sozialversicherungsträger (Berufsgenossenschaften, Deutsche Rentenversicherung, Krankenkasse, Pflegeversicherung etc.) Anspruchsinhaber sind. In der Regel werden die Sozialversicherungsträger auch mit einem Zinssatz von 5 % (i.V.m. Regulierungsabkommen) in Sammelgesprächen abgefunden.

■ Insgesamt ist die Wichtigkeit des Zinssatzes daher aufgrund der oben genannten Zahlen erwiesen.

■ Sollte daher wieder einmal das Argument der Versicherer in den Raum geworfen werden, dass die Geschädigten keine höheren Abfindungsbeträge bräuchten, weil dadurch auch die Versichertengemeinschaft stärker belastet werden würde und dies nur durch eine Erhöhung der Versicherungsprämien zu erreichen sei, so ist es nur fair, wenn diese oben errechneten tatsächlichen Einsparungen als Gegenargument genannt werden dürfen.

54 Angesichts dieser Erkenntnisse ist es durchaus legitim, dass die Geschädigten nunmehr nicht mehr mit 5 % Kapitalisierungszins abgefunden werden, sondern stattdessen mit 2 % Zinssatz gerechnet wird. Aus Sicht der Verfasser gibt es nur zwei Möglichkeiten, Änderungen zu erzielen. Entweder der Gesetzgeber wird aktiv. Dies scheint momentan eher unwahrscheinlich und wenn, dann allenfalls im Rahmen der EU-Gesetzgebung. Oder es wird eine Rechtsprechungsänderung hinsichtlich des wichtigen Grundes nach § 843 Abs. 3 BGB geben, um auf diese Art und Weise niedrigere Zinssätze qua Urteil zu erreichen.

§ 7 Abfindungsvergleich bei außergerichtlicher Regulierung

A. Unwirksamkeit/Abänderung

Literatur: *Ernst*, Der Abfindungsvergleich beim Personenschaden: Chancen und Risiken, Verkehrsrecht aktuell 2010, 149 ff.; *Hillmann/Schneider*, Das verkehrsrechtliche Mandat, Bd. 2: Verkehrszivilrecht, 6. Auflage 2012; *Jahnke*, Abfindung von Personenschadensansprüchen, 2. Auflage 2009; *Buschbell*, Münchener Anwaltshandbuch, Straßenverkehrsrecht, 3. Auflage 2009; *Pardey*, Berechnung von Personenschäden, 4. Auflage 2010

I. Einleitung

Gerade bei Personenschäden spielt der **Abfindungsvergleich** eine entscheidende **1** Rolle, da rund 95 % der Personen(groß)schäden außergerichtlich abgeschlossen werden. Dies gilt zumindest für den Verkehrsunfallbereich; im Arzthaftpflichtbereich sind es deutlich weniger. Vielfach haben sich die Gerichte dort bereits mit der Frage zum Haftungsgrund auseinanderzusetzen, was im Verkehrsunfallbereich in der Mehrzahl der Fälle unstreitig ist. In der Praxis der Schadensregulierung – sowohl außergerichtlich als auch gerichtlich – spielt der Abfindungsvergleich beim Personenschaden eine große Rolle. Durch ihn sollen Schadensersatzansprüche umfassend und abschließend geregelt werden. Gegenstand der Ausführungen in diesem Kapitel ist der außergerichtliche Abfindungsvergleich.

Bei einem Abfindungsvergleich handelt es sich um einen **gegenseitigen Vertrag** **2** nach § 779 BGB. Es sind daher auch die allgemeinen Regeln über **Rechtsgeschäfte** nach §§ 104 ff., 119, 123, 138 BGB anwendbar, ebenso wie die Regeln der **Allgemeinen Geschäftsbedingungen** in den §§ 305–310 BGB.

Generell kann gesagt werden, dass die diskutierten Fragestellungen zur Unwirk- **3** samkeit oder Abänderbarkeit eines Vergleiches in der Praxis eher die Ausnahme darstellen. Die Rechtsprechung ist äußerst restriktiv, wenn es darum geht, dass Geschädigte **Nachforderungen** geltend machen können. Vergleiche sind nur ausnahmsweise unwirksam bzw. können nur ausnahmsweise abgeändert werden. Dies erfolgt dann entweder unter dem Aspekt von **Treu und Glauben** (§ 242 BGB) oder bei **Störung der Geschäftsgrundlage** (§ 313 BGB) bzw. bei nachträglicher gravierender **Äquivalenzstörung** und bei **Nichtigkeit** des Vergleiches. Auf diese Aspekte wird im Folgenden einzugehen sein.

Praxistipp
Wegen dieser restriktiven Rechtsprechung ist es umso wichtiger, dass der Anwalt zur Verminderung seines Haftungsrisikos im Vorfeld die „Hausaufgaben" erledigt. Alle rechtlichen und tatsächlichen Aspekte des Sachverhaltes sind umfänglichst mit dem Mandanten zu besprechen (und dieses ist zu dokumentieren), bevor es zur Unterzeichnung einer Abfindungserklärung kommt. Mit der Unterschrift auf der

> Abfindungserklärung ist „der Bart ab". Nachforderungen sind so gut wie ausgeschlossen. Abfindungserklärungen sollten nie unter Zeitdruck abgegeben werden und schon gar nicht im Krankenhaus. Es ist zu beobachten, dass bei einigen KH-Versicherern der Außenschadensregulierer am Krankenbett mit dem Scheckbuch wedelt und schon manch Geschädigter aus Unkenntnis die vermeintlich große Summe zur Erledigung sämtlicher Ansprüche akzeptiert hat. Kein Vertrag – so auch der Abfindungsvergleich – ist so gut, dass dieser in Eile unterschrieben werden muss. Wenn das Angebot wirklich so seriös ist, dann hält es auch einer rechtlichen Überprüfung durch einen spezialisierten Rechtsanwalt stand und kann durchaus einige Tage später angenommen werden.

4   Abfindungsvergleiche sind gerade im Bereich des Personenschadensrechts ein sinnvolles Instrument. Damit kann einem Geschädigten meistens mehr geholfen werden, als wenn der Rechtsstreit bis zum bitteren Ende durch mehrere Instanzen geführt wird. Den Anwalt kann sich der Geschädigte selbst aussuchen, den Richter nicht. Zumeist ist der Richter kein Spezialist auf dem Gebiet der Personen(groß)schadensregulierung. Eine Prognose zum voraussichtlichen Ausgang des Rechtsstreits ist deshalb fast nicht möglich. Der triviale Spruch „auf hoher See und vor Gericht ist man in Gottes Hand" trifft daher in der Praxis der Personenschadensregulierung durchaus zu.

5   Ein zweiter großer Aspekt bei der gerichtlichen Auseinandersetzung ist die **Verfahrenslaufzeit**. Teilweise können solche Rechtsstreitigkeiten durchaus zwischen 10 und 20 Jahren dauern. Die Betroffenen sind dann allein aufgrund der Länge des Gerichtsverfahrens psychisch am Ende. Es tritt der **Zermürbungseffekt** ein mit der Folge, dass zur Verfahrensbeendigung letztlich ein richterlicher Vergleichsvorschlag Akzeptanz findet, der weit hinter den ursprünglichen Erwartungen des Klägers zurückbleibt und oftmals nicht wesentlich anders aussieht als das, was der eigene Anwalt mit dem gegnerischen Haftpflichtversicherer bereits vor Jahren zur außergerichtlichen Erledigung besprochen hat. Der Rechtsanwalt sollte dem Mandanten auch diese Aspekte aufzeigen, neben der Tatsache, dass es sich zumeist um Rechtsprobleme innerhalb des § 287 ZPO handelt, wobei es im Rahmen der Schadensschätzung gerade kein alleinig richtiges mathematisches Ergebnis gibt. Theoretisch kann über jede einzelne Schadensersatzposition mindestens eine Beweisaufnahme stattfinden. Erkenntnisreich ist da ein Blick in die Fixkostenliste beim Unterhaltsschaden (siehe § 4 Rn 42 ff.). Wenn der Versicherer will, kann er jede dieser einzelnen Positionen streitig stellen, so dass es Jahre dauert, bis alle Punkte – mittels Sachverständigengutachten und/oder Zeugenbeweis – abgearbeitet sind. An dieser Stelle ist der Anwalt gefordert, seinem Mandanten nachhaltig klar zu machen, dass es beim Klageverfahren nicht darum geht, mit gerichtlicher Hilfe Maximalforderungen durchzusetzen, sondern dass im Wege der Schadensschätzung auch ganz andere Ergebnisse am Ende herauskommen können, als vom Geschädigten erwartet. Dies gilt umso mehr in Zeiten, in denen Geschädigte im Internet nach Parallelfällen fahnden, solche vermeintlich auch finden und den eigenen Anwalt quasi nötigen, ebensolche Ergebnisse auch „herauszuklagen". Oft wird dabei aber übersehen, dass zwischen vordergründig ähnlichen Lebenssachverhalten eben doch die Teilabweichungen vorhanden sind, die eine andere rechtliche Würdigung erfordern.

Im Rahmen einer Befragung ihrer eigenen Mandanten haben die Verfasser fest- **6** gestellt, dass die Zufriedenheit mit dem Abschluss ihres Falles bei derjenigen Gruppe deutlich höher lag, die einen außergerichtlichen Vergleich geschlossen haben, als in der Gruppe, die ihren Fall nach Jahren gerichtlich abgeschlossen haben. Nicht zu unterschätzen ist die psychologische Komponente, die darin liegt, dass die Mandanten bei einer außergerichtlichen Abfindungslösung danach endlich die Ruhe finden können, sich um ihre Gesundheit zu kümmern, statt permanent Kontakt zum Anwalt, medizinischen Sachverständigen oder dem Gericht haben zu müssen. Bekanntlich ändert sich nach einem Personengroßschaden für den Betroffenen das gesamte Leben, so dass dieser eigentlich seine Kraft für sein „neues Leben" benötigt und nicht für jahrelange streitige Auseinandersetzungen vor Gericht.

Andererseits darf ein Vergleich natürlich nicht um jeden Preis geschlossen werden; **7** die Abwägung aller Umstände, nicht nur der rechtlichen Erfolgsaussichten, ist hier maßgeblich.

Praxistipp
Es ist die hohe Kunst der Advokatur, außergerichtlich für den Mandanten das Optimum zu erreichen. Hier trennt sich die Spreu vom Weizen und es zeigt sich, ob der Anwalt gut oder schlecht berät. Fachliches Wissen alleine ist nicht ausreichend. Der Anwalt sollte darüber hinaus auch psychologisch geschult sein. Es bringt bei weitem mehr, wenn er nicht bereits im ersten oder zweiten Schreiben gegenüber dem Versicherer auf Konfrontationskurs geht, obgleich dieser der Gegner ist. Mehr erreicht er, wenn er professionell und gut vorbereitet mit dem Versicherer auf gleicher Augenhöhe verhandelt. Der Versicherer ist im Bereich der Personenschadensregulierung Profi und kann sehr wohl abschätzen, ob es aus seiner Sicht riskanter ist, in einen Prozess zu gehen oder aber sich außergerichtlich zu einigen. Um das Ziel herbeizuführen, nämlich eine außergerichtliche Einigung, kann es dabei auch einmal notwendig sein, die **Bundesanstalt für Finanzdienstleistungsaufsicht** (BaFin) oder die **Medien** einzuschalten. Dabei handelt es sich jedoch um Ausnahmefälle.

Natürlich muss der Anwalt durch Sachargumente überzeugen. Drohungen alleine **8** bringen nichts, wenn demgegenüber die Ansprüche nie substantiiert dargelegt werden und der Anwalt so ein „Papiertiger" bleibt. Das ist mit Sicherheit ohne Wirkung für den Mandanten und verhärtet nur unnötig die Fronten. Vor Abschluss eines Abfindungsvergleiches schuldet der Anwalt dem Mandanten umfassende Aufklärung und Beratung. Zu seiner eigenen Sicherheit sollte der Anwalt dies schriftlich dokumentieren.

II. Anfechtbarkeit eines Abfindungsvergleiches

1. Arglistige Täuschung, § 123 BGB

9 Wenn ein Vergleich durch **arglistige Täuschung** zustande kommt, so kann dieser nach § 123 BGB angefochten werden. Allerdings bildet dieser **Anfechtungsgrund** die Ausnahme. In der langjährigen Regulierungspraxis der Verfasser ist ein derartiger Fall erst einmal zu Tage getreten. Es handelte sich dabei um einen Sachverhalt, in dem eine große, namhafte, deutsche Haftpflichtversicherung bei einem Hausbesuch den Geschädigten eine vorgefertigte Abfindungserklärung hat unterzeichnen lassen, nachdem der Außenschadensregulierer dem (nicht anwaltlich vertretenen) Geschädigten die Ansprüche mündlich erläutert hat. Die Besonderheit des Sachverhaltes lag darin, dass der Geschädigte beinahe vollständig taub war und deshalb die Erklärungen des Außenschadensregulierers akustisch gar nicht wahrnehmen konnte. Auf entsprechende anwaltliche Aufforderung hin hat der Versicherer erklärt, sich an die Abfindungserklärung des Geschädigten nicht mehr gebunden zu fühlen und die Angelegenheit dann neu außergerichtlich verhandelt. Im Ergebnis hat der Geschädigte dann den 6-fachen Betrag der zunächst „ausgehandelten" Vergleichssumme außergerichtlich erhalten. Es muss jedoch nochmals erwähnt werden, dass es sich hierbei um einen absoluten Ausnahmefall in der Regulierungspraxis gehandelt hat.

2. Irrtumsanfechtung, § 119 BGB

10 Es kommt auch vor, dass Geschädigte sich deshalb von einem Abfindungsvergleich lösen möchten, weil „sie sich geirrt haben". Bei näherem Hinsehen handelt es sich oftmals um einen **unbeachtlichen Motivirrtum,** zum Beispiel über den Gesundheitszustand und seine zukünftige Entwicklung oder aber zukünftige Verdienstmöglichkeiten waren bei Abgabe einer Abfindungserklärung zu optimistisch eingeschätzt worden. Der **Irrtum im Beweggrund** beinhaltet kein Anfechtungsrecht.

III. Unwirksamkeit eines Abfindungsvergleiches, § 779 Abs. 1 BGB

11 § 779 Abs. 1 BGB besagt, dass ein Vergleich unwirksam ist, „wenn der nach dem Inhalt des Vertrags als feststehend zugrunde gelegte Sachverhalt der Wirklichkeit nicht entspricht und der Streit oder die Ungewissheit bei Kenntnis der Sachlage nicht entstanden sein würde." Auch dieser Bereich des Loslösens von dem Vertrag des Abfindungsvergleiches ist in der Praxis eher selten, denn ein solcher **gemeinsamer Tatsachenirrtum** liegt immer nur dann vor, wenn die Parteien sich über Tatsachen irren, die außerhalb des Streits lagen. Zum Beispiel ist ein Irrtum über die zukünftige Entwicklung des Gesundheitszustandes oder die sich ergebenden Verdienstmöglichkeiten nicht möglich, denn insofern bildet dieser Streit ja gerade die Grundlage des Vergleiches, über den man sich dann einigt (vgl. BGH VersR 2007, 410). Im Ergebnis bedeutet dies, dass für den Fall eines reinen **Rechtsirrtums,**

wenn kein Tatsachenirrtum vorliegt, eine Unwirksamkeit des Vergleiches nicht gegeben ist. Ein Irrtum über die zukünftige Entwicklung oder über gar eine falsche
Anspruchsgrundlage führt daher nicht zur Unwirksamkeit des Vergleiches nach
§ 779 Abs. 1 BGB.

Praxistipp
Genau aus diesem Grunde ist vor Abschluss des Vergleiches die zukünftige Prognose von Bedeutung, um zu prüfen, ob die Entwicklung diesen oder jenen Verlauf
nehmen wird. Um es nochmals zu betonen: Es sind im Vorfeld entsprechende
„Hausaufgaben" zu machen. So muss beim Verdienstausfall eine Vergleichsperson
herangezogen werden, um zu prüfen, wie sich die zukünftigen Entwicklungen
ohne den Unfall wahrscheinlich ergeben hätten. Bei einer Laufbahn im öffentlichen Dienst lassen sich detailliert fiktive Karrierepläne erstellen, bei denen exakt
aufgelistet ist, wie die berufliche Entwicklung des Geschädigten voraussichtlich
ohne den Unfall verlaufen wäre. Dies sind Sachargumente, mit denen der Versicherer überzeugt werden kann, um anschließend eine höhere Schadensersatzzahlung für den Mandanten zu erreichen. In diesem Fall ist es auch sinnvoll, wenn der
Anwalt über ein Netzwerk verfügt, um an entsprechende Informationen zu gelangen.

IV. Störung der Geschäftsgrundlage, § 313 BGB

Hierbei handelt es sich um eine **Anpassung des Abfindungsbetrages,** wenn den   **12**
Parteien unter dem Gesichtspunkt von Treu und Glauben ein Festhalten an dem geschlossenen Vergleich nicht zugemutet werden kann. In der Praxis spielt diese
Form des Loslösens von dem ursprünglichen Vergleich die größte Rolle. Es ist bei
später auftretenden schwerwiegenden Spätschäden des Geschädigten eine Anpassung möglich. Die Rechtsprechung sagt, es sei für den Geschädigten eine **ungewöhnliche Härte,** wenn sich dieser an den nunmehr geschlossenen Vergleich halten müsse (LG Bremen, VersR 1992, 230). Allerdings führt nicht jede
unvorhersehbare Spätfolge zu einer Anpassung des Vergleiches (OLG Hamm, NZV
2000, 127). Ferner muss der Geschädigte für den Fall, dass er sich von dem Vergleich lossagen und diesen anpassen will, darlegen, warum er an dem ursprünglich
geschlossenen Vergleich nicht festhalten kann. Die Darlegungs- und Beweislast
trifft den Geschädigten. Nach der Rechtsprechung muss es sich beim Auftreten der
Spätschäden um ein **krasses Missverhältnis** zwischen Schaden und Abfindungsbetrag handeln. Wann ein solches krasses Missverhältnis vorliegt, ist in der Rechtsprechung nicht einheitlich. Versicherer zitieren in diesem Zusammenhang immer
die Entscheidung des OLG Frankfurt, zfs 2004, 16, wonach ein solches krasses
Missverhältnis erst ab dem Faktor 10 vorliegen würde. In dieser Entscheidung ging
es um eine Klage auf Zahlung eines weiteren Schmerzensgeldes nach Abschluss
eines Abfindungsvergleiches. Der Anspruchsteller hatte im Alter von 10 Jahren
eine Querschnittslähmung erlitten und kurz nach seinem 18. Geburtstag eine Abfin-

dungserklärung unterzeichnet, wobei eine Entschädigungssumme von insgesamt 660.000 DM zu zahlen war. Von der Regelung waren auch Schäden umfasst, die zum damaligen Zeitpunkt nicht vorhersehbar, aber vorstellbar waren. Der Gesundheitszustand hat sich später beim Anspruchsteller verschlechtert. Er konnte seinen Beruf nicht mehr ausüben und wurde zum Pflegefall. Der Anspruchsteller hat später eine Erhöhung des Schmerzensgeldes gefordert. Das Landgericht hatte seinen Antrag auf Prozesskostenhilfe abgewiesen. Hiergegen hatte er sofortige Beschwerde eingelegt. Diese wurde jedoch als unzulässig zurückgewiesen. Das OLG Frankfurt hat darauf hingewiesen, dass bei einem Abfindungsvergleich grundsätzlich der Berechtigte das Risiko übernimmt, dass die für die Berechnung maßgeblichen Faktoren auf Schätzungen beruhen. Sinn und Zweck eines solchen Vergleiches ist gerade, dass die Unsicherheit über die zukünftige Entwicklung eines Schadens ausgeräumt werden soll. Ein Abfindungsvergleich deckt nach Ansicht des Gerichts auch absehbare Risiken und zu einem solchen Risiko zählt nun einmal auch die Verschlechterung des Gesundheitszustandes. Das Gericht führt dann in seiner Entscheidung aus, dass es dem Anspruchsteller, der zudem noch anwaltlich vertreten war, problemlos freigestanden hätte, in die Abfindungserklärung einen entsprechenden **Vorbehalt** aufzunehmen.

13   Genau dies ist generell das Problem bei Abfindungserklärungen. Insofern kann auf die Notwendigkeit eines entsprechenden Vorbehaltes nicht oft genug hingewiesen werden. Das Gericht kommt dann in seiner Kernaussage zu dem Ergebnis, dass nur, wenn ein krasses Missverhältnis besteht, eine Anpassung eines Vergleiches nach § 779 Abs. 1 BGB möglich ist. Hierzu führt es wörtlich aus:

„Im Übrigen kann schon gar nicht bei der Frage einer etwaigen Äquivalenzstörung zugrunde gelegt werden, dass sich möglicherweise die Schadensersatzbeträge, die heute teilweise im Rahmen des Ausgleichs von Personenschäden gezahlt werden, gegenüber der Zeit, zu der der Abfindungsvergleich geschlossen wurde, nicht unerheblich erhöht haben. Abgesehen davon wäre selbst unter dieser Voraussetzung eine krasse Äquivalenzstörung um den Faktor 10, wie sie der BGH in seinem Urteil VersR 1966, 243, 244 angenommen hatte, nicht gegeben.“

Es kann sicherlich nicht generell gesagt werden, dass immer erst bei einem Faktor 10 ein solches krasses Missverhältnis gegeben ist. Diese Entscheidung zeigt allerdings, dass geringfügige Änderungen oder das Auftreten von Spätschäden nicht zu einer Anpassung des Vergleiches führen.

14   In der Entscheidung des OLG Köln (NJW-RR 1988, 924 ff.) lag ein krasses Missverhältnis zwischen Schaden und Abfindungssumme, da der Zukunftsschaden bei der Festlegung der Abfindungssumme nur eine untergeordnete Rolle gespielt hatte. In diesem Fall ging es um einen Vergleich in Höhe von 6.000 DM, anstatt einer angemessenen Summe von 25.000 DM.

In einem weiteren Fall, in dem die Rechtsprechung eine Anpassung eines Verglei- **15** ches vorgenommen hat, ging es beim OLG Oldenburg (zfs 2003, 590) darum, dass der Einwand der **unzulässigen Rechtsausübung** zutraf, weil die nicht vorhergese-henen Spätfolgen in so einem krassen Missverhältnis zwischen der Vergleichssum-me und dem Schaden standen, dass der Schädiger bei Festhalten am Vergleich ge-gen Treu und Glauben verstoßen würde. Der 35-jährige Kläger, der als Fahrradfahrer schwer verletzt wurde, hatte einen Abfindungsvergleich mit dem Versicherer geschlossen, allerdings mit einem Vorbehalt, wonach der Kläger „unter Zugrundelegung der Rechtsprechung des BGH (VersR 1980, 975) auch künftig im-materielle Schäden beanspruchen könne." In dem Fall hatte der Kläger eine Ver-gleichs- und Abfindungserklärung unterschrieben, wonach er insgesamt lediglich 20.690 DM erhalten sollte. Der Kläger hatte einen Oberschenkelhalsbruch rechts, einen offenen Nasenbruch sowie ein Schädelhirntrauma ersten Grades erlitten. Nach Unterzeichnung der Abfindungserklärung stellte ein Facharzt fest, dass der Kläger unfallbedingt unter einer Arthrose und eine Hüftkopfnekrose (Absterben des Knochens des Hüftkopfes) litt. Die Folge war, dass der Kläger an Gehstützen gehen musste und er ein künstliches Hüftgelenk bekam. Es war nur noch eine Ar-beitsfähigkeit für leichte Arbeiten feststellbar, ohne Tragen, Bücken, Hocken oder Knien. In dieser Entscheidung hat das OLG Oldenburg argumentiert, dass die nun-mehr beim Kläger eingetretenen, von den Parteien damals nicht vorhergesehenen Verletzungsfolgen so schwerwiegend gewesen seien, dass dem Kläger ein Festhal-ten an dem Vergleich nicht mehr zuzumuten sei. Die Erwerbsfähigkeit des Klägers sei mindestens zu 30 % gemindert, wobei sogar mit einer Verschlechterung des Zu-standes durch eine Lockerung der Hüftprothese zu rechnen sei. Es sei daher mit weiteren Operationen zu rechnen. Außerdem habe der Kläger auch chronische Schmerzen. Die schmerzfreie Sitzzeit betrüge lediglich eine Stunde. Diese dar-gestellten Verletzungsfolgen seien nach Ansicht des OLG Oldenburg geeignet, ein Festhalten an dem damaligen Abfindungsbetrag von lediglich 20.690 DM als unzu-mutbar erscheinen zu lassen. Der Kläger sei durch diese eingetretene Hüftkopf-nekrose in seiner gesamten Lebensführung sowohl beruflich als auch privat schwer beeinträchtigt. Er sei in seinen Entfaltungsmöglichkeiten schwer eingeschränkt, habe chronische Schmerzen und lebe angesichts seines jungen Alters mit einer un-gewissen Prognose. Die anschließende Nichtzulassungsbeschwerde der Beklagten wurde durch Beschluss des BGH vom 30.9.2003 zurückgewiesen.

Praxistipp
Aus diesem Grund kann nur nochmals darauf hingewiesen werden, dass die „Hausaufgaben" vor Abgabe einer Abfindungserklärung zu erledigen sind. Ins-besondere ist aus diesem Grund auch das Kapitel der medizinischen Spätfolgen und Risiken (siehe § 10 Rn 222 ff.) von Bedeutung, da bei den einzelnen Verletzun-gen immer Rücksprache mit den Ärzten gehalten werden sollte, um etwaige Spät-folgen einschätzen zu können und in die Abfindungserklärungen entsprechende Vorbehalte aufzunehmen. Alternativ ist der Mandant bei vorbehaltloser Abfindung

über die Folgen aufzuklären. In diesem Zusammenhang muss der Rechtsanwalt beim Versicherer auf eine Erhöhung der Abfindungszahlung hinwirken. Sollte der Versicherer sich auf keine dieser Varianten einlassen, muss der Anwalt notfalls dem Mandanten von dem Abfindungsvergleich abraten und gegebenenfalls eine Feststellungsklage wegen des Zukunftsschadens erheben. Die Rechtsprechung des BGH zum Feststellungsinteresse ist geschädigtenfreundlich, so dass nach einer solchen isolierten Klage der Versicherer durchaus bereit ist, sich der Sache zur Schadenshöhe außergerichtlich noch einmal anzunehmen. Auch hier kann der Anwalt nur durch Sachargumente und durch ein entsprechend sicheres Auftreten punkten.

16   Ferner sind auch **Rechtsänderungen** möglich, nachdem der Vergleich zwischen Geschädigtem und Schädiger/Versicherer geschlossen ist, so dass eine Loslösung vom Abfindungsvergleich angestrebt wird. In diesem Zusammenhang ist auf die Entscheidung des BGH vom 12.2.2008 (zfs 2008, 441) hinzuweisen. Hier hat der BGH ausgeführt, dass nur schwerwiegende Veränderungen im sozialen Leistungssystem die Wirksamkeit der Abfindungsvereinbarung berühren können. In der Entscheidung vom 12.2.2008 ging es darum, dass der Kläger nach einem Verkehrsunfall schwerste Verletzungen erlitt und auf beiden Augen erblindet war. Der Kläger hatte eine Abfindungserklärung unterschrieben, in der folgender Text stand:

„Mit der Zahlung von Summe 750.000 EUR ist der Kläger für alle bisherigen und möglicherweise künftig noch entstehenden Ansprüche, seien sie vorhersehbar oder nicht vorhersehbar, endgültig und vorbehaltlos abgefunden."

Der Kläger vertrat nunmehr die Auffassung, dass er, nachdem das ihm gewährte **Landesblindengeld** reduziert worden ist, trotz dieser Abfindungserklärung die Differenz vom Versicherer verlangen könne, weil die **Geschäftsgrundlage** für den Abfindungsvergleich entfallen sei. Der Kläger vertrat weiterhin die Auffassung, dass in den Verhandlungen mit dem Versicherer immer darauf hingewiesen worden sei, dass er das Blindengeld bis zum Tode beziehen würde. Dies sei auch der maßgebliche Fakt für die Bemessung der Abfindungssumme gewesen. Der BGH hat dies jedoch anders gesehen und hat in diesem hier speziellen Fall eine Anpassung des Vergleiches abgelehnt, weil der Geschädigte in Ermangelung eines entsprechenden Vorbehaltes dieses Risiko übernommen habe.

17   Es kann daher für den Fall der Kürzung von Sozialleistungen aufgrund von Gesetzesänderungen nicht generell gesagt werden, dass eine Anpassung möglich ist. Es kann selbst für den Fall des hier zur Entscheidung stehenden Landesblindengesetzes keine allgemeine Aussage zur Anpassung eines Vergleiches getroffen werden, da der BGH ausdrücklich darauf hingewiesen hat, dass in dem hiesigen Fall die erhebliche Abfindungssumme von 750.000 EUR zu berücksichtigen sei. Ferner beziehe der Kläger eine Pension in Höhe von 1.400 EUR und schließlich sei es dem Kläger auch gelungen, wieder beruflich tätig zu werden. Von daher sei die Reduzierung des Landesblindengeldes von 510 EUR auf 409 EUR nach Aussage des BGH hier nicht so stark ins Gewicht gefallen, dass von einer erheblichen Äquivalenzstörung auszugehen sei.

Es ist daher immer der Einzelfall zu berücksichtigen. Generell hat der BGH allerdings ausgeführt, dass der Charakter des Landesblindengeldes den Zweck habe, Blinden angesichts ihrer wirtschaftlichen Situation und ihrer konkreten Beeinträchtigung eine pauschale, finanzielle Unterstützung zu gewähren. Angesichts der fiskalischen Lage des Landes sei es für die Parteien nicht überraschend gewesen, dass der Landesgesetzgeber derartige freiwillige Leistungen überprüft und die Zahlung von weiterem Blindengeld davon abhängig gemacht habe, ob der Landeshaushalt dies zulasse. **18**

Auch diese Entscheidung zeigt wieder einmal, dass die Mehrzahl der Abfindungsvergleiche endgültig ist und der Schädiger sich darauf einstellen sollte, dass er mit der Zahlung der Kapitalabfindung auch zukünftige Entwicklungen mit eingeschlossen hat. **19**

In einer anderen Entscheidung ging es auch um Sozialleistungen. Hier hat das OLG München (zfs 1992, 263 ff.) die Anpassung des Abfindungsvergleiches für möglich gehalten. Dabei ging es darum, dass aufgrund einer Änderung des Sozialversicherungsrechts nur 90 % der unfallbedingten Heilbehandlungskosten erstattet werden. Das OLG München hat dem Geschädigten das Recht eingeräumt, den Abfindungsvergleich nachträglich anzupassen. **20**

All diese Entscheidungen zeigen jedoch, dass es aus Sicht des Geschädigten sinnvoll ist, auch einen Vorbehalt wegen etwaiger zukünftiger Gesetzesänderungen zu vereinbaren, wenn nicht ein umfänglicher immaterieller und materieller Zukunftsschadensvorbehalt vereinbart wurde. Gerade im Bereich der Pflegeleistungen empfiehlt sich ein solcher Vorbehalt, da es angesichts der Kürzungen des Gesetzgebers im Sozialbereich nicht abwegig ist, dass in Zukunft vielleicht sogar die heute an den Geschädigten unmittelbar gewährten Leistungen aus der Pflegeversicherung gänzlich gestrichen werden. Möglicherweise würde eine solche Streichung eine Äquivalenzstörung sein, die für den Geschädigten eine ungewöhnliche Härte darstellt. Ob der BGH das so sieht, ist ungewiss. In diesem Fall wäre daher ein Vorbehalt, wonach Gesetzesänderungen zur Nachverhandlung berechtigen, wichtig (weitere Einzelheiten zur Gestaltung der erforderlichen Vorbehalte vgl. Rn 23 ff.). **21**

Praxistipp
Generell kann der Tipp gegeben werden, dass Anwälte, die Personenschäden bearbeiten und Geschädigte vertreten, durchaus einmal den Versuch unternehmen sollen, in ihrem Fall bei einer unbilligen Härte Rechtsprechung zu „produzieren". Dies erfordert mutige Anwälte und mutige Mandanten: Sollte die Gefahr eines abweisenden Urteils drohen und die Klage zum „Bumerang" werden, kann sich notfalls immer noch „wegverglichen" werden oder die Klage (leider kostenpflichtig) zurückgenommen werden.

V. Abänderbarkeit, § 323 ZPO

22 Was im prozessualen Bereich unter § 323 ZPO möglich ist, gilt nicht automatisch für außergerichtliche Abfindungsvergleiche. Grundsätzlich besteht kein Rechtsanspruch auf **Nachregulierung**, wenn **wesentliche Änderungen der Verhältnisse** eingetreten sind. Will der Geschädigte daher einen entsprechenden Anspruch für die Zukunft sichern, muss er dies mit dem Versicherer vereinbaren und in die Abfindungserklärung aufnehmen. Fehlt eine solche Vereinbarung, kann wieder nur mit dem stumpfen Schwert von Treu und Glauben gefochten werden. (wegen der weiteren Einzelheiten eines solchen Vorbehaltes siehe Rn 26 ff.).

B. Vorbehalte in der Abfindungserklärung

Literatur: *Burghart*, Der Abfindungsvergleich beim Personenschaden, 43. Deutscher Verkehrsgerichtstag 2005, S. 147 ff.; *Ernst*, Der Abfindungsvergleich beim Personenschaden: Chancen und Risiken, Verkehrsrecht aktuell 2010, 149 ff.; *Hillmann/Schneider*, Das verkehrsrechtliche Mandat, Bd. 2: Verkehrszivilrecht, 6. Auflage 2012; *Buschbell*, Münchener Anwaltshandbuch Straßenverkehrsrecht, 3. Auflage 2009; *Jahnke*, Schadensersatzansprüche und deren Versteuerung, NJW spezial 2009, 601; *Schweiger*, Risiken beim Abfindungsvergleich mit der gegnerischen Haftpflichtversicherung, AnwBl 2013, 372 ff.

I. Sicherster Weg: keine vorbehaltlose Abfindungserklärung

23 Gewöhnlich wünscht der Versicherer den Abschluss einer Schadensangelegenheit mit endgültigem **Abfindungsvergleich**, in dem oftmals die Formulierung enthalten ist: „Damit sind alle materiellen und immateriellen Ansprüche des Anspruchsstellers aus dem Unfallereignis vom (...) abgefunden, seien sie bekannt oder unbekannt, vorhersehbar oder nicht, vergangen, gegenwärtig oder zukünftig."

24 In jedem Einzelfall ist jedoch zu prüfen, ob eine regelmäßig vom Versicherer vorformulierte Abfindungserklärung sinnvollerweise mit **Zukunftsschadensvorbehalten** oder anderen Ausnahmetatbeständen zu versehen ist. Vorbehalte für die Vergangenheit sind denknotwendig ausgeschlossen, weil mit Vorbehalten ein dynamischer zukünftiger Prozess geregelt werden soll und Ansprüche der Vergangenheit in der Abfindungssumme als rückständige Leistungen aufaddiert sind und dem Abfindungsbetrag hinzugerechnet werden. Damit ist der **Vorbehalt** eine Einschränkung der **umfassenden Abfindungserklärung**. Vorbehalte müssen eindeutig erklärt werden. (Man denke an dieser Stelle an Sachbearbeiterwechsel sowohl auf Versicherer- als auch auf Anwaltsseite, die durch Zeitablauf unvermeidbar sind. Beide Sachbearbeiter bei Abschluss einer Abfindungslösung mit Vorbehalten wissen, worüber eine Einigung herbeigeführt war und ihnen ist der Hintergrund der formulierten Vorbehalte präsent. Für nachfolgende Sachbearbeiter gilt dies nicht uneingeschränkt, was im Interesse der beiderseitigen Rechtssicherheit präzise und unmissverständliche Formulierungen erfordert.) Insoweit sollen eindeutige Erklärungen in Abfindungsvergleichen gewählt werden, wie die Formulierung, wonach (konkret) bestimmte Ansprüche von der Abfindung „ausgenommen" oder „ausgeschlossen" oder „mit dem Abfindungsbetrag nicht abgegolten" werden.

Hinweis

Die nachfolgenden Ausführungen sowie Musterformulierungen dürfen keinesfalls unreflektiert übernommen werden. Jeder Rechtsanwalt muss prüfen, ob die hier entwickelte Musterformulierung in dem konkreten Sachverhalt seines Mandanten passend ist. Die hier vorgeschlagenen Musterformulierungen sind deshalb auf den individuellen Sachverhalt anzupassen. Sie bilden lediglich eine grobe Richtschnur, damit der Rechtsanwalt sensibilisiert ist, um in dem ihm vorliegenden Sachverhalt – ggf. in Anlehnung an die hiesigen Formulierungen – eigene Vorbehalte zu formulieren. Insbesondere verbietet sich die unreflektierte Übernahme der nachfolgenden Musterformulierungen, ohne zuvor gründlich abzusichern, ob möglicherweise zwischenzeitlich Entscheidungen zur Wirksamkeit einzelner Vorbehalte ergangen sind. Die Autoren weisen an dieser Stelle ausdrücklich jedwede Haftung von sich, die aus der unreflektierten Übernahme der hiesigen Musterformulierungen resultieren kann. Alle nachfolgenden Musterformulierungen sind lediglich Vorschläge.

Außergerichtliche Vorbehalte leiten sich aus dem **Feststellungsanspruch** ab, wonach der Schädiger dem Geschädigten alle immateriellen und materiellen Ansprüche aus einem Schadensereignis zu ersetzen hat, soweit diese Ansprüche nicht auf Dritte übergegangen sind oder in der Zukunft übergehen werden. **25**

Praxistipp

Um die Verhandlungsposition von Anfang an zu stärken, damit in einem Regulierungsgespräch der Zukunftsschaden möglichst vollumfänglich abgesichert ist, sollte der Versicherer (schriftlich) zur Abgabe eines immateriellen und materiellen Zukunftsschadensvorbehaltes (siehe Rn 31) einige Zeit <u>vor</u> dem geplanten Regulierungsgespräch aufgefordert werden.

Der Versicherer sollte unter **Fristsetzung** aufgefordert werden, diese Erklärung abzugeben. In den dann folgenden Regulierungsverhandlungen ist eine günstige Ausgangsbasis für die Regulierung zukünftiger materieller Ansprüche geschaffen. Der Anwalt kann die Vergangenheit abrechnen und ist mit diesem Vorbehalt vollumfänglich für die Zukunft seines Mandanten abgesichert. **26**

Lediglich dann, wenn ein solcher materieller und immaterieller Zukunftsschadensvorbehalt nicht vom Versicherer abgefordert bzw. der Versicherer nicht bereit ist, diesen vollumfänglich zu erklären und der Geschädigte kein Interesse an einer streitigen Auseinandersetzung darüber hat, dann wird es erforderlich sein, weitere **Einzelvorbehalte** zu vereinbaren. Insoweit sei auf die im Späteren dargestellten Vorbehalte zum Anspruch auf Schmerzensgeld (siehe Rn 40), Erwerbsschadensersatz – inkl. Steuervorbehalt (siehe Rn 42 ff.) und Haushaltsführungsschadensersatz (siehe Rn 32 ff) sowie den Ersatz der vermehrten Bedürfnisse (siehe Rn 49 ff.) verwiesen. **27**

28   Beim außergerichtlichen Vergleich wird der Versicherer regelmäßig nicht dazu bereit sein, den umfassenden Feststellungsanspruch für die Zukunft hinsichtlich aller immateriellen und materiellen Ansprüche zu erklären, sondern er will mit einer einmaligen Zahlung eine Schadensangelegenheit möglichst vorbehaltlos und für die Zukunft abschließend beenden.

29   Konträr dazu steht das Interesse des Geschädigten aus dem Lebenssachverhalt: Es ist mit weiteren gesundheitlichen Verschlechterungen zu rechnen, die möglicherweise eine Erhöhung des Schmerzensgeldes rechtfertigen und die nicht ohne Einfluss auf die Höhe der MdH bleiben und ggf. einen Erwerbsschaden vergrößern, weil der Geschädigte aus dem Erwerbsleben vollkommen ausscheiden muss und weiterhin, weil weitere gesundheitliche Verschlechterungen vermehrte Bedürfnisse auslösen, die zum Zeitpunkt des Abschlusses eines Abfindungsvergleiches noch nicht in der Diskussion waren, wie z.B. eine etwaige Pflegebedürftigkeit. Dieser Aspekt ist umso wichtiger, je jünger die Geschädigten sind, insbesondere bei Kindern und Heranwachsenden. Eine vorbehaltlose Abfindung schwerverletzter Kinder und Jugendlicher dürfte unvermeidbar zur Haftungsfalle des Anwalts werden. Aus diesem Grunde sollte der Anwalt bei bestehender Ungewissheit einer zukünftigen Schadensentwicklung darauf dringen, diese im Wege eines Vorbehaltes abzufangen.

Praxistipp

Wenn der Versicherer demgegenüber zur „Abwehr" eines Zukunftsschadensvorbehaltes darauf hinweist, dass aufgrund der vorliegenden Arztberichte mit einer Verschlechterung des Gesundheitszustandes nicht zu rechnen ist, dann kann dem argumentativ in dem Sinne begegnet werden, dass für genau diesen Fall die Abgabe eines entsprechenden Vorbehaltes für den Versicherer vollkommen risikolos ist, weil der Vorbehalt sich in der Zukunft ohnehin nicht realisieren wird, der Anwalt aber aus berufsrechtlichen Gründen den sichersten Weg zu gehen hat. Oftmals zeigt sich nach einer solchen Argumentation beim Versicherer ein gewisser Argumentationswandel. Man sieht dann auch dort plötzlich ein zukünftiges Schadensrisiko und bietet an, die Abfindungssumme zu reduzieren, um auf diesem Wege einen Vorbehalt zu erklären. Da jedoch nach übereinstimmender Argumentation das Risiko eines zukünftigen Schadenseintritts als gering einzustufen ist, sollte ein solcher Vorbehalt lediglich ein paar symbolische Euro kosten. Eine ähnliche Argumentation ist auch bei materiellen Ansprüchen aus dem Schadensereignis denkbar (Erwerbsschaden, Haushaltsführungsschaden, vermehrte Bedürfnisse).

Praxistipp

Der Anwalt sollte dem Mandanten beide Lösungsmöglichkeiten aufzeigen: eine erhöhte Abfindungssumme bei vorbehaltloser Abfindung oder aber eine leicht reduzierte Abfindungssumme bei Erklärung eines Schadensvorbehaltes. Es ist dann die Sache des Geschädigten, sein individuelles Risiko einzuschätzen und sich für die eine oder die andere Variante zu entscheiden. (Selbstverständlich muss der Anwalt diese Aufklärung über zwei Abwicklungsmöglichkeiten und die unmissverständliche Entscheidung des Mandanten aus haftungsrechtlichen Gründen dokumentieren.)

Die im Folgenden abgedruckten Formulierungsbeispiele für die Vereinbarung von **30** Vorbehalten entsprechen – soweit ersichtlich – der derzeit aktuellen Rechtslage. Die Verfasser übernehmen keine Haftung für die Bestandskraft dieser Formulierungsvorschläge. Es wird auch ausdrücklich davor gewarnt, vorformulierte Vorbehalte in die Abfindungserklärung unreflektiert zu übernehmen. Insbesondere ersetzen die nachfolgenden Ausführungen nicht das Nachdenken über die Notwendigkeit individueller Vorbehalte im gegebenen Sachverhalt. Kein Schadensfall ist wie der andere und selbst identische Ausgangsverletzungen haben oftmals sehr unterschiedliche rechtliche Folgen. Das ist dem Lebenssachverhalt des jeweils Geschädigten geschuldet, in dem er sich zum Zeitpunkt des Unfalles befindet. So wie die einzelnen Schadensersatzansprüche maßgeblich von der Intensität der Verletzung, dem Lebensalter des Geschädigten, seiner familiären Einbindung und seiner Stellung im Berufsleben geprägt sind, so müssen spiegelbildlich dazu die erforderlichen Zukunftsschadensvorbehalte verhandelt und formuliert werden. Aus diesem Grunde verbieten sich eine statische Checkliste und die unreflektierte Übernahme von vorformulierten Vorbehalten. Die im Nachfolgenden dargestellten Vorbehalte können nur Beispielscharakter haben und sollen den Geschädigtenvertreter dafür sensibilisieren, die in seinem zur Regulierung anstehenden Sachverhalt erforderlichen Vorbehalte sorgfältig herauszuarbeiten und umsichtig zu formulieren.

II. Vollumfänglicher immaterieller und materieller Zukunftsschadensvorbehalt

Grundsätzlich ist die Kehrseite des Feststellers im streitigen Verfahren der außergerichtliche immaterielle und materielle Zukunftsschadensvorhalt. Dieser sollte auch **31** die Ausgangsbasis für die Regulierung der Ansprüche darstellen. Neben den Zahlungsansprüchen bleibt dann dieser vollumfängliche Zukunftsschadensvorbehalt stehen. Dieser könnte wie folgt formuliert werden:

Immaterieller und materieller Zukunftsschadensvorbehalt (= vollumfänglicher Vorbehalt)

Die Haftpflichtversicherung X verpflichtet sich mit der Wirkung eines zum ▨▨▨ rechtskräftigen Feststellungsurteils, Herrn/ Frau ▨▨▨ sämtliche immateriellen und materiellen Schäden, welche ihm/ihr aus dem Verkehrsunfall vom ▨▨▨ entstanden sind und noch entstehen werden, zu ersetzen. Die Erklärung gilt mit gleicher Wirkung für die bei der Haftpflichtversicherung X versicherten Personen.

32 Oftmals sind Versicherer nicht bereit, diese vollumfängliche Erklärung im Zusammenhang mit einem Abfindungsvergleich abzugeben. Wenn einzelne Ansprüche kapitalisiert worden sind, wird ein Versicherer diese Erklärung nicht mehr abgeben wollen. Insoweit ist der Feststellungsanspruch dann zu modifizieren. Es kann die oben vorgeschlagene Formulierung gewählt werden und als Zusatz die Formulierung verwendet werden:

Davon ausgenommen ist der Haushaltsführungsschaden. (Wahlweise auch andere – bereits abgefundene – Ansprüche, wie z.B. der Erwerbsschaden.)

33 Wenn natürlich andere Ansprüche als der Haushaltsführungsschaden für die Zukunft bereits mit abgefunden werden, so sind diese hinzuzusetzen. Entscheidend ist, dass die nicht abgefundenen Ansprüche dann damit für die Zukunft vorbehalten bleiben, ohne dass diese enumerativ aufgezählt werden müssen. Gerade im Hinblick auf die vermehrten Bedürfnisse ist das anderenfalls kaum zu bewerkstelligen. Wenn alle materiellen Ansprüche mit Ausnahme der vermehrten Bedürfnisse abgefunden worden sind, dann sollte der Begriff der vermehrten Bedürfnisse im Hinblick auf den Zukunftsschadensvorbehalt ausdrücklich Verwendung finden. Es handelt sich dabei um einen Oberbegriff für eine Vielzahl von einzelnen Ansprüchen, die sich möglicherweise auch erst mit weiterem Zeitablauf für den Geschädigten auftun. Meistens ist bei Abschluss eines Abfindungsvergleiches nicht sicher, ob der Geschädigte einmal pflegebedürftig wird oder nicht. Um das Risiko der Pflegebedürftigkeit in die Schadensregulierung einzubeziehen, müssen also alle vermehrten Bedürfnisse für die Zukunft vorbehalten bleiben, soweit diese nicht bereits in der Abfindungssumme mit abgegolten sind. Hier ist es bereits aus haftungsrechtlichen Gesichtspunkten wichtig, dass der Anwalt genau hinsieht und exakt herausarbeitet, welche Positionen im Einzelnen abgefunden sind und welche für die Zukunft offen bleiben müssen. Entsprechend kommt es auf eine exakte Formulierung in einem Zukunftsschadensvorbehalt an.

III. Vorbehalt übergegangener und übergehender Ansprüche auf Dritte

34 Im Rahmen der Abfindungserklärung muss das Augenmerk wieder auf die **Aktivlegitimation** des Geschädigten gerichtet werden: Soweit Sozialversicherungsträger, Arbeitgeber, Sozialhilfeträger und ggf. private Versicherer Leistungen aufgrund des Schadensereignisses erbracht haben und/oder erbringen werden, für deren Ersatz der Schädiger einzustehen hat, verfügt das Gesetz über einen Übergang dieser Ersatzansprüche vom Geschädigten auf den Leistenden. Damit soll ausgeschlossen werden, dass der Geschädigte zu Lasten der Sozialversicherungssysteme oder einer versicherten Gemeinschaft doppelt entschädigt wird (BGHZ 155, 342, 349). Insgesamt soll der Schaden nur einmal ausgeglichen werden, und zwar vom Schädiger bzw. dessen Haftpflichtversicherung. Gesetzliche Forderungsübergänge enthalten die §§ 116 Abs. 1, 119 Abs. 1 SGB X, § 6 Abs. 1 EFZG und § 86 Abs. 1 VVG.

Auf den privaten Krankenversicherer geht der Anspruch gegen den Haftpflichtver-   **35** sicherer im Zeitpunkt der Erbringung der Versicherungsleistung gem. § 86 Abs. 1 S. 1 VVG über. Für den Arbeitgeber ist dies der Zeitpunkt, wenn er die Entgeltfortzahlung gem. § 6 Abs. 1 EFZG leistet. Auf den Sozialhilfeträger und auf die Bundesagentur für Arbeit geht der Anspruch nach § 116 Abs. 1 SGB X über, sobald mit der **Hilfsbedürftigkeit** des Geschädigten ernsthaft zu rechnen ist. Nach der Rechtsprechung des Bundesgerichtshofes kommt es für die Kenntnis des Versicherers vom Forderungsübergang (§§ 412, 407 Abs. 1 BGB) allein auf die Absehbarkeit künftiger Hilfsbedürftigkeit an (BGHZ 127, 120, 128; BGHZ 131, 274, 286).

Eine erhebliche Haftungsfalle für den Anwalt entsteht, wenn er mit dem Versiche-   **36** rer die Abfindung des Geschädigten auch hinsichtlich der zukünftigen materiellen Schäden vorbehaltlos reguliert, weil er dann den **privaten Krankenversicherer** von seiner Leistungspflicht befreit (§ 86 Abs. 1 VVG) und der Anwalt des Geschädigten darüber hinaus den Arbeitgeber seines Mandanten zur Verweigerung künftiger Entgeltfortzahlung berechtigt (§ 7 Abs. 1 Nr. 2, Abs. 2 EFZG).

Leistet der Versicherer an den Geschädigten, ohne zu wissen, dass bereits ein An-   **37** spruchsübergang auf einen Sozialhilfeträger oder die Bundesagentur für Arbeit stattgefunden hat, muss der Geschädigte diese Leistungen erstatten, soweit sie wegen der Legalzession dem Sozialhilfeträger bzw. der Bundesagentur für Arbeit zustanden (§ 116 Abs. 7 SGB X).

Immerhin kann der Sozialhilfeträger bzw. die Bundesagentur für Arbeit gegen lau-   **38** fende Ansprüche bis zur Pfändungsfreigrenze aufrechnen (§§ 51 Abs. 1, 52, 54 Abs. 4 SGB I). Wenn im Regress des Sozialhilfeträgers bzw. der Bundesagentur für Arbeit der Haftpflichtversicherer in Anspruch genommen wird, welcher die Hilfsbedürftigkeit voraussehen konnte, dann kann dieser einen Anspruch wegen ungerechtfertigter Bereicherung gegen den Geschädigten geltend machen, weil er mit der Abfindungsleistung den bezweckten Erfolg nicht erreichen konnte.

Praxistipp
Wenn sich der Anwalt einen Überblick über die unfallbedingt bereits gezahlten Ersatzleistungen eines Sozialversicherungsträgers, des Arbeitgebers, eines privaten Versicherers, eines Sozialhilfeträgers oder der Bundesagentur für Arbeit verschafft hat, dann empfiehlt es sich, den Versicherer uneingeschränkt über diesen Sachverhalt aufzuklären, um den eigenen Mandanten nicht einem Anspruch des Haftpflichtversicherers nach § 812 Abs. 1 S. 2 Alt. 2 BGB auszusetzen.

Praxistipp
Fernerhin muss der Rechtsanwalt eine Prognose darüber anstellen, ob mit der Inanspruchnahme von Leistungen der Bundesagentur für Arbeit oder eines Sozialhil-

feträgers zu rechnen ist. Um auch hier den sichersten Weg zu gehen, sollte der Geschädigtenvertreter einen Vorbehalt in den Vergleich aufnehmen, wonach zukünftig übergehende Ansprüche eines Sozialhilfeträgers bzw. der Bundesagentur für Arbeit oder eines privaten Versicherers mit der Abfindungszahlung nicht abgefunden sind.

Da nach § 119 Abs. 1 SGB X die Ansprüche des Verletzten auf den Sozialversicherungsträger bereits im Zeitpunkt des Verkehrsunfalles übergehen, ist der Geschädigtenvertreter für jedwede Vorbehaltsgestaltung nicht aktivlegitimiert, so dass die Formulierung, wonach übergegangene und zukünftig übergehende Ansprüche eines Sozialversicherungsträgers von der Abfindung nicht umfasst sind, ohnehin lediglich deklaratorischen Charakter hat.

39 Um die übergegangenen und übergehenden Ansprüche wirksam im Rahmen einer Abfindungserklärung vorzubehalten, könnte wie folgt formuliert werden:

Vorbehalt übergegangener und übergehender Ansprüche auf Dritte – Variante 1

Alle bestehenden und zukünftigen Ansprüche des Verletzten, die auf seinen Arbeitgeber, auf Sozialversicherungsträger und Sozialhilfeträger einschließlich der Bundesagentur für Arbeit und auf private Versicherer kraft Gesetzes schon übergegangen sind oder künftig übergehen werden, bleiben von der geschlossenen Abfindungsvereinbarung unberührt und werden mit dem Abfindungsbetrag nicht abgegolten.

Alternativ kann formuliert werden:

Vorbehalt übergegangener und übergehender Ansprüche auf Dritte – Variante 2

Alle bestehenden und zukünftigen Ansprüche des Verletzten, die auf Dritte kraft Gesetzes schon übergegangen sind oder künftig übergehen werden, bleiben von der geschlossenen Abfindungsvereinbarung unberührt und werden mit dem Abfindungsbetrag nicht abgegolten.

Beide Vorbehalte könnten noch durch folgenden Zusatz ergänzt werden:

▼

Vorbehalt übergegangener und übergehender Ansprüche auf Dritte – Formulierungszusatz

Gleiches gilt auch für zukünftige Ansprüche, die jetzt noch nicht bekannt sind, aber aufgrund eines neuen Gesetzes entstehen werden.

▲

Hinweis
Der Hintergrund dieser erweiternden Formulierung liegt darin, dass der Gesetzgeber gesellschaftliche Entwicklungen dynamisch erfasst und gerade die sozialversicherungsrechtliche Gesetzgebung keine Statik aufweist. In diesem Zusammenhang sei an die Einführung der Pflegeversicherung erinnert, die in Altfällen und dort formulierten Vorbehalten möglicherweise zu Überraschungen geführt hat. Zwar lässt sich kaum ein Versicherer auf eine solche Formulierung ohne Weiteres ein, weil das damit im Zusammenhang stehende Risiko kaum abschätzbar ist. Wegen dieser Ungewissheit ist unter Verzicht auf die erweiternde Vorbehaltsformulierung durchaus an eine moderate Anhebung der Abfindungssumme zu denken.

IV. Immaterieller Zukunftsschadensvorbehalt bei Teilschmerzensgeldabfindung

An dieser Stelle sei zunächst nochmals auf die Vorhersehbarkeitsrechtsprechung des BGH verwiesen (siehe § 3 Rn 32 ff.). Objektiv vorhersehbare gesundheitliche Folgeschäden sind mit der Zahlung eines Schmerzensgeldbetrages im Zusammenhang mit einer Abfindungserklärung umfassend abgegolten. Demgegenüber ist es jedoch auch zulässig, das Schmerzensgeld bis zum Zeitpunkt des Abfindungsvergleiches zu begrenzen und das gesamte Zukunftsrisiko über eine Feststellungserklärung aufzufangen (BGH NJW 1975, 1463, 1465). Außergerichtlich können also Teil-Abfindungsvergleiche in Bezug auf das Schmerzensgeld völlig unproblematisch vereinbart werden. Allerdings muss der restliche Schmerzensgeldanspruch wirksam gegen Verjährung geschützt werden.

40

Hier könnte wie folgt formuliert werden:

▼

Immaterieller Zukunftsschadensvorbehalt bei Teilschmerzensgeldabfindung

Mit der Zahlung von ▮▮▮▮▮ EUR sind die Schmerzensgeldansprüche des Anspruchstellers bis zum ▮▮▮▮▮ abgegolten. Zukünftige immaterielle Schäden, auch solche, die bereits zum Zeitpunkt der Unterzeichnung der Abfindungserklärung objektiv vorhersehbar sind, bleiben ausdrücklich entgegen der Rechtsprechung des BGH vom 14.2.2006, VI ZR 322/04, vorbehalten. Grundlage für die Höhe des vereinbarten Schmerzensgeldes ist das Gutachten/der Arztbericht von

287

Dr. ▓▓▓▓▓ vom ▓▓▓▓▓, insbesondere der darin festgestellte Dauerschaden. Nicht mit abgegolten sind zukünftige immaterielle Beeinträchtigungen, die über das Gutachten/den Arztbericht von Dr. ▓▓▓▓▓ hinausgehen. Sollte der Zustand des Anspruchstellers sich gegenüber den Feststellungen von Dr. ▓▓▓▓▓ verschlechtern, stehen ihm weitergehende immaterielle Ansprüche zu (oder alternativ: Sollte der Zustand des Anspruchstellers sich von derzeit 50 % MdE auf 60 % MdE verschlechtern, stehen ihm weitergehende immaterielle Ansprüche zu.) Bezüglich dieser Ansprüche wird sich der Versicherer so behandeln lassen, als sei gegen ihn am Tage der Unterzeichnung der Abfindungserklärung ein gerichtliches Feststellungsurteil ergangen.

▲

41 In dem vom Thüringischen OLG (9.8.2006 – Az. 7 U 289/06 = zfs 2007, 27 ff.) entschiedenen Fall hatte der Rechtsanwalt im Wege einer „Sondervereinbarung" wie folgt formuliert:

> *„Vorbehalten bleiben weitere immaterielle Ansprüche, für den Fall einer Verschlechterung der Beschwerden sowie Auslagen zur Wahrnehmung erforderlicher Heilbehandlungen, BGH-Rechtsprechung (VersR 1980, 975)."*

In der Folge trat eine Verschlechterung des Gesundheitszustandes der Klägerin ein, wobei durch einen Sachverständigen festgestellt worden war, dass schon zum Zeitpunkt des Abschlusses des Vergleiches die Vergrößerung der Beschwerden vorhersehbar war. Das Thüringische OLG hat die Geltendmachung der weiteren Schmerzensgeldansprüche auf der Grundlage dieses Vorbehaltes (leider zu Recht) ausgeschlossen. Der Vorbehalt wurde nicht bedingungslos vereinbart, sondern unter den Voraussetzungen, die der BGH in seiner Entscheidung vom 8.7.1980 (VersR 1980, 975) an die Erlangung eines Schmerzensgeldes nach einer rechtskräftigen Entscheidung gestellt hat. Der Inhalt dieser Entscheidung war ausdrücklich Gegenstand der zwischen den Parteien getroffenen Abfindungsvereinbarung. Die Zitierung der BGH-Entscheidung ließ nur den Schluss zu, dass deren Grundsätze auch für das Verhältnis zwischen den Parteien Geltung haben sollte. Nach den Feststellungen des Sachverständigen (bereits zum Zeitpunkt der Abfindungserklärung objektiv vorhersehbare Verschlechterung ist eingetreten) bestand damit kein Anspruch auf ein weiteres Schmerzensgeld.

Praxistipp

Wenn der Versicherer einwendet, dass die vom Anwalt vorgetragenen objektiv vorhersehbaren Folgen „völlig aus der Luft gegriffen" seien und mit deren Eintritt unter gar keinen Umständen zu rechnen wäre, dann sollte in einem Vorbehalt ausdrücklich geregelt werden, dass bei Eintritt der namentlich zu benennenden objektiv vorhersehbaren medizinischen Folgen entgegen der Rechtsprechung des BGH vom 14.2.2006 (zfs 2006, 381 ff.) gleichwohl ein weiterer Schmerzensgeldanspruch besteht und weiterhin zusätzlich immaterielle Ansprüche für objektiv nicht vorhersehbare Folgen vorbehalten bleiben. Dieser Vorbehalt ist mit der Wirkung eines am Tage der Unterzeichnung der Abfindungserklärung rechtskräftigen Feststellungsurteils abzugeben.

Hinweis
Bei der Formulierung eines immateriellen Schadensvorbehaltes ist größte Umsicht geboten. Je exakter der Vorbehalt formuliert ist, desto werthaltiger ist er für den Mandanten. Die Ausgangsbasis bei der Bemessung des Schmerzensgeldes sieht oftmals so aus, dass der Geschädigtenvertreter das Schadensbild dramatisiert, hingegen der Versicherer exakt das gleiche Schadensbild bagatellisiert. Aus diesem Grunde ist die Inbezugnahme einer objektiven Feststellung des Gesundheitszustandes am Tage der Abfindung unabdingbare Voraussetzung dafür, dass der Geschädigte in Zukunft aus dem immateriellen Vorbehalt erfolgreich vorgehen kann.

V. Vorbehalt zum Anspruch auf Erwerbsschaden

Dieser Vorbehalt ist nur erforderlich, wenn kein umfänglicher materieller Zukunftsschadensvorbehalt erklärt wird. **42**

Hierbei sind zwei Konstellationen zu differenzieren:
1. Der Geschädigte hat einen Anspruch auf vollen Ersatz des Erwerbsschadens gegen den Schädiger.
2. Der Geschädigte geht noch teilweise einer Berufstätigkeit nach, hat im Übrigen aufgrund der schadensbedingten Reduzierung seiner Arbeitszeit einen teilweisen Erwerbsschadensersatzanspruch.

Im ersten Fall sollte dem Geschädigten durch einen Vorbehalt das Recht eingeräumt werden, (ggf. für ihn sozialversicherungsbeitragsfreie) Einkünfte zu erwerben, die auf die Schadensersatzsumme anrechnungsfrei bleiben. Der Hintergrund ist darin zu sehen, dass der Geschädigte sich überobligatorisch um derartige Einkünfte bemühen würde. **43**

Fernerhin ist in dieser Konstellation zu berücksichtigen, dass der Geschädigte auf die Schadensersatzzahlung bezüglich des Erwerbsschadens **Einkommensteuer** (zzgl. derzeit Soli und Kirchensteuer) zu leisten hat. Das ergibt sich daraus, dass der Erwerbsschaden des abhängig Beschäftigten nach der **Nettolohntheorie** ermittelt wird. Beim **Selbstständigen** ergibt sich dieser Steuertatbestand spiegelbildlich aus der Berechnung des **entgangenen Gewinns**. Aus diesem Grunde muss die Verpflichtung des Versicherers aufgenommen werden, etwaig zu zahlende Steuern auf den Verdienstausfallschaden ergänzend zu übernehmen. Der Rechtsgrund liegt in § 34 EStG, wonach eine Abfindung auf den Erwerbsschaden einkommensteuerpflichtig ist. Die Formulierung eines solchen Vorbehaltes könnte so aussehen: **44**

Steuervorbehalt bei Erwerbsschaden

Auf die Abfindungszahlung des Erwerbsschadens in Höhe von ▓▓▓▓▓ EUR sind vom Versicherer auf Nachweis die zu entrichtenden Steuern (derzeit Einkommensteuer, Soli, Kirchensteuer) zusätzlich zu übernehmen. Das gilt auch im jeweiligen Folgejahr, wenn die Entschädigungsleistung auf die Steuer als Einnahme wiederum zu versteuern ist.

Hinweis
Dieser Vorbehalt ist mit der Wirkung eines rechtskräftigen Feststellungsurteils zu erklären.

45 Der Anwalt sollte seinen Mandanten über die Tatsache der Einkommensteuerpflicht und der daraus eventuell resultierenden **Steuerschraube** nach § 34 EStG aufklären und mit dem Versicherer aus Vereinfachungsgründen vereinbaren, dass der Geschädigte dem Versicherer einen bzw. mehrere entsprechende/n Einkommenssteuerbescheid/e zum Ausgleich der Steuerzahllast unmittelbar zukommen lässt.

46 Im oben genannten zweiten Fall (siehe Rn 42) sollte beim **Erwerbsschadensvorbehalt** bei nur teilweiser Erwerbsminderung vereinbart werden, dass sich ein etwaig bei weiterer gesundheitlicher Verschlechterung ergebender weiterer Erwerbsschaden (z.B. bei vollständiger Erwerbsunfähigkeit) vom Versicherer über die bereits geleistete Abfindungszahlung hinaus verlangt werden kann. Der Versicherer wird dies oftmals an die Bedingung knüpfen, dass der Geschädigte in diesem Zusammenhang einen Anspruch auf Erwerbsminderungsrente/Verletztenrente zu stellen hat, so dass dann die ungedeckte Schadensspitze zum Ausgleich kommt. Hinzu kommt natürlich der Steuervorbehalt.

Ein Formulierungsvorschlag könnte so aussehen:

Erwerbsschadensvorbehalt

Der Versicherer verpflichtet sich, einen zukünftigen Erwerbsschaden bei verletzungsbedingter Reduzierung und/oder vollständigem Verlust der Erwerbsfähigkeit unter Anrechnung übergegangener Ansprüche auf Dritte zu erstatten und die darauf gegebenenfalls anfallenden Steuern auf Nachweis zu zahlen.

Hinweis
Der Anwalt muss auch hier auf Verjährungsschutz achten. Daher ist der Vorbehalt mit der Wirkung eines rechtskräftigen Feststellungsurteils zu erklären.

Bei der Regulierung des Erwerbsschadens ist seit 2008 eine erhebliche Problematik **47**
aufgetreten. Mit der Rentenreform 2008 wurde mit § 77 SGB VI ein sog. Zugangsfaktor zur Rente eingeführt. Dies bedeutet, dass jeder, der vor Erreichen der sozialversicherungsrechtlichen Regelaltersgrenze eine Rente bezieht, hier Abschläge hinnehmen muss. Dies trifft insbesondere bei der Schadensregulierung die Fälle, in
denen vor Erreichen der sozialversicherungsrechtlichen Regelaltersgrenze eine Erwerbsunfähigkeitsrente bezogen wird. Mit Bezug der Erwerbsunfähigkeitsrente
wird ein Zugangsfaktor unterhalb von 1,0 festgelegt. Dieser Zugangsfaktor wird
mit Erreichen der Regelaltersgrenze nicht mehr nach oben korrigiert. Das bedeutet,
dass der Verletzte trotz Durchführung des Beitragsregresses gem. § 119 SGB X
nicht die Altersrente erhält, welche er ohne das Unfallereignis erhalten würde. Der
Zugangsfaktor wird insoweit nicht mehr angepasst. Dem steht auch nicht entgegen,
dass zwischenzeitlich der Beitragsregress gem. § 119 SGB X durchgeführt wurde.
Insoweit ist der Wortlaut des § 77 SGB VI eindeutig. Die Deutsche Rentenversicherung sieht sich bis dato außer Stande, hier die Rente nach oben anzupassen bzw.
den Zugangsfaktor auf 1,0 zu korrigieren.

Im Ergebnis kann dies in der Praxis dazu führen, dass bis zu 250,00 EUR monatliche Altersrente weniger bezahlt werden, als wenn nicht vorzeitig Erwerbsunfähigkeitsrente bezogen worden wäre.

Hinweis
Für den Anwalt besteht hier ein erhebliches **Haftungsrisiko**. Daher ist ein eventueller Rentenschaden aufzunehmen.

Diese Diskussion wird aktuell zwischen den Haftpflichtversicherern und der Deutschen Rentenversicherung geführt. Wie das Problem gelöst wird, ist zwischen
Haftpflicht- und Rentenversicherungsträgern derzeit offen. Es gibt aktuell bei
Drucklegung dieser Auflage keinerlei Rechtsprechung zu dieser Frage. **Die anwaltliche Vorsicht gebietet es daher, auf jeden Fall einen Vorbehalt eines Ren-
tenschadens aufzunehmen.** Vor Verwendung des nachgenannten Vorbehaltes
muss der Anwalt auf jeden Fall eine aktuelle Rechtsprechungsrecherche zu der
obigen Rechtsfrage durchführen. Die Verfasser weisen ausdrücklich darauf hin,
dass hier eine Rechtsentwicklung im Fluss ist, die eine starre Verwendung des
Wortlautes des nachfolgenden Vorbehaltes verbietet.

Die aktuelle Rechtslage erfordert folgenden Vorbehalt:

Rentenschadensvorbehalt

Vorbehalten bleibt ein eventueller Rentenschaden mit der Wirkung eines rechtskräftigen Feststellungsurteils.

VI.   Vorbehalt zum Haushaltsführungsschaden

48   Dieser Vorbehalt ist nur erforderlich, wenn kein umfänglicher materieller Zukunftsschadensvorbehalt erklärt wird. Jedwede gesundheitliche Verschlechterung führt möglicherweise zu weiteren Beeinträchtigungen in der **Haushaltsführung**. Dieser Aspekt sollte bei der Gestaltung des Zukunftsschadensvorbehaltes Berücksichtigung finden. Auch hier kann – ähnlich wie beim immateriellen Vorbehalt – auf den Gesundheitszustand am Tage der Abfindungszahlung unter Bezugnahme auf ein bestimmtes Arztgutachten abgestellt werden. Es kann auch eine konkrete MdH genannt werden, bei deren Vorliegen ein weiterer Anspruch auf Ersatz des Haushaltsführungsschadens entsteht. Die tatsächliche Schwierigkeit eines solchen Vorbehaltes liegt jedoch darin, dass es regelmäßig kein Gutachten zur MdH in der Schadensregulierung gibt. Man kann sich jedoch auch damit behelfen, dass eine sozialversicherungsrechtliche MdE zum Maßstab genommen wird, bei deren Erreichen erneut über einen Haushaltsführungsschaden verhandelt werden kann. Dies wäre zum Beispiel der Fall, wenn die MdE um weitere 10 % seit dem Tag der Abfindungserklärung angestiegen ist, was jedoch medizinisch festzustellen ist. Damit ist dann zwar nichts über die Höhe der MdH gesagt, jedoch hat der Geschädigte bei Anstieg seiner sozialversicherungsrechtlichen MdE um 10 % wieder die Möglichkeit, nach § 287 ZPO in die Schadensregulierung seines Haushaltsführungsschadens einzusteigen. Die Höhe des weiteren Haushaltsführungsschadensersatzes ist dann erneute Verhandlungssache.

VII.   Vorbehalt zu den vermehrten Bedürfnissen

49   Mit einer weiteren Verschlechterung des Gesundheitszustandes ergeben sich oftmals veränderte vermehrte Bedürfnisse gegenüber dem Regulierungsstichtag in der Abfindungserklärung. Exemplarisch soll an dieser Stelle auf den Aspekt einer möglicherweise eintretenden **Pflegebedürftigkeit (Pflegerisiko)** hingewiesen werden. Der Versicherer wird einwenden, dass bei Entstehen eines Pflegerisikos kein weiterer Schadensersatzanspruch auflebt, weil dieses Risiko bereits mit der Abfindung des Haushaltsführungsschadens aufgefangen sei. Der Hintergrund ist der, dass bei der Realisierung eines Pflegerisikos und einer gegebenenfalls stationären Betreuung in einer Pflegeeinrichtung gerade kein Haushaltsführungsschaden mehr besteht, weil kein eigener Haushalt mehr zu führen ist. An dieser Stelle ist der Versicherer jedoch darauf zu verweisen, dass sich das Pflegerisiko auch in der ungedeckten Schadensspitze oberhalb der Pflegestufe 1 und unterhalb der Pflegestufe 2 sowie oberhalb der Pflegestufe 2 und unterhalb der Pflegestufe 3 ebenso wie oberhalb der Pflegestufe 3, realisieren kann. So ist es gerade nicht ausgeschlossen, dass ein Geschädigter sehr wohl einen Anspruch auf Ersatz seines Haushaltsführungsschadens neben einem Anspruch auf Ersatz seiner ungedeckten Schadensspitze für Pflegeaufwendungen hat, wenn er lediglich teilweise pflegebedürftig wird. Zwar reduziert sich möglicherweise der Anspruch auf Ersatz des Haushaltsführungsschadens ein Stück, jedoch übersteigt der Zahlbetrag der ungedeckten Schadensspitze beim Pflegefall diese Reduzierung deutlich. Das liegt bereits daran, dass der Haushaltsführungsschaden bei normativer Abrechnung mit Stundenverrechnungssätzen oder TVöD-Beträgen reguliert wird, die im Einzelfall deutlich unterhalb eines Stundenverrechnungssatzes für eine Pflegekraft liegen. Man darf also nicht den Fehler begehen, 2 Stunden reduzierten Haushaltsführungsschaden mit 2 Stunden aufgelaufener ungedeckter Schadensspitze bei Pflegeleistungen gleichzusetzen. Entscheidend ist hier der Zahlbetrag pro Stunde! Mit dieser Argumentation kann dem Versicherer oftmals klar gemacht werden, dass ein Vorbehalt hinsichtlich eines etwaigen zukünftigen Pflegerisikos zu erklären ist.

Ein solcher Vorbehalt könnte wie folgt formuliert werden:

Pflegevorbehalt

Nicht erfasst von dem Vergleich, sondern vorbehalten bleiben ferner materielle Zukunftsansprüche der ungedeckten Schadensspitze für den Fall des Eintritts einer dauerhaften unfallbedingten Pflegebedürftigkeit nach § 15 Abs. 1 Nr. 1 SGB XI (Pflegestufe 1)/§ 15 Abs. 1 Nr. 2 SGB XI (Pflegestufe 2)/§ 15 Abs. 1 Nr. 3 SGB XI (Pflegestufe 3) unter Berücksichtigung kongruenter Leistungen.

Hinweis
Der Anwalt muss auch hier auf Verjährungsschutz achten. Daher ist der Vorbehalt mit der Wirkung eines rechtskräftigen Feststellungsurteils zu erklären.

VIII. Vorbehalt der Abänderbarkeit wiederkehrender Leistungen

Wenn in der Abfindungserklärung wiederkehrende Leistungen (Erwerbsschaden, Haushaltsführungsschaden, vermehrte Bedürfnisse, entgangener Unterhalt) vereinbart worden sind, bedarf es einer zusätzlichen vertraglichen Vereinbarung, dass § 323 ZPO anwendbar sein soll. Damit ist dann gewährleistet, dass Vergleiche mit wiederkehrenden Leistungen veränderten Bedingungen des Lebenssachverhaltes angeglichen werden können. **50**

Eine Formulierung im Abfindungsvergleich könnte wie folgt aussehen:

Vorbehalt der Abänderbarkeit wiederkehrender Leistungen

Die Parteien erklären mit der Wirkung eines am heutigen Tage rechtskräftigen Feststellungsurteils § 323 ZPO für anwendbar.

293

IX. Allgemeiner Steuervorbehalt

51 Selbst wenn nach derzeitiger Rechtslage Abfindungszahlungen nur im Hinblick auf den Erwerbsschaden steuerpflichtig sind (vertiefend soll an dieser Stelle auf den Beitrag von *Jahnke* zur Versteuerung von Schadensersatzansprüchen in NJW Spezial 2009, 601 ff. hingewiesen werden), darf nicht davon ausgegangen werden, dass diese Rechtslage unverändert für die Zukunft gilt. Gesetzesänderungen aus fiskalischen Gesichtspunkten sind nicht ausgeschlossen. Ein Vorbehalt könnte wie folgt formuliert werden:

Allgemeiner Steuervorbehalt

Die auf die Abfindungszahlung als solche etwaig zu entrichtenden Steuern sind auf Nachweis vom Versicherer zusätzlich zu übernehmen.

> *Hinweis*
> Der Anwalt muss für Verjährungsschutz sorgen. Daher ist der Vorbehalt mit der Wirkung eines rechtskräftigen Feststellungsurteils zu erklären.

X. Kinder haften für ihre Eltern, §§ 1601, 1602 BGB

52 Die Notwendigkeit eines weiteren **Vorbehaltes bei Schwerstverletzung oder Tötung von Kindern und Jugendlichen** ergibt sich aus einer möglichen späteren Pflegebedürftigkeit der Eltern der geschädigten oder getöteten jungen Menschen. Gemäß § 1602 Abs. 1 BGB haben Eltern im Falle eigener Pflegebedürftigkeit auch gegenüber ihren Kindern einen **Unterhaltsanspruch.** Nach dem Gesetz haben die Kinder pflegebedürftiger Eltern anteilig und nach ihren Erwerbs- und Vermögensverhältnissen für die ungedeckten Kosten aufzukommen. In diesem Fall kann ein Vorbehalt des Inhaltes vereinbart werden, wonach sich der Versicherer verpflichtet, im Falle einer Bedürftigkeit der Eltern nach § 1602 Abs. 1 BGB der/des Geschädigten/Getöteten den Unterhaltsschaden zu ersetzen. Auch hier ist für Verjährungsschutz zu sorgen.

Vorbehalt „Kinder haften für ihre Eltern"

Die X-Versicherung erklärt mit der Wirkung eines am heutigen Tage rechtskräftigen Feststellungsurteils, für die Unterhaltsverpflichtung des geschädigten Kindes Y gegenüber dessen Eltern im gesetzlichen Umfang gem. §§ 1601, 1602 BGB einzustehen, sofern Y unfallkausal diesem Unterhaltsanspruch nicht nachkommen kann.

XI. Vorbehalt mit titelersetzender Wirkung

Vorbehalte wirken sich grundsätzlich nicht auf die Dauer der **Verjährung** aus. Der 53
Direktanspruch gegen den Haftpflichtversicherer verjährt wie der Anspruch gegen
den Schädiger in 3 Jahren (§ 3 Nr. 3 S. 1 PflVG, § 14 StVG, § 195 BGB, § 852
Abs. 1 BGB a.f.), gerechnet ab dem Zeitpunkt, in welchem der Verletzte von dem
Schaden und der Person des Ersatzpflichtigen Kenntnis erlangt.

Die Verjährung der Ansprüche ist gem. § 3 Nr. 3 PflVG von dem Zeitpunkt an ge- 54
hemmt, zu welchem die Ansprüche angemeldet werden. Die Hemmung endet mit
dem „Eingang der schriftlichen Entscheidung des Versicherers" (§ 3 Nr. 3 S. 3
PflVG). Eine Entscheidung in diesem Sinne ist auch der Abschluss einer Abfindungsvereinbarung. Die Verhandlungszeit wird in die Verjährungszeit nicht eingerechnet (§ 209 BGB). Die Hemmung der Verjährung vorbehaltener Ansprüche (§ 3
Nr. 3 S. 3 PflVG) endet mit dem Vergleichsschluss, ohne dass es dazu einer weiteren förmlichen Erklärung des Versicherers bedarf (BGH NJW 2002, 1878, 1880).

Außerhalb eines gerichtlichen Verfahrens kann eine Erklärung oder sonstige Hand- 55
lung allein des Geschädigten die Verjährung nicht neu beginnen lassen oder verlängern. Es ist darüber hinaus die Mitwirkung des Versicherers an einer dahingehenden Vereinbarung (§ 202 Abs. 2 BGB) oder sein Anerkenntnis (§ 212 Abs. 1 Nr. 1
BGB) erforderlich. Nur die Formulierung, wonach neben der Abfindungsleistung
„Vorbehalte vereinbart" werden, genügt hierfür nicht. Um neben einem oder mehreren bloßen Vorbehalten eine Verlängerung der Verjährung zu erreichen, bedarf es
einer ausdrücklichen dahingehenden Vereinbarung (BGH NZV 1998, 456). Die
Akzeptanz des Vorbehaltes allein beinhaltet keinen Verjährungsverzicht des Schädigers (BGH NJW 2003, 1524).

Um für nicht abgefundene und ausdrücklich vorbehaltene zukünftige Ansprüche 56
eine titelsetzende Wirkung in der Abfindungsvereinbarung zu erreichen, bedarf
es einer ausdrücklichen Formulierung. Diese könnte wie folgt aussehen:

Vorbehalt mit titelersetzender Wirkung

Alle Vorbehalte werden mit der Wirkung eines am Tage der Unterzeichnung der
Abfindungserklärung rechtskräftigen Feststellungsurteils erklärt.

Nach § 202 BGB sind Vereinbarungen über die Verjährung möglich – allerdings 57
nur bis zu einer Frist von 30 Jahren. Von dieser gesetzlichen Regelung sollte so oft
wie möglich bei wiederkehrenden Leistungen Gebrauch gemacht werden. Wenn
der Versicherer zur Abgabe einer solchen Verjährungsverzichtserklärung nicht bereit ist, dann muss der Anwalt seinen Mandanten darauf hinweisen, dass mit Abfindungszahlung und trotz Vorbehalt binnen 3 Jahren ein weiteres Anerkenntnis des
Versicherers eingeholt werden muss (§ 212 Abs. 1 Nr. 1 BGB). Alternativ muss eine

Feststellungsklage erhoben werden (§ 204 Abs. 1 Nr. 1 BGB), um die Gefahr des Verjährungseintritts der vorbehaltenen Ansprüche zu verhindern.

58 Für alle wiederkehrenden Leistungen (Erwerbsschaden, Haushaltsführungsschaden, vermehrte Bedürfnisse, entgangener Unterhalt oder Schmerzensgeldrente) gilt anstelle der 30-jährigen Verjährungsfrist aus dem Feststeller die regelmäßige Verjährungsfrist von drei Jahren (§ 197 Abs. 2 BGB). Die Verjährungsfrist von 30 Jahren betrifft nur das Stammrecht. Die dreijährige Verjährungsfrist für wiederkehrende Leistungen beginnt jeweils mit Ende des Jahres, in dem die Ansprüche fällig geworden sind (§ 199 Abs. 1 BGB). Das bedeutet, dass, wenn nicht vor Ablauf der dreijährigen Verjährungsfrist der Geschädigte die Ansprüche reguliert bekommt, er vom Versicherer eine erneute **Verjährungsverzichtserklärung** einholen muss. Wegen dieser Regelung in § 197 Abs. 2 BGB sollte der Rechtsanwalt also in der Abfindungsvereinbarung mit dem Versicherer darauf hinwirken, dass die Verjährungsfrist unter Verzicht auf die Einrede nach § 197 Abs. 2 BGB vertraglich auf 30 Jahre verlängert wird.

59 Bei **Mandatsbeendigung** muss der Mandant also vollumfänglich über die Verjährungsfrist des Stammrechtes aufgeklärt werden, wenn der Versicherer diesbezüglich einen immateriellen/materiellen Feststeller erklärt hat. Gerade bei jungen Geschädigten ist es unabdingbar, dass sich diese dann rechtzeitig vor Ablauf der 30-jährigen Verjährung um einen weiteren titelersetzenden Verzicht auf die Einrede der Verjährung oder aber Feststeller kümmern. Fernerhin ist der Mandant darüber aufzuklären, dass die 30-jährige Verjährung nur für das Stammrecht gilt, nicht jedoch für die wiederkehrenden Leistungen. Hier sollte ihm ausdrücklich vor Augen geführt werden, dass § 197 Abs. 2 BGB in Form der kurzen Verjährung für alle wiederkehrenden Leistungen gilt. Es könnte sinnvoll erscheinen, wenn der Rechtsanwalt dem Mandanten an dieser Stelle ein Rechenbeispiel hinsichtlich der Verjährung von wiederkehrenden Leistungen gibt. In diesem Zusammenhang ist der Mandant darüber aufzuklären, dass er rechtzeitig die wiederkehrenden Leistungen beim Versicherer reguliert oder aber rechtzeitig für verjährungshemmende bzw. verjährungsunterbrechende Maßnahmen innerhalb der Frist des § 197 Abs. 2 BGB sorgen muss.

C. Tipps für die optimale Gestaltung des Regulierungsgespräches

60 Die im nachfolgenden zusammengestellten Tipps für die Durchführung des **Regulierungsgespräches** basieren ausschließlich auf jahrelanger Erfahrung und Auswertung von mehreren Hunderten Regulierungsgesprächen der Verfasser beim Personenschaden. Literatur zu diesem Thema ist – soweit ersichtlich – bislang in dieser Form nicht vorhanden.

61 Wenn im Folgenden der Begriff des Regulierungsgespräches Verwendung findet, dann ist damit in der Mehrzahl der Fälle das persönliche Gespräch zwischen

Rechtsanwalt und außenschadensregulierendem Sachbearbeiter eines Haftpflicht-versicherers in der Kanzlei des Rechtsanwalts gemeint, aber auch alternativ die fernmündliche Verhandlung der Schadensersatzansprüche. Man sollte sich davor hüten anzunehmen, dass der Außenregulierer die Akte nicht oder nur schlecht kennt. Dieser ist im Regelfall ebenso gut über den gesamten Akteninhalt informiert (oftmals auch über erstaunlich kleine Details!) wie der Schadenssachbearbeiter im Innendienst, mit dem die vorangegangene – mitunter langjährige – Korrespondenz im Schadensfall geführt wurde.

Das Regulierungsgespräch ist das Finale einer nicht selten langjährigen, kontrover-sen Kommunikation mit dem Versicherer um den finanziellen Umfang eines für den Mandanten einschneidenden Unfallgeschehens. Der optimale Zeitpunkt ist der Abschluss der medizinischen Behandlung, wenn der Mandant lediglich noch erhal-tungstherapeutische Maßnahmen erhält. Dies ist oftmals in einem Zeitfenster von 1 bis 3 Jahren nach dem Unfall der Fall. Abschließende Schadensregulierungen ver-bieten sich so lange, wie noch geplante Operationen zur Versorgung der Unfallver-letzungen anstehen. Es ist nicht auszudenken, welchem Haftungsrisiko sich der An-walt aussetzt, wenn er den Abschluss der Regulierung zu einem Zeitpunkt herbeiführt, in dem eine Prognose über die weitere Schadensentwicklung noch nicht möglich ist. Als Richtgröße steht neben dem Zeitfenster von 1 bis 3 Jahren nach dem Unfallereignis die Operation der Metallentfernung im Raume. Wenn die-se erfolgreich abgeschlossen ist, bestehen keine Bedenken, in die Regulierungsver-handlungen zum Abschluss der Angelegenheit einzusteigen. **62**

Ein abschließendes Regulierungsgespräch bezüglich aller immateriellen und mate-riellen Schadensersatzansprüche setzt eine umfassende **Bezifferung** dieser Positio-nen vom Geschädigtenvertreter voraus. Andernfalls ist ein Regulierungsgespräch sinnlos. Diese Bezifferung kann durchaus – je nach Intensität der Ausgangsverlet-zungen und Dauerschäden – den Umfang von 20 bis 40 Seiten annehmen und ist dem Versicherer mindestens 2 bis 3 Wochen zuvor zugänglich zu machen. **63**

Bevor ein Regulierungsgespräch terminiert wird, muss die **medizinische Indikati-on** hinsichtlich der in die Schadensregulierung eingeführten Hilfs-/Heilmittel im Rahmen der vermehrten Bedürfnisse vom behandelnden Arzt des Mandanten schriftlich vorliegen. Diese wird ergänzt durch eine schriftliche Stellungnahme der Krankenversicherung zur Frage der **Kostenübernahme** einzelner oder aller auf-geführten Hilfs-/Heilmittel. Ohne diese zwei Schriftstücke ist in der Regel eine Re-gulierung der vermehrten Bedürfnisse nicht möglich bzw. der Versicherer weist diese mit dem pauschalen Hinweis auf den Vorrang der Leistungspflicht des Sozial-versicherungsträgers zurück. Der Geschädigtenvertreter muss an dieser Stelle also vorher seine Hausaufgaben machen. **64**

Die Terminierung des Regulierungsgespräches darf nicht unter Zeitdruck stehen, weil die intensiven Vergleichsverhandlungen mit dem Sachbearbeiter des Versiche-rers nicht selten einen Aufwand von 5 bis 6 Stunden am Stück (ohne Pause!) erfor- **65** dern. Weitere Termine an diesem Tage sollte der Anwalt nicht einplanen. Es ist eine Selbstverständlichkeit, dass während eines Regulierungsgespräches keine Telefonate durchgestellt werden und das Handy ausgeschaltet ist.

66   Für das Gespräch sollten deshalb ausreichend Getränke zur Verfügung stehen, wozu auch regelmäßig neu gekochter, frischer Kaffee/Tee gehört. Bereits morgens gekochter Kaffee in der Bürothermoskanne hilft nach Stunden der intensiven juristischen Auseinandersetzung definitiv nicht mehr durch das unvermeidbare Leistungstief hindurch.

67   Das Regulierungsgespräch sollte keinesfalls im Beisein des Mandanten geführt werden. Hierbei geht es nicht darum, etwa ein Misstrauen gegen den eigenen Mandanten zu entwickeln oder aber **Geheimverhandlungen** zu führen, sondern vielmehr darum, dass der Mandant aufgrund seiner Verletzungsfolgen oftmals physisch und psychisch nicht über die notwendige Kondition für derartig lang andauernde Verhandlungen verfügt. Es besteht dann die Gefahr, dass der Mandant sehr schnell an seine Leistungsgrenzen stößt und „klein beigibt" und sich mit einem schlechten Vergleichsangebot zufrieden gibt, obwohl eigentlich eine höhere Abfindungszahlung bei längerer Regulierungsdauer „drin" gewesen wäre. Mandanten, die darauf drängen, beim Regulierungsgespräch zugegen zu sein, sollten über diesen Mechanismus aufgeklärt werden und darauf hingewiesen werden, dass in diesem Gespräch nichts Verbindliches ohne ihre Zustimmung auf der Basis eines umfänglichen Aufklärungsschreibens vor Unterzeichnung des Abfindungsvergleiches, welches den gesamten Verlauf des Regulierungsgespräches wiedergibt, ausgehandelt wird.

68   Das Regulierungsgespräch erfordert einige Tage zuvor eine **gründliche Vorbereitung**, vergleichbar mit derjenigen für eine mündliche Verhandlung vor Gericht. Der Anwalt muss so gut im Sachverhalt und der rechtlichen Würdigung der anspruchsbegründenden Tatsachen stehen, dass eine Verhandlung mit dem Versicherer auf gleicher Augenhöhe möglich ist. Hierbei muss sich der Anwalt immer wieder vor Augen führen, dass sein Verhandlungspartner ein hoch spezialisierter Volljurist ist, dessen Arbeitgeber weder Kosten noch Mühen scheut, um seine Mitarbeiter zu schulen. Es ist immer wieder feststellbar, dass Schadensregulierer durch die Bank weg über hervorragende Spezialkenntnisse der Personenschadensregulierung verfügen, an die die Richterschaft in Ermangelung entsprechender Fortbildungsangebote selten heran kommt. So liegt es in der Hand des den Personenschaden regulierenden Rechtsanwalts, sich ebenfalls um das Spezialwissen (Fachanwaltschaften, Fortbildung und Lektüre einschlägiger Fachzeitschriften und Fachbücher) zu bemühen, um auf gleicher Augenhöhe im Regulierungsgespräch kommunizieren zu können. Zu der guten Vorbereitung im oben genannten Sinne zählt es, den gesamten Akteninhalt präsent zu haben. Das bezieht sich sowohl auf sämtliche Arztberichte als auch die Abrechnungsunterlagen zum Ist-Verdienst sowie Hätte-Verdienst bei der Ermittlung des Erwerbsschadens. Nicht selten stellt der Versicherer

im Regulierungsgespräch ein kleines Detail aus einem der Arztberichte oder aus seiner Regressakte mit dem Sozialversicherungsträger in den Vordergrund, um Ansprüche betragsmäßig gering zu halten. Der Anwalt muss dann in der Lage sein, mithilfe seiner Arztberichte und Abrechnungsunterlagen des Arbeitgebers/Sozialversicherungsträgers/Sozialhilfeträgers den Einwendungen substantiiert entgegenzutreten.

Wenn der Anwalt bei der Vorbereitung des Regulierungsgespräches feststellt, dass **69** zwischen der umfänglichen schriftlichen Schadensbezifferung und dem Regulierungsgespräch soviel Zeit vergangen ist, dass zwischenzeitlich aktuellere Rentenbescheide beim Mandanten vorliegen dürften, die jedoch nicht zur Akte gelangt sind, besteht noch ausreichend Zeit, diese beim Mandanten telefonisch anzufordern. Bereits deshalb verbietet sich eine Vorbereitung des Regulierungsgespräches eine Stunde vor dem Termin mit dem Versicherer.

Bereits an anderer Stelle war oben (siehe § 3 Rn 12 ff.) im Rahmen der sog. Vorher- **70** sehbarkeitsrechtsprechung des Bundesgerichtshofes bei der Schmerzensgeldbezifferung auf das Erfordernis hingewiesen worden, dass die objektiv vorhersehbaren Folgeschäden einer Verletzung herausgearbeitet werden müssen, da sie schmerzensgeldrechtlich erhebliche Relevanz haben. Um im Regulierungsgespräch über das Schmerzensgeld auf gleicher Augenhöhe verhandeln zu können, ist es erforderlich, dass der Anwalt möglichst auf einer DIN A4-Seite die Ausgangsverletzungen, Dauerfolgen und objektiv vorhersehbaren physischen und psychischen Unfallfolgen zusammenstellt, um diese ggf. sogar dem Versicherer im Regulierungsgespräch nochmals bei der Verhandlung des Schmerzensgeldes auszuhändigen.

Zur Vorbereitung gehört die Abwägung des **Prozessrisikos** der einzelnen geltend **71** gemachten Ansprüche auf der Basis der Darlegungs- und Beweislast nach §§ 286, 287 ZPO. Nur wer das exakt herausarbeitet, kann Schwächen und Stärken der einzelnen Anspruchspositionen erkennen und sich im Regulierungsgespräch an der einen oder anderen Stelle auch einmal „bewusst argumentativ zurück lehnen".

Die Vorbereitung des Regulierungsgespräches fordert ein Denken in Alternativen: **72** Wiederkehrende Leistungen sollten im Vorwege bereits mit unterschiedlichen Zinssätzen kapitalisiert werden, um ein pauschaliertes Abfindungsangebot des Versicherers stichhaltig überprüfen zu können. Zur Vorbereitung eines Kapitalisierungsvorgangs in der Diskussion mit dem Versicherer ist es erforderlich, die banalen Ausgangsdaten, wie das Geburtsdatum des Mandanten, das Lebensalter am Unfalltag und das Lebensalter zum Regulierungszeitpunkt griffbereit zu haben. In diesem Zusammenhang ist darauf zu achten, dass wiederkehrende Leistungen bis zum Tag der Abfindungszahlung aufaddiert werden und zukünftige Ansprüche kapitalisiert werden, wobei der Stichtag für die Kapitalisierung der Tag der voraussichtlich abzugebenden Abfindungserklärung ist. Ferner sollte man sich vor dem Regulierungsgespräch die unterschiedlichen Laufzeiten der einzelnen wiederkehrenden Leistungen (Erwerbsschaden bis zum Eintritt in das gesetzliche Rentenalter,

Haushaltsführungsschaden über das 75. Lebensjahr hinaus, vermehrte Bedürfnisse je nach Einzelposition bis 75 oder lebenslänglich) vergegenwärtigen.

73 Unabdingbare Hilfsmittel im Regulierungsgespräch sind Taschenrechner, Textmarker, Kapitalisierungstabellen, Tabellen zur Ermittlung des Haushaltsführungsschadens (*Pardey*, Der Haushaltsführungsschaden) in der neuesten Auflage, aktuelle TVöD-Tabellen und ebenso die Schmerzensgeldbeträge von *Hacks/Wellner/Häcker* in der neuesten Auflage.

74 Das Regulierungsgespräch ist sachlich zu führen, polemische und beleidigende Äußerungen verbieten sich von selbst und sind oftmals Ausdruck mangelnder fachlicher und sozialer Kompetenz. Selbstverständlich ist das Regulierungsgespräch eine streitige Auseinandersetzung um die rechtliche Bewertung eines Lebenssachverhaltes. Dennoch darf die professionelle juristische Ebene nicht verlassen werden. Man kann unterschiedliche Rechtsauffassungen vertreten, sollte sich vergleichsweise möglichst an obergerichtlicher Rechtsprechung zu einzelnen entbrannten Streitfragen orientieren. Wenn das Regulierungsgespräch „festgefahren" ist, dann sollte die streitige Position ausdrücklich offen bleiben und man sollte übereinstimmend zur nächsten Schadensersatzposition übergehen. Um die offen gelassene Position nicht zu vergessen, ist diese unbedingt mit einem Textmarker zu markieren. Wenn dann alle Schadensersatzpositionen besprochen sind, wird am Ende die farbig markierte nochmals verhandelt. Oft lässt sich plötzlich ein Konsens finden, weil alle anderen Positionen bereits durchgesprochen sind und keine der beiden Seiten das Gespräch an der dann noch offenen, letzten Schadensersatzforderung scheitern lassen möchte.

75 Das Regulierungsgespräch mündet in einen Abfindungsvergleich. Nach der Legaldefinition ist der Vergleich ein gegenseitiges Nachgeben (§ 779 Abs. 1 BGB). Anders formuliert: Ein Vergleich ist nur dann gut, wenn er beiden Seiten wehtut und jede Partei ein lachendes und ein weinendes Auge behält. Aus taktischen Gründen ist es deshalb aus Sicht des Geschädigtenvertreters erforderlich, in die Front der Schadensersatzpositionen einige Bauernopfer einzubauen, die im Einzelfall „geopfert" werden können, ohne dass wichtige Rechtspositionen aufgegeben werden müssen. In diesem Zusammenhang ist es wichtig, sich immer wieder vor Augen zu führen, dass der Rechtsanwalt nicht bei allen maßgeblichen Stellschrauben in der Schadensbezifferung nachgeben darf. Hierbei sei auf den oftmals gebrachten Einwand des Versicherers hingewiesen, wonach ein Erwerbsschaden nicht bis zum Eintritt in das gesetzliche Rentenalter zu kapitalisieren ist, sondern maximal bis zum 63. Lebensjahr. Der Versicherer begründet dies damit, dass kaum ein Arbeitnehmer wirklich bis zur Altersrente arbeitet. Dabei ist auf die Darlegungs- und Beweislast zu verweisen: Das vorzeitige Ausscheiden aus dem aktiven Erwerbsleben hat der Versicherer im Prozess darzulegen und zu beweisen. Nur für wenige Berufsgruppen existiert diesbezüglich statistisches Material. Man wird wohl bestenfalls davon ausgehen dürfen, dass körperlich anstrengende Berufe (zum Beispiel im

Baugewerbe) möglicherweise faktisch zu einem vorzeitigen Ausstieg aus dem Berufsleben führen können. Flächendeckend für alle Berufsgruppen ist eine derartige Annahme jedoch unzutreffend.

Die **Stellschrauben beim Haushaltsführungsschaden** sind folgende: der tatsäch-   **76**
liche Zeitaufwand für die Haushaltsführungstätigkeit vor dem Unfall, die Dauer-MdH, die Höhe der Vergütung pro Stunde sowie die Laufzeit des Anspruches im Rahmen der Kapitalisierung. Der Geschädigte muss im streitigen Verfahren lediglich substantiierten Sachvortrag zum Umfang der Haushaltsführung vor dem Unfall, zu den unfallbedingten Beeinträchtigungen und seinen unfallbedingten Einschränkungen in der Haushaltsführung machen. Hinsichtlich aller anderen Stellschrauben gilt das Beweismaß des § 287 ZPO. Eine Schadensschätzung muss nicht zwangsläufig immer zum Nachteil des Geschädigten ausfallen.

Während der Außenregulierer bzw. der das Regulierungsgespräch führende Sach-   **77**
bearbeiter der Schadensangelegenheit sich selbst Aktennotizen über den Gesprächsverlauf anfertigt, muss auch der Anwalt ein umfängliches **Protokoll** für seine eigenen Unterlagen fertigen. Dieses Protokoll kann nicht erst im Anschluss an das Regulierungsgespräch geschrieben werden, sondern es sollte den gesamten Gesprächsverlauf in seinen wesentlichen Zügen wiedergeben und parallel zu den Verhandlungen notiert werden. Umfangreiche Kapitalisierungsberechnungen sind am Folgetag ohne entsprechende Notizen kaum noch zu rekonstruieren. Ohne detaillierte Notizen wird es dem Anwalt nahezu unmöglich sein, den Mandanten vor Unterzeichnung der Abfindungserklärung über das Zustandekommen jeder einzelnen Schadensersatzposition zu unterrichten. Um den Mandanten auch über das Prozessrisiko aufzuklären, bedarf es der sorgfältigen Erfassung der Einwendungen und Rechenwege des Versicherers. Damit der Anwalt im Regulierungsgespräch nicht den Überblick verliert, empfiehlt es sich, die Teilergebnisse für jede Schadensersatzposition getrennt sowohl für die Vergangenheit (Addition rückständiger Beträge) sowie für die Zukunft (Jahresbetrag, Kapitalisierungsfaktor und kapitalisierter Endbetrag) mit unterschiedlichem Textmarker zu kennzeichnen. Diese **Teilergebnisse** sollten zum Schluss nochmals mit dem Gesprächspartner abgeglichen werden und die Gesamtsumme durch gemeinsame Addition der Teilbeträge gebildet werden. Später entdeckte Rechenfehler sind ärgerlich und erfordern eine erneute telefonische Abstimmung über die Abfindungssumme, was zu erheblichen **Zeitverzögerungen** führen kann.

Praxistipp
Zur Vereinfachung des Abgleiches der Regulierungsergebnisse kann es sinnvoll sein, wenn ein Flipchart zur Verfügung steht, auf dem die jeweiligen Teilergebnisse stichwortartig und betragsmäßig notiert werden. Die beschriebenen Seiten können dann am Ende des Regulierungsgespräches abfotografiert werden und per E-Mail sowohl zur Akte des Versicherers als auch zur Akte des Anwalts gespeichert werden. Es muss allerdings davor gewarnt werden, das Flipchart nur halbher-

zig für einzelne Positionen bzw. nur unvollständig für einzelne Positionen zu verwenden. Hier gilt das Motto: Alles, was die verhandelnden Parteien darauf notiert haben, ist besprochen und alles, was dort nicht steht, ist dann wohl auch nicht verhandelt worden. Insoweit sollte man sich über die Bedeutung einer solchen gemeinsamen Mitschrift durchaus im Klaren sein.

78 Beim **Quotenfall** kann aus Vereinfachungsgründen die vollständige Schadensersatzsumme auf der Basis einer 100 %igen Haftung ermittelt werden und erst zum Schluss sollte rechnerisch quotiert werden. Sonst kann es vorkommen, dass einzelne Schadensersatzpositionen im mehrstündigen Gespräch sofort quotiert werden, andere jedoch aus unerfindlichen Gründen zu 100 % in die Regulierung rechnerisch eingestellt werden. Achtung: Die Quotierung gilt nicht für das Schmerzensgeld (vgl. § 3 Rn 15).

79 Wenn als Ergebnis stundenlanger Verhandlungen endlich ein Abfindungsbetrag rechnerisch ermittelt worden ist, dürfen die zu vereinbarenden Vorbehalte nicht in Vergessenheit geraten. Insoweit wird auf die Darstellungen oben (siehe Rn 12 ff.) verwiesen. Nicht selten lehnt der Regulierer alle werthaltigen Vorbehalte pauschal unter Hinweis auf die aus seiner Sicht sehr großzügig ermittelte Abfindungssumme ab. Davon sollte sich der Geschädigtenvertreter jedoch nicht irritieren lassen. Wenn es vertretbar erscheint, einzelne Vorbehalte zur Disposition zu stellen, dann muss dafür die Abfindungssumme nochmals erhöht werden. Keinesfalls dürfen Vorbehalte ersatzlos „unter den Tisch fallen", nur weil nach vielen Stunden des Regulierungsgespräches die Konzentration abgeflacht ist. Argumentationshilfen zur Durchsetzung der Vorbehalte finden sich oben (siehe Rn 10 ff.).

80 Wenn die Verhandlungen in der Sache selbst (vorläufig) zu einem Ende geführt worden sind, dann muss der Anwalt ausdrücklich darauf hinweisen, dass die gefundenen Ergebnisse dieses Tages unter dem Vorbehalt der Zustimmung des Mandanten stehen. Keinesfalls darf der Anwalt sofort eine Abfindungserklärung unterzeichnen oder verbindliche Zusagen treffen. Es ist nicht der Anwalt, der mit diesem Vergleich den Rest seines Lebens bestreiten muss, sondern der Mandant. Dieser ist der Herr des Verfahrens und ihm muss zugebilligt werden, einen mehrtägigen **Entscheidungsfindungsprozess** zu durchlaufen. Im Übrigen stellt auch der Versicherer sein Abfindungsangebot am Ende eines solchen Regulierungsgespräches unter den Vorbehalt der **Vorstandsgenehmigung**. Die **Waffengleichheit** gebietet es, dieses Recht auch dem Geschädigtenvertreter zuzubilligen.

81 Ganz zum Schluss darf der Anwalt nicht vergessen, die eigenen **Honoraransprüche** zu verhandeln. Maßgeblich für den **Erledigungswert**, auf den beim Versicherer abgerechnet wird, ist nicht nur die Höhe einer Abfindungszahlung, sondern auch der Wert der Vorbehalte. Soweit privates **Schadensmanagement** in der Schadensregulierung stattgefunden hat, stellt dieses ebenfalls einen eigenen Abrechnungstatbestand dar. Falls es noch erforderlich sein sollte, eine **vormundschaftliche Genehmigung** des Abfindungsvergleiches einzuholen, so hat der Versicherer auch für die damit im Zusammenhang stehenden **Anwaltsgebühren** aufzukommen (insoweit siehe Rn 39, 48). Hinsichtlich der Gebühren bei Einschaltung des Reha-Managements wird auf die Ausführungen zum Ablauf des Reha-Managements verwiesen (siehe § 5 Rn 25).

Nach Abschluss der Regulierungsverhandlungen – definitiv erst dann, wenn der **82** Versicherer das Haus verlassen hat – sollte der Geschädigtenvertreter eine **selbstkritische Analyse** des Gesprächsverlaufes vornehmen, um so seine Fähigkeiten für das nächste Regulierungsgespräch zu optimieren.

D. Aufklärung des Mandanten vor Abschluss eines Abfindungsvergleiches

Literatur: *Burghart*, Der Abfindungsvergleich beim Personenschaden, 43. Deutscher Verkehrsgerichtstag 2005, 147 ff.; *Euler*, Der Abfindungsvergleich in der Regulierungspraxis: Chancen und Risiken im Personenschadenbereich, SVR 2005, 10 ff.; *Nehls*, Der Abfindungsvergleich beim Personenschaden, SVR 2005, 161 ff.; *Nugel*, Der Abfindungsvergleich in der außergerichtlichen Schadenregulierung, zfs 2006, 190 ff.; *Schah Sedi/Schah Sedi*, Die anwaltliche Beratungspflicht zu Beginn des Mandates und vor Abschluss eines außergerichtlichen Abfindungsvergleiches unter besonderer Berücksichtigung des Personenschadens, zfs 2008, 491 ff.

I. Einleitung

Der den Personenschaden regulierende Anwalt ist häufig das letzte Glied einer lan- **83** gen Kette von Menschen, die dem Geschädigten über einen langen Zeitraum zur Seite gestanden haben, bevor dieser mit seiner **veränderten Lebenssituation** aufgrund des Personenschadens alleine klarkommen muss. Insoweit muss der Anwalt neben dem Risiko eines Abfindungsvergleiches für seinen Mandanten auch die darin liegende Chance begreifen, für diesen die Zukunft positiv zu gestalten.

Gelingen wird das dem Anwalt, der nicht nur über profunde Rechtskenntnisse der **84** Personenschadensregulierung verfügt, sondern darüber hinaus die Fähigkeit besitzt, sich in die Sorgen und Nöte seines verletzten Mandanten hineinzuversetzen und außerdem auf gleicher Augenhöhe mit dem Gegner zu verhandeln versteht. Häufig ist der Mandant extrem psychisch belastet, wenn er endlich kurz vor dem Abschluss eines Abfindungsvergleiches steht. Er möchte „die Sache" nach Jahren der durch Vorschüsse gekennzeichneten Regulierung endlich abschließen und ist auch deshalb zu dem einen oder anderen Zugeständnis bereit. Oft ermöglicht der Abfindungsvergleich es dem Geschädigten, seinen Blick in die Zukunft zu richten und sich damit auf eine **eigenverantwortliche Lebensgestaltung** zu konzentrieren. Der Anwalt trägt dabei eine große Verantwortung nicht nur in rechtlicher Hinsicht, sondern auch und gerade in menschlicher Hinsicht.

85 Die Beratung eines Mandanten vor Abschluss eines Abfindungsvergleiches beim Personenschaden gilt deshalb zu Recht als besonders haftungsträchtig (*Laschkow*, AnwBl 2007, 374; *Burghart*, 43. VGT 2005, 151; *Nugel*, zfs 2006, 191).

II. Pflicht des Rechtsanwalts zur umfassenden Aufklärung des Mandanten

86 Nach einhelliger Auffassung in Rechtsprechung und Literatur hat der Anwalt seinen Mandanten vor Abschluss des Vergleiches über den Inhalt sowie die **Vor- und Nachteile** umfassend aufzuklären (BGH NJW 2002, 292 ff. m.w.N.; OLG Celle v. 6.5.2009 – 3 U 294/08 = OLGR Celle 2009, 661 ff.; AG Karlsruhe-Durlach, AnwBl 2008, 793 ff.; *Euler*, SVR 2005, 18; *Nehls*, SVR 2005, 166; *Nugel*, zfs 2006, 191; *Schah Sedi/Schah Sedi*, zfs 2008, 494). Der Mandant muss darauf basierend eine **eigenverantwortliche Entscheidung** über den Abschluss oder Nichtabschluss eines Abfindungsvergleiches treffen können (*Euler*, SVR 2005, 18). Über die Anforderungen hinausgehend hat der Arbeitskreis III des 43. VGT 2005 in Goslar die Empfehlung ausgesprochen, dass der Rechtsanwalt auch über die alternative Rentenzahlung aufzuklären hat (Empfehlungen des Arbeitskreises III, 43. VGT 2005, S. 9).

87 Der Rechtsanwalt muss deshalb im Einzelnen darlegen, welche Aspekte für und welche Aspekte gegen den Abschluss des Vergleiches sprechen. **Chancen und Risiken** für den Mandanten müssen herausgearbeitet werden und es ist darüber aufzuklären, welche Art von Schadensersatzansprüchen dem Grunde und der Höhe nach abgegolten werden. Dem außergerichtlichen Abfindungsangebot ist gegenüberzustellen, wie ein Gericht bei Rechtshängigkeit voraussichtlich entscheiden würde und zwar sowohl im Falle einer Verurteilung zur Rentenzahlung als auch im Einzelfall bei Vorliegen eines wichtigen Grundes im Sinne des § 843 Abs. 3 BGB. Der Mandant ist auch über den **Kapitalisierungszins** und dessen Ermittlung aufzuklären. Hinsichtlich jeder einzelnen Schadensersatzposition, die rentenfähig ist, muss der Anwalt dem Mandanten den **Rentenbetrag** und den korrespondierenden **Barwert** bei Abfindung gegenüberstellen. Um sein Haftungsrisiko gering zu halten, sollte der Rechtsanwalt die Empfehlungen des 43. VGT 2005 im Arbeitskreis III umsetzen. Die dort geforderte weitere Aufklärung über die alternative Rentenzahlung bedeutet nichts anderes, als dem Mandanten im Detail vorzurechnen, welcher Rentenbetrag auf den einzelnen Schadensersatzanspruch zu zahlen ist und demgegenüber welcher Barwert sich aus der Rente ermittelt, der mit dem Abfindungsbetrag abgegolten sein soll. Nur wenn der Mandant in Kenntnis darüber gesetzt ist, wie der Barwert seines Rentenanspruches errechnet wird und welche **Berechnungsparameter** (Laufzeit der Renten und Zinsfuß) zugrunde liegen, kann er eine sachgerechte und interessengerechte Entscheidung für sich selbst treffen.

88 Der Anwalt, der den vom Versicherer angebotenen Abfindungsgesamtbetrag für seinen Mandanten nicht rechnerisch zerlegt und nicht auch auf alternative Berech-

nungsergebnisse bei Anwendung eines Zinsfußes von weniger als 5 % hinweist, erhöht – häufig ohne sich darüber im Klaren zu sein – sein Haftungsrisiko immens. So können sich hier leicht Regresssummen im hohen sechsstelligen Euro-Bereich ergeben.

III. Aufklärung über Vor- und Nachteile des beabsichtigten Vergleiches und Prozessrisiko

Weiterhin sind bei der Abwägung der Vor- und Nachteile eines Vergleiches neben rechtlichen auch **wirtschaftliche und persönliche Interessen** des Mandanten zu berücksichtigen.   **89**

Der Anwalt muss dem Mandanten auch das **Prozessrisiko** als Alternative zum Abschluss eines Abfindungsvergleiches aufzeigen und die **Beweislage** einschätzen.   **90**

Der Anwalt unterliegt beim Abschluss eines außergerichtlichen Abfindungsvergleiches einer gesteigerten Verantwortung: Er muss den Mandanten deutlich und unmissverständlich über die Tragweite des Vergleiches informieren (OLG Braunschweig v. 28.12.1994 – 3 U 35/94, juris). Insbesondere dann, wenn der Anwalt nicht sicher sein kann, dass sein Mandant Inhalt und Tragweite des Vergleiches kennt, muss er von einem Vergleich abraten, wenn nach der Prozesslage eine begründete Aussicht besteht, dass im Falle einer gerichtlichen Entscheidung ein wesentlich günstigeres Ergebnis zu erzielen ist (OLG Karlsruhe v. 31.10.2000 – 7 U 269/96, juris).   **91**

Die intensive Aufklärung über die Vor- und Nachteile des Vergleiches hat insbesondere dann zu erfolgen, wenn der Rechtsanwalt Anhaltspunkte dafür hat, dass der Mandant sich mehr davon verspricht. Selbst wenn der Rechtsanwalt der Meinung ist, dass von ihm ausgehandelte Ergebnis sei schon das äußerste, was bei der Gegenseite zu erreichen sei, entbindet ihn das nicht von seiner **Aufklärungspflicht** (BGH NJW 2002, 292).   **92**

Praxistipp
Die Aufklärung über Vor- und Nachteile sowie das alternativ im streitigen Verfahren zu beachtende Prozessrisiko müssen sich am **Empfängerhorizont** des Mandanten orientieren. Eine umfängliche und detaillierte Aufklärung über diese Aspekte erfüllt dann nicht die Anforderungen an die **Belehrungspflicht** und **Aufklärungspflicht** des Rechtsanwalts, wenn der Mandant die Ausführungen inhaltlich nicht versteht, weil sie für seinen Empfängerhorizont zu juristisch formuliert sind. Nützlich ist deshalb an dieser Stelle eine einfache und klare Sprache in kurzen Sätzen, die juristische Fachtermini meidet, diese stattdessen an einem Beispiel veranschaulicht oder – soweit vorhanden – durch ein umgangssprachliches Synonym austauscht. Wenn der Mandant das Aufklärungsschreiben inhaltlich nicht versteht, dann ist er nicht aufgeklärt und der Anwalt haftet ggf. für diese Folgen.

> *Praxistipp*
> Bei ausländischen Mandanten sollte zuvor abgesichert werden, ob ggf. ein **Dolmetscher** für das Aufklärungsschreiben erforderlich ist. Die damit im Zusammenhang stehenden Kosten trägt der Haftpflichtversicherer, weil diese adäquat kausale Unfallfolge sind.

IV. Aufklärung über Rechtsfolgen des Abfindungsvergleiches bzw. Rechtsfolgen vereinbarter Vorbehalte im Hinblick auf die Abänderbarkeit wiederkehrender Leistungen und die Verjährung vorbehaltener Ansprüche

93   Wenn der Versicherer keine Bereitschaft zeigt, einen Abfindungsvergleich mit Vorbehalt für Zukunftsschäden zu schließen, dann muss der Anwalt den Mandanten darüber besonders intensiv aufklären und ihm die Tragweite für die Zukunft aufzeigen und zugleich bei der Bezifferung der Abfindungssumme auf deren angemessene Erhöhung als Gegengewicht für den Verlust des Vorbehaltes hinwirken. Der Mandant ist intensiv über die Folgen der Endgültigkeit des Abfindungsvergleiches zu beraten. Das gilt insbesondere dann, wenn von dauerhaften gesundheitlichen Beeinträchtigungen – womöglich mit Verschlechterungstendenz – auszugehen ist.

94   Der Anwalt darf seine Aufklärungspflicht nicht darauf reduzieren, dem Mandanten lediglich die **Kopien** des den Vergleich vorbereitenden Schriftverkehrs zu übersenden (BGH NJW 1994, 2085 f.).

95   Wenn der Anwalt in der Abfindungserklärung wiederkehrende Leistungen in Rentenform ausgehandelt hat (z.B. hinsichtlich des Erwerbsschadens und/oder Haushaltsführungsschadens und/oder vermehrter Bedürfnisse), dann hat er um die **Abänderbarkeit** der Rentenzahlung zu sichern, § 323 ZPO im Einvernehmen mit dem Haftpflichtversicherer für anwendbar zu erklären (vgl. Rn 50).

96   An dieser Stelle ist der Mandant darüber aufzuklären, unter welchen Voraussetzungen im konkreten Fall die ausgehandelten Rentenzahlungen in ihrer Höhe abänderbar sind.

97   Da sich die Vorbehalte für wiederkehrende Leistungen nicht auf die Dauer der Verjährung auswirken, hat der Anwalt für nicht abgefundene zukünftige Ansprüche eine titelersetzende Wirkung durch entsprechenden **Vorbehalt** herbeizuführen (siehe Rn 55 ff.).

98   In diesem Zusammenhang muss der Anwalt mit dem Versicherer eine Vereinbarung über die Verjährung treffen. Entweder gelingt es, eine Verjährungsvereinbarung mit einer Frist von 30 Jahren (seit Abgabe der Abfindungserklärung) gem. § 202 BGB zu vereinbaren oder aber er muss davon abweichend die Erklärung des Versicherers verlangen, für einen kürzeren Zeitraum, welcher datumsmäßig bestimmt ist, auf die Einrede der Verjährung zu verzichten (siehe Rn 55 ff.).

Aufgrund dieser titelersetzenden Wirkung i.V.m. dem Verjährungsverzicht ist der **99** Mandant darüber aufzuklären, bis zu welchem Tag er spätestens außergerichtlich und notfalls gerichtlich wegen der ausgehandelten Vorbehalte die titelersetzende Wirkung und den Verjährungsverzicht vom Versicherer durch ausdrückliche Erklärung verlängern lassen muss. Er ist fernerhin darüber aufzuklären, innerhalb welcher Frist diese Ansprüche notfalls auch auf dem Rechtswege erstritten werden müssen (spätestes Datum für den Eingang einer Klageschrift bei Gericht).

Weiterhin ist der Mandant darauf hinzuweisen, dass er diese **Fristen** selbstständig **100** überwachen und einhalten muss, da das Mandat mit Auszahlung der Abfindungssumme und Abrechnung des Anwaltshonorars beendet ist.

V. Anwaltliches Haftungsrisiko

Leider ist es keine Seltenheit, dass Anwälte einzelne Schadensersatzpositionen **101** vollkommen „vergessen", da sie ihnen schlicht nicht bekannt sind. Neben einer Vielzahl vermehrter Bedürfnisse des Mandanten wird der Haushaltsführungsschaden häufig übersehen oder aber falsch berechnet. Hier kann es leicht zu einem Schaden in sechsstelliger Höhe für den Mandanten kommen. Berücksichtigt man, dass viele Anwälte, die Personenschäden regulieren, lediglich mit der **Haftpflichtmindestsumme** berufshaftpflichtversichert sind, so liegt es auf der Hand, dass dieser Betrag im Ernstfall nicht reicht und das Mandat mit den bekannten Konsequenzen der persönlichen Haftung unterversichert ist.

Im Ergebnis wäre jedoch die Verhinderung eines für den Mandanten wirtschaftlich **102** und persönlich sinnvollen Abfindungsvergleiches aus dem eigenen Sicherheitsbedürfnis des Rechtsanwalts heraus der falsche Weg (*Euler*, SVR 2005, 18). Der Anwalt, der aus Angst vor Haftung einen außergerichtlichen Abfindungsvergleich von vorne herein als Handlungsalternative ausschließt, macht sich unter Umständen gerade deshalb regresspflichtig, wenn der Mandant z.B. aus psychischen Gründen ein Klageverfahren nicht durchsteht und bereits deshalb den außergerichtlichen Vergleich vorgezogen hätte.

Die Regulierung eines Personen(groß)schadens ist immer haftungsträchtig für den **103** Anwalt und erfordert deshalb eine umsichtige und fundierte Mandatsbearbeitung. Um jedwedes Missverständnis auszuschließen, sollte der Rechtsanwalt niemals eine Abfindungserklärung für den eigenen Mandanten unterschreiben. Es ist der Mandant, der mit den Folgen seiner Abfindungserklärung in der Zukunft leben muss, weshalb er die Abfindungserklärung auch eigenhändig unterschreiben sollte. Im Falle der Unterzeichnung durch den Rechtsanwalt besteht die Gefahr, dass der Mandant später behauptet, der Rechtsanwalt hätte weisungswidrig gehandelt.

Praxistipp

Der Rechtsanwalt sollte seinem Mandanten einige Tage Bedenkzeit einräumen, bevor er die vom Versicherer vorgefertigte Abfindungserklärung und die ggf. auf einem gesonderten Blatt festgehaltenen Vorbehalte gegenzeichnet. Deshalb sollte der vom Versicherer vorformulierte Text der Abfindungserklärung sowie der Text der vorbehaltenen Ansprüche immer mit dem Aufklärungsschreiben fest verbunden werden (nicht getackert, sondern geöst!), so dass ein späterer Austausch einzelner Seiten aus dem Aufklärungsschreiben und auch der Verlust einzelner Seiten aus dem Aufklärungsschreiben ausgeschlossen wird.

Praxistipp

Wenn der Mandant die unterzeichnete Abfindungserklärung an den Anwalt zurückgibt, sollte zugleich ein zweites Exemplar des Aufklärungsschreibens vom Mandanten entweder auf jeder Seite oder aber mindestens auf der letzten Seite gegengezeichnet zur Schadensakte des Anwalts genommen werden. Auch hier kann der Verlust bzw. der spätere Austausch einzelner Seiten dadurch verhindert werden, dass auch die Kopie des Aufklärungsschreibens, welches der Mandant im Original gegenzuzeichnen hat, nicht getackert, sondern ebenfalls geöst wird.

Praxistipp

Um die umfängliche und lückenlose Aufklärung des Mandanten vor Abschluss des Abfindungsvergleiches dokumentieren zu können, sollte der Anwalt die Kopie des Aufklärungsschreibens mit der Originalunterschrift des Mandanten in einem Ordner außerhalb der Handakte ebenso wie eine Kopie der Abfindungserklärung gesondert von der Handakte aufbewahren. Damit kann verhindert werden, dass das möglicherweise später zu Beweiszwecken erforderliche Aufklärungsschreiben sowie die Abfindungserklärung aufgrund der relativ kurzen gesetzlichen Aufbewahrungspflichten der Handakten bereits vernichtet werden, obgleich der Mandant daraus noch Ansprüche gegen den Haftpflichtversicherer herleiten kann. Zu diesem „Service" ist der Rechtsanwalt weder gesetzlich noch vertraglich verpflichtet. Es handelt sich bestenfalls um einen Service, auf den der Mandant jedoch keinen Anspruch hat.

VI. Muster: Umfassendes Aufklärungsschreiben an den Mandanten

▼

Umfassendes Aufklärungsschreiben an den Mandanten   **104**

Frau

 (*Geschädigte*)

A-Straße 1

12345 Musterstadt

1.2.2014

Unser Zeichen:

Sehr geehrte Frau (*Geschädigte*),

in Ihrer Unfallangelegenheit übersenden wir Ihnen in der Anlage eine Abfindungserklärung nebst Beiblatt der X-Versicherungs-AG vom 6.1.2014. Wie Sie der Abfindungserklärung entnehmen können, bietet der Kfz-Haftpflichtversicherer zur Ab-
geltung sämtlicher Ansprüche aus dem Unfallereignis vom 31.8.2010 die Zahlung
eines Betrages in Höhe von 180.000,00 EUR an, wobei bereits geleistete Zahlungen in Höhe von 106.000,00 EUR abzusetzen sind. Wir dürfen Sie bitten, die Abfindungserklärung sorgfältig und genau zu lesen.

I.

Im Einzelnen konnten mit dem Haftpflichtversicherer folgende Schadenspositionen als Ausgleich verhandelt werden:

1. Schmerzensgeld:	**130.000,00 EUR**
2. Haushaltsführungsschaden bis 31.3.2014:	**10.000,00 EUR**
3. Erwerbsschaden bis 31.3.2014:	**24.905,82 EUR**
4. vermehrte Bedürfnisse:	**15.000,00 EUR**
Insgesamt aufgerundet	**180.000,00 EUR**

II.

Wir möchten Sie an dieser Stelle darauf hinweisen, dass der Abschluss eines Abfindungsvergleiches mit nicht unerheblichen Risiken verbunden ist. Mit dem Abfindungsvergleich werden sämtliche Ansprüche aus dem Verkehrsunfall vom
31.3.2010 bis zum 31.3.2014 abgefunden. Wir konnten mit dem Krafthaftpflichtversicherer davon zu Ihren Gunsten einige wichtige Ausnahmen verhandeln. Darauf möchten wir im Folgenden eingehen.

Mit der Zahlung von 130.000,00 EUR sind Ihre Schmerzensgeldansprüche für die
Vergangenheit und Zukunft ausgeglichen. Davon ausgenommen sind solche Spät-

schäden, die aus heutiger Sicht medizinisch nicht vorhersehbar sind bzw. solche Verschlechterungen Ihres Gesundheitszustandes, die ebenfalls aus heutiger Sicht medizinisch nicht vorhersehbar sind. Insoweit nehmen wir Bezug auf das Gutachten des Universitätsklinikums Y vom 9.5.2013, Seite 15, aus dem sich ergibt, dass gesundheitliche Folgeschäden nicht vorhersehbar sind. Wenn diese also doch eintreten, dann sind Sie berechtigt, einen erneuten Schmerzensgeldanspruch gegenüber der X-Versicherung geltend zu machen.

Ihr Anspruch auf Ersatz des Erwerbsschadens wurde aus dem Nettobetrag ermittelt. Damit sind Sie verpflichtet, diesen Zahlbetrag dem Finanzamt mitzuteilen und darauf Einkommensteuer zu zahlen. Ergänzend zum Regulierungsergebnis hat sich die X-Versicherung verpflichtet, den Einkommensteuerbetrag, der auf diese Schadensersatzposition entfällt, dann ebenfalls an Sie auszukehren. Hierfür ist dann die Vorlage des Einkommensteuerbescheids erforderlich.

Mit der oben genannten Zahlung sind die Ansprüche auf den Haushaltsführungsschaden ebenfalls bis zum 31.3.2014 reguliert. Die weiteren Ansprüche ab 1.4.2014 werden Gegenstand gesonderter Verhandlungen sein. Hierbei ist dann insbesondere zu berücksichtigen, dass Sie eine eigene Wohnung mit Ihrem Lebensgefährten bewohnen und nicht mehr im Haushalt Ihrer Eltern mitversorgt werden.

Hinsichtlich sämtlicher materieller Schadensersatzansprüche, die nicht Gegenstand dieses Vergleiches sind (also z.B. weiterer Haushaltsführungsschaden, weitere Erwerbsschadensersatzansprüche, weitere Ansprüche auf Ersatz vermehrter Bedürfnisse, wozu insbesondere auch zukünftige Pflegeleistungen – soweit die Leistungen der Pflegekasse nicht ausreichen – zählen), wurde ein Verjährungsvorbehalt verhandelt. Danach hat die X-Versicherung erklärt, Sie mit Datum vom 6.1.2014 so zu stellen, als hätten Sie einen rechtskräftigen Feststellungstitel erwirkt. Das bedeutet, dass diese Ansprüche einer dreißigjährigen Verjährungsfrist unterliegen. Nach Ablauf von 29 Jahren sollten Sie sich also bitte mit der X-Versicherung in Verbindung setzen und die Verlängerung dieses Vorbehaltes fordern. Dies gilt ausnahmsweise in Ihrem Fall in Abweichung zur gesetzlichen Regelung in § 197 Abs. 2 BGB auch für die sogenannten wiederkehrenden Leistungen.

Fernerhin haben wir mit der X-Versicherung vereinbart, dass mit diesem Vergleich alle bestehenden und zukünftigen Ansprüche Ihrerseits, die auf Ihren Arbeitgeber, auf Sozialversicherungsträger und Sozialhilfeträger einschließlich der Bundesagentur für Arbeit und auf private Versicherer kraft Gesetzes schon übergegangen sind oder künftig übergehen werden, von der geschlossenen Vereinbarung unberührt bleiben und mit dem Abfindungsbetrag nicht abgegolten werden.

Das bedeutet, dass im Falle eines Regresses von Arbeitgeber, Sozialversicherungsträger, Sozialhilfeträger sowie privatem Versicherer gegen die X-Versicherung diese nicht einwenden darf, dass deren Ansprüche bereits mit der an Sie gezahlten Abfindungssumme ausgeglichen und abgefunden sind.

Alle anderen Schadensersatz- und Schmerzensgeldpositionen unter I., die nicht von diesen Vorbehalten erfasst sind, werden mit der Abfindungszahlung endgültig und unwiderruflich für die Vergangenheit und die Zukunft bzw. in den ausgewiesenen Einzelfällen bis zum 31.3.2014 abgegolten. Das gilt auch für solche Schadensersatzansprüche, die nicht in Ziffer I. enthalten sind, aber möglicherweise bereits entstanden sind oder/und in der Zukunft entstehen werden.

III.

Damit beinhaltet der Vergleichsvorschlag in der anliegenden Abfindungserklärung für Sie also Vorteile aber auch Nachteile. Um die sich aus der Endgültigkeit der Regulierung der übrigen Ansprüche ergebenden Vor- und Nachteile besser einschätzen zu können, möchten wir Ihnen im Folgenden die regulierten Einzelpositionen näher darstellen.

1. Schmerzensgeld

Unter Bezugnahme auf die Entscheidungen des LG Dortmund vom 4.11.1999 (AZ: 115 O 110/97) sowie des OLG Koblenz vom 5.2.2003 (AZ: 7 U 228/00) und unter Hinweis auf das Urteil des OLG München vom 29.12.2006 (AZ: 10 U 3815/04) haben wir ein Schmerzensgeld in Höhe von 130.000,00 EUR zuzüglich immateriellem Zukunftsschadensvorbehalt gefordert.

In diesem Zusammenhang möchten wir darauf hinweisen, dass es sich bei der Entscheidung des OLG München mit einem ausgeurteilten Betrag von rund 105.000,00 EUR um die Entscheidung handelt, in welcher der höchste Betrag überhaupt für derartige Verletzungsfolgen ausgeurteilt worden ist. Die Summen in allen anderen Entscheidungen bewegen sich deutlich darunter.

Der X-Versicherung ist bereit, den von uns geforderten Schmerzensgeldbetrag zu zahlen.

Wir möchten darauf hinweisen, dass in einem gerichtlichen Verfahren dieser Betrag nicht steigerungsfähig ist. Es gibt sogar Entscheidungen, in denen bei vergleichbaren Ausgangsverletzungen, in denen Geschädigte jedoch bereits über epileptische Anfälle klagten, Schmerzensgeldbeträge von 45.000,00 EUR zur Auszahlung gekommen sind. Insoweit verweisen wir auf die Entscheidung des OLG Hamm (AZ: 13 U 115/99) sowie des LG München I (AZ: 19 O 10521/02).

Die überwiegende Anzahl der Gerichtsentscheidungen bewegt sich bei Schmerzensgeldbeträgen zwischen 50.000,00 EUR und 75.000,00 EUR für vergleichbare Verletzungen wie in Ihrem Fall. Insoweit wäre im Falle eines Klageverfahrens realistischerweise mit einem ausgeurteilten Schmerzensgeldbetrag zwischen 50.000,00 EUR und 75.000,00 EUR zu rechnen. Wir gehen jedoch davon aus, dass ein Gericht den Schmerzensgeldbetrag von 130.000,00 EUR – der bis zum heutigen Tage für ein solches Verletzungsbild wie das Ihrige noch nicht ausgeurteilt worden ist – auch in diesem Falle nicht zusprechen würde. Damit haben wir einen höheren Betrag für Sie reguliert, als dieses in einem etwaigen Klageverfahren möglich wäre.

2. Haushaltsführungsschaden

Die Berechnung des Haushaltsführungsschadens war in Ihrem Falle von erheblichen Besonderheiten geprägt. Zum Unfallzeitpunkt hatten Sie bereits einen eigenen Haushalt begründet. Nach dem Unfall sind Sie wieder in den Haushalt Ihrer Eltern zurückgezogen, wo Sie überwiegend hauswirtschaftlich auch versorgt worden sind. Nun ist nach der Rechtsprechung davon auszugehen, dass erwachsene Kinder im elterlichen Haushalt gleichwohl gewisse Pflichten auch in der Haushaltsführung haben. Man kann davon ausgehen, dass diese bei rund 10 – 12 Stunden pro Woche liegen. Aufgrund Ihrer Verletzungen sind wir von einer sogenannten MdH von 50 % ausgegangen. Es handelt sich hierbei um einen reinen Schätzwert, welcher keinesfalls identisch ist mit der sozialversicherungsrechtlichen MdE. Aufgrund dessen sind wir zu einem Schadenseratzanspruch für maximal 6 Stunden wöchentlich auf der Basis der TVöD Entgeltgruppe 5 in Höhe von 348,03 EUR gelangt.

Es ist jedoch zu berücksichtigen, dass die Entgeltgruppe TVöD 5 in der Regel nur dann Anwendung findet, wenn Haushalte mit kleinen Kindern betroffen sind. Im Fall erwachsener Kinder ist eher von der Anwendung des TVöD der Entgeltgruppe 3 auszugehen. Um also noch einiges an Verhandlungspotential zu haben, haben wir die Bezifferung jedoch auf den höherwertigeren Tarifvertrag vorgenommen. Der sich von uns ermittelte Schadenseratzanspruch beläuft sich demnach auf 14.965,29 EUR.

Die X-Versicherung ist bereit, darauf den Betrag von 10.000,00 EUR zu regulieren.

In einem gerichtlichen Verfahren gehen wir davon aus, dass der Anspruch auf Ersatz des Haushaltsführungsschadens mindestens **einer** Begutachtung bedarf. Nicht auszuschließen ist auch ein weiteres spezielles Gutachten für die Ermittlung von Schäden in der Hauswirtschaft. Nun ist es so, dass die Rückkehr erwachsener Kinder in den elterlichen Haushalt schadenseratzrechtlich eher selten vorkommt und deshalb die Gerichte geneigt sind, „über den bereiten Daumen" zu schätzen. Wir gehen davon aus, dass ein monatlicher Schadensersatzbetrag zwischen 230,00 EUR und maximal 280,00 EUR als realistisch angesehen werden kann. Da die X-Versicherung bereits jetzt den Betrag von monatlich 230,00 EUR als Entschädigungsbetrag angeboten hat, besteht das Risiko, dass in einem Klageverfahren ein höherer Betrag nicht zur Ausurteilung gelangt. Im Übrigen ist dabei zu berücksichtigen, dass es sich um einen im Wesentlichen abgeschlossenen Zeitraum handelt. Zwar haben Sie bereits gegen Ende dieses Zeitfensters wieder einen eigenen Haushalt mit Ihrem Lebensgefährten begründet. Allerdings ist zu berücksichtigen, dass der Haushaltsführungsschaden vom Gericht geschätzt wird und deshalb sich einer rein mathematischen Ermittlung verschließt.

Wir gehen jedoch davon aus, dass im Klageverfahren ein wesentlich höherer Betrag als 10.000,00 EUR für dieses Zeitfenster kaum zu erreichen sein wird. In einem Klageverfahren wären auch solche Zeiten betragsmäßig zu reduzieren, in denen Sie in stationärer Behandlung gewesen sind, weil in der Regel davon ausgegangen wird, dass in dieser Zeit ein Haushaltsführungsschaden lediglich in einem deutlich geringeren Umfang aufläuft.

Für die Zukunft ab 1.4.2014 wird der Haushaltsführungsschaden neu verhandelt werden. Nach dem Gesetz handelt es sich um einen monatlichen Schadenseratzanspruch. Im Regulierungsgespräch stellte sich jedoch heraus, dass sich die X-Versicherung einer Abfindung dieses isolierten Schadensersatzanspruches auch nicht verschließt. Insoweit werden wir also ab April 2014 erneute Verhandlungen über den Haushaltsführungsschaden führen und dabei die Parameter einer Abfindung besprechen.

3. Erwerbsschaden

Wir haben den Erwerbsschaden auf der Basis Ihres letzten Einkommens bei Firma F beziffert und dann per September 2012 aufgrund einer Gehaltssteigerung auf der Basis eines Bruttobetrages von 2.138,39 EUR, was einem Nettobetrag von 1.561,25 EUR entspricht. In diesem Zeitraum waren sämtliche sogenannten kongruenten Leistungen, d.h. Zahlungen der Krankenkasse und Zahlungen der Bundesagentur für Arbeit, abzusetzen. Wir haben rechnerisch bis zum 30.9.2012 einen Hätte-Verdienst in Höhe von 5.780,42 EUR ermittelt. Unter Berücksichtigung der Leistungen der Sozialversicherungsträger ergab sich ein Schaden in Höhe von 3.511.14 EUR netto.

Für die Zeit vom 1.10.2012 bis zum 31.3.2013 belief sich der Nettoschaden auf 4.443,36 EUR.

Ab dem 1.4.2013 bis zum 31.3.2014 haben wir auf der Basis eines Netto-Differenzbetrages zu Ihrem Hätte-Einkommen ohne den Unfall in Höhe von monatlich 761,25 EUR reguliert.

Ab 1.4.2014 ist die X-Versicherung bereit, unter Berücksichtigung eines geringen Steigerungsfaktors, den Betrag von 770,00 EUR netto zur Auszahlung zu bringen. Solange Ihr befristetes Arbeitsverhältnis läuft, soll dieser Betrag maßgeblich sein. Sollte es zur Verlängerung des Arbeitsvertrages kommen, dann wird mit der X-Versicherung erneut über einen Steigerungsfaktor zu sprechen sein. Sollte das Arbeitsverhältnis nicht verlängert werden, dann wird über den Erwerbsschaden ab 1.4.2014 ohnehin vollständig neu verhandelt werden.

4. Vermehrte Bedürfnisse

Als vermehrte Bedürfnisse werden alle unfallbedingten und ständig wiederkehrenden Aufwendungen, die den Zweck haben, die Nachteile auszugleichen, die dem Verletzten in Folge dauernder Beeinträchtigungen seines körperlichen Wohlbefindens entstehen, bezeichnet (BGH VersR 1974, 162).

In diesem Zusammenhang haben wir den vermehrten Betreuungsaufwand berücksichtigt, den Ihre Eltern hatten, als Sie zu Hause gewohnt haben. Hierbei ist festzustellen gewesen, dass dieser Betreuungsaufwand in der Anfangszeit größer war, als in der Schlussphase. Wir sind dabei davon ausgegangen, dass man unter den Begriff der Betreuungsleistungen auch solche Leistungen zu zählen hat, die sich auf das Trostspenden und das liebevolle und emotional warmherzige Umsorgen beziehen können. Wir gehen davon aus, dass weder Sie noch Ihre Eltern über diesen Aufwand Buch geführt haben, sodass wir hier einen Schadensersatzbetrag in Höhe von 3.000,00 EUR geschätzt haben.

Die X-Versicherung ist bereit, diesen Betrag zu leisten.

Fernerhin standen noch Fahrtkosten zur Regulierung aus. Nach den Unterlagen des vormals beauftragten Rechtsanwalts waren bereits bis November 2010 sämtliche Fahrtkosten ebenso wie der Sachschaden abgerechnet worden. Nach unseren Unterlagen waren Sie jedoch vom 6.10.2010 bis zum 19.12.2010 in stationärer Aufnahme im Klinikum K. Wir hatten hier an den Heimfahrtswochenenden vier Einzelfahrten zugrunde gelegt und den Betrag von 3.729,60 EUR ermittelt. Da davon auszugehen ist, dass auch Ihre Eltern in diesem Zusammenhang noch einige „Botenfahrten" für Sie unternommen haben, haben wir unsere Forderung auf insgesamt 4.000,00 EUR aufgestockt. Diesen Betrag ist die X-Versicherung bereit zu zahlen.

Fernerhin haben wir sonstige vermehrte Fahrtkosten ebenso wie Begleitkosten geltend gemacht. Es handelt sich dabei um solche Fahrten, die Sie ohne den Unfall mit dem Fahrrad zurückgelegt hätten. Das sind oftmals Kurzstreckenfahrten, für die nun das Auto verwendet wird, anstelle des Fahrrades. Nach unseren Erkenntnissen standen hier noch Fahrten zur Physiotherapie und zu verschiedenen Ärzten zur Regulierung an. Außerdem sind wir davon ausgegangen, dass Sie eine Zeit lang von Ihren Eltern zu diesen Terminen begleitet worden sind, weil Sie die Fahrten noch nicht alleine durchführen konnten. Wir haben deshalb pauschal den Betrag in Höhe von 5.000,00 EUR geltend gemacht, den der Versicherer bereit ist zu zahlen.

Schließlich waren noch Zuzahlungen zur Physiotherapie ebenso zu leisten, wie Praxiszuzahlungen und Zuzahlungen für Hilfs- und Heilmittel. Auch Portokosten standen noch an. Wir haben diese geschätzt und hierfür den Pauschalbetrag von

3.000,00 EUR geltend gemacht. Die X-Versicherung ist bereit, die geforderten 3.000,00 EUR zu zahlen.

Wir hatten alsdann noch versucht den Sachschaden zu regulieren. Es handelte sich dabei um das zerstörte Handy sowie die Bekleidung vom Unfalltage. Hier teilte uns der Versicherer jedoch mit, dass diese Kosten gegenüber dem bereits vormals beauftragten Rechtsanwalt reguliert worden seien.

Die von uns geforderten Beträge wurden vollumfänglich gezahlt, sodass wir keinen Bedarf für die Durchführung eines Klageverfahrens sehen.

IV.

Im Ergebnis halten wir das Angebot der X-Versicherungs-AG, Ihre Schmerzensgeldansprüche sowie Ihre materiellen Ansprüche bis zum 31.3.2014 mit dem Betrag von insgesamt 180.000,00 EUR (unter Abzug der bereits an Sie geleisteten Zahlungen) abzufinden, durchaus für angemessen. Bitte prüfen Sie, ob Ihnen bisher Vorschüsse i.h.v. 106.000,00 EUR gezahlt worden sind. Diesen Betrag hat uns der Versicherer mitgeteilt.

Wir möchten Sie darauf hinweisen, dass die Zinsen aus einer Abfindung als Ertrag aus dem Kapital zu versteuern sind. Da wir jedoch eine steuerrechtliche Beratung an dieser Stelle nicht vornehmen können, möchten wir Sie bitten, sich mit einem Steuerberater diesbezüglich in Verbindung zu setzen.

Hinsichtlich aller Schadensersatzansprüche, die wir oben umfänglich dargestellt haben, kommt eine spätere Nachverhandlung nicht mehr in Betracht. Diese Ansprüche sind dann mit der Zahlung der Abfindungssumme abgegolten. Gleiches gilt auch für solche Schadensersatzansprüche, die oben nicht dargestellt sind, die aber möglicherweise in der Vergangenheit bereits entstanden sind. Zukünftige Schadensersatzansprüche können weiterhin reguliert werden.

Die höchstrichterliche Rechtsprechung verpflichtet uns dazu, Sie eingehend über die Risiken eines Abfindungsvergleiches aufzuklären. Dieses haben wir mit den umfänglichen vorangegangenen Ausführungen getan. Damit wir dies für die Zukunft auch dokumentieren können, bitten wir Sie höflichst, das in der Anlage beigefügte Doppel dieses Schreibens auf der letzten Seite gegenzuzeichnen und an uns zurückzusenden. Sollten Sie mit dem ebenfalls beigefügten Abfindungsvergleich der X-Versicherungs-AG einverstanden sein, so senden Sie uns bitte die von Ihnen unterschriebene Abfindungserklärung im Original ebenfalls zu. Wir werden diese dann unverzüglich an die Gegenseite weiterleiten, so dass Sie innerhalb einer relativ kurzen Frist damit rechnen können, den Abfindungsbetrag auf Ihrem Konto gutgeschrieben zu erhalten.

Mit freundlichen Grüßen

Rechtsanwalt

Anlagen:

Abfindungserklärung der X-Versicherungs- AG nebst Anlage 1

Doppel dieses Schreibens

Schmerzensgeldurteile – wie im Text erwähnt –

gelesen und einverstanden: gelesen und nicht einverstanden:
Datum ▓▓▓▓▓▓   Datum ▓▓▓▓▓▓
Unterschrift Mandantin   Unterschrift Mandantin

> *Praxistipp*
> Wenn der Anwalt über die Möglichkeit verfügt, das Aufklärungsschreiben voll-
> ständig mit einer Öse zu versehen, dann genügt die Unterschrift des Mandanten
> auf der letzten Seite des Aufklärungsschreibens. Sollte der Anwalt hingegen das
> Aufklärungsschreiben lediglich mit einem Tacker zusammenfassen können, dann
> besteht das Erfordernis, dass der Mandant auf jeder Seite gegenzeichnet, um voll-
> ständig dokumentieren zu können, dass es sich um die Originalfassung handelt,
> die der Mandant in den Händen hielt, wobei späterer Seitenaustausch bzw. Seiten-
> verlust ausgeschlossen werden können.

E. Vormundschaftliche Genehmigung

I. Einleitung

105 Die **vormundschaftliche Genehmigung** ist bei Personen(groß)schäden häufiger
erforderlich, als man zunächst annimmt. Die erste Frage, die sich der Anwalt stellen muss, ist diejenige, wer Anspruchsteller ist. Es ist zu prüfen, ob der Anspruchsteller ein Erwachsener oder aber ein Minderjähriger ist.

II. Außergerichtlicher Vergleich

1. Anspruchsteller ist minderjährig

**a) Anspruchsteller steht weder unter Ergänzungspflegschaft noch unter
Vormundschaft**

106 Der Mandant ist danach zu befragen, ob der Minderjährige unter **Vormundschaft**
steht (§§ 1773–1895 BGB) oder unter **Ergänzungspflegschaft** (§§ 1909–1921
BGB). In der Mehrzahl der Fälle, in denen ein Geschädigter minderjährig ist, bedarf es keiner vormundschaftlichen Genehmigung. Nach § 1626 Abs. 1 S. 2 BGB
umfasst die **elterliche Sorge** sowohl die Personensorge als auch die Sorge um das
Vermögen des Kindes. Beide Elternteile müssen daher die Abfindungserklärung
unterschreiben (§ 1629 Abs. 1 BGB). Bei nichtehelichen Kindern ist es in der Regel
die Mutter, die das Sorgerecht hat (§ 1626a BGB), es sei denn, es liegt eine gemeinsame Sorgeerklärung vor (§ 1626a Abs. 1 Nr. 1 BGB). Dazu ist der Mandant zu be-

fragen und die entsprechenden Dokumente sind zur Akte zu nehmen. Dies bedeutet, dass im Normalfall die Eltern keine Genehmigung des Vormundschaftsgerichts einholen müssen, wenn ein Abfindungsvergleich für ihre Kinder geschlossen wird. Selbst wenn das Kind schwerstverletzt ist und möglicherweise auch einen Millionenbetrag vom Versicherer bekommt, so bedarf es keiner Genehmigung des Vormundschaftsgerichts. In der Vergangenheit wurden Stimmen laut, dass hier eine Gesetzesänderung erforderlich sei, da es Fälle gibt, in denen die Eltern die Abfindungssummen für sich verbraucht oder aber nicht ausreichend sicher für ihre Kinder am Kapitalmarkt angelegt haben. Die aktuelle Gesetzeslage steht dem entgegen. Die Eltern sind daher, auch wenn dies im Einzelfall zu Ungerechtigkeiten führt, nicht verpflichtet, eine Genehmigung des Vormundschaftsgerichts einzuholen.

b) Anspruchsteller steht unter Ergänzungspflegschaft oder Vormundschaft

Für den Fall, dass der Minderjährige unter **Vormundschaft** steht, ist zu prüfen, ob der Gegenstandswert des Vergleiches über 3.000 EUR liegt. Bejahendenfalls bedarf es der vormundschaftlichen Genehmigung (§ 1822 Nr. 12 BGB). **107**

Fälle der **Ergänzungspflegschaft** werden am meisten übersehen. Es handelt sich hierbei um Sachverhalte, in denen zum Beispiel ein Elternteil an der Schadensentstehung beteiligt war. Dann ist wegen einer möglichen Gefährdung der Kindesinteressen nach § 1626 Abs. 2 S. 1 i.V.m. § 1795 Abs. 1 S. 3 BGB bei der außergerichtlichen Geltendmachung von Schadensersatzansprüchen eine vormundschaftliche Genehmigung notwendig. In diesem Zusammenhang ist wieder auf § 1822 Nr. 12 BGB hinzuweisen, sofern der Vergleich den Gegenstandswert von 3.000 EUR übersteigt. Das Erfordernis dieser vormundschaftlichen Genehmigung wird dann oft übersehen, wenn die Mutter oder der Vater Halter des Kfz ist und das Auto gefahren hat, in dem das minderjährige Kind saß und selber verletzt wurde. Dann ist das Kind der Anspruchsteller. Zwar wird oftmals dann seitens der Eltern auf das fehlende Mitverschulden verwiesen. In diesem Zusammenhang ist allerdings auf die Schuldrechtsänderung seit dem 1.8.2002 hinzuweisen, wonach für den Beispielsfall, dass der Vater oder die Mutter Halter oder Fahrer des Fahrzeuges ist, sich diese Person als Schädiger nur noch bei **höherer Gewalt** (§ 7 Abs. 2 StVG) entlasten kann. Es kommt also nicht mehr ausschließlich auf das Verschulden an. Bekanntlich kann der Kfz-Halter als Schädiger sich immer gegenüber einem Geschädigten, der selber für die Betriebsgefahr eines Fahrzeuges nicht einzustehen hat, (wie dies beim Insassen der Fall ist,) nur bei höherer Gewalt entlasten. Höhere Gewalt tritt äußerst selten ein, da es sich hierbei um ein betriebsfremdes, von außen durch elementare Naturkräfte oder Handlungen Dritter herbeigeführtes Ereignis handeln muss. Als Merkbeispiele zählen hierzu Naturkatastrophen, wie zum Beispiel Erdbeben. Wenn der Unfall also weder durch elementare Naturkräfte noch durch Handlungen Dritter herbeigeführt wurde, haften Fahrer und Halter. Es geht also nicht nur um den Gesichtspunkt des (Mit-)Verschuldens. Folglich ist eine vormundschaftli-

108

che Genehmigung erforderlich, wenn der Vergleich den Gegenstandswert von 3.000 EUR übersteigt und ein Elternteil Fahrer oder Halter des Kfz ist, in dem das minderjährige Kind verletzt wurde.

109 Sollte Anspruchsteller ein Kind als Insasse sein, wobei Vater oder Mutter Fahrer oder Halter des Kfz sind und ein Vergleich von mehr als 3.000 EUR im Raum stehen, muss der Anwalt an eine vormundschaftliche Genehmigung denken. Diese ist **Wirksamkeitsvoraussetzung** für den Vergleich, weil es sich um eine gesetzlich angeordnete Beschränkung der Vertretungsmacht handelt. In der Regel wird diese Genehmigung vom Vormundschaftsgericht problemlos erteilt. Oftmals bestellt das Vormundschaftsgericht in diesem Zusammenhang einen **Verfahrenspfleger,** der dem Rechtspfleger beim Vormundschaftsgericht entweder eine Empfehlung für den Abschluss des außergerichtlichen Vergleiches abgibt oder seine Bedenken äußert. Wenn der Anwalt an das Erfordernis der vormundschaftlichen Genehmigung nicht denkt, haftet er für den Fall, dass der Versicherer nach § 812 BGB vorgeht und die Abfindungssumme bereits verbraucht ist. Der Wortlaut des § 1795 Abs. 1 Nr. 3 BGB erfasst zwar lediglich einen „Rechtsstreit", allerdings bedeutet „Rechtsstreit" nicht dogmatisch, dass es sich um einen Zivilprozess handeln muss. Die ratio von § 1795 Abs. 1 Nr. 3 BGB liegt darin, dass Interessengegensätze vermieden werden und eine mögliche Gefährdung der Kindesinteressen ausgeschlossen wird. Solche Interessengegensätze liegen aber auch vor, wenn es sich nicht um einen gerichtlich anhängigen Rechtsstreit handelt, sondern lediglich außergerichtlich Ansprüche geltend gemacht werden. Seitens des Gesetzgebers liegt wahrscheinlich ein redaktionelles Versehen vor. Bei sachgerechter Anwendung des § 1795 Abs. 1 BGB ist daher auch bei der außergerichtlichen Regulierung eine vormundschaftliche Genehmigung einzuholen.

2. Anspruchsteller ist erwachsen

a) Anspruchsteller steht unter Pflegschaft

110 Der Mandant ist danach zu befragen, ob eine **Pflegschaft** für den geschädigten Erwachsenen besteht (§§ 1909–1921 BGB). Wenn für den Erwachsenen nur für bestimmte personen- oder sachbezogene Angelegenheiten eine Pflegschaft besteht und der Gegenstandswert über 3.000 EUR liegt, bedarf es einer vormundschaftlichen Genehmigung (§§ 1915 Abs. 1, 1822 Nr. 12 BGB).

> *Praxistipp*
> Die Verwandten des Mandanten sind daher bei schweren Unfällen immer danach zu fragen, ob eine Pflegschaft angeordnet wurde.

b) Anspruchsteller steht unter Betreuung

111 Wenn der Anspruchsteller erwachsen ist und unter **Betreuung** steht (§§ 1896–1908k BGB), bedarf es bei einem Vergleich, der einen Gegenstandswert von 3.000 EUR übersteigt, der vormundschaftlichen Genehmigung (§§ 1902, 1908i

Abs. 1 S. 1, 1822 Nr. 12 BGB). Ein Fall der Betreuung kann gegeben sein, wenn ein Schwerverletzter infolge seiner Verletzungen geschäftsunfähig geworden ist.

Praxistipp
Auch hier sind die Verwandten des Mandanten nach einer entsprechenden Urkunde des Vormundschaftsgerichts zu befragen, d.h. es ist zu prüfen, ob der Anspruchsteller seit dem Unfall unter Betreuung steht.

Selbst wenn das erwachsene Kind unter Betreuung steht und ein Elternteil zum Betreuer bestellt ist, bedarf es einer vormundschaftlichen Genehmigung. In diesem Fall können die Eltern nicht argumentieren, ihnen stünde ohnehin die elterliche Sorge zu, so dass sie auch keine Genehmigung des Vormundschaftsgerichts bräuchten. Dies ist nicht richtig, da das Gesetz keinen Unterschied macht, ob der Betreuer des Erwachsenen ein Elternteil ist oder ein anderer Dritter. **112**

Immer, wenn bei einem Unfall Minderjährige beteiligt sind und Menschen schwer verletzt wurden, muss an eine vormundschaftliche Genehmigung gedacht werden. Bei Verletzungen im Kopfbereich, insbesondere bei einem **Schädelhirntrauma II. Grades und III. Grades** ist häufig eine Betreuung oder Pflegschaft nach dem Schadensereignis angeordnet worden. In diesen Fällen wirkt der Pfleger oder Betreuer beim Vergleichsabschluss mit und das Vormundschaftsgericht hat dann entsprechend den Vergleich zu genehmigen. **113**

III. Gerichtlicher Vergleich

Die vorgenannten Ausführungen beziehen sich auf den Fall, dass es zu einem außergerichtlichen Vergleich kommt. Liegt dagegen ein **gerichtlicher Vergleichsvorschlag** vor, sieht § 1822 Nr. 12 BGB bei einem Vergleich über 3.000 EUR vor, dass keine vormundschaftliche Genehmigung einzuholen ist. Die ratio liegt darin, dass, wenn bereits ein ordentliches Gericht den Vergleichsvorschlag unterbreitet, nicht noch ein zweites Gericht (Vormundschaftsgericht) zusätzlich diesen Vergleichsvorschlag genehmigen braucht. **114**

F. Gebühren des Rechtsanwalts

Literatur: *Enders*, RVG für Anfänger, 16. Auflage 2013; *Glensing*, Die Deckungsanfrage: gesetzliches Honorar oder Kulanzleistung?, AnwBl 2010, 688 ff.; *Meinel*, Die Erstattungsfähigkeit von Gebühren für die Einholung einer Deckungszusage beim Rechtsschutzversicherer gegenüber dem Unfallverursacher – Entstehen, Erforderlichkeit und Durchsetzbarkeit einer derartigen Schadensposition, zfs 2010, 312; *Onderka*, Anwaltsgebühren in Verkehrssachen, 4. Auflage 2013; *Schneider/Wolf*, RVG, 7. Auflage 2014

I. Einleitung

Die überwiegende Anzahl der Angelegenheiten in der Unfallregulierung endet im außergerichtlichen Vergleich. Die außergerichtlichen Gebühren des Rechtsanwalts **115** nehmen daher eine große Bedeutung ein. Die nachfolgenden Ausführungen sollen auf gebührenrechtliche Probleme hinweisen, die im Rahmen der Regulierung von Personenschäden immer wieder eine Rolle spielen.

Praxistipp
Generell kann gesagt werden, dass sich sowohl erfahrene Anwälte als auch Berufs-anfänger mit dem Thema der Rechtanwaltsgebühren intensiv beschäftigen sollten, da je nach Gegenstandswert derselbe Fall durchaus 1.000 EUR bis 2.000 EUR mehr Gebühren einbringen kann, wenn die Rechtsprechung im Hinblick auf die einzelnen RVG-Tatbestände bekannt ist. In diesem Zusammenhang sollten auch Fortbildungsveranstaltungen zum Gebührenrecht immer wieder auf der Tagesord-nung der Kanzleien stehen – sie werden sich sehr schnell in der Praxis „rechnen".

Praxistipp
Ferner empfiehlt es sich beim Abschluss eines Mandats – entweder in der Abfin-dungserklärung selber oder im Begleitschreiben an den Versicherer – die verein-barten Parameter für das Rechtsanwaltshonorar mit dem gegnerischen Haftpflicht-versicherer schriftlich festzuhalten, da so Streit über die Höhe der Vergütung vermieden werden kann. Dies gilt umso mehr, wenn es zum Sachbearbeiterwech-sel auf Versichererseite kommt. Der neue Sachbearbeiter kennt die lediglich mündlich verhandelten Vereinbarungen zur Vergütung nicht und der Anwalt muss erneut in die Verhandlung um sein Honorar einsteigen.

II. Außergerichtliche Gebühren

1. Erstattbarkeit der Rechtsanwaltsgebühren

116 Zunächst ist festzuhalten, dass der Anwalt einen Anspruch auf seine Vergütung in dem Moment erhält, in dem ein Vertrag zwischen ihm und seinem Mandanten ge-schlossen wird. Hierfür ist kein schriftlicher Vertrag notwendig, sondern es genügt auch ein mündlicher Abschluss. Allerdings wird der Mandant, der seinem Anwalt eine Unfallangelegenheit überträgt, naturgemäß den Wunsch äußern, nicht selber die Gebühren tragen zu müssen, sondern diese von einem Dritten erstattet zu be-kommen. Der Dritte ist in der Regel der Haftpflichtversicherer der Gegenseite. In-sofern ist es wichtig zu wissen, dass die Anwaltskosten grundsätzlich im Straßen-verkehrshaftungsrecht von der Kfz-Haftpflichtversicherung des Unfallverursachers zu ersetzen sind, da die **Kosten der Rechtsverfolgung** zum Schaden gehören. Die-ses hat der BGH bereits 1970 (BGH VersR 1970, 41) entschieden. Nicht erforder-lich ist es, den Haftpflichtversicherer zuvor in Verzug zu setzen.

Praxistipp
Diese Durchbrechung des Grundsatzes, dass die Kosten der Rechtsverfolgung nur ersetzt werden, wenn der Gegner zuvor in Verzug gesetzt wird, ist beim Verkehrs-haftpflichtrecht ein Vorteil, der nicht oft genug betont werden kann. Dies ist gera-dezu ein Marketinginstrument der Anwaltschaft. Von daher sollte es für alle An-

wälte selbstverständlich sein, auf diese Besonderheit zugunsten des geschädigten
Mandanten hinzuweisen.

Es erklärt sich von selbst, dass diese Grundsätze nur dann gelten, wenn der Ver-   **117**
sicherer die Haftung wenigstens teilweise übernommen hat. Bei Teilregulierungen
aufgrund eines Mitverschuldens des eigenen Mandanten übernimmt der Versicherer
selbstverständlich nicht die gesamten Rechtsanwaltskosten, sondern nur in Höhe
der Haftung seines Versicherungsnehmers.

Der BGH hat bereits 1960 entschieden, dass diese Besonderheit in Verkehrsunfall-   **118**
sachen gerechtfertigt ist und der Geschädigte unter dem Gesichtspunkt der Waffengleichheit sofort einen Anwalt beauftragen darf (BGH VersR 1960, 1046). Dies ist
in der Praxis auch gerechtfertigt, da in der Tat das gesamte Verkehrsunfallschadens-
recht extrem kompliziert geworden ist und der Geschädigte ohne anwaltliche Vertretung gegen das geballte Fachwissen der Versicherer keine Chance hat.

2. Geschäftsgebühr, Nr. 2300 VV RVG

Wenn der Mandant dem Rechtsanwalt den Auftrag – entweder schriftlich oder   **119**
mündlich – erteilt, ihn außergerichtlich in einer zivilrechtlichen Verkehrsangele-
genheit zu vertreten, entsteht die **Geschäftsgebühr** nach Nr. 2300 VV RVG. Dabei
handelt es sich um eine **Rahmengebühr** von 0,5 bis 2,5. Der alte § 118 BRAGO
sah maximal eine 10/10 Gebühr vor. Allerdings ist die außergerichtliche Bespre-
chungsgebühr, über die jahrelang Streit vor Gerichten herrschte, weggefallen, so
dass die jetzige Erhöhung auf 2,5 gerechtfertigt ist und dem Umstand Rechnung
trägt, dass eine Gebühr für die (fern-)mündliche Besprechung der Angelegenheit
mit dem gegnerischen Haftpflichtversicherer von der Rahmengebühr zugleich mit-
erfasst wird.

a) Höhe der Geschäftsgebühr

Nr. 2300 VV RVG sieht vor, dass eine Gebühr von mehr als 1,3 nur dann gefordert   **120**
werden kann, wenn die Tätigkeit umfangreich oder schwierig war. Dies bemisst
sich anhand der Kriterien des § 14 RVG wie folgt:

- Umfang und Schwierigkeit der anwaltlichen Tätigkeit,
- Einkommens- und Vermögensverhältnisse des Auftraggebers,
- Bedeutung der Angelegenheit für den Auftraggeber.

Nach § 14 Abs. 1 S. 2 RVG kann bei der Bemessung der Gebühr als weiterer Aspekt   **121**
ein besonderes Haftungsrisiko des Anwalts herangezogen werden.

Es liegt auf der Hand, dass die Gewichtung der Kriterien nach § 14 RVG zwischen   **122**
Anwalt und erstattungspflichtigem Dritten zu erheblichen Streitigkeiten führen
kann. Seit Jahren werden deshalb zu diesem Thema immer wieder die Gerichte an-
gerufen. Eine umfangreiche Rechtsprechungsübersicht findet sich bei *Hillmann/
Schneider*, Das verkehrsrechtliches Mandat, Bd. 2: Verkehrszivilrecht, § 8 Rn 480–
493.

123   Bei der Personenschadensregulierung kommt es auf diese Rechtsprechung in der Regel nur dann an, wenn es sich um einen leichten Personenschaden handelt. In all den Fällen, in denen Personenschäden einen größeren Umfang annehmen (sowohl auf Seiten des Verletzten als auch auf Seiten des Anwalts bei der Bearbeitung der Angelegenheit), ist es in der Regel gerechtfertigt, mindestens eine 2,0 Geschäftsgebühr oder aber eine 2,5 Geschäftsgebühr anzusetzen.

> *Praxistipp*
> Bei der Regulierung eines Personengroßschadens sollte sich der Rechtsanwalt wegen seines Honorars auf keine Diskussion mit dem Haftpflichtversicherer einlassen. Unstreitig ist die Regulierung eines Personengroßschadens umfangreich, haftungsträchtig und zeitaufwendig und sie ist von existenzieller Bedeutung für den Mandanten, so dass immer eine 2,5 Geschäftsgebühr angemessen ist. Der Außenschadensregulierer wird in einem Regulierungsgespräch an dieser Stelle immer argumentieren, dass eine solch hohe Gebühr vom Versicherer noch in keinem anderen Fall bezahlt worden sei. Demgegenüber darf der Anwalt darauf hinweisen, dass offensichtlich auch aus Sicht des Haftpflichtversicherers die vorliegende Angelegenheit umfangreich und schwierig zu regulieren ist, was letztlich die Anwesenheit des Außenschadensregulierers im Büro des Rechtsanwalts beweist. Wenn der Sachverhalt rechtlich einfach gelagert ist und keinerlei Schwierigkeiten in der Regulierung macht, dann hätte er unproblematisch vom Innendienst bearbeitet werden können und hätte auf Seiten des Anwalts eine Gebühr unterhalb von 2,5 ausgelöst. Da nun aber einmal der Außenschadensregulierer zum Anwalt angereist ist, darf es keine Diskussion um eine Vergütung unterhalb einer 2,5 Geschäftsgebühr geben.

> *Praxistipp*
> Es schadet nichts, wenn sich der Anwalt einmal die Kommentierung zu § 14 RVG angeschaut hat und einige Argumente herausarbeitet. Dieser verhältnismäßig geringe Zeitaufwand in eigener Sache erleichtert die Durchsetzung einer 2,5 Geschäftsgebühr.

124   Im Zusammenhang mit Nr. 2300 VV RVG steht auch die Regelung in § 49b Abs. 5 BRAO. Danach muss der Anwalt den Mandanten vor Übernahme des Auftrags darauf hinweisen, dass sich die Gebühren nach dem Gegenstandswert richten. In seinem eigenen Interesse sollte sich jeder Anwalt diesen Hinweis vom Mandanten schriftlich gegenzeichnen lassen, damit er den notwendigen Beweis führen kann, falls es einmal zu einem Rechtsstreit über das Anwaltshonorar kommen sollte. Der unterlassene Hinweis nach § 49b Abs. 5 BRAO kann ggf. zu einer Schadensersatzpflicht des Anwalts führen (BGH NJW 2007, 2332).

b)   Regulierungsempfehlungen

125   Bis zum 30.6.2004 gab es die „**Regulierungsempfehlung** *Gebhardt/Greißinger*". Mit Inkrafttreten des RVG ist diese Regulierungsempfehlung gegenstandslos geworden. Einige Versicherer haben mittlerweile ein Nachfolgemodell entwickelt, das sich im Wesentlichen an der alten „Regulierungsempfehlung *Gebhardt/Greißinger*" orientiert. Jedoch sind an Stelle der alten BRAGO-Gebühren nun die RVG-Gebühren eingearbeitet. Nach diesen pauschalen Grundsätzen rechnen derzeit folgende Versicherer ab: DEVK, öffentliche Versicherung Oldenburg und VGH Versicherungen (Landwirtschaftliche Brandkasse Hannover). Bedingung ist jedoch, dass nach dieser vereinfachten Verfahrensweise nur gegenüber solchen Rechtsanwälten abgerechnet werden kann, die sich uneingeschränkt der Anwendung dieses Abrechnungsmodells für alle Mandatierungen unterwerfen, deren Gegner eine der vorgenannten Gesellschaften ist. Der Regelungsinhalt kann über die Homepage der ARGE Verkehrsrecht des Deutschen Anwaltvereins (*www.verkehrsanwaelte.de/ uploads/media/Abrechnungsgrundsaetze.pdf*) abgerufen werden. Für kleinere Personenschadensangelegenheiten mögen diese Regulierungsempfehlungen tragfähig sein. Bei einem Personenschaden größeren Umfangs sollte jedoch eine individuelle Vereinbarung mit dem Haftpflichtversicherer über die Rahmengebühren getroffen werden. Zwar ist in der Regulierungsempfehlung eine individuelle Gebührenvereinbarung bei einem Gesamterledigungswert ab 200.000 EUR vorgesehen. Nach Auffassung der Verfasser ist dies jedoch unzureichend, zumal oftmals Personenschäden mit einem Gesamterledigungswert von weniger als 200.000 EUR ebenso aufwendig zu bearbeiten sind und ein Abweichen von der Höchstgebühr nicht zu rechtfertigen ist.

Praxistipp
Vor diesem Hintergrund sollte sich jeder Anwalt genau überlegen, ob er entsprechend der Regulierungsempfehlung grundsätzlich abrechnen möchte oder nicht. Beachtet werden muss dabei jedoch, dass ein „Rosinenpicken" nicht möglich ist. Entweder der Anwalt rechnet mit den oben genannten Gesellschaften sämtliche Schadensfälle in seiner Kanzlei auf der Basis der Regulierungsempfehlung ab oder keinen. Ein Hopping von Fall zu Fall entweder mit oder ohne Regulierungsempfehlung wird vom Versicherer nicht akzeptiert.

3. Einigungsgebühr, Nr. 1000 VV RVG

Die zweite gebührenrechtliche Säule bei der Abrechnung einer außergerichtlichen Erledigung ist neben der Geschäftsgebühr die **Einigungsgebühr** nach Nr. 1000 VV RVG in Höhe von 1,5. Im Unterschied zur früheren Regelung in § 23 BRAGO ist nunmehr kein **Vergleich** im Sinne von § 779 BGB mehr erforderlich. Es muss also explizit kein **gegenseitiges Nachgeben** vorliegen. Allerdings ist der Gebührentatbestand der Einigungsgebühr dann nicht erfüllt, wenn der Versicherer von sich aus eine Abrechnung vornimmt und mitteilt, wie er die Ansprüche regulieren möchte und entsprechend zahlt. Verzichtet in einem solchen Fall der Geschädigte auf die Geltendmachung weiterer Ansprüche, z.B. indem er den Zahlbetrag kommentarlos vereinnahmt, dann entsteht gerade keine Einigungsgebühr (BGH MDR 2007, 492).

126

323

> *Praxistipp*
> Um die Einigungsgebühr zu verdienen, sollte der Anwalt mit dem Versicherer aktiv eine Vereinbarung treffen, wonach auf weitergehende Schadensersatzansprüche verzichtet wird.

127 Eine Einigungsgebühr entsteht selbstredend immer dann, wenn der Versicherer eine Abfindungserklärung verschickt und diese vom Geschädigten unterschrieben wird.

> *Praxistipp*
> Der Anwalt sollte bei Abfindungsvergleichen darauf achten, dass die Einigungsgebühr über den gesamten Erledigungswert festgeschrieben wird. Versicherer argumentieren gerne, dass hinsichtlich der unstreitigen Positionen (z.B. Sachschaden) keine Einigung erfolgte, sondern möglicherweise nur über den Teilbereich des Personenschadens. Eine solche Vorgehensweise ist für den Geschädigtenanwalt wirtschaftlich ungünstig, da die Einigungsgebühr dann nur über einen Teil des Gegenstandswerts abgerechnet werden kann.

4. Außergerichtliche Einigung trotz Klageauftrags

128 Nicht selten entwickelt sich der Lebenssachverhalt so, dass ein Mandant mit dem Regulierungsverhalten des Haftpflichtversicherers nicht einverstanden ist und deshalb seinem Anwalt einen **Klageauftrag** erteilt. In einem letzten Telefonat oder aufgrund eines letzten Schreibens des Anwalts vor Rechtshängigkeit zeigt sich der Versicherer dann doch noch außergerichtlich regulierungsbereit und es kommt nach nochmaliger Besprechung der Sache zum Abschluss eines außergerichtlichen Abfindungsvergleiches. In einem solchen Fall wird wie folgt abgerechnet:

> *Beispiel*
> Gegenstandswert: 100.000 EUR
>
> | | |
> |---|---:|
> | 2,5 Geschäftsgebühr §§ 2, 13 RVG, Nr. 2300 VV | 3.757,50 EUR |
> | 0,8 Verfahrensgebühr §§ 2, 13 RVG, Nr. 3101 Nr. 1, 3100 VV | 1.202,40 EUR |
> | 0,75 Anrechnung gem. Vorbemerkung 3 (4) VV | – 1.127,25 EUR |
> | 1,2 Terminsgebühr §§ 2, 13 RVG, Nr. 3104 VV | 1.803,60 EUR |
> | 1,5 Einigungsgebühr §§ 2, 13 RVG, Nr. 1000 VV | 2.254,50 EUR |
> | Post- und Telekommunikationspauschale, Nr. 7002 VV | 20,00 EUR |
> | Zwischensumme | 7.910,75 EUR |
> | Umsatzsteuer (MwSt) Nr. 7008 VV (19 %) | 1.503,04 EUR |
> | **Endsumme** | **9.413,79 EUR** |

> *Praxistipp*
> Um gegenüber dem Versicherer nachweisen zu können, dass der Mandant einen Klageauftrag erteilt hat, empfiehlt es sich, diesen immer schriftlich zu dokumentieren.

5. Hebegebühr, Nr. 1009 VV RVG

Die **Hebegebühr** ist die sicherlich umstrittenste Gebühr überhaupt. Der Anwalt er-   **129**
hält sie, wenn der Versicherer des Unfallverursachers an den Rechtsanwalt des Geschädigten Zahlungen leistet und anschließend der Rechtsanwalt diese Gelder an
seinen Mandanten weiterleitet. In der Regel haben Mandanten wenig Verständnis
dafür, dass ihnen von der Entschädigungsleistung die Hebegebühr abgesetzt wird,
zumal der Anwalt für die reine Geldweiterleitung an sich keine anwaltliche Tätigkeit entfaltet. Genau genommen handelt es sich dabei lediglich um einen kanzlei-
internen Buchhaltungsvorgang, für den der Mandant in der Regel nicht bereit ist,
Geld auszugeben.

> *Praxistipp*
> Es ist sinnvoll, den Versicherer gleich im ersten Schreiben anzuweisen, die Ent-
> schädigungsleistung direkt auf das Konto des Mandanten zu überweisen und nicht
> erst auf das Anderkonto des beauftragten Rechtsanwalts. Das OLG Düsseldorf hat
> entschieden, dass in dem Fall, in dem der Versicherer trotz dieses schriftlichen
> Hinweises auf das Anderkonto des Anwalts leistet, selbiger berechtigt ist, die He-
> begebühr vom Versicherer zu verlangen (OLG Düsseldorf, VersR 1986, 243).

Oftmals lassen Anwälte derartige Zahlungen gerne über ihr Anderkonto erfolgen,   **130**
um so das eigene Honorar „zu sichern". Regelmäßig leistet der Versicherer das Anwaltshonorar ohne Schwierigkeiten direkt an den Anwalt, so dass das Bedürfnis
entfällt, Fremdgeld auf dem Anderkonto zu vereinnahmen.

> *Praxistipp*
> Um das Regulierungsverhalten des Versicherers transparent zu halten, sollte dieser
> vom Anwalt aufgefordert werden, jedwede Zahlung, die direkt an den Mandanten
> geleistet wird, dem Anwalt gegenüber schriftlich der Höhe nach mitzuteilen. Oft-
> mals gehen die Mandanten nämlich fälschlich davon aus, dass bei Eingang einer
> Zahlung des Versicherers auf ihrem Konto automatisch auch der Anwalt informiert
> wird, und sie „vergessen", ihren Anwalt hiervon in Kenntnis zu setzen. Nicht sel-
> ten führt diese fehlerhafte Annahme dazu, dass der Anwalt im Regulierungs-
> gespräch über den Umfang der Bevorschussung nur rudimentär unterrichtet ist.

6. Differenzgebühr

Die **Differenzgebühr** ist kein isolierter Gebührentatbestand nach dem RVG, son-   **131**
dern betrifft die Gebührendifferenz, die sich aus dem Abrechnungswert im Innenverhältnis zum Mandanten zum Abrechnungswert im Außenverhältnis gegenüber
dem Haftpflichtversicherer ergibt. Bei Unfallangelegenheiten hat der Geschädigte
im außergerichtlichen Bereich einen Anspruch auf Erstattung der Anwaltskosten in
Höhe des Erledigungswertes gegen den Haftpflichtversicherer. In der Regel ist es
jedoch so, dass der Anwalt einen höheren Schadensersatzbetrag beim Versicherer
fordert, dann aber – nach Rücksprache und mit Zustimmung des Mandanten – eine

Einigung auf der Basis eines niedrigeren Erledigungswertes erzielt hat. Das Anwaltshonorar gegenüber dem Auftraggeber bemisst sich jedoch nicht nach dem Erledigungswert, den der Haftpflichtversicherer erstattet, sondern nach dem ursprünglichen Auftrag im Innenverhältnis zum Mandanten. Der Erledigungswert im Außenverhältnis bleibt daher oftmals gegenüber dem Auftragswert im Innenverhältnis zum eigenen Mandanten zurück. Die Differenzgebühr betrifft genau diesen Zwischenraum. Sie ermittelt sich wie folgt:

■ Ermittlung des Honorars auf der Basis des Auftragswertes.

■ Von diesem Betrag wird dann der Zahlbetrag des Versicherers auf das Anwaltshonorar auf der Basis des Erledigungswertes abgesetzt.

■ Der Restbetrag ist die Differenzgebühr, die vom Auftraggeber zu zahlen ist. (Falls der Mandant über eine Rechtsschutzversicherung verfügt, hat der Rechtsschutzversicherer seinen Versicherungsnehmer in Höhe dieser Differenzgebühr freizuhalten.)

132   Ein weiterer offensichtlicher Anwendungsfall für die Differenzgebühr ist der Sachverhalt, in dem der Mandant den Anwalt beauftragt, 100 % seiner Schadensersatzansprüche zu regulieren, sich dann jedoch herausstellt, dass der eigene Mandant ein Mitverschulden am Schaden trägt, so dass sich der Auftrag um die Mitverschuldensquote reduziert. Wenn das Mitverschulden schon bei Auftragserteilung offensichtlich ist, kann die Differenzgebühr nicht im Umfang bis zur 100%-Regulierung abgerechnet werden. Hier ist auf den prozentualen Anteil des Mitverschuldens abzustellen, der aus Geschädigtensicht vertretbar ist. Beispiel: Geschädigter will 70 % reguliert erhalten und bekommt nur 50 %. Die Differenzgebühr bezieht sich auf die dazwischen liegenden 20 %. Auch hier entsteht eine Differenzgebühr, die den Zwischenraum zwischen der ausgehandelten Haftungsquote dem Grunde nach und 100 % gegnerischer Haftung ausfüllt.

7. Sonderprobleme
a) Vormundschaftliche Genehmigung
133   Die Einholung einer **vormundschaftlichen Genehmigung** ist eine eigene Angelegenheit im Sinne des § 15 RVG und entsprechend gesondert zu vergüten (AG Hanau, zfs 2003, 309). Wegen der Einzelheiten wird auf obige Ausführungen (siehe Rn 48) verwiesen.

134   Über den Umstand der gesonderten Vergütungspflicht ist sowohl der Mandant als auch der Haftpflichtversicherer hinzuweisen. Oftmals wendet der Haftpflichtversicherer in diesem Zusammenhang ein, dass der Mandant die erforderliche Genehmigung des Vormundschaftsgerichts formlos selbst beantragen könne und es der Einschaltung eines Anwalts deshalb nicht bedürfe.
An dieser Stelle ist dem Versicherer aufzuzeigen, dass es gerade eben nicht so einfach ist, da oftmals der zuständige Rechtspfleger beim Vormundschaftsgericht mit der Beurteilung der Sach- und Rechtslage überfordert ist und seinerseits einen Ergänzungspfleger bestellt (oftmals einen Rechtsanwalt), dessen Aufgabe darin be-

steht, das Regulierungsergebnis auf Herz und Nieren zu prüfen, um dem Vormundschaftsgericht eine Empfehlung dahingehend auszusprechen, ob der ins Auge ge-
fasste außergerichtliche Vergleich genehmigt werden soll oder nicht.

Dieser Umstand zeigt bereits, dass es mit der bloßen formlosen Antragstellung auf **135**
Genehmigung eines Vergleiches nicht getan ist. Letztlich hat auch der Versicherer
ein Interesse daran, dass die vormundschaftliche Genehmigung vom regulierenden
Rechtsanwalt eingeholt wird, um den Vorteil der Bestandskraft einer ausgehandelten Abfindungserklärung für sich verbuchen zu können. Andernfalls müsste quar-
talsweise vorschüssig weiter reguliert werden.

Den Gegenstandswert bildet der Erledigungswert in der Haftpflichtsache. **136**

b) Ersatzfähigkeit der Rechtsverfolgungskosten gegen den eigenen Unfallversicherer

Die Ersatzfähigkeit der Rechtsverfolgungskosten gegen den eigenen **Unfallver-** **137**
sicherer durch den Schädiger ist ein weitgehend unbekannter Gebührentatbestand.
Er betrifft Fälle, in denen der Rechtsanwalt für den Geschädigten gegenüber seinem
privaten Unfallversicherer tätig war. Der BGH hat entschieden, dass auch die Anwaltskosten, die im Zusammenhang mit der Durchsetzung der vertraglichen Ansprüche aus der privaten Unfallversicherung entstanden sind, vom gegnerischen
Haftpflichtversicherer zu erstatten sind (BGH zfs 2006, 448 ff.). Dieser Entscheidung lag ein Sachverhalt zugrunde, in dem der Kläger aufgrund seiner schweren
Verletzungen nicht in der Lage war, sich selbst um die Geltendmachung seiner Ansprüche aus der privaten Unfallversicherung zu kümmern. Er musste sich eines
Rechtsanwalts bedienen, der für ihn die kurzen Fristen nach den AUB überwacht
und auch bei der eigenen Unfallversicherung die Ansprüche geltend gemacht hat.

> *Praxistipp*
> Naturgemäß wird für den Fall, dass der Anwalt die Kosten aufgrund der Durchset-
> zung der vertraglichen Ansprüche aus der privaten Unfallversicherung geltend
> macht, seitens des Haftpflichtversicherers dieser Anspruch als unbegründet zu-
> rückgewiesen. Oftmals wird eingewendet, der Mandant könne die Ansprüche dort
> auch selber geltend machen.

Aus dem Dilemma der fehlenden Kostenerstattung kommt der Anwalt heraus, **138**
wenn er sich hinsichtlich der Regulierung der Ansprüche aus der privaten Unfallversicherung beauftragen lässt, solange der Mandant noch in stationärer Aufnahme
ist. Dann kann am besten argumentiert werden, dass er selbst nicht dazu im Stande
war, zum damaligen Zeitpunkt dem privaten Unfallversicherer gegenüber die Ansprüche geltend zu machen. Nach diesseitiger Auffassung muss die Entscheidung
des BGH auch auf andere Personenversicherungen Anwendung finden, z.B. in den
Sachverhalten, in denen der Rechtsanwalt nicht nur die Ansprüche gegenüber der
privaten Unfallversicherung, sondern auch gegenüber der Berufsunfähigkeitszusatzversicherung reguliert.

c) Erstattungsfähigkeit von Gebühren für die Einholung einer Deckungszusage beim Rechtsschutzversicherer

139 Unstreitig ist die Einholung einer **Deckungszusage beim Rechtsschutzversicherer** eine andere Angelegenheit im Sinne von § 15 RVG. Fraglich ist jedoch, wer für diese Kosten einzustehen hat: der Mandant oder sein Schädiger? Eine Rechtsprechungsübersicht zur Erstattungsfähigkeit als Schadensersatzposition aus unerlaubter Handlung findet sich bei *Glensing* (AnwBl 2010, 688 f.).

140 Die Höhe dieser Geschäftsgebühr nach Nr. 2300 VV RVG dürfte im Regelfall bei einer 1,3 Gebühr liegen, wobei sich der Gegenstandswert nach den zu erwartenden Verfahrenskosten des ersten Rechtszuges richtet.

141 Davon abweichend kann selbstverständlich auch eine höhere Gebühr anfallen, zumal gerade bei der Großschadensregulierung umfänglicher Schriftverkehr mit dem Rechtsschutzversicherer zu führen ist.

> *Praxistipp*
> Oftmals gelingt es relativ zügig dem Rechtsschutzversicherer zu vermitteln, dass eine Deckungszusage wenigstens dem Grunde nach für das außergerichtliche Tätigwerden zu erteilen ist. Wenn der Rechtsschutzversicherer dann jedoch eine Anspruchsbezifferung wünscht, um sein kaufmännisches Risiko kalkulieren zu können, sollte mit dem Sachbearbeiter vereinbart werden, dass die Bezifferung der Schadenshöhe unaufgefordert dann erfolgt, wenn eine gewisse „Regulierungsreife" der Angelegenheit gegeben ist. Anderenfalls würde sich der Anwalt unnötig mehrfache Arbeit machen. Es ist dann relativ leicht, dem Rechtsschutzversicherer später eine Kopie des dezidierten Anspruchsschreibens an den Haftpflichtversicherer zur Kenntnis zu geben, um dann die Deckungszusage für das außergerichtliche Tätigwerden auch der Höhe nach zu erhalten.

142 Wenn der Haftpflichtversicherer die Kosten für die Einholung der Deckungszusage beim Rechtsschutzversicherer nicht übernehmen möchte – was meistens der Fall ist –, dann muss diese Frage nach Abschluss der Schadensangelegenheit notfalls gerichtlich geklärt werden.

> *Praxistipp*
> Mitunter lässt sich diese Gebührenposition des Rechtsanwalts auch auf einer anderen Ebene verhandeln. Es könnte sich beispielsweise eine Anhebung des Erledigungswertes um einen Gebührensprung anbieten, um so die Kosten des Rechtsanwalts für die Einholung der Deckungszusage beim Rechtsschutzversicherer mit zu erfassen. Der Vorteil für den Anwalt liegt darin, dass er nicht kostenlos gearbeitet hat und auch nicht für ein relativ geringes Honorar eine streitige Auseinandersetzung mit viel Schreibaufwand führen muss.

d) Gebühren für Beschwerden gegenüber der Bundesanstalt für Finanzdienstleistungsaufsicht (BaFin)

Die **BaFin** ist im öffentlichen Interesse tätig und soll ein funktionsfähiges und sta- **143**
biles Finanzsystem gewährleisten. Es kommt immer wieder vor, dass Versicherer sich gegenüber dem Geschädigten unfair verhalten, indem sie ein ganzes Reper-toire an Verzögerungstaktiken zum Einsatz bringen, um sich so berechtigten Zahlungsansprüchen zu entziehen. In diesem Fall kann versucht werden, eine schmerzensgelderhöhende Regulierung zu erlangen (siehe § 3 Rn 17 ff.). Im außer-gerichtlichen Bereich kann der Geschädigte in solchen Fällen die Bundesanstalt für Finanzdienstleistungsaufsicht einschalten und sich über das Verhalten des Versiche-rers beschweren. Für diesen ist ein solches Verfahren mit erheblichen Unannehm-lichkeiten verbunden, so dass mit einer Beschwerde die außergerichtliche Regulie-rungsbereitschaft beim Versicherer stark gefördert werden kann. Allerdings sollte von diesem Instrument nur im Ausnahmefall Gebrauch gemacht werden, nämlich dann, wenn der Versicherer offensichtlich gegen die Grundlagen des „Fair Play" verstößt, indem er zum Beispiel bewusst die Regulierung verzögert, Vereinbarun-gen bewusst nicht einhält oder Unwahrheiten verbreitet. In den Fällen, in denen der Versicherer schlicht eine andere Rechtsauffassung vertritt als der Rechtsanwalt, handelt es sich dabei nicht um das Mittel der Wahl. Die Behörde dient nicht dazu, beim Versicherer die Rechtsauffassung des Anwalts durchzusetzen. Dieses Verfah-ren sollte als „ultima ratio" verstanden werden, bevor die Sache anderenfalls anhän-gig gemacht werden muss.

Wenn ein solches Vorgehen ausnahmsweise aus Sicht des Geschädigten notwendig **144**
ist, stellt sich die Frage nach der Vergütung des Rechtsanwalts für die Tätigkeit. Selbstverständlich handelt es sich um eine andere Angelegenheit im Sinne von § 15 RVG. Die Verfasser vertreten die Auffassung, dass Nr. 3500 VV RVG anwendbar ist, wonach eine 0,5 Verfahrensgebühr für ein „Verfahren über die Beschwerde ..." anfällt. Der Anwalt sollte also versuchen, die Kosten seines Tätigwerdens auf die-ser Basis beim Versicherer abzurechnen. Der Gegenstandswert bemisst sich wieder-um nach dem Erledigungswert.

e) Anwaltshonorar bei Vertretung innerhalb des privaten Schadensmanagements

Bei der Vertretung innerhalb des privaten Schadensmanagements handelt sich um **145**
eine andere Angelegenheit im Sinne von § 15 RVG. Der Gegenstandswert bemisst sich nach den Aufwendungen des Haftpflichtversicherers für das **private Scha-densmanagement**. Im Übrigen gilt das im Kapitel Personenmanagement Gesagte (siehe § 5 Rn 25 ff.).

§ 8 Mediation in der Personenschadensregulierung

Literatur: *Bantelmann,* Mediation in Verkehrsrechtsfällen, DV 2011, 108 f.; *Haft,* Verhandlung und Mediation, 2. Auflage 2000; *Rosner/Winheller,* Mediation und Verhandlungsführung, 2013; *Steike/Feller,* Das 1 x 1 des neuen Mediationsgesetzes, 1. Auflage 2012; *Trossen* (Hrsg.), Mediation geregelt, Das Recht und die Mediation. Der praktische Lehrbuchkommentar zum Mediationsgesetz und zur ADR, 2013

A. Einleitung

Der Begriff „Mediation" ist zurzeit in aller Munde. Jeder redet von der Mediation **1** als dem neuen Königsweg der Konfliktlösung. Diese Einleitung dient daher auch dazu, ein bisschen Licht ins Dunkel zu bringen. Außerdem wird aufgezeigt, **dass sich die Mediation auch bei der Regulierung von Personenschäden und Personengroßschäden eignet.**

Der Begriff der Mediation kommt aus dem Lateinischen und heißt im weitesten **2** Sinne übersetzt „Vermittlung". Da es bei rechtlichen Konflikten generell um einen Streit geht, kann man sicherlich die Mediation als eine Art der „Streitvermittlung" ansehen. Jedoch ist die Mediation noch viel mehr und nicht nur auf diesen knappen Begriff beschränkt. Anstelle von Streit kann man auch den Begriff des Konfliktes verwenden. Bei der Mediation geht es darum, die Medianten und ihr Problem zu verstehen, das Verstandene den Medianten zu vermitteln und die Verhandlungen zwischen den Medianten zu ermöglichen und zu fördern.

Die Mediation kann man von sehr vielen anderen Verfahren abgrenzen. Da gibt es **3** das

■ Gerichtsverfahren,
■ Schiedsgerichtsverfahren,
■ Schiedsverfahren und die
■ Schlichtung.

Personenschäden werden traditionell entweder **außergerichtlich zwischen Anwalt 4 und Versicherer** reguliert **oder** über ein **Gerichtsverfahren** gelöst, weshalb sich hier vorliegend auf diese beiden Verfahren (außergerichtliche und gerichtliche Lösung) beschränkt werden soll.

Insbesondere bei dem gerichtlichen Verfahren, wenn die Fronten verhärtet sind **5** oder über Jahre hinweg gestritten wird, ist aus Sicht der Verfasser eine Mediation geeignet. Denn bei der Mediation geht es anders als bei einem gerichtlichen Verfahren darum, dass die Parteien oder besser die Medianten selbst zu einer gemeinsamen Vereinbarung gelangen, sich also eine gemeinsame Lösung erarbeiten. Der große Vorteil gegenüber einem gerichtlichen Verfahren liegt darin, dass die Medianten selber eine Lösung finden und nicht der Richter eine Entscheidung für die Parteien trifft. Ohne dass man sich mit der Mediation weiter beschäftigt, ergibt sich daraus rein logisch, dass eine solche gemeinsame Vereinbarung wahrscheinlich viel tragfähiger, viel dauerhafter und auch viel gerechter ist, als träfe eine dritte Person, sprich der Richter, eine Entscheidung.

6   Hinzu kommt als gravierendes Problem in Deutschland die lange Laufzeit der Gerichtsverfahren. Es gibt Verfahren im Bereich des Personenschadensrechts, die erstinstanzlich 8, 10 oder gar 15 Jahre „dauern". Im Kraftfahrzeughaftpflichtbereich ist dies zum Glück nicht so gravierend, wie im Arzthaftungsbereich, weil dort der Streit zum Haftungsgrund Jahre dauern kann, was im Verkehrsrecht i.d.R. unkomplizierter ist. In manchen Fällen ist während des Gerichtsverfahrens die klägerische Partei schon „weggestorben" oder aber durch die Zermürbung zu einem psychischen Wrack geworden. Es soll an dieser Stelle gar nicht erörtert werden, warum die Gerichte für eine Entscheidung so lange brauchen. Fakt ist, dass der jetzige Status quo unhaltbar ist und den Parteien, insbesondere den Geschädigten, die einen schweren Schicksalsschlag erlitten haben, nicht gerecht wird. Insofern ist die Mediation – in der der Mediator selber keine eigene Entscheidung hinsichtlich des Konfliktes trifft – ideal, da es hier bei den Medianten (Parteien) selbst liegt, innerhalb welcher Zeit und wie sie sich eine Lösung erarbeiten.

7   Jetzt entstehen allerdings **außerprozessuale Probleme**, denn oftmals sind die Parteien zerstritten oder aber auch durch ihre Anwälte falsch informiert, sodass die Fronten verhärtet sind. Oftmals hört man den Satz „Mit dem Versicherer kann man doch gar nicht reden." oder „Mit dem Geschädigten kann man doch gar nicht reden, weil dieser astronomische Forderungen aufstellt.". Wenn jetzt ein erfahrener und geschulter Mediator vermittelnd tätig wird und zusammen mit den Medianten dazu beiträgt, dass diese sich gemeinsam eine tragfähige Lösung in ihrem Konflikt erarbeiten, kann diese Form der Konfliktbeilegung nur begrüßt werden. Sie erspart dem Geschädigten viel Leid im (weiteren) streitigen Verfahren. Die Verfasser halten es geradezu für eine anwaltliche Pflicht, sich mit der Mediation zu beschäftigen, da jeder Fall, der dazu führt, dass die Medianten, sprich Parteien, eine gemeinsame tragfähige Vereinbarung getroffen haben und ihren Konflikt beigelegt haben, ein „gewonnener" Fall ist. Das gilt sowohl für die außergerichtliche Mediation zum Zweck der Vermeidung eines streitigen Verfahrens, als auch für die gerichtliche Mediation, die ein streitiges Verfahren beendet.

8   Die **Mediation ist ein anerkanntes Verfahren zur Konfliktbeilegung**, das allerdings auch ein sehr umfassendes Wissen voraussetzt. Es kann daher nur dringend davon abgeraten werden, Personenschadenssachverhalte zu x-beliebigen Mediatoren zu bringen, nur weil diese Art der Streitvermittlung modern ist. Das wäre absolut kontraproduktiv. Auch ein Anwaltsmediator sollte immer der Sache dienen und nie seine Person in den Vordergrund stellen. Aus Sicht der Verfasser ist es daher zwingend notwendig, dass eine fundierte Mediatorenausbildung absolviert wird. Es ist auch zwingend notwendig, sich über die einzelnen Anbieter für eine

Mediation zu informieren, da es wie so oft gute und schlechte gibt. Jeder Anwalt, der auf dem Gebiet der Mediation tätig sein möchte, sollte darüber hinaus auch schauen, ob er vom Typ her dafür geeignet ist. Wenn der Anwalt mehr „auf Krawall gebürstet" ist und eher im Zweikampf seine Berufung sieht, ist die Mediation im Bereich des Personenschadens wohl eher kein Dienstleistungsangebot, das er gut vermitteln könnte.

Da viele Begriffe in der Mediation noch nicht rechtlich verankert und noch nicht **9** geschützt sind, besteht natürlich oftmals die Gefahr, dass der Begriff der Mediation verwässert wird. Kritisch ist hier z.b. die Tendenz der Rechtsschutzversicherer zu werten, die erkannt haben, dass eine Mediation oftmals schneller und preiswerter (für den Rechtsschutz) zu einer Lösung des Konfliktes führt und sie deshalb versuchen mit telefonischen „Mini-Mediationen", den Versicherungsnehmern schnell eine Einigung schmackhaft zu machen. Diese Mediationen haben mit der klassischen Mediation wenig zu tun und sind aus unserer Sicht auch für Personengroßschäden völlig ungeeignet. Unter Umständen können – wie bei einer Erstberatung am Telefon – solche „Mediationen" in bestimmten Fällen durchgeführt werden, bei komplexen Personengroßschäden ist dies jedoch keinesfalls eine Option. Dies sollte den geschulten Anwälten überlassen werden, die sowohl im Bereich des Personenschadensrechts als auch in der Mediation ausgebildet sind.

B. Rechtliche Grundlagen

Das Mediationsgesetz ist am 26.7.2012 in Kraft getreten. Allerdings ist es nicht ab- **10** schließend, d.h. das Mediationsrecht findet sich auch noch in anderen Rechtsquellen. So ist selbstverständlich das BGB zu beachten, da der Mediationsvertrag ein zivilrechtlicher Vertrag ist, bei welchem die BGB-Vorschriften zu beachten sind. Darüber hinaus gibt es spezielle Regelungen im Bereich des Berufsrechts, z.B. für Anwälte, Steuerberater und Notare. So ist in § 7a der Berufsordnung der Rechtsanwälte (BORA) geregelt, dass Rechtsanwälte sich nur dann als Mediatoren bezeichnen dürfen, wenn sie eine geeignete Ausbildung nachweisen können. Insofern hat der Anwalt dann auch § 18 der Berufsordnung zu beachten, wonach der Anwalt, der als Vermittler, Schlichter oder **Mediator** tätig wird, die Regeln des Berufsrechts zu beachten hat und diesen unterliegt. Konkret bedeutet dies, dass dann der Anwalt, der als Mediator tätig wird, auch der anwaltlichen Verschwiegenheit unterliegt.

Darüber hinaus regelt z.B. § 41 Nr. 8 ZPO, dass ein Richter von der Ausübung des **11** Richteramtes kraft Gesetzes ausgeschlossen ist, wenn er an einem Mediationsverfahren oder an einem anderen Verfahren der außergerichtlichen Konfliktbeilegung mitgewirkt hat. § 278a ZPO regelt dagegen die Mediation und außergerichtliche Konfliktbeilegung. Hier ist in Abs. 1 geregelt, dass das Gericht eine Mediation vorschlagen kann und in Abs. 2, dass für den Fall der Durchführung einer Mediation, das Gericht das Ruhen des Verfahrens anordnet. Dies ist eine Vorschrift, die es ermöglicht, gerade langjährige Konflikte zu lösen, ohne dass eine Partei befürchten muss, Rechtspositionen im Prozess aufzugeben, falls es nicht zu einer Einigung kommt.

C. Ausbildung

12   Wie bereits erwähnt, sollte die Mediation im Bereich des Personengroßschadens nicht von einem selbsternannten Mediator durchgeführt werden, denn der Begriff des Mediators ist zurzeit kein rechtlich geschützter Titel. Mediatoren haben sehr unterschiedliche Quellberufe. Sie kommen auch oftmals aus der „therapeutischen Ecke". Das hat seine Berechtigung. Jedoch dürfte ein Psychologe für die Mediation im Personenschaden wahrscheinlich nicht das nötige juristische Rüstzeug besitzen. Grundsätzlich gibt das Gesetz für die Qualität eine Vorgabe: In § 5 des Mediationsgesetzes steht, dass der Mediator in eigener Verantwortung und durch geeignete Ausbildung und einer regelmäßigen Fortbildung sicherstellt, dass er über die theoretischen und praktischen Erfahrungen verfügt. Einzeln ist aufgelistet, was eine geeignete Ausbildung vermittelt, wobei es in § 5 Abs. 2 Mediationsgesetz weiter heißt, dass sich als zertifizierter Mediator nur der bezeichnen darf, der eine Ausbildung zum Mediator abgeschlossen hat, die den Anforderungen der Rechtsverordnung nach § 6 Mediationsgesetz entspricht. Dies ist der aktuelle Stand des Gesetzes. Das Ministerium der Justiz ist aufgefordert, eine solche Rechtsverordnung (RVO) zu erlassen.

13   Selbst die Anwälte, die bisher qualifizierte Ausbildungen absolviert haben und/ oder glauben, dass sie weitere Standards erreicht hätten, dürfen sich bisher nicht als zertifizierte Mediatoren listen lassen. Das gilt insbesondere für Suchportale. So lange die RVO nicht in Kraft tritt, muss Zurückhaltung geübt werden.

14   Wahrscheinlich wird die RVO für die Ausbildung bestimmte Mindeststandards formulieren. In den entsprechenden Fachverbänden geht man derzeit von ca. 120 Stunden Ausbildung aus, die Pflicht für einen zertifizierten Mediator sind.

15   Diese 120-stündige Mindestausbildung soll zudem in 10 Fachbereiche gegliedert sein. Das sind z.B. Gesprächsführung, Kommunikationstechniken, Konfliktkompetenzrecht, Haltung etc. Vieles ist noch nicht geklärt an dieser Stelle.

16   *Praxistipp*
Wer jetzt schon den Abschluss eines (zertifizierten) Mediators machen will, sollte sich an einen professionellen Verband/Institution oder an eine Fachhochschule wenden. Dort wird bereits jetzt ein Ausbildungsstandard erreicht, der mit Sicherheit das Mindestniveau überschreitet, welches in der zu erlassenden RVO manifestiert werden wird.

17   Teilweise werden jetzt schon Ausbildungen angeboten, in denen mindestens 200 Stunden Unterricht stattfinden, wo in kleinen Gruppen professionell auf die elementar wichtigen Dinge der Mediation eingegangen wird. Letztlich ist es eine Frage der Selbstverantwortung in der Anwaltschaft: Jeder Rechtsanwalt muss sich

selbst prüfen, ob er mit seinem erworbenen Mediatorenwissen fachlich in der Lage ist, einen Personenschaden zu mediieren, der bis zum „guten Ende" – dem Konsens – gelangt. Abgebrochene Mediationen, weil der Mediator nicht weiter kommt, bilden den Nährboden dafür, dieses junge Regulierungsinstrument gar nicht erst groß werden zu lassen. Das wäre fatal!

D. Anwalt/Mediator/Anwaltsmediator

Immer wieder hört man, dass Mediatoren nunmehr Anwaltsarbeit übernehmen oder aber sogar die Tätigkeit des „Anwaltsmediators" gefordert wird. Aus unserer Sicht sollte der Anwalt entweder Mediator oder Anwalt in seiner ureigenen Funktion sein. Wenn der Anwalt als Mediator tätig wird, dann unterliegt er auch dem Mediationsrecht als lex specialis. Zwar sind möglicherweise Vorschriften aus dem Anwaltsrecht zu beachten, jedoch in erster Linie die Regeln und Vorschriften des Mediationsrechtes. Unterscheidet man klar, ob der Anwalt als Parteivertreter tätig ist oder als Mediator, fällt es den Parteien auch leichter, die Tätigkeit einzuordnen. Der Begriff „Anwaltsmediator" ist auf den ersten Blick unklar. Denn die Funktion des Anwalts als Parteivertreter und die Funktion des Mediators sind zwei völlig verschiedene. Gerade Juristen neigen dazu, immer sofort eine Lösung parat zu haben und diese dann auch noch den Parteien „aufzudrücken". Gerade dies macht der Mediator aber nicht. Denn Eckpfeiler der Mediation sind die Unparteilichkeit und Neutralität des Mediators. **18**

„Nuranwälte" brauchen keine Angst zu haben, dass „Anwaltsmediatoren" ihnen die Butter vom Brot nehmen. Generell kann gesagt werden, dass der Markt die Sache regelt, d.h. gute Leute werden immer Arbeit und Aufträge finden. Darüber hinaus belebt Konkurrenz den Markt. Vielmehr sollten Anwälte die Mediation als Chance sehen und sich professionell weiterbilden, um auf ihrem Gebiet der Sache ihrer Mandanten zu dienen um am Ende zufriedene Mandanten zu haben. Die Verfasser sind generell davon überzeugt, dass sich die Mediation als eine Säule der Konfliktlösung im Markt und in der Gesellschaft etablieren wird. Ein Gedanke, der auch den Versicherern nicht fremd ist. In Bezug auf den Anwalt und den Mediator bedeutet die Neutralitätsverpflichtung auch, dass es unzulässig ist, dass ein Anwalt in einem Fall als Mediator tätig ist, mit dem er zuvor als Anwalt befasst war. **19**

E. Mediationsmodelle

I. Evaluative Mediation

Evaluativ bedeutet „wertend". Bei diesem Mediationsmodell wird eine lösungsorientierte und problembezogene Denkweise ins Verfahren eingebracht. Hier stehen nicht die Interessen und Bedürfnisse der Medianten im Mittelpunkt, sondern die rechtliche Lage. Der Mediator nimmt direkten Einfluss auf die Inhalte der Mediation, indem er z.B. Stärken und Schwächen der anwaltlichen Argumentation he- **20** rausarbeitet und juristische Empfehlungen abgibt. Damit steht dieses Modell dem Gerichtsverfahren am nächsten (*Trossen* (Hrsg.), Mediation geregelt, Rn 67).

II. Facilitative Mediation

21 Facilitativ bedeutet „vereinfachen". Hier hält der Mediator sich zurück, macht überhaupt keine Vorschläge und gibt keine Empfehlungen. Die Medianten finden alleine ihre Lösung. Der Mediator strukturiert einen Prozess, um die Parteien dabei zu unterstützen, ein wechselseitig akzeptiertes Ergebnis zu erzielen (*Trossen* (Hrsg.), Mediation geregelt, Rn 66).

III. Transformative Mediation

22 Transformativ heißt „umformend". Mit der Arbeit am Konflikt sollen die Parteien in die Lage versetzt werden, ihre Erkenntniswelt so umzuformen, dass ihnen eine Neugestaltung der streitbefangenen Lebensverhältnisse möglich wird. Das Lösungspotenzial besteht darin, den Medianten eine andere Sicht auf das Problem zu ermöglichen, woraufhin sich ihre Bewertungen ändern (*Trossen* (Hrsg.), Mediation geregelt, Rn 76). Dieses Mediationsmodell ist nach Auffassung der Autoren dasjenige, das für die Mediation der Ansprüche im Personengroßschaden am besten geeignet ist. Es eröffnet dem Unfallopfer die Chance über die Regulierung der Rechtsansprüche hinaus das Schadensereignis und seine Folgen mental in das „neue Leben" zu integrieren und damit zu einer höheren Lebensqualität zurückzufinden.

IV. Integrierte Mediation

23 Hier steht nicht das Verfahren, sondern die gebotene Handlung im Vordergrund. Die vorzunehmende Intervention wird verfahrensunabhängig zur Verfügung gestellt. Die Mediation wird dabei als ein Verhandlungsmodell verstanden, welches den psychologischen Erkenntnisprozess in den Vordergrund stellt. Der formale Verfahrensaspekt tritt in den Hintergrund. Es stehen die Art und Weise der Verhandlungsführung und mithin die Stimmigkeit zur Konfliktlösungsstrategie der Parteien im Vordergrund. Insoweit ist die Integrierte Mediation als ein Metaverfahren zu verstehen. Der ursprüngliche Ansatz besteht darin, die Kompetenz der Mediation als solche auch in anderen Verfahren vorzuhalten. Dabei geht die Integrierte Mediation heute davon aus, dass sich der im Hintergrund einer Mediation ablaufende Kognitionsprozess durchaus auch in anderen Kontexten herstellen lässt (*Trossen* (Hrsg.) Mediation geregelt, Rn 86 ff.).

F. Typische Stationen einer Mediation

24 Die Mediation besteht im Personenschaden aus fünf Phasen. Diese Phasen haben sich in der Praxis bewährt und bauen aufeinander auf. Von daher ist es wichtig,

dass sie eingehalten werden und auch ernst genommen werden, da nur so eine Lösung erarbeitet werden kann. Die Medianten sollten hierauf vertrauen und auch gleich vom Mediator darauf hingewiesen werden, dass diese fünf Phasen sich für die Lösung des Konflikts als sinnvoll erwiesen haben und von daher strikt eingehalten werden.

I. Phase 1

Sie ist das Warm-up. Hier geht es darum, dass die Medianten über das Verfahren **25** informiert werden. Ferner sollen der Gesprächsrahmen festgelegt und die Verhaltensregeln aufgestellt werden. Es ist ganz wichtig, die Medianten darauf hinzuweisen, dass man sich ausreden lässt, es nicht zu Zwischenkommentaren kommt und nicht alle gleichzeitig reden. Das sind Selbstverständlichkeiten, die jedoch oftmals bei erhitzten Gemütern noch einmal ins Bewusstsein geholt werden müssen. Dann wird eine Atmosphäre geschaffen, die es ermöglicht, den Konflikt vorzubereiten und am Ende zu lösen. Meistens beginnt die Phase 1 mit einem Smalltalk über die Anfahrt oder das Wetter oder sonstige „belanglose" Dinge, die aber schon einmal die ganze Stimmung auflockern. Gerade bei Unfallopfern, die schwerstverletzt sind, kann man am Anfang durchaus auch auf die menschliche Komponente eingehen und auf der einen Seite den Geschädigten auf die jetzt schwierige Lebenssituation nach dem Unfall ansprechen. Wenn der Schädiger anwesend ist und nicht nur dessen Haftpflichtversicherer, kann man natürlich auch ein paar warme Worte seitens des Mediators an den Schädiger richten, z.B. dass auch für ihn mit dem Unfall eine schwierige Zeit begonnen hat, möglicherweise muss er jeden Tag an der Unfallstelle vorbeifahren. Durch diese Frage wird quasi schon ein bisschen das Eis gebrochen und die Medianten haben die Möglichkeit „sich zu beschnuppern". Ferner ist hier auch wichtig, dass die Medianten in einer lockeren Atmosphäre sitzen. Die Anordnung der Stühle ist zum Beispiel so, dass man an einem Tisch sitzt, ohne dass irgendwie eine Hierarchie entsteht, wie z.B. in einem gerichtlichen Verfahren. Wenn man in einen deutschen Gerichtssaal geht, fängt es schon damit an, dass der Richter höher sitzt als die Parteien und der Vorsitzende noch eine längere Stuhllehne hat, als seine Beisitzer. Hier ist schon von der reinen Sitzordnung her ein Ungleichgewicht vorhanden, was bei einer Mediation, die z.B. in einem Hotel, in einer Kanzlei oder in einem anderen geeigneten Raum stattfinden kann, nicht der Fall ist. Ferner ist in der Phase 1 die Vorarbeit des Mediators zu machen, in dem er z.B. die Statthaftigkeit und Zulässigkeit prüft. Eine Mediation ist dann nicht zulässig, wenn die Medianten gar nicht mediationsfähig sind. Manchmal kann aufgrund von Medikamenten oder von dementen Erkrankungen oder bestimmten Therapien, in denen sich der Geschädigte befindet, eine Mediation gar nicht möglich sein. Dies muss der Mediator im Vorfeld klären, damit nicht dann am Ende das böse Erwachen kommt. In dieser Vorprüfung ist natürlich auch zu klären, ob in dem vorliegenden Fall eine Betreuung vorliegt. Gerade bei schweren SHT-Fällen haben die Geschädigten meistens Betreuer, sodass dann natürlich der Betreuer anwesend sein muss.

Gerade bei stark medikamentenabhängigen Medianten ist hier auch die Beeinträchtigung der Willensfreiheit zu prüfen. Da am Ende der Mediation ein Vertrag steht, in dem beide Parteien sich einigen und eine Lösung finden, müssen wie bei jedem Vertrag die Parteien rechts- als auch geschäftsfähig sein. Der Vertreter des Versicherers muss ebenfalls eine Vollmacht mitbringen, die ihn berechtigt, in einem realistischen Rahmen verbindliche Erklärungen zu Grund und Höhe der Ansprüche abzugeben. Ferner wird in der Phase 1 auch über die Prinzipien der Mediation, wie z.b. die **Freiwilligkeit** gesprochen. Dies bedeutet, dass die Medianten jederzeit die Mediation abbrechen können und auch den Vertrag kündigen können. Weiteres Grundprinzip der Mediation ist die **Vertraulichkeit**. Der Mediator weist darauf hin, dass der Verhandlungsort ein „geschützter Raum" ist, d.h. dass alles, was hier besprochen wird, den Raum nicht verlässt, sodass auch die Parteien über Dinge reden können, über die sie bisher noch nicht gesprochen haben. Hierzu gehört natürlich auch die **Verschwiegenheit**, d.h. der Mediator darf sich zu den Inhalten nicht außerhalb der Mediation äußern und diese nicht publik machen. Der Mediator wird sich **neutral** verhalten und von sich aus keine Entscheidung treffen, sondern das den Parteien überlassen. Gerade Anwälte, die als Mediatoren tätig sind, müssen sich hier zurückhalten. Schließlich kann in der Phase 1 auch über das Mediatorenhonorar gesprochen werden. Es ist allerdings aus Sicht der Verfasser günstig, im Vorgespräch die Honorarfrage zu klären. Schließlich sollte der Mediator in Phase 1 ganz kurz die weiteren Phasen anreißen und erwähnen, dass diese 5 Phasen sich bewährt haben und die Medianten diesem Verfahren bitte vertrauen sollen. Bei dem jeweiligen Übergang in die nächsten Phasen kann der Mediator die Vorphase nochmals zusammenfassen und auf die nun folgende Phase eingehen.

II. Phase 2

26   Phase 2 ist die Themensammlung. Hier geht es quasi darum, worüber gestritten wird, was streitig, was unstreitig ist, welche **Themen** betroffen sind. Der Begriff Thema ist schon ein Fachbegriff aus der Mediation und bedeutet im weitesten Sinne, was will der eine von dem anderen, d.h. es geht juristisch gesehen um einen Anspruch, welches Tun und Unterlassen will ich von der anderen Seite. In dem Thema müssen beide Parteien vorkommen; insofern ist das Thema die Neutralisation der jeweiligen Ansprüche der Medianten. Es ist gar nicht so leicht für den Mediator einen Oberbegriff (Thema) zu finden. In der Regel wird dann das Thema oder die Themen auf einem Kärtchen oder einer Flipchart festgehalten, so dass die Medianten dies auch immer im Überblick haben. Der Mediator hat bestimmte Gesprächsmethoden auf die später einzugehen sein wird, wie z.B. das Paraphrasieren, das Verbalisieren, das Loopen oder das Zusammenfassen, um so die Bedürfnisse und Interessen der Beteiligten richtig wiederzugeben. Die Interessen selber spielen in der Phase 3 eine Rolle. In der Regel leitet der Mediator die Phase 2 ein, indem er die Medianten fragt, wer anfangen möchte. Das ist schon am Anfang extrem wichtig, damit die Medianten sich nicht übergangen fühlen. Würde der Mediator von sich aus einem Medianten das Wort erteilen, so würde sich der andere übergangen fühlen können. Wenn den Medianten jedoch überlassen wird, wer beginnen möchte, ist schon eine Wertschätzung gegeben, die psychologisch nicht zu unterschätzen ist. Am Ende ist es so, dass jedes Puzzlestück dazu führt, dass ein langjähriger Streit endlich zufriedenstellend beendet wird. Der Mediator verhält sich neutral und zeigt den beiden Medianten, dass sie die Hauptpersonen sind und sie gemeinsam die Lösung erarbeiten werden. Der Mediator fragt immer wieder zurück, ob die Themen so richtig festgehalten sind und ob der Mediator den Medianten so richtig verstanden hat. Nur so kann am Ende nämlich eine tragfähige Lösung stehen.

III. Phase 3

Hier geht es um die **Interessen** der Medianten, um die **Motive** hinter dem Streit. Es   **27**
geht darum, die verborgenen Interessen herauszuarbeiten. Den Medianten wird die Gelegenheit eingeräumt, einmal alles zu sagen, was sie auf dem Herzen haben, auch wieder im Rahmen eines Ping-Pong-Spiels. Der eine fängt an, der andere führt fort. In der Phase 3 werden Gefühle abgefragt und Bedürfnisse herausgearbeitet. Denn gerade bei Schwerstgeschädigten ist es oftmals so, dass ein direktes Aufeinandertreffen von Schädiger und Geschädigtem sehr emotional ist und es mitunter ein elementares Bedürfnis des Geschädigten ist, dass der Schädiger sich entschuldigt. Dies ist ein erheblicher Vorteil gegenüber einem streitigen Verfahren, in dem es in der Regel rein um Ansprüche und nicht um Gefühle und Bedürfnisse der Betroffenen selbst geht. Oftmals führt dies zu einer Verbitterung, in der jeder nur versucht, den anderen durch seine Maximalforderungen zu ärgern und mehr Öl ins Feuer zu kippen, anstelle eine tragfähige gemeinsame Lösung in der schwierigen Situation zu erarbeiten. In der Phase 3 kommt es zum Rollentausch. Die Medianten versetzen sich in die Lage des jeweiligen anderen und versuchen dessen Gefühle und Bedürfnisse nachzuvollziehen.

Wie wichtig oftmals die wahren Interessen und Motive hinter einem Problem sind,   **28**
soll anhand eines Lehrbuchbeispiels erläutert werden. Es streiten sich zwei Menschen vor Gericht um eine Orange. Beide sagen, dass sie unbedingt diese Orange haben wollen. Der Richter fragt, ob sie sich auch vorstellen könnten, dass jeder nur eine halbe Orange erhalte, sodass eine Lösung gefunden werden kann. Beide negieren das. Jeder will alles haben. Eine halbe Orange sei zu wenig. Der Richter kann dann nur eine Entscheidung im Sinne eines **Nullsummenspiels** treffen und dem einen die Orange geben und dadurch dem anderen die Orange wegnehmen. Ein Mediator kann dagegen nach den eigentlichen Interessen hinter diesem Streit fragen und die Medianten befragen, wofür sie jeweils die Orange benötigen. Im Ergebnis stellt sich heraus, dass die eine Person, die ganze Orange benötigt, um Saft zu pressen und die andere Person die ganze Orange benötigt, um einen Kuchen mit der Schale der Orange zu backen. Verwenden beide die Orange nacheinander erhält **je-**

der alles, was er möchte. Dieses Beispiel soll zeigen, dass eine aussichtslose Situation in der Mediation zu einem befriedigenden Ergebnis führen kann.

IV. Phase 4

29　In der Phase 4 werden Optionen für Lösungsvorschläge gesammelt. Die Parteien werden aufgefordert, sich Angebote zu machen, wie sie sich eine Lösung vorstellen könnten. Am weitesten kann man sich dieses als Brainstorming vorstellen. Ein Gedankenaustausch deshalb, weil der Mediator die Vorschläge sammelt. Manchmal wendet der Mediator auch Werkzeuge an, wie den imaginären Zauberstab, d.h. jeder der Beteiligten bekommt einen Zauberstab und wird gefragt, was er sich denn wünschen möchte. Die Wünsche und Vorschläge werden gesammelt und auch wieder auf einem Flipchart festgehalten. Natürlich muss der Mediator auch prüfen, inwieweit sich die einzelnen Optionen in der Realität umsetzen lassen. So wäre der Vorschlag eines Geschädigten 10 Millionen Euro an Schmerzensgeld zu bekommen, sicherlich nicht ergebnisförderlich.

V. Phase 5

30　Am Ende der Mediation steht ein Abschluss, eine Einigung, ein Vertrag. Die Ergebnisse der Mediation werden schriftlich festgehalten. Hier spielen Fristen und formale Erfordernisse eine Rolle. Wenn das Ruhen des Verfahrens gerichtlich angeordnet wurde, muss der getroffene Vergleich gerichtlich protokolliert werden. Manchmal ist auch noch die vormundschaftsgerichtliche Genehmigung einzuholen, § 1822 BGB. Dieses ist jedoch nur noch der Feinschliff, da die materielle Lösung durch die Parteien gemeinsam jetzt schon erarbeitet wurde.

G. Mediationswerkzeuge

31　Hier soll ein knapper Überblick über die Tools in der Mediation gegeben werden, um zu zeigen, dass die Mediation ein ernst zu nehmendes Verfahren ist, welches wissenschaftlichen Anforderungen gerecht wird. Damit ist der Schritt zur universitären Mediatorenausbildung, kein großer mehr. Es ist auch nicht abwegig, dass es in Zukunft Fachmediatoren in den einzelnen rechtlichen Bereichen geben wird.

I. Aktives Zuhören

32　Was zunächst selbstverständlich ist, ist gleichwohl hervorzuheben, denn wie oft hat man in einem Gerichtsverfahren seitens des Richters gerade kein aktives Zuhören, sondern schon eine gefestigte Meinung oder eine vorgefestigte (Rechts-)Ansicht, die dazu führt, dass die Fronten verhärten und keine Lösung oder kein Vergleich gefunden wird. Dieses Zuhören bedeutet daher auch, die Medianten ausreden zu lassen, aber auch durch Gesten (Blickkontakte, Körpersprache) Verständnis zu zeigen. Verständnis und gegenseitige Wertschätzung sind für Medianten mit Personenschaden wichtige Aspekte.

II. Loopen

Loopen bedeutet „schleifen" oder das wiedergeben, was der Mediator verstanden   **33**
hat. Schleifen bedeutet hier, dass quasi eine Schleife durchlaufen wird bis von den
Medianten die Rückmeldung des Mediators bestätigt wird. Denn erst dann herrscht
ein gemeinsamer Nenner. Sender und Empfänger senden auf derselben Welle. Wie
oft hat man es, dass der eine auf UKW sendet und der andere aber sein Radio auf
Mittelwelle eingestellt hat. Dass dann keine Kommunikation stattfinden kann,
leuchtet ein. Das Loopen wird hauptsächlich in Phase 3 angewandt, kann aber auch
in der Phase 2 eine Rolle spielen.

III. Paraphrasieren

Hierunter versteht man eine Art Zusammenfassung. Der Mediator gibt das Gesagte   **34**
der Medianten in eigenen Worten wieder. Dies ist eine ganz wichtige Technik, da
oftmals die Medianten in der Wortwahl dem anderen Vorwürfe machen, sich beschweren oder Wörter verwenden, die verletzend sind. Der Mediator paraphrasiert
dann die Worte, indem er sie wiedergibt und in neutrale Worte formuliert. Dadurch
werden die Wogen geglättet und der Weg für eine Konfliktlösung geebnet. Durch
das Paraphrasieren zeigt der Mediator aber auch Verständnis für die Medianten.
Gute Mediatoren können durch diese Technik sehr viel erreichen.

IV. Reframing

Der Mediator versucht, dem Problem einen anderen Rahmen zu geben. Der Rah-   **35**
men ändert sich, auch wenn der Inhalt gleich bleibt. Denn manchmal ist es nur die
Perspektive, die plötzlich aus einem anderen Blickwinkel zu einer Lösung führt.
Gerade dann können Meinungen gelockert werden und plötzlich sieht alles ganz
anders aus. Reframing wird überwiegend in den Phasen 2 und 3 angewendet.

V. Triadische Brückenfunktion

Bei dieser Technik wird die direkte Kommunikation zunächst über den Mediator   **36**
umgeleitet. Dabei übernimmt der Mediator eine Brückenfunktion, weil beide Medianten jeweils über den Mediator kommunizieren. Konkret spricht dann immer
nur ein Mediant mit dem Mediator und umgekehrt. Hierdurch werden die Medianten quasi gezwungen, die Aussagen des anderen zu verinnerlichen. Gerade in der
Anfangsphase ist diese Technik ideal und geeignet.

VI. Windows 1/Windows 2

Bei Windows 1 ist ein Dialog zwischen Mediator und Mediant gegeben. Bei Win-   **37**
dows 2 findet der Dialog zwischen beiden Medianten statt. Windows 2 wird in den
Phasen 3 und 4 angewandt, weil dann das Eis gebrochen ist, ein Dialog zwischen
den Medianten möglich ist und der Mediator sich immer weiter zurücknimmt. Die

Medianten sind dann an dem Punkt, wo sie (wieder) miteinander direkt kommunizieren können.

H. Musterfall: ein Sachverhalt – zwei Lösungswege

I. Einleitung

38 Im Nachfolgenden soll anhand desselben Sachverhaltes (fiktiv) der Unterschied zwischen einem gerichtlichen Verfahren (siehe Rn 43 ff.) und einer außergerichtlichen Mediation (siehe Rn 74 ff.) aufgezeigt werden. Anhand dieses Beispiels zeigt sich das Potenzial der Mediation und welche Chancen sich in der Zukunft für die Regulierung von Personengroßschäden ergeben. Die streitige Auseinandersetzung ist ein Verfahren, wie es hundertfach täglich in deutschen Gerichtssälen stattfindet. Es werden unendlich viele Beweisbeschlüsse gemacht, Gutachter gehört, Termine angesetzt und über Jahre keine Einigung erreicht. Das alles kostet neben viel Geld auch viel Kraft für den Kläger.

39 Das Mediationsbeispiel zeigt fiktiv, wie eine Mediation im Personenschadensrecht ablaufen kann. Auch hier gibt es allerdings keine dogmatisch in Stein gemeißelten Vorgaben für das Ergebnis. Das heißt, die Mediation ist ergebnisoffen, allerdings nicht contra legem, da es um gesetzliche Ansprüche im gesetzlichen Umfang geht. Wenn die Medianten sich gemeinsam eine Lösung erarbeiten, die für beide tragfähig ist, dann ist dies eben der „Königsweg". Das Ziel ist erreicht, wenn am Ende die beiden Parteien von ihrer gemeinsam erarbeiteten Lösung überzeugt sind und diese tragen wollen.

II. Dem Musterfall zugrunde liegender Lebenssachverhalt

40 Die verheiratete, zum Unfallzeitpunkt 30 Jahre alte Mutter von zwei Kindern im Alter von 5 und 8 Jahren, kollidiert als Beifahrerin in einem Pkw mit einem von rechts kommenden Wagen. Es kommt zum Seitenaufprall direkt auf Höhe der Beifahrerseite. Das von rechts kommende Fahrzeug hätte die Vorfahrt gewähren müssen. Die Haftung steht zu 100 % wegen der Vorfahrtsverletzung fest. Die geschädigte Anspruchstellerin ist als Verkäuferin im Einzelhandel für 30 Stunden/Woche bei einem Arbeitsentgelt von 900,00 EUR netto/Monat tätig.

41 Sie erleidet eine dauerhaft schmerzhafte Verletzung der rechten Schulter (Rotatorenmanschettenruptur) mit Einsteifung sowie eine Verletzung des oberen und unteren Sprunggelenkes rechts, welches eine operative Versteifung erforderlich macht.

42 Der Versicherer hat einen Vorschuss in Höhe von 30.000,00 EUR geleistet.

III. Ablauf des erstinstanzlichen Verfahrens vor dem Landgericht

1. Klageschrift mit Anträgen

Der Prozessbevollmächtigte der Klägerin reicht gegen den Fahrer sowie dessen   **43**
Krafthaftpflicht-Versicherung (KH-Versicherer) eine Klageschrift mit den Anträ-
gen auf Zahlung eines bezifferten weiteren Schmerzensgeldes – jedoch in das Er-
messen des Gerichts gestellt – sowie auf Zahlung eines weiteren Haushaltsfüh-
rungsschadensersatzbetrages für die Zeit bis zur Rechtshängigkeit einschließlich
eines Rentenantrages ab Rechtshängigkeit ein. Ferner einen Zahlungsantrag in
Höhe der exakt bezifferten ungedeckten Schadensspitze des Erwerbsschadens in
der Vergangenheit einschließlich eines monatlichen Rentenanspruches auf den Erwerbsschaden zuzüglich der noch offenen Auslagen für Fahrtkosten sowie Zuzahlungen zu Therapien und Hilfs-/Heilmitteln. Zinsen setzt er ab Rechtshängigkeit
hinzu. Ordnungsgemäß setzte er sämtliche gezahlten Vorschüsse von der Klagefor-
derung ab. In einem zweiten Klageantrag begehrt er die Feststellung, dass der Schädiger nebst dem eintrittspflichtigen KH-Versicherer für die immateriellen und materiellen Ansprüche der Klägerin aus dem Unfallereignis vom … in … einsteht.

2. Prozessualer Ablauf

a) 21 Monate nach dem Unfallereignis: Rechtshängigkeit der Klageschrift

Die Rechtsschutzversicherung der Klägerin leistet die Gerichtskosten nach einem   **44**
Gegenstandswert in Höhe von 180.000,00 EUR in Höhe von 4.878,00 EUR.

Für das bisherige außergerichtliche Tätigwerden des ersten Anwaltes sind Gebühren nach einem Gegenstandswert von 250.000,00 EUR (2,5 Geschäftsgebühr zuzüglich Auslagenpauschale und Mehrwertsteuer) in Höhe von 6.726,48 EUR angefallen.

Für die Einreichung der Klageschrift fallen beim Rechtsanwalt der Klägerin Gebühren in Höhe von 3.006,42 EUR an.

Innerhalb der vom Gericht gesetzten Fristen erfolgen die Verteidigungsanzeige so-   **45**
wie die Klageerwiderung durch den Prozessbevollmächtigten des KH-Versicherers.
Es wechseln sich Replik und Duplik ab.

Der Prozessbevollmächtigte des KH-Versicherers rechnet bei seinem Auftraggeber   **46**
auf den Gegenstandswert von 180.000,00 EUR die Verfahrensgebühr zuzüglich
Auslagenpauschale und Mehrwertsteuer in Höhe von insgesamt 3.694,71 EUR ab.

b) 6 Monate nach Klageeinreichung: erste mündliche Verhandlung und Beweisbeschluss

Es kommt zur ersten mündlichen Verhandlung vor dem Einzelrichter, das persönli-   **47**
che Erscheinen der Klägerin ist angeordnet. Der Fahrer des gegnerischen Unfall-
fahrzeuges wird nicht geladen.

Der Richter eröffnet die mündliche Verhandlung und gibt zunächst der Klägerin   **48**
das Wort. Sie soll sich zu den Umständen des Unfalls äußern. Die Klägerin erklärt,

dass sie als Beifahrerin in dem Pkw ihrer Freundin gesessen habe, als plötzlich von rechts der beklagte Fahrer mit seinem Pkw gekommen und unter Missachtung der Vorfahrt direkt in die Beifahrerseite hinein gefahren sei. Sie erklärt, von der Feuerwehr aus dem Fahrzeug herausgeschnitten worden zu sein, da sich die Beifahrertür nicht mehr habe öffnen lassen und sie wegen der starken Schmerzen das Fahrzeug nicht über die Fahrerseite habe verlassen können. Sie habe wahnsinnige Schmerzen erlitten und sei wohl auch einige Zeit bewusstlos gewesen, als sie dann im Krankenhaus wieder zu sich gekommen sei. Neben diversen kleineren Verletzungen seien nun über 6 Monate nach dem Unfallereignis eine „unbrauchbare" rechte Schulter und ein ebenso „unbrauchbarer" rechter Fuß übrig geblieben. Sie habe eine Rotatorenmanschettenruptur rechts und eine Verletzung des rechten oberen und unteren Sprunggelenkes erlitten, was bereits operativ versteift worden sei. Insgesamt sei sie dreimal operiert worden und sie würde dreimal pro Woche zu irgendwelchen Arztterminen und Therapieterminen gehen. Die Klägerin schildert, ständig unter Schmerzen zu leiden, Probleme bei der Hausarbeit zu haben, weil sie sich nicht mehr uneingeschränkt fortbewegen könne und sie im Grunde alles nun mit dem linken Arm machen müsse (sie sei Rechtshänderin). Wegen der ständigen Schmerzen, auch nachts, könne sie schlecht schlafen, was sie sehr zermürben würde. Sie bedauert, kaum noch Zeit für die Kinder zu haben, wo doch ihr Ehemann 4 Tage pro Woche (einschließlich der Nächte) als Handelsvertreter ortsabwesend sei. In dem wenigen Nachtschlaf habe sie schlimmste Albträume (Flashbacks) und sie sei völlig gerädert am nächsten Morgen. Sie sei an der Grenze ihrer physischen und psychischen Leistungsfähigkeit. Sie habe Angst vor dem Autofahren, müsse aber die Kinder zum Reiten und Musikunterricht fahren. Derzeit würde das noch ihre Freundin übernehmen. Sie wisse aber nicht, wie lange das so noch gut gehen würde. Weil nun das Krankengeld ausgelaufen sei und ein Rentenverfahren gegen die Deutsche Rentenversicherung vor dem Sozialgericht noch lange nicht entschieden sei, wäre sie nun völlig verzweifelt, da sie doch vom Versicherer nur die Hälfte ihres Erwerbsschadens ersetzt bekäme. Dieses Geld wäre aber im Familieneinkommen vollständig eingeplant, so dass sich die Eheleute nun hätten entscheiden müssen, die Raten für den Hauskredit auszusetzen. Aber aufgeschoben bedeute nicht aufgehoben. Sie habe große Zukunftsängste und das Gefühl, alles sei ihr nun zu viel. Sie fühle sich mit diesen Verletzungen nicht anerkannt und gedemütigt, weil sie von Arzt zu Arzt laufen müsse und gerade im Verfahren vor dem Sozialgericht die Gutachter ihre Beschwerden negieren würden. Sie müsse immer „funktionieren" mit den Kindern und dem Haushalt – am liebsten möchte sie gar nicht weiter leben. Dann bricht sie in Tränen aus, wobei ihr der eigene Rechtsanwalt ein Taschentuch reicht und leise tröstende Worte spricht, um sie wieder zu beruhigen. Der Vorsitzende maßregelt die Klägerin, „für Gefühle sei kein Platz bei Gericht – es gehe nur um knallharte Fakten". Er möchte jetzt zum Sachverhalt zurückkommen und fasst den entscheidungserheblichen unstreitigen Sachverhalt mündlich zusammen. Danach verhandeln die Prozessbevollmächtigten streitig zur Sache und stellen die Anträge.

Am Schluss der mündlichen Verhandlung ergeht ein Beweisbeschluss des Inhaltes, wonach Prof. Dr. med. X von der Uniklinik Y ein Gutachten zur Arbeitsfähigkeit der Klägerin erstellen soll. Der Klägerin wird zugleich aufgegeben, einen Vorschuss in Höhe von 2.000,00 EUR für ein Sachverständigengutachten zur Arbeitsfähigkeit der Klägerin zur Gerichtskasse einzuzahlen.

Die Rechtsschutzversicherung zahlt umgehend den Vorschuss ein, so dass der Gutachtenauftrag erteilt wird. Zwei Monate nach dem Beweisbeschluss kommt es zum Untersuchungstermin der Klägerin. Das Gericht erinnert dann den Sachverständigen noch zweimal an dessen Gutachtenerstellung. **49**

c) 12 Monate nach Klageeinreichung: erstes Gutachten

6 Monate nach der mündlichen Verhandlung liegt das Gutachten vor: **50**

■ zuletzt ausgeübter Beruf der Klägerin: bis auf weiteres 0 % Leistungsvermögen

■ Leistungsvermögen auf dem allgemeinen Arbeitsmarkt: 30 %

■ Therapievorschläge (...) mit dem Ziel, nach 12 Monaten ein vollschichtiges Leistungsvermögen auf dem allgemeinen Arbeitsmarkt erreicht zu haben (mit den Einschränkungen: keine stehende Tätigkeit, kein Heben und Tragen von Lasten, die größer als 5 Kilo sind).

d) 15 Monate nach Klageeinreichung: zweite mündliche Verhandlung

3 Monate nach Vorlage des Gutachtens findet eine zweite mündliche Verhandlung **51** mit der Anhörung des Sachverständigen statt. Die Parteien hatten zwischenzeitlich Gelegenheit, zum Gutachten Stellung zu nehmen, woraus sich die Notwendigkeit der Anhörung des Sachverständigen ergab. Zu diesem Zweck hat das Gericht einen weiteren Vorschuss von 750,00 EUR von der Klägerin angefordert.

Es erfolgte die Anhörung des Sachverständigen mit dem Ergebnis, dass die Feststellungen aus dem schriftlichen Gutachten noch einmal mündlich bestätigt worden **52** sind. Die Klägerin erklärte zu Protokoll, dass bislang von den Therapievorschlägen aus diesem Gutachten keinerlei Verordnungen durch ihre behandelnden Ärzte (Begründung: Das Budget ist erschöpft) erfolgt seien und sie deswegen dem Ziel des Gutachtens, nach 12 Monaten ein vollschichtiges Leistungsvermögen mit dem im Gutachten beschriebenen verbleibenden Einschränkungen jedenfalls nicht erreichen können werde. Im Übrigen habe sie sowieso Zweifel daran, dieses Ziel jemals zu erreichen. Alle behandelnden Ärzte hätten ihr gesagt, dass das ohnehin nicht möglich sei.

Die Parteien verhandelten weiterhin streitig und der Vorsitzende kündigte einen **53** weiteren Beweisbeschluss zum Haushaltsführungsschaden an.

Am Ende der Sitzung erging ein weiterer Beweisbeschluss des Inhaltes, wonach **54** die Mutter der Klägerin, die Schwester der Klägerin sowie Frau A zum Zuschnitt des Haushalts vor dem Unfall und zu den konkret von der Klägerin vor dem Unfall verrichteten Tätigkeiten im Haushalt befragt werden sollen. Das Gericht hat die Beweisaufnahme davon abhängig gemacht, dass für jeden Zeugen 500,00 EUR Vorschuss zur Gerichtskasse durch die Klägerin eingezahlt werden.

e) 21 Monate nach Klageeinreichung: dritte mündliche Verhandlung, erste Beweisaufnahme und zweiter Beweisbeschluss

55 6 Monate nach der zweiten mündlichen Verhandlung findet die weitere Beweisaufnahme in einer dritten mündlichen Verhandlung zum Haushaltsführungsschaden statt. Die Klägerin ist bei der Zeugenvernehmung zugegen. Über den Ausgang dieser Beweisaufnahme ist sie sehr zufrieden, weil sowohl ihre Mutter als auch ihre Schwester und ihre beste Freundin – Frau A – den Haushalt exakt so beschrieben haben, wie er ist und auch die konkreten Tätigkeiten, die sie vor dem Unfall ausgeführt hat, von allen drei Zeuginnen sehr gut wiedergegeben worden sind. Die Klägerin ist der Meinung, dass weder etwas hinzugedichtet worden sei, noch sei etwas weggelassen worden. Allerdings ist sie etwas darüber erstaunt, dass ihr Rechtsanwalt in der Klageschrift den Haushalt und insbesondere den Zeitaufwand, der für die Bewältigung der Hausarbeit erforderlich ist, doch wesentlich höher angegeben hat, als dieses heute von den drei Zeugen wiedergegeben worden ist. So genau hatte sie sich die Klageschrift zu diesem Thema gar nicht angeschaut. Da sich die Parteien in diesem Termin auf eine Höhe der MdH nicht verständigen können, kündigt das Gericht einen weiteren Beweisbeschluss zu diesem Thema an.

56 Somit ergeht am Ende der Sitzung ein Beweisbeschluss des Inhaltes, wonach der Arbeitsmediziner Prof. Dr. Z, Universitätsklinikum Y, beauftragt wird, die Höhe der MdH der Klägerin nach den verschiedenen, in der Klageschrift benannten Zeitabschnitten der Vergangenheit und für die Zukunft, festzustellen. Das Gericht fordert in diesem Beschluss einen weiteren Vorschuss in Höhe von 2.000,00 EUR für den Gutachter von der Klägerin ein. Die Klägerin lässt über ihre Rechtsschutzversicherung 2.000,00 EUR zur Gerichtskasse einzahlen.

f) 25 Monate nach Klageeinreichung: zweites Gutachten

57 4 Monate nach dem Beweisbeschluss liegt das Gutachten zur MdH nach Aktenlage vor. Der Sachverständige ermittelt eine MdH von 50 % für die Zukunft und etwas darüber liegende Beträge für die Vergangenheit.

58 Im weiteren Verlauf wechseln die Parteien nochmals Schriftsätze zum Ergebnis dieses Gutachtens. Die Beklagte beantragt die mündliche Anhörung des Sachverständigen. Das Gericht erlässt einen Beschluss dieses Inhaltes mit der Aufforderung an die Beklagte, 750,00 EUR Vorschuss für den Gutachter zur Gerichtskasse einzuzahlen.

g) 31 Monate nach Klageeinreichung: vierte mündliche Verhandlung und Anhörung des Sachverständigen sowie Vergleichsverhandlungen

59 6 Monate nach Vorlage des zweiten Gutachtens erfolgt die vierte mündliche Verhandlung mit der Anhörung des sachverständigen Arbeitsmediziners Prof. Dr. Z. Als Ergebnis der Beweisaufnahme ist festzustellen, dass es bei einer MdH von

50 % für den Zukunftsschaden verbleibt. Die Zeitfenster, die in der Vergangenheit liegen, bewertet der Sachverständige exakt so wie in seinem Gutachten, nämlich während der Dauer der stationären Aufenthalte mit 100 % und die jeweiligen Zeiträume zwischen den verschiedenen Operationen mit 90 % und dann den Zeitraum seit der letzten OP bis zur Rechtshängigkeit mit 70 % MdH.

Nachdem der Sachverständige den Gerichtssaal verlassen hat, fragt das Gericht die **60** Parteien, ob sie sich eine vergleichsweise Erledigung des Verfahrens vorstellen können. Daraufhin zuckt der Anwalt der Klägerin mit den Schultern und murmelt: „Will ich nicht ausschließen." Der Beklagtenvertreter hingegen holt einen Zettel aus seiner Aktentasche und erklärt, er habe in Absprache mit seiner Mandantschaft folgenden Vergleichsvorschlag zu unterbreiten:

1. Seine Mandantschaft – Fahrer sowie beklagte Versicherung – bietet als Gesamtschuldner eine weitere Schmerzensgeldzahlung in Höhe von ▓▓▓▓▓▓ EUR – vorbehaltlos – an.

2. Die Beklagten zu 1.) und zu 2.) bieten an, den Haushaltsführungsschaden für die Vergangenheit entsprechend der Feststellungen des Gutachtens – also aufgrund der dort genannten MdH für die verschiedenen Zeitfenster – auf der Basis einer 35 Stundenwoche und einem Stundenverrechnungssatz von 9,00 EUR pro Stunde die Regulierung des Haushaltsführungsschadens vorzunehmen. Für die Zukunft soll die MdH bei 30 % liegen. Dabei soll § 323 ZPO Anwendung finden und der Haushaltsführungsschaden längstens bis zum 75. Lebensjahr laufen.

3. Die Beklagten zu 1.) und zu 2.) bieten als Gesamtschuldner die vollständige Regulierung des Erwerbsschadens seit dem Ende der Entgeltfortzahlung durch den Arbeitgeber bis 18 Monate nach Schluss der letzten mündlichen Verhandlung (unter Abzug kongruenter Leistungen) an. Ein Zukunftsschaden wird nicht gesehen.

4. Für die vermehrten Bedürfnisse bieten die Beklagten zu 1.) und die 2.) als Gesamtschuldner die Zahlung eines Betrages in Höhe von ▓▓▓▓▓ EUR für die Vergangenheit an und die weitere Regulierung in der Zukunft auf Nachweis. Die Abrechnung soll dann zweimal jährlich stattfinden.

5. Hinsichtlich der Ziff. 2.) und 4.) erkennen die Beklagten zu 1.) und zu 2.) diese Ansprüche mit der Wirkung eines am heutigen Tage rechtskräftigen Feststellungsurteils an.

6. Hinsichtlich der Verfahrenskosten könnten sich die Beklagten zu 1.) und zu 2.) vorstellen, dass diese von ihnen als Gesamtschuldner in Höhe von 2/3 übernommen werden, während die Klägerin 1/3 der Kosten trägt.

Der Vorsitzende nickt zustimmend und fragt die Klägerin, ob sie dieses Angebot **61** annehmen möchte.

Die Klägerin ist äußerst irritiert, da sie mit einem Vergleich überhaupt nicht gerech- **62** net hatte. Sie war fest davon ausgegangen, dass es an diesem Tage zu einem Urteil kommen würde. So wie sie den Verlauf des Verhandlungstages wahrgenommen hat, geht sie davon aus, dass das Gericht ihr heute ein weiteres Schmerzensgeld zusprechen würde, ebenfalls geht sie davon aus, dass sie ihren Haushaltsführungsschaden ersetzt bekommt. Allerdings ist sie nach der Anhörung des Sachverständigen zur Höhe der MdH doch etwas irritiert. In der Klageschrift findet sich hier ein wesentlich höherer Betrag. Was das jedoch genau für sie bedeutet, das ist ihr nicht so recht klar. Hinsichtlich des Erwerbsschadens hatte ihr der Rechtsanwalt vor der mündlichen Verhandlung am heutigen Tage erklärt, dass sie schon irgendwie zusehen sollte, von ihrem Hausarzt die vom Gutachter vorgeschlagenen Therapien verordnet zu bekommen, damit sie dann mal wieder an den Arbeitsplatz komme. Außerdem müsste sie dann in Zukunft damit rechnen, dass der Versicherer ihr mangelnde Mitwirkung vorwerfen könnte und alleine schon aus diesem Grunde die Zahlungen auf den Erwerbsschaden einstellen kann. Im Hinblick auf die von ihr bezahlten Zuzahlungen für Hilfs- und Heilmittel ebenso wie die nachgewiesenen Kilometer zu den verschiedenen Behandlungsterminen sei er – der Anwalt – ganz zuversichtlich. Daran würde das Gericht auch nicht im Urteil vorbei kommen.

63   Die Klägerin ist nun sehr verunsichert. Sie weiß nicht so recht, ob das Vergleichsangebot der Gegenseite gut ist oder nicht. Sie fragt deshalb ihren Rechtsanwalt, was er ihr rät. Der sagt, es sei ihr Vergleich und er möchte dazu nichts sagen. Vor dem Termin habe er ihr schließlich erklärt, welche Möglichkeiten das Gericht für eine Entscheidung hätte. Der Vorsitzende empfindet dieses Gespräch zwischen Klägerin und Prozessbevollmächtigtem als störend und bietet an, die Sitzung für einige Minuten zu unterbrechen, damit der Prozessbevollmächtigte vor der Tür mit seiner Mandantin reden könne. Die Sitzung wird sodann für 30 Minuten unterbrochen.

64   In dieser Zeit versucht die Klägerin auf dem Gerichtsflur, ihren Ehemann telefonisch zu erreichen. Das gelingt ihr. In der Kürze der Zeit schildert sie das, was ihr der Anwalt vor der heutigen mündlichen Verhandlung erklärt hat und liest von einem Zettel ihre handschriftlichen Notizen ab, die sie sich gemacht hat, als der Beklagtenvertreter das Vergleichsangebot unterbreitet hat. Sie fragt ihren Ehemann, ob sie den Vergleich annehmen soll oder nicht. Der rät ihr ab, weil von heute aus gesehen in 18 Monaten dann die Zahlungen des Versicherers auf den Erwerbsschaden zu Ende sein sollen und schließlich das Rentenverfahren bei der Deutschen Rentenversicherung noch lange nicht abgeschlossen sei. Der monatliche Haushaltsführungsschadensersatz würde dringend benötigt, um die Mutter und die Schwester für ihre Dienste zu bezahlen. Das Schmerzensgeld sei nicht ausreichend, um damit den restlichen Hauskredit tilgen zu können. Die Klägerin ist am Boden zerstört und kämpft mit den Tränen. Da sie schon einmal erlebt hat, wie schroff der Vorsitzende mit ihr in einer solch emotionalen Situation umgegangen ist, bittet sie ihren Prozessbevollmächtigten, ohne sie die mündliche Verhandlung fortzusetzen und weist ihn an, das Vergleichsangebot nicht anzunehmen, sondern das Gericht um ein Urteil zu bitten. Sie wartet vor dem Gerichtssaal, während die mündliche Verhandlung fortgesetzt wird. Ihr Prozessbevollmächtigter gibt das Ergebnis der Unterredung mit seiner Mandantin bekannt. Das Gericht unternimmt noch einen letzten – jedoch

äußerst nachdrücklichen – Versuch, den Beklagtenvertreter zu nötigen, eine Erwerbsschadensrente vergleichsweise anzubieten. Der Beklagtenvertreter lehnt ab.

Der Vorsitzende befragt den Prozessbevollmächtigten der Klägerin nach dem Fortgang des sozialgerichtlichen Klageverfahrens wegen der Erwerbsminderungsrente. Dieser gibt zu Protokoll, dass das Verfahren noch bis auf weiteres läuft. Das Gericht kündigt an, die geltend gemachten vermehrten Bedürfnisse entsprechend der eingereichten Belege vollumfänglich zuzusprechen und im Übrigen nach § 287 ZPO nun die Höhe des Schmerzensgeldes und des Haushaltsführungsschadens und des Erwerbsschadens schätzen zu wollen. Das Gericht schließt die mündliche Verhandlung und kündigt eine Entscheidung am Ende des Sitzungstages an. **65**

h) 34 Monate nach Klageeinreichung: Urteil und Berufung

Am Schluss des Sitzungstages ergeht ein **Urteil** seinem wesentlichen Inhalt nach wie folgt: **66**

1. Die Beklagten zu 1.) und zu 2.) werden als Gesamtschuldner verurteilt, an die Klägerin ein weiteres Schmerzensgeld in Höhe von ▓▓▓▓▓ EUR sowie weitere ▓▓▓▓▓ EUR auf den Haushaltsführungsschaden bis zur Rechtshängigkeit nebst einer Rente auf den Haushaltsführungsschaden seit Rechtshängigkeit in Höhe von ▓▓▓▓▓ EUR monatlich und ▓▓▓▓▓ EUR netto auf den Erwerbsschaden sowie weitere ▓▓▓▓▓ EUR auf die vermehrten Bedürfnisse zuzüglich 5 Prozentpunkten über dem Basiszinssatz seit Rechtshängigkeit zu zahlen. Im Übrigen wird die Klage abgewiesen.

2. Es wird festgestellt, dass die Beklagten zu 1.) und zu 2.) als Gesamtschuldner verpflichtet sind, der Klägerin sämtliche materiellen und immateriellen Schäden aus dem Unfallereignis vom ▓▓▓▓▓ in ▓▓▓▓▓ zu ersetzen.

3. Von den Kosten des Verfahrens trägt die Klägerin 40 % und die Beklagten zu 1.) und zu 2.) als Gesamtschuldner 60 %.

Beide Prozessvertreter rechnen mit Übersendung des Urteils an ihre jeweiligen Mandanten die Terminsgebühr gem. Nr. 3104 VV RVG, die Zusatzgebühr gem. Nr. 1010 VV RVG sowie die Reisekosten zzgl. 19 % Mehrwertsteuer ab (3.738,98 EUR brutto für den Klägeranwalt und nochmals 3.738,98 EUR brutto für den Beklagtenanwalt). **67**

i) Zwischenergebnis

Beide Seiten legen gegen dieses Urteil Berufung ein! **68**

Die Klägerin erhofft sich davon, in der zweiten Instanz eine Erwerbsschadensrente zugesprochen zu bekommen. Die Beklagten zu 1.) und zu 2.) halten den zugesprochenen Betrag für den Haushaltsführungsschaden in Vergangenheit und Zukunft für übersetzt.

j) Verfahrenskosten bis zum Ende der 1. Instanz

69 Das Verfahren hat vom Unfallzeitpunkt bis zum erstinstanzlichen Urteil 4,58 Jahre gedauert. Die Laufzeit der ersten Instanz betrug 2,83 Jahre. Es wurden zwei Gutachten eingeholt, beide Gutachter mündlich angehört, drei Zeugen vernommen und es fanden insgesamt vier mündliche Verhandlungen statt. An Verfahrenskosten sind folgende Beträge aufgelaufen:

70 Gerichtskosten auf Gegenstandswert von 180.000,00 EUR   **4.878,00 EUR**

Klägeranwalt (vorgerichtlich):		**6.726,48 EUR**
Gegenstandswert von 250.000,00 EUR		
2,5 Geschäftsgebühr gem. Nr. 2300 VV RVG	5.632,50 EUR	
Auslagenpauschale gem. Nr. 7002 VV RV	20,00 EUR	
19 % MwSt gem. Nr. 7008 VV RVG	1.073,98 EUR	
Summe	*6.726,48 EUR*	
Klägeranwalt (gerichtlich):		**6.745,40 EUR**
Gegenstandswert 180.000,00 EUR		
1,3 Verfahrengebühr gem. Nr. 3100 VV RVG	2.506,40 EUR	
1,2 Terminsgebühr gem. Nr. 3104 VV RVG	2.313,60 EUR	
0,3 Zusatzgebühr gem. Nr. 1010 VV RVG	578,40 EUR	
Auslagenpauschale gem. Nr. 7002 VV RVG	20,00 EUR	
Reisekosten gem. Nrn. 7003–7006 VV RVG	250,00 EUR	
19 % MwSt gem. Nr. 7008 VV RVG	1.077,00 EUR	
Summe	*6.745,40 EUR*	
Beklagtenanwalt (gerichtlich):		**7.433,69 EUR**
Gegenstandswert 180.000,00 EUR		
1,6 Verfahrengebühr gem. Nr. 1008, 3100 VV RVG	3.084,80 EUR	
1,2 Terminsgebühr gem. Nr. 3104 VV RVG	2.313,60 EUR	
0,3 Zusatzgebühr gem. Nr. 1010 VV RVG	578,40 EUR	
Auslagenpauschale gem. Nr. 7002 VV RVG	20,00 EUR	

Reisekosten gem. Nrn. 7003–7006 VV RVG	250,00 EUR
19 % MwSt gem. Nr. 7008 VV RVG	1.186,89 EUR
Summe	*7.433,69 EUR*

Gutachtergebühren und Zeugenauslagen insgesamt **7.000,00 EUR**

Es sind Verwaltungskosten auf Seiten des beklagten Versicherers in Höhe von jähr- **71** lich durchschnittlich 1.500,00 EUR entstanden, mithin 6.870,00 EUR bis zum Ende der ersten Instanz.

Damit sind auf Seiten der Klägerin, der Beklagten zu 1.) und zu 2.) insgesamt **72** 39.653,57 EUR an Rechtsverfolgungskosten entstanden.

Es ist durchaus denkbar, dass zwischen Unfallzeitpunkt und Klageerhebung Jahre **73** vergehen und das Klageverfahren in der ersten Instanz weniger stringent verläuft. Dadurch würden sich die Kosten beim KH-Versicherer leicht noch einmal um 5.000,00 EUR bis 10.000,00 EUR erhöhen (1.500,00 EUR p.a.).

IV. Ablauf eines außergerichtlichen Mediationsverfahrens

Die verletzte Beifahrerin – Frau G – wird im Mediationsverfahren durch ihren **74** Rechtsanwalt R rechtlich vertreten. Für den Versicherer führt der Gruppenleiter der Personengroßschadensabteilung – Herr GL – das Verfahren. In Vorbereitung des ersten Mediationstermins hat der Mediator – Herr M – je ein Telefonat mit R und GL geführt. M selbst verfügt über nachgewiesene Rechtskenntnisse im Personen- schadensrecht – worauf der Versicherer besonders großen Wert gelegt hat – und hat darüber hinaus eine mehrjährige Praxiserfahrung als Mediator.

In diesem Vorgespräch versichert GL, vertretungsberechtigt zu sein und darüber hi- **75** naus hausintern ein ausreichendes finanzielles Budget für die Verhandlungen im Mediationsverfahren bereit gestellt bekommen zu haben. Nachdem M sich von R sowie GL den Sachverhalt hat schildern lassen, bittet er darum, dass sowohl Frau G als auch Herr S – der Unfallverursacher – beim Mediationsverfahren anwesend sind. Hinsichtlich der Kosten des M wird eine Grundpauschale von 3.000,00 EUR netto zuzüglich 300,00 EUR netto Stundenhonorar vereinbart. Vereinbarungsgemäß übersendet M an R und GL je einen Entwurf des Mediationsvertrages. Hierzu er- klärt er, es handele sich um einen dreiseitigen Vertrag zwischen den Medianten mit dem Mediator und darüber hinaus um einen zweiseitigen Vertrag, dessen Parteien die Medianten sind. Der Vertragsentwurf findet bei allen Beteiligten Einverständ- nis, so dass ein erster Mediationstermin vereinbart wird.

1. Phase 1: 21 Monate nach dem Unfall

76 Zum vereinbarten Termin – 21 Monate nach dem Unfall – trifft Frau G mit Herrn R ein. M bittet diese zunächst in Raum 1 zu warten. Kurze Zeit später kommt Herr S in Begleitung von Herrn GL, welche M ebenfalls bittet, noch eine kurze Zeit im anderen Warteraum 2 Platz zu nehmen. M führt dann die Medianten und ihre Begleitungen gemeinsam in das Mediationszimmer. Dort befinden sich drei bequeme, zweisitzige Sitzmöbel, welche in einem angedeuteten Kreis positioniert sind. Jeweils zur rechten und zur linken befindet sich ein Beistelltisch mit Getränken. Frau G nimmt neben Herrn R Platz, Herr S neben Herrn GL und M auf einem Doppelsitz alleine. Hinter ihm steht ein Flipchart, auf welchem bereits der formale Grobablauf des Mediationsverfahrens skizziert ist. M erklärt, dass er heute einen Verstehensprozess unterstützen möchte, der verschiedene Etappenziele beinhaltet. Er möchte alle Medianten verstehen, das Verstandene allen Medianten vermitteln und schließlich das Vermittelte unter den Medianten verhandelbar machen. M weist kurz darauf hin, dass im Zivilprozess die Verfahrensgrundsätze aus der Zivilprozessordnung gelten, davon abweichend im Mediationsverfahren jedoch andere Prinzipien vorherrschend seien. M benennt diese mit Freiwilligkeit, Eigenverantwortlichkeit, Neutralität, Informiertheit und Vertraulichkeit. Er bittet darum alles, was heute an Sachverhaltsinformationen vorhanden ist und dem, was die Medianten im Innersten bewegt, offen zu besprechen. Dieser Raum sei ein geschützter Raum, in dem das gesprochene Wort vertraulich behandelt wird. Er weist auf den Umstand hin, selbst keine Entscheidungsbefugnis zu haben und im Falle eines gerichtlichen Klageverfahrens nicht als Zeuge zur Verfügung zu stehen. Er unterstreicht noch einmal, neutral zu sein und nicht die Interessen der Medianten zu vertreten. Frau G und Herr GL versichern sich unter den Anwesenden, jeweils intern, d.h. Frau G mit ihrem Ehemann und Herr GL mit seinem Vorgesetzten, über den Inhalt des Mediationsverfahrens sprechen zu dürfen, jedoch unter Wahrung der Vertraulichkeit. M unterstreicht, dass jeder Mediant das Recht hat, die Mediation abzubrechen. Nichts müsse auf Biegen und Brechen bis zum Schluss durchgezogen werden. Daraus würden sich auch keine negativen Konsequenzen ergeben. M führt weiter aus, dass es sich bei dem Mediationsverfahren um ein strukturiertes und strukturierendes Verfahren handele. Die Mediation sei ergebnisoffen und die Medianten erarbeiten die Lösung selbst, wobei im Optimalfall am Ende ein Konsens stehe. M erklärt, er führe durch das Verfahren und bitte um Vertrauen der tausendfach bewährten Struktur in das Mediationsverfahren. Für Herrn GL ist es wichtig, dass das Ergebnis im Einklang mit der Rechtsordnung steht, da er nur solche Ansprüche regieren kann, die sich aus dem Gesetz ergeben. M weist auf die Tatsache hin, dass zwei Volljuristen dabei seien, die sicher keine Lösungsansätze diskutieren werden, die contra legem sind.

77 M hat gedanklich die Statthaftigkeit und Zulässigkeit des Mediationsverfahrens für sich bejaht. Er hält die Beteiligten sowohl für mediationsfähig als auch für geschäftsfähig. Ob eine Beeinträchtigung der Willensfreiheit bei Frau G möglicherweise durch unfallbedingte Medikamentenversorgung vorliegt, will er im Verlaufe des weiteren Gespräches noch einmal beobachten. Derzeit sieht er keine Anhaltspunkte dafür. GL und R haben jeweils eine Vollmachtsurkunde zum Mediationsvertrag gereicht und GL hatte im Vorgespräch versichert, ausreichenden finanziellen Spielraum für die Schadensregulierung zu haben. Auf Nachfrage hatten die Medianten versichert, dass kein anderweitiges Verfahren wegen der heutigen Unfallsache anhängig ist.

Nachdem sich alle im Raum Anwesenden bereit erklärt haben, nun gemeinsam das **78** Mediationsverfahren zu durchlaufen, stellt M die fünf Phasen dieses Verfahrens vor, wobei er darauf hinweist, dass man sich bereits jetzt schon in Phase 1 befinde. Auf dem Flipchart ist notiert, dass es in der Phase 2 um die Bestandsaufnahme geht. Es solle genau erarbeitet werden, worüber gestritten wird. M führt aus, dass die jeweiligen Standpunkte und Sichtweisen, aber auch die Übereinstimmungen und Abweichungen in dieser Phase erarbeitet würden, so dass zum Schluss die Themen übrig bleiben, um die es dann im weiteren Verlauf der Mediation gehen würde.

In der sich anschließenden Phase 3 gehe es dann darum, die hinter diesen Themen **79** verborgenen Interessen herauszuarbeiten. M: „Wir wollen in dieser Phase gemeinsam Ihre Statements herausarbeiten. Es geht dabei um die Bedeutung hinter Ihren Aussagen, also das, was Sie wirklich meinen. Ich werde in dieser Phase ganz intensiv jedem Medianten zuhören und das Verstandene wiederholen, damit wir genau herausarbeiten, worum es jedem von Ihnen hier geht. Ich möchte dabei ganz sicher sein, dass ich Sie richtig verstehe und werde deshalb das, was Sie sagen, immer wieder zusammenfassen, wiederholen, paraphrasieren und verbalisieren. An dieser Stelle bitte ich Sie sofort um Ihre Korrektur, wenn ich etwas anders verstanden habe, als Sie es jeweils gemeint haben. Man nennt das übrigens „loopen". Wie Sie sehen, habe ich die verschiedenen Phasen bereits auf dem Flipchart notiert, damit wir immer wissen, wo wir stehen.

In der Phase 4 werde ich Sie dann unterstützen, Optionen für eine mögliche Kon- **80** fliktlösung zu erarbeiten." M erklärt, durch das „Brainstorming" der Medianten zu führen, welches dazu diene, einen Konsens zu finden.

Schließlich weist er auf die Notwendigkeit in Phase 5, das Ergebnis zu formulieren, **81** hin. Hier solle dann der Konsens unter Berücksichtigung der rechtlichen Rahmenbedingungen in eine juristische Form gegossen werden. Wenn diese Urkunde dann unterzeichnet sei, ist das Mediationsverfahren zu Ende. M vergewissert sich, dass alle Beteiligten verstanden haben, wie das Verfahren abläuft. Nach kurzer Diskussion vereinbaren die Anwesenden, dass sie Verhaltensregeln für den heutigen Tag nicht brauchen, wenn es gewährleistet ist, dass niemand das Sachlichkeitsgebot aus dem Blick verliert und man sich gegenseitig aussprechen lässt. Als niemand mehr eine Frage hat, erklärt M, dass nun die Phase 1 erfolgreich abgeschlossen sei und nahtlos in die Phase 2 übergegangen werden könne.

2. Phase 2

82   Nachdem die Medianten auf Nachfrage versichert haben, bereit zu sein, über ihren Streit zu sprechen, bittet M mit abwechselndem Blick auf Frau G und Herrn S, sich zum Streit zu äußern. Mit den Worten „Ladys first" bedeutet Herr S Frau G, dass sie beginnen möge. Frau G beginnt zu berichten: „Ich saß als Beifahrerin im Auto meiner Freundin. Wir hatten die Kinder gerade zur Reitstunde gebracht und wollten die Wartezeit dafür nutzen, Leergut wegzubringen und neue Getränke einzukaufen. Wir befanden uns gerade in der X-Straße, als plötzlich von rechts der Herr S mit seinem Auto auf uns zuraste. Ich habe ihn überhaupt nicht kommen sehen, er war plötzlich da und meine Freundin konnte auch überhaupt nicht mehr bremsen. Dann ging alles ganz schnell. Es gab einen riesigen Schlag, das Auto wurde zur Seite gedrückt und neben mir drückte sich die Tür in das Fahrzeug hinein. Ich war eingequetscht zwischen Tür und Mittelkonsole und konnte mich überhaupt nicht bewegen. Mein rechter Fuß war eingeklemmt und mein Arm war durch die eingedrückte B-Säule so stark verletzt, dass er wahnsinnig schmerzte. Ich schrie vor Schmerz und bekam unglaubliche Panik, weil ich aus dem Auto nicht herauskam." Frau G beginnt zu weinen und ihre Stimme wird immer leiser und zittriger. Sie fährt fort: „Dann kam die Feuerwehr und ich wurde aus dem Auto befreit. Ich muss wohl dann im Krankenwagen bewusstlos geworden sein, denn ich wachte erst in der Klinik wieder auf und wusste nicht, wie ich dort hingekommen bin und was überhaupt los war. Man hat mir dann einige Stunden später mitgeteilt, dass mein oberes und unteres Sprunggelenk mehrfach gebrochen ist und ich eine schwerwiegende Schulterverletzung davongetragen habe. Noch am selben Abend wurde meine Schulter operiert. Wegen der starken Schwellungen am Fußgelenk fand die erforderliche Operation erst einige Tage später statt. Ich war so vollgedröhnt mit Schmerzmitteln und allem Möglichen, dass ich eigentlich gar nicht so richtig wusste, was mit mir in der Klinik geschehen ist. Irgendwie war es mir auch völlig egal. Ich war nur froh, dass ich am Leben war. Sie können es sich nicht vorstellen: Meine gesamte rechte Körperseite tut weh. Ich habe jetzt drei Operationen hinter mir. Ich kann weder schmerzfrei laufen noch schmerzfrei hier sitzen. Mein rechter Arm ist eigentlich völlig nutzlos. Ich kann mir nicht mal mehr ein Butterbrot selbst fertig machen und brauche Hilfe zum Anziehen und Duschen. Meine Mutter wäscht mir jetzt immer die Haare und frisiert mich. Wenn ich einkaufe, brauche ich immer die Begleitung meines Mannes, damit all die Dinge in den Einkaufswagen kommen, die wir mit den Kindern für die nächste Woche benötigen. Fragen Sie nicht, wie ich koche: Ich kann keine Töpfe mehr abgießen, weil man dafür zwei Hände benötigt. Ich habe die Kraft dafür nicht. Es gibt seitdem bei uns nur noch eingefrorene und vorgekochte Produkte. Etwas anderes ist es am Wochenende, wenn mein Mann für uns kochen kann. Zum Saubermachen kommt jetzt immer meine Mutter. Es ist mir schrecklich peinlich, weil meine Mutter schon eine alte Frau ist, wir uns aber eine Zugehfrau nicht leisten können. Vor dem Unfall habe ich mit den Kindern immer die Hausaufgaben gemacht. Ich nehme jetzt so viel Schmerzmittel, dass ich viel zu lange brauche, um überhaupt zu kapieren, worum es dabei geht. Das macht mich sehr traurig und die Kinder haben das Gefühl, dass ich mich nicht für sie interessiere. Aber das Schlimmste ist eigentlich, dass ich seit dem Unfall nicht mehr arbeiten kann. Wir haben vor fünf Jahren ein Haus gebaut und mein Einkommen hatten wir so eingeplant, dass davon der Kredit jeden Monat bezahlt werden kann. Nun habe ich 78 Wochen vom Krankengeld gelebt und das ist jetzt ausgelaufen. Ich werde aber nie wieder arbeiten können." Während sie das sagt, schaut sie Herrn GL an. „Das müssen Sie doch verstehen. Sie sehen mich doch hier. Warum sind Sie so hartherzig und verlangen von mir, dass ich arbeite? Sie haben doch alle Arztberichte von meinem Anwalt und ich habe Ihnen eine Entbindung von der ärztlichen Schweigepflicht unterschrieben, so dass Sie bei allen meinen behandelnden Ärzten nachfragen können. Ich bekomme jetzt Arbeitslosengeld. Das ist aber befristet auf ein Jahr. Danach bekomme ich nichts mehr, weil das Einkommen meines Mannes auf Hartz IV angerechnet wird. Wissen Sie eigentlich, was passiert, wenn wir den Kredit dann nicht mehr bezahlen können? Haben Sie eigentlich eine Vorstellung davon, wie es ist, jeden Tag Angst zu haben, dass die Bank einem das Haus unter dem Hintern wegnimmt?" Frau G schaut jetzt abwechselnd Herrn GL und Herrn S an: „Glauben Sie vielleicht, dass ich mir das hier alles ausgesucht habe? Ich bin völlig schuldlos an der Sache. Sie – Herr S – haben mich zum Krüppel gefahren. Ihnen habe ich es zu verdanken, dass mein Leben verpfuscht ist. Und ich sitze hier und soll mich mit Ihnen einigen? Ich bin gar nicht so sicher, ob ich das heute und hier überhaupt kann und will. Glauben Sie mir, alles Geld dieser Welt kann mein Leben nicht wieder zu dem machen, was es vorher war. Herr GL, was glauben Sie eigentlich, wie ich arbeiten soll? Was soll ich als Verkäuferin nur mit dem linken Bein und der linken Hand machen? Mir fehlt doch regelrecht die zweite Hälfte!" Frau G möchte jetzt nichts mehr sagen.

M fasst das von Frau G Gesagte noch einmal zusammen und versichert sich ihr gegenüber, alles richtig verstanden zu haben. Frau G bestätigt das. **83**

M bittet nun Herrn S, den Sachverhalt aus seiner Sicht zu schildern. Herr S bestätigt **84** den Unfallhergang, so wie ihn Frau G vorgetragen hat. Er führt weiter aus, sich auf dem Weg von der Arbeit nach Hause befunden zu haben und sehr wütend gewesen zu sein. Er habe an diesem Tage seine rückläufigen Verkaufszahlen als Außendienstmitarbeiter seinem Vorgesetzten in großer Runde präsentieren müssen. Der Chef habe ihn vor versammelter Mannschaft so richtig fertig gemacht, was ihm sehr peinlich gewesen sei. Er habe die Sitzung sehr aufgebracht verlassen und sei dann mit dem Auto losgebraust. Ja – er habe das vorfahrtsberechtigte Fahrzeug nicht wahrgenommen, in dem Frau G gesessen habe. Leise führt er aus: „Auch für mich war dieser Unfall ein ganz, ganz schreckliches Erlebnis. Ich wähle seit diesem Tag immer einen anderen Weg zur Arbeit. Nach dem Unfall bin ich zu einem Rechtsanwalt gegangen, weil ich mich ja beraten lassen wollte, wie ich mich nun zu verhalten habe. Der hat mir allerdings gesagt, dass ich nichts tun bräuchte und auch nichts tun könnte, denn dafür sei mein Haftpflichtversicherer – also der Herr

GL – zuständig. Auf mich würden da auch keine Kosten zukommen und alles würde meine Versicherung für mich regeln. Ich habe dem Anwalt vertraut und weil ich dann nichts mehr von dem Unfall gehört habe, habe ich mich auch nicht mehr um Frau G gekümmert. Außerdem bin ich bei meiner Versicherung ja in guten Händen. Es ist schließlich nicht irgendeine Billigversicherung, sondern einer der größten Krafthaftpflichtversicherer in Deutschland." An Herrn GL gewandt führt er aus, dass er allerdings nicht verstehen könne, warum man von Frau G verlangen würde, dass sie arbeitet. Das sei ja schließlich für jeden ersichtlich, dass sie das nicht mehr könne. GL weist Herrn S scharf darauf hin, dass er die rechtliche Würdigung den anwesenden Fachleuten überlassen solle.

85   Nachdem M das von Herrn S Gesagte sortiert und zusammengefasst hat, versichert er sich bei diesem, ob er alles richtig verstanden habe. Herr S bestätigt es. M fragt Frau G, ob sie wegen der starken Medikamente, die sie nehme, in ihrer Willensfreiheit beeinträchtigt sei und ob es ihr dadurch bedingt unmöglich wäre, dem Gespräch zu folgen. Frau G weist darauf hin, dass der heutige Tag für Sie natürlich eine starke emotionale Belastung sei, sie aber durchaus dem bisher Gesagten folgen konnte. Sie möchte die Mediation ausdrücklich fortsetzen.

86   M bittet Frau G, aus ihrer Sicht zu sagen, was Herr S bzw. seine Versicherung tun solle, damit es ihr besser gehe und ihr Leben wieder eine Perspektive erhalte.

87   Frau G möchte, dass Herr GL sie mit ihren Verletzungen wahrnimmt, nicht ständig von ihr verlangt, dass sie arbeiten gehen soll und eine finanzielle Anerkennung dafür haben, dass sie völlig schuldlos zum Krüppel gefahren worden sei. Sie möchte das haben, was ihr zustehe. Nicht mehr, aber eben auch nicht weniger. M fragt nach den konkreten Vorstellungen, die Frau G hier hat. Frau G bittet R, hier nun auszuführen, welche Rechtsansprüche im Raum stehen. Herr R trägt vor, was er bereits schriftlich vor einigen Wochen an Herrn GL übersandt hat. M bittet darum, dass R ihm die Forderungen diktiert, damit sie sofort am Flipchart notiert werden können. Nachdem M die Forderungen für alle sichtbar aufgeschrieben hat, wendet er sich nun an GL und bittet diesen mitzuteilen, ob er diesen Ansprüchen zustimme und gegebenenfalls in welchem Umfang. GL erklärt, sich den berechtigen Ansprüchen von Frau G nicht verschließen zu wollen, jedoch seien die Vorstellungen ihres Rechtsanwalts bei Weitem überzogen. M bittet GL darum, Gegenangebote zu formulieren, die M sogleich am Flipchart notieren möchte. GL formuliert seine Gegenangebote. Der Flipchart sieht nun wie folgt aus:

Phase 2: Themen 88

Frau G	Herr GL/Versicherer
Schmerzensgeld: 130.000,00 EUR + immaterieller Vorbehalt für 30 Jahre	Schmerzensgeld: 80.000,00 EUR ohne Vorbehalt
Erwerbsschaden: 100 % = 900,00 EUR netto abzgl. Leistungen Dritter (SVT/SHT)	Erwerbsschaden: 50 % abzgl. Leistungen Dritter (SVT/SHT)
Haushaltsführungsschaden: 70 % MdH = 1.400,00 EUR/Monat	Haushaltsführungsschaden: 40 % MdH = 820,00 EUR/Monat
Vermehrte Bedürfnisse: auf Nachweis	Vermehrte Bedürfnisse: auf Nachweis
Materieller Zukunftsschadensvorbehalt für 30 Jahre	–

M schaut jeden Einzelnen noch einmal intensiv an und fragt, ob es noch weitere 89
Themen gäbe. Nachdem alle Anwesenden erklärt haben, dass dieses alles sei, fasst
M die Themen anhand der Notizen auf dem Flipchart noch einmal zusammen und
schließt damit die Phase.

Nach einer Pause von 30 Minuten, in der ein vorbereiteter kleiner Imbiss von den 90
Medianten in den jeweiligen Warteräumen eingenommen worden ist, geht es dann
weiter. M eröffnet die Phase 3 mit einer nochmaligen Zusammenfassung der Phase
2, wobei alle auf die letzte beschriebene Seite auf dem Flipchart schauen. M leitet
in die Phase 3 über, indem er erklärt, dass es nun darum gehe, die Motive, die hinter
dem Streit der Medianten stünden, zu erfahren. Es gehe jetzt um die hinter den
Worten stehenden Bedürfnisse und Interessen. M fragt, ob die Medianten bereit sei-
en, sich darüber zu äußern. Sie bestätigen das.

3. Phase 3

M bittet die Medianten, sich untereinander zu verständigen, wer nun beginnt. Im 91
Einverständnis aller Beteiligten beginnt Frau G. Sie möchte von dem Geld keine
Weltreise machen und sich auch nicht daran bereichern. Ihr sei schon klar, dass das
Geld sie auch nicht wieder gesund machen kann. Der Hauskredit würde jeden Monat 1.000,00 EUR kosten, 100,00 EUR mehr, als sie selbst verdient habe. Das sei
aber vom Einkommen ihres Mannes her durchaus möglich. Seit mehr als 1,5 Jahren
würden das Krankengeld und nun das Arbeitslosengeld nicht ausreichen, um ihren
Anteil abzudecken. Der Unfall hätte viele Unkosten verursacht, für die der Vorschuss ebenso wie die meisten Ersparnisse nun verbraucht seien. Auch habe sie hin
und wieder ihrer Mutter etwas zugesteckt, die doch schließlich jeden Tag nun den
Haushalt machen würde und sich außerdem um die persönliche Pflege von Frau G
kümmern müsste. Frau G möchte, dass die Familie im Eigenheim wohnen bleiben
kann und ihre eigene Zukunft finanziell abgesichert ist. Sie mache sich auch Sorgen
darüber, wie es finanziell werden wird, wenn sie einmal im Rollstuhl landet. Sie
befürchtet, dass die Leistungen aus der gesetzlichen Pflegeversicherung dafür nicht
ausreichen. Frau G hat große Angst davor, ihren eigenen Kindern eine finanzielle

Last zu werden. Unter Tränen sagt sie, jede Nacht in schrecklichen Albträumen aufzuwachen, den Knall zu hören und das Gefühl des Eingeklemmtseins zu erleben. Sie könne doch nichts dafür, dass sie jetzt ein Krüppel sei. Sie habe sich das schließlich nicht ausgesucht und sei auch völlig unschuldig, dass der Herr S in sie rein gefahren sei. Niemand hier könne sich vorstellen, wie es sei, wenn man in der Blüte seines Lebens plötzlich mit dem Rücken an der Wand stehe – und alles völlig unschuldig. M hört Frau G aktiv zu. Immer wieder fasst er zusammen, wiederholt, paraphrasiert und verbalisiert, was er verstanden hat. Frau G meldet die Richtigkeit des Verstandenen zurück. M bittet Frau G zu sagen, was passieren müsse, damit sie die Gefühle von Zukunftsangst und Verletztheit loswerde. Frau G erklärt, dass sie finanziell abgesichert sein müsse, um der Familie nicht zur Last zu fallen und außerdem meint sie, dass es durchaus an der Zeit sei, dass sich Herr S einmal bei ihr entschuldigt. Nur weil ihm sein Anwalt gesagt habe, dass die Versicherung alles regeln würde, sei Herr S damit noch lange nicht durch. M wiederholt auch das noch einmal, bevor er sich an GL und S wendet, was ihre Motive seien, die hinter dem Streit stünden.

92   GL führt aus, dass es seine Aufgabe als Vertreter des Versicherers sei, die Ansprüche der Frau G mit Geld zu regulieren. Ihm sei durchaus klar, dass Frau G dadurch ihre Gesundheit nicht zurück erhalten würde, aber Geld sei die Währung, die der Gesetzgeber erfunden hätte, um in solchen Situationen einen Ausgleich herbeizuführen. Ihm und seiner Gesellschaft würde es darum gehen, Frau G denjenigen Geldbetrag zur Verfügung zu stellen, der für die Verletzungen und Verletzungsfolgen rechtlich geschuldet sei. Wichtig sei bei alledem jedoch, dass die Schadensregulierung nun in einer überschaubaren Zeit abgeschlossen werde. Sein Kollege im Innendienst hätte schließlich jede Menge andere Akten zu bearbeiten und letztlich würden hohe Verwaltungskosten auflaufen, wenn sich die Schadensregulierung noch Jahre hinziehe oder gar ein gerichtliches Verfahren daraus erwachsen würde. Damit das klar sei: Er wolle nicht die berechtigen Ansprüche von Frau G kürzen, sondern die Verwaltungskosten im Hause gering halten. M wiederholt das Verstandene, er fasst zusammen, paraphrasiert und verbalisiert. GL bestätigt M gegenüber die Richtigkeit des Verstandenen.

93   M schaut Herrn S an und bevor er ihn ansprechen kann, bricht es schon aus ihm heraus. „Frau G, ich habe ja nicht gewusst, wie schwer Sie verletzt waren. Ich habe zwar meinen Anwalt gefragt, aber der hat mir nichts dazu sagen können. Dann bin ich zu meinem Versicherungsvertreter gegangen und der hat gesagt, dass es nicht meine Sache wäre, mich um die Unfallangelegenheit zu kümmern. Dafür sei die Spezialabteilung in Frankfurt zuständig, die sich schon mit mir in Verbindung setzen würde, wenn sie noch etwas von mir wissen wollen. Frau G, glauben Sie mir, ich habe wirklich nicht gewusst, wie das Leben dann für Sie weitergegangen ist. Es tut mir sehr, sehr leid, was hier geschehen ist. Ich möchte mich aufrichtig bei Ihnen entschuldigen und weiß, dass ich das nie wieder gutmachen kann. Ich habe für mich daraus gelernt, dass ich nie wieder emotional aufgewühlt Auto fahre. Bitte

sagen Sie mir, was ich für Sie tun kann. Ich meine damit nicht eine Geldzahlung, weil dafür Herr GL zuständig ist. Bitte nehmen Sie meine Entschuldigung an. Ich schäme mich für alles, was ich Ihnen angetan habe." Dann kreuzen sich die Blicke von Herrn S und Frau G erstmals am heutigen Tage: Frau G sagt zunächst nichts und atmet hörbar tief durch. Die Tränen steigen ihr in die Augen: „Herr S, das, was Sie eben gesagt haben, berührt mich sehr. Ich habe gedacht, es wäre Ihnen gleichgültig gewesen, was mit mir geschehen ist. Ich sehe aber, dass Sie Verantwortung für das, was Sie mir angetan haben, übernehmen. Ich will versuchen, Ihnen zu verzeihen. Dafür brauche ich aber noch etwas Zeit und ich muss darüber nachdenken können. Ich weiß auch noch nicht, ob ich das kann, dafür ist zu vieles mit mir geschehen. Für heute ist das aber schon mal ein guter Anfang." An G und S gewandt fragt M, ob man einander noch etwas sagen möchte. Beide schütteln mit dem Kopf.

M notiert jetzt auf dem Flipchart: **94**

Phase 3: Motive, Bedürfnisse, Interessen

Frau G	Herr GL/Versicherer
Finanzielle Zukunftsabsicherung: ■ für Hauskredit ■ bei gesundheitlicher Verschlechterung	Zahlung eines Geldbetrages
	Ersparnis weiterer Verwaltungskosten durch langjährige Regulierung/Klageverfahren
Entschuldigung von Herrn S	*Herr S: persönliche Entschuldigung und persönliches Hilfsangebot*

M lässt sich die Richtigkeit der Zusammenfassung von allen bestätigen und die Tatsache, dass niemand etwas hinzuzufügen hat. M fragt jeweils wechselseitig die Medianten, ob sie die Interessen der Gegenseite, so wie sie sich auf dem Flipchart nun darstellen, verstehen. Er weist ausdrücklich darauf hin, dass diese nicht gezwungenermaßen auch jeweils zustimmen müssten. Es gehe lediglich darum, sie nachzuvollziehen und zu verstehen. Die Medianten bestätigen dies. **95**

M schließt damit Phase 3 und auf Bitten von S wird eine kurze Kaffeepause eingelegt. Nach 15 Minuten leitet M mit einer kurzen Zusammenfassung des Ergebnisses der Phase 3 nun in die Phase 4 über. **96**

4. Phase 4

M führt die Medianten noch einmal zur Flipchartseite der Phase 2 und der Phase 3. Er führt aus, dass es in der jetzigen Phase 4 darum gehe, Lösungsoptionen zu sammeln. Er bittet die Medianten, so viele Optionen wie möglich zu sammeln und ganz kreativ zu sein. Auch sich als abwegig darstellende Lösungsansätze sollen von den Medianten mutig genannt werden und alle sollen ihre Gedanken freien Lauf lassen. M unterstreicht, dass es dabei nicht darum gehe, sich schon in irgendeiner Art und Weise festzulegen. Jeder Vorschlag sei zunächst nur eine Option. Man einigt **97** sich darauf, das Brainstorming der Reihe nach zu den in Phase 2 definierten Themen durchzuführen. Herr R ergreift das Wort und bittet Herrn GL zu beginnen. Herr GL bittet M, in der rechten Spalte auf dem Flipchart folgende Gedanken zu notieren.

98   Phase 4: Brainstorming

Frau G	Herr GL/Versicherer
Schmerzensgeld: 110.000,00 EUR + konkreter Vorbehalt bei Amputation mit Wirkung eines gerichtlichen Feststellungsurteils	**Schmerzensgeld:** 90.000,00 EUR + immaterieller Vorbehalt nach BGH-Rechtsprechung
Erwerbsschaden: 900,00 EUR netto monatlich, abänderbar gem. § 323 ZPO	**Erwerbsschaden:** privates Personenschadensmanagement nach Wahl von Frau G zur medizinischen und beruflichen Rehabilitation
Haushaltsführungsschaden: 60 % MdH	**Haushaltsführungsschaden:** 45 % MdH
Vermehrte Bedürfnisse: quartalsmäßig auf Nachweis	*Vermehrte Bedürfnisse:* 2 x p.a. auf Nachweis
materieller Feststellungsanspruch mit der Wirkung eines am heutigen Tage rechtskräftigen Feststellungsurteils	materieller Feststellungsanspruch mit der Wirkung eines am heutigen Tage rechtskräftigen Feststellungsurteils

99   Danach ergreift Herr R das Wort. Nach Absprache mit Frau G möchte er folgende Vorschläge unterbreiten. M setzt diese nun in der linken Spalte auf dem Flipchart *kursiv geschrieben* hinzu.

100   M vergewissert sich, alle Vorschläge korrekt wiedergegeben zu haben und stellt fest, dass hinsichtlich des materiellen Zukunftsschadensanspruchs sofort ein Konsens ersichtlich ist. M schlägt vor, die jeweiligen Angebote noch einmal daraufhin zu untersuchen, ob ein weiterer Konsens möglich ist. Die Medianten erklären sich einverstanden. Frau G möchte jedoch wissen, was es mit dem Angebot von GL zum Erwerbsschaden auf sich hat. Dieser erklärt, dass es sich beim privaten Personenschadensmanagement um ein Instrument der Schadensregulierung handele, welches den Versicherer sicherlich viel Geld kosten würde, aber auf der anderen Seite der Geschädigten die Möglichkeit eröffne, noch einmal aus einem anderen Blickwinkel medizinische Möglichkeiten verordnet zu bekommen, die möglicherweise von der Krankenkasse so nicht immer bezahlt werden. Diese Kosten würden vom Versicherer getragen werden. Frau G selbst habe das Recht zu entscheiden, ob sie solche Maßnahmen annehmen möchte oder nicht. Jedoch sei die medizinische Rehabilitation eine wesentliche Grundlage für eine sich daran möglicherweise anschließende berufliche Rehabilitation. Das Ziel sei es, Frau G eventuell teilweise wieder auf dem Arbeitsmarkt einzugliedern. Das private Personenschadensmanagement erbringe ein unabhängiges Dienstleistungsunternehmen, welches Frau G alleine aussuchen könne. Einzige Bedingung sei, dass der Versicherer nur die Kosten eines „anerkannten" Dienstleistungsunternehmens trage, was jedoch dann gewährleistet sei, wenn es das Siegel der Arbeitsgemeinschaft Verkehrsrecht des Deutschen Anwaltvereins trägt. Sollte sich im Ergebnis herausstellen, dass trotz nochmaliger medizinischer Rehabilitation eine berufliche Wiedereingliederung nicht möglich sei, dann werde der Versicherer diese Empfehlung des Personenschadensmanagers akzeptieren und den Erwerbsschaden in der Zukunft vollumfänglich auf der Basis von 100 % regulieren. Die Einzelheiten, wie es dann mit der Regulierung des Erwerbsschadens weiterginge, könnten jedoch erst dann besprochen werden, wenn eine abschließende Stellungnahme vom Schadensmanager dazu vorliege. Damit Frau G keine finanziellen Nachteile während des Schadensmanagements erleidet, erklärt sich GL bereit, während dieser Zeit den Erwerbsschaden zu 100 % abzüglich etwaiger Drittleistungen zu regulieren.

M fährt nun wie oben vorgeschlagen fort und notiert Punkt für Punkt die gemeinsam in der sich anschließenden Diskussion erarbeiteten Lösungen wie folgt: **101**

Durch die Medianten gemeinsam erarbeitete Lösung: **102**

- Schmerzensgeld: 100.000,00 EUR + konkreter immaterieller Zukunftsschadensvorbehalt bei Amputation von Arm und/oder Fuß abzgl. gezahlter Vorschüsse

- Erwerbsschaden: privates Personenschadensmanagement nach Wahl von Frau G (Dienstleister muss von der ARGE Verkehrsrecht des DAV zertifiziert sein) zur medizinischen und gegebenenfalls beruflichen Rehabilitation; währenddessen erfolgt der Ausgleich des Erwerbsschadens zu 100 % (abzgl. Drittleistungen); wenn medizinisches Personenschadensmanagement zu Ende: Klärung zwischen den Medianten, ob berufliche Rehabilitation möglich

- Haushaltsführungsschaden: 50 % MdH für Vergangenheit und Zukunft; 1.020,00 EUR/Monat seit Unfall, § 323 ZPO gilt

- Vermehrte Bedürfnisse: regelmäßige Regulierung auf Nachweis

Materieller Zukunftsschadensvorbehalt mit der Wirkung eines am heutigen Tage rechtskräftigen Feststellungsurteils.

Nachdem M sich die Richtigkeit seiner Notizen auf dem Flipchart von allen Beteiligten hat bestätigen lassen, befragt er Frau G, ob sie sich vorstellen könne, dass ihr Ehemann gegen ein solches Ergebnis Einwendungen hätte, die sie daran hindern würden, es zu akzeptieren. Frau G bekundet, sich mit diesem Ergebnis hier sehr wohl zu fühlen und eine adäquate Regulierung ihrer bisherigen Ansprüche darin zu sehen. Zwar war sie davon ausgegangen, mehr Schmerzensgeld zu bekommen, das sei aber schlussendlich für sie nicht so wichtig. Wichtig sei für sie, dass ihre Zu- **103**

361

kunft, d.h. konkret der Hauskredit und ihre eventuelle Pflegebedürftigkeit, vollständig abgesichert ist. Sie sei sehr erleichtert, dass sie ihrer Familie in Zukunft nicht finanziell zur Last fallen müsse und dass alle in dem Haus wohnen bleiben könnten. An Herrn S gewandt äußert sie ihre Zufriedenheit darüber, dass man sich nun „einmal zum Unfall und seinen Folgen ausgesprochen habe". Für sie sei nun „alles geregelt" und sie fühle sich erleichtert. Sie könne sich nicht vorstellen, dass ihr Mann nicht einverstanden wäre. Auch sei sie fest davon überzeugt, dass sie dieses Ergebnis in den nächsten Wochen nicht bereuen werde.

104 Herr S bekundet, erleichtert zu sein, sich endlich bei Frau G entschuldigt zu haben und unterstreicht noch einmal sein Hilfsangebot.

105 Die Herren R und GL verständigen sich dahingehend, den gefundenen Konsens nach allen Regeln der juristischen Kunst in den nächsten Tagen im Wege einer Abfindungserklärung mit dezidierten Sondervereinbarungen rechtssicher auf das Papier zu bringen. Herr GL bittet Herrn R sowie M, die Kosten im vereinbarten Umfang seiner Gesellschaft gegenüber abzurechnen.

106 Zum Schluss bedankt sich M bei allen Beteiligten für die intensive und erfolgreiche Zusammenarbeit und gratuliert den Medianten zu dem selbst gefundenen Ergebnis. Er versäumt es nicht, in seinen Unterlagen zu notieren, dass die Mediation für heute 7 Stunden gedauert hat. Alle Anwesenden vereinbaren, das Mediationsverfahren gegebenenfalls noch einmal aufzunehmen, wenn ein Konsens zur Wiedereingliederung auf dem Arbeitsmarkt nicht gefunden werden kann.

5. Phase 5: 21 Monate und 1 Woche nach dem Unfall

107 In der folgenden Woche „ratifizieren" Herr R als Interessenvertreter von Frau G und der Versicherer das gefundene Ergebnis in einer Abfindungserklärung mit Zukunftsschadensregelung und materiellem Vorbehalt einschließlich Verjährungsverzicht.

108 *Praxistipp*
Indem der Rechtsanwalt das in Phase 4 entwickelte Ergebnis in einen Vergleichstext einfließen lässt, verdient **er** die Einigungsgebühr. Wenn er lediglich in der Phase 4 anwesend ist, ohne am Vergleich mitzuwirken und er die Ratifizierung in Phase 5 dem Mediator überlässt, fällt die Einigungsgebühr bei jenem an, sofern er Anwaltsmediator ist. Der Bevollmächtigte des Geschädigten muss hier im eigenen Interesse die Grenzen abstecken.

109 *Praxistipp*
Wenn der Rechtsanwalt vor Durchführung der außergerichtlichen Mediation bereits einen Klageauftrag hatte, fällt eine weitere Terminsgebühr an sowie eine 1,5 Einigungsgebühr. Gleiches gilt auch dann, wenn die Mediation innerhalb eines ruhenden gerichtlichen Verfahrens geführt wird und diese nicht als gerichtliche Mediation, sondern als außergerichtliche Mediation ausgestaltet ist.

Bei der „Ratifizierung" des in der Mediation erarbeiteten Ergebnisses muss der **110** Geschädigtenvertreter darauf achten, dass alle erforderlichen Zukunftsschadensvorbehalte enthalten sind und darüber hinaus rechtssicher formuliert wurden. Insoweit wird Bezug genommen auf die Ausführungen in Kapitel 7 (siehe § 7 Rn 31 ff.).

Zum Schluss ist der Mandant natürlich ebenso umfangreich über die Rechtsfolgen **111** des Abfindungsvergleiches sowie der vereinbarten Vorbehalte aufzuklären, wie in dem Fall, in dem ein außergerichtlicher Abfindungsvergleich ohne vorangegangenes Mediationsverfahren mit dem gegnerischen Versicherer verhandelt worden ist. Insoweit wird Bezug genommen auf die Ausführungen oben in Kapitel 7 (siehe § 7 Rn 89 ff.). Gleichfalls gelten auch die Grundsätze über das Erfordernis einer vormundschaftlichen Genehmigung gem. § 1822 BGB.

V. Streitiges Verfahren – außergerichtliche Mediation: Wo liegen die wirklich wichtigen Unterschiede?

1. Verfahrenskosten

Bereits bei formaler Betrachtung fällt auf, dass das Mediationsverfahren innerhalb **112** eines Tages zu einem abschließenden Konsens geführt hat. Das Ergebnis wurde in weniger als 2 Jahren nach dem Unfall rechtlich abschließend ratifiziert. Das Landgericht hat 2,83 Jahre seit Rechtshängigkeit gebraucht, um ein Urteil vorzulegen, d.h. es sind mehr als 4,5 Jahre seit dem Unfalltag vergangen. Alsdann belaufen sich die Kosten des Mediationsverfahrens für den Mediator auf netto 3.000,00 EUR Grundgebühr sowie netto 2.100,00 EUR Zeithonorar, was einem Bruttobetrag von **6.069,00 EUR** entspricht. Die Anwaltskosten im Mediationsverfahren betragen **10.855,18 EUR**:

Gegenstandwert: 250.000,00 EUR **113**

2,5 Geschäftsgebühr gem. Nr. 2300 VV RVG	5.632,50 EUR
1,5 Einigungsgebühr gem. Nr. 1000 VV RVG	3.379,50 EUR
Auslagenpauschale gem. Nr. 7002 VV RVG	20,00 EUR
Fahrtkosten gem. Nr. 7003 VV RVG	
(100 km x 0,30 EUR)	30,00 EUR
Abwesenheitsgeld gem. Nr. 7005 Ziff. 3 VV RVG	60,00 EUR
Zwischensumme	*9.122,00 EUR*
19 % MwSt gem. Nr. 7008 VV RVG	1.733,18 EUR
Endsumme	**10.855,18 EUR**

Diese Kosten erhöhen sich noch einmal und eine Terminsgebühr in Höhe von **114** 3.217,28 EUR brutto, sofern vor Durchführung des außergerichtlichen Mediationsverfahrens bereits ein Klageauftrag erteilt worden ist. Genauso verhält es sich in dem Fall, in dem die Parteien das streitige Verfahren übereinstimmend zum Ruhen bringen und dann in die außergerichtliche Mediation eintreten. Neben der Terminsgebühr verbleibt es bei der 1,5 Einigungsgebühr. Der obigen Berechnung wäre also eine weitere Terminsgebühr auf den Gegenstandswert von 250.000,00 EUR in Höhe von brutto 3.217,28 EUR hinzuzurechnen, sofern Frau G. an Herrn R. vor Durchführung des Mediationsverfahrens einen Klageauftrag erteilt hat.

2. Verwaltungskosten des Versicherers

115 Für den KH-Versicherer sind bis zum Abschluss des Mediationsverfahrens bei Annahme jährlicher Verwaltungskosten in Höhe von 1.500,00 EUR **insgesamt ca. 3.000,00 EUR** aufgelaufen. Durch den Übergang in das private Schadensmanagement entstehen dafür beim Versicherer nochmals weitere Kosten **zwischen 3.000,00 EUR und 5.000,00 EUR**. Nicht eingerechnet sind die Kosten für medizinische Heilbehandlungsmaßnahmen sowie die Kosten für die berufliche Wiedereingliederung, weil diese zumeist vom Sozialversicherungsträger übernommen und erst im Regress wieder beim Versicherer geltend gemacht werden. Im Zweifel handelt es sich hierbei um Kosten, die auch in einem Klageverfahren auflaufen und dort in den obigen Ausführungen ebenfalls noch einmal gesondert aufgeführt sind. Zusätzliche Anwaltsgebühren sind beim KH-Versicherer nicht entstanden, weil sich dieser im Mediationsverfahren selbst vertreten hat.

3. win-win statt win-lose

116 Der Unterschied des Mediationsverfahrens zum Klageverfahren liegt darin, dass die beteiligten Medianten im Ergebnis eine Win-Win-Situation für sich erarbeitet haben: Im Ergebnis steht ein Konsens, von dem jede Partei gleichwertig profitiert. Im Unterschied dazu gewinnt oder verliert eine Partei das Verfahren bei streitiger Entscheidung. Man bezeichnet dieses als Win-Lose bzw. als Nullsummenspiel. Erfahrungsgemäß führt die einseitige Streitentscheidung meistens nicht zu einer endgültigen Befriedigung der Parteien, da sich entweder die unterlegene Streitpartei nicht mit der Entscheidung identifiziert oder aber diese nicht akzeptieren kann. Die Folge sind kostspielige, mehrinstanzliche Verfahren. Am Ende des gelungenen Mediationsverfahrens sind beide Parteien befriedigt und befriedet und deshalb trägt das Ergebnis auch für die Zukunft. Es gibt keinen Groll gegen das Ergebnis und damit auch nicht die Notwendigkeit, weiterhin zu streiten. Dem Mediator kommt die Rolle des intellektuellen Geburtshelfers zu: Er führt die Medianten durch ein strukturiertes Verfahren und so strukturiert sich auch der Streit bis zu seiner Auflösung.

117 Der Vorteil für den Geschädigten ist neben der Wiedererlangung einer wirtschaftlichen Perspektive für die Zukunft auch in der Wiederherstellung seines Gerechtigkeitsgefühls zu sehen. Täter und Opfer haben die Gelegenheit, eine Entschuldigung auszusprechen und eine solche anzunehmen. Die damit verbundene psychologische Komponente ist kaum in Geld zu bezahlen. Das gefürchtete Schreckgespenst der Verbitterungsstörung und die damit verbundenen jahrelangen Kosten für psychiatrische/psychologische Behandlungen auf Seiten des Schädigers/Versicherers sind vom Tisch. Durch die sehr kurze Laufzeit des Mediationsverfahrens im Vergleich zum Klageverfahren reduzieren sich die Verwaltungskosten für die Schadensbearbeitung beim Versicherer immens. Damit lassen sich ergebniswirksame Einsparungen in der Schadensregulierung dokumentieren, ohne dass dadurch Ansprüche des Geschädigten verkürzt werden. Der Versicherer hat eine gute Chance, dass der Geschädigte ein Restleistungsvermögen für sich entdeckt, wenn der Streit mediiert ist. Das wiederum kann erhebliche Kosten in der Schadensregulierung sparen.

§ 9 Personenversicherungen

A. Private Unfallversicherung

Literatur: *Grimm*, Unfallversicherung AuB Kommentar, 2010; *Naumann/Brinkmann*, Die private Unfallversicherung in der Beraterpraxis, 2. Auflage 2012; *van Bühren*, (Hrsg.), Handbuch Versicherungsrecht, 5. Auflage 2012; *van Bühren*, Das verkehrsrechtliche Mandat, Bd. 4: Versicherungsrecht, 2. Auflage 2010; *Prölss/Martin*, Versicherungsvertragsgesetz, 28. Auflage 2010

I. Einleitung

Im Bereich der Personenschäden tritt zwangsläufig die Frage nach einer **privaten Unfallversicherung** auf. Jeder Anwalt, der Personenschäden bearbeitet, sollte daher seinen Mandanten fragen, ob dieser über Personenversicherungen, wie z.b. die private Unfallversicherung, verfügt. In größeren Kanzleien ist es manchmal üblich, dass ein Sachbearbeiter den Bereich des Versicherungsrechts bearbeitet und der andere Sachbearbeiter den Bereich des Verkehrsrechts. Auch in diesen Fällen ist zwangsläufig eine Kommunikation der einzelnen Dezernate notwendig. Zum einen deshalb, weil die Bearbeitung der privaten Unfallversicherungsangelegenheit eine neue Sache ist und somit ein neues Mandat darstellt. Zum anderen deshalb, weil z.b. aus den Arztberichten, die in derselben Sache eingeholt werden, aber unter unterschiedlichen Gesichtspunkten Fragen beantworten, Nutzen für den Mandanten gezogen werden können. Konkret heißt dies, dass z.b. durch ärztliche Angaben bei der Begutachtung im Rahmen der privaten Unfallversicherung nützliche Informationen erlangt werden können, die für die Bearbeitung des verkehrsrechtlichen Mandates gegenüber dem gegnerischen Haftpflichtversicherer für den Mandanten von Vorteil sein können. **1**

Von daher enthält dieses Buch auch die Basisgrundlage für die Bearbeitung eines unfallversicherungsrechtlichen Mandates und zeigt die entsprechenden Probleme auf. Naturgemäß ist z.b. bei den Ausschlüssen nicht jeder Ausschluss in den AUBs aufgezählt und behandelt, sondern nur derjenige, der bei Personenschäden von Bedeutung ist, also z.b. speziell die Bewusstseinsstörungen aufgrund von Alkoholstraftaten im Straßenverkehr oder die Problematik der ärztlichen Behandlungsfehler bei Gesundheitsschädigungen durch Heilmaßnahmen. **2**

Bei der privaten Unfallversicherung handelt es sich um eine Personenversicherung mit der Aufgabe, den Versicherungsnehmer vor den wirtschaftlichen Folgen zu schützen, die durch einen Unfall eintreten können. Gesetzlich geregelt ist die private Unfallversicherung seit der VVG-Reform in den §§ 179–185 VVG. **3**

Darüber hinaus existieren verschiedene Allgemeine Unfallversicherungsbedingungen. Üblicherweise gibt es die Bedingungen AUB 61, AUB 88, AUB 94, AUB 95, AUB 99, AUB 2008 und AUB 2010. Es handelt sich hierbei um unverbindliche Musterbedingungen, die vom Gesamtverband der Deutschen Versicherungswirt- **4**

367

schaft (GDV) empfohlen wurden. Aus Vereinfachungsgründen sind die AUB 88, AUB 94, AUB 99, AUB 2008 und AUB 2010 als Anhang abgedruckt (siehe § 9 Rn 39 ff.). Diese Normen sind im folgenden Text erwähnt.

Praxistipp
Die Unverbindlichkeit der AUB bedeutet, dass der Anwalt, der einen Fall aus der privaten Unfallversicherung behandelt, nicht blind diese Musterbedingungen anwenden soll, sondern sich immer konkret die Police und deren Bedingungen von dem Mandanten aushändigen lassen **muss**, die dieser abgeschlossen hat. Da es sich um einen vertraglichen Anspruch handelt, sind nämlich die individuell abgeschlossenen vertraglichen Grundlagen einzig und allein von Bedeutung. Darüber hinaus ist es dringend notwendig, in der Police zu sehen, welche Leistungsarten konkret für diesen Einzelfall beim Versicherungsnehmer versichert sind.

Wenn ein versicherungsrechtliches Mandat beginnt, ist daher mit die erste Frage, die der Anwalt seinem Mandanten stellt, ob dieser ihm die Police und die entsprechenden Allgemeinen Unfallversicherungsbedingungen (AUB) aushändigen kann. Verfügt der Mandant nicht mehr über die Bedingungen oder hat er sogar die Police verlegt, können entsprechende Abschriften bei jedem Versicherer eingeholt werden. Ohne diese notwendigen Unterlagen kann der entsprechende Fall jedoch nicht bearbeitet werden.

Praxistipp
Nach Erhalt der Unterlagen und der Police empfiehlt es sich, diese quer zu lesen und insbesondere in der Police nachzusehen, welche Leistungsarten vom Versicherungsschutz umfasst sind. Mitunter gibt es, worauf wir noch einmal direkt zu sprechen kommen, kurze Fristen, die der Versicherungsnehmer zu beachten hat, um bestimmte Leistungen aus der privaten Unfallversicherung geltend zu machen bzw. als Verhaltensnorm zu beachten hat, damit der Versicherungsschutz nicht gefährdet wird.

Praxistipp
Es ist auch deswegen unerlässlich, sich die Bedingungen und die Police des Mandanten aushändigen zu lassen, da mitunter der Mandant Erweiterungen zu den AUBs in seinem Vertrag eingeschlossen hat und sich aus den Erweiterungen zu den AUBs z.B. ergeben kann, dass für den hier zu entscheidenden Fall vertraglich eine verbesserte Gliedertaxe Anwendung findet oder innerhalb der Progressionsstaffel positive Vereinbarungen für den Versicherungsnehmer gelten.

Praxistipp
Die private Unfallversicherung ist eine **Summenversicherung**, so dass Schadensersatzansprüche gegen den Unfallverursacher nicht nach dem alten § 67 VVG und dem neuen § 86 VVG übergehen. Der Geschädigte erhält daher die Leistungen aus der privaten Unfallversicherung, losgelöst von etwaigen Schadensersatzansprüchen, die dieser gegenüber dem gegnerischen Haftpflichtversicherer geltend

macht. Er muss sich diese daher nicht anrechnen lassen. Der Geschädigte kann sogar mehrere Verträge im Bereich der privaten Unfallversicherung abgeschlossen haben und jeweils aus diesen mehreren Verträgen addiert die Versicherungsleistungen erhalten, ohne dass er sich diese in irgendeiner Weise anrechnen lassen muss.

Praxistipp
Oftmals weiß der Mandant auch gar nicht, dass er eine private Unfallversicherung abgeschlossen hat. Daher ist der Mandant stets daraufhin zu befragen, da z.B. manchmal Unfallversicherungen über Reiseveranstalter, über Sportvereine, über einen Arbeitgeber oder über Kreditkarteninstitute abgeschlossen sind, ohne dass der Mandant an derartiges gedacht hat.

Die private Unfallversicherung nimmt in dem Bereich der Personenversicherungen einen größeren Umfang ein, als z.B. die Berufsunfähigkeitszusatzversicherung (BUZ). Statistisch gesehen haben mehr Bürger eine private Unfallversicherung als eine Berufsunfähigkeitszusatzversicherung. **5**

Der Versicherungsschutz umfasst nach den Bedingungen Unfälle in der ganzen Welt. Von daher kann z.B. auch nach Unfällen im Ausland der private Unfallversicherer direkt in Anspruch genommen werden. **6**

II. Unfallbegriff

Was unter dem **Begriff Unfall** zu verstehen ist, ist nunmehr in § 178 Abs. 2 VVG in Anlehnung an die Allgemeinen Unfallversicherungsbedingungen (vgl. z.B. § 1 III AUB 88/AUB 94) im Gesetz definiert. Ein Unfall liegt demnach vor, „wenn die versicherte Person durch ein plötzlich von außen auf ihren Körper wirkendes Ereignis unfreiwillig eine Gesundheitsschädigung erleidet". **7**

Der Unfallbegriff setzt sich daher aus 4 Komponenten zusammen: **8**
1. plötzlich (siehe Rn 9 ff.)
2. Einwirkung von außen (siehe Rn 12)
3. unfreiwillig (siehe Rn 13)
4. Gesundheitsschädigung (siehe Rn 15).

1. Plötzlich

Plötzlich bedeutet, dass das **Unfallereignis** innerhalb eines kurz bemessenen Zeitraumes auf den Körper des Versicherungsnehmers einwirkt (vgl. BGH VersR 1988, 952). Insofern grenzt man den Begriff des „Plötzlichen" von dem Gegenbegriff des „Allmählichen" ab. „Allmählich" bedeutet, dass über einen längeren Zeitraum oder eine längere Dauer auf den Körper eingewirkt wird. Im Bereich des Straßenverkehrs entstehen bei diesem Tatbestandsmerkmal keine Probleme, anders im Bereich der Arzthaftung. Denn in der Rechtsprechung wird argumentiert, dass ein **operativer Eingriff,** unabhängig vom Eintritt des gewünschten Erfolges, kein plötzliches Ereignis und von daher keinen Unfall im Sinne der AUB darstellt (vgl. **9**

LG Köln, VersR 2003, 848). Das OLG Schleswig hat in einer Entscheidung (VersR 2003, 587) argumentiert, dass bei einem ärztlichen Eingriff nur dann ein Unfall vorliegen würde, wenn es zu einer plötzlichen Abweichung vom geplanten Ablauf des Eingriffs kommt und hierdurch der Patient eine **Gesundheitsschädigung** erleidet. Das OLG München hat in einer Entscheidung (VersR 2005, 261) dagegen hinsichtlich eines fehlerhaften operativen Eingriffs argumentiert, dass bei **Arztfehlern** die Ausschlussklausel des § 2 II (2) S. 1 AUB 94 zur Anwendung kommt, da nach der Mehrzahl der Bedingungen in den AUB derartige Gesundheitsschädigungen **Heilmaßnahmen** oder **Eingriffe** sind, die der Versicherte an seinem Körper freiwillig vornimmt oder vornehmen lässt und daher einen Ausschlusstatbestand darstellen.

10   Ansonsten spielen sich die Probleme im Bereich der „plötzlichen" Einwirkungen eher in den Fällen ab, in denen z.B. giftige Dämpfe von Klebemittel über mehrere Tage und jeweils mehrere Stunden eingeatmet wurden und die Rechtsprechung argumentiert, dass dann kein „plötzliches" Ereignis mehr vorliegt, sondern ein eher allmähliches, welches nicht versichert ist (vgl. OLG Koblenz VersR 1999, 436).

11   Zu beachten ist allerdings, dass lediglich die Einwirkung des Ereignisses auf den Körper „plötzlich" sein muss. Die hierdurch verursachte Gesundheitsschädigung kann sich dagegen auch später erst allmählich entwickeln. Als Beispiel ist hier der Fall zu nennen, in dem ein Stein gegen eine Windschutzscheibe flog und daher das plötzliche Element eines Unfalls gegeben war, der Tod durch diesen Unfall dagegen erst Stunden später, sprich allmählich, eintrat (vgl. BGH VersR 1972, 582).

2. Einwirkung von außen

12   Dieses plötzliche Ereignis muss von **außen** auf den Körper einwirken. Im Verkehrsbereich sind geradezu klassische Beispiele für die Einwirkung von außen, wenn es zu Zusammenstößen im Straßenverkehr kommt. Man spricht immer dann von „außen", wenn die Kräfte, die auf den Körper einwirken, außerhalb des Einflussbereichs des eigenen Körpers liegen. Genauso verhält es sich bei Zusammenstößen im Straßenverkehr, so dass es in der Mehrzahl der Fälle, in denen die Unfallversicherung bei Verkehrsunfällen zur Anwendung kommt, hinsichtlich dieses Merkmales keine Probleme gibt. Im Bereich des Straßenverkehrs gab es zum Teil Probleme hinsichtlich des Tatbestandsmerkmals der Einwirkung von außen, als es zu einem Knöchelbruch oder einer Verstauchung beim Aussteigen aus einem Autobus kam. Ebenso gab es Probleme, als es zu einer Rotatorenmanschettenruptur kam, als der Versicherungsnehmer die Windschutzscheibe seines Pkws reinigte (vgl. OLG Hamm VersR 2003, 496). Ansonsten weist die Rechtsprechung überwiegend Probleme im Bereich der Einwirkung von außen für die Fälle auf, in denen es eine Abgrenzung zu Gesundheitsschädigungen gibt, die bei **sportlichen Aktivitäten** entstehen.

3. Unfreiwillig

Bei dem Merkmal der **Unfreiwilligkeit** ist wichtig zu wissen, dass die Gesundheits- **13** schädigung, jedoch nicht das Unfallereignis, unfreiwillig erfolgen muss (vgl. BGH VersR 1985, 177). Im Umkehrschluss bedeutet Freiwilligkeit, dass der Versicherungsnehmer den körperschädigenden Einfluss des Ereignisses gerade vorausgesehen und in seinen Willen mit aufgenommen haben muss. Konkret fallen hierunter die Fälle, in denen der Verletzte sich selber verletzen wollte oder gar in Tötungsabsicht handelte, wie dies beim Suizid der Fall ist. Besteht diese Verletzungs- oder Tötungsabsicht im Bereich des Verkehrsunfalls, sind die Ansprüche des Verletzten oder auch der Hinterbliebenen ausgeschlossen, da dann das Element der Unfreiwilligkeit nicht gegeben ist. Exemplarisch wird hier auf die Entscheidungen des OLG Köln VersR 1998, 883; BGH VersR 1998, 1231 und OLG Oldenburg NVersZ 1999, 380 verwiesen, in denen es sämtlich um Verkehrsunfälle ging.

Sollte ein Fall der **fehlgeschlagenen Selbsttötung** vorliegen, z.B. dass ein Ver- **14** sicherungsnehmer sich mit seinem eigenen Auto töten wollte, muss mitunter differenziert werden, da der BGH in der Entscheidung VersR 1998, 887 entschieden hat, dass es bei einer fehlgeschlagenen Selbsttötung nicht von vornherein ausgeschlossen ist, dass die hierdurch erlittenen Verletzungen gerade nicht freiwillig gewesen sind, da der Betroffene in Tötungsabsicht handelte. Sollte in der Praxis ein solcher Fall einmal vorkommen, kann eventuell mit der Argumentation dieser BGH-Rechtsprechung gegenüber dem privaten Unfallversicherer erreicht werden, dass eine Zahlung aus der privaten Unfallversicherung erfolgt. Die Gegenmeinung vertritt die Auffassung, dass der Tötungsvorsatz auch die Körperverletzung mit umfasst und zwar als notwendiges Durchgangsstadium. Liegen bei den Suizidfällen keine Abschiedsbriefe vor, versucht man sich oft mit der Frage zu helfen, ob aufgrund der Umstände eher von einer unfreiwilligen Verletzung auszugehen ist als von einer freiwilligen. Teilweise wird vertreten, dass die wirtschaftliche Lage des Verletzten zu prüfen ist oder ob dieser kurz vor dem Ereignis seinen Versicherungsschutz unverhältnismäßig erhöht hat. In der Sache wird es jedoch schwierig, dieses tatsächlich zu beweisen, so dass derjenige, der einen solchen Fall zu bearbeiten hat, zunächst erst einmal von der Unfreiwilligkeit auszugehen hat. Allerdings ist die Beweislastumkehr und die Vermutung nach § 178 Abs. 2 S. 2 VVG zu berücksichtigen. Es obliegt dem Versicherer, die Vermutung zu widerlegen.

4. Gesundheitsschädigung

Das Unfallereignis muss eine **Gesundheitsschädigung** verursachen. Nach den Re- **15** geln der ärztlichen Kunst muss diese Gesundheitsschädigung objektiv festgestellt werden. Konkret bedeutet dies, dass es nicht ausreicht, dass der Geschädigte angibt, er fühle sich in seiner Gesundheit beeinträchtigt. Allerdings können neben den normalen äußeren und organischen Verletzungen des Körpers auch psychische Schäden und Folgen geltend gemacht werden, wenn diese ärztlich festgestellt sind und nicht unter etwaige Ausschlussklauseln fallen.

III. Leistungsarten

1. Invaliditätsleistung

16 Die mit Abstand wichtigste Leistung in der privaten Unfallversicherung ist die **Invaliditätsleistung**. Der Versicherungsnehmer erhält vom Versicherer eine Geldsumme, deren Höhe sich nicht nach den AUBs richtet, sondern dem Versicherungsschein zu entnehmen ist. Schon aus diesem Grunde ist es unerlässlich, dass der Anwalt neben den Bedingungen den Versicherungsschein vom Mandanten erhält. Nur so kann die Invaliditätsleistung ausgerechnet werden.

a) Invalidität

17 Nach den Unfallversicherungsbedingungen (vgl. z.B. § 7 I (1) S. 1 AUB 88/ AUB 94) liegt eine **Invalidität** vor, wenn eine **dauernde Beeinträchtigung der normalen körperlichen oder geistigen Leistungsfähigkeit** gegeben ist. Hierbei ist wichtig, dass eine Invalidität immer erst dann gegeben ist, wenn es entweder bereits schon feststeht oder zu erwarten ist, dass die dauernde Beeinträchtigung **lebenslang** andauert. Genau diese Problematik führt oftmals zum Erstaunen, wenn Zahlungen aufgrund der Invaliditätsentschädigungen geleistet werden, aber trotz schwerster Verletzungen mitunter keine lebenslang andauernden Beeinträchtigungen bleiben. Berücksichtigt man ferner die Entwicklungen der Medizin in den letzten Jahren, so reduziert dies noch einmal den Leistungsanspruch, da die dauerhaften Beeinträchtigungen trotz schwerer Verletzungen oftmals nicht relevant sind. Sollte die dauernde Beeinträchtigung nicht mit absoluter Sicherheit ärztlicherseits feststehen, ist es nach den Bedingungen (vgl. § 11 IV AUB 88/AUB 94) ausreichend, wenn eine ärztliche Prognose angibt, dass sie voraussichtlich mindestens 3 Jahre nach dem Unfall andauern wird. Aber auch in diesem Fall ist manchmal erstaunlich, was Ärzte dann innerhalb von 3 Jahren nach einem Unfall aus schwerstgeschädigten Personen wieder machen können, so dass trotz erheblicher Personenschäden mitunter nur verhältnismäßig geringe Invaliditätsleistungen zu ermitteln sind. Selbstverständlich hängen die Leistungen immer von der vertraglich vereinbarten Versicherungssumme ab, so dass gegen Zahlung erhöhter monatlicher Prämien natürlich auch höhere Invaliditätsleistungen „erkauft" werden können. Ist z.B. die Vertragssumme 100.000 EUR und betrifft es eine Verletzung des Armes im Schultergelenk mit einer Bewertung von 70 % gem. Gliedertaxe (siehe § 7 I (2) a AUB 88/AUB 94), so ergibt sich Folgendes: Der Versicherungsnehmer würde bei einer Versicherungssumme von 100.000 EUR laut Versicherungsschein und einer Verletzung der Funktionsfähigkeit eines Armes im Schultergelenk bei 70 % nach Gliedertaxe und einer Beeinträchtigung laut Gutachten von 2/7 20.000 EUR erhalten, da 2/7 von 70.000 EUR (70 % von 100.000 EUR) 20.000 EUR ergeben.

Praxistipp

Nachdem der Invaliditätsgrad ärztlich festgestellt und intern überprüft wurde, muss der Anwalt prüfen, ob ab diesem festgestellten Prozentsatz die **Progression** greift. Diese sog. **Progressionsstaffeln** sind nicht automatisch vereinbart, sondern müssen ausdrücklich vertraglich festgehalten werden und gelten ab einem bestimmten Grad der Invalidität. Je nach Prozentsatz kann sich die Invalidität verdoppeln, verdreifachen oder sogar vervierfachen. Insofern ist an die Progression immer bei der Ermittlung des Invaliditätsgrades zu denken.

Praxistipp

Ferner ist nach festgestellter Invalidität zu prüfen, ob nach den Bedingungen auch noch eine **monatliche Rente** seitens des Versicherers zu leisten ist. Viele Bedingungen sehen vor, dass ab einem Invaliditätsgrad z.B. von 50 % eine monatliche Rente zu leisten ist. Da diese Rente in der Regel lebenslang zu entrichten ist, ist hieran unbedingt aus Anwaltssicht zu denken, da diese Zahlungen monatlich addiert erhebliche Summen ergeben können.

Die AUB 61 sprachen noch von einer dauernden Beeinträchtigung der Arbeits-   **18**
fähigkeit. Die neuen Bedingungen haben hiervon Abstand genommen, da dies nicht mehr dem überwiegenden Stand und dem Zweck einer privaten Unfallversicherung entspricht, weil eine private Unfallversicherung nicht ausschließlich für Berufstätige als Absicherung dient. Sollte einmal ein Altfall nach den AUB 61 vorliegen, muss dieser Gesichtspunkt beachtet werden.

b)   Formelle Voraussetzungen (Fristen)

Die **Fristen** bei der Invaliditätsentschädigung sind eines der Problemfelder, mit de-   **19**
nen sich die Gerichte immer wieder im Bereich der privaten Unfallversicherung beschäftigen müssen. Nach § 7 I (1) Abs. 2 AUB 94 muss die Invalidität innerhalb eines Jahres nach dem Unfall eingetreten sowie spätestens vor Ablauf einer Frist von weiteren 3 Monaten ärztlich festgestellt und geltend gemacht sein. Im Ergebnis bedeutet dies daher Folgendes:

■   innerhalb von **12 Monaten Eintritt** der Invalidität (siehe Rn 24 ff.)
■   innerhalb von **15 Monaten ärztliche Feststellung** der Invalidität (siehe Rn 26 ff.)
■   innerhalb von **15 Monaten Geltendmachung** der Invalidität (siehe Rn 36 ff.).

In den anderen AUBs, z.B. in den AUB 99, ist die Frist in Punkt 2.1.1.1. geregelt.   **20**
Der BGH hat nunmehr auch entschieden, dass die Fristenregelung in Nr. 2.1.1.1. AUB 2002, nach der die Invalidität innerhalb von 15 Monaten nach dem Unfall von einem Arzt schriftlich festgestellt und geltend gemacht werden muss, auch unter Berücksichtigung des vorangestellten Inhaltsverzeichnisses den Anforderungen des Transparenzgebots genügt und damit wirksam ist (vgl. BGH, Urt. v. 20.6.2012 – IV ZR 39/11, zfs 2012, 581 = VersR 2012, 1113). In der Rechtsprechung (OLG Hamm, VersR 2008, 811), aber auch im Schrifttum gab es hiergegen Bedenken.

Mit der jetzigen Rechtsprechung des BGH ist dies hinfällig. Die Verfasser halten dies jedoch für bedenklich. Zwar ging es hier nicht direkt um die Psychoklausel, jedoch im Zusammenhang mit den einzelnen Teilbereichen der ärztlichen Invalidität ist es seitens der Verfasser für den verständigen Versicherungsnehmer nicht zu durchschauen, welche Teilgutachten einzuholen sind (hierzu später vgl. Rn 78). Es empfiehlt sich daher, in den jeweiligen Bedingungen die Fristen nachzulesen. Teilweise weichen die Fristen auch zugunsten des Versicherungsnehmers von den oben genannten Fristen ab, so dass der Versicherungsnehmer teilweise auch noch länger Zeit hat, die Ansprüche geltend zu machen. In der Mehrzahl der Versicherungsverträge sind jedoch die oben genannten Fristen bei der Invaliditätsentschädigung entscheidend.

21 Das Tückische an diesen Fristen ist, dass es sich hierbei um keine Obliegenheiten nach Eintritt des Versicherungsfalls handelt, so dass auch nicht § 28 Abs. 2 u. 3 VVG zur Anwendung kommen, sondern die Einhaltung der Jahresfrist für den Eintritt der Invalidität und die 15-Monats-Frist für die ärztliche Feststellung objektive Tatbestandsmerkmale sind. Konkret heißt dies, dass der Anspruch bei Fristversäumung ausgeschlossen ist, ohne dass es Entlastungsmöglichkeiten des Versicherungsnehmers gibt (vgl. BGH VersR 1978, 1036; OLG Koblenz VersR 2002, 430). Dagegen wird die 15-Monats-Frist für die Geltendmachung der Invalidität als Ausschlussfrist angesehen. Dies bedeutet, wenn der Versicherungsnehmer diese Frist versäumt, ist ein sog. Entschuldigungsbeweis zulässig (vgl. BGH NJW 1982, 2779).

22 In jedem Fall beherbergen diese Fristen erhebliche Tücken, da sehr viele Ansprüche aus der privaten Unfallversicherung bereits deswegen scheitern, weil diese drei Fristen weder formell noch sonst ordnungsgemäß abgearbeitet sind. § 186 VVG sieht nunmehr eine Hinweispflicht des Versicherers auf diese Pflichten vor. Wenn der Versicherer dies vergisst, kann er sich nicht mehr auf Fristversäumnis berufen (vgl. § 186 Abs. 2 VVG). In der Mehrzahl der Fälle hatte der Versicherer aber auch schon vor der Einführung des § 186 VVG schriftlich auf diese Fristen hingewiesen. Dennoch wurden sie in etlichen Fällen nicht beachtet.

23 Die ratio dieser Fristen besteht darin, dass schwer aufklärbare und kaum zu übersehende **Spätschäden** ausgeschlossen werden sollen. Der BGH hatte die einzelnen AUB-Klauseln zur Prüfung vorliegen und hat entschieden, dass sie auch mit dem AGB-Gesetz vereinbar sind (vgl. z.B. BGH VersR 1998, 175 oder BGH VersR 2005, 639; in dieser Entscheidung hatte der BGH entschieden, dass die Fristenregelung der §§ 1 u. 7 AUB 94 dem Transparenzgebot entspricht). Von daher sind diese Fristen ohne Wenn und Aber zu beachten und gerade von dem Anwalt, der private Unfallversicherungen bearbeitet, als das A und O der Mandatsbearbeitung anzusehen.

Im Folgenden sollen nun innerhalb der drei Fristen einige Probleme aus der Praxis erläutert werden:

aa) Innerhalb von 12 Monaten Eintritt der Invalidität

Die Invalidität muss innerhalb eines Jahres (also von 12 Monaten) eingetreten sein. **24** Die Frist von einem Jahr ist deshalb gewählt worden, weil kurz nach dem Unfall in der Regel noch keine sichere These aufgestellt werden kann, ob der Unfall einen Dauerschaden (Invalidität) verursacht hat oder nicht. Mitunter können auch schwere Verletzungen in kurzer Zeit ausheilen, so dass nach der Jahresfrist erstaunlicherweise nur geringe Invaliditätsleistungen entstehen.

Praktisch läuft die Sache so ab, dass der Unfall anhand einer Schadensanzeige dem **25** Versicherer gemeldet wird. Dieser wird nun von sich aus kurz vor Ablauf der Jahresfrist eine ärztliche Bewertung vornehmen lassen, indem er Ärzte anschreiben wird, damit diese die Invalidität feststellen.

Praxistipp
Der Versicherer ist hierzu jedoch nicht automatisch verpflichtet, da der Versicherungsnehmer für die Einhaltung der drei Fristen beweispflichtig ist. Von daher muss der die Angelegenheit betreuende Anwalt diese Fristen selber überwachen und notfalls selber die medizinische Feststellung durch einen Arzt in die Wege leiten. Wenn nach dem Unfall innerhalb eines Jahres die Invalidität eingetreten ist, sind nunmehr zwei weitere Fristen einzuhalten. Ist es dagegen so, dass das Ergebnis der ärztlichen Untersuchung sich so darstellt, dass keine Invalidität binnen Jahresfrist eingetreten ist, wird der Versicherer auch keine Leistungen erbringen, da Sinn und Zweck der privaten Unfallversicherung ist, für den Fall einzustehen, dass ein Dauerschaden eingetreten ist. Ohne einen solchen Dauerschaden erhält der Versicherungsnehmer auch keine Invaliditätsentschädigung. Schließlich ist es in diesen Fällen, in denen nach einem Jahr noch nicht feststeht, ob ein Dauerschaden eingetreten ist, so, dass der Versicherer versucht, diese Frage innerhalb von insgesamt 3 Jahren zu klären (siehe z.B. § 11 IV (1) AUB 94). In der Mehrzahl der Fälle lässt sich jedoch schon nach einem Jahr feststellen, ob eine Invalidität gegeben ist oder nicht. Wenn das so ist, ist die zweite Frist zu beachten.

bb) Innerhalb von 15 Monaten ärztliche Feststellung der Invalidität

Wenn die Invalidität eingetreten ist, muss diese spätestens 15 Monate nach dem Unfall ärztlich festgestellt werden. Auch dies ist eine formelle Anspruchsvoraussetzung. Innerhalb der ärztlichen Feststellung der Invalidität entstehen immer wieder Probleme hinsichtlich der einzelnen Formulierungen. Obwohl es sich hierbei in der Praxis nur um eine sehr kurze Bescheinigung eines Arztes handelt, treten hier immer wieder Schwierigkeiten auf, da viele Ärzte Formulierungen bei der Invalidität verwenden, die falsch sind oder von der Rechtsprechung nicht akzeptiert werden. Die erste Hürde bei der **ärztlichen Feststellung** ist, dass die Invalidität **unfallbedingt** eingetreten ist. Dies bedeutet nichts anderes, als dass die Feststellung des Arztes die Invalidität als kausale Dauerfolge des Unfalls enthalten muss. Deshalb ist eine ärztliche Bescheinigung, in der bloß festgehalten wurde, dass bei dem Patienten eine Invalidität als solche eingetreten ist, nicht ausreichend. Es fehlt dabei

26

das wichtige Wort „unfallbedingt" oder „Folge des Unfalls". Hierauf muss der bearbeitende Anwalt achten. Am besten ist es, wenn der bearbeitende Anwalt hinsichtlich der **Invaliditätsfeststellung** selber einen Vordruck der ärztlichen Bescheinigung entwirft oder er bedient sich der Vordrucke der Versicherer.

> *Praxistipp*
> Probleme entstehen immer dann, wenn der Arzt selber eigene ärztliche Bescheini-
> gungen hinsichtlich der Invaliditätsfeststellung erstellt. Von daher sollten die Vor-
> drucke seitens des Anwalts oder des Versicherers verwendet und diese von den
> Ärzten lediglich ausgefüllt, gestempelt und unterschrieben werden. So lässt sich
> eine Vielzahl von Fehlern vermeiden. Im Folgenden ist ein solcher Vordruck abge-
> bildet.

27   Als nächster wichtiger Punkt innerhalb der ärztlichen Invaliditätsfeststellung müssen die verschiedenen Körperteile aufgezählt werden oder die Bereiche, in denen
eine Invalidität gegeben ist. Dies ist deshalb von Wichtigkeit, weil oftmals mehrere
Körperbereiche von einem Unfall betroffen sind.

28   Dieser Problembereich ist derjenige, in welchem am häufigsten Fehler auftreten.
Es ist dem Anwalt daher dringend zu raten, dass er seinen Mandanten nach sämtlichen Invaliditätsbereichen hinsichtlich der Körperteile und auch der Bereiche außerhalb der Gliedertaxe befragt und nach Rücksprache mit den Ärzten dafür sorgt,
dass sämtliche Invaliditätsbereiche ärztlich erfasst werden. In diesem Zusammenhang ist auf die Rechtsprechung des BGH (Urt. v. 7.3.2007 – IV ZR 137/06 zfs
2007, 400) hinzuweisen. Hier hatte der Kläger sich einen Hüftschaden zugezogen.
Dieser Hüftdauerschaden wurde ärztlich festgestellt, so dass der Versicherer insgesamt 17.000 EUR leistete. Darüber hinaus hatte der Kläger aber auch noch durch
den Unfall erhebliche Schmerzattacken, Kopfschmerzen, Schwindel, Konzentrationsstörungen und eine schwere Depression erlitten. Hierfür verlangte der Kläger
insgesamt 750.000 EUR Invaliditätsentschädigung. Das Problem war, dass die
schwere Depression als Invalidität nicht ärztlich innerhalb der 15-Monats-Frist festgestellt wurde, so dass bereits aus diesem Grunde der Anspruch vom BGH abgelehnt wurde. Es kann nicht oft genug auf diese tückische Rechtsprechung hingewiesen werden, da oftmals gerade im Bereich der psychischen Probleme die Patienten
nach einem schweren Verkehrsunfall zunächst mit anderen Dingen im Krankenhaus
beschäftigt sind, wie z.B. der Heilung der Knochen oder der Regeneration von
Folgeoperationen und erst später diese Depressionen und Probleme außerhalb der
Gliedertaxe ärztlich festgestellt werden, obwohl sie bereits vorher eingetreten waren. Wenn der Anwalt dann nicht darauf achtet, dass sämtliche Beschwerden ärztlich als Invaliditätsschaden festgestellt wurden, kann schon aus formalen Gründen
der Anspruch ausgeschlossen sein, obwohl der Mandant tatsächlich einen solchen
Dauerschaden hat und normalerweise der Versicherer leisten müsste.

29   Da Ärzte oftmals nicht wissen, wie die exakten Formulierungen hinsichtlich der Invaliditätsfeststellung auszusehen haben, treten Probleme auf, mit denen sich die

Rechtsprechung beschäftigen musste. Im Folgenden sind enumerativ ein paar Formulierungen aufgelistet, die von der Rechtsprechung nicht akzeptiert wurden. Folgende Formulierungen in Arztberichten sind hinsichtlich der Invaliditätsfeststellung daher unbrauchbar:

- „arbeitsunfähig bis auf Weiteres" (OLG Köln r+s 1994, 36);
- „Dauerschaden noch nicht vorhersehbar" (OLG Köln r+s 1992, 105);
- „endgültige Beurteilung erst im nächsten halben Jahr möglich" (OLG Karlsruhe r+s 1992, 359);
- „Arbeitsunfähigkeit dauert bis auf Weiteres an" (OLG Zelle r+s 2000, 258);
- „es ist Invalidität zu befürchten" (LG Hamburg r+s 2003, 212);
- „es ist mit einem Dauerschaden zu rechnen" (OLG Naumburg VersR 2005, 970).

In einer anderen Entscheidung des OLG Koblenz ging es darum, dass lediglich die **30** Invalidität mit angegeben war, bei den Körperteilen dagegen lediglich erwähnt wurde, dass eine chronische Überbelastung der rechten Schulter vorlag. Das OLG Koblenz (VersR 2003, 53) vertrat die Auffassung, dass dies nicht ausreicht, da eine Funktionsbeeinträchtigung der rechten Schulter durch eine chronische Überbelastung nicht automatisch im Zusammenhang mit einer unfallbedingten Invalidität stehe. Zur besseren Verständigung zwischen Rechtsanwalt und Arzt sowie Versicherer ist anliegend ein Vordruck aufgeführt, welcher verwendet werden kann.

▼

Ärztliche Bescheinigung für die versicherte Person **31**

Zur Vorlage beim privaten Unfallversicherer

1 Werden dauernde, die Funktionsfähigkeit von Gliedmaßen oder Sinnesorganen bzw. die körperliche oder geistige Leistungsfähigkeit beeinträchtigende Folgen des Unfalls (Invalidität) oder psychische Dauerschäden, gleichgültig welchen Ausmaßes, zurückbleiben?

☐ ja
☐ nein

2 Wenn ja, an welchen Körperteilen wird die Invalidität verursacht?

3a Lässt sich das Ausmaß der dauernden Beeinträchtigung, d.h. die Höhe des Invaliditätsgrades, bereits gutachtlich feststellen?

☐ ja
☐ nein

3b Wenn nein, wann ist diese Feststellung möglich?

4 Auf welchen Fachgebieten ist eine Untersuchung zur Prüfung der Invaliditätsfrage erforderlich?

Ort/Datum

Unterschrift des Arztes/Stempel

▲

32   Bei 1. ist zunächst generell nach der Invalidität gefragt. Unter 2. sind die Körperteile seitens des Arztes anzugeben, die bei der Invalidität unfallbedingt eine Rolle spielen. Wenn z.b. eine Depression vorliegt, muss der Arzt notfalls die einzelnen Beschwerden aufzählen, wie z.b. Kopfschmerzen, Schwindel, Konzentrationsstörungen oder Schmerzattacken an den einzelnen Körperteilen. Der Grund für diese strenge Auffassung des BGH liegt auch darin, dass nur, wenn der Versicherer exakt weiß, an welchen Körperteilen eine Invalidität eingetreten ist, dieser den Sachverhalt weiter aufklären kann und durch Einholung von Spezialgutachten die Höhe des Invaliditätsgrades bemessen kann. Mitunter sind unterschiedliche Abteilungen in der Uniklinik einzuschalten und mehrere Gutachten in Auftrag zu geben. Insofern sind diese strengen Voraussetzungen durchaus sinnvoll und seitens des Anwalts deshalb zu beachten. Die Verfasser vertreten die Auffassung, dass die jetzige Rechtsprechung, wonach der Versicherungsnehmer von sich aus darauf achten muss, dass sämtliche Teilfachgebiete der Ärzte begutachtet werden müssen, innerhalb der 15-Monats-Frist, unzulässig und intransparent ist und einer Inhaltskontrolle nicht standhält (vgl. Rn 78). Der verständige Versicherungsnehmer kann von sich aus nicht die Zusammenhänge überblicken und genau auseinanderhalten, welche Fachgutachten innerhalb der 15-Monats-Frist einzuholen sind, zumal der Versicherungsnehmer auch gar keine Einsicht in die Arztunterlagen hat. Die Klausel müsste daher mit der Maßgabe geändert werden, dass generell die Invalidität innerhalb der 15-Monats-Frist festgestellt und geltend gemacht werden muss, nicht jedoch unter Berücksichtigung der einzelnen fachspezifischen Arztabteilungen. Berücksichtigt man zudem, dass sich der schwerstverletzte Versicherungsnehmer in der Regel innerhalb der 15 Monate nach dem Unfall ausschließlich um seine Genesung und Heilung kümmert, so ist es noch unverständlicher, warum der Versicherungsnehmer hier benachteiligt wird. Dies kann unter Umständen sechsstellige Beträge ausmachen, die obwohl die Tatsachen vorliegen, für den Versicherungsnehmer nicht durchgesetzt werden können. Von daher ist die Klausel in der jetzigen Form unwirksam und für den Versicherungsnehmer nachteilig.

33   Innerhalb der zweiten Frist ist noch von Bedeutung, dass der Versicherungsnehmer, der selber Arzt ist, sich die Bescheinigung nicht selber ausstellen darf. Dies muss stattdessen ein Dritter erledigen. Diesen Fall hatte das OLG Koblenz (VersR 1999, 1227) zu entscheiden, in welchem die Versicherungsnehmerin Ärztin war und eine Invalidität in Eigendiagnose festgestellt hatte. Das OLG Koblenz vertrat die Auffassung, dass dies nach den Bedingungen nicht ausreiche, sondern ein Dritter diese Feststellungen zu treffen habe.

34   Da die **psychischen Erkrankungen** anlässlich von Unfällen immer häufiger vorkommen und in der Praxis eine zunehmende Rolle spielen, sei nochmals auf eine weitere Entscheidung hingewiesen. Hier hatte das OLG Frankfurt in Anlehnung an die höchstrichterliche Rechtsprechung vom 7.3.2007 entschieden, dass psychische Erkrankungen nicht berücksichtigt werden können, weil es an der fristgerechten ärztlichen Feststellung innerhalb der 15-Monats-Frist fehle. Dies gelte unabhängig davon, ob eventuell ein Ausschlusstatbestand wegen psychischer Erkrankungen greife (vgl. OLG Frankfurt VersR 2008, 248).

Bei Personengroßschäden sind manchmal bereits aus den Verletzungsarten zwangs-   **35**
läufig Dauerschäden ersichtlich, wie z.b. bei einer Querschnittslähmung oder einer Amputation (vgl. OLG Köln r+s 1994, 236).

Praxistipp
Sollte der Anwalt Fälle erhalten, in denen zuvor ein anderer Anwalt tätig war oder die Frist vom Versicherungsnehmer nicht eingehalten wurde, empfiehlt es sich dennoch, beim Versicherer die Invaliditätsleistungen geltend zu machen, da Versicherer mitunter auch aus Kulanz leisten. Entweder leisten sie die volle Summe oder reduzierte Kulanzbeträge, die immer noch besser sind, als wenn der Anspruch gar nicht geltend gemacht wird. In Absprache mit seinem Mandanten kann der Anwalt daher den einen oder anderen Fall so doch noch zu einem vernünftigen Ergebnis führen, wenn Fehler in der Vergangenheit geschehen sind.

cc)   Innerhalb von 15 Monaten Geltendmachung der Invalidität

Bei der dritten Frist ist von Bedeutung, dass die Invalidität innerhalb von **15 Mona-**   **36**
ten nach dem Unfall geltend gemacht werden muss. Dies ist keine Anspruchs-voraussetzung, sondern eine **Ausschlussfrist,** was bedeutet, dass der Versicherungsnehmer die Möglichkeit hat, bei Versäumung der Frist diese zu entschuldigen.

Wichtig ist bei dieser dritten Frist, dass der Invaliditätsgrad noch nicht in den Pro-   **37**
zentzahlen feststehen muss, sondern es reicht die einfache Behauptung, dass Invalidität eingetreten ist und diese nunmehr geltend gemacht wird. Zwar ist in den Bedingungen nicht geregelt, dass die Geltendmachung der Invalidität schriftlich zu erfolgen hat. Es ist dies jedoch zu empfehlen, zumal die Rechtsprechung dies auch teilweise fordert.

Praxistipp
Wie auch sonst üblich ist Voraussetzung, dass das Schreiben dem Versicherer zugegangen sein muss, wobei die Beweislast hier der Versicherungsnehmer trägt. Bekanntlich ist auch hier, wie bei anderen Zugangsnachweisen, der Sendebericht des Faxes nicht ausreichend. Insofern ist es aus praktischen Gründen am einfachsten, beim Versicherer anzurufen und den Zugang bestätigen zu lassen. Uhrzeit und Name des Sachbearbeiters sind als Aktennotiz aufzuschreiben. Auf diese Weise lässt sich der Zugang des Schreibens beweisen.

In der Entscheidung des BGH vom 13.3.2002 (VersR 2002, 698) ging es um einen   **38**
Entschuldigungsgrund, wobei sich der Kläger darauf berufen hatte, er sei seit dem Unfall schwerstverletzt, geschäftsunfähig bzw. unverschuldet nicht in der Lage gewesen, den Anspruch beim Versicherer geltend zu machen. Es beginnt damit keine neue Frist zu laufen, sondern der Versicherungsnehmer muss ohne schuldhaftes Zögern die Invalidität beim Versicherer nachträglich geltend machen.

39 Darüber hinaus existiert noch ein großer Umfang an Urteilen, nach denen das Berufen auf die Fristversäumung seitens des Versicherers treuwidrig ist. Dies ist z.b. dann der Fall, wenn der Versicherer selber umfangreiche und belastende Untersuchungen des Versicherungsnehmers veranlasst und sich anschließend auf den Fristablauf beruft (vgl. BGH VersR 1978, 1036). In der Praxis kommt es häufig vor, dass z.b. auch der Versicherer von sich aus ein ärztliches Gutachten einholt. In diesen Fällen kann der Versicherer sich dann nicht auf den Fristablauf berufen, da dies zu dem vorangegangenen Verhalten des Versicherers treuwidrig wäre (vgl. OLG Saarbrücken, VersR 1997, 956; OLG Oldenburg, NVersZ 2000, 85). Ferner gibt es in der Praxis auch häufig Fälle, in denen aufgrund der Primärverletzung der Dauerschaden feststeht oder nahe liegt. Auch in diesem Fall wäre es treuwidrig seitens des Versicherers, sich auf den Fristablauf zu berufen. Ein verständiger Prüfer des Versicherers käme daher zu dem Ergebnis, dass hier aufgrund der Primärverletzungen der Dauerschaden feststeht. Gerade bei Personenschäden und Personengroßschäden ist es daher wichtig seitens des Anwalts, hierauf zu achten.

Praxistipp

Manchmal ist es auch so, dass der Anwalt ein „Wechsel-Mandat" hat und er von einem Kollegen den Fall übernommen hat. Der Kollege hat aber von sich aus nicht an die Ansprüche aus dem Personenversicherungsbereich gedacht. Wenn nun der neu eingeschaltete Rechtsanwalt, der das Personenschadensmandat übernommen hat, feststellt, dass die Ansprüche aus der privaten Unfallversicherung noch gar nicht geltend gemacht wurden, kommt es vor, dass der Versicherer von sich aus sagt, dass derartige Ansprüche nunmehr nicht mehr geltend gemacht werden können, weil die Fristen nach den AUB abgelaufen sind. In diesem Fall kann der Anwalt sich oftmals mit Erfolg auf das rechtsmissbräuchliche Verhalten des Versicherers berufen, da aufgrund der erheblichen Primärverletzung ein Dauerschaden nahe gelegen hat oder feststand, so dass die Invaliditätsansprüche nunmehr trotz Fristablaufs noch durchgesetzt werden können. Es ist daher wichtig für den Anwalt, diese Rechtsprechung zu kennen. Der Werbeeffekt für den Anwalt, der nunmehr den Fall wieder „gerade gebogen" hat, ist hier umso größer. Der BGH hatte in seiner Entscheidung (VersR 2006, 352) ebenfalls den Fall zu entscheiden, wo ein unfallbedingter Dauerschaden nahe lag, aber die Bescheinigung noch fehlte oder unzureichend war. Manchmal kann es auch so sein, dass der Versicherer Teilzahlungen leistet oder sonstige Erklärungen den Eindruck erwecken, der Versicherer werde auch bei Fristversäumung zahlen. So war es beim OLG Saarbrücken, VersR 2005, 929 und OLG Köln, VersR 1994, 1220. Auch in diesem Fall sollte der Rechtsanwalt die Rechtsprechung zur Treuwidrigkeit kennen.

Sollte die Abwicklung des Unfallschadens über einen **Versicherungsmakler** erfolgt sein, ist unbedingt auf die neue Entscheidung des BGH vom 16.7.2009 (zfs 2009, 690 ff.) hinzuweisen. In diesem Fall hatte der Makler die Unfallschadensanzeige des Versicherungsnehmers an den Versicherer geschickt. Allerdings hatte der Versicherer nur dem Versicherungsnehmer mit einer Frage geantwortet und den Versicherungsmakler nicht informiert. Der Versicherungsnehmer hat die Sache liegen lassen und die Invaliditätsansprüche nicht innerhalb der 15-Monats-Frist beim Versicherer geltend gemacht. In diesem Fall hatte der BGH entschieden, dass der Versicherungsmakler für den Schaden komplett zu haften habe. Der Makler hat die Fristen zu überwachen und den Versicherungsnehmer zu informieren. Der Makler ist hier auch nicht als Rechtsberater tätig, sondern es wird eine Hinweispflicht als Nebenpflicht des Versicherungsmaklervertrages begründet. Der BGH hat in dieser lesenswerten Entscheidung sogar die Ansicht vertreten, dass den Versicherungsnehmer, der ebenfalls die Fristen nicht beachtet habe, selber kein Mitverschulden treffe.

Zur Übersicht und zur Bedeutung der einzelnen Fristen haben wir aus den Bedingungen noch einmal die relevanten Fristen ausgearbeitet und in einer Übersicht dargestellt: **40**

Fristen nach AUB 88

gesetzliche Norm	Zeitpunkt	Aufgaben des Versicherungsnehmers
§ 9 I	unverzüglich	Nach Unfall Hinziehung eines Arztes; gleichzeitig Unterrichtung des Versicherers, wenn Leistungspflicht entsteht
§ 9 VII	48 Stunden	dem Versicherer Eintritt des Todes melden; Gewährleistung des Obduktionsrechts des Versicherers
§ 11 V	6 Monate	entsprechend § 12 III VVG Klagefrist
§ 7 II	6 Monate	Übergangsleistung, wenn noch ununterbrochen eine unfallbedingte Leistungsfähigkeitsminderung von mehr als 50 % vorliegt
§ 9 VI	7 Monate	Übergangsleistung beim Versicherer geltend machen unter Vorlage eines ärztlichen Attests
§ 7 I (1)	1 Jahr	spätestens Eintritt der Invalidität
§ 7 VI	1 Jahr	Todesfall-Leistung bei Todesfall innerhalb eines Jahres nach dem Unfall
§ 7 I (1)	15 Monate	spätestens ärztliche Feststellung der Invalidität; spätestens Geltendmachung beim Versicherer
§ 11 IV	3 Jahre	erneute ärztliche Bemessung der Invalidität

41

381

Fristen nach AUB 94

42

gesetzliche Norm	Zeitpunkt	Aufgaben des Versicherungsnehmers
§ 9 I	unverzüglich	Nach Unfall Hinzuziehung eines Arztes; gleichzeitig Unterrichtung des Versicherers, wenn Leistungspflicht entsteht
§ 9 VII	48 Stunden	dem Versicherer Eintritt des Todes melden; Gewährleistung des Obduktionsrechts des Versicherers
§ 15 II	6 Monate	entsprechend § 12 III VVG Klagefrist
§ 7 II	6 Monate	Übergangsleistung, wenn noch ununterbrochen eine unfallbedingte Leistungsfähigkeitsminderung von mehr als 50 % vorliegt
§ 9 VI	7 Monate	Übergangsleistung beim Versicherer geltend machen unter Vorlage eines ärztlichen Attests
§ 7 I (1)	1 Jahr	spätestens Eintritt der Invalidität
§ 7 VI	1 Jahr	Todesfall-Leistung bei Todesfall innerhalb eines Jahres nach dem Unfall
§ 7 I (1)	15 Monate	spätestens ärztliche Feststellung der Invalidität; spätestens Geltendmachung beim Versicherer
§ 11 IV	3 Jahre	erneute ärztliche Bemessung der Invalidität

Fristen nach AUB 99

43

gesetzliche Norm	Zeitpunkt	Aufgaben des Versicherungsnehmers
7.1	unverzüglich	Nach Unfall Hinzuziehung eines Arztes; gleichzeitig Unterrichtung des Versicherers, wenn Leistungspflicht entsteht
7.5	48 Stunden	dem Versicherer Eintritt des Todes melden; Gewährleistung des Obduktionsrechts des Versicherers
14.1	6 Monate	entsprechend § 12 III VVG Klagefrist
2.2.1	6 Monate	Übergangsleistung, wenn noch ununterbrochen eine unfallbedingte Leistungsfähigkeitsminderung von mehr als 50 % vorliegt
2.2.1	7 Monate	Übergangsleistung beim Versicherer geltend machen unter Vorlage eines ärztlichen Attests
2.1.1.1	1 Jahr	spätestens Eintritt der Invalidität
2.6.1	1 Jahr	Todesfall-Leistung bei Todesfall innerhalb eines Jahres nach dem Unfall
2.1.1.1	15 Monate	spätestens ärztliche Feststellung der Invalidität; spätestens Geltendmachung beim Versicherer
9.4	3 Jahre	erneute ärztliche Bemessung der Invalidität

Fristen nach AUB 2008

gesetzliche Norm	Zeitpunkt	Aufgaben des Versicherungsnehmers	
7.1	unverzüglich	Nach Unfall Hinzuziehung eines Arztes; gleichzeitig Unterrichtung des Versicherers, wenn Leistungspflicht entsteht	44
7.5	48 Stunden	dem Versicherer Eintritt des Todes melden; Gewährleistung des Obduktionsrechts des Versicherers	
2.2.1	6 Monate	Übergangsleistung, wenn noch ununterbrochen eine unfallbedingte Leistungsfähigkeitsminderung von mehr als 50 % vorliegt	
2.2.1	7 Monate	Übergangsleistung beim Versicherer geltend machen unter Vorlage eines ärztlichen Attests	
2.1.1.1	1 Jahr	spätestens Eintritt der Invalidität	
2.6.1	1 Jahr	Todesfall-Leistung bei Todesfall innerhalb eines Jahres nach dem Unfall	
2.1.1.1	15 Monate	spätestens ärztliche Feststellung der Invalidität; spätestens Geltendmachung beim Versicherer	
9.4	3 Jahre	erneute ärztliche Bemessung der Invalidität	

Fristen nach AUB 2010

gesetzliche Norm	Zeitpunkt	Aufgaben des Versicherungsnehmers	
7.1	unverzüglich	Nach Unfall Hinzuziehung eines Arztes; gleichzeitig Unterrichtung des Versicherers	45
7.5	48 Stunden	Meldung vom Unfalltod, auch wenn der Unfall schon angezeigt war	
2.2.1	6 Monate	Übergangsleistung, wenn ununterbrochene unfallbedingte Leistungsbeeinträchtigung von 50 % (ohne Mitwirkung von Krankheiten oder Gebrechen)	
2.2.1	7 Monate	Übergangsleistung bei Versicherer geltend zu machen durch eines ärztlichen Attestes	
2.1.1.1	1 Jahr	spätestens Eintritt der Invalidität	
2.6.1	1 Jahr	Todesfall-Leistung bei Todesfall innerhalb eines Jahres nach dem Unfall	
2.1.1.1	15 Monate	spätestens ärztliche Feststellung der Invalidität; spätestens Geltendmachung beim Versicherer	
9.4	3 Jahre	erneute ärztliche Bemessung der Invalidität	

Praxistipp
Generell kann zu den Fristen und zu den jeweiligen Bedingungen gesagt werden, dass der Anwalt, der versicherungsrechtliche Mandate bearbeitet, kreativ sein muss und die von den Versicherern ausgearbeiteten Bedingungen keinesfalls ungeprüft anwenden darf. Möglicherweise sind diese auch unwirksam. Der Anwalt

sollte daher auf der Klaviatur der §§ 307 ff. BGB, was die generelle Klauselwirksamkeit betrifft, spielen können. So ist in diesem Zusammenhang auf die Entscheidung des OLG Hamm (Urt. v. 19.10.2007 – 20 U 215/06, VersR 2008, 811) hinzuweisen. Dort wurde festgehalten, dass die 15-Monats-Frist-Klausel in den AUB 2000 möglicherweise unwirksam ist, da diese Klausel lediglich unter der Überschrift „Welche Leistungen können vereinbart werden?" stand, aber nicht unter der Überschrift „Was ist nach einem Unfall zu beachten?". Insofern hat das OLG sich positioniert, dass diese Klausel gegen das sog. Transparenzgebot verstoßen würde und daher unzulässig sei. Von daher ist gerade bei der Neufassung der einzelnen AUB der Anwalt gefordert, der diese Klauseln überprüft und möglicherweise auf Fehler durch Gerichte überprüfen lässt. So kann er für den Versicherungsnehmer Erfolge erzielen. So ein Erfolg spricht sich schnell herum.

Hinweis
Nach § 186 VVG (neues Recht) gibt es jetzt eine Hinweispflicht des Versicherers auf die Fristen. Das bedeutet, dass der Versicherer sich auf die Verspätung nicht berufen kann, wenn er den vorgeschriebenen Hinweis auf die AUB-Frist versäumt hat oder den bestrittenen Zugang der Belehrung nicht beweisen kann.

46 Im Zusammenhang mit den Fristen ist auch noch eine wichtige Entscheidung des OLG Karlsruhe (NJW 2010, 1760) von Bedeutung. Hiernach muss der Rechtsanwalt, der ein unfallversicherungsrechtliches Mandat hat, auf die versicherungsvertraglichen Fristen (Ausschlussfristen AUB) für die Geltendmachung von Invaliditätsleistungen hinweisen, auch wenn er keinerlei Kenntnis davon hat, dass beim Mandanten ein Dauerschaden vorliegt. Diese Rechtsprechung ist insofern sehr weitgehend, da das OLG Karlsruhe hier in Anlehnung an den IX. Senat des BGH von dem Rechtsanwalt immer den sichersten Weg verlangt. Ähnlich wie beim Versicherungsmakler muss auch der Anwalt daher den Mandanten darauf hinweisen, welche Konsequenzen es hat, wenn die Fristen nicht eingehalten werden oder der Anwalt womöglich gar nicht weiß, dass hier ein Dauerschaden beim Mandanten vorliegt. Selbst wenn der Versicherer ein Merkblatt versandt hat, welches Bezug auf die AUB-Fristen nimmt, muss der Anwalt von sich aus selber den Mandanten noch auf die AUB-Fristen hinweisen. Diese Rechtsprechung zeigt wieder einmal, dass die Fristen das A und O beim Anwalt sind und diese ganz genau genommen werden müssen.

c) Invaliditätsbemessung (Grad der Invalidität)
47 Die Bewertung des jeweiligen **Invaliditätsgrades** erfolgt nach der Gliedertaxe. Zum besseren Verständnis ist eine solche nachfolgend abgedruckt.

▼

Invaliditätsbemessung

48

■ Als feste Invaliditätsgrade gelten – unter Ausschluss des Nachweises einer höheren oder geringeren Invalidität – bei Verlust oder Funktionsunfähigkeit

☐ eines Armes im Schultergelenk	70 Prozent
☐ eines Armes bis oberhalb des Ellenbogengelenks	65 Prozent
☐ eines Armes unterhalb des Ellenbogengelenks	60 Prozent
☐ einer Hand im Handgelenk	55 Prozent
☐ eines Daumens	20 Prozent
☐ eines Zeigefingers	10 Prozent
☐ eines anderen Fingers	5 Prozent
☐ eines Beines über die Mitte des Oberschenkels	70 Prozent
☐ eines Beines bis zur Mitte des Oberschenkels	60 Prozent
☐ eines Beines bis unterhalb des Knies	50 Prozent
☐ eines Beines bis zur Mitte des Unterschenkels	45 Prozent
☐ eines Fußes im Fußgelenk	40 Prozent
☐ einer großen Zehe	5 Prozent
☐ einer anderen Zehe	2 Prozent
☐ eines Auges	50 Prozent
☐ des Gehörs auf einem Ohr	30 Prozent
☐ des Geruchs	10 Prozent
☐ des Geschmackes	5 Prozent

■ Bei Teilverlust oder Funktionsbeeinträchtigung eines dieser Körperteile oder Sinnesorgane wird der entsprechende Teil des Prozentsatzes gem. obiger Aufzählung angenommen.

■ Werden durch den Unfall Körperteile oder Sinnesorgane betroffen, deren (Teil-)Verlust oder (Teil-)Funktionsunfähigkeit nach obiger Aufzählung geregelt sind, so ist für diese maßgebend, inwieweit die normale körperliche oder geistige Leistungsfähigkeit unter ausschließlicher Berücksichtigung medizinischer Gesichtspunkte beeinträchtigt ist.

■ Sind durch den Unfall mehrere körperliche oder geistige Funktionen beeinträchtigt, so werden die Invaliditätsgrade zusammengerechnet. Mehr als 100 % werden jedoch nicht angenommen.

▲

Es handelt sich hierbei um feste, pauschalisierte, **abstrakte Invaliditätssätze** für bestimmte **Gesundheitsschädigungen,** wie z.B. **Verlust** oder **Funktionsbeinträchtigungen** von **Gliedmaßen** oder **Sinnesorganen.** Durch diese abstrakten, festen Prozentangaben soll die Gleichbehandlung der Versicherungsnehmer gewährleistet werden. Allerdings gibt es für bestimmte Berufe manchmal Zusatzbedingungen, die individuell ausgehandelt wurden, sodass bei bestimmten Verlet-

49

zungen andere Prozentsätze gelten als in der abgedruckten **Gliedertaxe**. Von daher kann nicht oft genug der Tipp gegeben werden, dass grundsätzlich die Bedingungen, die der Versicherungsnehmer individuell abgeschlossen hat, eingesehen werden müssen und anhand dieser Bedingungen der Einzelfall gelöst werden muss.

50   Die Aufzählung innerhalb dieser Gliedertaxe zeigt, dass es sich überwiegend um orthopädische Bereiche handelt. Liegt dagegen eine andere Verletzung vor, muss die Invalidität **außerhalb der Gliedertaxe** bemessen werden, so z.b. bei **Hautverletzungen, Zahnverletzungen, Verletzungen der Geschlechtsorgane, Verletzungen der inneren Organe, Verletzungen des Brust- und Bauchraumes, Verletzungen der Wirbelsäule, Verletzungen von Kopf und Gehirn, Brandverletzungen sowie psychischen Beeinträchtigungen.**

51   Anders als im Schadensersatzrecht kommt es auch nicht auf die persönlichen Verhältnisse des Versicherungsnehmers an, wie Haushalt, Ausbildung, welchen Beruf der Versicherungsnehmer ausübt oder in welchen Wohnverhältnissen er lebt, sondern ausschließlich auf die medizinischen Gesichtspunkte und dabei die Frage, inwieweit eine Beeinträchtigung der Leistungsfähigkeit gegeben ist.

52   Die konkrete Gebrauchsminderung der einzelnen Bereiche aus der Gliedertaxe wird durch den Arzt festgestellt. Der Arzt wird in der Regel vom Versicherer bestimmt. In den AUB ist dies festgehalten. So steht z.B. in § 9 IV AUB 88, dass der Versicherte sich von den vom Versicherer beauftragten Ärzten zu untersuchen lassen hat, wobei die Kosten der Versicherer trägt. Versicherer beauftragen daher Ärzte mit der Erstellung von Gutachten hinsichtlich der Höhe des Invaliditätsgrades.

Praxistipp

Sobald diese Gutachten der Versicherer dem Anwalt vorliegen, muss dieser die Gutachten genau überprüfen, da Versicherer in der Regel selbsternannte Institute beauftragen, die überwiegend ihre Aufträge vom Versicherer bekommen. Insofern ist hinsichtlich solcher Institute äußerste Skepsis geboten, da bekanntlich das Sprichwort gilt: „Wes' Brot ich ess', des' Lied ich sing." Oftmals ergibt eine nähere Betrachtung dieser Gutachten, dass die behandelnden Ärzte Literatur verwenden, die ausschließlich zugunsten des Versicherers Bewertungen enthält. Von daher arbeiten spezialisierte Anwälte mit einem ganzen Stab von eigenen Ärzten zusammen, die individuell für jeden einzelnen Verletzungsbereich kontrollieren können, ob die ausgehandelten Gebrauchsminderungssätze auch tatsächlich zutreffen oder ob diese zu niedrig sind.

Wenn der Gebrauchsminderungsbetrag feststeht und auch feststeht, welcher Be-   **53**
reich aus der Gliedertaxe betroffen ist, ist die Berechnung und Bemessung der
Höhe der Invaliditätsleistung recht einfach. Dies soll anhand eines Falles kurz skizziert werden.

Fall: **54**
Der Versicherungsnehmer hat einen Dauerschaden am linken Bein, am rechten
Bein sowie am Becken. Das Arztgutachten kommt zu einer Gebrauchsminderung von 1/2 beim linken Bein und von 1/10 beim rechten Bein. Der Versicherer würde dann dem Versicherungsnehmer bzw. seinem Anwalt schreiben:

„Die Höhe der Invaliditätsleistung bemisst sich wie folgt:

Versicherungssumme   25.565,00 EUR.

Es wurde verletzt:

das linke Bein
Invaliditätsgrad nach Gliedertaxe   70 Prozent
= $^1/_2$ 35 Prozent

                                        70 Prozent
= $^1/_{10}$ 7 Prozent
Becken
Invaliditätsgrad außerhalb der   laut Arztgutachten   10 Prozent
Gliedertaxe
Invaliditätsgrad insgesamt   **52 Prozent.**"

Insgesamt ergibt sich daher eine Invaliditätsleistung von 13.293,80 EUR. Aller-   **55**
dings zeigt dieser Fall, dass die **Progression** zu berücksichtigen ist. Nach bestimmten **Progressionsstaffeln,** die vertraglich vereinbart werden müssen und nicht automatisch gelten, ist es so, dass ab einem bestimmten Grad der Invalidität diese
entweder verdoppelt, verdreifacht oder sogar vervierfacht wird. In der Regel erfolgt
die Erhöhung des Invaliditätsgrades nach folgendem Schema:

Invaliditätsgrad	Leistung
1–25 %	Einfach
26–50 %	Zweifach
51–100 %	Dreifach

56   Zur weiteren Verdeutlichung ergibt sich daher in der Regel folgender Invaliditätsgrad mit entsprechender **Progressionsstaffel:**

Invaliditätsgrad in %	Leistung in % von der Invaliditätssumme	Invaliditätsgrad in %	Leistung in % von der Invaliditätssumme
1	1	30–39	70
2	2	40–49	100
3	3	50–59	150
4	4	60–69	200
5	5	70–79	250
6	6	81	255
7	7	82	260
8	8	83	265
9	9	84	270
10	10	85	275
11	11	86	280
12	12	87	285
13	13	88	290
14	14	89	295
15	15	90	300
16	16	91	305
17	17	92	310
18	18	93	315
19	19	94	320
20	20	95	325
22	22	96	460
23	23	97	595
24	24	98	730
25	25	99	865
26	28	100	1000
27	31		
28	34		
29	37		

57   Konkret auf diesen Fall angewandt bedeutet dies, bei 52 % Invalidität ergibt sich
eine 150 %ige Invaliditätsgrundsumme, so dass sich angesichts der Invaliditätssum-
me von 25.565 EUR ein Wert von 38.347,50 EUR ergibt, da 100 % der Versicherungssumme 25.565 EUR sind. Addiert man weitere 50 % in Höhe von

12.782,50 EUR, ergibt dies einen Betrag in Höhe von 38.347,50 EUR. Im Ergebnis ist daher die Berechnung der Höhe der Invaliditätsleistung recht einfach vorzunehmen.

Wäre dagegen im vorliegenden Fall keine Progression vereinbart worden, wären lediglich 52 % der Invaliditätsleistungen der Versicherungssumme von 25.565 EUR zu errechnen gewesen, was einen Wert von 13.293,80 EUR ergeben hätte. Innerhalb der Invaliditätsbemessung (Grad der Invalidität) kommt es immer wieder zu Problemen, wenn mehrere Schädigungen vorliegen. Zunächst hat der BGH in ständiger Rechtsprechung zuletzt 2012 (BGH VersR 2012, 351) festgehalten, dass keine Addition der Invaliditätsgrade von körpernahen und körperfernen Teilgliedern erfolgt. Der BGH stellte klar, dass es immer auf den Sitz der unfallbedingten Schädigung ankommt. Wenn nun mehrere Schädigungen bei ein und demselben Glied vorliegt, ist die nächste Beeinträchtigung maßgeblich. In der BGH-Entscheidung vom 14.12.2011 ging es z.b. darum, dass – wie bereits erwähnt – auf den Sitz der unfallbedingten Schädigung abzustellen sei. Dies war im Schultergelenk des Armes der Fall. Dass dies auch zur Verletzung des Unterarmes und damit zur Schädigung der Hand führte, ist bei der Bemessung des gesamten Armtaxwertes bereits berücksichtigt. Kommt es daher zu Mehrfachschädigungen ein und desselben Gliedes, ist keine Addition der Invalidität der einzelnen Gliederteile vorzunehmen. Anders verhält es sich, wenn es um die einzelnen Werte mehrerer Gliedertaxenkörperteile geht, so z.B. wenn der Arm und das Bein betroffen wurde. Dann sind die Invaliditätsgrade selbstverständlich zu addieren. Gleiches gilt auch, wenn z.B. das Handgelenk und die Wirbelsäule betroffen sind. Insofern gibt es diese Rechtsprechung immer nur bei den oben genannten Fällen. Wenn jedoch mehrere Glieder oder mehrere Organe aus der Gliedertabelle betroffen sind, wird natürlich addiert. Der BGH hält hier an seiner „Gelenks-Rechtsprechung" (siehe VersR 2003, 163) fest, auch wenn die Formulierungen in den einzelnen AUB im Handgelenk, Arm im Schultergelenk, Fuß im Fußgelenk für den durchschnittlichen Versicherungsnehmer nicht immer zu verstehen sind. Da die Rechtsprechung des BGH nach wie vor gilt, muss sich der Anwalt, der solche Fälle bearbeitet, hierauf einstellen. Die Verfasser vertreten allerdings die Auffassung, dass diese Rechtsprechung den Versicherungsnehmer benachteiligt, da der Zusatz „im Gelenk" für den durchschnittlichen Versicherungsnehmer nicht verständlich ist.

58

2. Übergangsleistungen

Die **Übergangsleistungen** nach den §§ 7 II AUB 88/AUB 94 und Nr. 2.2 AUB 99/2008 sind vertraglich deswegen aufgenommen worden, um im Falle von schwereren Verletzungen die Zeit finanziell zu überbrücken, bis der Grad der Invalidität feststeht. Wenn nach dem Ablauf von 6 Monaten seit Eintritt des Unfalls eine unfallbedingte Beeinträchtigung der körperlichen oder geistigen Leistungsfähigkeit von mehr als 50 % gegeben ist, wird die im Versicherungsschein genannte

59

Übergangsleistung in Euro seitens des Versicherers erbracht. Übergangsleistungen werden daher gezahlt, wenn drei Voraussetzungen vorliegen:

- nach Ablauf von 6 Monaten seit dem Unfallereignis
- aufgrund reiner Unfallfolgen
- besteht eine ununterbrochene Beeinträchtigung der normalen körperlichen und geistigen Leistungsfähigkeit von mehr als 50 %.

60 Die Leistungsfähigkeit von Berufstätigen definiert sich in erster Linie durch die Arbeitsfähigkeit (vgl. LG Berlin VersR 2003, 725), wobei auf den konkret ausgeübten Beruf abzustellen ist und nicht auf eine generelle Fähigkeit, den abstrakten Beruf im Allgemeinen auszuüben.

Praxistipp
Es ist daher dem Versicherer durch fortlaufende ärztliche Bescheinigungen der Nachweis der ununterbrochenen Einschränkung der Leistungsfähigkeit zu dokumentieren, um Übergangsleistungen vom Versicherer zu erhalten.

3. Tagegeld

61 § 7 III AUB 88/94 enthält die Regelung, wonach **Tagegeld** zu zahlen ist für den Fall, dass der Unfall zu einer Beeinträchtigung der Arbeitsfähigkeit führt. In den Bedingungen ist in der Regel festgehalten, dass das Tagegeld dann gezahlt wird, wenn der Versicherungsnehmer in ärztlicher Behandlung ist. Darüber hinaus ist der Grad der Beeinträchtigung maßgeblich dafür, welches Tagegeld bezahlt wird. Die Bedingungen sehen vor (§ 7 III (2) AUB 88/94), dass das Tagegeld längstens für ein Jahr vom Unfalltag an gezahlt wird. Das Tagegeld soll unfallbedingte Einkommensverluste abdecken.

4. Krankenhaustagegeld

62 Nach § 7 IV AUB 88/94 kann auch eine solche Leistungsart vertraglich festgehalten werden. Das **Krankenhaustagegeld** wird für jeden Kalendertag gezahlt, an welchem sich der Versicherungsnehmer wegen des Unfalls in medizinisch notwendiger, vollstationärer Heilbehandlung befindet. Wie der Wortlaut schon sagt, ist Voraussetzung zum einen die medizinische Notwendigkeit und eine vollstationäre Heilbehandlung, so dass Tages- und Nachtkliniken hiervon ausgenommen sind. Im Streitfall wird die medizinische Notwendigkeit mit Hilfe eines Sachverständigen nachgewiesen.

5. Genesungsgeld

63 Das **Genesungsgeld** ist nach § 7 V AUB 88/94 gekoppelt mit dem Krankenhaustagegeld. Es ermittelt sich ebenfalls nach der Anzahl von Kalendertagen, längstens jedoch nach den Bedingungen in der Regel für 100 Tage.

6. Todesfallleistung

Die Bedingungen sehen ferner vor, wenn innerhalb eines Jahres nach dem Unfall **64** der Tod des Versicherten eintritt, dass eine **Todesfallleistung** entsprechend der vereinbarten Versicherungssumme zu zahlen ist. Dies ist festgehalten in § 7 VI AUB 88/94.

> *Praxistipp*
> Da in den einzelnen Bedingungen sehr kurze Fristen (siehe Rn 41 ff.) bei der Todesfallleistung enthalten sind, empfiehlt es sich, den Versicherer unverzüglich, am besten sofort, telefonisch zu informieren und das weitere Vorgehen mit dem Versicherer abzustimmen, um auch in einem solch schwierigen Fall die Fristen für den Erben des Versicherungsnehmers zu wahren. Mitunter wünscht der Versicherer eine **Obduktion,** weshalb unverzügliches Handeln geboten ist. Wenn dies mit dem Versicherer abgestimmt wird, kann er sich nicht auf Obliegenheitsverletzungen berufen.

7. Sonstiges

Neben den oben genannten Leistungsarten existieren noch erheblich weitere Leis- **65** tungsmöglichkeiten. Es würde jedoch zu weit führen, diese aufzuzählen. Der bearbeitende Rechtsanwalt muss sich daher anhand der Police das Leistungsspektrum anschauen, welches der Versicherungsnehmer konkret abgeschlossen hat. Ohne Anspruch auf Vollständigkeit ist an folgende weitere Leistungsarten zu denken:

- **Schmerzensgeld** nach vertraglich vereinbarten Schmerzensgeldtabellen;
- **Komageld,** wenn z.B. der Versicherungsnehmer aufgrund eines Unfalls im Koma liegt;
- **Gipsgeld** (Manchmal existiert in den Bedingungen bzw. in den Versicherungsscheinen ein Anspruch auf Zahlung, wenn der Verletzte einen Gips tragen musste.);
- **rooming-in** (In manchen Bedingungen ist auch geregelt, dass z.B. der Erwachsene bei seinem verletzten Kind im Krankenhaus übernachten kann. Dann wird ein pauschalisierter Kostenzuschuss gezahlt. Die Höhe ist den Bedingungen und der Police zu entnehmen.);
- **Bergungskosten;**
- **Kurkostenbeihilfe;**
- **Reha-Beihilfe.**

IV. Ausschlüsse

Obwohl alle sonstigen Voraussetzungen für eine Leistungspflicht gegeben sind, **66** gibt es eine Vielzahl von Gründen, durch die der Leistungsanspruch gleichwohl entfällt, wenn der **Leistungsausschlusskatalog** aus den AUB greift. In § 2 AUB 88/94, Nr. 5 AUB 99 und Nr. 5 AUB 2010 ist eine Aufzählung der Ausschlüsse festgehalten. Vorliegend soll sich lediglich auf einige Probleme beschränkt werden, die insbesondere auch im Straßenverkehrsbereich eine Rolle spielen, ohne auf die übrigen Ausschlüsse detailliert einzugehen. Sollten hier Probleme auftauchen, wird auf den Kommentar von *Grimm*, Unfallversicherungen, verwiesen oder alternativ auf *Prölss/Martin*, Versicherungsvertragsgesetz. In der jeweils neuesten Auflage ist hier ausgiebig Rechtsprechung zu den Ausschlüssen zu finden.

1. Unfälle durch Geistes- oder Bewusstseinsstörungen
a) Geistesstörungen

67 In der Rechtsprechung spielt die **Geistesstörung** keine große Rolle, da § 3 I AUB 88/94 bereits festlegt, dass Personen wie etwa Geisteskranke nicht versicherbar und demzufolge nicht versichert sind.

b) Bewusstseinsstörungen

68 Die **Bewusstseinsstörung** spielt in der Rechtsprechung dagegen eine ganz entscheidende Rolle und ist gerade im Bereich des Straßenverkehrs von erheblicher Bedeutung. Bewusstseinsstörung bedeutet eine krankheitsbedingte oder auf Alkohol-, Drogen- oder Medikamenteneinnahme beruhende Störung der Aufnahme- oder Reaktionsfähigkeit. Der Grund für diesen Leistungsausschluss des Versicherers liegt im gesteigerten Risiko, einen Unfall zu erleiden. Der Versicherer argumentiert, dass in einer solchen Situation der Versicherungsnehmer nicht mehr in der Lage ist, die Gefahr zu erkennen, so dass der Versicherer dieses Risiko nicht übernehmen will. Die Mehrzahl der Bewusstseinsstörungen, mit denen sich die Gerichte zu beschäftigen hatten, waren **alkoholbedingte Bewusstseinsstörungen.**

aa) Außerhalb des Straßenverkehrs

69 Außerhalb des Straßenverkehrs gibt es keine festen Promillegrenzen, anhand welcher sich Aussagen dazu treffen ließen, ab wann von einer alkoholbedingten Bewusstseinsstörung auszugehen ist (vgl. BGH VersR 1993, 960). Der Versicherungsnehmer muss aber jedenfalls erheblich alkoholisiert sein. Die Rechtsprechung reicht von 2,4‰ (OLG Nürnberg r+s 2000, 437) bis 2,67 ‰ (OLG Köln r+s 2006, 252).

bb) Innerhalb des Straßenverkehrs

70 Liegt dagegen ein Unfall im Straßenverkehr vor, so setzt die Rechtsprechung die **alkoholbedingte Bewusstseinsstörung** mit der aus dem Strafrecht bekannten relativen und absoluten Fahruntüchtigkeit gleich. Anders als im Strafrecht setzt der BGH bei der alkoholbedingten Bewusstseinsstörung nach den AUB dagegen die untere Grenze bei 0,8 an. Demgegenüber reicht die obere Grenze der relativen Fahruntüchtigkeit bis unter 1,1 Promille. Liegt ein solcher Fall vor, d.h. ein Wert von 0,8 bis unter 1,1 Promille, so muss ein alkoholtypisches Fehlverhalten hinzukommen, wie im Strafrecht. Der Unterschied zum Strafrecht liegt jedoch darin, dass die relative Fahruntüchtigkeit nicht bereits bei 0,3 Promille, sondern laut BGH erst bei 0,8 Promille beginnt (vgl. BGH VersR 1988, 950). Liegt dagegen ein Fall der absoluten Fahruntüchtigkeit vor, und zwar ein Promillewert ab 1,1, wie wir ihn bei Kraftfahrern (Auto, Motorräder, Lkw, Busse etc.) kennen, so ist automatisch auch eine alkoholbedingte Bewusstseinsstörung nach den AUB gegeben, wobei auch hier nicht die Möglichkeit des Gegenbeweises gegeben ist. Konkret bedeutet dies, dass, selbst wenn der Versicherungsnehmer behauptet, er könne zwei Flaschen Wodka und zwei Flaschen Whiskey trinken und würde nichts merken, dieser Versicherungsnehmer mit diesen Argumenten nicht gehört wird, sondern allein aufgrund der BAK der Ausschluss gegeben ist. Bei der sog. relativen Fahruntüchtigkeit in der Prüfung der alkoholbedingten Bewusstseinsstörung nach den AUB sind die Beispiele in der Rechtsprechung ähnlich wie im Strafrecht gelagert, in denen bei einer BAK von 0,97 ‰ ein alkoholtypisches Fehlverhalten bejaht wird. Es gibt hier folgende Beispiele:

■ Umfahren eines Verkehrsschildes auf einer Verkehrsinsel innerorts, BAK 0,97‰ (OLG Koblenz VersR 2002, 181);

■ Abkommen von einer geraden oder leicht kurvigen Fahrbahn (OLG Düsseldorf VersR 2004, 1041);

■ zu spätes Erkennen von Hindernissen (OLG Nürnberg, VersR 1990, 480);

■ links Abbiegen ohne Beachtung des Gegenverkehrs, BAK 0,94‰ (OLG Koblenz VersR 2002, 43).

Dagegen ist es kein **alkoholtypischer Fahrfehler,** wenn der Versicherungsnehmer **71** mit einer BAK von 0,8 Promille von einer trockenen, schnurgeraden Autobahn abkommt, da dies auch ohne Alkohol einem müden Fahrer passieren kann oder bei einem Reifenplatzer oder beim Abkommen von der Fahrbahn bei Glatteis (OLG Düsseldorf VersR 2004, 1041; OLG Saarbrücken VersR 2004, 1262; BGH r+s 2005, 282). Bei diesen Fällen kann auch ohne Alkohol der Unfall eintreten, so dass kein Ausschluss aufgrund einer Bewusstseinsstörung greift.

Praxistipp
Generell kann gesagt werden, dass individuell bei jedem Fall zu prüfen ist, ob ein alkoholtypisches Fehlverhalten des Versicherungsnehmers vorliegt oder nicht. Wenn es gerade nicht alkoholtypisch ist und auch einem nüchternen Fahrer dieser Fehler hätte passieren können, hat der Anwalt gute Chancen, trotz relativer Fahruntüchtigkeit keine alkoholbedingte Bewusstseinsstörung im Sinne der AUB bejahen zu müssen. Es ist daher immer zu prüfen, ob sog. verzeihliche Fahrfehler innerhalb der Prüfung der relativen Fahruntüchtigkeit (0,8 bis unter 1,1 Promille) gegeben sind.

Generell können die Grundgedanken aus dem Strafrecht herangezogen werden, um zu prüfen, ob die Blutprobe ordnungsgemäß entnommen wurde und ob diese nach den standardisierten Regeln ausgewertet worden ist. Liegen hier Beweisverwertungsprobleme vor, so kann auch aus diesem Grunde selbstverständlich nicht von (einem Ausschluss) der alkoholbedingten Bewusstseinsstörung ausgegangen werden.

cc) Sonstige Verkehrsteilnehmer

72 Hinsichtlich der alkoholbedingten Bewusstseinsstörung bei anderen Verkehrsteilnehmern hat die Rechtsprechung folgende Werte ausgearbeitet:

Radfahrer	ab 1,6 Promille	(vgl. OLG Karlsruhe VersR 1999, 634)
Fußgänger	ab 2,0 Promille	(vgl. OLG Hamm r+s 2003, 167; OLG Köln VersR 2006, 255; OLG Saarbrücken zfs 338)
Beifahrer	ab 2,0 Promille	(vgl. OLG Hamm VersR 1997, 1344; OLG Karlsruhe VersR 1998, 836).

Es ist jedoch generell zweifelhaft, ob man den Begriff der Fahruntüchtigkeit mit dem der Bewusstseinsstörung nach den AUB gleichsetzen darf, da Versicherungsbedingungen immer so auszulegen sind, wie ein durchschnittlicher Versicherungsnehmer sie bei verständiger Würdigung, aufmerksamer Durchsicht und Berücksichtigung des erkennbaren Sinnzusammenhanges verstehen kann (vgl. BGH VersR 1999, 748). Gerade bei Beifahrern ist erhebliche Skepsis angebracht, ob per se aufgrund des Alkoholisierungsgrades von 2,0 Promille von einer Bewusstseinsstörung auszugehen ist. Es ist auch äußerst unwahrscheinlich, dass sich ein normaler und durchschnittlicher Versicherungsnehmer Gedanken macht, ob die Tätigkeit, die er gerade ausübt, in Kombination mit Alkohol zu unterschiedlichen Ergebnissen führen kann mit der Folge, dass entweder ein Ausschluss nach den AUB gegeben ist oder nicht. Ferner stellt sich auch die Frage, ob ein Versicherungsnehmer tatsächlich als durchschnittlicher Versicherungsnehmer bei verständiger Würdigung erkennen kann, dass leichte und mittlere Grade von Alkoholisierung eine Bewusstseinsstörung nach den AUB begründen, da der Wortlaut der AUB gerade hier keine Einschränkungen enthält, sondern lediglich von den Bewusstseinsstörungen spricht. Darüber hinaus unterliegen die Klauseln dem Transparenzgebot (§ 307 Abs. 1 S. 1 BGB).

> *Praxistipp*
> In einem solchen Fall kann der Anwalt auch argumentieren, dass es dem Versicherer problemlos möglich gewesen wäre, den Begriff der Bewusstseinsstörung näher zu erläutern oder den Hinweis auf eine Verkehrsuntüchtigkeit im Sinne der Kraftfahrzeugversicherungen als Parallele heranzuziehen. Darüber hinaus wäre es auch möglich gewesen, wie das in einigen Zusatzbedingungen auch der Fall ist, konkret mit Promillewerten zu arbeiten.

73 Von daher sollte der Anwalt einen solchen Fall mit der nötigen Skepsis bearbeiten und notfalls das eine oder andere Mal auch einmal mutig versuchen, gerichtlich klären zu lassen. Möglicherweise kann mit einer geschickten Argumentation auch außergerichtlich mit dem Versicherer eine Einigung erzielt werden.

74 Es kommt sehr häufig vor, dass Versicherer sich die polizeiliche Unfallakte genau durchlesen und schauen, welche Angaben der Versicherungsnehmer gemacht hat hinsichtlich der Unfallverursachung. Oftmals sagt der Versicherungsnehmer bei der

Polizei von sich aus viel zu viel oder teilweise etwas Falsches, was nachher nicht mehr gerade gebogen werden kann. Dann, wenn Anhaltspunkte gegeben sind, beruft sich der Versicherer auf die sogenannte Bewusstseinsstörung innerhalb der AUB. Dies ist z.b. in Ziffer 5.1.1. AUB 99, 2008 geregelt oder auch in § 2 Abs. 1 AUB 94. Diese Angaben der polizeilichen Akte können z.b. sein, dass dem Versicherungsnehmer „schwarz vor Augen" wurde oder eine **Kreislaufstörung**, ein **Schwächeanfall** oder eine **Kreislaufschwäche** vorlag. Wenn solche Schlagwörter – wie eben erwähnt – in der Akte auftauchen, beruft sich der Versicherer oftmals auf die Bewusstseinsstörung und auf einen Ausschluss der AUB.

Praxistipp

Deswegen sollte der Versicherungsnehmer und Mandant, wenn dieser vom Anwalt befragt wird, welche Angaben er gegenüber der Polizei machen soll, generell darauf hingewiesen werden, dass er zunächst keine Angaben machen braucht, wenn er als Betroffener oder Beschuldigter vernommen wird. Soll er als Zeuge vernommen werden, empfiehlt es sich, auch eine Rücksprache mit seinem zuständigen Anwalt vorzunehmen. Mitunter werden seitens des Mandanten nicht korrekte Angaben oder falsche Angaben gemacht, die nachher nur schwer wieder gerade gerückt werden können. Nach der Rechtsprechung ist es nämlich so, dass eine Bewusstseinsstörung nach den AUB nicht den Eintritt völliger **Bewusstlosigkeit** voraussetzt. Es genügt insofern für den Ausschluss schon eine teilweise Beeinträchtigung und zwar dann, wenn man den Sicherheitsanforderungen seiner Umwelt in der konkreten Situation nicht mehr Herr wird. Für das sog. „Schwarz vor Augen werden" gibt es eine Reihe von Rechtsprechung (vgl. OLG Celle, r+s 2010, 476; OLG Düsseldorf, zfs 2013, 95; OLG Hamburg, r+s 2007, 386, bei dem es um einen plötzlichen Schwindelanfall ging, siehe auch **hitzebedingte Kreislaufreaktion**, BGH VersR 2008, 1683). Wenn diese Entscheidungen teilweise nicht im Zusammenhang mit dem Verkehrsrecht stehen, so können selbstverständlich diese Bewusstseinsstörungen oder vorübergehenden Beeinträchtigungen, die während des Straßenverkehrs aufgetreten sind, dementsprechend durchaus auch auf diese Situation anzuwenden sein. Es ist daher generell darauf zu achten, was in den Akten zum Unfallhergang vorgetragen wird.

Praxistipp

Der Anwalt, der solche Fälle bearbeitet, muss generell auch die Beweislast beachten, da der Versicherer zwar den Ausschlusstatbestand der Bewusstseinsstörung beweisen muss, allerdings den Versicherungsnehmer die sekundäre Darlegungslast trifft, wie es zu dem Unfall als solchem kam. Der Versicherungsnehmer hat sich insofern wahrheitsgemäß zum Geschehen zu äußern. Oftmals beruft sich der Versicherungsnehmer auf fehlende Erinnerung, manchmal kann dies allerdings auch als Hinweis auf eine Bewusstseinsstörung oder als ein Indiz auf eine Bewusstseinsstörung gewertet werden. Hier ist die Schwere des Unfalls jeweils zu berücksichtigen. Mitunter muss diese Frage auch durch einen Mediziner geklärt werden.

2. Straftat gem. § 2 I (2) AUB 88/94

75 Nach den Bedingungen besteht kein Versicherungsschutz, wenn Unfälle entstehen, die dem Versicherten dadurch zustoßen, dass er vorsätzlich eine **Straftat** ausführt oder dieses versucht. Straftaten sind deswegen vom Unfallschutz ausgeschlossen, weil es dabei statistisch zu einem erhöhten Unfallrisiko kommt. Sei es, dass die Straftat als solches ausgeübt wird oder dass der Täter sich auf der Flucht befindet und von daher einer erhöhten Unfallgefahr ausgesetzt ist. Im Straßenverkehr spielt in der Rechtsprechung hier insbesondere das Fahren ohne Fahrerlaubnis eine große Rolle neben den sonstigen vorsätzlichen Straßenverkehrsdelikten. Nach den Bedingungen muss es sich allerdings um eine Straftat handeln. Bei Ordnungswidrigkeiten ist kein Ausschluss gegeben. Dagegen ist auch ein Anstifter oder ein Gehilfe unter den Ausschluss zu subsumieren. Es kann also auch sein, dass ein Beifahrer jemanden zu einer Straftat anstiftet oder aber der Beifahrer weiß, dass der Fahrer alkoholbedingt fahruntüchtig ist und dennoch sein Fahrzeug dem Fahrer überlässt.

76 Trotz Vorliegens einer Straftat sind Ausnahmen möglich. Allerdings muss der Versicherte beweisen, dass der Unfall z.B. durch das Verhalten eines Dritten allein verursacht wurde und dass die von dem Versicherten begangene Rechtsverletzung auch nicht mitursächlich für den Schadenseintritt wurde (vgl. BGH VersR 1982, 465). Der BGH spricht hier von der Ausnahme der Ausnahme. Der hier vom BGH entschiedene Fall war so gelagert, dass der Versicherungsnehmer zwar ohne erforderliche Fahrerlaubnis ein Kfz führte, aber ein Fahrfehler des Versicherungsnehmers ausschied und der Unfall ausschließlich auf Ursachen zurückzuführen war, auf die der Versicherungsnehmer keinen Einfluss hatte. In diesem seltenen Fall lag eine Ausnahme von der Ausnahme vor, so dass der Ausschluss nicht zum Tragen kam mit der Folge, dass der Unfallversicherer leisten musste.

3. Wettfahrten (Rennveranstaltungen)

77 Nach § 2 I (5) AUB 88/94 sind auch solche Unfälle vom Versicherungsschutz ausgeschlossen, die durch **Wettfahrten** oder **Rennveranstaltungen** verursacht wurden. Auch dieser Ausschluss ist nachvollziehbar, da die Rennveranstaltungen in der Regel auf die Erzielung von Höchstgeschwindigkeiten gerichtet sind und dadurch natürlich ein extrem erhöhtes Unfallrisiko entsteht, das der Versicherer nicht zu übernehmen bereit ist. Gerade bei jungen Führerscheininhabern realisiert sich dieser Ausschluss öfter. Nach den Bedingungen gilt dieser Ausschluss allerdings nur für Rennteilnehmer und nicht für Zuschauer. Wird also ein Zuschauer hierbei verletzt, kann er sehr wohl Leistungen aus der Unfallversicherung in Anspruch nehmen.

4. Gesundheitsbeschädigungen durch Strahlen

78 Dieser Ausschluss ist eher selten. Allerdings gibt es zwei Bereiche, die in Betracht kommen könnten. Zum einen sind dies Verletzungen, die durch **Laserstrahlen** in einer Diskothek verursacht werden (vgl. BGH VersR 1998, 670) oder auch durch **Laserpointer,** wie sie bei PowerPoint-Präsentationen verwendet werden oder sogar durch **Mikrowellenstrahlung.** Da hier jedoch vieles streitig ist, sollte gegenüber dem Versicherer versucht werden, dass der Ausschluss nicht greift. Es kann hier sicherlich so argumentiert werden, dass von derartigen Strahlen, die im normalen Bereich des täglichen Lebens eingesetzt werden, keine erhöhte Unfallgefahr ausgeht und von daher dort der Ausschluss nicht greift.

5. Heilmaßnahmen und Eingriffe

Dieser Ausschluss spielt insbesondere im Arzthaftungsrecht eine Rolle, da unter   **79**
diesen Ausschluss in der Regel die medizinischen oder aber auch nur kosmetischen Behandlungen am Körper fallen. Normalerweise geschehen Operationen mit Einwilligung des Patienten, so dass es schon an der Unfreiwilligkeit beim Unfallbegriff scheitert. Durch diesen Ausschluss sind jedoch auch unplanmäßige Verläufe von Operationen und Eingriffen ausgeschlossen, also z.b. auch alle **missglückten Operationen** oder **fehlerhaften Maßnahmen der Heilbehandlung,** wenn z.b. Medikamente verwechselt oder falsche Dosen an Medizin verabreicht werden (vgl. OLG Karlsruhe r+s 2002, 393).

6. Bandscheibenschäden

Nach den überwiegenden Bedingungen fallen **Bandscheibenschäden** auch nicht   **80**
unter den Versicherungsschutz. Anderes gilt nur dann, wenn das Unfallereignis die überwiegende Ursache für die Bandscheibenschädigung war. Allerdings ist der Versicherungsnehmer hierfür voll beweispflichtig. Obwohl dieser Beweis in der Praxis ganz selten zu erbringen ist, spielen in den Gerichtsentscheidungen Bandscheibenschäden eine große Rolle. Die Mehrzahl der Bandscheibenschäden entsteht ohne äußere Einwirkungen. Es sind schicksalhafte oder anlagebedingte Abnutzungserscheinungen des Körpers. Statistisch gesehen sollen sogar 70 % bis 80 % der Bandscheibenschäden psychischer Natur sein. Generell kann gesagt werden, dass Bandscheibenschäden nur sehr schwer in den Versicherungsschutz einbezogen werden können. Exemplarisch ist hier auf die Entscheidung des OLG Frankfurt vom 20.7.2005 (r+s 2006, 165) zu verweisen. In diesem Fall hatte sich der Versicherungsnehmer neben seinen Bürostuhl gesetzt und dabei erheblich verletzt. Die Beschädigung der Bandscheibe und der Lendenwirbelsäule sollten bei der Unfallversicherung reguliert werden. Die Klage wurde jedoch abgewiesen, da der Versicherungsnehmer nicht beweisen konnte, dass die Beschädigungen überwiegend Folgen des Unfalls waren. Selbst vorgelegte Röntgenaufnahmen konnten hier nicht den Beweis erbringen. Ferner wurde der Kläger nicht mit dem Argument gehört, dass er vor dem Unfall beschwerdefrei war, da das Gericht die Auffassung vertrat, dass auch degenerative Veränderungen auftreten können, ohne dass vor dem Unfall Beschwerden aufgetreten waren. Im Großen und Ganzen ist dieses Urteil jedoch äußerst kritisch zu betrachten. Der Anwalt sollte sich hier mit Spezialisten im

Bereich der Orthopädie unterhalten und prüfen, ob der Einzelfall für eine Gerichts-entscheidung geeignet ist oder nicht. Möglicherweise steckt hinter dieser Recht-sprechung auch wieder einmal das gewünschte Ziel, so dass entsprechende Begrün-dungen „gezimmert" werden.

Praxistipp
Bandscheibenvorfälle spielen in der gerichtlichen Praxis eine große Rolle, so dass auf die Entscheidung des OLG Koblenz vom 11.4.2008 (10 U 1848/05 – VersR 2008, 1683) zu verweisen ist. Hier hatte das OLG Koblenz ausgeführt, dass bei einer aufprallbedingten Bewegungsenergie von 6,3 g bis 7,2 g eine überwie-gende Unfallverursachung eines Bandscheibenvorfalls bewiesen sein kann. Eine solche Belastung ist geeignet, einen Bandscheibenvorfall an der Halswirbelsäule auszulösen. Dieses Urteil ist insofern lesenswert, da bei Bandscheibenfällen im-mer wieder der Einwand seitens des Versicherers erhoben wird, dass diese entwe-der rein psychisch bedingt oder degenerativer Natur seien, weshalb kein Leis-tungsanspruch gegeben sei. Wichtig ist in diesem Zusammenhang, dass der Mandant nach dem Unfall gleich zu einem Arzt geht und dieser entsprechende Feststellungen trifft, da später ohne ärztliche Dokumentationen auftretende Band-scheibenprobleme nur schwer als unfallkausal zu beweisen sind.

In dieser Entscheidung hat das OLG auch nochmals darauf hingewiesen, dass die Gutachter, die medizinische Bewertungen vornehmen, durch den Anwalt überprüft werden müssen, da oftmals sozialversicherungsrechtliche Aspekte mit versiche-rungsrechtlichen Kriterien der AUB vermengt werden und die Gefahr besteht, dass falsche Gutachten geschrieben werden.

7. Psychische Reaktionen

81 Nach § 2 IV AUB 88/94 und Ziff. 5.2.6. AUB 99/2008 sind krankhafte Störungen infolge **psychischer Reaktionen** vom Versicherungsschutz ausgeschlossen. Dieser Ausschluss, der unter dem Begriff der „Psychoklausel" bekannt ist, ist in der Recht-sprechung und in der außergerichtlichen Praxis ein sehr umstrittener aber auch gleichzeitig sehr häufig vorkommender Ausschluss. Gerade bei schweren Verkehrs-unfällen spielt diese psychische Ausschlussklausel oftmals eine Rolle, da neben den organischen Körperschäden auch psychische Gesundheitsschädigungen nach schweren Verkehrsunfällen sehr häufig vorkommen. Zudem wird in der Versiche-rungsbranche oftmals das Vorurteil vertreten, dass generell psychische Gesund-heitsschädigungen nicht unter den Unfallversicherungsschutz der privaten Unfall-versicherung fallen. Von daher ist es für den Anwalt, der Personenschäden bearbeitet, extrem wichtig, dass es nach der Rechtsprechung des Bundesgerichts-hofs nicht so ist, dass generell psychische Gesundheitsschäden ausgeschlossen sind. Es bedarf vielmehr einer genauen Betrachtung des Einzelfalls. Im Einzelnen ist hier in der Rechtsprechung vieles streitig. Als generelles Prüfungsschema müs-sen jedoch zunächst zwei Fragen gestellt werden:

1. Liegt überhaupt ein unfallbedingter **organischer Körperschaden** vor, welcher die psychische Gesundheitsschädigung vermittelt haben kann? Wenn dies nicht der Fall ist, greift der Ausschluss in jedem Fall.
2. Trat die psychische Gesundheitsschädigung bzw. krankhafte Störung (also z.B. Depression oder neurologische Defizite) aufgrund des organischen Körperschadens oder wegen des Unfallgeschehens auf?

Dies ist das generelle Prüfungsschema. Allerdings ergibt sich bei Frage 2 schon ein Problem, weil die überwiegende Rechtsprechung nun schaut, ob die krankhafte Störung oder psychische Beeinträchtigung, wie z.b. Depression oder neurologische Defizite, aufgrund des **organischen Körperschadens** nachvollziehbar ist oder nicht. Nach der Rechtsprechung ist dies immer dann der Fall, wenn eine gravierende und andauernde Substanzverletzung vorliegt. Die Rechtsprechung argumentiert so, dass dann die psychische Gesundheitsschädigung als Reaktion auf die organische Verletzung zurückzuführen ist und nicht als Reaktion auf das **Unfallgeschehen**. In diesen Fällen ist die psychische Beeinträchtigung physisch hervorgerufen worden. Insofern ist im Folgenden auf bedeutende Urteile hinzuweisen, in denen diese Unterscheidung gemacht wird. Die wichtigsten Urteile lauten wie folgt:

a) BGH, Urt. v. 23.6.2004

In dem ersten Urteil vom 23.6.2004 (zfs 2004, 422) hat der BGH festgehalten, dass **82** der Leistungsausschluss für krankhafte Störungen infolge psychischer Reaktionen, welcher in § 2 IV AUB 94 erfasst ist, nur für Gesundheitsschädigungen, die rein **seelisch-psychische Reaktionen** darstellen, aber nicht dagegen für solche Gesundheitsschädigungen, die organisch-psychischer Natur sind, gilt. Insofern ist es wichtig, dieses Urteil zu kennen, da Versicherer generell bei psychischen Schäden auf den Ausschluss hinweisen. Durch diese BGH-Entscheidung wird jedoch verdeutlicht, dass hier exakt zu differenzieren ist.

b) BGH, Urt. v. 29.9.2004

In dem zweiten Urteil vom 29.9.2004 (zfs 2005, 142) hatte der BGH ausgeführt, **83** dass krankhafte Störungen, die eine organische Ursache haben, gerade nicht gem. § 2 IV AUB 88 vom Versicherungsschutz ausgeschlossen sind.

c) OLG Hamm, Urt. v. 25.1.2006

Schließlich hatte das OLG Hamm in seiner Entscheidung vom 21.2.2006 (zfs 2006, **84** 335 ff.) dargelegt, dass der Ausschluss dann greife (§ 2 IV AUB 94), wenn der Unfall und seine psychischen Folgen quasi nur Auslöser einer bereits, wenn auch nur latent vorhandenen, psychischen Erkrankung sind. Im zugrunde liegenden Sachverhalt hatte sich der Kläger beim Abkuppeln eines Anhängers schwer verletzt. Der Kläger klagte anschließend über psychische Störungen bis hin zur Inkontinenz, Durchschlafstörungen und Somatisierungsstörungen. In dem Urteil hatte ein Sachverständiger jedoch ausgeführt, dass die eingetretenen psychischen Störungen auch durch ein anderes Ereignis hätten auftreten können, da die Störung sich hier in einer

„narzisstischen Persönlichkeitsstruktur" des Klägers manifestiert hatte. Das Urteil des OLG Hamm ist aber gleichwohl von Bedeutung, da man wohl generell sagen kann, dass immer dann, wenn die psychischen Störungen durch die unfallbedingte Verletzung und die daraus resultierenden Beschwerden hervorgerufen werden, der Ausschluss gerade nicht greift.

85 Insofern muss in jedem Fall exakt überprüft werden, ob die psychische Erkrankung Folge einer sich aus dem Unfall ergebenden organischen Erkrankung ist, wie z.b. einer HWS-Distorsion oder einer Beckenringfraktur oder ähnlichem. Wenn dies der Fall ist, dann greift die Ausschlussklausel gerade nicht. Es ist zu prüfen, ob die psychische Erkrankung auf der körperlichen Primärverletzung beruht. Ferner muss diese in angemessener Relation zum Verletzungsbild stehen. Da psychische Erkrankungen mitunter von erheblicher Dauer und auch Intensität sein können, hat dies auch erhebliche Auswirkungen auf den Gegenstandswert entsprechender Fälle. Insofern versuchen Versicherer natürlich, sämtliche psychischen Erkrankungen unter die Ausschlussklausel zu subsumieren. Der Anwalt sollte daher in Zusammenarbeit mit Ärzten, Psychologen, Neurologen, Psychiatern und Psychotherapeuten exakt überprüfen, ob im vorliegenden Fall die psychische Erkrankung doch in den Versicherungsschutz eingeschlossen ist. Die drei oben genannten Entscheidungen helfen hier weiter. Insbesondere die BGH-Entscheidung vom 29.9.2004 (zfs 2005, 142) hat klar zum Ausdruck gebracht, dass es keinerlei Einschränkungen bei den psychischen Leiden gibt. Das heißt, sämtliche psychischen Leiden, die auf einer organischen Schädigung beruhen, sind nicht von der Klausel ausgeschlossen und fallen daher unter den Versicherungsschutz. Man kann sagen, dass der Versicherungsschutz für psychische Schäden dann besteht, wenn ein Unfallereignis vorliegt, daraus eine organische Schädigung erfolgt und hieraus wiederum psychische Beeinträchtigungen oder Schäden resultieren.

Praxistipp
Oftmals werden posttraumatische Belastungsstörungen oder posttraumatische Depressionen und Anpassungsstörungen pauschal von den Versicherern unter dem Ausschluss der Psychoklausel subsummiert. Es wird sich hier häufig auf die Entscheidungen des OLG Hamm (r+s 2013, 88); OLG Düsseldorf (r+s 2010, 165) sowie OLG Koblenz (r+s 2013, 89) berufen. Hier sollte der Anwalt den Einzelfall genau prüfen und notfalls dagegen halten. Denn immer dann, wenn die psychische Gesundheitsschädigung, wie also die posttraumatische Belastungsstörung oder die posttraumatische Depression, gerade nicht eine Reaktion auf das Unfallgeschehen ist, sondern Folge der organischen Verletzung, greift der Ausschluss nicht. Es empfiehlt sich hier, Rücksprache mit den Ärzten, insbesondere mit dem Neurologen zu halten, damit diese notfalls zu dieser elementar wichtigen Frage Stellung nehmen und attestieren, dass diese psychische Gesundheitsschädigung, die beim Mandanten vorliegt, eine Reaktion aufgrund der organischen Verletzung ist und nicht eine Reaktion auf das Unfallgeschehen als solches.

Praxistipp
Der Anwalt, der Personenschäden oder Personengroßschäden bearbeitet, sollte sich auf der Klaviatur der Psychoschäden auskennen, da diese immer mehr in der Praxis zunehmen und auch zusammen mit den anderen organischen Körperschäden einen durchaus hohen Invaliditätsgrad verursachen können. Mitunter kann es auch so sein, dass die zusätzlichen psychischen Gesundheitsschädigungen im Invaliditätsgrad dazu führen, dass gerade die Progressionsklausel greift oder aber sogar ein Invaliditätsgrad von 100 % dadurch erreicht wird. Je nach Vertragsgestaltung kann dies daher in der Gesamtbetrachtung durchaus so sein, dass dann von 6-stelligen Eurobeträgen auszugehen ist. Von daher sollte dieses Thema beherrscht werden, da der Anwalt bei richtiger Anwendung dieser durchaus schwierigen Problematik viel für seinen Mandanten erreichen kann.

Wenn man sich sämtliche Gerichtsentscheidungen zu den psychischen Beeinträchtigungen und dem Ausschluss der sog. Psychoklausel anschaut, kann man feststellen, dass insbesondere, wenn es sich um Bagatellverletzungen handelt oder wenn der unfallbedingte organische Körperschaden nur leichter Natur ist, die Gerichte einen Ausschluss bejahen. Dies bedeutet aber im Umkehrschluss, dass gerade bei Personenschäden und noch mehr bei Personengroßschäden, wo schwere organische Körperschäden vorliegen, wie z.B. SHT-Fälle oder auch Beckenringfrakturen in Kombination mit den auftretenden psychischen Beeinträchtigungen, wie posttraumatische Belastungsstörungen, Depressionen oder sonstige neurologische Defizite, dieser sog. Psychoausschluss in der privaten Unfallversicherung gerade die **Ausnahme** ist und nicht wie von den Versicherern vorgetragen die **Regel**. **86**

Im Zusammenhang mit der sog. Psychoklausel ist auf ein neueres Urteil des OLG Köln vom 25.4.2012 hinzuweisen (zfs 2013, 165). **87**

In diesem Fall erlitt die Klägerin eine Thoraxprellung und unter anderem eine HWS-Distorsion. Die Sache hatte sich so weit ausgewirkt, dass die Klägerin nach eigenen Angaben an Schmerzen und Verspannungen im Schulter- und Nackenbereich litt. Dies führte zu Gefühlsstörungen, Taubheit und Kraftlosigkeit. Es ist zu Schwindel und Störungen des Sehens, Hörens und Riechens sowie zu einem Aufmerksamkeitsdefizit gekommen. Nach Angaben der Klägerin war der Invaliditätsgrad bei ihr unfallbedingt mit 100 % anzusetzen. In diesem Urteil hat das OLG Köln noch einmal die Grundsätze der Psychoklausel und der Rechtsprechung des BGH aufgearbeitet und auch herauskristallisiert, dass die Ausschlussklausel nur dann eingreift, wenn die krankhafte Störung des Körpers nur mit ihrer psychischen Natur erklärt werden kann (vgl. BGH, VersR 2010, 60ff.). Wenn dagegen die krankhafte Störung oder die medizinische, unfallbedingte Beeinträchtigung eine organische Ursache hat, greift der Ausschluss nicht ein (vgl. BGH, Urt. v. 29.9.2004, zfs 2005, 142). Die Klägerin hatte eine sog. Bagatellverletzung (HWS-Distorsion) ohne Weichteilverletzung. In diesem Fall hatte das OLG Köln argumentiert, dass die psychischen Gesundheitsbeschädigungen ohne jegliche organische Ursache seien und deshalb die Ausschlussklausel greife. Anders wäre die Entscheidung möglicherweise ausgefallen, wenn die Klägerin eine HWS-Distorsion mit Weichteilverletzungen, wie z.B. der Zerreißung von Bandscheibenmaterial oder Bändern oder sogar von Einblutungen erlitten hätte, die in der Regel nur durch eine Kernspintomographie bewiesen werden können. Es ist daher auch bei solch kleinen Verletzungen notwendig, gleich am Anfang für eine medizinische gesicherte Archivierung zu sorgen.

Praxistipp
In diesem Zusammenhang ist nochmals darauf hinzuweisen, dass die psychischen Schäden, die durch eine organische Beeinträchtigung als Unfallfolge hervorgerufen werden, ärztlicherseits innerhalb der 15-Monats-Frist als Dauerschaden festgehalten werden müssen, da anderenfalls der Versicherer sich auf die BGH-Entscheidung vom 7.3.2007 (zfs 2007, 400) berufen wird, wonach sämtliche eventuellen Dauerschäden ärztlich festgehalten sein müssen. Der Versicherer muss darlegen und beweisen, dass der Dauerschaden ohne organischen Zusammenhang und damit rein psychischer Natur ist, soweit er sich auf den Ausschluss berufen will.

88   Gerade bei den sog. Psychoschäden ist es dem mit Personenschäden befassten Anwalt geradezu eine Pflicht, auf den Arzt einzuwirken, da die Rechtsprechung des Bundesgerichtshofs (zfs 2007, 400) hierzu extrem ungünstig für den Versicherungsnehmer ist. Es ist geradezu eine **Haftungsfalle** des Anwalts, wenn dieser hierauf nicht achtet. Denn die Rechtsprechung der Oberlandesgerichte und des Bundesgerichtshofs sind so, dass immer dann, wenn mehrere körperliche Beeinträchtigungen vorliegen, die auf das Ausmaß der Invalidität Einfluss haben, sämtliche körperliche Dauerbeeinträchtigung von den jeweiligen Ärzten fristgerecht festgestellt werden müssen, damit diese einzelnen Teilbereiche innerhalb der 12- und 15-Monats-Frist Berücksichtigung finden. Mit anderen Worten ist es so, dass wenn mehrere Bereiche der einzelnen Facharztgebiete tangiert sind, jeweils unterschiedliche ärztliche Feststellungen eingeholt werden müssen. Mitunter kann es so sein, dass Fachärzte auf dem Gebiet der Augenheilkunde, des HNO-Bereichs, der Neurologie, der Orthopädie oder anderer Fachgebiete konsultiert werden müssen. Geschieht dies nicht, kann der Versicherer sich nach dieser absolut ungünstigen Rechtsprechung für den Versicherungsnehmer auf die Ausschlussfrist berufen, z.B. § 7 Abs. 1 S. 1 AUB 88.

89   Die Verfasser sehen diese Haftungsfalle und die Rechtsprechung des BGH zu dieser Ausschlussfrist sehr bedenklich und kritisch, denn der normale Versicherungsnehmer kann diese Problematik überhaupt nicht durchschauen. Die Verfasser halten daher die 15-Monats-Klausel, wie sie jetzt vom BGH nach § 7 Abs. 1 S. 1 AUB 88 sowie in den anderen AUB angewandt wird, für intransparent. Eigentlich müsste diese Klausel bei einer vollständigen Inhaltskontrolle verworfen werden. Denn es ist für den normalen Versicherungsnehmer absolut unzureichend, dass der Versicherer nur generell auf die einzuhaltende Frist (15-Monats-Frist, z.B. § 7 Abs. 1 Satz 1 AUB 88) hinzuweisen hat, nicht aber dagegen auf die Tatsache, dass der Versicherungsnehmer auf alle nur erdenklichen Folgen von sich aus kommen muss, die dauerhaft unfallbedingt ärztlich bescheinigt werden müssen. Der verständige Versicherungsnehmer überblickt diese einzelnen fachspezifischen Teilbereiche gar nicht und kennt auch nicht deren Auswirkungen und Querverweise. Wie soll der verständige Versicherungsnehmer von sich aus allein die gesamten fachärztlichen Teilbereiche überblicken oder gar die gesamten Ursachenzusammenhänge, die medizinisch relevant sind, von sich aus einordnen, um die entsprechenden Teilgutachten innerhalb der absolut kurzen 15-Monats-Frist einzuholen? Hinzu kommt, dass sich der Versicherungsnehmer, der in der Regel schwer verletzt ist, nach einem Personenschaden oftmals im Krankenhaus oder in einer Reha-Einrichtung befindet und daher ausschließlich auf seinen Heilungserfolg konzentriert ist. Schnell ist die 15-Monats-Frist um, ohne dass der Versicherungsnehmer von sich aus **alle Teilbereiche** der Fachrichtungen, die hier betroffen sein können, überblicken und durch ärztliche Gutachten entsprechend beim Versicherer geltend machen konnte. Hinzu kommt, dass der Versicherungsnehmer oftmals auch gar nicht Einsicht in die gesamten Krankenakten hat und den Zusammenhang mit den entsprechenden ärztlichen Teilbereichen überhaupt nicht überblickt. Wenn der verständige Versicherungsnehmer selbst von sich aus nicht sämtliche ärztliche Fachgebiete berücksichtigt und hier entsprechende Gutachten einholt, hat er anschließend nach der Rechtsprechung Pech gehabt, da mitunter dann sein in dem Fachgebiet eingetretener Dauerschaden keine Berücksichtigung mehr findet. Dies kann im Zweifel mehrere 100.000 EUR Verlust für den Versicherungsnehmer ausmachen, je nach Beeinträchtigung und Vertrag. Im Ergebnis sollte daher die Klausel geändert werden. Es wäre ausreichend, wenn **generell** die Invalidität innerhalb der Frist festgestellt wurde, es dann aber Aufgabe des Versicherers ist, entsprechende Teilgutachten einzuholen, um den Invaliditätsgrad im Einzelnen zu bestimmen. Würde man die Klausel so auslegen oder abändern, wäre der ratio der Ausschlussfrist, nämlich arbeits- und kostensparende Abwicklung von Spätschäden vom Versicherungsschutz auszunehmen, auch noch Genüge getan. So wie die Klausel jetzt gilt, benachteiligt sie den Versicherungsnehmer in jedem Fall.

Im Rahmen der sog. Psychoklausel ist es seitens des Anwalts, der Personengroß-   **90**
schäden bearbeitet, auch wichtig, Darlegungs- und Beweislastregeln zu kennen. Die allgemeine Darlegungs- und Beweislast ist so geregelt, dass derjenige das vorzutragen hat, was für ihn günstig ist. Von daher ist es für den Fall, dass die Unfallbedingtheit der psychischen Beeinträchtigung feststeht, Sache des Versicherers zu beweisen, dass die Sache nicht auf einer organischen Schädigung beruht. Insofern kann der Rechtsprechung des OLG Köln (r+s 2011, 129) nicht gefolgt werden, wonach der Versicherungsnehmer vorzutragen hat, dass eine psychische Beeinträchtigung auf eine organische Verletzung zurückzuführen ist.

V. Obliegenheiten

1. Anzeigen der Obliegenheiten nach § 9 I AUB 88/94

91 Der Versicherungsnehmer hat dem Versicherer unverzüglich einen Unfall anzuzeigen und zwar immer dann, wenn er aus dem Unfall voraussichtlich Ansprüche gegen den Versicherer herleiten kann. Innerhalb der **Anzeigeobliegenheit** ist weitgehend eine Frist unbekannt, wonach, wenn z.b. bei einem Straßenverkehrsunfall oder bei einem sonstigen Unfall der Tod des Versicherten eintritt, dieser nach § 9 VI AUB 88/94 binnen **48 Stunden** dem Versicherer zu melden ist. Berücksichtigt man, dass die Angehörigen erfahrungsgemäß an alles andere denken als die Police aus dem Schrank zu holen und den Versicherer zu informieren, ist dies eine Frist, die schnell einmal übersehen wird. Ferner ist zu berücksichtigen, dass diese Frist auch für die Rechtsnachfolger gilt, d.h. nach § 12 II AUB 88/94 müssen die Erben den Unfalltod dem Versicherer binnen 48 Stunden melden. Der Versicherer will sich hierdurch die Möglichkeit einer Obduktion offenlassen, um zu prüfen, ob Ausschlussgründe wie Alkohol oder Vergiftungen vorliegen.

2. Auskunftsobliegenheiten nach § 9 II (1) AUB 88/94

92 Der Versicherungsnehmer hat die Unfallanzeige vollständig und wahrheitsgemäß auszufüllen und an den Versicherer zurückzusenden. In der Regel richtet sich diese **Auskunftsobliegenheit** nach den Fragen in dem Schadensformular des Versicherers. Allerdings ist nicht alles anzugeben. Verschweigt der Versicherungsnehmer z.B. in der Unfallschadensanzeige einen vor 36 Jahren im Kindesalter durch einen Sturz aus dem Kinderbett erlittenen, folgenlos ausgeheilten Knochenbruch, so stellt dies keine zur Leistungsfreiheit des Versicherers führende Obliegenheitsverletzung dar (vgl. OLG Frankfurt VersR 2001, 1149).

Praxistipp
Auch bei den Auskunftsobliegenheiten muss der Anwalt, der versicherungsrechtliche Mandate bearbeitet, nicht blind die Fragestellungen der Versicherer akzeptieren, da diese mitunter unklar formuliert sind und in diesem Fall der Versicherungsnehmer, der auf diese unklaren Fragestellungen antwortet, keine Obliegenheitsverletzungen begeht. In diesem Zusammenhang ist auf die Entscheidung des OLG Hamm vom 4.6.2008 (20 U 77/07, zfs 2008, 404) zu verweisen. Im zugrunde liegenden Sachverhalt war die Frage aufgestellt worden: „Bestehen oder bestanden unabhängig von den Folgen des jetzigen Unfalls Krankheiten oder Gebrechen? Gegebenenfalls welche Namen und Anschriften der behandelnden Ärzte?". In diesem Fall kann die Frage auch dergestalt missverstanden werden, dass nach allen Krankheiten und Gebrechen des Versicherungsnehmers gefragt ist, die er jemals hatte, also mitunter auch Krankheiten oder Gebrechen, die dieser bereits kurz nach der Geburt erlitten hat. Von daher ist eine derartige Klausel missverständlich und damit unklar. Insofern wird fast immer – auch seitens der Gerichte – fehlerhaft argumentiert, wenn eine falsche Antwort vorliegt, liegt auch Leistungs-

freiheit vor, ohne genau zu überprüfen, ob die gestellte Frage des Versicherers überhaupt aus der Sicht eines Erklärungsempfängers und eines durchschnittlichen Versicherungsnehmers eindeutig war und ohne Zweideutigkeit zu verstehen war.

3. Untersuchungsobliegenheiten nach § 9 IV AUB 88/94

Oftmals taucht die Frage des Mandanten auf, ob er verpflichtet ist, den vom Versicherer beauftragten Arzt aufzusuchen, um sich untersuchen zu lassen. Nach der Rechtsprechung ist dies so (vgl. OLG Stuttgart VersR 2004, 323; OLG Düsseldorf VersR 2004, 503). Lediglich dann, wenn die Untersuchungsmethode für den Versicherungsnehmer gefährlich ist oder gar mit einem Eingriff verbunden ist (Arthroskopie), der nicht notwendig ist, muss der Versicherungsnehmer sich nicht dieser Untersuchung unterziehen. Wenn die Operation vom Risiko her lediglich als vertretbar, aber nicht als gering eingestuft wird, muss der Versicherungsnehmer sich auf eine solche ebenfalls nach der Rechtsprechung nicht einlassen (vgl. OLG Frankfurt, r+s 2006, 164). Ansonsten hat er sich aber von den beauftragten Ärzten untersuchen zu lassen. In der Praxis holt der Versicherungsnehmer mitunter eigene Privatgutachten ein, um die Arztgutachten des Versicherers zu widerlegen. In einem gerichtlichen Verfahren muss das Gericht sich damit sorgfältig auseinandersetzen (vgl. BGH VersR 1998, 853). Insofern sollte der Versicherungsnehmer nicht vorbehaltlos die Angaben des Gesellschaftsarztes des Versicherers oder der sog. selbsternannten Institute akzeptieren, sondern diese in Rücksprache mit behandelnden Ärzten überprüfen. **93**

Ebenso taucht manchmal die Frage auf, ob der Rechtsnachfolger der Verstorbenen einer **Obduktion** zustimmen muss oder ob er diese verweigern darf. Auch hier verlangt die Mitwirkungsobliegenheit, dass der Versicherer eine Obduktion anordnen kann, um eventuelle Beweise zu sichern und Ausschlüsse zum Tragen kommen zu lassen. **94**

VI. Nachprüfung und Neubemessung der Invalidität

§ 188 VVG ermöglicht nunmehr sowohl dem Versicherer als auch dem Versicherten die Möglichkeit, den Grad der Invalidität neu zu bemessen; allerdings lediglich längstens bis zu 3 Jahren seit Eintritt des Unfalls. In den AUB, wie z.B. in § 11 IV AUB 88/94, gab es diese Regelung weitestgehend, die nunmehr auch in das VVG aufgenommen wurde. **95**

Praxistipp
Eine **Neubemessung** nach § 188 VVG betrifft den Grad der Invalidität, aber nicht die Frage, ob überhaupt eine Invalidität vorliegt. Der Versicherte wird daher immer die Nachprüfung wählen, wenn er mit der Entscheidung des Versicherers, dass grundsätzlich eine Invalidität vorliegt, einverstanden ist, er jedoch innerhalb des 3-Jahres-Zeitraumes davon ausgeht, dass es zu einer Verschlimmerung gekommen ist.

Praxistipp

Allerdings sollte die Neubemessung seitens des Versicherten nur nach vorheriger Rücksprache mit Fachärzten initiiert werden, da das auch ein Bumerang werden kann, weil die reformatio in peius (Verböserungsverbot) nicht gilt. Konkret heißt das nichts anderes, als dass im Fall der Verbesserung des Gesundheitszustandes der Versicherer bereits zuviel geleistete Zahlungen nach § 812 BGB vom Versicherungsnehmer zurückfordern kann. Insofern ist mit dem Instrument der Neubemessung sorgsam umzugehen.

VII. Rechtsverfolgungskosten

96   Bei den **Rechtsverfolgungskosten** ist es so, dass anders als im Haftpflichtrecht, wo der Haftpflichtversicherer des Unfallverursachers die Anwaltskosten als adäquate Schadensfolge zu tragen hat, der private Unfallversicherer diese grundsätzlich nicht trägt. Begründet wird dies damit, dass der private Unfallversicherer die Leistungen noch zu überprüfen hat und von daher der Anspruch noch nicht fällig ist. Die Kostentragung unter dem Aspekt des Verzugs scheidet damit aus.

97   Ferner übernimmt die **Rechtsschutzversicherung** diese Kosten auch nicht, weil noch kein Rechtsschutzfall im Sinne der ARB eingetreten ist. Hat also der private Unfallversicherer z.B. die Leistungen noch nicht abgelehnt, sondern prüft lediglich, ob die Leistungen gegeben sind und wie hoch der Grad der Invalidität ist, dann muss in der Regel weder der private Unfallversicherer noch der Rechtsschutzversicherer die Kosten des Rechtsanwalts ausgleichen, sondern der Mandant muss selbst dafür aufkommen.

98   Insofern ist in diesem Zusammenhang auf eine sehr wichtige Entscheidung des BGH vom 10.1.2006 (zfs 2006, 43 ff.) hinzuweisen. In diesem Urteil hat der BGH entschieden, dass die Rechtsverfolgungskosten gegen den eigenen Unfallversicherer unter Umständen der gegnerische Haftpflichtversicherer zu tragen hat. In dem Fall ging es darum, dass der Geschädigte eine gewisse Zeit im Krankenhaus lag und deswegen nicht selber in der Lage gewesen ist, die Ansprüche bei seinem privaten Unfallversicherer geltend zu machen. In diesem Fall seien die **Rechtsverfolgungskosten erforderliche Kosten** gewesen, so dass der Haftpflichtversicherer des Unfallverursachers für diese Kosten aufzukommen habe. Der BGH hat in seiner lesenswerten Entscheidung ausgeführt, dass zu den ersatzpflichtigen Aufwendungen des Geschädigten grundsätzlich auch die durch das Schadensereignis erforderlichen Rechtsverfolgungskosten zählen würden. Allerdings seien nicht automatisch alle adäquat verursachten Rechtsanwaltskosten zu ersetzen, sondern immer nur solche, die aus der Sicht des Geschädigten zur Wahrnehmung seiner Rechte erforderlich und zweckmäßig waren. Bei Schwerstverletzten kann daher problemlos argumentiert werden, dass diese einen Anwalt brauchten, damit die Rechte aus der privaten Unfallversicherung überhaupt geltend gemacht werden konnten. Insofern ist diese Entscheidung erwähnenswert, da sie trotz der Tatsache, dass es sich um eine BGH-Entscheidung handelt, weitgehend unbekannt ist. Hierdurch kann erreicht werden, dass der Mandant die Rechtsverfolgungskosten in der Unfallversicherungsangelegenheit mit dem eigenen Versicherer vom Haftpflichtversicherer des Gegners ersetzt bekommt.

B. Berufsunfähigkeitszusatzversicherung (BUZ)

Literatur: *Benkel/Hirschberg*, Lebens- und Berufsunfähigkeitsversicherung, 2010; *van Bühren*, Handbuch Versicherungsrecht, 5. Auflage 2012; *Voit/Neuhaus*, Berufsunfähigkeitsversicherung, 2. Auflage 2008; *Terbille*, Münchener Anwaltshandbuch Versicherungsrecht, 3. Auflage 2013

I. Einleitung

Die **Berufsunfähigkeitszusatzversicherung** ist neben der Unfallversicherung eine **99** der lukrativsten Versicherungen für die Versicherer. Die Berufsunfähigkeitszusatzversicherung hat auch in der Gesellschaft einen relativ hohen Stellenwert. Statistisch gesehen haben ca. 24 % der Bundesbürger eine solche Absicherung. Allerdings enden sehr viele Schadensfälle in diesem Zusammenhang vor den Gerichten, da im Leistungsfall auch erhebliche Summen seitens der Versicherer zu zahlen sind und die zu zahlenden Renten nicht mit dem 65. Lebensjahr enden, sondern in der Regel bis zum Tod des Versicherungsnehmers zu leisten sind. Insofern ergibt die Addition der Leistungen erhebliche Geldbeträge. Neben der Berufsunfähigkeitszusatzversicherung, die an eine Lebensversicherung gekoppelt ist und die den Großteil dieser Versicherungen ausmacht, gibt es auch noch eine reine Berufsunfähigkeitsversicherung (BUV), die jedoch eher selten zu finden ist. Der Grund liegt darin, dass sie für die Versicherer ein erhebliches Risiko darstellt und sich im Paket der Kapitallebensversicherung mit der BUZ deutlich lukrativere Erträge erzielen lassen.

II. Zweck der BUZ

Zweck der Berufsunfähigkeitszusatzversicherung ist es, für den Fall, dass der Versicherungsnehmer durch gesundheitliche Beeinträchtigungen nicht mehr imstande ist, seinen Beruf auszuüben, eine vertraglich vereinbarte Leistung zu erhalten, um somit seinen bisherigen sozialen Status erhalten zu können. Die Berufsunfähigkeitszusatzversicherung ist eine **Summenversicherung** und keine Schadensversicherung. Es wird also nicht z.b. ein Nettobetrag ausgezahlt für eine bestimmte Gehaltsklasse, sondern es ist eine vertraglich vorher bestimmte Leistung geschuldet. **100**

Insofern ist es auch wichtig, dass das Bereicherungsverbot nicht gilt und auch kein **101** Forderungsübergang stattfindet, so dass z.B. gerade bei schweren Verkehrsunfällen kein Versicherer, der aus der Berufsunfähigkeitszusatzversicherung leistet, Regress beim Haftpflichtversicherer nehmen kann. Die betroffene Person kann daher dementsprechend auch gegenüber dem Haftpflichtversicherer den vollen Schadensersatz geltend machen und darüber hinaus die BUZ-Leistungen vollständig behalten. Dies ist auch losgelöst von etwaigen privaten Unfallversicherungen möglich. Im Zweifel kann der Geschädigte in ein und demselben Schadensfall daher „3-mal" kassieren: einmal gegenüber dem Haftpflichtversicherer, dann aus der Privaten Unfallversicherung und das dritte Mal aus der Berufsunfähigkeitszusatzversicherung. Dies ist damit begründet, dass sich der Versicherte durch seine Prämie diese Leistungen vertraglich erkauft hat.

102 Rechtlich geregelt ist die Berufsunfähigkeitszusatzversicherung in den §§ 172 ff. VVG und in den Allgemeinen Versicherungsbedingungen.

> *Praxistipp*
> Auch hier ist zwingend erforderlich, dass der Anwalt sich die Bedingungen und die Police vom Mandanten geben lässt, da er nur so individuell prüfen kann, welcher Vertragsinhalt und welche Bedingungen hier zugrunde liegen. Ohne diese Unterlagen lässt sich ein Fall aus der Berufsunfähigkeitszusatzversicherung nicht bearbeiten. Manche Mandanten können dies zunächst schwer nachvollziehen und fragen, ob sie denn tatsächlich das ganze „Kleingedruckte" in ihren Unterlagen suchen müssen. In diesem Fall kann die Antwort nur lauten, dass der Mandant sich diese Mühe zwingend machen muss, da das in seinem Interesse ist.

103 Zwar ist im VVG die Berufsunfähigkeit in den §§ 172 ff. VVG geregelt, die jeweilig zugrundeliegenden Versicherungsbedingungen sind jedoch auch nach der VVG-Reform maßgeblich und stets zu berücksichtigen.

104 Wie bereits erwähnt, ist die Mehrzahl der Berufsunfähigkeitsversicherungen als Berufsunfähigkeitszusatzversicherung (BUZ) abgeschlossen. Insofern ist die Berufsunfähigkeitszusatzversicherung vom Bestand der jeweiligen Hauptversicherung (Lebensversicherung) abhängig. Es besteht Akzessorietät. Wenn die Hauptversicherung (Lebensversicherung) gekündigt wird, ist daher auch die Beendigung der Berufsunfähigkeitszusatzversicherung gegeben. In diesem Zusammenhang ist auf eine Entscheidung des OLG Karlsruhe vom 16.2.2006 (Az. 12 U 261/05, VersR 2006, 1348) hinzuweisen. In dem zugrunde liegenden Sachverhalt war die BUZ an eine Lebensversicherung gekoppelt und an eine Bank abgetreten, wobei es anschließend zur Kündigung kam. Das OLG Karlsruhe hatte hier jedoch entschieden, dass sich ein Ausschluss der Leistungspflicht nur für die Versicherungsfälle ergibt, die **nach** der Kündigung eingetreten sind.

105 Ferner sind in diesem Zusammenhang die Entscheidungen des OLG Saarbrücken (VersR 2007, 780) und des BGH (VersR 1989, 588) von Bedeutung, wonach für den Fall der Kündigung nach Eintritt der Berufsunfähigkeit ein Wegfall der Leistungspflicht verneint wurde, da es sich bei der BUZ um einen sog. **gedehnten Versicherungsfall** handelt.

Zudem ist die Entscheidung des OLG Karlsruhe vom 20.3.2007 (12 U 11/07, VersR **106** 2007, 1359) zu erwähnen, wonach die Umwandlung des Vertrages in eine beitragsfreie Versicherung die Leistungspflicht für einen zuvor eingetretenen Versicherungsfall nicht entfallen lässt. Diese Fälle können immer wieder gerade auch in finanziellen Krisen eine Rolle spielen, wenn eine Umwandlung in eine beitragsfreie Versicherung vereinbart wurde, da möglicherweise etwaige Rückkaufswerte bei Kündigung der Lebensversicherung für den Versicherungsnehmer nachteilig wären.

Praxistipp
Der Rechtsanwalt, der BUZ-Fälle bearbeitet, sollte nach Erhalt der Allgemeinen Versicherungsbedingungen durch den Mandanten diese generell einer Inhaltskontrolle unterziehen und unter Maßgabe von § 307 BGB die vorhandenen Klauseln überprüfen. Alle Versicherungsbedingungen und somit auch die Versicherungsbedingungen der Berufsunfähigkeitszusatzversicherungen sind nach ständiger Rechtsprechung des BGH „immer so auszulegen, wie ein durchschnittlicher Versicherungsnehmer sie bei verständiger Würdigung, aufmerksamer Durchsicht und Berücksichtigung des erkennbaren Sinnzusammenhanges verstehen muss" (vgl. z.B. BGH VersR 2001, 1502).

Praxistipp
Nicht zuletzt unter Marketing-Gesichtspunkten für die Kanzlei ist es mit Sicherheit ein Erfolgserlebnis, wenn der bearbeitende Anwalt es erreicht, dass die eine oder andere Klausel in den Versicherungsbedingungen für unzulässig erklärt und von der Rechtsprechung „gekippt" wird. Eine solche Erfolgsmeldung spricht sich unter den Multiplikatoren und den Mandanten sehr schnell herum und zeigt, dass Qualität und Spezialwissen sich durchsetzen.

III. Begriff der Berufsunfähigkeit

1. Definition

Berufsunfähigkeit liegt dann vor, wenn der Versicherungsnehmer **107**
■ infolge von Krankheit, Körperverletzung oder Kräfteverfall, welcher ärztlich nachzuweisen ist,
■ voraussichtlich dauernd (...) Monate/Jahre außerstande ist,
▥ seinen Beruf oder eine andere Tätigkeit auszuüben,
▥ die durch den Versicherungsnehmer aufgrund seiner Ausbildung und Erfahrung ausgeübt werden kann und
▥ seiner bisherigen Lebensstellung entspricht (vgl. § 2 Abs. 1 Musterbedingungen BUZ).

Ferner ist von Wichtigkeit, dass Leistungen des Versicherers immer ab einem **be- 108 stimmten Grad** der Berufsunfähigkeit geleistet werden. Meistens wird die 50 %-Klausel verwendet. Konkret heißt dies, dass der Versicherer erst ab einer Berufsunfähigkeit von 50 % leistet. Unterhalb dieses Grades werden keinerlei Leistungen erbracht. Naturgemäß führen derartige Verträge zu häufigem Streit, da Versicherer oftmals bei der Prüfung des Grades der Berufsunfähigkeit zu dem Ergebnis gelangen, dass lediglich eine 48 %ige Berufsunfähigkeit gegeben ist – nicht jedoch 50 %. In diesem Fall kann es für den Versicherungsnehmer nur Hopp oder Topp heißen, d.h. wenn er z.b. über eine Rechtsschutzversicherung oder ausreichend finanzielle Möglichkeiten verfügt, sollte er in Zusammenarbeit mit Fachärzten und Fachanwälten prüfen lassen, ob ihm eine Klage weiterhilft, da er schon bei einer 2 %igen Erhöhung des Grades der Berufsunfähigkeit die volle Leistung erhält. Aus diesem Grund sind ca. 40 % bis 60 % der gerichtlichen Streitfälle auch sog. 50:50-Klauselfälle.

Praxistipp
Die Erfahrung zeigt, dass bei einer gerichtlichen Überprüfung in diesen Fällen große Erfolge erzielt werden können, möglicherweise auch durch einen vernünftigen Vergleich, denn naturgemäß gibt es keine alleinige mathematische Wahrheit bei der Feststellung der jeweiligen Prozente der Berufsunfähigkeit. Gerade im Bereich der medizinischen Gutachten gibt es erhebliche Abweichungen nach unten oder nach oben, je nachdem aus welchem Blickwinkel die Sache betrachtet wird.

Praxistipp
Schon bei Abschluss eines BUZ-Vertrages empfiehlt es sich nicht, die 50:50-Klausel zu verwenden, sondern stattdessen eine sog. 25:75-Klausel zu vereinbaren. Dies bedeutet, dass bis zu 25 % Berufsunfähigkeit keine Leistung fällig ist, jedoch bereits ab 25 % Teilleistungen fällig werden. Durch den Abschluss einer solchen Klausel wird viel Streit vermieden und außergerichtlich hier oftmals eine Einigung erzielt.

2. Berufsunfähigkeit und verwandte Rechtsbereiche

109 Die Berufsunfähigkeit im Sinne der Berufsunfähigkeitszusatzversicherung als privatrechtlichen Vertrag ist ein Rechtsbegriff, welcher losgelöst ist von anderen Berufsunfähigkeitsvokabeln aus anderen Rechtsgebieten. Dies ist für die Erklärung gegenüber dem Mandanten wichtig, da oftmals Berufsunfähigkeit aus anderen Rechtsgebieten (z.B. aus dem Sozialrecht) mit Berufsunfähigkeit im Sinne der Versicherungswirtschaft gleichgesetzt wird.

Praxistipp
Man darf daher auf keinen Fall die eigenständigen Begriffe der **Dienstunfähigkeit** oder **Berufs- und Erwerbsunfähigkeit des Sozialversicherungsträgers** oder **des Krankentagegeldversicherers** und auch nicht den Begriff der **Arbeitsunfähigkeit auf dem allgemeinen Arbeitsmarkt** miteinander gleich setzen. Dies sind völlig voneinander losgelöste Dinge. Aus diesem Grund verbietet sich auch, irgendwelche Bescheide der Sozialversicherungsträger als Beweis in einen Prozess

einzuführen für die Behauptung, dass eine Berufsunfähigkeit im Sinne der BUZ-Bedingungen gegeben ist. Es ist einzig und allein anhand des Begriffes der Berufsunfähigkeit im Sinne der Versicherungsbedingungen zu prüfen, ob eine Berufsunfähigkeit vorliegt. Die entsprechenden Arztberichte und Bescheide können lediglich hinsichtlich der medizinischen Feststellungen verwertet werden, ob eine Berufsunfähigkeit im Sinne der BUZ-Bedingungen gegeben ist. Eine Kopplung oder einen Automatismus aufgrund dieser Bescheide gegenüber der Berufsunfähigkeit im Sinne der BUZ gibt es jedoch nicht.

Praxistipp

Wenn außergerichtlich oder gerichtlich Sachverständige die Berufsunfähigkeit zu prüfen haben, ist auch seitens des Anwalts das Ergebnis genau zu prüfen. Es wäre daher absolut falsch, wenn lediglich, z.B. aufgrund der Tatsache, dass der Versicherungsnehmer einen positiven **Rentenbescheid** erhalten hat, der Sachverständige erklärt, damit sei der Versicherungsnehmer auch automatisch berufsunfähig oder nicht berufsunfähig im Sinne der BUZ-Bedingungen.

Praxistipp

Es kann sogar der scheinbar widersprüchliche Fall eintreten, dass der Krankentagegeldversicherer kein Krankentagegeld mehr zahlt, weil Berufsunfähigkeit gemäß der MB/KT-Bedingungen eingetreten ist, der BUZ-Versicherer jedoch nicht zahlt, weil er eine andere Berufsunfähigkeitsdefinition zugrunde legt. Ein solches Ergebnis dem Mandanten zu erklären, der nicht juristisch vorgebildet ist, fällt mitunter sehr schwer.

Praxistipp

Wenn der Versicherer die Ärzte anschreiben will, ist bei der Erhebung personenbezogener Gesundheitsdaten auf § 213 VVG zu achten. Nach der Entscheidung des Bundesverfassungsgerichts vom 23.10.2006 (1 BvR 2027/02, zfs 2007, 34) ist durch das allgemeine Persönlichkeitsrecht auch die Befugnis des Einzelnen umfasst, über die Preisgabe und Verwendung seiner Daten selbst zu bestimmen. Der Versicherer muss daher den Versicherungsnehmer mit einem Schreiben informieren, dass er die entsprechenden Ärzte anschreiben will.

Durch die Einführung des § 213 VVG muss dem Versicherungsnehmer also vor Erhebung der Daten berichtet werden. Er kann der Erhebung widersprechen und seine Einwilligung jederzeit widerrufen. Ferner ist der Versicherungsnehmer auf seine Rechte hinzuweisen. Daher ist in Absprache mit dem Anwalt seitens des Mandanten zu klären, welche Daten notwendig sind. In der Entscheidung des BGH (VersR 2010, 97) ging es darum, dass der Versicherer im Vertrauen auf die Wirksamkeit einer Schweigepflichtentbindungserklärung Informationen erlangte, die es rechtfertigten, von einer arglistigen Täuschung zu sprechen. Ist dies der Fall, muss eine Güteabwägung erfolgen, wie mit den gewonnenen Daten umzugehen ist. Ähnlich war es in einem Fall des BGH vom 25.5.2011 (VersR 2011, 1249).

411

Auch hier war im Einzelfall zu prüfen, ob der Versicherer, wenn er diese Information erlangt hat, einem Verwertungsverbot hinsichtlich dieser Informationen unterliegt oder ob er diese verwerten und dann notfalls den Vertrag anfechten kann. Als genereller Maßstab kann festgehalten werden, dass der Versicherer keine Daten „ins Blaue hinein" erheben kann, sondern er immer nur dann, wenn wirkliche Anhaltspunkte des Versicherers vorliegen, die notwendigen Angaben bei den Ärzten erfragen darf.

Hierbei ist die Frage in der Rechtsprechung auch innerhalb des § 213 VVG ungeklärt, ob z.B. der Versicherungsnehmer von sich aus sagen kann, „gut, dann besorge ich dem Versicherer die Daten und schicke diese" oder ob der Versicherungsnehmer es gestatten muss, dass der Versicherer den Arzt direkt anschreibt. Die Verfasser vertreten die Auffassung, dass sich der Versicherungsnehmer im Rahmen des § 213 VVG auch die Daten selber von den Ärzten einholen und diese dann an den Versicherer schicken kann. Dies hat natürlich erhebliche Vorteile für den Versicherungsnehmer, da er so klären kann, welche Daten relevant sind und welche nicht. Auf diese Art und Weise kommt der Versicherer gar nicht in den Genuss, alle Gesundheitsdaten zu erlangen.

3. Auf welche Tätigkeit ist abzustellen?

110 § 172 Abs. 2 VVG und die Bedingungen stellen auf den **zuletzt ausgeübten Beruf** ab, so wie er ohne gesundheitliche Beeinträchtigungen ausgestaltet war. Maßgebend ist der Zeitpunkt, für den der Versicherungsnehmer die Berufsunfähigkeit behauptet.

Praxistipp
Der Mandant ist danach zu befragen, ab welchem Zeitpunkt er behauptet, berufsunfähig zu sein. Ist dies z.B. der März 2011, so ist zu prüfen, welchen Beruf der Versicherungsnehmer im März 2011 ausgeübt hat.

111 Es kommt also nicht auf den Zeitpunkt an, in dem der Versicherungsnehmer die Leistung begehrt. Ferner ist nicht auf den Zeitpunkt abzustellen, in dem der Versicherungsantrag gestellt wurde.

Praxistipp
Es ist in diesem Zusammenhang wichtig zu wissen, dass der Versicherungsnehmer keine Obliegenheitsverletzung begeht, wenn er dem Versicherer einen Berufswechsel nach Vertragsschluss nicht anzeigt. Allerdings muss er bei der Schadensmeldung detaillierte Angaben zu dem zuletzt ausgeübten Beruf machen, da der Versicherer hier dringend auf die Angaben des Versicherungsnehmers angewiesen ist.

112 Selbst wenn der **Berufswechsel** mit einer Gefahrerhöhung verbunden ist, was das Eintreten einer Berufsunfähigkeit betrifft, besteht keine Hinweispflicht seitens des Versicherungsnehmers.

Ferner spielen auch geplante berufliche Veränderungen keine Rolle, da die Berufs- **113** unfähigkeitsversicherung keine Karriereversicherung ist. Es soll vielmehr der soziale Status abgesichert werden, den der Versicherungsnehmer vor Eintritt seiner Berufsunfähigkeit innehatte.

Hat der Versicherungsnehmer mehrere Berufe zugleich ausgeübt, dann sind die un- **114** terschiedlichen Tätigkeitsbereiche separat zu untersuchen, da mitunter Versicherungsnehmer teilzeitbeschäftigt sind und darüber hinaus noch anderen beruflichen Tätigkeiten nachgehen.

Der BGH hat sich hinsichtlich des maßgeblichen Zeitpunkts eindeutig positioniert **115** und festgestellt, dass „die letzte konkrete Berufsausübung, wie sie in noch gesunden Tagen ausgestaltet war" entscheidend ist (vgl. BGH VersR 1993, 1470).

4. Individuelle Tätigkeit

Ganz entscheidend bei der zuletzt ausgeübten Tätigkeit ist, dass der Versicherungs- **116** nehmer **seine** Tätigkeit oder **seinen** Beruf beschreiben muss. Es geht nicht allgemein um ein Berufsbild, sondern um den individuell konkret ausgeübten Beruf des Versicherungsnehmers.

> *Praxistipp*
> Verkehrt wäre, wenn der Anwalt allgemeine Betrachtungen zu dem Beruf des Malers machen würde, da es 20 verschiedene Untergliederungen des Malerberufs gibt.

Da der Eintritt der Berufsunfähigkeit zu den Anspruchsvoraussetzungen zählt, trifft **117** den Versicherungsnehmer auch die Darlegungs- und Beweislast. Insofern ist ganz entscheidend, dass hinsichtlich der Aufstellung und Beschreibung des Berufs die Hausaufgaben gemacht werden. In Klageverfahren werden oft pauschale Behauptungen hinsichtlich der beruflichen Tätigkeiten gemacht, ohne dass exakt aufgelistet wird, wie die berufliche Tätigkeit des Versicherungsnehmers konkret aussah und wie seine Lebensstellung war. Die Folge ist die Klageabweisung.

> *Praxistipp*
> Bei der Beschreibung der konkreten beruflichen Tätigkeit liegt die Hauptarbeit des Anwalts im Vorfeld des außergerichtlichen Tätigwerdens. Wer hier sauber arbeitet, wird am Ende belohnt und muss auch im Klageverfahren nicht permanent nachbessern.

> *Praxistipp*
> Den Antragsvordrucken der Versicherer sind notfalls mehrere Zusatzseiten anzuheften, um die konkrete Beschreibung der Tätigkeit des Versicherungsnehmers darzustellen. Mitunter reichen die vorgegebenen Zeilen in den Vordrucken bei weitem nicht aus. In diesem Fall hat ein Verweis zu erfolgen, dass die konkrete Tätigkeit auf folgenden anliegenden Seiten im Anhang beschrieben wird. Sinnvoll ist es, den Antrag mit dem Vordruck fest zu verbinden, d.h. zu ösen.

118 Es hat eine Beschreibung des kompletten Tagesablaufs eines typischen Arbeitstages des Versicherungsnehmers zu erfolgen. Insofern muss der Mandant detailliert befragt werden. Der Mandant kann z.b. sagen, dass er eine Stunde am Tag gewisse Geräte hin- und hertragen musste. Dann hat genau die Gewichtsangabe der Geräte zu erfolgen, damit geprüft werden kann, ob er aus gesundheitlichen Gründen diese Tätigkeit noch oder nicht mehr ausüben kann, da diese für seinen verletzten Körper nunmehr zu schwer sind. Ferner kann der Mandant z.b. weiter angeben, dass er eine Stunde am Tag im Labor war und am Computer gearbeitet hat. Dann muss konkret geprüft werden, ob das Sitzen vor dem Computer für den Zeitraum einer Stunde dem Versicherten noch zumutbar ist. Insofern ist der vollständige Arbeitstag nach Zeitaufwand der ausgeführten Tätigkeiten aufzuführen.

119 Für die Berechnung des Grades der Invalidität kann dann der Arzt genau einordnen, z.b. dass der Versicherungsnehmer die Teiltätigkeit 1 am Tag nur noch zu so und so viel Prozent ausüben kann, die Teiltätigkeit 2 dagegen nach wie vor möglich ist, die Teiltätigkeit 3 mehr als 45 Minuten am Arbeitstag dagegen überhaupt nicht mehr möglich ist. Der behandelnde Arzt kann dann die Prozente und das Endergebnis errechnen.

Praxistipp
Mitunter empfiehlt es sich auch, dass der Anwalt die örtlichen Gegebenheiten des Arbeitsplatzes anschaut oder Bilder desselben vom Versicherungsnehmer bekommt. Erfahrene Anwälte können selbst auch beurteilen, ob z.B. eine gewisse Teiltätigkeit noch zu so und so viel Prozent ausgeübt werden kann oder nicht, um intern auszurechnen, ob die 50 %-Marke erreicht wird. So kann das Prozessrisiko besser ausgelotet werden.

Praxistipp
Am besten arbeitet man mit Tabellen, in denen die Arbeitszeit des Versicherungsnehmers beschrieben wird, z.B. von 08:00 Uhr bis 08:30 Uhr wird notiert, welche Teiltätigkeit der Versicherungsnehmer in dieser Zeit ausgeübt hat und dann wird in einer weiteren Spalte als weiterer Teilbereich ausgeführt, warum diese Teiltätigkeit jetzt vom Versicherungsnehmer nicht mehr ausgeübt werden kann. Tabellarisch ist der konkrete Arbeitstag des Versicherungsnehmers anschaulich besser nachzuvollziehen und leichter einzuordnen als in Textform.

120 Lediglich für den Ausnahmefall, dass die Berufsunfähigkeit definitiv feststeht, weil die gesundheitlichen Beeinträchtigungen so gravierend sind, dass die Berufsunfähigkeit in jedem Fall gegeben ist, sind an die Darlegungs- und Beweislast deutlich geringere Anforderungen zu stellen. In der Mehrzahl der Fälle wird dies jedoch nicht der Fall sein.

5. Selbstständige

Zunächst unterscheiden sich die **Selbstständigen** von den Arbeitnehmern hinsichtlich der konkreten Arbeitszeitbeschreibung nicht. Das heißt, auch der Selbstständige hat für eine schlüssige Klage oder für die Ansprüche außergerichtlich konkret seine Tätigkeitsbereiche aufzulisten und mit den entsprechenden Zeitangaben zu versehen. Hier gilt oben Gesagtes (siehe Rn 118 ff.) ebenso. Zugleich ist vorzutragen, welche Tätigkeiten aus gesundheitlichen Gründen nicht mehr ausgeübt werden können. **121**

Allerdings unterscheidet sich der Selbstständige vom Arbeitnehmer dadurch, dass er nicht weisungsabhängig ist, d.h. der Selbstständige kann seine Mitarbeiter anweisen, gewisse Arbeiten auszuführen, die er vorher z.b. selber durchgeführt hat. Aus diesem Grund hat die Rechtsprechung beim Selbstständigen die **Umorganisation der eigenen Tätigkeit** ins Spiel gebracht (vgl. BGH VersR 1996, 1090). **122**

Praxistipp
Diese Umorganisation ist kein Fall der Verweisung. Insofern sind sämtliche Verträge, egal ob sie eine Verweisklausel enthalten oder nicht, bei einem Selbstständigen daraufhin zu prüfen, ob er zu einer Umorganisation verpflichtet war. Es kann also sein, dass der Selbstständige zwar praktisch zu 50 % berufsunfähig ist, aber aufgrund einer Umorganisation, die er vornehmen muss, unterhalb der 50 %-Grenze verbleibt.

Praxistipp
Für eine schlüssige Klage muss ausgeführt werden, warum keine Umorganisation der Arbeit möglich ist. Insofern sind exakte Angaben zum Betriebsgegenstand, zur Betriebsgröße und der Anzahl der Arbeitnehmer erforderlich. Weiter ist die Stellenbeschreibung der Arbeitsplätze im Innen- wie Außendienst erforderlich. Ferner ist gegebenenfalls vorzutragen, dass eine Umorganisation mit erheblichen finanziellen Kosten verbunden ist, weil z.B. neue Maschinen anzuschaffen sind oder neues Personal eingestellt werden muss, was dem Versicherungsnehmer nicht zuzumuten ist.

Praxistipp
Von daher ist in der Rechtsprechung anerkannt, dass gerade bei kleineren Betrieben eine Umorganisation viel schwieriger ist, da es dem Versicherungsnehmer nicht zuzumuten ist, neue Mitarbeiter einzustellen, nur damit dieser seiner Umorganisationspflicht nachkommt. Bei größeren Betrieben mit 100 oder mehr Mitarbeitern ist im Umkehrschluss eine Umorganisation naturgemäß leichter möglich. Dass es sich bei der Betriebsumorganisation nicht um eine Verweisung „auf eine andere Tätigkeit" handelt, hat der BGH bereits 1989 entschieden (vgl. BGH VersR 1989, 579).

Ebenso hat aktuell das OLG Hamm (Urt. v. 26.9.2012 – I-20 U 23/12, zfs 2013, 217) entschieden, dass es gerade bei Kleinbetrieben nahe liegt, dass eine Umorganisation durch Einstellung einer Ersatzkraft nicht zumutbar ist, weil dies zu nennenswerten wirtschaftlichen Nachteilen führt. Insofern wird auch hier die Rechtsprechung des BGH bestätigt.

Praxistipp
In der außergerichtlichen Praxis wird oftmals die Umorganisation zumutbar sein, wenn der Versicherungsnehmer vorher teilweise in dem Betrieb körperlich mitgearbeitet hat und nunmehr eher leitend tätig sein muss und von daher seine bisherige Tätigkeit umorganisieren kann. Das Stichwort lautet: weg von der Werkbank, hin zum Schreibtisch.

Praxistipp
Der Rechtsanwalt muss seinen Mandanten auch detailliert befragen, ob z.B. aufgrund der ausgeprägten Spezialisierung des Betriebes oder der besonderen Fachkenntnisse des Betriebsinhabers andere Mitarbeiter diese Tätigkeit überhaupt ausüben können und daher eine Umorganisation eventuell ausscheidet.

Praxistipp
Gerade im Zeitalter der Spezialisierung ist es notwendig, den Mandanten danach zu befragen, ob Meisterbriefe vorliegen, ob Spezialseminare besucht wurden oder Zertifizierungen vorliegen, die lediglich in der einen Person gegeben sind, aber nicht bei anderen Mitarbeitern, so dass diese nicht die bisherige Tätigkeit des Geschädigten ausführen können.

Praxistipp
Sollte der Versicherer dem berufsunfähigen Landwirt vorschlagen, den Betrieb zu verpachten, um von den Pachteinnahmen zu leben, so kann der Versicherungsnehmer sich auf die überwiegende Rechtsprechung beziehen, wonach dies unzumutbar ist und keinen Fall der Betriebsumorganisation darstellt (vgl. OLG Karlsruhe VersR 1990, 608; OLG Koblenz NVersZ 2001, 212).

6. Beamte

123 Beim berufsunfähigen **Beamten** ist im entsprechenden Versicherungsvertrag genau zu überprüfen, welche Klauseln in den Bedingungen vereinbart wurden. Oftmals findet man in deren Verträgen folgende Klausel:„Bei Beamten des öffentlichen Dienstes gilt die Versetzung in den Ruhestand wegen Dienstunfähigkeit bzw. die Entlassung wegen Dienstunfähigkeit als vollständige Berufsunfähigkeit."

Praxistipp
Es ist genau zu prüfen, ob eine solche sog. Beamtenklausel vereinbart wurde oder ob lediglich die allgemeine Berufsunfähigkeitsklausel im Sinne des § 172 Abs. 2 VVG oder des § 2 Abs. 1 der Musterbedingungen vereinbart wurde. Wurde nämlich keine Beamtenklausel vereinbart, so ist wie bei einem Nichtbeamten auf die zuletzt ausgeübte Tätigkeit abzustellen (vgl. BGH VersR 2007, 821).

Ansonsten kann es für den Beamten bei Vereinbarung einer solchen Klausel günstig sein, dass er seine allgemeine Dienstunfähigkeit im Rahmen der beamtlichen Landes- und Bundesgesetzgebung nachweist und damit dann Leistungen aus der privaten Berufsunfähigkeitszusatzversicherung verlangen kann, ohne dass eine Verweisungstätigkeit geprüft werden muss. Im Beamtenrecht sind derartige Dienstunfähigkeitsentscheidungen Ermessensentscheidungen des Dienstherrn und mitunter recht unkompliziert zu erlangen. **124**

7. Auszubildende/Schüler

Bei **Auszubildenden** und **Schülern** stellt sich das Problem, dass diese noch nicht in ihrem angestrebten Beruf arbeiten, sondern sich noch in der „Ausbildung" befinden. Die Rechtsprechung stellt beim Azubi darauf ab, ob er voraussichtlich dauernd außerstande ist, seinen „Beruf" auszuüben, wobei auf das zuletzt bestehende **Ausbildungsverhältnis** zu schauen ist (vgl. OLG Dresden 18.6.2007 – 4 W 618/07, VersR 2008, 1251 und OLG München VersR 1993, 1000). **125**

In der Praxis kommen bei den Auszubildenden oftmals Verweisungstätigkeiten siehe IV. (Verweisungsrecht des Versicherers auf einen anderen Beruf) in Betracht. Die Verweisrechtsprechung geht sogar soweit, eine auszubildende Zahnarzthelferin auf eine Ausbildung in der Verwaltung, bei Banken, Versicherungen oder einem Rechtsanwalt zu verweisen (vgl. OLG Köln r+s 1988, 310), obwohl diese Berufe nicht ansatzweise vergleichbar sind. **126**

8. Arbeitslose

Nach der Rechtsprechung des OLG Hamm (Urt. v. 18.6.2008 – 20 U 187/07, VersR 2009, 818) ist auch ein gekündigtes Arbeitsverhältnis eine **zuletzt ausgeübte Tätigkeit** im Rahmen der Berufsunfähigkeitsversicherung. In dem Fall ging es darum, dass die Versicherungsnehmerin berufsunfähig wurde und auf ihre frühere Tätigkeit als Chefsekretärin (ihr Beruf) abzustellen war, auch wenn die Versicherungsnehmerin bei Abschluss des Versicherungsvertrages arbeitslos war. Das Gericht hat entschieden, dass dies die letzte von der Versicherungsnehmerin in gesunden Tagen ausgeübte Tätigkeit war, welche daher maßgeblich sei. In einem anderen Fall war es so, dass das Ende des Arbeitsverhältnisses erst nachträglich durch Vergleich zurückdatiert wurde, so dass auch die Berufsunfähigkeit während der Vertragsdauer eingetreten war (vgl. OLG Düsseldorf NVersZ 2002, 355). In diesem Zusammenhang ist auf die Sonderbestimmung in den Musterbedingungen von § 2 Abs. 4 BUZ hinzuweisen, wenn der Versicherungsnehmer bewusst und gewollt aus dem Arbeitsleben ausgeschieden ist. Mit einer ungewollten Arbeitslosigkeit kann dies jedoch nicht gleichgesetzt werden. Hier ist z.B. an Aussteiger zu denken, die aufhören zu arbeiten, um ihren Lebensabend auf Mallorca oder sonst wo zu verbringen. **127**

IV.   Verweisungsrecht des Versicherers auf einen anderen Beruf

128   Nachdem feststeht, dass der Mandant nicht mehr in der Lage ist, seinem bisher konkret ausgeübten Beruf weiter nachzugehen, muss jedoch noch die zweite Hürde
übersprungen werden. Dies ist die sog. Verweisklausel.

> *Praxistipp*
> Es ist zwingend in den Bedingungen zu prüfen, ob der Mandant in seinem Vertrag
> eine sog. Verweisklausel vereinbart hat oder nicht. Die neueren Verträge enthalten
> oftmals keine Verweisklausel; die alten Verträge enthalten diese dagegen fast im-
> mer. Man erkennt die Verweisklausel daran, dass es in den Bedingungen, z.B. in
> § 2 Abs. 1 BUZ, heißt: „**... oder eine andere Tätigkeit**". Wenn eine solche Ver-
> weisklausel vorliegt, ist der Versicherer trotz vorhandener Berufsunfähigkeit in
> dem zuletzt ausgeübten Beruf möglicherweise doch leistungsfrei. Der BGH hat
> 1986 (BGH VersR 1986, 1113) entschieden, dass als Voraussetzung einer solchen
> Verweisungstätigkeit „die aufgezeigte Erwerbstätigkeit keine deutlich geringeren
> oder höheren Kenntnisse und Fähigkeiten erfordert und auch in ihrer Vergütung
> wie in ihrer Wertschätzung nicht spürbar unter das Niveau des bislang ausgeübten
> Berufs absinkt."

129   In der Rechtsprechung gibt es mittlerweile mehrere Urteile, wonach bei den konkret ausgeübten Berufen Verweisungen zulässig sind und ebenso solche, nach denen Verweisungen unzulässig sind. Daher muss der Anwalt seinen Mandanten detailliert befragen, ob im konkreten Fall eine Verweisung zumutbar ist oder nicht.
Im neuen VVG ist die Verweisung in § 172 Abs. 2, 3 VVG geregelt.

1.   Darlegungs- und Beweislast

130   Der Versicherungsnehmer muss darlegen, dass er seinen Beruf in der zuletzt ausgeübten Form nicht mehr ausüben kann; ferner, dass er keine andere Tätigkeit mehr
verrichten kann, welche er aufgrund seiner Ausbildung und Erfahrung ausüben
könnte, die seiner bisherigen Lebensstellung entsprechen würde. Es wird quasi
vom Versicherungsnehmer ein Negativbeweis verlangt. Allerdings trifft den Versicherer die sog. Aufzeigeobliegenheit (vgl. BGH VersR 1994, 1095). Der Versicherer muss daher den Vergleichsberuf substantiiert aufzeigen, d.h. dem Versicherten die prägenden Merkmale dieses Vergleichsberufs in Bezug auf
Arbeitsbedingungen, die Arbeitsplatzverhältnisse, die Arbeitszeiten, die Entloh-
nung und die Fähigkeiten des Versicherungsnehmers erläutern. Nachdem der Versicherer diesen Vergleichsberuf detailliert dargelegt hat, kann der Versicherungsnehmer aus seiner Sicht den Negativbeweis erbringen und aufzeigen, dass dieser
Vergleichsberuf für ihn in seiner konkreten Lage nicht zumutbar ist.

2.   Kenntnisse und Fähigkeiten, Ausbildung und Erfahrungen

131   In einigen Bedingungen ist geregelt, dass der Verweisungsberuf den Kenntnissen
und Fähigkeiten oder der Ausbildung und Erfahrung des Versicherungsnehmers

entsprechen muss. Es sind daher der alte Beruf und der Vergleichsberuf miteinander zu vergleichen und es ist zu prüfen, ob der Versicherungsnehmer hinsichtlich Kenntnissen, Fähigkeiten, Ausbildung und Erfahrung weder unter- noch überfordert ist. Hierzu hat sich Rechtsprechung herauskristallisiert. Es wird auf die einschlägige Literatur verwiesen, da an dieser Stelle nicht jeder Beruf erläutert werden kann. Es kann lediglich anhand von ein paar Beispielen aufgezeigt werden, wie dieser Unterbereich der Verweisklausel einzuordnen ist. Es ist nach der Rechtsprechung z.b. unzulässig, eine Bäckermeisterin auf den Beruf einer Hotelfachfrau zu verweisen, weil die Tätigkeit der Hotelfachfrau konkret deutlich geringere Kenntnisse und Fähigkeiten erfordert als der Beruf der Bäckermeisterin, so dass dann der Versicherer die Versicherungsnehmerin nicht auf diesen neuen Beruf verweisen darf (vgl. OLG Köln zfs 2002, 292). Der BGH hatte einen Fall vorliegen (BGH r+s 1997, 260), bei dem er entschied, dass derjenige, der in dem alten Beruf vorwiegend eine von Kreativität geprägte Tätigkeit im EDV-Bereich ausgeübt und sogar eine stellvertretende Leitungsbefugnis hatte, nicht auf eine ausschließliche Schreibtischtätigkeit verwiesen werden kann, da der Vergleichsberuf nicht den bisherigen Kenntnissen und Fähigkeiten und auch nicht der Ausbildung und Erfahrung der versicherten Person entsprach.

Praxistipp
Auch hier sollte der Anwalt kreativ und gut argumentieren können, da dann außergerichtlich gute Ergebnisse erzielt werden können.

3. Bisherige Lebensstellung

In der Mehrzahl der Bedingungen ist geregelt, dass der Verweisungsberuf auch der **132** bisherigen Lebensstellung der versicherten Person entsprechen muss. Damit ist also der soziale Status angesprochen. Daneben spielen natürlich auch die Einkommensverhältnisse eine entscheidende Rolle. Konkret heißt dies, dass der Vergleichsberuf auch in einer ähnlichen Vergütungsgruppe angesiedelt sein muss wie der bisherige Beruf. Die Rechtsprechung ist hier nicht einheitlich. Dabei kommt es darauf an, ob der Betroffene ein hohes oder ein niedriges Einkommen hatte, da für einen Geringverdiener ein Einkommensverlust von 10 % bis 15 % bereits unzumutbar ist, hingegen für einen Betroffenen, der 5.000 EUR im Monat verdient hat, nicht. Als Richtschnur hat sich in der Rechtsprechung herauskristallisiert, dass Einkommensverluste von bis zu **20 %** als obere Grenze für die Zumutbarkeit angesehen werden. Konkret ist daher bei einem Einkommensverlust von über 20 % in fast allen Fällen eine Verweisung unzumutbar. Neben dem Einkommen spielt aber beispielsweise auch das Ansehen des Berufsstandes eine Rolle (vgl. BGH VersR 1998, 42).

4. Arbeitsmarktlage

Schwierig für den Versicherungsnehmer zu verstehen, aber durch die Rechtspre- **133** chung des BGH entschieden, ist die reale Nichtverfügbarkeit des Arbeitsplatzes.

419

Der BGH hat entschieden, dass es nicht darauf ankomme, ob der Versicherungsnehmer einen Arbeitsplatz gefunden habe, da die Sicherheit des Arbeitsplatzes in der Vergleichsbetrachtung nicht zu berücksichtigen sei (vgl. BGH VersR 1998, 1537). Mehrere Oberlandesgerichte sehen dies zum Teil anders.

Praxistipp
Wenn der Versicherer in dieser Form argumentiert, kann der Anwalt entgegen halten, dass die dem Versicherungsnehmer aufgezeigte Verweistätigkeit überhaupt nicht auf dem allgemeinen Arbeitsmarkt existiert. Allerdings trägt der Versicherte diesbezüglich die Beweislast (vgl. OLG Düsseldorf r+s 1998, 299). Auch dies soll an einem Beispiel erläutert werden: Wenn ein Zahntechniker berufsunfähig geworden ist, kann er generell auf einen Beruf als Heilpraktiker im Angestelltenverhältnis verwiesen werden. Wenn es aber keinen Arbeitsmarkt im räumlichen Umfeld für angestellte Heilpraktiker gibt, dann ist der Versicherer nicht leistungsfrei (vgl. LG Saarbrücken VersR 1999, 1534).

Praxistipp
Der Anwalt, der solche Fälle bearbeitet, muss sich eine entsprechende Marktanalyse vom Mandanten geben lassen, um zu klären, ob für den Verweisberuf überhaupt ein Arbeitsmarkt in einem für den Betroffenen erreichbaren Umfeld existiert oder nicht, damit er so dem Versicherer den Wind aus den Segeln nimmt.

5. Ortswechsel

134 Auch ein Wohnungs- oder Ortswechsel wird nach der Rechtsprechung danach beurteilt, ob dieser dem Versicherungsnehmer **zumutbar** ist. Hierbei ist die Gesundheit des Versicherungsnehmers, das Alter, der finanzielle Hintergrund, aber auch die familiäre Bindung, die Anzahl der Kinder sowie die Wegstreckenentfernung für den Pendler zu berücksichtigen.

Praxistipp
Auch hier muss der Anwalt kreativ sein und seinen Mandanten nach möglichen Argumenten befragen, warum dieser z.B. nicht von A nach B ziehen kann. So hat das OLG Saarbrücken entschieden, dass es einem Versicherungsnehmer nicht zumutbar ist, in ein Hochgebirge umzuziehen, weil er unter einer Pollenallergie leidet und der Ortswechsel für ihn mit erheblichen Belastungen verbunden wäre. Migräneanfällige Versicherungsnehmer müssen an der Küste und können nicht in einem Stadtgebiet leben, wie in München, wo Föhn herrscht oder in Wiesbaden, wo eine Kessellage gegeben ist. Es ist auch unzumutbar, einen „Großstadtmenschen" auf einen Arbeitsplatz auf einer ostfriesischen Insel zu verweisen. Dagegen wird man Pendelverkehr von ca. 100 km im Rhein/Main-Gebiet noch als zumutbar ansehen müssen. Versicherer werten Internetanzeigen und Zeitungen aus und kommen so auf entsprechende Verweisberufe.

6. Beispiele

Die Rechtsprechungsübersicht zu den einzelnen Verweisberufen ist sehr umfangreich. Es wird auf Spezialliteratur wie das Handbuch Versicherungsrecht von *van Bühren* verwiesen. Die Rechtsprechung reicht vom Berufskraftfahrer, der auf eine Hausmeistertätigkeit verwiesen werden kann (vgl. OLG Köln, VersR 1999, 1532) über den Kfz-Lackierer, der auf eine Tätigkeit als Fachverkäufer verwiesen werden darf (KG Berlin VersR 1995, 1473) bis zum Versicherungsagenten im Außendienst, der in den Innendienst verwiesen werden darf (OLG Saarbrücken VersR 2004, 54) und dem Masseur, der auf den Beruf des Automobilverkäufers verwiesen werden darf (BGH VersR 1995, 159) bis zu den ablehnenden Entscheidungen, in denen ein Geschäftsinhaber im Einzelhandel nicht auf die Position des Pförtners verwiesen werden durfte (BGH VersR 1993, 953) über den LKW-Fahrer, der nicht in einem Versandhandel auf den Büroposten verwiesen werden durfte (OLG Köln, VersR 1993, 955) und schließlich der Zahnarzthelferin, die nicht auf den Job als Hotelempfangsdame verwiesen werden durfte (BGH, VersR 1993, 953). Wie bereits erwähnt, ist im Einzelnen hier vieles streitig. **135**

Es empfiehlt sich daher, im Einzelfall eine Rechtsprechungsanalyse, z.B. mit Hilfe von juris oder in der Spezialliteratur vorzunehmen, da hier sehr viel Kasuistik existiert und nicht jeder Einzelfall erläutert werden kann. **136**

V. Leistungsarten

Die beiden Hauptleistungsarten, die in der Regel in den Verträgen vereinbart sind, sind: **137**
1. Beitragsbefreiung,
2. Zahlung einer Berufsunfähigkeitsrente.

1. Beitragsbefreiung

Beitragsbefreiung bedeutet, dass die Beitragszahlungspflicht sowohl auf die Hauptversicherung (Lebensversicherung) als auch auf alle eingeschlossenen Zusatzversicherungen entfällt. **138**

> *Praxistipp*
> Auch hier muss der Anwalt in die Bedingungen schauen, da mitunter bis zu einer Entscheidung des Versicherers zu seiner Leistungspflicht der Versicherungsnehmer verpflichtet bleibt, die Beiträge zu entrichten. Macht er dies nicht, besteht die Gefahr, dass der Versicherer den Vertrag kündigt.

2. Zahlung einer Berufsunfähigkeitsrente

Das Kernstück ist die Zahlung einer **Berufsunfähigkeitsrente,** wobei die Höhe der Rente in Prozent der Versicherungssumme der jeweiligen Lebensversicherung bemessen wird. Oftmals enthalten die Verträge auch eine **Dynamik.** Dies bedeutet, **139** dass sowohl die Prämie als auch die Höhe der Rente dynamisch ansteigen, ohne dass erneute Gesundheitsprüfungen vorzunehmen sind. Für den Versicherer bedeutet dies natürlich automatisch steigende Einnahmen. Es muss jeder Versicherungsnehmer für sich entscheiden, ob er über entsprechende Gelder verfügt und eine Dynamik vereinbart oder diese ausschließt. Bei der Berufsunfähigkeitsrente achten Versicherer jedoch darauf, dass die Höhe der Rente und die beantragte Summe in etwa dem Jahreseinkommen des Versicherungsnehmers entspricht, da die Berufsunfähigkeitszusatzversicherung, wie das Wort schon sagt, eine Absicherung des Versicherungsnehmers darstellt, falls dieser berufsunfähig wird und somit seinen alten Beruf mit dem zugehörigen Einkommen nicht mehr ausüben kann. Würde dagegen die Versicherungssumme erheblich über dem tatsächlichen Einkommen des Versicherungsnehmers liegen, bestünde die Gefahr, dass dieser versucht, mit eigenen Mitteln „berufsunfähig" zu werden, um sich so ein deutlich angenehmeres Leben zu schaffen, als er es vor Eintritt der Berufsunfähigkeit gelebt hat.

Praxistipp
Die Verträge sind ferner daraufhin zu prüfen, ob sich Rentensteigerungen auch aus den **Überschussbeteiligungen** ergeben. Im Einzelnen sind die Berechnungen dieser Überschussbeteiligungen sehr kompliziert. Überschüsse entstehen dann, wenn das Berufsunfähigkeitsrisiko und die Kosten sich günstiger entwickeln als bei der Tarifkalkulation angenommen worden war. Es gibt hierzu in § 153 VVG geregelte gesetzliche Vorgaben. In diesem Zusammenhang ist auf eine Entscheidung des BGH vom 23.5.2007 (IV ZR 3/06, VersR 2007, 1290) hinzuweisen, wonach die Rechtskraft eines auf Zahlung der Berufsunfähigkeitsrente beschränkten Urteils sich nicht auf die vertraglich neben der Rente zugesagten Überschussanteile erstreckt. Wie bereits erwähnt, muss der Anwalt sich den vertraglichen Leistungsumfang genau anschauen. Hinsichtlich der Höhe ist der Vertragsstand zum Zeitpunkt der behaupteten BU maßgebend (Nachträge beachten), wobei in der Regel die dynamischen Steigerungen der Versicherungsleistung mit dem Eintritt der BU auch enden.

VI. Obliegenheiten des Versicherungsnehmers

140 Den Versicherten trifft eine **Mitwirkungspflicht** bei der Feststellung des Versicherungsfalls, da der Versicherer immer erst dann von der Berufsunfähigkeit des Versicherungsnehmers erfährt, wenn dieser Ansprüche erhebt. Dem Versicherer muss daher das Recht eingeräumt werden, die Angaben exakt zu überprüfen. Deshalb enthalten die Bedingungen Mitwirkungspflichten, in denen z.B. geregelt ist, dass der Versicherungsnehmer immer seine Geburtsurkunde, eine Darstellung der Ursache für den Eintritt der Berufsunfähigkeit sowie ausführliche Arztberichte von den behandelnden Ärzten vorzulegen hat, sowie Angaben zur voraussichtlichen Dauer des Leidens oder über etwaige Pflegestufen machen muss. Ferner enthalten die Bedingungen weitergehende Mitwirkungspflichten, wonach der Versicherer, wenn er diese Unterlagen von seinem Versicherungsnehmer erhalten hat, prüfen darf, ob z.b. weitere Arztgutachten eingeholt werden müssen. Auf seine Kosten darf der Versicherer dann weitere ärztliche Untersuchungen anordnen und zusätzlich Auskünfte verlangen. Der Versicherungsnehmer ist weiter verpflichtet, die Ärzte von ihrer Verschwiegenheitspflicht zu entbinden. Allerdings sind sämtliche Mitwirkungspflichten unter den Vorbehalt der Zumutbarkeit gestellt. Das heißt, der Versicherungsnehmer muss nicht sämtliche Anweisungen des Versicherers erfüllen. So muss z.b. eine vom Versicherer angeordnete Therapie nicht befolgt werden, wenn diese keine Aussicht auf Erfolg bietet. Ferner hat das OLG Celle (vgl. r+s 2005, 166) entschieden, dass es nicht ausreicht, dass lediglich der Versicherungsnehmer die Arztauskünfte einholt und diese dann an den Versicherer weiterleitet, sondern dass es zulässig ist, dass der Versicherungsnehmer den Versicherer selber ermächtigt, entsprechende Arztberichte bei den behandelnden Ärzten anzufordern. Dabei muss der Versicherungsnehmer sich notfalls auch einfachen und gefahrlosen medizinischen Maßnahmen unterziehen, um seine gesundheitlichen Beeinträchtigungen abzustellen. So hatte das OLG Saarbrücken (vgl. VersR 2005, 63) entschieden, dass ein von Rückenschmerzen geplagter Versicherungsnehmer sich einer Krankengymnastik über 2 bis 3 Monate unterziehen muss. Unterlässt dies der Versicherungsnehmer, ist der Versicherer leistungsfrei.

VII. Entscheidung über Leistungspflicht

Nach § 173 Abs. 1 VVG muss sich der Versicherer, wenn ein Leistungsantrag vorliegt, bei Fälligkeit in Textform erklären, ob er seine **Leistungspflicht** anerkennt oder nicht. Nach der Neuregelung des § 173 VVG und den entsprechenden Bedingungen hat der Versicherer daher drei Möglichkeiten: **141**

1. er bejaht eine dauernde Berufsunfähigkeit;
2. er bejaht eine vermutete Berufsunfähigkeit mit der Folge, dass sich der Gesundheitszustand noch bessern kann;
3. er verneint die Berufsunfähigkeit.

Gibt der Versicherer eine positive Entscheidung über den Antrag, liegt ein Anerkenntnis eigener Art vor. Von dieser Entscheidung kann sich der Versicherer nur wieder durch das sog. Nachprüfungsverfahren lösen. Insofern hat dieses Leistungsanerkenntnis für den Versicherer erhebliche Bedeutung, da er an dieses Anerkenntnis gebunden ist und selbst für den Fall, dass er erkennt, einen Fehler gemacht zu haben oder wenn er im Nachhinein verbesserte Informationen erlangt, die eine andere Entscheidung rechtfertigen würden, so kann der Versicherer von diesem Anerkenntnis aus diesen Gründen nicht abrücken. Ein Abrücken hiervon kommt nur dann in Betracht, wenn die Voraussetzungen des Nachprüfungsverfahrens gegeben sind. § 173 Abs. 2 VVG lässt ein zeitlich befristetes Anerkenntnis zu, allerdings nur einmal und nicht mehrfach. **142**

> *Praxistipp*
> In der Praxis werden manchmal auch Kulanzzahlungen oder Leistungen aufgrund einzelner Vereinbarungen zwischen Versicherungsnehmer und Versicherer erbracht, wenn der Versicherungsnehmer dringend auf eine Teilzahlung angewiesen ist, da er durch die Berufsunfähigkeit kein Einkommen mehr hat, sich die Sache aber aufgrund noch verzögernder ärztlicher Fachgutachten in die Länge zieht. In diesen Fällen schließen die Parteien häufig Vereinbarungen, wonach Kulanzzahlungen oder Teilzahlungen bis zu einem bestimmten Zeitraum geleistet werden. Solche Vereinbarungen sind zulässig (vgl. OLG Köln VersR 2002, 1365; BGH VersR 2007, 633).

VIII. Nachprüfungsverfahren

143 Ist Berufsunfähigkeit einmal gegeben, bedeutet dies für den Versicherungsnehmer nicht, dass Zahlungen automatisch bis zum Tod erfolgen. Sollte sich nämlich der **Gesundheitszustand** des Versicherten wieder **bessern**, obwohl die Ärzte zunächst davon ausgegangen sind, dass dies nicht der Fall sein werde, so kann der Versicherer diesen Zustand nachprüfen und gegebenenfalls für die Zukunft leistungsfrei werden. Auch diesbezüglich hat der Versicherungsnehmer wieder eine Mitwirkungsobliegenheit. Hierüber muss der Anwalt, der Berufsunfähigkeitsfälle bearbeitet, aufklären. Versicherer überprüfen daher fast jährlich den Gesundheitszustand des Versicherten, indem sie Fragebögen an diesen verschicken, die er ausfüllen muss. Wenn sich der Zustand nicht verändert hat und keine Besserung eingetreten ist, kann der Versicherungsnehmer diese Bögen gefahrlos zurückschicken, da dann alles beim Alten bleibt. In der Praxis kommt eine Verbesserung des Gesundheitszustandes in Betracht, wenn sich aus dem Vergleich alter Arztunterlagen mit den jetzt neu eingeholten Unterlagen eine Verbesserung ergibt mit der Folge, dass keine Berufsunfähigkeit mehr gegeben ist. Allerdings muss sich der beauftragte Gutachter mit den Zustandsveränderungen seit dem **Anerkenntnis** befassen (vgl. BGH VersR 1999, 958), da ein Irrtum über das damalige Anerkenntnis den Versicherer nicht berechtigt, von der Bewertung abzuweichen. Möglicherweise hat sich aber der Zustand des Versicherungsnehmers nach dem Anerkenntnis verbessert oder es existieren mittlerweile neue medizinische Methoden, die die Sache in ein anderes Licht rücken können. Ferner ist auch wichtig, dass sich nach dem Anerkenntnis nunmehr im Nachprüfungsverfahren die Beweislast zu Lasten des Versicherers ändert, d.h. dieser muss die Verbesserung des Gesundheitszustandes beim Versicherungsnehmer beweisen.

144 Die Berücksichtigung neuer **beruflicher Fähigkeiten und Kenntnisse** ist nach den Musterbedingungen BUZ 84 nun ausdrücklich zulässig. Allerdings sind die Hürden hierfür recht hoch. Die neuen beruflichen Kenntnisse und Fähigkeiten muss der Versicherungsnehmer bereits erworben haben und nicht erst in Zukunft erwerben können (vgl. BGH VersR 1997, 436). Darüber hinaus muss er, nachdem er sich z.B.

hat umschulen lassen, auch einen entsprechenden Arbeitsplatz gefunden haben oder aber ein ihm angebotener Arbeitsplatz darf nicht unzumutbar sein. Schließlich muss die neue Tätigkeit auch seiner bisherigen Lebensstellung entsprechen. Im Grunde genommen trifft dies immer Fälle, bei denen der Versicherungsnehmer mehr macht, als er machen muss, denn theoretisch muss der Versicherungsnehmer sich nicht weiterqualifizieren oder umschulen lassen. Macht der Versicherungsnehmer dies aber trotzdem, um z.b. so der häuslichen Lethargie zu entfliehen, verlangt die Rechtsprechung jedoch als Gegenleistung, dass der Versicherungsnehmer auch tatsächlich einen Arbeitsplatz findet und es nicht lediglich bei der Möglichkeit bleibt, im umgeschulten Beruf neue Arbeit zu finden. Auch hier tritt eine Beweislastumkehr ein, d.h. der Versicherer trägt im Nachprüfungsverfahren auch hinsichtlich der neueren beruflichen Kenntnisse und Fähigkeiten die Darlegungs- und Beweislast.

IX. Vorvertragliche Anzeigepflichtverletzung

Der Versicherer kennt denjenigen, der eine Berufsunfähigkeitsversicherung ab-   **145**
schließen möchte, persönlich nicht. Von daher ist er dringend auf die Angaben des potentiellen Versicherungsnehmers angewiesen, um prüfen zu können, ob und zu welchen Bedingungen (eventuell mit Zuschlag) die Person versichert werden kann. Manche Versicherungsnehmer werden bei entsprechend gravierenden Vorerkrankungen sogar gar nicht versichert. Aus diesem Grund kommt der vorvertraglichen Anzeigepflicht des Versicherungsnehmers in der Praxis erhebliche Bedeutung zu, da oftmals Streit darüber herrscht, ob dieses oder jenes bei Antragstellung mit angegeben werden musste oder nicht.

> *Praxistipp*
> Generell kann bereits jetzt gesagt werden, dass in der Regel seitens des Versicherungsnehmers eher mehr anzugeben ist, als zu wenig. Notfalls muss auf einem gesonderten Blatt enumerativ aufgezählt werden, welche Beschwerden, Krankheiten oder Störungen vorgelegen haben. Ganz viele der Fälle, die gerichtlich entschieden werden, betreffen die Situation, dass der Versicherungsnehmer die Angaben in dem Antrag für nicht wichtig hielt oder aus Unachtsamkeit bestimmte Angaben unterlassen hat. Dann herrscht Streit, ob der Versicherungsnehmer positive Kenntnis hatte oder nicht.

Das Tückische an den vorvertraglichen Anzeigepflichten ist, dass der Versiche-   **146**
rungsnehmer sich in Sicherheit wiegt, d.h. er glaubt, für den Fall, dass er berufsunfähig wird, habe der Versicherer zu leisten. Später erfährt er dann vom Versicherer, dass in dem „uralten" Antrag die eine oder andere Angabe möglicherweise fehlerhaft war, mit der Folge, dass der Versicherer nicht zu leisten braucht. Die Prämie kann dagegen der Versicherer über die Jahre hinweg, bis die Berufsunfähigkeit eingetreten ist, behalten.

147   Generell kann gesagt werden, dass anzeigepflichtig seitens des Versicherungsnehmers alle gefahrrerheblichen Umstände sind (vgl. § 16 Abs. 1. S. 1 VVG). Die
Rechtsprechung zu den einzelnen Beschwerden, Störungen oder Krankheiten ist
sehr umfangreich. Es wird auf die gängige Fachliteratur, wie *Terbille* (Versicherungsrecht, 3. Auflage) oder *van Bühren* (Handbuch des Versicherungsrechts,
6. Auflage) verwiesen. Generell ist es so, dass lediglich geringe Beschwerden,
Krankheiten oder Störungen nicht anzuzeigen sind, die nur einmaliger Art waren
oder vorübergehend von selbst wieder verschwunden sind. So sind z.b. einmalige
Schmerzen in der Lendengegend nach einem Fußballspiel nicht anzeigepflichtig,
ebenso wenig wie leichter Verspannungsschmerz (vgl. OLG Frankfurt NVersZ
2000, 130) oder eine einmalige Lumbalgie (vgl. BGH VersR 1991, 578).

148   In Bezug auf die Rechtsprechung hinsichtlich der Beschwerden, die dagegen anzeigepflichtig sind, kann generell gesagt werden: Sobald diese Beschwerden ein ge-
wisses Krankheitsbild oder eine mehrmalige Konsultation eines Arztes zur Folge
haben, sind diese anzuzeigen und gefahrrerheblich.

> *Praxistipp*
> In der Bevölkerung herrscht dagegen nach wie vor die Auffassung, dass nur
> schwerere Krankheiten oder Beschwerden von deutlichem Gewicht anzuzeigen
> sind. Dies ist nach der Rechtsprechung gerade nicht der Fall. Notfalls sollte der
> Versicherungsnehmer einen Prämienzuschlag akzeptieren, um den vollen Ver-
> sicherungsschutz zu erhalten.

149   In der Praxis spielt es auch immer wieder eine Rolle, dass der Versicherungsnehmer
selber entweder gegenüber seinem Agenten (nicht gegenüber dem Makler) oder gegenüber dem vom Versicherer beauftragten Arzt Angaben gemacht hat. In diesen
Fällen kann der Versicherungsnehmer sich auf die sog. Auge und Ohr-Rechtspre-
chung beziehen. Konkret bedeutet dies, dass sich der Versicherer alles zurechnen
lassen muss, auch wenn der Versicherungsnehmer dem Versicherer im direkten
Verhältnis nicht mitgeteilt hat.

> *Praxistipp*
> Insofern hat der Anwalt seinen Mandanten immer danach zu fragen, ob dieser
> mündlich dem Versicherungsagenten oder dem Arzt gegenüber Angaben gemacht
> hat, auch wenn diese schriftlich im Antrag nicht festgehalten wurden. Wie bereits
> erwähnt, gilt diese **„Auge und Ohr"-Rechtsprechung** auch für einen Arzt, wenn
> dieser vom Versicherer beauftragt war, ein ärztliches Zeugnis zu erstellen und
> dann vom Versicherungsnehmer zu beantwortende Fragen in dem Formular aus-
> füllt (vgl. BGH VersR 1990, 77).

> *Praxistipp*
> Da die vorvertraglichen Anzeigepflichtverletzungen mit den dazugehörenden An-
> tragsfragen in den Versicherungsanträgen eine große Rolle in der Rechtsprechung
> einnehmen, sollte der Anwalt generell immer die Antragsfragen des Versicherers

kritisch überprüfen und diese nicht automatisch als zulässig hinnehmen. Mitunter sind die Fragen unklar formuliert und deshalb zugunsten des Versicherungsnehmers auszulegen (vgl. OLG Hamm VersR 1993, 1135).

C. Fahrerunfallschutz

I. Einleitung

Bei der Bearbeitung von Personenschäden taucht zwangsläufig die Frage auf, wie   **150**
der Fahrer selbst versichert ist, wenn er bei einem selbstverursachten Unfall einen Personenschaden erleidet. Im Bereich der Kraftfahrtversicherungen bieten hier mehrere Versicherer einen **Fahrerunfallschutz** an. Allerdings ist der Name „Fahrerunfallschutz" nicht von allen Gesellschaften übernommen worden, sondern wird bei anderen Versicherern z.b. **Fahrerunfallversicherung, Fahrerschutzversicherung** oder **Fahrerplusversicherung** genannt. Sämtliche Produkte haben jedoch die Aufgabe, den Schutz des Fahrers zu verbessern, wenn dieser anlässlich eines selbstverschuldeten Unfalls verletzt wird. Um diesen speziellen Schutz besser zu verstehen, ist dogmatisch ein kleiner Exkurs notwendig im Hinblick auf die Haftung als solche. Im Folgenden wird aus Vereinfachungsgründen dieser spezielle Versicherungsschutz als „Fahrerunfallschutz" bezeichnet – gemeint sind jedoch alle vergleichbaren Produkte verschiedener Anbieter.

Bekanntlich können nach einem Verkehrsunfall mehrere Personen gegenüber unter-   **151**
schiedlichen Versicherern Ansprüche geltend machen.

■ Hat der Fahrer des eigenen Pkws den Unfall nicht verursacht, kann er seine Ansprüche bei dem Fahrer des gegnerischen Fahrzeuges und bei dessen Haftpflichtversicherer geltend machen. Hierfür benötigt der eigene Fahrer den Fahrerunfallschutz nicht.

■ Hat der eigene Fahrer einen Unfall verursacht und sind hierdurch Mitinsassen verletzt, so können die Mitinsassen ihren Personenschaden gegenüber dem Haftpflichtversicherer des Fahrers geltend machen, da bekanntlich gegenüber einem Geschädigten, der nicht selbst für die Betriebsgefahr eines Kfzs einzustehen hat, sich der Halter und mithin auch sein Haftpflichtversicherer nur bei höherer Gewalt (vgl. § 7 Abs. 2 StVG) entlasten können. Die Insassen können daher sämtliche Personenschäden geltend machen. Die Insassen benötigen den oben genannten Fahrerunfallschutz daher ebenfalls nicht.

■ Liegt der Fall jedoch so, dass der Fahrer des eigenen Fahrzeuges den Unfall verursacht hat, so kann er, was seinen **eigenen** Personenschaden betrifft, diesen gegenüber keinem Haftpflichtversicherer geltend machen. In dieser Versicherungsschutzlücke greift der oben genannte Fahrerunfallschutz.

Praxistipp
Da es zurzeit keine einheitlichen **Musterbedingungen** hinsichtlich des Fahrerunfallschutzes gibt, muss in einem Schadensfall anhand der Police und anhand der

427

abgeschlossenen Bedingungen der Umfang des Versicherungsschutzes geprüft werden. Im Vorfeld eines Vertragsschlusses sollte der Mandant sich von den Versicherern, die diesen Fahrerunfallschutz anbieten, die Bedingungen zukommen lassen und die einzelnen Leistungen miteinander vergleichen. Insofern haben die Ausführungen zum Fahrerunfallschutz keine Allgemeinverbindlichkeit für alle derzeit auf dem Markt befindlichen synonymen Produkte.

II. Umfang der Leistung

152 Der Fahrer, der den Unfall selber verschuldet hat, wird hinsichtlich seines Personenschadens nicht durch pauschale vertragliche Summen bei dessen Geltendmachung eingeschränkt, sondern wird im gleichen Umfang geschützt wie ein schuldlos verletzter Insasse. Insofern ist der Fahrerunfallschutz keine private Unfallversicherung, sondern eine **Schadensversicherung.** Der Leistungsumfang bestimmt sich nach dem Recht der unerlaubten Handlung. Der Fahrer, der den Unfall selber verschuldet hat, kann hinsichtlich seines Personenschadens daher die volle Palette der sonst auch üblichen Schadensersatzansprüche, wie Verdienstausfall (Gehaltsdifferenzschaden), Schmerzensgeld, Haushaltsführungsschaden etc., dem Grunde nach geltend machen. Kommt es zu einem Tötungsfall, sind ebenfalls sämtliche Unterhaltszahlungen an Hinterbliebene geltend zu machen, wie dies sonst im Schadensersatzrecht auch üblich ist.

III. Umfang der Deckung

153 Der Fahrer, der den Unfall selber verschuldet hat, erhält hinsichtlich seines Personenschadens Deckung begrenzt auf die vereinbarte Deckungssumme für Personenschäden in der gleichzeitig abgeschlossenen Kraftfahrzeug-Haftpflichtversicherung.

IV. Obliegenheiten

154 Obliegenheiten sind Verhaltensnormen, aus denen sich ergibt, was der Versicherungsnehmer zu tun oder zu unterlassen hat, um den Versicherungsschutz zu erhalten.

155 Auch hier muss in den jeweiligen Bedingungen nachgelesen werden, welche Obliegenheiten seitens des Fahrers in Betracht kommen könnten. In der Mehrzahl der Versicherungsbedingungen der einzelnen Anbieter ist von folgenden Obliegenheiten auszugehen:

1. Verwendungsklausel

156 Das bedeutet, dass das Fahrzeug nur zu dem im Versicherungsschein angegebenem Zweck verwendet werden darf.

2. Fahren mit Fahrerlaubnis

Der Fahrer des Fahrzeuges darf sein Fahrzeug auf öffentlichen Wegen oder Plätzen **157** nur mit der erforderlichen **Fahrerlaubnis** benutzen. Es liegt daher eine Obliegenheitsverletzung vor, wenn der Fahrer keine erforderliche Fahrerlaubnis besitzt.

3. Berechtigter Fahrer

Das Fahrzeug darf nur von einem **berechtigten Fahrer** gebraucht werden. Ein **158** Dieb oder ein Schwarzfahrer fallen daher nicht unter den Versicherungsschutz.

4. Alkohol oder andere berauschende Mittel

In den Bedingungen ist zudem oftmals als Obliegenheit festgehalten, dass das Fahr- **159** zeug nicht gefahren werden darf, wenn der Fahrer durch **alkoholische Getränke** oder andere **berauschende Mittel** nicht in der Lage ist, das Fahrzeug sicher zu führen. Auch hier ist in den einzelnen Bedingungen nachzulesen, was konkret vertraglich vereinbart wurde, da in den neueren Bedingungen z.b. vorgegeben wurde, ab welcher Atemalkoholkonzentration in Ergänzung zu der **Trunkenheitsklausel** eine Obliegenheitsverletzung vorliegt bzw. wann eine vollständige Leistungsfreiheit des Versicherers eintritt. Inwieweit diese vereinbarten Klauseln mit der aktuellen Rechtsprechung im Einklang stehen, ist im Einzelfall zu prüfen und kann pauschal nicht beantwortet werden. Im Zweifel muss intern geprüft werden, ob die Klausel einer Wirksamkeitsprüfung standhält oder nicht.

5. Kraftfahrtsportliche Veranstaltungen und Rennen

In den Bedingungen ist oftmals als Obliegenheit auch festgehalten, dass das Fahr- **160** zeug nicht zu Fahrveranstaltungen – und dazugehörigen Übungsfahrten – verwendet werden darf, bei denen es auf die Erzielung einer Höchstgeschwindigkeit ankommt.

6. Gurtpflicht

Ferner ist in manchen Bedingungen der Versicherer festgehalten, dass Leistungs- **161** freiheit besteht, wenn der Fahrer bei dem Unfall nicht angegurtet war, es sei denn, es lag eine Ausnahme nach der StVO (**Gurtklausel**) vor. Auch diese Klausel ist von Relevanz, da nach der Rechtsprechung nicht automatisch eine Leistungsfreiheit in Betracht kommt, wenn der Insasse oder ein Dritter nicht angegurtet war. In der Regel ist nach der Rechtsprechung lediglich ein Mitverschulden zu berücksichtigen.

V. Ausschlüsse

Ein Leistungsausschluss besteht unter anderem, wenn der Schaden vom berechtig- **162** ten Fahrer vorsätzlich verursacht worden ist. Konkret fällt hierunter z.B. der Fall, in dem ein Suizident einen Unfall verursacht und folglich die Hinterbliebenen Ansprüche geltend machen wollen oder aber der potentielle Selbstmörder den Unfall überlebt und er seinen Personenschaden gegenüber dem Fahrerunfallschutzversicherer regulieren möchte.

Ein Ausschluss ist auch gegeben, wenn eine vorsätzliche Straftat vorlag, z.b. wenn das Auto als Waffe eingesetzt wurde.

Ein weiterer Ausschluss ist gegeben, wenn der Schaden beim Ein- oder Aussteigen, Be- oder Entladen entstanden ist.

Der Versicherungsschutz ist also in der Regel nur gegeben, wenn die Personenschäden während der Fahrt oder beim Lenken des versicherten Fahrzeuges eintreten. Was unter diese Begriffen zu subsumieren ist, ist aus der Rechtsprechung zu den Be- und Entladefällen und Ein- und Ausstiegsfällen entsprechend ersichtlich, welche bei der Mandatsbearbeitung jeweils heranzuziehen ist.

VI. Subsidiarität

163 Von besonderer Bedeutung ist die Subsidiarität des Fahrerunfallschutzes. Konkret bedeutet dies, dass kein Anspruch auf Leistungen besteht, wenn der Fahrer aufgrund gesetzlicher oder vertraglicher Regelungen kongruente Ansprüche wegen des Unfalls gegen Dritte geltend machen kann. Dies können z.b. Sozialversicherungsträger, Arbeitgeber oder private Krankenversicherer sein. Diese subsidiäre Haftung ermöglicht auch eine geringere Prämie, da der Versicherer beim Fahrerunfallschutz nicht in jedem Fall haftet und dadurch die Kalkulation der Prämie naturgemäß günstiger für den Versicherungsnehmer ausfallen kann. Ferner ist in den Bedingungen geregelt, dass eine Leistungspflicht des Versicherers jedoch dann besteht, wenn der berechtigte Fahrer glaubhaft macht, dass eine Durchsetzung der Ansprüche gegen Dritte ohne Erfolg geblieben oder ohne Aussicht auf Erfolg ist. Was alles zur Durchsetzbarkeit der Ansprüche erforderlich ist, muss von Fall zu Fall geprüft werden, wobei die Anforderungen nicht allzu hoch zu bemessen sein sollten.

VII. Verjährung

164 Da es sich bei dem Fahrerunfallschutz um einen Schutz handelt, der ähnlich eines Haftpflichtversicherers an der Maßgabe der gesetzlichen Haftpflichtbestimmungen orientiert ist, ist es nur konsequent, dass in der Mehrzahl der Fälle vertraglich festgehalten ist, dass die Ansprüche nach 3 Jahren verjähren, wobei die Verjährung mit dem Schluss des Jahres beginnt, in welchem die Leistung verlangt werden kann. Ferner ist vertraglich festgehalten, dass, sobald der Anspruch beim Versicherer angemeldet ist, die Verjährung bis zur schriftlichen Entscheidung des Versicherers gehemmt ist. Wann eine solche schriftliche Entscheidung vorliegt und welche Bedingungen eingetreten sein müssen, ist ebenfalls wieder analog der Rechtsprechung zum Haftpflichtrecht zu entnehmen.

VIII. Stellungnahme

Der Fahrerunfallschutz ist weitgehend unbekannt. Oftmals wird von Maklern und **165** von Ausschließlichkeitsagenten propagiert, dass der Fahrer eines Fahrzeuges eine private Unfallversicherung braucht, um die Lücke zu schließen, die entsteht, wenn er einen 100 %ig selbstverschuldeten Unfall verursacht und hierdurch einen Personenschaden erleidet. Jedoch zeigt die langjährige Erfahrung des Autors im Bereich der privaten Unfallversicherung, dass ein derartiger Schutz bei weitem nicht so umfangreich ist, wie der Fahrerunfallschutz. Bei der privaten Unfallversicherung erhält der Versicherungsnehmer eine vertraglich vereinbarte Versicherungssumme, die nach Höhe der Prämie anhand der Gliedertaxe bestimmt wird. Schaut man sich zudem noch die Bedingungen der AUBs an, so stellt man schnell fest, dass es neben den üblichen Ausschlüssen und Obliegenheiten auch in der Regel nicht zu solchen Zahlungen wie im Haftpflichtrecht kommt, da nach den Bedingungen der Versicherer bis zu 3 Jahre Zeit hat, die Sache abzuwarten und zu prüfen, ob eine Heilung oder eine Verbesserung des Schadens eingetreten ist oder nicht. Da in der Vielzahl der Verletzungen lediglich „Knochenbrüche" nach der Gliedertaxe Berücksichtigung finden, stellt man selbst bei Schwerstverletzten fest, dass diese nach dem Leistungskatalog der privaten Unfallversicherungen nur geringe Summen erhalten. Mitunter ist ein Polytrauma, d.h. eine Verletzung, die mehrfach lebensbedrohlicher Art ist, wieder gut ausgeheilt, so dass der Versicherungsnehmer einer privaten Unfallversicherung gar keine oder nur eine geringe Leistung des privaten Unfallversicherers erhält. Ferner ist auch weitgehend unbekannt, dass z.B. eine private Unfallversicherung bei einem Milzverlust gar nicht leistet. Andere Versicherer vertreten dagegen die Auffassung, dass ein Milzverlust lediglich mit einem Invaliditätsgrad von 10 % anzusetzen sei. Alle diese Einschränkungen bestehen beim Fahrerunfallschutz dagegen nicht. Er ist daher eine sinnvolle Ergänzung zum allgemeinen Kfz-Haftpflichtschutz. Das Schmerzensgeld, welches nach der Rechtsprechung deutlich höher ausfallen wird als die gesamten Leistungen eines privaten Unfallversicherers, verstärkt diese Argumentation.

Es ist jedoch von ganz entscheidender Bedeutung, dass der Fahrerunfallschutzversicherer insbesondere dann erhebliche Leistungen erbringt, wenn der berechtigte Fahrer, der den Unfall selber verschuldet hat, schwerstverletzt ist und seinen Beruf nicht mehr ausüben kann. In diesem Fall kann der berechtigte Fahrer mitunter einen lebenslangen Verdienstausfall und lebenslange Pflegekosten geltend machen, was existentiell sein kann. Gerade die Pflegekosten können monatlich in schwersten Fällen über 10.000,00 EUR ausmachen. **166**

Es gibt keinen wirtschaftlich vergleichbaren Versicherungsschutz im Bereich der **167** Personenversicherungen, der auch nur ansatzweise einen solchen Schutz bietet wie der Fahrerunfallschutz. Ohne ihn wäre der berechtigte Fahrer, der einen Unfall verursacht hat und sich selbst schwerste Verletzungen zugezogen hat, wegen der Pflegekosten, dem Verdienstausfall und der vermehrten Bedürfnisse auf die gesetzliche

Sozialversicherung angewiesen. Man mag an dieser Stelle nicht an die wirtschaftlichen Folgen denken, die sich bei der ungedeckten Schadensspitze des Erwerbsschadens und der Pflegekosten für den Geschädigten ergeben. Ein schwerstpflegebedürftiger Mensch würde in relativ kurzer Zeit finanziell völlig ruiniert sein und sein Leben auf Sozialhilfeniveau fristen müssen; abgesehen davon, dass kein Sozialversicherungsträger Zahlungen auf Schmerzensgeld erbringt. Auch die Realisierung der Kostenübernahme für hauswirtschaftliche Unterstützung durch den Sozialversicherungsträger ist mehr als ungewiss.

168 Berücksichtigt man ferner, dass zurzeit die Mehrprämien für den Fahrerunfallschutz äußerst gering sind und schon im Bereich von 30 EUR jährlich angeboten werden, so ist dieser aus Sicht der Autoren absolut zu empfehlen.

169 Vertreter der privaten Unfallversicherung würden wahrscheinlich als Zusatzargument vortragen, dass der Unfallschutz der privaten Unfallversicherung rund um die Uhr und weltweit an jedem Ort gilt und nicht lediglich für Fahrer eines Fahrzeuges, wie es der Fahrerunfallschutz gewährleistet. Vergleicht man jedoch den Leistungskatalog und die einzelnen Prämien miteinander und bezieht man die Statistik ein, wie häufig Unfälle im Straßenverkehr eintreten und wie häufig Unfälle im privaten Bereich geschehen, so wird man zu dem Ergebnis kommen, dass der Fahrerunfallschutz hinsichtlich seines Leistungskataloges deutlich attraktiver ist als eine private Unfallversicherung.

§ 10   Unfallmedizin für Anwälte

A. Einleitung

Literatur: *Graf/Grill/Wedig*, Beschleunigungsverletzung der Halswirbelsäule, 1. Auflage 2008; *Kuklinski/Schemionek*, Schwachstelle Genick, 2006

I. Medizinische Fachbegriffe

Es empfiehlt sich, die medizinischen (lateinischen) Fachbegriffe in den Arztberich-   **1**
ten jeweils nachzulesen. Hierzu hat sich das Internet als sehr hilfreich erwiesen, da
sämtliche medizinischen Fachbegriffe eingegeben werden können und eine Über-
setzung, oftmals in Verbindung mit einer kurzen Erklärung, greifbar ist.

Nachdem der Rechtsanwalt mehrere Personenschäden oder Arzthaftungsfälle bear-   **2**
beitet hat, verfügt er zudem über ein eigenes medizinisches Grundwissen, so dass
er immer wiederkehrende Fachbegriffe nicht mehr nachlesen muss.

II. Bedeutung

Das Themengebiet der **Unfallmedizin** stellt sich für den Rechtsanwalt zumeist als   **3**
ein unbekanntes Fachgebiet dar. Wenn der Anwalt in diesem Themengebiet jedoch
Kenntnisse erlangt hat, kann er in der Regel für seinen Mandanten deutlich höhere
Schadensersatzleistungen aushandeln. Es ist an dieser Stelle nochmals zu betonen,
dass Versicherer immer nur dann bereit sind, höhere Schadensersatzleistungen zu
erbringen, wenn sie feststellen, dass der gegnerische Anwalt mit ihnen auf gleicher
Augenhöhe verhandeln kann. Je detailreicher die Kenntnisse der Anwaltschaft im
Bereich der Unfallmedizin sind, desto höher wird das Prozessrisiko des Versiche-
rers.

Allein die kaufmännische Betrachtung kann beim Versicherer schon dazu führen,   **4**
dass er im Einzelfall höhere Schadensersatzleistungen erbringt, um sich erhebliche
Rechtsverfolgungskosten (einschließlich der Kosten für diverse Sachverständigengutachten) zu ersparen. Darüber hinaus hat kein Versicherer Interesse an rechtskräftigen Entscheidungen, die auf Geschädigtenseite Schule machen könnten. Die außergerichtliche Vergleichsbereitschaft wächst enorm, wenn der Anwalt mit
Sachkenntnissen aus dem Fachbereich der Unfallmedizin aufwarten und diese gezielt in der Regulierungsverhandlung einbringen kann.

Momentan haben Versicherer gegenüber den meisten Anwälten noch einen erhebli-   **5**
chen Wissensvorsprung im Bereich der medizinischen Grundkenntnisse. Versicherer selber müssen sich mit dem Bereich der Unfallmedizin und eventuellen Komplikationen, Spätfolgen oder Risiken beschäftigen, da sie nur so professionell den
jeweiligen Fall reservieren können.

Das momentane Ungleichgewicht auf Versichererseite und demgegenüber auf Ge-   **6**
schädigtenseite zeigt sich dann, wenn Seminare zu unfallmedizinischen und ver-

sicherungsrechtlichen Themen zu 90 % von Sachbearbeitern aus Großschadens-abteilungen und lediglich zu 10 % von der Anwaltschaft gebucht werden. Es ist daher auch Ziel dieses Kapitels, diese Wissenslücke der Anwälte zu schlie-ßen.

7 Insbesondere das Kapitel „Erläuterung der häufigsten Komplikationen/Spätfolgen/Risiken in der Personenschadensregulierung" (siehe Rn 222 ff.) ist aus Anwalts-sicht von Bedeutung. Denn nur, wenn der Anwalt bei dem zu bearbeitenden Fall und dem entsprechenden Verletzungsbild die Komplikationen, Spätfolgen und eventuellen Risiken kennt, kann er diese auch gegenüber dem Versicherer vortra-gen.

Praxistipp
Dies kann sich für den Mandanten in barer Münze auszahlen, da sich sowohl die Standardschadenspositionen Schmerzensgeld, Haushaltsführungsschaden, Er-werbsschaden als auch vermehrte Bedürfnisse gravierend verändern können, wenn die objektiv vorhersehbaren Komplikationen/Spätfolgen/Risiken bereits von An-fang an in die Bezifferung der Ansprüche eingearbeitet werden. Es ist deshalb zwingend erforderlich, dass der Anwalt sich mit den objektiv vorhersehbaren Ver-letzungsfolgen bei jedem einzelnen Verletzungsbild auskennt.

8 Unterschätzte Primärverletzungen und Nichterkennen von Spätfolgen sind ein ex-trem häufiger Haftungsgrund für Rechtsanwälte. Nicht selten werden auch schein-bar einfache Verletzungen zu schweren Dauerschäden. Insbesondere kommt es im-mer wieder vor, dass aus einer an sich unproblematischen Schlüsselbeinfraktur ein Dauerschaden dahingehend entsteht, dass der Geschädigte vollständig erwerbs-unfähig wird. Wird hier zu früh, ohne Berücksichtigung dieser Risiken, reguliert, entsteht zum einen ein extremer Ausfall beim Geschädigten, zum anderen ein ex-tremes Haftungsrisiko beim Anwalt. Auch eine einfache HWS-Verletzung führt in fünf Prozent der Fälle dazu, dass tatsächlich eine vollständige Erwerbsunfähigkeit aufgrund dieser scheinbar leichten Verletzung eintritt.

Hinweis
Daher ist es zwingend erforderlich, sich vor Abschlussregulierung zum einen zu vergewissern, dass tatsächlich ein medizinisch gefestigter Zustand erreicht wurde, zum anderen muss sich der Anwalt durch Rückfrage beim Arzt versichern, dass Zukunftsrisiken angemessen berücksichtigt werden. Unterlässt dies der Anwalt, begeht er bei der Personenschadensregulierung einen Kardinalfehler.

1. Schmerzensgeld

9 Wenn der Anwalt die Komplikationen/Spätfolgen/Risiken in Bezug auf die einzel-nen Verletzungsfolgen seines Mandanten kennt, kann dies auf die Höhe des **Schmerzensgeldes** erheblichen Einfluss haben. In diesem Zusammenhang ist auf die Grundsatzentscheidung des BGH vom 14.2.2006 (VI ZR 322/04, zfs 2006, 381)

hinzuweisen. Nach dieser Rechtsprechung gebietet es „der Grundsatz der Einheit-lichkeit des Schmerzensgeldes, die Höhe des dem Geschädigten zustehenden An-spruchs aufgrund einer ganzheitlichen Betrachtung der den Schadensfall prägenden Umstände unter Einbeziehung der **absehbaren künftigen Entwicklungen des Schadensbildes** zu bemessen.“

Es geht um die Benennung möglicher Verletzungsfolgen, die zum Beurteilungszeit-punkt zwar noch nicht eingetreten sind, deren Eintritt aber **objektiv vorhersehbar** erscheint, mit denen also gerechnet werden muss, obgleich sich die Folgen im Ein-zelfall auch nie realisieren müssen. Es geht also um die theoretische Möglichkeit des Eintritts weiterer gesundheitlicher Verschlechterungen, auch dann wenn diese unwahrscheinlich sind. Insofern hat der Geschädigte hier ganz klar die Rechtspre-chung des BGH auf seiner Seite. **10**

Zu den Einzelheiten der Vorhersehbarkeitsrechtsprechung des BGH sei auf Kapitel 3 verwiesen (siehe § 3 Rn 7 ff.). Wegen der Besonderheiten der Gestaltung eines entsprechenden Zukunftsschadensvorbehaltes verweisen wir auf Kapitel 7 (siehe § 7 Rn 34 ff.). **11**

Da die Regulierung des Schmerzensgeldes sich immer an den objektiv vorherseh-baren Folgeschäden orientieren muss, muss der Anwalt dem Versicherer zu den Ausgangsverletzungen des Mandanten die möglichen Spätfolgen, Komplikationen und Risiken aufzeigen, um auf diese Art und Weise eine deutliche Erhöhung des Schmerzensgeldes zu erreichen. Im Umkehrschluss bedeutet dies: Wenn die Spät-folgen, Komplikationen und Risiken, die eine Ausgangsverletzung mit sich bringt, im weiteren Verlauf jedoch nie eintreten, dann kann der Mandant trotzdem das deutlich erhöhte Schmerzensgeld behalten und muss dieses auch später nicht zu-rückzahlen. **12**

Problematisch ist es, wenn der Anwalt das Schmerzensgeld (zu gering) lediglich auf der Basis der Ausgangsverletzungen beziffert und der Versicherer den Schaden mit Abfindungserklärung außergerichtlich abschließend reguliert hat und sich dann zu einem späteren Zeitpunkt eine objektiv vorhersehbare medizinische Komplikati-on einstellt. Unter Hinweis auf die Vorhersehbarkeitsrechtsprechung des BGH (sie-he § 3 Rn 7 ff.) ist der Schädiger leistungsfrei und der Anwalt hat ein Haftungspro-blem. **13**

Im Regulierungsgespräch kommt es vor, dass der Haftpflichtversicherer die vom Anwalt vorgetragenen Komplikationen/Spätfolgen/Risiken bestreitet und stattdes-sen lediglich ein Schmerzensgeld auf der Basis der unstreitigen Ausgangsverlet-zungen anbietet, welches naturgemäß erheblich geringer ist. Oftmals wird argumentiert, das Risiko des Eintritts der behaupteten Komplikationen/Spätfolgen/ Risiken sei so gering, dass es schmerzensgeldrechtlich nicht ins Gewicht fällt. **14**

An dieser Stelle kann sich folgende Vorgehensweise anbieten: Der Anwalt verhan-delt mit dem Versicherer zunächst einen Schmerzensgeldbetrag lediglich für die Ausgangsverletzungen. Im Wege eines Vorbehaltes wird vereinbart, dass bei Eintritt ausdrücklich benannter Komplikationen/Spätfolgen/Risiken aufgrund dieser Ausgangsverletzungen die Zahlung eines weiteren Schmerzensgeldes verlangt werden kann. Es sollte der ausdrückliche Hinweis erfolgen, dass diese Vereinbarung in Abweichung zur Vorhersehbarkeitsrechtsprechung des BGH erfolgt. Ergänzend muss der Versicherer den allgemeinen immateriellen Vorbehalt erklären, welcher sich nach der Vorhersehbarkeitsrechtsprechung dann nur noch auf objektiv nicht vorhersehbare Folgeschäden bezieht. Dieser dreistufige Regulierungsaufbau sichert dem Geschädigten eine umfassende Rechtsposition und minimiert zugleich das Risiko der Anwaltshaftung. Zur Bestimmung, welche Komplikationen/Spätfolgen/Risiken objektiv vorhersehbar sind, sollte sich der Rechtsanwalt mit dem Versicherer auf die Einholung eines Arztgutachtens verständigen. Dieses Gutachten ist dann Gegenstand der Abfindungserklärung.

15   Die gewonnenen Erkenntnisse aus einer Begutachtung zu den Komplikationen/Spätfolgen/Risiken eröffnen es dem Anwalt darüber hinaus, mit dem Versicherer über eine spätere Angleichung des Erwerbsschadens, Haushaltsführungsschadens und der damit im Zusammenhang stehenden vermehrten Bedürfnisse zu verhandeln. Das muss jedoch ausdrücklich in einem Vorbehalt erfasst werden. In diesem Zusammenhang sollte das Augenmerk dann auch auf einen eventuellen Pflegevorbehalt gerichtet werden. Wenn die objektiv vorhersehbaren Komplikationen/Spätfolgen/Risiken darauf hindeuten, dass in der Zukunft eine Pflegebedürftigkeit entstehen kann, dann sollte der Anwalt im Regulierungsgespräch darauf hinwirken, dass der Versicherer bei Eintritt dieser objektiv vorhersehbaren Folgen seine Eintrittspflicht für die ungedeckte Schadensspitze bei erforderlichen Pflegeleistungen erklärt. Auch hier bedarf es einer entsprechenden Vorbehaltsregelung.

2. Haushaltsführungsschaden

16   Auch der **Haushaltsführungsschaden** kann sich erheblich durch medizinische Komplikationen, Spätfolgen oder Risiken erhöhen. Für diese Schadenspositionen gilt das bereits oben Gesagte. Nur dann, wenn der Anwalt weiß, welche Komplikationen, Spätfolgen oder Risiken im jeweiligen Verletzungsbereich eintreten können, kann dieser sie auch gegenüber dem Haftpflichtversicherer darlegen. Treten zum Beispiel die Komplikationen Epilepsie, Nekrose, Gefäßschäden, Thrombose, Achsfehlstellungen, eine Embolie, eine Infektion oder Sonstiges ein, hat dies naturgemäß je nach Betroffenheit der einzelnen Körperteile und Gliedmaßen auch Auswirkungen auf den Haushaltsführungsschaden.

17   In diesem Fall braucht der Anwalt lediglich, nachdem er Kenntnis über die Komplikationen, Spätfolgen und Risiken in diesem Kapitel erlangt hat, in dem Tabellenwerk *Pardey* unter der Tabelle 6 nachzuschauen und zu überprüfen, welchen Einfluss die jeweilige Komplikation auf den Grad der haushaltsspezifischen MdE hat (*Pardey*, Der Haushaltsführungsschaden, 8. Auflage, S. 91). Relativ leicht lässt sich die Differenz zwischen dem Schadensersatzbetrag für die Ausgangsverletzung und dem für die Spätschäden dieser Ausgangsverletzung ausrechnen. Im Falle eines

Haushaltsführungsschadens kann das kapitalisiert einen Mehrbetrag im fünfstelligen Eurobereich ausmachen. Hier ist zu berücksichtigten, dass für den Haushaltsführungsschaden der Arzt kein geeignetes Beweismittel ist. Hier ist für die endgültige Beurteilung der haushaltsspezifischen Beeinträchtigungen und der daraus resultierenden Schadensersatzansprüche ein Gutachten aus dem hauswirtschaftlichen bzw. arbeitsmedizinischen Kreis zwingend erforderlich. Häufig machen hier Gerichte den Fehler, einen Haushaltsführungsschaden durch einen Arzt begutachten zu lassen. Dieser hat nicht die Qualifikation hierzu und ist daher im Sinne der Rechtsprechung des Bundesgerichtshofes kein geeignetes Beweismittel zur Feststellung der Höhe des Haushaltsführungsschadens.

3. Erwerbsschaden

Auch beim **Erwerbsschaden** können eventuell eintretende Komplikationen, Spätfolgen oder Risiken bei den Ausgangsverletzungen zu erhöhten Schadensersatzansprüchen führen. Hier besteht generell die Möglichkeit, entweder die Risiken durch Zukunftsschadensvorbehalte abzusichern oder aber sich die etwaigen Komplikationen durch höhere Schadensersatzleistungen abfinden zu lassen. Durch Nachfrage beim Mandanten muss das einzelne Berufsbild durchgesprochen und geklärt werden, ob etwaige Komplikationen Auswirkungen auf den Beruf haben können. So hat zum Beispiel eine schwere Lunatumluxation im Bereich des Handgelenks mit einer Komplikation infolge einer Nekrose des Kahnbeins für einen Maler, der sein Handgelenk permanent benutzt, erhebliche Auswirkungen auf seinen zukünftigen Erwerbsschaden. **18**

Etwaige Risiken, Spätfolgen oder Komplikationen haben auch Auswirkungen auf die **vermehrten Bedürfnisse**, da Verschlechterungen mitunter dazu führen, dass Hilfsmittel notwendig werden, die der Geschädigte vorher nicht gebraucht hat. Sind diese Hilfsmittel medizinisch notwendig und fallen nicht in den Heil- und Hilfsmittelkatalog nach § 139 SGB V, so ist die Kostenübernahme im Rahmen der vermehrten Bedürfnisse mit dem Versicherer auszudiskutieren. **19**

Praxistipp
Es ist wichtig, dass Kanzleien, die Personengroßschäden bearbeiten, über ein umfangreiches Kontingent an Fachärzten im Hintergrund zu den Fachbereichen Neurologie, Paraplegie, Internistik, Unfallchirurgie, Handchirurgie, Neurochirurgie, Ophthalmologie oder HNO verfügen. Der Versicherer greift demgegenüber auf seine Gesellschaftsärzte zurück. Um auf gleicher Augenhöhe verhandeln zu können, muss der Rechtsanwalt dafür sorgen, exzellente medizinische Informationen zum Schadensfall zur Akte zu bekommen.

Im Nachfolgenden werden in alphabetischer Reihenfolge die **häufigsten Verletzungsbilder** wichtiger einzelner Körperteile dargestellt. Es wird aufgezeigt, welcher medizinische Fachbereich am ehesten Aussagen zur Ausgangsverletzung, Behandlungsmöglichkeiten und den Komplikationen, Spätfolgen und Risiken **20**

Stellung nehmen kann. Schließlich werden die einzelnen Komplikationen, Spätfolgen und Risiken, die objektiv vorhersehbar mit der Ausgangsverletzung an dem jeweils betroffenen Organ einhergehen können, umfassend dargestellt. Dem Rechtsanwalt sei dringend angeraten, an dieser Stelle Kontakt mit dem behandelnden Facharzt des Mandanten aufzunehmen und eine individuelle Abklärung herbeizuführen, mit welchen möglicherweise darüber hinausgehenden Komplikationen, Spätfolgen und Risiken im Sinne der Vorhersehbarkeitsrechtsprechung des Bundesgerichtshofes bei dem vorliegenden Verletzungsbild des Mandanten zu rechnen ist. Sinnvoll ist es, wenn der Anwalt den behandelnden Arzt schriftlich danach befragt, um die schriftliche Aussage dann zum Gegenstand einer Abfindungserklärung machen zu können, um auch entsprechende Zukunftsschadensvorbehalte vereinbaren zu können.

21 In der Praxis ist es hilfreich, Begriffe, die man auf Anhieb nicht versteht, zu googeln. Auch Wikipedia gibt hier wichtige Hinweise und liefert Ansatzpunkte, welche Körperteile tatsächlich verletzt wurden.

B. Körperteile

I. Arm

1. Oberarm
a) Oberarmschaftfraktur
aa) Grundlagen

22 Die Oberarmschaftfraktur heißt in den Arztberichten Humerusschaftfraktur (Humerus = Oberarm). Es handelt sich um eine Bruchverletzung im mittleren Teil des Langknochens (bei den Arm- und Beinknochen handelt es sich um sogenannte Langknochen). Nicht gemeint ist ein Bruch in Schulter- oder Ellenbogengelenksnähe. Hier spricht man von einer Humeruskopf- bzw. Ellenbogenfraktur (siehe hierzu Rn 27, 64 ff.). Die sog. Humerusschaftfraktur ist die knöcherne Kontinuitätsdurchtrennung des Humerusschafts. Eine solche Oberarmschaftfraktur kann durch ein direktes Trauma entstehen, wenn ein Schlag auf den Oberarm erfolgt, aber auch durch ein indirektes Trauma, wie den Sturz auf den Arm, Ellenbogen oder die Hand. Gerade bei Verkehrsunfällen, die außerhalb des Fahrzeugs stattfinden, wie bei Kollisionen mit Fußgängern, Radfahrern, Mofafahrern oder Motorradfahrern, treten solche Verletzungen durch Stürze häufig auf. Man unterscheidet zwischen verschiedenen Frakturen je nach Richtung der Gewalteinwirkung zwischen Querfrakturen, Spiralfrakturen oder Stückfrakturen. Entweder werden die Fälle konservativ durch Ruhigstellung behandelt, zum Beispiel durch einen Desault-Verband oder operativ durch Verwendung von Nägeln. Bei der konservativen Therapie wird heute nicht nur eine Ruhigstellung vorgenommen, sondern man nutzt nach der Ruhigstellung auch die Wirkung der Muskelkräfte in der sog. Kunststoff-Brace, welche angelegt wird. Diese Methode wird häufig bei jüngeren Patienten angewandt, wo ein guter Muskelmantel für die konservative Art der Behandlung spricht.

bb) Arztkontakt/Rücksprache

Als Facharzt für diese Verletzung sollte der **Unfallchirurg** und/oder der **Ortho-** **23**
päde konsultiert werden.

cc) Komplikationen, Spätfolgen und Risiken

Bei der Oberarmschaftfraktur oder Humerusschaftfraktur besteht oftmals die Ge- **24**
fahr der Verletzung des Radialisnervs. Dieser Nerv kreuzt im mittleren Oberarm-
drittel knochennah den Humerus und ist in der Region bis zu 15 % begleitverletzt.
Allerdings kann dieser Nerv auch bei einer Metallentfernung (Nagelentfernung)
verletzt werden. Wenn der Nerv kaputt ist, tritt die sog. Fallhand ein, d.h. die Hand
fällt nach vorne und kann nicht waagerecht gehalten werden.

Als weitere Komplikation kann die Pseudarthrose auftreten (siehe Rn 281). Die **25**
Pseudarthrose ist eine verzögerte Knochenheilung oder eine endgültige unvollständige Knochenheilung. Die Knochenfragmente bleiben getrennt und wachsen nicht
zusammen. Es können auch Durchblutungsstörungen, Infektionen oder Diabetes
auftreten. Bei den Pseudarthrosen kann es häufig auch zu Dauerschäden in Form
von Funktionseinschränkungen einzelner Gelenke oder Körperteile in der Beweglichkeit kommen. Ferner hat der Geschädigte oftmals dauerhaft Schmerzen und
muss Medikamente zu sich nehmen. All diese Einschränkungen haben naturgemäß
auf die einzelnen Schadenspositionen Einfluss.

Als weitere Komplikation kann es zu Nervenschädigungen oder auch zu Infektio- **26**
nen, Lähmungen, Gefühlsstörungen oder vegetativen Störungen kommen. Von einer Infektion spricht man, wenn Krankheitserreger zu einer Schädigung des Wirtes
führen. Es kann zu bakteriellen Gelenkinfektionen kommen, wodurch irreversible
Knorpelschädigungen oder eine vorzeitige Arthrose auftreten können. Dies kann
dann je nach Art und Umfang einen langwierigen und schwierigen Krankheitsver-
lauf nehmen.

b) Oberarmkopffraktur
aa) Grundlagen

Die **Oberarmkopffraktur** kommt sehr häufig vor. Es handelt sich hierbei um eine **27**
Fraktur des schulternahen Oberarms am Gelenkkopf. Man unterscheidet in der Medizin mehrere Bruchformen, je nachdem, an welcher Stelle der Bruch war. Insbesondere die sog. Luxationsfraktur ist sehr kompliziert und mit einem hohen Risiko von Spätfolgen verbunden. Je nach Bruchform und Typ kann diese Verletzung
entweder konservativ durch Ruhigstellung behandelt werden oder aber operativ.

Die Oberarmkopffraktur geht häufig einher mit einer massiven Schulterverletzung, **28**
beispielsweise einer Verletzung der Rotatorenmanschette etc. Dies birgt weitere
immense medizinische Schwierigkeiten in sich.

bb) Arztkontakt/Rücksprache

29 Es sollten **Orthopäde, Unfallchirurg** und **Physiotherapeut** kontaktiert werden, um etwaige individuelle Spätfolgen abzuklären.

cc) Komplikationen, Spätfolgen und Risiken

30 ■ Einsteifen des Schultergelenks

Der Physiotherapeut ist auch deswegen wichtig, da der Geschädigte bei der Oberarmkopffraktur frühzeitig mit Übungen beginnen sollte, um ein Einsteifen des Schultergelenks zu verhindern.

■ Humeruskopfnekrose

Das größte Problem besteht in der sog. Humeruskopfnekrose. Der Humerus ist der Oberarmknochen. Nekrose bedeutet in der Medizin ein Absterben von Gewebe, wenn keine Blutversorgung mehr erfolgt. Es kann ein kompletter Oberarmkopfersatz durch eine Prothese erforderlich werden. Auch danach kann es noch zu weiteren Komplikationen kommen, da selbst mit einer erfolgreichen Prothese die Funktion des Oberarms oftmals eingeschränkt ist, da durch die OP auch viele Weichteile beschädigt werden.

■ Implantatlockerung

Wenn eine Implantateinsetzung erfolgte, kann es als weiteres Risiko anlässlich einer Operation zu einer Implantatlockerung kommen. Dies hat oftmals die Folge, dass eine erneute, nicht eingeplante OP durchgeführt werden muss, um die nicht richtig sitzenden Implantate zu entfernen.

■ Bewegungseinschränkungen

Fast immer kommt es bei den Spätfolgen auch zu Bewegungseinschränkungen, was bei der privaten Unfallversicherung auch Auswirkungen auf den Grad der Invalidität hat.

Da bei der Oberarmkopffraktur sowohl die konservative Behandlung als auch die operative Behandlung je nach Fall möglich sind, sind die allgemeinen Operationsrisiken und Komplikationen wie **Thrombose, Nervenschädigungen** und **Infektionen** zu bedenken (siehe Rn 254 f., 286 f.).

Als weitere Komplikationen kommen in Betracht die **Pseudarthrose** und die **Schultergelenksarthrose**. Es kann auf die nachfolgenden Erläuterungen (siehe Rn 281 ff.) verwiesen werden.

c) Bizepssehnenabriss
aa) Grundlagen

31 Der **Bizepssehnenabriss (Bizepssehnenruptur)** ist sowohl konservativ als auch operativ behandelbar. In häufigen Fällen muss eine Operation erfolgen, um die Kraft im Arm wiederherzustellen. Beim Bizeps handelt es sich um einen Muskel im vorderen Bereich des Oberarms. Dieser Muskel hat unter anderem die Funktion, den Arm zu heben und zu beugen. Er ist wichtig, da der Muskel und die Sehnen einen Großteil der Kraft im Arm aushalten müssen. Ein solcher Bizepssehnenabriss kann durch ein Trauma oder auch durch mechanische Belastungen entstehen.

bb) Arztkontakt/Rücksprache
Es sollten **Orthopäde, Unfallchirurg** und **Physiotherapeut** kontaktiert werden. **32** Insbesondere die Rücksprache mit dem Physiotherapeuten ist notwendig, da bei konservativer Behandlung eine frühzeitige und gezielte Krankengymnastik notwendig erscheint.

cc) Komplikationen, Spätfolgen und Risiken
Bei dem Bizepssehnenabriss handelt es sich um eine Verletzung, die in der Regel **33** gut ausheilt. Nur bei schweren Komplikationen kann es zu erheblichen Problemen in der Erwerbsfähigkeit und Haushaltsführung kommen. Bei einer OP bestehen die allgemeinen Risiken, wie **Thrombose, Nervenschädigungen** und **Infektionen** (siehe Rn 254 f., 286 f.). Wenn eine Nervenverletzung vorliegt, können **Sensibilitätsstörungen** und **Lähmungserscheinungen** auftreten. Ferner kann es zu **Wundheilungsstörungen** und **überschießender Narbenbildung** kommen. Außerdem kann durch den Druck des Verbandes ein Schaden an Nerven und Gefäßen entstehen. Zudem kann das sog. **Sudecksyndrom** eintreten. Es wird insoweit auch auf spätere Ausführungen (siehe Rn 261 f.) verwiesen. Das Sudecksyndrom wird auch Morbus Sudeck oder C.R.P.S. (*Complex regional pain syndrome*) genannt. Generell kann gesagt werden, dass Morbus Sudeck eines der Gebiete ist, die am meisten beforscht werden, da vieles medizinisch noch ungeklärt ist. Im Stadium 3 kann dieses Schmerzsyndrom bis zur hochgradigen Bewegungsstörung, Minderung der Kraft und sogar Einsteifungen führen. Kommt es einmal zu einem Schmerzsyndrom, führt dies oftmals zu erheblichen Dauerschäden. Es kommen in der Regel psychische Probleme im Zusammenhang mit Schmerztherapien hinzu. Bei der Mehrzahl der Bizepssehnenabrisse kommt es aber nicht zu derartigen Komplikationen.

2. Unterarm
a) Unterarmschaftfraktur
aa) Grundlagen
Bei der **Unterarmschaftfraktur** handelt es sich um den Bruch beider **Unterarm-** **34** **knochen**. Es können jedoch auch isolierte Frakturen des Radius (Speiche) oder der Ulna (Elle) erfolgen. Ferner gibt es die komplizierten Brüche, wie die sog. **Monteggia-Fraktur**. Das ist eine Ulnaschaftfraktur mit gleichzeitiger Luxation des Radiuskopfes, d.h. die Ulna ist gebrochen und gleichzeitig ist eine Luxation des Radiusköpfchens eingetreten. Die zweite Sonderform ist die sog. **Galeazzi-Fraktur**. Hierbei ist der Radius gebrochen und die Ulna im Handgelenk luxiert. Als dritte Sonderform gibt es noch die sog. **Essex-Lopresti-Läsion**. Hierbei handelt es sich um eine Radiuskopffraktur mit Ruptur der Membrana interossea. Die Unterarmschaftfraktur kann sowohl konservativ als auch operativ behandelt werden. Die meisten Brüche werden operativ behandelt. Bei einer konservativen Behandlung

besteht die Problematik, dass eine lange Ruhigstellung erfolgen muss. Es ist eine deutliche Einschränkung der Unterarmdrehung vorgegeben und es besteht ein hohes Pseudarthroserisiko. Von daher wird statistisch gesehen die Mehrzahl derartiger Frakturen operiert. Unterarmschaftfrakturen entstehen häufig durch eine Gewalteinwirkung gegen den Unterarm. Speziell bei Verkehrsunfällen, wie Fahrradunfällen, Motorradunfällen oder auch Fußgängerstürzen, kommen derartige Brüche häufig vor. Die Fraktur des Ulnaschafts (Parierfraktur) entsteht dadurch, dass eine direkte Gewalteinwirkung auf die Ulna erfolgt. Man hat dies oftmals bei Fällen, wenn der Kopf geschützt werden soll und hierzu der Unterarm nach oben gehalten wird.

bb) Arztkontakt/Rücksprache

35 Hier sind **Unfallchirurg** und/oder **Orthopäde** zu kontaktieren.

cc) Komplikationen, Spätfolgen und Risiken

36 ■ **Funktionseinschränkungen des Unterarms**

■ Insbesondere was die Drehbewegung betrifft, sind oftmals Einschränkungen von Dauer möglich. Es kann ferner zu **Fehlstellungen** kommen.

■ Bei Einzelfrakturen besteht oftmals das Risiko der sog. **Pseudarthrose** (siehe Rn 281). Sie tritt zum Beispiel auf, wenn das Implantat am Radius zu klein war.

■ Ferner bestehen die Operationsrisiken **Thrombose, Nervenschädigungen** und **Infektionen** (siehe Rn 254 f., 286 f.).

■ Bei Komplikationen und Dauerschäden kann dies auch Auswirkungen auf die **Funktion der Hand** haben. Je nach dem Beruf des Geschädigten können derartige Einschränkungen Konsequenzen in den einzelnen Schadenspositionen haben.

■ Häufig wird die **Luxation** übersehen.

■ Des Öfteren tritt eine **Instabilität** im Hand- und Ellenbogengelenk auf.

■ Mitunter kommt es zu **vorzeitiger Arthrose**.

■ Gefahr der Schädigung der Radialisnerven

■ Oftmals besteht auch die Gefahr einer **Refraktur**, wenn die Metallentfernung zu früh vorgenommen wird.

37 Liegen schwere Autounfälle vor, bei denen auch Quetsch- oder Überrollverletzungen gegeben sind, kann es oftmals auch zu einem sog. **Kompartmentsyndrom** kommen (siehe Rn 256). Bei einem Kompartmentsyndrom sind das Gewebe oder die Organe infolge eines Gewebedrucks geschädigt. Es tritt dann ein dauerhafter Schaden der in der Loge befindlichen Nerven und Muskeln auf. Es führt wieder zu Nekrosen, also zum Absterben von Gewebe, mit der Folge, dass irreversible Funktionseinschränkungen eintreten. Oftmals muss dies operativ durch Spaltung von einem Weichteilmantel und den Faszien erfolgen.

b) Distale Radiusfraktur
aa) Grundlagen

Die sog. **distale Radiusfraktur**, die auch **Speichenbasisfraktur** oder **Smith-Frak-**   **38**
tur heißt, ist die am häufigsten vorkommende Fraktur beim Menschen überhaupt.
Sie macht bis zu 25 % aller Brüche aus. Es handelt sich um einen Bruch des körperfernen Endes des Radius, der Speiche. Solche Frakturen treten häufig auf, wenn ein
Sturz auf das Handgelenk erfolgt, wobei die Hand dann abgewinkelt ist, um das
Körpergewicht aufzufangen. Dies kommt gerade im Verkehrsbereich bei allen Unfällen mit Zweirädern in Betracht, sei es bei Fahrradverletzungen, Motorradverlet-
zungen oder auch Fußgängerverletzungen. Wie bei den meisten Brüchen gibt es
hier auch Einordnungen der Frakturtypen nach der sog. AO-Klassifikation von Typ
A bis Typ B und Typ C, wobei Typ C naturgemäß der Bruch ist, der am schlimmsten und kompliziertesten ist. Auch dieser Bruch kann sowohl konservativ durch Ruhigstellung als auch operativ behandelt werden.

Wichtig ist auch die Untersuchung des Handgelenks, weil dieses möglicherweise in
dem Zusammenhang oftmals auch verletzt ist.

bb) Arztkontakt/Rücksprache
Hier sind **Unfallchirurg** und/oder **Orthopäde** zu kontaktieren.   **39**

cc) Komplikationen, Spätfolgen und Risiken
■ Wird der Bruch nicht konservativ behandelt, sondern durch eine Operation, be-   **40**
   stehen die allgemeinen Operationsrisiken wie **Thrombose** und **Infektionen**
   (siehe Rn 254 f., 286 f.).
■ **Verletzung von Nerven und Blutgefäßen im Operationsgebiet.**
■ **Bewegungseinschränkungen**: Oftmals bleibt als Dauerfolge auch eine Bewegungseinschränkung zurück, so dass dies naturgemäß Auswirkungen auf die
   einzelnen Schadenspositionen wie Schmerzensgeld, Haushaltsführungsschaden,
   Erwerbsschaden oder vermehrte Bedürfnisse hat. Dies muss wie generell bei jeder Verletzung individuell überprüft werden anhand etwaiger möglicher Komplikationen, die eintreten können.
■ **Morbus Sudeck** (siehe Rn 261 f.)
■ **Posttraumatisches Karpaltunnelsyndrom**: Als begleitende Komplikation
   kann auch ein sog. posttraumatisches Karpaltunnelsyndrom auftreten. Hierbei
   handelt es sich um ein Kompressionssyndrom des Nervus medianus im Bereich
   der Handwurzel. Das ist ein akuter oder auch chronischer Druckschaden des
   Nervus medianus im Bereich der Handwurzel. Dieses Syndrom heißt so, weil
   der Karpaltunnel eine fest umschlossene Röhre vom Unterarm zur Hand und
   tunnelartig ausgestaltet ist. Die Geschädigten klagen über Schmerzen in der
   Hand bis zum gesamten Armbereich. Es entsteht ein Taubheitsgefühl in Daumen, Zeigefinger, Mittelfinger und Ringfinger. Oftmals treten die Schmerzen
   nachts auf und dies führt zu Schlafstörungen. Die Geschädigten müssen ihre
   Hand dann schütteln, damit die Beschwerden etwas nachlassen. Versicherer

wenden oftmals ein, dass das Karpaltunnelsyndrom zum Beispiel durch Risiko-
faktoren wie Übergewicht, Diabetes, Nierenerkrankungen oder Schilddrüsen-
unterfunktionen oder aber auch durch eine Schwangerschaft ausgelöst worden
sein kann. Mitunter kann es auch durch Alkoholmissbrauch entstanden sein.
Von daher ist immer zu überprüfen, ob der eingetretene Schaden monokausal
war.

II. Auge

1. Verletzung der Augenhöhle/Sehnerv
a) Grundlagen
41 Bei schweren Verletzungen, wie zum Beispiel Schädelbasisfrakturen, kann es auch
zur Verletzung des **Sehnervs** kommen. Die Verletzung wird durch den Defekt der
Pupillenreaktion sichtbar. In der Regel wird hoch dosiert Kortison verabreicht, um
die Abschwellung des Sehnervs zu erreichen. Tritt keine Besserung ein, muss operiert werden. Da Komplikationen teilweise auch erst nach Jahren auftreten und Fol-
geuntersuchungen notwendig sind, muss eine entsprechende Absicherung gegen
Verjährung bei derartigen Verletzungen vorgenommen werden.

b) Arztkontakt/Rücksprache
42 Hier sind **Neurochirurg** und/oder **Ophthalmologe** zu kontaktieren.

c) Komplikationen, Spätfolgen und Risiken
43 Je nach Schwere der Verletzung kann es zu erheblichen **Sehstörungen** kommen –
bis zur **Erblindung**. Es kann auch zur Schädigung des Sehnervs (**Grüner Star**)
kommen, da die Probleme auch noch nach mehreren Jahren auftreten können. Es
müssen entsprechende Vorbehalte vereinbart werden oder bei Aufklärung des Mandanten über einen Vorbehaltsverzicht eine Erhöhung der Schadensersatzleistungen
erfolgen. Naturgemäß hat die Einschränkung der Sehkraft oder sogar der Verlust
der Sehkraft massive Auswirkungen auf die Haushaltsführung und den Beruf, was
ebenfalls durch Vorbehalte geregelt werden sollte.

2. Zerebrale Sehstörung
a) Grundlagen
44 Es handelt sich hierbei um **Sehstörungen**, welche durch Gehirnverletzungen (z.B.
Schädelhirntrauma) entstehen können. Es kommt zu **Gesichtsfeldstörungen**, wobei sogar das gesamte Gesichtsfeld betroffen sein kann. Es gibt spezielle Trainings-
programme zur Verbesserung der Beschwerden. Hierbei kann es zu Doppelbildern,
Farbbildstörungen, Beeinträchtigungen der Lesefähigkeit, Gesichtsfeldausfällen
oder Sehfeldverletzungen kommen. Da diese Therapien auch konventionell behandelt werden, wird speziell mit computerunterstützten Schreib-Lese-Programmen
und anderen Trainingsprogrammen gearbeitet. Dies ist im Rahmen der vermehrten
Bedürfnisse auch von Bedeutung, da nach dem Heil- und Hilfsmittelkatalog nicht
alle technischen Unterstützungsmöglichkeiten vom Sozialversicherungsträger ge-

zahlt werden. In diesem Fall können diese als Schadensposition geltend gemacht werden.

b) Arztkontakt/Rücksprache

Hier sind **Neuropsychologe**, **Neuroophthalmologe**, **Ophthalmologe** und/oder **Orthoptist** zu kontaktieren. 45

c) Komplikationen, Spätfolgen und Risiken

Gerade bei den zerebralen Sehstörungen kann es zu ausgeprägten **Sichtfeldausfällen** kommen. In diesem Fall ist bei dem Geschädigten eine **visuelle Orientierung** erheblich gemindert. Ferner ist die **Lesefähigkeit** gemindert. Diese Auswirkungen haben naturgemäß Einfluss auf den Haushaltsführungsschaden und selbstverständlich auch auf den Beruf sowie auch auf die Fahrtauglichkeit, wobei mitunter die Verwaltungsbehörden bei derartigen Dauerschäden dem Geschädigten die Fahrtauglichkeit absprechen. Dies hat natürlich auch schadensersatzrechtliche Konsequenzen, da dann der Geschädigte ggf. einen Fahrer braucht oder öffentliche Verkehrsmittel in Anspruch nehmen muss oder aber Begleitpersonen benötigt, die ihn orientieren. Diese Menschen haben oftmals auch im Alltag Probleme, da sie Personen oder Hindernisse übersehen und stürzen können. Die räumliche Orientierung ist nicht so ausgeprägt wie beim gesunden Menschen. Menschen mit der zerebralen Sehstörung finden sich in einer fremden Umgebung schlecht zurecht. 46

In ganz gravierenden Fällen tritt ein sog. visueller Neglect auf. Dabei hat der Geschädigte quasi eine Raumhälfte „vergessen". Es handelt sich um eine **schwerwiegende Aufmerksamkeitsstörung**. Es gibt verschiedene Trainingsmöglichkeiten, wie Lesetraining, Sehtraining und Muskeltraining, um die Beeinträchtigungen und Probleme zu verbessern. 47

III. Becken

1. Beckenringverletzung

a) Grundlagen

Bei **Beckenringverletzungen** handelt es sich um knöcherne Verletzungen des Beckens. Man unterscheidet zwischen vorderen und hinteren Beckenringfrakturen. Generell kann gesagt werden, dass die hinteren Beckenringfrakturen deutlich komplizierter sind und erheblich mehr Dauerschäden nach sich ziehen als der Bruch des vorderen Beckenrings. 48

Praxistipp
In den Arztberichten sollte immer bei Beckenringfrakturen geprüft werden, ob der vordere oder hintere Beckenring gebrochen ist. Bei unklarer Formulierung der Diagnose muss beim Arzt nachgefragt werden! Die Ursachen einer solchen Beckenringfraktur können indirekte oder direkte Gewalteinwirkungen auf das Becken sein, zum Beispiel bei Motorradunfällen, aber auch bei Einklemmungen im Kfz oder beim sog. Überrolltrauma.

49 Es gibt verschiedene Einordnungen der Beckenringfrakturen nach Typ A, B und C. Sehr schwer und problematisch ist Typ C, da diese sowohl rotatorisch als auch vertikal instabil sind. In den Arztberichten ist manchmal auch von den sog. vertical shear-Verletzungen die Rede. Diese Verletzungen müssen oftmals auch mit einem sog. Fixateur externe als Erstmaßnahme behandelt werden, um insbesondere eine Reposition vorzunehmen, eine Stabilisierung und vor allem eine Blutstillung.

> *Praxistipp*
> Sollte in den Arztberichten daher von einem Fixateur externe bei einer Beckenverletzung die Rede sein, ist auch hier äußerste Vorsicht geboten und zu berücksichtigen, dass dann wahrscheinlich eine Typ C-Fraktur vorliegt, die in der Regel Dauerschäden nach sich zieht.

50 Früher wurden Beckenringfrakturen des Typs C fast immer gleich operiert. Hierbei gab es sehr, sehr viele Tote, da in dieser Region massive Muskelmassen vorhanden sind und oft starke Blutungen entstehen. Die Geschädigten verlieren literweise Blut und von daher geht man heute dazu über, zunächst eine Stabilität zu erreichen, wobei die Fixateure verwendet werden, um anschließend eine Operation durchzuführen. Hierdurch konnten viele der Schwerstverletzten gerettet werden.

51 Viele der Beckenringverletzten haben auch zusätzlich erhebliche Verletzungen, sind oftmals polytraumatisiert, d.h. es liegen mehrere lebensbedrohliche Verletzungen auf einmal vor. Statistisch gesehen sind sogar 60 % der Geschädigten nach einer Beckenfraktur polytraumatisiert.

b) Arztkontakt/Rücksprache

52 Da es sich um eine äußerst komplizierte und schwerwiegende Verletzung handelt, ist es unumgänglich, sich bei den entsprechenden Fachärzten (**Orthopäde**, **Physiotherapeut**, **Gynäkologe**, **Urologe**, **Neurologe** und **Radiologe**) über die individuelle Verletzung und deren mögliche Folgeprobleme für den Mandanten zu informieren.

c) Komplikationen, Spätfolgen und Risiken

53 ■ Beckenverletzungen bergen ein großes **Thromboserisiko** (siehe Rn 286 f.).

■ Ferner kommt es oftmals zu **Beinlängendifferenzen, Bewegungseinschränkungen** und **Rückenschmerzen.** All diese Dinge haben Auswirkungen auf den Erwerbsschaden, den Haushaltsführungsschaden, das Schmerzensgeld oder auch die vermehrten Bedürfnisse. Bei Beinlängendifferenzen ist zum Beispiel an Spezialschuhe zu denken oder an entsprechende Matratzen, da die Patienten über Rückenschmerzen oder über Beschwerden beim Schlafen klagen. Mitunter sind Fahrzeuge auf Automatikgetriebe umzurüsten, da ein Schaltgetriebe nicht mehr gefahren werden kann und es werden Schwenksitze benötigt.

■ Ferner können häufig Beschwerden wie **Inkontinenz, Potenzstörungen** oder **Geburtshindernisse** auftreten.

■ Es kann zu **Gehbehinderungen** kommen aufgrund von Schiefstellungen oder Beinlängendifferenzen.

■ Da es sich um eine komplizierte Operation handelt, bestehen die allgemeinen Operationsrisiken **Thrombose, Nervenschädigungen** und **Infektionen** (siehe Rn 254 f., 286 f.). Darüber hinaus kann es in dem Fall, wenn die Anatomie nicht vollständig wieder hergestellt wird, naturgemäß auch zu frühzeitigen **Arthrosen** (siehe Rn 234 f.) kommen.

■ **Schmerzzustände:** Patienten mit Beckenringfrakturen nehmen in der Regel Schmerzmittel ein, da sie zum Teil dauerhaft Schmerzen haben.

■ Es kann zu Problemen mit Nerven und Gefäßen kommen.

Unter Umständen sind **mehrere Operationen** notwendig, was auch Auswirkungen auf das Schmerzensgeld hat oder für die Zukunft haben kann. Ferner ist die **Behandlungsdauer sehr lang**.

2. Acetabulumfraktur
a) Grundlagen
Bei der **Acetabulumfraktur** handelt es sich um eine **Hüftpfannenfraktur**, wobei **54** diese als Sonderstellung im Rahmen der Beckenfraktur eingeordnet wird. Es handelt sich hierbei um eine Gelenkfraktur. Von daher kann dies auch unter die Rubrik „Hüfte" eingeordnet werden, wird jedoch dogmatisch sauber als Beckenfraktur in der Medizin bezeichnet. Auch diese Acetabulumfraktur als Beckenfraktur kann durch ein direktes Trauma oder indirektes Trauma verursacht werden. Bei Verkehrsunfällen hat man dies oftmals als Knieanprall am Armaturenbrett bei einem schweren Auffahrunfall (sog. dashboard injury). Oftmals tritt die Acetabulumfraktur auch mit einer Hüftgelenksluxation auf.

Praxistipp
Ferner ist als typische Begleitverletzung der Acetabulumfraktur bei den Arztberichten zu schauen, ob der Nervus ischiadicus verletzt wurde. Die Statistik sagt, dass dies in 15 % der Fälle gegeben ist. Zudem ist bei der Acetabulumfraktur als Begleitverletzung oftmals auch eine Patellafraktur oder eine Hüftkopffraktur möglich.

b) Arztkontakt/Rücksprache
Hier sind **Unfallchirurg, Orthopäde, Physiotherapeut** und/oder **Neurologe** zu **55** kontaktieren.

c) Komplikationen, Spätfolgen und Risiken
Bei 3 von 4 Patienten entwickelt sich im Laufe der Zeit eine schwere **Coxarthrose**. **56** Bei der Coxarthrose handelt es sich um eine chronische, meist abnutzungsbedingte Erkrankung des Hüftgelenks. Damit spielt das Thema der frühzeitigen Arthrose bei der Acetabulumfraktur eine sehr, sehr große Rolle in der Regulierung dieser Ausgangsverletzung.

57 Oftmals kommt es zum **vorzeitigen Gelenkersatz,** wobei eine Totalprothese notwendig ist. Bei der Acetabulumfraktur ist sehr häufig eine Umschulung notwendig, da alle Berufe, bei denen der Geschädigte stehen muss, in der Regel problematisch auszuführen sind. Es sind fast immer Bewegungseinschränkungen gegeben. Dies hat naturgemäß Auswirkungen auf den Haushaltsführungsschaden und den Erwerbsschaden.

> *Praxistipp*
> Bei Abfindungserklärungen ist daher dringend auf diese eventuell eintretenden Folgen Rücksicht zu nehmen, da bei einer vorbehaltlosen Abfindung in dem Fall, dass der Geschädigte seinen Beruf nicht mehr ausüben kann, seitens des Anwalts Haftungsprobleme entstehen, wenn dieser die eventuell entstandenen Komplikationen und Risiken nicht berücksichtigt hat.

58 Ebenfalls naturgemäß hat wiederum der Eintritt eines solchen Risikos auch Auswirkungen auf den Haushaltsführungsschaden und die sonstigen Schadensersatzpositionen.

59 Da es sich in der Regel auch um eine operative Versorgung handelt, sind die damit verbundenen normalen Gefahren wie **Thrombose, Nervenschädigungen** und **Infektionen** mit zu berücksichtigen.

60 Häufig tritt auch eine sog. **Hüftkopfnekrose** ein, d.h. der Hüftkopf stirbt ab. Solche Folgeerscheinungen sind sehr langwierig und können starke Auswirkungen auf Beruf und Haushalt haben, da Prothesen nicht ewig halten und in Zukunft **Folgeoperationen** anstehen.

IV. Brustkorb: Thoraxtrauma

1. Grundlagen

61 Beim **Thoraxtrauma** handelt es sich um eine **Brustkorbverletzung,** zum Beispiel durch Gewalteinwirkung von außen. Bei Verkehrsunfällen kommt es häufig durch den Aufprall zum stumpfen Thoraxtrauma. Häufig liegen bei Thoraxverletzten Begleitverletzungen des Kopfes vor, da diese Thoraxverletzungen häufig nur dann entstehen, wenn erhebliche Gewalt auf den Körper einwirkt. Es ist hier immer zu prüfen, ob ein Polytrauma vorliegt. Da die Rippen neben dem Brustbein und der Brustwirbelsäule das Skelett des Brustkorbes bilden, ist in den Arztberichten auch immer zu schauen, ob der Begriff Rippenfraktur oder Rippenserienfraktur vorkommt, da diese oftmals mit Brustkorbverletzungen einhergehen. Eine Rippenserienfraktur liegt immer vor, wenn ein Bruch von mindestens 3 oder mehreren aufeinanderfolgenden Rippen gegeben ist. Solche Rippenserienfrakturen führen zu einem instabilen Thorax, so dass es zu Atemproblemen kommen kann. Es kann auch eine Herzkontusion als Begleitverletzung auftreten. In den Arztberichten ist nachzuschauen, wie der Patient untersucht wurde, da auf Röntgenbildern nicht automatisch eine Rippenfraktur zu erkennen ist.

Praxistipp
Da in der Regel eine erhebliche Gewalteinwirkung auf den Körper vorliegt, können die Rippen, wenn sie brechen, natürlich die Weichteile verletzen oder sogar das Herz oder die Lunge oder andere größere Gefäße in Mitleidenschaft ziehen oder deren Funktion beeinträchtigen. Das sog. stumpfe Thoraxtrauma im Verkehrsbereich tritt auch bei einem Überrolltrauma ein.

2. Arztkontakt/Rücksprache

Hier sind **Unfallchirurg**, **Physiotherapeut** und/oder **Orthopäde** zu kontaktieren. **62**

3. Komplikationen, Spätfolgen und Risiken

Es ist zu prüfen, ob es zu einem **Pneumothorax** kam. Dies ist eine Ansammlung **63** von Luft im Lungenbereich. Das kann dann zum teilweisen oder auch vollständigen Kollaps des Lungenflügels führen. Weitere Verletzungen können auch an inneren Organen im Brustkorbraum – wie Speiseröhre oder Luftröhre – liegen.

V. Ellenbogen

1. Ellenbogenluxation
a) Grundlagen
Nach der Verrenkung des Schultergelenks ist die Luxation des Ellenbogengelenks **64** die am zweithäufigsten vorkommende Luxation eines großen Gelenks. Die Ursache ist häufig ein Sturz des Geschädigten, wobei der Geschädigte versucht, sein Körpergewicht abzufangen, in dem er seinen Arm ausstreckt.

b) Arztkontakt/Rücksprache
Es sind **Physiotherapeut**, **Unfallchirurg** und/oder **Orthopäde** zu kontaktieren. **65** Nach der Behandlung ist die Rücksprache mit dem Physiotherapeuten wichtig, da oftmals Bewegungseinschränkungen bei den Ellenbogenluxationen eine Rolle spielen und mit dem Physiotherapeuten achsengerechte Beuge- und Streckübungen durchgeführt werden müssen. Bei der Berechnung des Haushaltsführungsschadens muss berücksichtigt werden, dass in der Regel ein Tragen von Gewichten (z.B. Wassergebinde) von mehr als 2 kg erst nach 3 Monaten möglich ist.

c) Komplikationen, Spätfolgen und Risiken
Statistisch gesehen bleiben in 40 % der Fälle **Streck- und Beugehemmungen** so- **66** wie **Rotationshemmungen** bestehen. Allerdings ist dies je nach Einzelfall zu untersuchen. Bei schwereren Verletzungen kann es auch zu erheblichen **Bewegungseinschränkungen** kommen.

■ Als mögliche Spätfolgen können auch **chronische Instabilitäten** auftreten.

■ Ferner kann die **Verletzung des Ulnarisnervs** eintreten.

■ Ebenfalls kann als Risiko das sog. **Kompartmentsyndrom** auftreten (siehe Rn 256). Es handelt sich hierbei um die Schädigung von Gewebe, zum Beispiel durch einen Bluterguss oder die Schwellung eines Muskels. Nach einem Unfall kann es zu diesem erhöhten Gewebedruck kommen und zu Schädigungen des Gewebes führen.

■ Arthrose
■ Wenn die Verletzung nicht konservativ behandelt wird, sondern operiert wird, besteht das allgemeine Operationsrisiko für **Thrombosen, Nervenschädigungen** und **Infektionen** (siehe Rn 254 f., 286 f.).
■ Wenn zusätzlich eine Zerreißung der Seitenbänder und der Lenkkapsel vorliegt, besteht die Gefahr einer sog. **Reluxation**, wobei es zur Ausbildung einer **habituellen posttraumatischen Luxation** kommen kann.

2. Radiusköpfchenfraktur
a) Grundlagen

67 Bei der **Radiusköpfchenfraktur** handelt es sich um eine häufige Fraktur des Ellenbogens. So kann zum Beispiel beim Sturz auf die ausgestreckte oder gebeugte Hand eine indirekte Gewalteinwirkung auf den Ellenbogen entstehen, mit der Folge, dass eine Radiusköpfchenfraktur eintritt. Es tritt also ein Knochenbruch im Bereich des Radiusköpfchens auf. Statistisch gesehen ist 1/5 aller Verletzungen im Bereich des Ellenbogens auch eine Radiusköpfchenfraktur. Ferner ist zu prüfen, wie die Gewalteinwirkung war, da mitunter dann auch eine Fraktur im Bereich der Ulna gegeben ist.

b) Arztkontakt/Rücksprache

68 Hier sind **Unfallchirurg** und/oder **Orthopäde** zu kontaktieren.

c) Komplikationen, Spätfolgen und Risiken

69 Normalerweise verheilen derartige Brüche recht gut. Bei starker Deformation und je nach Ausmaß der Verletzungen kann jedoch eine Komplikation entstehen durch **Instabilität** und **Bewegungseinschränkungen** sowie **Drehbehinderungen des Unterarms**.

70 Darüber hinaus besteht das allgemeine Operationsrisiko wie **Thrombose, Nervenschädigung** und **Infektion** natürlich auch (siehe Rn 254 f., 286 f.).

3. Olekranonfraktur
a) Grundlagen

71 Bei einer **Olekranonfraktur** ist ein Bruch des Olekranon gegeben. Es handelt sich hierbei um die Oberkante der Elle am Unterarm, wo die Sehne des Armstreckers ansetzt. Meistens entsteht diese Fraktur durch Gewalteinwirkungen auf das gebeugte Ellenbogengelenk. Diese Fraktur kann beim Sturz auf das Ellenbogengelenk eintreten. Nach dem Sturz tritt in der Regel eine starke Schwellung auf mit erheblichen schmerzhaften Einschränkungen in der Bewegung. Insbesondere ist die Ellenbogenstreckung aufgehoben. Die Verletzung kann sowohl konservativ als auch operativ behoben werden. Neben den Verletzungen des reinen Ellenbogens kann auch

der Schleimbeutel (Bursa olecrani), der zwischen Haut und Ellenbogen liegt, verletzt sein. Dieser infiziert sich häufig und muss unverzüglich nach der Verletzung entfernt werden.

b) Arztkontakt/Rücksprache

Hier sind **Physiotherapeut**, **Orthopäde** und/oder **Unfallchirurg** zu kontaktieren. **72**

c) Komplikationen, Spätfolgen und Risiken

Die Komplikationen reichen von leichten **Beuge- und Streckdefiziten** bis zu massivsten Defiziten. Die **Bewegungseinschränkungen** haben sowohl Einfluss auf die private Unfallversicherung, was den Grad der Invalidität betrifft, als auch auf die Haftpflichtangelegenheit, da je nach Bewegungseinschränkung erhebliche Auswirkungen auf den Erwerbsschaden und auch auf die Haushaltsführung vorliegen können. **73**

Insbesondere bei **verbleibender Gelenkstufenbildung** tritt eine **frühzeitige Arthrose** ein.

■ **Wundheilungsstörungen**

Mitunter treten auch **Infektionen des Knochens** auf. Dies führt zu einer **Nachoperation**. Die eingebrachten Drähte, Schrauben und Platten müssen entfernt werden. Bei einer entstandenen Arthrose verschlechtert sich allmählich generell auch die Beweglichkeit des Ellenbogens. Darüber hinaus ist die Arthrose oft auch sehr schmerzhaft.

Es kann auch zu **Verletzungen des Nervus ulnaris (Schädigung des Ellennervs)** kommen, wobei hier entsprechende Vorbehalte in die Abfindungserklärung aufgenommen werden müssen, da Lähmungen auch noch mehrere Jahre nach dem eigentlichen Bruch auftreten können. In der Regel beklagen die Geschädigten zunächst ein **Taubheitsgefühl oder Kribbeln am Ringfinger und am kleinen Finger**. Oftmals klagen sie auch über eine **generelle Schwäche der Hand,** da der Ellennerv Nervus ulinaris verschiedene kleine Muskeln in der Hand versorgt.

Es bestehen Operationsrisiken wie **Thrombose, Infektionen** und **Nervenschädigungen** (siehe Rn 254 f., 286 f.).

VI. Fuß

1. Kalkaneusfraktur

a) Grundlagen

Es handelt sich hierbei um eine **Fersenbeinfraktur**. Es ist die häufigste Tarsalia-Fraktur. Die Ursache hierfür ist oftmals ein Sturz aus der Höhe oder aber im Verkehrsbereich sehr häufig, wenn die Geschädigten ihre Füße unter den Pedalen einklemmen. **74**

75 Ferner ist eine solche Verletzung häufig Bestandteil von Mehrfachverletzungen. Beim Schmerzensgeld ist zu berücksichtigen, dass eine relativ lange Sporteinschränkung besteht. Bis zu 1,5 Jahre kann der Geschädigte keinen Sport treiben.

76 Generell kann gesagt werden, dass diese Fraktur häufig zu Dauerschäden und Bewegungseinschränkungen führt, weil das Gesamtgewicht des Körpers auf den Fuß trifft und damit Probleme beim Stehen und Gehen entstehen. Zudem ist bei den vermehrten Bedürfnissen zu berücksichtigen, dass fast immer orthopädisches Schuhwerk notwendig ist. Weiterhin sind Pufferabsätze erforderlich und darüber hinaus eine Fersenpolsterung sowie eine Sohlenrolle. Im Rahmen der vermehrten Bedürfnisse ist mit einem Orthopädietechniker zu klären, wie lange der Geschädigte dieses Schuhwerk benötigt. Liegt ein Dauerschaden vor, muss für das gesamte Leben dieses Hilfsmittel angeschafft werden. Es sind dann die Zuzahlungsbeträge zu kapitalisieren.

77 Diese Fraktur ist sowohl konservativ behandelbar als auch operativ. Die aktuelle Medizin verwendet bei derartigen Verletzungen auch Gleitkissen aus Silikon. Oftmals schließt sich nach der Operation eine stationäre Reha an.

b) Arztkontakt/Rücksprache

78 Hier sind **Physiotherapeut, Unfallchirurg, Orthopäde** und/oder **Orthopädietechniker** zu kontaktieren. Insbesondere im Bereich der vermehrten Bedürfnisse ist eine Rücksprache mit dem Orthopädietechniker sinnvoll, da bei derartigen Verletzungen fast immer orthopädisches Schuhwerk notwendig ist sowie weitere technische Hilfsmittel eingesetzt werden müssen. Mitunter sind auch komplette Maßschuhe erforderlich, weil industriell hergestellte Schuhe nicht mehr ausreichen. Die Rücksprache mit dem Physiotherapeuten ist notwendig, da nach 10 bis 12 Wochen erst mit einem langsamen Belastungsaufbau begonnen werden darf. Es bedarf einer Gangschule mit besonderer Beachtung der Abrollbewegungen, damit keine Beschwerden und Dauerschäden eintreten.

c) Komplikationen, Spätfolgen und Risiken

79 ■ Fast immer Dauerschäden;

■ Oft Arthrosen;

■ Fast immer Bewegungseinschränkungen;

■ Bei operativer Behandlung sehr hohes Risiko von **Wundheilungsstörungen** und **Wundrandnekrosen** (sieheRn 263);

■ Verletzung des Nervus suralis;

■ Bei **Trümmerfrakturen** erhebliche Bewegungseinschränkungen und Behinderungen mit **chronischer Schmerzentwicklung;**

■ **Kompartmentsyndrom** (siehe Rn 256);

■ Gefahr der **Arthrodese** (= Versteifung des Gelenks).

Insofern sollte hier auch immer mit einem Vorbehalt unter ausdrücklicher Benennung der Folgeschäden gearbeitet werden, da die Wahrscheinlichkeit einer Arthrose bei derartigen Verletzungen extrem hoch ist. Daraufhin kann mitunter später eine Versteifung des Gelenks eintreten und dies massive Auswirkungen auf Beruf, Haushalt und Schmerzensgeld haben. Beim Kompartmentsyndrom an der Fußsohle kann es zu Krallenzehen kommen.

2. Talusfraktur

a) Grundlagen

Beim **Talus** handelt es sich um das **Sprungbein**. Talusfrakturen können wie die 80 Kalkaneusfrakturen durch einen Sturz aus großer Höhe entstehen oder aber auch durch Verletzungen im Fußraum, wenn es zu Pkw-Kollisionen kommt. Oftmals geht die Fraktur auch mit einer Luxation des sog. **Chopart-Gelenks** einher. Die Geschädigten haben starke Schmerzen und sind erheblich eingeschränkt. Ferner ist eine Schwellung des Sprunggelenks sehr häufig.

b) Arztkontakt/Rücksprache

Hier sind **Physiotherapeut**, **Unfallchirurg** und/oder **Orthopäde** zu kontaktieren. 81 Sowohl bei der konservativen Behandlung als auch bei der OP ist eine Rücksprache mit dem Arzt notwendig, da individuelle Therapiekonzepte erarbeitet werden müssen. Weil hier das gesamte Gewicht des Körpers auf dem Fuß liegt, muss geprüft werden, wie weit der Fuß belastet werden kann. Es erfolgt meistens auch eine stationäre Reha.

c) Komplikationen, Spätfolgen und Risiken

Da die Blutversorgung in der Regel schlecht ist, besteht eine erhebliche Gefahr der 82 **Nekrose des Talus**, d.h. es führt zu einem **Absterben des Knochens**. Statistisch gesehen wird dieses Risiko je nach Typenklassifizierungen eingeordnet. Beim Typ 4, welches eine Kombination von Typ 3 mit einer Luxation des Talonaviculargelenks ist, beträgt die Nekrosegefahr sogar 80 % bis 100 %.

Ferner besteht auch hier die Gefahr des **Kompartmentsyndroms** (siehe Rn 256). 83

Darüber hinaus kann eine **Arthrodese** eintreten. Dies bedeutet für den Geschädig- 84 ten eine **erneute Operation**, da die Gelenkversteifung operativ behandelt wird. Naturgemäß hat dies erhebliche Auswirkungen auf Beruf, Haushalt und den sonstigen Alltag mit den entsprechenden Schadenspositionen.

Posttraumatische Arthrosen entstehen je nach Fall und Schwere des Schadens mit einer Wahrscheinlichkeit von 50 % bis 90 %.

Es kann zu **Wundheilungsstörungen**, **Bewegungseinschränkungen** und **Gefäß-** 85 **und Nervenverletzungen kommen**.

Zudem besteht das allgemeine Operationsrisiko der **Thrombose, Infektion** und 86 **Nervenschädigung** (siehe Rn 254 f., 286 f.).

87 Generell kann gesagt werden, dass sowohl die Kalkaneusfraktur als auch die Talusfraktur fast immer zu Dauerschäden, Arthrosen und Bewegungseinschränkungen führen, die sehr schmerzhaft und langwierig sind.

3. Mittelfußfraktur
a) Grundlagen
88 Bei **Mittelfußfrakturen** sind häufig mehrere Mittelfußknochen betroffen, da diese Frakturen oftmals auch durch eine Gewalteinwirkung auf den Fuß entstehen. Die Mittelfußknochen sind für das Fußgewölbe von besonderer Bedeutung. Diese Fraktur kann konservativ oder operativ behandelt werden.

b) Arztkontakt/Rücksprache
89 Hier sind **Physiotherapeut, Unfallchirurg, Orthopäde** und/oder **Orthopädietechniker** zu kontaktieren. Geschädigte müssen oft Einlagen tragen und orthopädische Hilfsmittel benutzen. Deshalb ist die Rücksprache mit einem Orthopädietechniker wichtig.

c) Komplikationen, Spätfolgen und Risiken
90 Es kann zum **Spreiz- oder Plattfuß** kommen und zu **schmerzhaften Bewegungseinschränkungen**. Gerade bei Trümmerfrakturen kommt es oftmals zu posttraumatischen Spreiz- und Plattfüßen. Es besteht das Risiko eines **Kompartmentsyndroms** (siehe Rn 256).

Es kann ebenso zur **Pseudarthrose** kommen (siehe Rn 281).

■ Arthrosegefahr (siehe Rn 234 f.);

■ Bei Operationen kann es wieder zu den üblichen Folgen wie **Thrombose, Nervenschädigungen** und **Infektionen** kommen (siehe Rn 254 f., 286 f.).

Bei offenen Frakturen kann als Komplikation auch die sog. **Osteitis** entstehen (siehe Rn 277 f.).

Wenn es zu bleibenden Deformierungen kommt, hat das naturgemäß Auswirkungen auf die Geh- und Stehfähigkeit bei den Geschädigten. Dies führt dann zu erheblichen Erhöhungen des Schmerzensgeldes und hat Auswirkungen auf Beruf und Haushalt.

4. Fußwurzelfraktur
a) Grundlagen
91 **Fußwurzelfrakturen** entstehen oftmals auch bei Einklemmungen im Pkw-Fußraum. Ferner treten sie häufig in Kombination mit einem Polytrauma auf. Es ist zu beachten, dass diese Frakturen häufig übersehen werden.

b) Arztkontakt/Rücksprache
92 Es sind **Orthopäde, Unfallchirurg, Orthopädietechniker** und **Physiotherapeut** zu kontaktieren. Oftmals bleiben Beeinträchtigungen und Fußfehlstellungen treten

ein. Daher brauchen die Geschädigten spezielle orthopädische Schuhe, so dass eine Rücksprache mit dem Orthopädietechniker sinnvoll ist.

c) Komplikationen, Spätfolgen und Risiken

Es kann hier als Spätfolge eine **posttraumatische Arthrose** (siehe Rn 234 ff.) ent- **93** stehen. Solche Beeinträchtigungen können dazu führen, dass der Geschädigte keine lang anhaltenden stehenden Tätigkeiten mehr verrichten kann. Dies kann sowohl juristische Auswirkungen im Haftpflichtbereich, was die einzelnen Schadenspositionen betrifft (Schmerzensgeld, Haushaltsführungsschaden, Erwerbsschaden und vermehrte Bedürfnisse), als auch Auswirkungen im Bereich der privaten Unfallversicherung oder im Bereich der BUZ haben. Dies ist immer dann der Fall, wenn der Geschädigte einen stehenden Beruf ausübt und er dies aufgrund seiner Verletzungen und seines Dauerschadens nicht mehr kann. Es ist zu beachten, dass bei der BUZ jeweils der ausgeübte Beruf maßgebend ist und nicht der erlernte (siehe Rn 116).

VII. Gesicht: Gesichtsschädelfraktur

1. Grundlagen

Bei den **Gesichtsschädelfrakturen** ist die häufigste die **Nasenbeinfraktur.** Es **94** kann aber auch zu **Unterkieferfrakturen** oder **Mittelgesichtsfrakturen** kommen. Im Straßenverkehr treten diese deutlich seltener auf. Dies hängt insbesondere damit zusammen, dass solche Verletzungen aufgrund der Anschnallpflicht und der Sicherheitssysteme im Auto nicht mehr so häufig sind. Schwerste Gesichtsschädelfrakturen können zum Beispiel entstehen, wenn der Geschädigte nicht angeschnallt war und mit dem Kopf gegen den Rückspiegel stößt. Naturgemäß muss er sich dann ein Mitverschulden nach § 254 BGB anrechnen lassen. Heute sind Gesichtsschädelfrakturen auch im Bereich von Gewalttaten oder bei Verletzungen im Bereich von Freizeitaktivitäten zu finden. Sie treten oftmals im Zusammenhang mit polytraumatischen Verletzungen anlässlich eines schweren Verkehrsunfalls auf. Sie können sich auch bei Motorradfahrern oder Fahrradfahrern zeigen, die mit anderen Fahrzeugen direkt zusammenstoßen. Oftmals kann dies auch beim Fahrradfahrer der Fall sein, wenn dieser keinen Helm trägt. Innerhalb der Klassifizierung muss auch immer geschaut werden, ob das Gehirn mit verletzt wurde oder ob lediglich Brüche im Gesichtsschädelbereich vorgelegen haben. Bei den Gehirnverletzungen unterscheidet man zwischen der Gehirnerschütterung, der Gehirnprellung und der Gehirnquetschung.

2. Arztkontakt/Rücksprache

Hier sind **HNO-Facharzt, Plastischer Chirurg** und/oder **Mund-Kiefer-Gesichts-** **95** **chirurg** zu kontaktieren.

3. Komplikationen, Spätfolgen und Risiken

96 Die Komplikationen hängen von der Intensität der Gesichtsschädelfraktur ab. Ferner ist zu prüfen, ob weitere Verletzungen eingetreten sind. Bei Gesichtsschädelfrakturen kommt es oftmals auch zu schweren **Augenverletzungen** bis zur **Erblindung**. Oft ist das Gesicht auch **deformiert**. Dies hat natürlich erhebliche Auswirkungen auf das Schmerzensgeld, nicht zuletzt auch wegen der damit verbundenen psychischen Befindlichkeiten. Es kann zu **chronischen Nasennebenhöhlenentzündungen** kommen. Da das Gesicht betroffen ist, können auch **Kaufunktionsstörungen** auftreten. Ferner kann der **Geruchssinn, Geschmackssinn** und der **Sehsinn** verloren gehen. Es kann zu **Sprechstörungen und Schluckstörungen** kommen.

97 Es kann weiterhin zu **psychischen Störungen** kommen. Beim Zahnverlust ist zu prüfen, welche Zahnarztkosten von den Krankenkassen übernommen werden, da mitunter auch kosmetische Operationen dabei eine Rolle spielen.

98 Es bestehen die üblichen OP-Risiken wie **Thrombosen**, **Nervenschädigungen** und **Infektionen** (siehe Rn 254 f., 286 f.).

VIII. Hand/Handgelenk

1. Kahnbeinfraktur
a) Grundlagen

99 Der sog. **Kahnbeinbruch** ist die Fraktur, die am häufigsten im Bereich der **Handwurzel** auftritt. Gerade bei einem Sturz auf das ausgestreckte Handgelenk kann es zu einem Kahnbeinbruch kommen. Häufig tritt dies bei Motorradunfällen, Fahrradunfällen oder auch bei Fußgängern auf, wenn diese stürzen und sich abstützen wollen. Für die Funktion des Handgelenks ist das Kahnbein von entscheidender Bedeutung.

> *Praxistipp*
> Kahnbeinfrakturen werden oftmals übersehen, da auf üblichen Röntgenbildern eine solche Fraktur nicht zu sehen ist. Darüber hinaus kommen die Geschädigten oftmals nur mit leichten Schmerzen zum Arzt und fälschlicherweise gehen sie selber und auch der Arzt von einer Verstauchung aus. Hier besteht die große Gefahr, dass der Unfall dann eventuell auch durch eine schnelle Abfindungserklärung abgeschlossen ist, ohne dass ein tatsächlicher Kahnbeinbruch diagnostiziert wurde.

100 Ferner ist beim Kahnbein das Problem, dass dieses nur schlecht durchblutet ist. Das proximale Drittel des Kahnbeins ist am kritischsten durchblutet. Von daher kann es auch zu einem hohen Risiko einer Nekrose, d.h. eines kompletten Absterbens des Knochengewebes, kommen. Bei Kahnbeinfrakturen sind oftmals auch Arzthaftungsfälle gegeben, da der Arzt lediglich eine Röntgenuntersuchung vorgenommen hat und dadurch die Kahnbeinfraktur übersehen hat. Im Zweifel hätte der Arzt eine

Computertomografie des Kahnbeins in Dünnschnitttechnik in Längsrichtung des Kahnbeins durchführen müssen, um auf Nummer sicher zu gehen.

b) Arztkontakt/Rücksprache

Es sind **Ergotherapeut, Orthopäde, Physiotherapeut** und **Handchirurg** zu kontaktieren. Da es sich um einen komplizierten Bruch handelt, ist die Rücksprache mit einem Handchirurgen notwendig. **101**

c) Komplikationen, Spätfolgen und Risiken

Die Rate der **Kahnbeinpseudarthrosebildung** ist ausgesprochen hoch. Dies muss bei der Abfindungserklärung und auch bei der Schmerzensgeldzahlung berücksichtigt werden, da dann eine Folgeoperation notwendig ist und dies wieder ein Eingriff ist, der mit den normalen Risiken, wie **Infektionen, Nervenschädigungen** und **Thrombose** (siehe Rn 254 f., 286 f.) einhergeht. Wie bereits erwähnt, sind nach der Rechtsprechung des BGH im Bereich des Schmerzensgeldes sämtliche objektiv vorhersehbaren Folgen zu berücksichtigen. So sind etwaige Folgeoperationen auch bereits jetzt in der Schmerzensgeldzahlung zu berücksichtigen. Wenn der Anwalt den Versicherer hierauf nicht hinweist, erhält er nicht die optimalen Schadensersatzleistungen für seinen Mandanten. Es kann bei den Kahnbeinfrakturen auch zu **Nervenverletzungen des Nervus medialus** kommen sowie zum **Morbus Sudeck** (siehe Rn 261 f.). **102**

2. Fraktur/Luxation der Handwurzel
a) Grundlagen

Diese Verletzungen entstehen am häufigsten durch ein indirektes Trauma, zum Beispiel durch einen Sturz auf die Hand. Dies kann bei Fußgängern, Fahrradfahrern oder Motorradfahrern vorkommen. Die Luxationen (Verrenkungen) betreffen meist das Mondbein (Os lunatum). Auch diese Verletzung wird oftmals übersehen. Daneben gibt es noch die sog. perilunäre Handwurzelluxation. Hier bleibt das Mondbein in der anatomisch korrekten Position zur Speiche stehen. Auch hier tritt eine Fehlstellung des Handgelenks mit Schmerzen bei der Bewegung ein. Beide Verletzungen sind nicht zu unterschätzen und bergen die hohe Gefahr von Durchblutungsstörungen. **103**

b) Arztkontakt/Rücksprache

Es sind **Physiotherapeut, Ergotherapeut, Orthopäde** und **Handchirurg** zu kontaktieren. Auch hier ist ein Handchirurg wichtig, da nur dieser über die notwendigen Spezialkenntnisse verfügt, um die Probleme einzuordnen, da fast immer bei derartigen Verletzungen die Bewegung des Handgelenks dauerhaft eingeschränkt ist und dies natürlich auch gerade im Bereich des jeweiligen Berufs und der Haushaltsführung bei Frauen und Männern erhebliche Auswirkungen hat. Die Geschädigten haben weniger Kraft in der Hand und mitunter Dauerschmerzen. **104**

c) Komplikationen, Spätfolgen und Risiken

105 Auch hier besteht die Gefahr der **Nekrose** (Absterben des Gewebes, siehe Rn 271) sowohl des Mondbeins als auch des Kahnbeins. Darüber hinaus besteht die Gefahr einer **frühzeitigen Arthrose** (siehe Rn 234 f.) im Handgelenk.

In der Regel kann es zu **schmerzhaften Bewegungseinschränkungen** kommen. Eine weitere Folge kann **Instabilität** und die sog. **Pseudarthrose** (siehe Rn 281) sein. Darüber hinaus kann es bei einem operativen Eingriff zu **Nervenschädigungen**, **Infektionen** und **Thrombose** (siehe Rn 254 f., 286 f.) kommen.

3. Mittelhandfraktur
a) Grundlagen

106 Man unterteilt die **Mittelhandfrakturen** in **Kopffrakturen, subkapitale Frakturen, Schaftfrakturen** und **Basisfrakturen**. Die häufigste Ursache ist der Sturz auf die Hand, wie er bei Fahrradfahrern, Fußgängern oder Motorradfahrern vorkommt, wenn diese verunfallen. Die subkapitale Mittelhandfraktur ist dagegen eher Folge einer Faustschlagverletzung (boxer's fracture). Dies tritt eher bei Auseinandersetzungen auf Dorffesten im alkoholisierten Zustand ein und weniger im Straßenverkehr. Man unterscheidet zwischen offenen Brüchen und geschlossenen Brüchen. Bei einem offenen Bruch besteht die Notwendigkeit einer Operation. Allerdings besteht hier das Risiko, dass es zu einer Infektion kommt. Diese Infektion wird durch Keime verursacht, die sich auf der Haut befinden und über die Wunde in den Bereich des Knochenbruchs gelangen. Es kann dann zu einer **Osteomyelitis (= Knochenmarksentzündung)** kommen.

b) Arztkontakt/Rücksprache

107 Hier sind **Unfallchirurg**, **Handchirurg** und/oder **Orthopäde** zu kontaktieren.

c) Komplikationen, Spätfolgen und Risiken

108 In der Regel sind die Abläufe und die Prognosen recht gut. Es kann natürlich zu **dauerhaften Bewegungseinschränkungen** kommen, zu **Fehlstellungen** und **posttraumatischen Bewegungsseinschränkungen**. Es kann auch mitunter **Pseudarthrose** (siehe Rn 281) entstehen. Ferner besteht das allgemeine Operationsrisiko der **Thrombose, Nervenschädigung** oder **Infektion** (siehe Rn 254 f., 286 f.).

IX. Hüftgelenk
1. Hüftgelenksluxation/Hüftluxation
a) Grundlagen

109 Von einer **Hüftgelenksluxation** spricht man, wenn der Hüftkopf aus der Hüftpfanne ausrenkt. Das Hüftgelenk ist ein sehr stabiles Gelenk, da der sog. Femurkopf durch die knöcherne Pfanne und das kräftige Labrum acetabulare umschlossen ist. Ferner wirkt die Muskulatur noch zusätzlich stabilisierend. Es bedarf daher einer relativ großen Gewalteinwirkung, damit eine traumatische Hüftgelenksluxation entsteht. Autounfälle sind die mit Abstand häufigste Ursache für eine solche Luxation bei Erwachsenen. Mitunter kann es auch bei einem Sturz aus großer Höhe zu einer Hüftgelenksluxation kommen. Bei Autounfällen ist die Ursache meist dadurch gegeben, dass das Knie auf das Armaturenbrett aufprallt. Es ist dann auch immer an Begleitverletzungen im Bereich des Mittelfußes und des Knies zu denken, da durch die Wucht und durch die große Gewalteinwirkung in der Regel auch Folgeverletzungen an anderen Körperteilen wahrscheinlich sind. Durch die Luxation und die starke Gewalteinwirkung auf das Hüftgelenk können in der Regel auch Weichteile, Blutgefäße und Nerven beschädigt werden. In diesem Fall kann der Oberschenkelkopf absterben (Hüftkopfnekrose). In der Regel dauert die Behandlung bei Hüftgelenksluxationen 6–12 Wochen.

b) Arztkontakt/Rücksprache

Hier sind **Unfallchirurg** und/oder **Orthopäde** zu kontaktieren.   110

c) Komplikationen, Spätfolgen und Risiken

Statistisch gesehen tritt in 10 % der Fälle, in denen eine Hüftgelenksluxation vorkommt, eine **Hüftkopfnekrose** ein. In diesen Fällen entstehen natürlich erhebliche Auswirkungen auf Beruf, Haushaltsführung und auch vermehrte Bedürfnisse, da mitunter dann eine **Totalendoprothese** droht.   111

Es kann auch zur **Arthrose** (siehe Rn 234 f.) kommen. Ferner ist nicht ausgeschlossen, dass eine **Schädigung des Nervus ischiadicus und des Nervus femoralis** eintritt.

2. Hüftkopffraktur

a) Grundlagen

Die **Hüftkopffraktur** ist oftmals auch eine Begleitverletzung bei einer Hüftluxation. Ebenso wie die Hüftgelenksluxation ist diese häufig im Straßenverkehr anzutreffen, wenn es innerhalb des Fahrzeugs zu einem Anpralltrauma des Knies an das Armaturenbrett mit fortgeleiteter kinetischer Energie kommt. Man spricht dann auch von der sog. **dashboard injury**. Das klinische Beschwerdebild ist ähnlich dem eines Patienten mit einer Hüftluxation, allerdings treten bei der Hüftkopffraktur fast immer Probleme auf. Es folgt fast immer eine Arthrose. Die Behandlungsdauer beträgt in der Regel auch 6–12 Wochen. Diese Verletzung kann konservativ behandelt werden, wird jedoch meist operiert.   112

b) Arztkontakt/Rücksprache

Hier sind **Orthopäde**, **Unfallchirurg** und/oder **Physiotherapeut** zu kontaktieren.   113

c) Komplikationen, Spätfolgen und Risiken

■ Fast immer tritt eine **Arthrose** ein.   114

Die Prognose ist allgemein schlecht. Häufig tritt auch eine **Hüftkopfnekrose** (siehe Rn 274 f. – Praxistipp) ein mit der Folge einer **erneuten Operation** und einer

Totalendoprothese, d.h. es kommt zu einem **frühzeitigen Gelenkersatz**. Bekanntlich sind die Prothesenoperationen auch kompliziert, da oftmals ein erheblicher **Blutverlust** eintritt.

> *Praxistipp*
> Generell kann bei Prothesen gesagt werden, dass hier mit entsprechenden Vorbehalten gearbeitet werden oder der Mandant bei deren Verzicht aufgeklärt werden muss. Dies ist auch gegenüber dem Versicherer zu erwähnen, da es ca. 150 Arten von Prothesen gibt, aber lediglich bei ca. 10–15 Arten Langzeitanalysen hierüber existieren. Der Einsatz einer Prothese ist in der Regel eine umfangreiche Operation. Die Muskulatur und das Weichteilgewebe müssen entfernt werden. Es kommt zu starken Blutungen. Darüber hinaus halten die jetzigen auf dem Markt verwendeten Prothesen in der Regel nur ca. 15 Jahre, d.h. bei jungen Patienten sind dann Folgeoperationen erforderlich. Deswegen wird bei älteren Patienten und Patienten mittleren Alters versucht, Protheseneinsätze so lange wie möglich hinauszuzögern. Sollte daher ein jüngerer Patient verletzt sein und eine Nekrose oder eine Endoprothese in Betracht kommen, so ist hieran immer zu denken, da zwangsläufig dann Folgeoperationen und Folgekomplikationen eintreten werden.

115 Die Hüftkopffraktur kann auch zu **Versteifungen des Hüftgelenks** führen. Naturgemäß haben derartige Prothesen und Nekrosen erhebliche Auswirkungen auf den Beruf und die Haushaltsführung. Es ist in rechtlicher Hinsicht bei derartigen Komplikationen an alle Fachbereiche zu denken. Das Sozialrecht ist zu beachten. Es sind mitunter Umschulungen in beruflicher Hinsicht notwendig. Ferner spielt das private Unfallversicherungsrecht oder die Berufsunfähigkeitzusatzversicherung hier eine Rolle, da, egal von welcher Warte aus betrachtet, derartige Komplikationen sowohl Auswirkungen auf die AUB als auch auf die Berufsunfähigkeit haben können.

> *Praxistipp*
> Es ist zu prüfen, ob der Mandant überwiegend im Stehen arbeitet, da in diesen Fällen oftmals Umschulungen stattfinden müssen und der Mandant seinen alten Beruf nicht mehr ausüben kann. Berücksichtigt man ferner, dass es auch zu Änderungen im Bereich der Dauerschäden kommen kann, hat dies natürlich auch Auswirkungen auf die einzelnen Kapitalisierungsfaktoren.

116 ■ Es kann zu **Gefäß- und Nervenschädigungen** (siehe Rn 252 f.) kommen, die den Nervus ischiadicus betreffen.

■ Darüber hinaus besteht das normale Operationsrisiko für **Thrombose, Nervenschädigungen** und **Infektionen** (siehe Rn 254 f., 286 f.).

3. Schenkelhalsfraktur
a) Grundlagen
117 Von einer **Schenkelhalsfraktur** spricht man bei einem hüftgelenksnahen Knochenbruch des Halses vom Oberschenkelknochen. Die Unfallursache ist oftmals ein

Sturz seitlich auf die Hüfte oder auf ein gestrecktes oder abgespreiztes Bein. Speziell bei älteren Menschen geschieht dies häufig auch als Fußgänger im Straßenverkehr, wenn diese stürzen. Es genügt hier schon ein schreckhaftes Ausrutschen. Es kommt dabei schon deshalb häufig zu Frakturen, weil bei der Hüfte wenig Muskulatur oder sonstige Weichteile, wie Fettschichten, vorhanden sind. Ferner können Ältere oftmals keine sinnvollen Sturzabwehrreflexe mehr vorweisen, so dass diese auf die Hüfte fallen und es dadurch zu Schenkelhalsfrakturen kommt. Deshalb ist die Prognose bei jüngeren Patienten noch eher günstiger, was die Heilung betrifft als bei älteren. Die Behandlung kann konservativ oder operativ erfolgen. Die Mehrzahl erfolgt jedoch durch eine Operation. Bei älteren Menschen folgt oftmals eine Hüftkopf-Totalendoprothese.

b) Arztkontakt/Rücksprache

Es sind **Unfallchirurg**, **Orthopäde** und **Physiotherapeut** zu kontaktieren. Insbesondere der Physiotherapeut ist auch hier wichtig, da eine frühzeitige Mobilisation wichtig ist. Unter anderem werden die Patienten schon am ersten Tag nach der Operation auf die Bettkante gesetzt, um Übungen zu machen. Ferner spielt hier oftmals auch der Internist eine Rolle, da die älteren Patienten auch noch Begleiterkrankungen wie Diabetes oder Herzinsuffizienz haben, so dass dann Medikamente nur in Absprache mit einem Internisten vergeben werden. Hier kann es mitunter auch schon einmal zu haftungsrechtlichen Problemen im medizinischen Bereich kommen, wenn dies nicht beachtet wird. In der Regel schließt sich auch eine Reha-Behandlung nach der Operation an.

118

c) Komplikationen, Spätfolgen und Risiken

■ Bewegungseinschränkungen;

119

■ Hüftkopfnekrosen mit Gefahr der Totalendoprothese;

■ Arthrose;

■ Pseudarthrose;

■ Ferner kann es bei der Totalendoprothese auch zu **Prothesenlockerungen** kommen, so dass dann in der Zukunft weitere Probleme entstehen werden. Darüber hinaus ist, wie bei allen Prothesen, immer an die Haltbarkeit der Prothesen zu denken, d.h. es entstehen eventuell **Folgeoperationen** in den darauf folgenden Jahren, da die Prothesen ausgetauscht werden müssen. Bei älteren Patienten und entsprechenden Unfällen kann es zu Komplikationen mit anderen Begleitverletzungen oder Problemen kommen, wie z.B. der **Osteoporose**. Dann müssen die Patienten **zusätzliche Medikamente** einnehmen, die eventuell auch wieder Nebenwirkungen verursachen. Hier ist aber auch auf die Rechtsprechung des BGH hinzuweisen, wonach der Schädiger den Verletzten so hinnehmen muss, wie dieser zum Zeitpunkt des Unfalls war. Es kann daher einem älteren Geschädigten nicht vorgeworfen werden, dass dieser nicht mehr über solch intakte Knochen verfügt wie ein junger Mensch. Ferner ist bei älteren Menschen daran zu denken, dass für diese eine längere Bettruhe erheblich gefährlicher sein kann, da sie für die Komplikationen, wie **Thrombose, Embolie** (siehe Rn 286 f., 243 f.), **Pneumonie** und **Dekubitus** (Hautschaden durch längeres Liegen), anfälliger sind.

4. Pertrochantäre Femurfraktur
a) Grundlagen
120 Die **pertrochantäre Femurfraktur** ist ein Fachbegriff für einen **Knochenbruch des Oberschenkelknochens**, wobei der Bereich zwischen großem Rollhügel und kleinem Rollhügel betroffen ist. Bei älteren Menschen kann diese Verletzung auch durch einen Sturz auf die Hüfte hervorgerufen werden, sei es, dass sie ausrutschen oder unglücklich vom Fahrrad fallen oder als Fußgänger betroffen sind. Bei jüngeren Menschen kann dies auch bei Verkehrsunfällen mit dem Kfz auftreten. Konservativ wird diese Fraktur in der Regel nicht behandelt, da das aufgrund ihrer hohen Instabilität nicht möglich ist. Deshalb erfolgt eine Behandlung in der Regel operativ. Früher wurden derartige Frakturen durch eine Streckvorrichtung behandelt. Es gab jedoch Komplikationen durch die lange Bettlägerigkeit. Oftmals traten Lungenentzündungen und Thrombosen auf, was zu einer relativ hohen Sterblichkeit führte. Heute werden operativ Implantate eingesetzt (dynamische Hüftschraube und Gammanagel).

b) Arztkontakt/Rücksprache
121 Hier sind **Unfallchirurg**, **Orthopäde** und/oder **Physiotherapeut** zu kontaktieren.

c) Komplikationen, Spätfolgen und Risiken
122 **Hüftkopfnekrosen** treten häufig mit den sich daraus ergebenden Problemen bis zur **Totalendoprothese** und der bereits erwähnten Spätfolge in Form einer **erneuten Operation auf,** da die Prothesen nicht dauerhaft halten und ausgetauscht werden müssen. Es können **Bewegungseinschränkungen, Kraftverlust, Beinverkürzungen und vorzeitige Arthrose** (siehe Rn 234 ff.) auftreten. Es kann zu **Pneumonien** (Lungenentzündungen), zu **Thrombosen** oder **Embolien** (siehe Rn 286 ff., 243 f.) kommen. Ferner kann es zu **Protheselockerungen** kommen. Solche können auch noch Jahre nach der Operation entstehen. Wenn hier die Abfindungserklärung keinen passgenauen Zukunftsschadensvorbehalt mit der Wirkung eines gerichtlichen Feststellungsurteils und entsprechendem Verzicht auf die Einrede der Verjährung enthält, kann der Geschädigte später keine Schadensersatzleistungen mehr gegenüber dem Haftpflichtversicherer durchsetzen. Man muss dann genau in die Abfindungserklärung hineinschreiben, dass z.B. bei Prothesenlockerung erneute immaterielle und materielle Ansprüche geltend gemacht werden können. Insofern birgt dies auch ein hohes Anwaltsrisiko, wenn dieser nicht professionell auf derartige Probleme, Komplikationen und Risiken achtet. Ferner kann es durch den Blutverlust auch zu **Blutmangel** kommen. Es müssen **Blutübertragungen** vorgenommen werden. Auch hier ist arzthaftungsrechtlich an die damit verbundenen Gefahren und die Rechtsprechung hinsichtlich der Blutübertragungsfälle zu denken.

X.   HWS: Schleudertrauma

1.   Grundlagen

Das **Schleudertrauma**, welches auch **Beschleunigungstrauma der Halswirbel-**   **123**
säule genannt wird, ist sicherlich die umstrittenste Verletzung bei Verkehrsunfällen
überhaupt. In der Medizin ist das **HWS-Syndrom** ein Sammelbegriff für Beschwerden, welche von der Halswirbelsäule ausgehen. Es wird auch als Zervikal-
syndrom oder Halswirbelsäulensyndrom oder auch **Tension-Neck-Syndrom** bezeichnet. Zum besseren Verständnis muss man wissen, dass die Halswirbelsäule
zwischen Kopf und Thorax ein relativ schwaches Bindeglied darstellt, welches
nach allen Seiten frei beweglich ist. Kommt es nun zu Stauchungen oder Verbie-
gungen dieser Halswirbelsäule, können die bekannten Beschwerden wie Schwindel, Kopfschmerzen, Nackenschmerzen, etc. auftreten. Derartige Verletzungen entstehen bekanntermaßen häufig durch Auffahrunfälle, da es hier zu einem
Heckaufprall kommt, bei dem der Kopf zuerst nach hinten pendelt und dann nach
vorne. Denkbar ist auch der Frontaufprall mit entgegengesetzter Pendelbewegung.

Das größte Problem an der HWS-Distorsion, zu der es geschätzt mehrere 100 Pu-   **124**
blikationen gibt und so ziemlich jeder Mediziner, Versicherungsexperte oder Anwalt schon etwas darüber geschrieben hat, ist, dass es bis auf wenige Ausnahmefälle keine allgemein anerkannten medizinischen Methoden gibt, diese Beschwerden
und Schädigungen definitiv nachzuweisen. An dieser Stelle soll nicht auf die auf-
wendigen Untersuchungsmethoden verschiedenster medizinischer Fachgebiete eingegangen werden (z.B. Bewegungs-MRT), die kostenintensiv sind und nicht von
der gesetzlichen Sozialversicherung bezahlt werden. Es stehen Erkenntnismetho-
den zur Verfügung, die teilweise im Ausschlussverfahren in Verbindung mit bild-
gebenden Verfahren das Vorliegen eines HWS-Traumas bestätigen können. Allein
der Kostenaspekt steht einer Verifizierung in weniger gravierenden Fällen entgegen. Dies räumt sowohl dem Geschädigten die Möglichkeit ein, Beschwerden zu
behaupten, obwohl diese tatsächlich nicht vorliegen, als auch auf Seiten der Versicherer die Möglichkeit, derartige Beschwerden zurückzuweisen. Sowohl der Geschädigte als auch der Versicherer können für ihre Aussagen nicht belangt werden,
da die Aussagen medizinisch nicht überprüft werden können.

Man unterteilt die HWS-Distorsion in verschiedene Grade. Grad 1 sind leichte Be-   **125**
schleunigungsverletzungen. In 95 % der Fälle klingen diese innerhalb weniger Wochen oder eines Monats ab. Bei Grad 2 liegen schon Muskelzerrungen oder starke
Überdehnungen des HWS-Bandapparates vor. Die Beschwerden können hier über
Wochen oder Monate anhalten. Es empfiehlt sich in diesem Fall auch die frühzeitige Konsultation eines Facharztes. Der 3. Grad sind dagegen schwere Beschleuni-
gungsverletzungen, wo Luxationen oder auch Rückenmarksschäden vorkommen
und die zu neurologischen Reiz- und Ausfallerscheinungen sowie bis zur Instabilität der Wirbelsäule führen. Hier können die Beschwerden länger als 1 Jahr dauern
und dauerhaft verbleiben.

126 Das Problem ist der Mangel der Nachweisbarkeit dieses Schadens auf Kosten der gesetzlichen Sozialversicherung und dies führt dazu, dass eine geringe Anzahl der HWS-Verletzten auch in schwierigen Fällen mit an sich nachweisbaren Schäden oftmals als Simulanten abgetan werden. Diese Problematik ist sicherlich auch dadurch entstanden, dass es viele leichtverletzte HWS-Geschädigte gibt, die in Kenntnis der Nachweisproblematik versuchen, die Beschwerden in die Länge zu ziehen, um so höhere Schmerzensgeldzahlungen zu erreichen. Leider dient hierzu auch das Internet, in dem mitunter pauschal Aussagen anzutreffen sind, dass die Oberlandesgerichte pro Woche Krankschreibung 250 EUR bis 300 EUR Schmerzensgeld ausurteilen. Auf diese Art und Weise können sich auch einfach strukturierte Geschädigte schmerzensgelderhöhend verhalten.

Praxistipp
Da Versicherer die HWS-Distorsionsproblematik viel Geld kostet, wird quasi detektivisch nach Hinweisen gesucht, ob hier eine „HWS-Simulation" vorliegt. Versicherer gründen ihre Ablehnungen auch oftmals auf interne Untersuchungen, in denen geprüft wird, ob der Geschädigte zum Beispiel ein „doctor hopping" betreibt. Dies ist immer dann der Fall, wenn der Geschädigte sehr oft den Arzt wechselt, weil er mit dem, was der Arzt vor hatte zu diagnostizieren oder in den Bericht hineinzuschreiben, nicht zufrieden ist. Versicherer prüfen auch, ob eine frühzeitige Berentung geplant ist oder beantragt wurde durch Stellung von Rentenanträgen. Ferner wird nach Vorschäden untersucht, ob der Geschädigte sonstige schmerztherapeutische Behandlungen vorgenommen hat. Generell kann gesagt werden, dass hinsichtlich solcher „Pseudoargumente" äußerste Vorsicht geboten ist, da es wissenschaftlich bisher nicht geklärt ist, ob irgendwelche degenerativen Vorschäden eine Rolle beim HWS-Schleudertrauma spielen oder nicht. Ferner versuchen Versicherer sogar, sich das soziale Umfeld des Geschädigten anzuschauen. Auch dem ist mit äußerster Vorsicht zu begegnen, da auf keinen Fall pauschal gesagt werden kann, dass ein Geschädigter, der zum Beispiel aus einem sozial schwachen Umfeld kommt, automatisch simuliert. Wahrscheinlich kann das Problem „HWS-Distorsion" noch über lange Zeit nicht gelöst werden, es sei denn, es wird medizinisch irgendwann möglich, mit einfachen Mitteln zuverlässig einen Nachweis zu erbringen.

127 Es kann generell gesagt werden, wenn neurologische Ausfälle vorliegen, sollte ein Facharzt aufgesucht werden. Ferner sind dann auch psychotherapeutische Beratungen sinnvoll, damit es nicht zu einem chronischen Verlauf kommt. Dies kann sowohl im Interesse der Geschädigten als auch im Interesse der Versicherer passieren, da für den Fall, dass chronische Beschwerden entstehen, naturgemäß ein Großschaden bis hin zur Pflegebedürftigkeit eintreten kann mit allen sich ergebenden Konsequenzen wie Arbeitsunfähigkeit, Beeinträchtigung der Haushaltsführung etc. Da Versicherer in der Regel außergerichtlich solche Großschäden ablehnen, bleibt oftmals nur der Klageweg übrig. Bei dem Klageweg ist nach der jetzt geltenden

Rechtsprechung das Ergebnis völlig offen, zudem verfügen nur wenige Gerichte über Spezialisten im Bereich des Verkehrsrechts und Versicherungsrechts. Im Ergebnis besteht ein erhebliches Prozessrisiko.

Versicherer kommen bei dem HWS-Schleudertrauma immer wieder mit dem "Delta-V-Argument". Es handelt sich hierbei um die **Differenzgeschwindigkeit** des gestoßenen Fahrzeugs aufgrund des Unfalls. Es wird argumentiert, dass eine kollisionsbedingte Geschwindigkeitsänderung Δv von kleiner oder gleich 10 km/h keine HWS-Distorsion hervorrufen könne und man deswegen von einer Harmlosigkeitsgrenze sprechen muss. Diese Rechtsprechung ist überholt und man kann generell sagen, dass es bei geringeren Differenzgeschwindigkeiten des gestoßenen Fahrzeugs wahrscheinlich zu weniger Verletzungen kommt. Es kann aber nicht generell von einer Harmlosigkeitsgrenze ausgegangen werden, da es auch Fälle gibt, in denen unter Delta V = 10 km/h HWS-Distorsionen entstanden sind. Wie in der gesamten Thematik versucht hier entweder der Geschädigte etwas für sich herauszuholen oder aber der Versicherer berechtigte Ansprüche zurückzuweisen. Arbeitet man professionell, kommt man zu dem Ergebnis, dass es keine generelle Harmlosigkeitsgrenze gibt, da die Kausalitätsfrage eben nicht nur von der Differenzgeschwindigkeit abhängt, sondern auch andere Faktoren eine Rolle spielen, wie zum Beispiel der Zustand des Sitzes. Ferner ist die Sitzposition entscheidend, die der Geschädigte zum Unfallzeitpunkt eingenommen hat. So gibt es zum Beispiel bei einer Rotation des Kopfes bis heute in allen wissenschaftlichen Publikationen keine verlässliche Studie, dass es durch die Rotation des Kopfes und des geringen Heckaufpralls nicht zu einer HWS-Distorsion gekommen sein kann. Es kann zum Beispiel so gewesen sein, dass der Geschädigte gerade den Kopf gedreht hatte, um in die Nachbarstraße zu schauen, als er vom nachfolgenden Fahrzeug nach vorne geschubst wurde. Mittlerweile hat der BGH sich gegen diese Harmlosigkeitsgrenze ausgesprochen (BGH zfs 2003, 287 ff.; BGH DAR 2008, 587 ff.).   **128**

Versicherer argumentieren auch häufig, dass auf dem Jahrmarkt beim **Autoscooterzusammenstoß** statistisch gesehen weniger HWS-Schleudertraumafälle geltend gemacht werden. Dieses Argument ist nur bedingt richtig, da selbst für den Fall, wenn HWS-Distorsionen beim Autoscooter entstehen, der Geschädigte diese gerichtlich auch nicht ansatzweise durchsetzen kann, da er sich selber in die Gefahr begeben hat und nicht gezwungen wurde, Autoscooter zu fahren. Insofern ist dieses Argument in der Diskussion wenig hilfreich.   **129**

Das ebenfalls gerne vom Versicherer ins Feld geführte Auslandsargument besagt, dass im Ausland Rechtssysteme existieren, in denen der Unfallgegner für nichts zahlen muss und deswegen statistisch gesehen weniger HWS-Distorsionen vorkommen. Auch dieses Argument ist wenig hilfreich, da damit nicht statistisch bewiesen ist, wie viele Menschen tatsächlich eine HWS-Distorsion erlitten haben, nur weil sie wissen, dass diese Ansprüche nicht durchsetzbar sind.   **130**

131 Abschließend kann gesagt werden, dass die HWS-Distorsion wahrscheinlich die Gerichte noch in einer Vielzahl von Fällen beschäftigen wird.

2. Arztkontakt/Rücksprache

132 Es sind **Orthopäde, Unfallchirurg, Neurologe** und **Physiotherapeut** zu kontaktieren. Es kann generell gesagt werden, dass, falls Komplikationen auftreten, frühestmöglich mit Fachärzten Kontakt aufgenommen werden muss, um Chronifizierungen zu vermeiden und um entsprechenden fachlichen Rat einzuholen. Sollte es zu prozessualen Streitigkeiten kommen oder sollten Dauerschäden drohen, ist die Auswahl eines Sachverständigen von besonderer Bedeutung und es sind frühzeitig Beweise zu sichern, da viele Prozesse daran scheitern, dass im Vorfeld nicht sauber gearbeitet wurde.

3. Komplikationen, Spätfolgen und Risiken

133 Wie bereits erwähnt, ist die Mehrzahl der HWS-Distorsionen unproblematisch (90 %). Je nach Einordnung in die jeweilige Gradstufe kann es zu **Instabilitäten** kommen und zu **chronischen Kopfschmerzen, Bewegungseinschränkungen, Schwindel, Sehstörungen** und **Gleichgewichtsstörungen**. In Ausnahmefällen kann sogar eine **Pflegebedürftigkeit** eintreten.

XI. Knie

1. Tibiakopffraktur

a) Grundlagen

134 Bei der **Tibiakopffraktur** handelt es sich um einen **Knochenbruch des Schienbeins** (Tibia) im Bereich des Schienbeinkopfes. In der Regel ist eine direkte Gewalteinwirkung auf das Kniegelenk notwendig. Dies kann zum Beispiel auch bei schwereren Autounfällen passieren, sei es zum Beispiel, dass ein schwerer Anprall unter dem Armaturenbrett gegeben war. In der Regel muss auch eine Kniegelenkspunktion vorgenommen werden, da sich fast immer ein Kniegelenkserguss bildet. Aus Sicherheitsgründen bietet sich neben einer Röntgenaufnahme in zwei Ebenen auch ein CT an. Die Tibiakopffraktur ist in 3 Klassifikationen eingeteilt, von Typ A bis Typ C, wobei Typ C eine vollständige Gelenksfraktur darstellt. Oftmals sind auch Kreuz- und Seitenbänder beschädigt und es kommt zu Meniskusschäden. Liegen sogar Trümmerfrakturen vor, besteht die Gefahr eines Kompartmentsyndroms des Unterschenkels. Die Versorgung erfolgt operativ, wobei der Physiotherapeut darauf achten muss, dass nur gewisse Teilbelastungen möglich sind. Dies hat dann auch Auswirkungen auf eventuelle Schadensersatzansprüche. Nach der Operation darf in der Regel bis zu 12 Wochen das Knie nicht voll belastet werden, so dass dann naturgemäß auch gewisse Arbeiten im Beruf und Haushalt nicht mehr möglich sind.

b) Arztkontakt/Rücksprache

Hier sind **Orthopäde**, **Unfallchirurg** und/oder **Physiotherapeut** zu kontaktieren. **135**

c) Komplikationen, Spätfolgen und Risiken

■ Es können Bewegungseinschränkungen auftreten. **136**

■ **Kompartmentsyndrom** (siehe Rn 256)

■ Es kann zur **Arthrose** führen, sowie zur **Pseudarthrose** (siehe Rn 234 f., 281).

■ allgemeine Operationsrisiken wie Thrombose, Nervenschädigungen, Embolien und Infektionen

■ Ferner kann bei Trümmerfrakturen und Luxationsfrakturen eine **Gefäßverletzung der Arteria Poplitea** auftreten.

2. Patellafraktur
a) Grundlagen

Von einer **Patellafraktur** spricht man, wenn die **Kniescheibe** gebrochen ist. Es **137** kann zu Längs-, Quer- oder Mischbrüchen kommen. Längsbrüche sind immer besser in der Versorgung als Querbrüche oder gar Mischbrüche. Die häufigste Ursache für einen Kniescheibenbruch ist der Sturz auf ein gebeugtes Kniegelenk oder durch einen direkten Anprall im Auto. Man spricht deswegen auch von einer sog. dashboard injury. So ist ein Längsbruch noch konservativ behandelbar. Dagegen sind Quer- oder Mischbrüche operativ zu behandeln. Auch hier ist bei der Nachbehandlung zu beachten, dass das operierte Bein in der Regel nicht mit mehr als 20 kg belastet wird.

b) Arztkontakt/Rücksprache

Hier sind **Orthopäde**, **Unfallchirurg** und/oder **Physiotherapeut** zu kontaktieren. **138** Der Physiotherapeut ist auch für die Nachbehandlung wichtig, da in den ersten 6 Wochen keine Vollbelastung möglich ist. Die Behandlungsdauer beträgt 12 Wochen.

c) Komplikationen, Spätfolgen und Risiken

In der Regel treten **Bewegungseinschränkungen** im Kniegelenk auf. Es kann zu **139** **Arthrosen** (siehe Rn 234 f.) kommen und zu **Pseudarthrosen** (siehe Rn 281) sowie zum **Kraftverlust**. Ferner ist zu berücksichtigen, dass statistisch gesehen ein Drittel aller Patienten trotz optimaler Versorgung und Beachtung sämtlicher ärztlicher Regeln über **Dauerschmerzen** klagen. Gerade bei Trümmerbrüchen oder Mehrfragmentfrakturen besteht eine erhebliche Gefahr von Dauerbeschwerden. Dies hat natürlich Auswirkungen auf Beruf und Haushalt in allen Rechtsgebieten (Sozialrecht, Versicherungsrecht, Arbeitsrecht etc.). Zudem ist das Auftreten einer **Kniescheibenarthrose** nach einer Patellafraktur deutlich erhöht. Es besteht auch die Gefahr einer **Gelenksvernarbung** (Arthrofibrose).

Gelegentlich tritt auch **Morbus Sudeck** auf (siehe Rn 261 f.). **140**

141 Darüber hinaus besteht das allgemeine Operationsrisiko der **Thrombose, Embolie, Nervenschädigungen** und **Infektionen** (siehe Rn 286 f., 254, 243).

3. Patellaluxation

a) Grundlagen

142 Bei der **Patellaluxation** handelt es sich um eine **Kniescheibenverrenkung**. Statistisch gesehen passieren derartige Verletzungen meistens durch Verkehrsunfälle, Arbeitsunfälle, aber auch manchmal beim Sport. Geschädigte haben hierbei starke Schmerzen. Es kommt zu starken Weichteilschwellungen. Generell kann gesagt werden, dass eine Kniegelenksluxation einen Notfall darstellt. Es haben aus ärztlicher Sicht hier die entsprechenden Maßnahmen, wie die sofortige Reposition und Stabilisierung, zu erfolgen. Insbesondere ist die Motorik, Durchblutung und Sensibilität exakt seitens des Arztes zu untersuchen. Wenn hier Fehler entstehen, kann es zu Arzthaftungsfällen kommen. In der Regel sind bei derartigen Luxationen Nervenverletzungen als Begleitverletzungen vorhanden, wie zum Beispiel die Verletzung des Nervus peroneus. Manchmal ist auch der Nervus tibialis verletzt. Gefäßverletzungen sollten sofort operativ behandelt werden, da sonst größerer Schaden droht. Bei Autounfällen entsteht die Patellaluxation auch oftmals durch einen Anstoß des Fahrzeugs, indem die direkte Gewalteinwirkung auf die Patella bei leicht gebeugtem Knie erfolgt. Es ist auch zu prüfen, ob der Geschädigte im Beruf oft stehen oder viel gehen muss, da dann bei Dauerschäden mitunter der alte Beruf nicht mehr ausgeübt werden kann. Dies hat Auswirkungen auf sämtliche rechtlichen Bereiche, zum Beispiel im Sozialrecht, Versicherungsrecht etc.

b) Arztkontakte/Rücksprache

143 Hier sind **Orthopäde**, **Unfallchirurg** und/oder **Physiotherapeut** zu kontaktieren. Insbesondere der Physiotherapeut ist auch hinsichtlich der Nachbehandlung extrem wichtig, da die Muskulatur des Oberschenkels optimal behandelt werden muss. Der Physiotherapeut muss speziell den inneren vorderen Oberschenkelmuskel trainieren. Darüber hinaus muss die hintere Oberschenkelmuskulatur entsprechend gedehnt werden. Wenn dies physiotherapeutisch richtig gemacht wird, können Dauerschäden verhindert werden.

c) Komplikationen, Spätfolgen und Risiken

144 Mittelfristig treten **Arthrosen** (siehe Rn 234 f.) auf. Es kann zu **Bewegungseinschränkungen** des Kniegelenks kommen. Ferner kann eine **chronische Instabilität** entstehen. Schließlich sind die üblichen Operationsrisiken wie **Thrombose, Embolien, Nervenschädigungen** und **Infektionen** zu berücksichtigen (siehe Rn 286 f., 245, 243).

4. Kniebandverletzungen

a) Grundlagen

In der Regel versteht man hierunter die Ruptur, d.h. das Zerreißen von Bändern, die **145** das Kniegelenk halten und auch führen. Hier ist das Seitenband oder aber das Kreuzband betroffen. Seitenbandrupturen am Kniegelenk werden heute eher konservativ behandelt und nicht operiert. Wenn operiert wird, wird Bandplastik verwendet. Manchmal kommen Meniskuseinklemmungen vor, die zusätzlich zu Komplikationen führen. In der Regel sind typische Begleitverletzungen Knorpelläsionen und Verletzungen des Außenmeniskushinterhorns. Es ist immer eine chronische Instabilität zu bedenken, die zu Meniskus- und Knorpelschäden führen können.

b) Arztkontakt/Rücksprache

Hier sind **Orthopäde, Unfallchirurg** und/oder **Physiotherapeut** zu kontaktieren. **146** Auch hier ist der Heilungsverlauf davon abhängig, wie die Verletzung behandelt wurde und auch die Nachbehandlung stattfindet. Später sollten die Geschädigten Treppensteigen und eine Belastung des Knies vermeiden. Die Behandlung kann einschließlich Nachbehandlung bis zu einem Jahr dauern.

c) Komplikationen, Spätfolgen und Risiken

Es kann zu **Bewegungseinschränkungen** kommen mit einer **reduzierten Belast-** **147** **barkeit**. Hierbei ist der individuelle Beruf des Geschädigten zu berücksichtigen, auch ob dieser lange stehen muss oder Kniebelastungen unterliegt. Ferner hat dies Auswirkungen im Haushalt und es kann zu **chronischen Instabilitäten** und **chronischen Schmerzen** kommen sowie zu einer **vorzeitigen Arthrose** (siehe Rn 234 f.). Ferner können auch **Nachbargelenke** in Mitleidenschaft gezogen werden. Darüber hinaus besteht das übliche Operationsrisiko für **Thrombosen, Embolien, Nervenschädigungen** und **Infektionen** (siehe Rn 286 f., 254 f.).

5. Meniskusschaden

a) Grundlagen

Das **Kniegelenk** ist das größte Gelenk des menschlichen Körpers mit einer optima- **148** len Funktion, damit ein optimaler Halt gewährleistet ist. Es existieren ca. ein Dutzend Bänder. Zur Stabilität des Kniegelenks tragen aber auch die Menisken bei. Es gibt 2 Menisken in jedem Kniegelenk. Wenn ein solcher Meniskus gerissen ist oder ein Verschleiß vorhanden ist, spricht man von einem **Meniskusschaden**. Die Mehrzahl der Meniskusschäden entstehen beim Sport, aber auch im Verkehrsbereich kann es dazu kommen, bei einer ungeschickten Drehbewegung bei Belastung des Unterschenkels, wenn schreckhaft unkontrollierte Bewegungen von Fußgängern erfolgen. Die Schäden können sowohl konservativ als auch operativ behandelt werden, wobei heute weitestgehend die Vorgabe existiert, den Meniskus nicht zu entfernen.

b) Arztkontakt/Rücksprache

149 Hier sind **Orthopäde, Unfallchirurg** und/oder **Physiotherapeut** zu kontaktieren. Auch hier ist der Physiotherapeut wichtig, da durch ausgeprägtes Muskeltraining ein Meniskusschaden und auch Schmerzen eingeengt werden können.

c) Komplikationen, Spätfolgen und Risiken

150 Es kann langfristig häufig zu **Arthrosen** (siehe Rn 234 f.) kommen, bis zur kompletten **Entfernung des Meniskus.** Dies bedeutet naturgemäß eine **erneute Operation** mit den sich ergebenden Risiken. Dies muss bei Abfindungserklärungen berücksichtigt werden. Es kann zu **Blockaden in der Bewegung** kommen, was die **Belastbarkeit des Kniegelenks** betrifft. Schließlich kann in Ausnahmefällen eine **Kniegelenkssteife** eintreten. Dies hat erhöhte Auswirkungen auf den Beinwert innerhalb der Wertung der Unfallversicherungstabelle, was die AUB betrifft. Bei einer Versteifung des Kniegelenks in ungünstiger Stellung können bis zu **60 %** MdE gutachterlicherseits angesetzt werden. Auch ein geringer Meniskusschaden kann sich problematisch entwickeln. In der Regel ist die Prognose bei derartigen Schäden jedoch günstig.

XII. Nerven

1. Grundlagen

151 **Nervenschäden** sind Störungen der Reizwahrnehmung. Nervenleitungen verbinden das Gehirn mit den einzelnen Organen. Hierdurch können Empfindungen wahrgenommen werden und die Gliedmaßen bewegt werden. Sind die Nerven geschädigt, führt dies zu einem oftmals vorhandenen Dauerschmerz. Das Problem bei Nervenverletzungen ist, dass sie durch Unfälle eintreten können, aber auch infolge von Stoffwechselleiden, Diabetes, Entzündungen oder anderen Faktoren, wie Überbelastung und Rheuma. Gegenüber dem Versicherer ist es daher mitunter nicht leicht, die Kausalität dieser Nervenschäden zu beweisen. Für die Geschädigten bedeutet dies oftmals, dass die Sache außergerichtlich nicht zu Ende geführt werden kann, sondern mehrere Dinge zu Gericht gelangen. Da ein geschädigter Nerv keine Impulse mehr weiterleiten kann, treten Schmerzen, Lähmungen und Gefühlsstörungen auf. Das Problem an den Nervenschäden ist auch, dass diese sehr lange dauern und mitunter erst nach zwei Jahren Wartezeit beurteilt werden kann, ob überhaupt ein Dauerschaden vorliegt. Kommt es zu Operationen, dauert es auch sehr lange, um festzustellen, ob Erfolge erzielt werden, da die Nerven nur sehr langsam wachsen. In der Literatur und der Wissenschaft gewinnen diese Nervenschädigungen an Bedeutung. Es existieren immer mehr Veröffentlichungen zu den begleitenden Schmerzformen. Bereits jetzt ist festzuhalten, dass derartige Störungen von Fachleuten untersucht werden sollten. Es sollte dazu ein Spezialist auf dem Gebiet der Neurologie die Behandlung durchführen, da bei kompletten Ausfällen erhebliche Beeinträchtigungen körperlicherseits entstehen und dies naturgemäß auch Auswirkungen auf Beruf, Alltag und Haushalt haben kann. Dies geht sogar bis zur eventuell eintretenden Pflegebedürftigkeit, da die Patienten oftmals über starke Schmerzen klagen und Schmerztherapien durchgeführt werden müssen. Es gibt heute mittlerweile objektive Befunde. Entsprechende Fachärzte für Neurologie können dies feststellen. Allerdings sind die Dauerschäden meist erst nach 2 Jahren vom Gutachter festzustellen. Unbehandelt können sie sogar zu vollständigen Lähmungen führen.

In der Unfallmedizin kommt häufig auch das sog. **Karpaltunnelsyndrom** (CTS) **152** vor. Es ist ein Kompressionssyndrom des Nervus medianus im Bereich der Handwurzel. Patienten können nicht mehr richtig zupacken und haben Probleme beim Tastgefühl. Hier streiten sich die Geschädigten und die Versicherer oftmals, ob es auch durch andere Ursachen zu diesem Karpaltunnelsyndrom gekommen sein kann, wie zum Beispiel durch eine Arthrose, eine Überbelastung, Stoffwechselerkrankungen oder Rheuma. Das Karpaltunnelsyndrom kann konservativ behandelt werden, aber manchmal wird auch eine Operation vorgenommen. Es gibt verschiedene Operationstechniken, entweder eine offene Operationstechnik oder eine endoskopische Operationstechnik. In der Vergangenheit gab es hier auch Probleme in arzthaftungsrechtlichen Bereichen, da negative Operationsfolgen und Komplikationen auftraten. Es kann in Ausnahmefällen dann auch zu einer sehr schmerzhaften Knochenentkalkung kommen bis zu Gelenksversteifungen oder einem Morbus Sudeck (siehe Rn 261 f.).

2. Arztkontakt/Rücksprache

Hier sind **Neurologe** und/oder **Unfallchirurg** zu kontaktieren. **153**

3. Komplikationen, Spätfolgen und Risiken

Wie bereits erwähnt, können bei Nervenschädigungen sehr viele Probleme auftreten, wie **Bewegungseinschränkungen**, **komplette Lähmungen**, **Teillähmungen**, **Kraftverlust**, **chronische Schmerzen** und **Muskelschwund**. Darüber hinaus besteht das allgemeine Operationsrisiko einer **Thrombose**, **Embolie**, **Infektion** und von **erneuten Nervenschädigungen** (siehe § 10 Rn 286 f., 243 f., 254). **154**

Abschließend kann generell gesagt werden, dass hier die weiterführende Literatur **155** zu beachten ist, da dieses Gebiet sehr komplex und zudem vieles streitig ist, weil Nervenschädigungen auch durch viele Ursachen entstehen können (z.B. Alkohol, Medikamente, Diabetes, Infektionen, aber auch Umweltgifte, Rheuma etc.). Vieles kann heute jedoch durch Spezialisten und entsprechende Befunde wie NLG (Nervenleitgeschwindigkeit), EMG (Elektromyographie – es handelt sich hierbei um eine Diagnostik in der Neurologie, bei der die elektrische Muskelaktivität gemessen wird), SSEP (Somato-sensorisch evozierte Potentiale – es handelt sich hierbei um eine Hirnstrommessung bei Tastreizen) und MEP (Motorisch-evozierte Potenziale – dies sind elektrische Spannungsänderungen eines Muskels, welche durch einen gezielten Reiz an einem Teil des motorischen Systems ausgelöst werden) objektiviert werden. Hier ist eine Rücksprache mit einem Fachmann unumgänglich.

XIII. Oberschenkel

1. Oberschenkelschaftfraktur

a) Grundlagen

156 Die **Oberschenkelschaftfraktur** entsteht in der Regel durch hohe Gewalteinwirkung und Blutverlust durch Einblutung in das umliegende Gewebe. Die Mehrzahl der Fälle wird operativ behandelt. Dies geschieht durch einen in den Knochen eingebrachten Nagel. Rein isolierte Oberschenkelfrakturen sind in der Regel selten. Häufig findet man diese bei Polytraumafällen und oftmals auch zu Begleitverletzungen, wie erheblichen Weichteilschädigungen, Gelenkstrukturenschädigungen, Schädigungen der Kapselbänder und Menisken. Sind erhebliche Weichteile verletzt, erkennt man dies in den Arztberichten auch oftmals daran, dass von einem Fixateur externe die Rede ist. Dies findet man bei polytraumatisierten Menschen, wenn Trümmerfrakturen oder auch Frakturen mit ausgeprägten Weichteilschäden vorhanden sind. Dann wird dieser Fixateur externe angewandt. Wenn diese Begriffe im Arztbericht auftauchen, kann generell davon ausgegangen werden, dass es sich um einen schweren Schaden handelt. Erst wenn sich der Zustand des Patienten verbessert hat, wird der Fixateur externe durch einen Marknagel ausgetauscht. Aus ärztlicher Sicht sollte das Kniegelenk dann immer auf Begleitverletzungen untersucht werden. Oftmals entstehen hier auch Arzthaftungsfälle, bei denen dies vergessen wird. Bei Oberschenkelfrakturen besteht mindestens auch eine Sporteinschränkung von einem halben Jahr. Dies hat natürlich Auswirkungen auf das Schmerzensgeld.

b) Arztkontakt/Rücksprache

157 Hier sind **Orthopäde**, **Unfallchirurg** und/oder **Physiotherapeut** zu kontaktieren. Der Physiotherapeut ist wichtig, da nach der Reha eine spezielle Gehschulung notwendig ist, die sich in der Regel mit vier Wochen stationärem Aufenthalt an die Operation anschließt. Der Physiotherapeut ist auch deshalb wichtig, da der Muskelaufbau wieder stattfinden muss und oftmals auch Einfluss auf die vollständige Wiederherstellung hat. Mitunter kann es ein Jahr dauern, bis überhaupt eine vollständige Wiederherstellung gegeben ist.

c) Komplikationen, Spätfolgen und Risiken

158 Da es sich um eine sehr komplizierte und langwierige Verletzung handelt, tritt oft ein **Blutverlust mit Gerinnungsproblemen** auf. Ein Blutverlust von bis zu 3 Litern ist möglich. Es kann ein **hypovolämischer Schock** entstehen. Auch kann eine sog. **Fettembolie** auftreten, da durch die Fraktur größere Mengen fettreichen Knochenmarks im Blut eingeschwemmt werden können und es so zu **Gefäßverschlüssen** im Bereich der Lunge oder des Gehirns kommen kann. Es besteht natürlich die

Gefahr der **Thrombose** oder **Lungenembolie**. Es kann zu **Infektionen, Osteitis, Pseudarthrosen** (siehe Rn 254 f., 277, 281) und zum **Kompartmentsyndrom** kommen (siehe Rn 256 ff.). Es kann zu **Nervenschädigungen** führen, zum Beispiel des Nervus ischiadicus. Ferner ist zu berücksichtigen, dass die Metallentfernung in der Regel erst nach 1,5 bis 2 Jahren erfolgt. Dies bedeutet eine **erneute Operation** mit erneuten Risiken, wie **Embolie, Nervenschädigungen, Infektionen** und **Thrombosen** (siehe Rn 243, 287, 254, 286). Ferner kann es zu **Beinlängendifferenzen** kommen, bei der auch orthopädische Maßnahmen notwendig sind. Es sind Fachleute heranzuziehen, um ein entsprechendes Konzept auszuarbeiten. Je nachdem kann dies Auswirkungen auf den Beruf, den Haushalt und den Alltag haben. Es kann zu **Bewegungseinschränkungen** kommen, es können aber auch **Schmerzen im Bereich der Gelenke oder der Wirbelsäule** auftreten. Insofern drohen **Folgeoperationen**, wenn es zu **Achsfehlstellungen** (siehe Rn 225 ff.) gekommen ist.

2. Distale Oberschenkelfraktur
a) Grundlagen
Eine **distale Oberschenkelfraktur** kann im Unfallbereich durch ein Anpralltrauma im Auto entstehen. Häufig sind weitere Verletzungen eingetreten, wie Knorpel- oder Bandschäden. Aber auch im Rahmen eines Polytraumas ist mit weiteren Verletzungen zu rechnen. Die distale Oberschenkelfraktur kann entweder mit Beteiligung des Kniegelenks oder ohne erfolgen. Erfolgt sie mit Beteiligung des Kniegelenks, entstehen größere Schäden. Ähnlich wie bei der normalen Oberschenkelfraktur ist auch die distale Oberschenkelfraktur durch eine Operation mit einem entsprechenden Implantat zu behandeln. Es handelt sich bei einer distalen Oberschenkelfraktur um einen Bruch des körperfernen Endes des Oberschenkels, wobei der Bereich der Gelenkrollen betroffen ist. **159**

b) Arztkontakt/Rücksprache
Hier sind **Orthopäde, Unfallchirurg** und/oder **Physiotherapeut** zu kontaktieren. Der Physiotherapeut ist auch hier wichtig, da nach der Operation nur gewisse Teilbelastungen möglich sind. **160**

c) Komplikationen, Spätfolgen und Risiken
Es kann zur **Arthrose** (siehe Rn 234 f.) kommen, die speziell dann auftritt, wenn das Gelenk mitbetroffen ist. Es können **Achsfehlstellungen** entstehen. Weitere mögliche Folgen sind die **Pseudarthrose** (siehe Rn 281), **Bewegungseinschränkungen** bis zur **Versteifung oder Amputation** (siehe Rn 229 f.). Ferner ist in der Regel eine **sehr lange Reha erforderlich**. Außerdem besteht das allgemeine Operationsrisiko mit **Nervenschädigungen, Infektionen, Embolien** und **Thrombosen** (siehe Rn 243, 254, 286, 287). Ebenso wie bei der normalen Oberschenkelfraktur ist zu berücksichtigen, dass die **Metallentfernung** relativ spät erfolgt, nach bis zu 1,5 Jahren. Dies bedeutet eine **erneute Operation mit erneuten Risiken**. Je nach- **161**

dem, ob das Kniegelenk mitbetroffen ist oder ob es sich um ein Polytrauma handelt, können schwere Auswirkungen auf den Beruf, die Haushaltsführung und den Alltag eintreten.

XIV. Ohr: Pyramidenlängsfraktur
1. Grundlagen

162 Die **Pyramidenlängsfraktur** zählt zu den Schädel-Basis-Frakturen. Sie kommt im Verkehrsbereich sehr häufig bei Unfällen mit deutlich seitlich einwirkender Kraft vor. Der Arzt kann mithilfe eines Ohrmikroskops im Gehörgang das zerrissene Trommelfell sehen. Ferner werden die Gesichtsnerven überprüft und umfangreiche medizinische Untersuchungen durchgeführt, um diese schwere Verletzung zu diagnostizieren. Ca. jede 5. Pyramidenlängsfraktur beinhaltet auch eine Schädigung des Gesichtsnervs (Facialisnerv). Dieser Nervus facialis ist für die Aktivierung der mimischen Muskulatur zuständig. Die Geschädigten können dann nicht die Nase rümpfen und nicht den Mund spitzen, da der Mundwinkel hängt, was auch optisch zu sehen ist. Wenn der Gesichtsnerv anlässlich eines Schädelbasisbruches mit Pyramidenlängsfraktur geschädigt ist, wird in der Regel operiert. Es handelt sich hierbei um eine sehr schwere Verletzung, bei der auch mitunter Arzthaftungsprobleme auftreten können.

2. Arztkontakt/Rücksprache

163 Hier sind **Neurologe**, **HNO-Arzt** und/oder **Unfallchirurg** zu kontaktieren.

3. Komplikationen, Spätfolgen und Risiken

164 Es kann zu Infektionen durch Blutungsstörungen kommen. Die Patienten sind logopädisch zu betreuen. Die Hörstörungen können Auswirkungen auf den Beruf und den Haushalt haben. Ferner hängt die Art der Spätschäden auch davon ab, wie das Gehirn verletzt wurde. Es können Keime und Erreger aufsteigen, was zu Gehirnhautentzündungen (Meningitis) führen kann. Speziell bei Schädelhirntraumafällen ist auch immer an Hörstörungen zu denken.

XV. Querschnittslähmung
1. Grundlagen

165 Von einer **Querschnittslähmung** spricht man immer, wenn eine Kombination von Symptomen vorliegt, die bei der Unterbrechung der Nervenleistung auftritt. Es kann zu einer kompletten oder inkompletten Schädigung des Rückenmarks kommen mit entsprechenden Lähmungserscheinungen. Statistisch gesehen ist die häufigste Ursache mit 40 % ein Verkehrsunfall mit Frakturen der Wirbelsäule, wobei insbesondere die Halswirbelsäule betroffen ist. Je nachdem, wie akut die Rückenmarksschädigung ist, gibt es komplette Lähmungen, wobei die Leitungsfunktion des Rückenmarks dann völlig unterbrochen ist oder inkomplette Lähmungen, wobei die Leitungsfunktion des Rückenmarks nur teilweise unterbrochen ist. Ferner unterscheidet man je nach Schwere zwischen einer **Plegie** (komplette motorische Lähmung) oder einer **Parese** (inkomplette motorische Lähmung). Ferner unterscheidet man zwischen einer **Paraplegie** und einer **Tetraplegie**. Bei der Paraplegie ist das Rückenmark im Bereich der Brust- und Lendenwirbelsäule beschädigt. Bei der Tetraplegie ist dagegen das Rückenmark schon im Bereich der Halswirbelsäule geschädigt. Innerhalb der Querschnittslähmung gibt es ferner verschiedene Abstufungen. So können Rückenmarksschädigungen zu Störungen der motorischen Reflexe führen, bis zum Ausfall von Eigen- und Fremdreflex. Es kann aber auch zum kompletten Ausfall der Kontrolle von Blase und Mastdarm kommen. Dann kommt es zum unkontrollierten Abgang von Urin und Stuhl. Schließlich kann aber auch die gesamte Sensibilität ausfallen, was das Schmerzempfinden betrifft, das Kalt-Warm-Empfinden, das Nass-Trocken-Empfinden oder das Tastempfinden. Man erlebt diese gestörte Regulation der Körpertemperatur oftmals auch, wenn man Querschnittsgelähmte besucht, weil man dort eine Überhitzung der Räume feststellen kann.

Gerade bei der Tetraplegie ist innerhalb der Arztberichte zu gucken, wo die Lähmung eingesetzt hat. Bei der Tetraplegie ist das Rückenmark im Bereich der Halswirbelsäule geschädigt (Höhe C1 – TH1). Es empfiehlt sich hier, die Arztberichte anzuschauen und zu gucken, wo die Tetraplegie vorlag. Man kann zur Grobeinteilung unterscheiden. Unterhalb **C3 bis C4** liegt eine vollständige Abhängigkeit von der Pflege vor, d.h. der Geschädigte kann selber fast gar nichts mehr machen. Es besteht noch nicht einmal eine Handfunktion. Unterhalb von **C4 bis C5** ist ebenfalls eine vollständige Pflegeabhängigkeit gegeben. Es besteht eine passive Funktionshand. Der Geschädigte benötigt aber immer noch einen Elektrorollstuhl unterhalb von **C5 bis C6**. Hier ist eine aktive Funktionshand vorhanden und auch noch eine aktive Rollstuhlbenutzung. In der Regel kann der Geschädigte bei einer Tetraplegie hier mit einer Handbedienung auch Autofahren. Unterhalb **C6 bis C7** ist auch eine teilweise Pflegeabhängigkeit gegeben. Hier ist sogar seitens des Geschädigten noch eine Oberkörperpflege möglich. Dies muss allerdings jeweils mit den Pflegegutachtern geklärt werden. Bei einer Tetraplegie unterhalb von **C7 bis TH1** ist sogar noch eine Greiferhand gegeben. Bei der Tetraplegie sind die unteren Gliedmaßen und Arme und Hände sowie Sensibilität in diesem Bereich funktionsgestört. Es handelt sich um schwerste Verletzungen, welche immer Auswirkungen auf Beruf, Haushaltsführung und den häuslichen Umbau haben.

Praxistipp

Bereits jetzt kann gesagt werden, dass im Rahmen der vermehrten Bedürfnisse immer an einen Energiemehrbedarf zu denken ist, da Querschnittsgelähmte oftmals mehr heizen müssen und daher diese Schadensposition auszugleichen ist.

Statistisch gesehen handelt es sich bei der Paraplegie um 60 % der Querschnittslähmungen und bei der Tetraplegie um 40 %. Querschnittslähmungen sind eine der **166** schlimmsten Verletzungen überhaupt. Aus diesem Grund ist in der Rechtsprechung auch die Tendenz zu erkennen, dass in diesem Bereich höhere Schmerzensgelder ausgeurteilt werden.

167 Bereits jetzt lässt sich sagen, dass bei der Querschnittslähmung (je nach Ausmaß) das größte Problem in der Regel die Pflegebedürftigkeit darstellt. Je nachdem, wie groß der Betreuungsaufwand ist, kann mitunter auch eine Doppelassistenz von Nöten sein, so dass hier mit Spezialisten zusammengearbeitet werden muss. Erforderlich ist die Einschaltung von Reha-Management mit dem Ziel der Optimierung von Pflegeleistungen. Nicht selten sind dafür Beträge von mehr als 20.000 EUR monatlich aufzuwenden.

Praxistipp
Es ist wichtig, bei solchen Personengroßschäden mit Unfallanalytikern zusammenzuarbeiten, da eines der Hauptprobleme bei Querschnittslähmungsfällen das vom Versicherer ins Feld geführte Mitverschulden ist. Mitunter wird viel zu schnell eine Quote seitens des Geschädigten akzeptiert. Sollte zum Beispiel eine Quote von 85 % anstatt 100 % seitens des Geschädigten vorschnell akzeptiert werden, bedeutet dies nicht nur, dass sich der Geschädigte in sämtlichen Schadenspositionen 15 % abziehen lassen muss. Dies bedeutet gerade bei der Pflege, dass er eine monatliche Unterdeckung nominell von mehreren tausend Euro haben kann, die ihn letztlich zwingt, alle Schadensersatzzahlungen für die Pflege einzusetzen. Wer sich hier vorschnell auf Quoten einlässt, ohne den Unfallverlauf auf Ersatzkausalitäten durch Unfallanalytiker überprüft zu haben, kann seinem Mandanten erheblichen Schaden zufügen. So hat die Rechtsprechung in dem größten Anwendungsfall des Mitverschuldens des Querschnittsgelähmten, nämlich dem Nichtanlegen des Sicherheitsgurtes, ausgeurteilt, dass der Mitverschuldenseinwand nicht zum Tragen kommt, wenn der Unfallverursacher erheblich schuldhaft gehandelt hat.

Praxistipp
Auch unter Berücksichtigung der Darlegungs- und Beweislast für den Einwand der Verletzung der Gurtpflicht kann das Mitverschulden des Geschädigten entfallen. Vage Aussagen oder Vermutungen von Polizeibeamten genügen hier nicht. Erforderlich ist ein Sachverständigengutachten auf der Basis des ausgebauten Sicherheitsgurtes.

168 Das Rückenmark ist Teil des zentralen Nervensystems. Es beginnt oberhalb des ersten Halswirbels und endet über dem zweiten Lendenwirbel. Es leitet die im Gehirn entstandenen Nervenimpulse für eine Bewegung an die Muskeln weiter. Ferner ist die Kontrolle der Funktion der inneren Organe, wie der Herzfrequenz oder der Weite der Blutgefäße, über spezielle Nervenstränge im Rückenmark zu beachten. Insofern ist dies eines der zentralen und wichtigsten Körperteile, die naturgemäß durch Schädigungen erhebliche Beeinträchtigungen nach sich ziehen. Bei einer schweren Querschnittslähmung kann es zu einer Beatmungspflicht kommen. Es kann zur kompletten Bettlägerigkeit führen. Aber selbst mittlere Querschnittslähmungen resultieren in erheblichen Einschränkungen wie Hautschädigungen, erhöhter Thrombosegefahr, starken Schmerzen aufgrund eintretender Spastik, Blasen- und Mastdarmstörungen. Es kommt zu einer erhöhten Blasen- und Niereninfektionsgefahr und Sexualstörungen. Da das Rückenmark so eine entscheidende Bedeutung hat, ist also nicht nur die Motorik gestört, sondern oftmals sind weitere Funktionen des Körpers beeinträchtigt.

2. Arztkontakt/Rücksprache

Hier sind **Orthopäde, Unfallchirurg, Neurologe, Physiotherapeut, Psychotherapeut, Ergotherapeut** und/oder **Orthopädietechniker** zu kontaktieren. Aufgrund der Komplexität dieser Schädigung ist nur ein Zusammenwirken sämtlicher Fachleute zielführend. Gerade im Bereich der vermehrten Bedürfnisse ist gründliche Arbeit erforderlich, da Querschnittsgelähmte viele verschiedene Hilfsmittel benötigen, damit ihr eingeschränktes Leben lebenswert bleibt.

169

3. Komplikationen, Spätfolgen und Risiken

Die Komplikationen und Risiken sind extrem hoch. Neben **Hautschädigungen** kommt es zu **Blasen- und Mastdarmstörungen** und zu **Störungen der Sexualfunktion**, da das Rückenmark auch wesentliche Anteile des Sexuallebens steuert. Es besteht eine erheblich erhöhte **Thrombosegefahr** (siehe Rn 286 f.). Es kommt zu **Schmerzen** aufgrund der **Spastik**, die durch Schmerzmittel therapiert werden müssen. Es ist generell zu sagen, dass eine **lebenslange Nachsorge** durchgeführt werden muss. Es sind alle **wichtigen Organe** und Körperfunktionen zu überprüfen, wie die Atmung, die Blase, der Mastdarm, die Nieren etc.

170

Ferner ist es so, dass bei Querschnittslähmungen in der Regel die Versicherer die Akte offen lassen, d.h. diese Ansprüche werden nicht kapitalisiert. Ein Grund ist unter anderem auch die **verkürzte Lebenserwartung,** gerade bei Tetraplegikern. Konkret ist dem Versicherer hier noch nicht einmal ein Vorwurf zu machen, dass dies zynisch sei, da der Versicherer für den Fall, dass der Geschädigte früher stirbt, Geld spart. Auf der anderen Seite wird die medizinische Versorgung besser, so dass auch Querschnittsgelähmte mit ihren erheblichen Einschränkungen durchaus länger leben können. Schließlich gibt es in der Forschung und Rehabilitation gute Ansatzpunkte, dass in der Zukunft Querschnittsgelähmten deutlich besser geholfen werden kann. Es gibt zum Beispiel in der Uniklinik Heidelberg spezielle Roboter, die eingesetzt werden, wenn nicht alle Nervenbahnen durchtrennt sind. Hier werden dann Gehbewegungen durchgeführt. Diese Rückenmarkstrukturen können durch den Roboter unabhängig vom Gehirn Gehbewegungen auslösen. Ferner ist die Universität Tübingen auch sehr weit, was Querschnittsgelähmte betrifft. Hier werden sog. free hand-Systeme angewandt. Den Geschädigten werden unter der Haut Elektroden in die Muskeln implantiert. Dadurch können die Geschädigten teilweise wieder ihre Hände schließen oder Gegenstände greifen. Dies ist gerade

171

bei Tetraplegikern sehr wichtig, da diese quasi keinen Handgriff mehr alleine ausüben können und deshalb fast permanent auf Hilfe Dritter angewiesen sind. Ferner hat die Uni Tübingen auch als erste Universität eine Blasenoperation mit dem Ziel der selbstständigen Blasenentleerung durchgeführt. Dadurch könnten häufig vorkommende Harnwegsinfekte und Nierenschäden verhindert werden.

172 Vor 15 Jahren hatte es noch niemand für möglich gehalten, dass eine zerstörte Nervenbahn wieder wachsen kann. Es beginnen klinische Tests, in denen versucht wird, durch Medikamente zu erreichen, dass die Nerven im Rückenmark wieder wachsen können. Das Medikament wird in das Rückenmark gespritzt. Man ist sich in der Forschung einig, dass gerade bei Unfallopfern in den ersten 2 Tagen nach dem Unfall eventuell Zukunftsbehandlungserfolge eintreten können. Dagegen werden wohl Querschnittsgelähmte, die schon länger gelähmt sind, nicht kurzfristig von der Forschung und Wissenschaft profitieren.

173 Abschließend kann gesagt werden, dass Querschnittslähmungen generell mit der nötigen Sensibilität auch seitens des Anwalts bearbeitet werden müssen, weil psychische Verletzungsfolgen Hand in Hand mit physischen Ausgangsverletzungen gehen.

XVI. Schulter
1. Schulterbeinfraktur (Klavikulafraktur)
a) Grundlagen
174 Der **Schlüsselbeinbruch** ist nach dem Bruch der Speiche der zweithäufigste Knochenbruch bei erwachsenen Menschen. Er entsteht oftmals durch einen direkten Sturz auf die Schulter oder durch einen Sturz auf den ausgestreckten Arm. In der Regel wird diese Verletzung nicht operiert, sondern durch einen Rucksackverband konservativ behandelt. Hierdurch wird die Schulter ruhig gestellt. Generell kann gesagt werden, dass die Schlüsselbeinfraktur in der Regel gut verheilt. Manchmal kann es zu einer Kombination der Schlüsselbeinfraktur und des sog. Scapulahalses führen. Dann tritt eine Instabilität der Schulter ein, die als „floating shoulder" bezeichnet wird.

b) Arztkontakt/Rücksprache
175 Hier sind **Unfallchirurg**, **Orthopäde** und/oder **Physiotherapeut** zu kontaktieren.

c) Komplikationen, Spätfolgen und Risiken
176 Es kann zu **Bewegungseinschränkungen mit erheblichen Schmerzen** kommen. Wenn operiert wird, besteht das allgemeine Operationsrisiko in Form von **Thrombose**, **Nervenschädigungen**, **Infektionen und Embolie** (siehe Rn 286, 254, 287, 243). Manchmal kann es auch dazu kommen, dass der sog. Nervus ulnaris beschädigt wird. Wenn operiert und ein **Implantat** eingesetzt wurde, ist eine **erneute Operation** notwendig mit den entsprechenden **erneuten Operationsrisiken,** da das Metall nach ca. 2 bis 4 Monaten wieder entfernt wird.

2. Schultereckgelenkssprengung
a) Grundlagen

Von einer **Schultereckgelenkssprengung** spricht man, wenn es zu einer Verren-   **177**
kung des seitlichen Endes des Schlüsselbeins zum Schulterdach kommt, mit Verletzungen des Kapsel- und Bandapparates des Schultereckgelenks. Statistisch gesehen
entstehen derartige Verletzungen am häufigsten durch einen Sturz auf die Schulter
mit direkter Krafteinleitung auf das Schultereckgelenk. Im Straßenverkehr geschieht dies, wenn es zu Stürzen vom Fahrrad oder vom Motorrad kommt. Man unterteilt die Schultereckgelenkssprengung in Klassifikationen und zwar in **Tossy I**,
Tossy II und **Tossy III**. Bei Tossy I ist nur eine geringe Verletzung vorhanden. Tossy II erfasst größere Einrisse bis Teilrupturen der Bandstrukturen. Bei Tossy III dagegen liegt eine komplette Zerreißung des Kapselbandapparates vor. Wie so oft ist
auch hier eine konservative Behandlung oder eine Operation möglich. Es hängt davon ab, wie die Verletzung ausgeprägt ist, welche Beschwerden der Geschädigte
hat und wie aktiv er ist. Wenn operiert wird, nimmt man oftmals einen sich langsam
auflösenden stabilen Faden. Das hat den Vorteil, dass es zu keinen Implantationen
von Metallen kommt. Allerdings können hierbei Nerven verletzt werden. Ferner ist
es möglich, dass keine dauerhafte Festigung eintritt, weil das seitliche Schlüssel-
beinende wieder nach oben wandert.

b) Arztkontakt/Rücksprache

Hier sind **Unfallchirurg**, **Physiotherapeut** und/oder **Orthopäde** zu kontaktieren.   **178**

c) Komplikationen, Spätfolgen und Risiken

In der Regel gibt es bei der Schultereckgelenkssprengung nicht viele Komplikatio-   **179**
nen, allerdings kann es zu einer **Schultereckgelenksarthrose** (siehe Rn 234 f.)
kommen, die auch erst nach Jahren eintreten kann. Von daher müssen entsprechende Vorbehalte mit dem Versicherer vereinbart oder eine Erhöhung der Schadensersatzleistungen erreicht werden. Bei der **Metallentfernung,** die im operativen Bereich vorkommt, ist ferner daran zu denken, dass dies eine **erneute Operation** ist
und generell Operationen zu Komplikationen wie **Thrombose, Infektionen, Embolien** und **Nervenschädigungen** (siehe Rn 287, 286, 254, 243) führen können.
Ferner sind **Einschränkungen der Beweglichkeit** oder sogar **chronische Beschwerden** möglich. Darüber hinaus ist auch immer zu schauen, was der Geschädigte beruflich macht. Hat er zum Beispiel Überkopfarbeiten zu leisten oder ist er
ein Leistungssportler, kann es zu einer besonderen Beanspruchung des Schultereckgelenks kommen und dann zu **Arthrosen** (siehe Rn 234 f.), die sehr schmerzhaft
sein können. Ferner ist der Weichteilmantel über dem Schlüsselbein sehr dünn. Es
kann daher zu einer **postoperativen Infektion** (siehe Rn 254) kommen. Die Gefahr
ist nicht unerheblich. Wenn Implantate verwendet werden, können **Metalllocke-
rungen** entstehen, da auf das Schlüsselbein starke dynamische Kräfte einwirken.
Der Physiotherapeut ist wichtig, da **krankengymnastische Behandlungen** unabdingbar sind.

3. Rotatorenmanschettenruptur

a) Grundlagen

180 Da die Muskeln die Schulter wie eine Manschette umhüllen, werden sie als Rotatorenmanschetten bezeichnet. Die Rotatorenmanschette ermöglicht das Bewegen des Armes und des Schulterblattes. Wenn ein teilweiser Anriss oder ein vollständiger Riss einer einzelnen Sehne oder auch mehrerer Sehnen beteiligt ist, spricht man von einer **Rotatorenmanschettenruptur**. Hinsichtlich der Ursachen gibt es in der außergerichtlichen Schadensregulierung sehr oft Streit, da Rotatorenmanschettenrupturen durch einen Unfall, aber auch durch degenerative Veränderungen entstehen können. Es stellt sich daher die Frage, ob der eingetretene Schaden durch einen Unfall oder einen degenerativen Effekt eingetreten ist. Versicherer wollen naturgemäß nur den Unfallschaden bezahlen. Auch diese Verletzung kann konservativ oder operativ behandelt werden.

> *Praxistipp*
> Versicherer versuchen oftmals zu argumentieren, dass ein Seitenanprall im Pkw eher nicht zu einer traumatischen Ruptur führt, da es vergleichbar ist mit einem Sturz auf den angelegten Arm. Auch hier ist diesem Argument mit Vorsicht zu folgen, da der Arm durchaus auch im Auto abgestützt worden sein kann und es dann zu der Rotatorenmanschettenruptur gekommen ist, z.B. im Überschlagsfall. Generell kann gesagt werden, dass die Fälle der Rotatorenmanschettenrupturen oftmals Streit mit sich bringen.

> *Praxistipp*
> Für eine solche Verletzung spricht auch, wenn die Symptome sofort aufgetreten sind und der Geschädigte gleich zum Arzt gegangen ist, wenn ein Bluterguss oder ein Hämatom an der Schulter oder dem Oberarm aufgetreten ist oder wenn es zu einem kompletten Kraftverlust kommt, einem sog. **drop arm sign**. Möglicherweise ist der Ultraschall oder das MRT auszuwerten, ob ein Erguss vorliegt oder eine komplette Ruptur.

> *Praxistipp*
> Man sollte den Mandanten auch danach befragen, ob er Begleiterkrankungen wie Rheuma aufzuweisen hat, da diese oftmals eine Rolle spielen bei einer degenerativen Rotatorenmanschettenruptur. Versicherer fragen auch gerne nach dem Beruf oder sportlichen Aktivitäten, ob Überkopfarbeiten dauerhaft ausgeführt wurden, um zu prüfen, ob eine degenerative Rotatorenmanschettenruptur vorliegt. Ideal ist auch, wenn innerhalb von einem Monat nach dem Unfall entsprechende kernspintomografische Untersuchungen vorliegen, da dann die Beurteilung leichter ist, als wenn 3 oder 4 Monate vergangen sind.

b) Arztkontakt/Rücksprache

181 Hier sind **Unfallchirurg**, **Physiotherapeut** und/oder **Orthopäde** zu kontaktieren.

c) Komplikationen, Spätfolgen und Risiken

Da die Rotatorenmanschettenruptur in der Regel sehr **schmerzhafte Bewegungs-einschränkungen** nach sich zieht und es oftmals auch zu einer **Reruptur** kommen kann, versuchen Versicherer, die Kausalität zu bestreiten. Die Geschädigten haben oftmals auch eine **Kraftminderung** und **Muskelschwäche.** Es kann bis zur **Schultersteife** oder zu einem **Schulterhochstand** kommen, aber auch zur sog. **frozen shoulder.** Wenn solche Wörter in den Arztberichten auftauchen, ist immer mit Vorsicht an die Sache heranzugehen. **Arthrosen** (siehe Rn 234 f.) sind auch sehr häufig. Ferner besteht das allgemeine Operationsrisiko der **Thrombose, Nervenschädigungen** und **Infektionen** (siehe Rn 286 f., 254 f.). Wenn eine **Bewegungsunfähigkeit,** eine Schultersteife oder eine „frozen shoulder" vorliegt, kann die Invalidität 40 % bis 50 % betragen und bei den einzelnen AUBs bis zu 6/10 Armwert ausmachen. Wenn mit Menschen mit einer „frozen shoulder" gesprochen wird, teilen diese mit, dass die **Schmerzen** extrem sind. Sie nehmen **starke Schmerzmittel** ein. Darüber hinaus ist eine **Ausheilung quasi nicht möglich.** Aus diesem Grunde wird bei der Rotatorenmanschettenruptur in der außergerichtlichen Regulierung auch häufig gestritten.

182

4. Schulterluxation
a) Grundlagen

Die **Verrenkung des Schultergelenks (Auskugeln der Schulter)** tritt sehr häufig ein. Generell kann bei sämtlichen Schulterverletzungen gesagt werden, dass diese sehr langwierig sind. Jeder Geschädigte, der schon einmal auf die Schulter gefallen ist, kann davon berichten. Das Kugelgelenk hat eine sehr kleine Gelenkpfanne. Es kommt daher am Schultergelenk viel häufiger zu Luxationen als an anderen Gelenken des menschlichen Körpers. Statistisch gesehen sind 50 % aller Luxationen **Schultergelenksluxationen.** Ursächlich ist oftmals der Sturz auf den ausgestreckten Arm bei Unfällen im Straßenverkehr, zum Beispiel beim Sturz mit dem Fahrrad oder Motorrad. In 80 % bis 90 % der Fälle luxiert die Schulter nach vorne. In den restlichen Fällen liegt eine hintere Luxation vor. Die hintere Luxation wird sehr häufig übersehen. In den Röntgenaufnahmen scheint der Oberarmkopf korrekt in der Pfanne zu stehen. Es ist daher eine transaxilläre Röntgenaufnahme erforderlich. Hier passieren auch sehr viele Arzthaftungsfehler, wenn diese Verletzungen übersehen werden oder falsche Röntgenaufnahmen durchgeführt werden. Ferner führen Schulterluxationen oft zu Folgeschäden an beiden Gelenkpartnern, sowohl der Gelenkpfanne als auch dem Humeruskopf.

183

b) Arztkontakt/Rücksprache

Hier sind **Orthopäde, Physiotherapeut** und/oder **Unfallchirurg** zu kontaktieren.

184

c) Komplikationen, Spätfolgen und Risiken

Es kann bis zu 2 Jahre dauern, bis die Schulter wieder vollständig hergestellt ist. Von daher ist die Sache sehr **langwierig** und **kompliziert.** Es kann zu einer **chro-**

185

nischen **Instabilität** kommen. Es können aber auch die **Nerven geschädigt** werden. Wichtig sind auch der Physiotherapeut und der Geschädigte selber, da der Physiotherapeut zunächst Übungen vornimmt und anschließend dem Geschädigten nur noch Anweisungen für die Übungen gibt. Wenn dies nicht therapiert wird, ist sogar eine **Einsteifung der Schulter** mit allen sich daraus ergebenden Konsequenzen (**Operation**) möglich. Ferner kann es bei der Schulterluxation zu **Krafteinschränkungen** kommen, zu **Bewegungseinschränkungen** sowie zu **chronischen Schmerzen.** Generell sind Schulterverletzungen sehr schmerzhaft, so dass bei derartigen Komplikationen immer auch die **Schmerzmitteleinnahme** zu beachten ist, welche **Nebenwirkungen** haben kann, die auch langfristig zu Schädigungen führen können. Gerade bei Schulterverletzungen sind Schmerzen manchmal chronisch, so dass die Geschädigten Zeit ihres Lebens **Schmerzmittel** einnehmen müssen. Dies ist bei den Schadensersatzzahlungen zu berücksichtigen.

XVII. Sprunggelenk/Unterschenkel

1. Unterschenkelschaftfraktur

a) Grundlagen

186 Eine **Unterschenkelschaftfraktur**, d.h. ein Bruch des Unterschenkels, ist medizinisch dann gegeben, wenn die Fraktur ohne Beteiligung des angrenzenden Kniegelenks und des angrenzenden Sprunggelenks erfolgt. Oftmals ist die Ursache eine direkte Gewalteinwirkung, zum Beispiel bei Verkehrsunfällen. Sehr häufig sind Geschädigte auch polytraumatisiert, d.h. es liegen mehrfache lebensbedrohliche Verletzungen vor. Mitunter ist nicht nur eine Unterschenkelfraktur, sondern auch eine Oberschenkelfraktur gegeben oder Fußbrüche desselben Beins mit Weichteilschädigungen.

187 Generell kann gesagt werden, dass besondere Risiken bei der Unterschenkelfraktur immer dann entstehen, wenn ein kniegelenksnaher Bruch vorliegt. Es ist daher exakt zu ermitteln, wo der Bruch war.

188 Es gibt verschiedene Klassifikationen von Typ A bis Typ C. A ist ein einfacher Bruch, B ein Keilbruch und C ist eine Komplexfraktur.

> *Praxistipp*
> Ferner ist bei der Unterschenkelschaftfraktur immer darauf zu schauen, inwieweit Weichteile beschädigt wurden (Muskel, Bindegewebe, Haut). Wichtig ist auch, in den Arztberichten zu überprüfen, ob eine Schädigung des Nervus peroneus eingetreten ist, welche unter dem Stichwort „**Fußheberdefizit**" oftmals eine Rolle spielt und große Probleme in der Prognose bedeutet. Des Weiteren ist bei geschlossenen Frakturen und auch bei schwereren Quetschverletzungen immer darauf zu achten, ob ein Kompartmentsyndrom eingetreten ist, d.h. ob durch den erhöhten Gewebedruck eine Schädigung von Gewebe eingetreten ist. Solche Syndrome sind rechtzeitig zu operieren. Geschieht dies verspätet, können erhebliche Invaliditätsprobleme entstehen. Arzthaftungsrechtlich ist dies ebenfalls immer zu beachten.

b) Arztkontakt/Rücksprache

Hier ist der **Unfallchirurg** zu kontaktieren. **189**

c) Komplikationen, Spätfolgen und Risiken

Es kann zu **Schwellungen** des Beins kommen und zu **Fehlstellungen**. Es können **190**
Refrakturen entstehen, sowie **Achsfehlstellungen** (siehe § 10 Rn 225 f.). Darüber
hinaus besteht ein **Kompartmentrisiko** (siehe Rn 256 f.), ein **hohes Thromboseri-**
siko (siehe Rn 286 f.) und die Gefahr der **Pseudarthrose** (siehe Rn 281). Die Prognose ist generell ungünstig. Es ist eine **sehr lange Heilungsdauer** zu verzeichnen
von bis zu 2 Jahren und länger. Es kann zu **Gefäß- und Nervenschädigungen** kommen und zu **Infektionen** (siehe Rn 254 f.). Je nachdem, welche Weichteile verletzt
wurden und wie schwer die Blutgefäße und die Nerven in Mitleidenschaft gezogen
sind, besteht bei Unterschenkelfrakturen mitunter auch ein **Amputationsrisiko**
(siehe Rn 229 f.). Hieran ist bei Abfindungserklärungen (Vorbehalte) zu denken, da
naturgemäß etwaige eingetretene Folgen dann sowohl für den Anwalt, der dies
nicht beachtet hat, ein Haftungsproblem darstellen als auch für den Geschädigten
erhebliche Auswirkungen auf Beruf, Haushalt und sonstige Tätigkeiten hat.

Unterschenkelfrakturen sind nicht als problemlos einzustufen.

2. Pilon-Tibiale-Fraktur
a) Grundlagen

Es handelt sich hierbei um eine Verletzung, bei der die tragende, in der Horizontal- **191**
ebene stehende, Gelenkfläche der Tibia betroffen ist. Ursächlich ist häufig ein
Sturz, aber auch ein Auffahrunfall im Straßenverkehr. Aufgrund des geringen
Weichteilmantels handelt es sich in ca. einem Viertel der Fälle um offene Frakturen. Generell kann gesagt werden, dass dies eine der schwierigsten und komplikati-
onsreichsten Verletzungen überhaupt ist. Aus ärztlicher und arzthaftungsrechtlicher
Sicht sind das Sprungbein und das Fersenbein zu prüfen. Es sind in der Regel sehr
viele Operationen notwendig. Auch erfahrene Unfallchirurgen tun sich mit derartigen Verletzungen schwer. Es kommt sehr häufig zu Einschränkungen der Belastbarkeit und Funktion des Gelenks. Ferner ist die Prognose natürlich abhängig von der
Zerstörung der Gelenksfläche. Insgesamt handelt es sich um eine sehr komplizierte
Fraktur.

b) Arztkontakt/Rücksprache

Hier sind **Unfallchirurg**, **Orthopäde** und/oder **Physiotherapeut** zu kontaktieren. **192**

c) Komplikationen, Spätfolgen und Risiken

Die Prognose hängt davon ab, inwieweit es zu Zerstörungen der Gelenksfläche und **193**
Beschädigungen der Weichteile gekommen ist und ob es sich um Mehrfachverletzungen handelt. Es kann zu **Wundheilstörungen** kommen, zu **starken Infektio-**
nen, zu **Pseudarthrosen** (siehe Rn 281), zu **Thrombosen** (siehe Rn 286 f.), zum
Kompartmentsyndrom (siehe Rn 256 f.), zu **Nervenverletzungen und Verletzun-**

gen von Blutgefäßen. Es gibt bei derartigen Frakturen auch eine lange **Schwellnei-gung** mit **erheblichen Schmerzen.** Mitunter kann es auch zu **chronischen Schwellneigungen** des Beins kommen.

All diese Komplikationen sind im Rahmen einer eventuellen Abfindungserklärung bei Unterschenkelfrakturen und Sprunggelenksfrakturen immer mit zu berücksichtigen.

194   Es bestehen natürlich auch die allgemeinen Operationsrisiken wie **Thrombose, Nervenschädigungen, Infektionen** und **Embolie** (siehe Rn 287, 286, 254, 243).

195   Da die Prognose bei derartigen Frakturen oftmals schlecht ist, sind auch der Beruf und das soziale Umfeld des Geschädigten zu überprüfen und festzustellen, ob beruflich eventuell eine starke Belastbarkeit des Beines notwendig ist. Muss der Geschädigte lange stehen oder viel laufen, so ist dies in die Überlegung bei Abfindungserklärungen mit einzubeziehen, da der Geschädigte dann mitunter später seinen Beruf nicht mehr ausüben kann und er bei einer vorbehaltlosen Abfindung keinen Gehaltsdifferenzschaden oder Erwerbsschaden mehr geltend machen kann.

196   Insofern haben Unterschenkelfrakturen und Sprunggelenksfrakturen fast immer Auswirkungen auf den Beruf und die Haushaltsführung, da sie häufig hochgradig instabile Frakturen sind. Schließlich kann es auch zur sog. **Arthrodese,** d.h. zur operativen Versteifung des Gelenks kommen. Auch dies bedeutet eine **erneute Operation** mit den sich ergebenden Risiken und natürlich die mögliche Komplikation einer **Versteifung eines Gelenks.**

3.   Sprunggelenksfraktur
a)   Grundlagen
197   Die **Sprunggelenksfraktur** wird auch **Malleolarfraktur** oder auch **Weberfraktur A, B, C** genannt. Es handelt sich hierbei um die Fraktur des Außenknöchels und/oder des Innenknöchels. Dies ist häufig begleitet von einer Fraktur der vorderen oder hinteren Tibiakante sowie einer Ruptur von Bändern. Ähnlich wie die Pilonfraktur ist auch dies eine äußerst komplizierte und unangenehme Fraktur, die hochgradig instabil ist. Die Sprunggelenksfraktur entsteht oftmals durch starkes Umknicken des Fußes. Wenn sowohl der Innen- als auch der Außenknöchel betroffen sind, spricht man von einer Bimalleolarfraktur. Man unterscheidet die Frakturen in Weber A bis Weber C Frakturen. Bei Weber C ist der Bruch oberhalb der Syndesmose, das Band gerissen und das Gelenk instabil. Weber C ist sehr schwierig und führt oftmals zu Komplikationen. Ferner entstehen arzthaftungsrechtlich oftmals Probleme, wenn geprüft wird, ob die Syndesmose auch verletzt ist. Bei Weber C ist die Syndesmose mit gerissen, wenn die sog. Bimalleolarefraktur vorliegt, d.h. beide Knöchel außen und innen gebrochen sind. Die Komplikationen sind oftmals sehr schwierig. Die Arthrosegefahr ist extrem groß.

b)   Arztkontakt/Rücksprache
198   Hier sind **Unfallchirurg, Orthopäde** und/oder **Physiotherapeut** zu kontaktieren.

c) Komplikationen, Spätfolgen und Risiken

Es kann zu **Sensibilitätsstörungen** kommen, zu chronischen **Schwellneigungen** des Knöchels, zu **Instabilität** und zu **Fehlstellungen.** Ferner können als Spätfolge **Schwellneigungen mit Schmerzen** entstehen und dadurch auch **Bewegungsdefizite.** Weiterhin kann es zu **Arthrosen** (siehe Rn 234 f.) und **Pseudarthrosen** (siehe Rn 281) kommen. Es können die Operationsrisiken wie **Thrombose, Nervenschädigungen, Infektionen** und **Embolien** (siehe Rn 287, 286, 254, 243) bestehen. Ferner kann es auch zum **Morbus Sudeck** (siehe Rn 261 f.) kommen.

199

C. Tipps zur Vermeidung von Fehlern bei der Beurteilung medizinischer Sachverhalte

Gerade Spätfolgen und Risiken bei den einzelnen Verletzungen werden viel zu wenig beachtet. Anwälte, die leichtfertig den Mandanten dazu raten, eine vorbehaltlose Abfindungserklärung zu unterschreiben, bedenken oftmals derartige Risiken nicht.

200

Objektiv vorhersehbare Folgen aus der Regulierung des Personenschadens aus Unkenntnis auszuklammern, kann erhebliche negative Folgen für das Schmerzensgeld, den Haushaltsführungsschaden, den Erwerbsschaden sowie auch die vermehrten Bedürfnisse und sogar die Pflege haben, wenn sich derartige Risiken, die die einzelnen Verletzungen in sich bergen, tatsächlich realisieren.

201

Es gibt in diesem Bereich zwei Handlungsalternativen. Die eine ist, der Anwalt vereinbart entsprechende Vorbehalte mit der Wirkung eines gerichtlichen Feststellungsurteils für die Zukunft unter Verzicht auf die Einrede der Verjährung. Die zweite Möglichkeit ist, der Geschädigte unterschreibt gleichwohl eine vorbehaltlose Abfindungserklärung, wobei er in Absprache mit seinem Anwalt und nach entsprechender Aufklärung über die Risiken sich diesen Vorbehalt vom Versicherer „abkaufen" lässt. Dies kann für den Geschädigten einen erheblichen finanziellen Vorteil haben, da sich die möglichen Risiken und Spätfolgen nicht immer realisieren.

202

Man stelle sich einmal vor, der Geschädigte hat eine vorbehaltlose Abfindungserklärung unterschrieben und die Sache ist für den Versicherer beendet. Nach einiger Zeit tritt eine Nekrose ein mit der sich ergebenden Konsequenz, dass es zu einer Totalendoprothese kommt oder gar zu einer Amputation. In diesem Fall hat dies erhebliche Auswirkungen auf das Leben des Geschädigten. Dieser kann seinen Beruf nicht mehr ausüben und ist im Haushalt erheblich eingeschränkt.

203

Die nachfolgenden 7 Tipps sollen dem Anwalt helfen, alle Facetten eines medizinischen Sachverhalts zu ergründen, um so die Ansprüche des verletzten Mandanten optimal zu regulieren.

204

I. Was ist dauerhaft geschädigt? Was bedeutet dies für den Geschädigten in Beruf und Alltag?

205 Dies ist grundsätzlich immer die erste Frage. Es ist zu prüfen, welche Verletzung der Geschädigte hat. Kommt es zu einem Dauerschaden oder ist die Verletzung vollständig ausgeheilt? Es ist zu prüfen, ob das Bein, der Finger, der Arm, die Schulter, die Zehen, der Kopf, das Becken oder die Wirbelsäule dauerhaft geschädigt sind. Wenn es zu einer dauerhaften Schädigung gekommen ist, muss gefragt werden, ob dies Auswirkungen auf den Alltag oder auf den Beruf des Geschädigten hat. Welche berufliche Zukunftsprognose ist möglich? Was ist geplant? Stehen Veränderungen an? Kann er den Beruf und seinen Alltag mit dem Dauerschaden bewerkstelligen? Es ist immer zu prüfen, wie Beruf und Verletzungsbild des Geschädigten zusammenpassen oder eben auch nicht. Hierbei sind mögliche Spätfolgen unter Berücksichtigung ärztlicher Einschätzung einzubeziehen (siehe auch II.). Bei der Beurteilung, wie die dauerhafte Entwicklung sein wird, ist selbstverständlich auch das Alter des Mandanten zu berücksichtigen. Ein junger Mensch kann möglicherweise seinen Beruf mit dieser Verletzung noch einige Zeit, manchmal bis zu zehn oder zwanzig Jahren ausüben. Es ist jedoch angesichts vieler Verletzungsbilder bereits zum Schadenszeitpunkt vorhersehbar, dass der Beruf nicht bis zum Erreichen des Rentenalters ausgeübt werden kann. Dies ist bei der Regulierung zu berücksichtigten.

206 Diese Fragen sind **immer** in Rücksprache mit den behandelnden Ärzten zu besprechen. Deshalb ist auch der folgende zweite Tipp von Bedeutung.

II. Rücksprache Facharzt/Arztliste

207 Juristen, die Personengroßschäden bearbeiten, sind zwar in der Regel durch die langjährige Arbeit medizinisch ganz gut informiert. Keinesfalls ersetzt dies jedoch ein Medizinstudium oder gar eine Facharztausbildung. Von daher ist es zwingend notwendig, dass bei sämtlichen Bereichen eine Rücksprache mit dem entsprechenden Facharzt getroffen wird. Es ist zu prüfen, welche Komplikationen, Spätfolgen und Risiken neben den bekannten zusätzlich noch auftreten können. Es ist hier auch an entsprechende wissenschaftliche Abhandlungen zu denken, da die Medizin sich permanent weiterentwickelt und es zum Beispiel auch im positiven Sinne erhebliche Weiterentwicklungen für den Patienten oder Geschädigten gibt. So vertreten einige namhafte Mediziner die Auffassung, dass sogar Querschnittsgelähmte eines Tages wieder laufen können, weil die Wissenschaft in der Rückenmarkforschung sehr fortgeschritten ist.

208 Anwälte, die Personenschäden bearbeiten, sollten daher immer mit Fachärzten zusammenarbeiten. Es gibt mittlerweile für fast jeden Bereich Fachärzte. Es ist daher entsprechend den Verletzungen mit einem **Unfallchirurgen, Neurologen, Internisten, Orthopäden, Psychotherapeuten, Radiologen, HNO-Facharzt, Urologen** etc. zusammenzuarbeiten. Es gibt auch Spezialisten im Mund-Kiefer-Bereich. Es gibt einen Neurochirurgen sowie einen Facharzt für Kinder- und Jugendpsychiatrie und -psychotherapie. Insofern sollte der Kontakt zu den verschiedenen medizinischen Fachbereichen aufgebaut werden. Versicherer arbeiten ebenfalls nach diesem Muster, indem sie sich entsprechender Gesellschaftsärzte bedienen. In der Regel sind diese Ärzte ehemalige Klinikärzte, die sich in den einzelnen Fachgebieten extrem gut auskennen und über entsprechende Spezialkenntnisse verfügen.

Dieser Tipp kann nicht oft genug betont werden, da Versicherer im Bereich der Medizin gegenüber den Juristen deutliche Wissensvorsprünge haben. **209**

III. Brüche/Frakturen

Wenn der Geschädigte Brüche erlitten hat, sollte der Anwalt immer schauen, ob es **210** sich um einen Bruch **mit** einer Gelenksbeteiligung handelt oder einen Bruch **ohne** eine Gelenksbeteiligung. Dies ist deshalb von Bedeutung, da Brüche mit Gelenksbeteiligung viel komplizierter sind und erheblich mehr Risiken in sich bergen. Insbesondere das Arthroserisiko ist beim Bruch mit Gelenksbeteiligung deutlich höher. Insofern ist diese Unterteilung für die Einordnung eventueller Spätfolgen sehr wichtig.

IV. Weichteilschädigung

Ferner ist der Fall immer darauf zu untersuchen, ob eine **Fraktur** oder eine **Luxati-** **211** **on** oder aber eine **Weichteilschädigung** vorliegt. Zudem ist zu prüfen, ob es sich um eine leichte Schädigung oder schwerste Weichteilschädigungen handelt. Generell bedeuten Weichteilschädigungen nicht immer Dauerschäden. Die Prognose ist bei korrekter Therapie oftmals gut, bei schwereren Weichteilschädigungen kann es jedoch zu erheblichen Komplikationen wie Infektionsgefahr, Pseudarthrose, Kompartmentsyndrom, Amputation etc. kommen. Gerade im Bereich der größeren Weichteilschädigungen kann es Probleme geben, wenn der Mandant lange stehen, gehen, heben muss oder schwere Sachen zu tragen hat. Es ist daher auch im Unfallbericht danach zu schauen, ob zum Beispiel Quetschungen oder sogar ein Überrolltrauma vorgelegen haben. Anhaltspunkte dafür bilden Sachverhalte, in denen Motorradfahrer, Fahrradfahrer oder Fußgänger von anderen Fahrzeugen überfahren wurden.

V. Operation

Da Verletzungen entweder **konservativ** oder aber **operativ** behandelt werden kön- **212** nen, ist immer zu überprüfen, wenn eine Operation erfolgte, ob alles ordnungsgemäß und korrekt lief. Dies hat arzthaftungsrechtliche Auswirkungen, da sehr viele Fehler in der Klinik geschehen. Es können bei Operationen immer vermeidbare Nervenschädigungen, Thrombose, Embolie und Infektionen auftreten.

VI. Begleitverletzungen

213 Ferner ist immer zu prüfen, ob neben einer Ausgangsverletzung wie einem Bruch auch **Begleitverletzungen** eingetreten sind. Solche Begleitverletzungen können zum Beispiel Nervenschädigungen sein. Wenn dies der Fall ist, sind auch immer entsprechende Risiken zu berücksichtigen, die wiederum neue Dauerfolgen auslösen können. Ferner ist bei den Begleitverletzungen auch immer an Sekundärfolgen an anderen Gelenken oder Knochen zu denken. Speziell bei Trümmerbrüchen ist daher zu prüfen, welche anderen Knochen oder Gelenke zusätzlich noch in Mitleidenschaft gezogen worden sind. Hier sind dann deren medizinische Folgen herauszuarbeiten.

VII. Gutachter = Operateur

214 Ferner ist immer anhand der Arztberichte zu prüfen, ob zum Beispiel der **Gutachter** auch der **Operateur** war. Sollte dies der Fall sein, ist immer mit Vorsicht an die Sache heranzugehen, da in der Regel dann die Einteilung der Minderung der Erwerbsfähigkeit geringer ausfällt, da im Umkehrschluss eine hohe MdE bedeuten würde, dass der Operateur schlecht operiert hätte. Daher ist es immer günstiger, dass der Gutachter nicht gleichzeitig dieselbe Person ist, die operiert hat.

VIII. Allgemeine Tipps zur Prüfung von medizinischen Gutachten

215 In der Praxis ist es immer wieder zu beobachten, dass Anwälte lediglich das Fazit des Gutachters zur Kenntnis nehmen und dies zur Grundlage der weiteren Regulierung und ihrer Beurteilung machen. Dies ist zu kurz gegriffen. Es ist selbstverständlich die Pflicht des Anwalts, der Personenschäden bearbeitet, das Gutachten vollständig zu lesen und vollständig zur Kenntnis zu nehmen. Nur so ist gewährleistet, dass auch tatsächlich alle von dem Mandanten beklagten Unfallfolgen überhaupt untersucht und berücksichtigt wurden. Nicht selten ist es so, dass ein Versicherer hier entweder einen eingeschränkten Auftrag erteilt oder der Arzt den Auftrag nur eingeschränkt versteht. Wird beispielsweise der Arm und das Bein verletzt, kommt es vor, dass nur eines der beiden Körperteile untersucht wird; darüber hinaus muss der Anwalt prüfen, ob die Gutachten insgesamt vollständig sind. Erwähnt beispielsweise der Gutachter in seinen Ausführungen eine Nervenschädigung, ist die Einholung eines neurologischen Zusatzgutachtens unabdingbar. Wird eine Bruchverletzung beurteilt, muss zwingend ein radiologisches Zusatzgutachten eingeholt werden. Nur dann, wenn die Gutachten vollständig sind, können die Unfallfolgen auch tatsächlich vollständig beurteilt und in die Argumentation gegenüber dem Versicherer einbezogen werden. Hier lauert ein immenses Haftungsrisiko.

216 Der wichtigste Teil des Gutachtens findet sich bei chirurgischen Gutachten am Ende. Es handelt sich um das sogenannte Messblatt für Gliedmaßen. Man sollte immer darauf bestehen, dass dieses dem Gutachten beigefügt wird. Aus diesem Messblatt kann man ersehen, wie gravierend die Einschränkungen beim Mandanten tatsächlich sind. Weiteres Augenmerk sollte der Anwalt unbedingt auf den Teil des Gutachtens legen, in dem zum einen die Anamnese beschrieben wird (nicht selten tauchen hier Vorerkrankungen auf, welche der Versicherer dem Anwalt im Regulierungsgespräch sicher entgegenhalten wird), und auch die klinische Untersuchung. Dabei ist zu berücksichtigen, dass bei der klinischen Untersuchung im Regelfall unbeobachtete Momente des Mandanten beschrieben werden. Hieraus kann auch der Anwalt ersehen, ob der Mandant beispielsweise zur Aggravation neigt oder auch zur Dissimulation. Hinkt beispielsweise der Mandant zu Beginn der Untersuchung in das Untersuchungszimmer, kann sich dann jedoch flüssig ohne Zuhilfenahme von Hilfsmitteln oder fremder Hilfe entkleiden, ist dies ein Hinweis darauf, dass der Mandant zur Aggravation neigt. Betritt er jedoch betont locker und flüssig das Untersuchungszimmer und hat im Anschluss daran Schwierigkeiten, sich zu entkleiden, ist dies immer ein Hinweis darauf, dass der Mandant dissimuliert. Das bedeutet nichts weniger, als dass er die Unfallfolgen gegenüber Dritten versucht herunterzuspielen. Der Versicherer wird sich genau diese Teile des Gutachtens regelmäßig sehr genau ansehen.

Anhand dieser Untersuchungsteile und Ergebnisse kann auch beurteilt werden, ob der Arzt beispielsweise mit seiner Einschätzung der MdE oder aber auch der Einschränkung nach Gliedertaxe im Fall der Unfallversicherung richtig oder daneben liegt. Nicht selten kommt es vor, dass sich aus dem Messblatt für Gliedmaßen eine hochgradige Einschränkung ergibt. Diese mündet häufig in einer zu niedrigen Einschätzung der Minderung der Erwerbsfähigkeit, was auch eine entsprechende zu niedrige Beurteilung der haushaltsspezifischen Beeinträchtigung nach sich zieht. Hierauf sollte unbedingt geachtet werden. **217**

Gegebenenfalls sollte hier darauf gedrängt werden, dass der Gutachter sein Gutachten noch einmal überprüft oder, falls noch Zusatzgutachten fehlen, dass diese Zusatzgutachten eingeholt werden. **218**

Das Messblatt für Gliedmaßen gibt im Übrigen auch wertvolle Hinweise zur Beurteilung des Haushaltsführungsschadens und zu den Einschränkungen, welchen der Geschädigte unfallbedingt unterliegt. **219**

Praxistipp
Bei der Prüfung von Gutachten ist auf Kleinigkeiten und kleinere Hinweise zu achten. Insbesondere der vorstehend erwähnten Messblätter für Gliedmaßen, klinischen Untersuchung und aktiven und passiven Beweglichkeit bei der Verletzung von Gelenken ist das besondere Augenmerk des Anwalts zuzuwenden, um hier gegen Argumente des Versicherers gewappnet zu sein.

Man kann die Plausibilität von Gutachten überprüfen. Einerseits ist das Messblatt für Gliedmaßen maßgeblich. Andererseits muss man wissen, dass Gelenke in dem Moment, in dem sie ruhiggestellt werden, sehr schnell einsteifen. Am gravierendsten gilt dies für das Schultergelenk. Hier gilt die Faustregel, dass das, was innerhalb einer Woche steifer wird, einen Monat Krankengymnastik zur Wiedererlangung der **220**

Beweglichkeit erfordert. Wenn ein Gelenk steif bleibt, so führt dies zu einem folgendem Phänomen: Wird die aktive Beweglichkeit (das heißt Beweglichkeit durch den Geschädigten selbst) eingeschränkt, so schränkt sich im selben Maße nach und nach auch die passive Beweglichkeit ein. Das bedeutet, dass beispielsweise der Arm ebenfalls nur noch eingeschränkt angehoben werden kann, wenn der Geschädigte den Arm selbst nur noch eingeschränkt anheben kann. Hier sind Stichworte wie „aktive Beweglichkeit" und „passive Beweglichkeit" Schlüsselworte. Wenn es so ist, dass die passive Beweglichkeit uneingeschränkt ist, die aktive Beweglichkeit jedoch stark eingeschränkt ist, spricht dies dafür, dass der erhobene Befund nicht mit den Tatsachen übereinstimmt. Hier ist davon auszugehen, dass das Gelenk tatsächlich auch aktiv uneingeschränkt beweglich ist. Dies ist ein wichtiger Hinweis dafür, dass der Mandant simuliert oder aggraviert. Dies wird ein Versicherer im Regulierungsgespräch ganz sicher entgegenhalten.

221   All diese Tipps dienen dazu, Argumente zu finden, die in einem Regulierungsgespräch gegenüber dem Versicherer vorgebracht werden können. Dies ist deshalb wichtig, um es noch einmal zu betonen, da Versicherer sich nur durch Sachargumente überzeugen lassen, höhere Zahlungen vorzunehmen. Nur wenn der Versicherer merkt, es besteht aufgrund der guten Sachargumente ein Prozessrisiko, lenkt er eventuell ein und leistet eine höhere Schadensersatzzahlung.

D.   Erläuterung der häufigsten Komplikationen/ Spätfolgen/Risiken in der Personenschadensregulierung

I.   Einleitung

222   Die nachfolgenden, alphabetisch geordneten Komplikationen, Spätfolgen und Risiken sind Schlagworte, die von Bedeutung sein können. Immer wenn eines dieser Schlagworte, wie zum Beispiel Achsfehlstellungen, Amputationen, Embolien, Kompartmentsyndrom, Osteitis, Nekrose etc., in Arztberichten zu lesen ist, müssen die Alarmglocken angehen, da dies zu Komplikationen führen kann mit den bereits mehrfach erläuterten Auswirkungen für den Geschädigten.

223   Generell kann gesagt werden, dass diese Komplikationen auch in Fällen der Arzthaftung eine Rolle spielen können. Innerhalb der Rechtsfolgen oder der haftungsausfüllenden Kausalität ist ein Arzthaftungsfall mit einem Verkehrsunfall mit Personenschaden jedoch fast identisch. In beiden Fällen sind die Schäden zu beziffern mit den bekannten Schadensersatzleistungen, wie Schmerzensgeld, Haushaltsführungsschaden, Erwerbsschaden und vermehrten Bedürfnissen. Die Ausführungen können daher auch für Arzthaftungsfälle herangezogen werden. Allerdings ist das Gebiet der Arzthaftung hinsichtlich des Haftungsgrundes deutlich komplizierter. Schließlich ist das Problem bei den Arzthaftungsfällen auch, dass sehr viel weniger außergerichtlich reguliert wird. Dies hängt wahrscheinlich mit der Position der Ärzte und der Kliniken zusammen, wonach Fehler generell erst einmal abgestritten werden. Darüber hinaus ist die Materie auch viel komplexer, da mitunter nicht nur ein monokausaler Sachverhalt vorliegt, sondern mehrere Ursachen eine Rolle spielen können. Von daher ist es auch leichter zu behaupten, der andere Behandler habe Schuld oder es gebe für den eingetretenen Schaden andere Ursachen.

Mittlerweile steigen die Prämien für die Vermögensschadenshaftpflichtversicherung der Ärzte immer weiter. Es gibt sogar Kliniken, die bei ihrer Vermögensschadenshaftpflichtversicherung eine Selbstbeteiligung im 7stelligen Bereich abgeschlossen haben. Anderenfalls können sich die Kliniken eine Vermögensschadenshaftpflichtversicherung in manchen Fachbereichen nicht mehr leisten. **224**

II. Alphabetische Begriffe

1. Achsfehlstellungen

Achsfehlstellungen können zu erheblichen Dauerschäden führen, speziell nach schwereren Verletzungen wie Trümmerfrakturen. Achsfehlstellungen können aber auch nach konservativen Behandlungen durch Ruhigstellungen eintreten. Die sonstigen Achsfehlstellungen, wie sie bei Wachstumsstörungen von Kindern auftreten, sollen hier nicht diskutiert werden, da diese in der Regel nicht unfallursächlich sind. **225**

Aufgrund dieser Achsfehlstellungen kann es zu Verschleißerscheinungen wie Arthrosen kommen und zu Schmerzen, die teilweise chronisch verlaufen können. Generell kann gesagt werden, wenn eine Verschiebung des Körperschwerpunkts geschieht, treten Arthrosen auf. Wenn es zu Beinverkürzungen kommt, ist zu prüfen, wie hoch der Schaden ist. Je nach Anzahl der Zentimeter geschieht dies entweder durch orthopädische Maßnahmen, wie Erhöhungen, Einlagen, Sohlen oder durch ein Spezialschuhwerk. Ab 3 cm Beinlängendifferenz wird auch oftmals operativ behandelt, um eine Achsfehlstellung auszugleichen. **226**

Achsfehlstellungen sind generell nicht zu unterschätzen. Es wird versucht, insbesondere durch gelenkerhaltende Eingriffe, wie eine Achskorrektur, die Verbesserung der Gelenkanatomie zu erreichen. Wenn dies nicht möglich ist, müssen Prothesen eingesetzt werden, was zu erneuten Operationen führt und weitere Risiken auslöst. Ferner besteht bei Prothesen das Problem, dass diese nicht dauerhaft halten und es bisher nicht über alle Prothesen Langzeitstudien gibt. Von daher kann sich eine normale Achsfehlstellung zu einem Dauerschaden entwickeln, der sich sowohl auf Beruf als auch auf Haushalt und den sonstigen Alltag massiv auswirkt. Es ist auch immer zu schauen, welche Gelenke und welche Körperteile betroffen sind. Diesbezüglich sind Rücksprachen mit Fachärzten vorzunehmen. Wenn Achsfehler vorliegen, müssen in der Regel Korrekturoperationen vorgenommen werden oder Folgebehandlungen, wie zum Beispiel eine Korrekturosteotomie. Bei einer Osteotomie handelt es sich um eine operative Knochendurchtrennung. Insoweit zieht sich eine Behandlung jahrelang hin und führt zu erheblichen Einschränkungen. **227**

Achsfehlstellungen sind auch deshalb problematisch, weil sie eine deutliche Erhöhung der Gelenkbelastung mit den sich daraus ergebenden Problemen bedeuten. **228**

491

Je nach Ausprägung der entsprechenden Achsenfehlstellung kann es zu Folgeschäden kommen. Es kann eine Fehlbelastung der benachbarten Gelenke eintreten, wodurch auch an den benachbarten Gelenken dann weitere Dauerschäden, wie Arthrose oder Prothesen entstehen können.

2. Amputationen

229 **Amputation** bedeutet die Abtrennung eines Körperteils. Man unterscheidet zwischen Amputation als chirurgischem Eingriff und traumatischer Amputation als Unfallfolge. Man differenziert ferner zwischen Amputationen aufgrund von arteriellen Verschlusskrankheiten und den Amputationen aufgrund eines Unfalls. Hier handelt es sich meistens um starke, offene Frakturen. Wenn ein ausgedehntes Kompartmentsyndrom vorliegt, dann sind Nerven und Blutgefäße unwiederbringlich zerstört und als ultima ratio bleibt nur die Amputation.

230 Ganz entscheidend ist bei den Amputationen, dass diese naturgemäß nicht nur eine erhebliche körperliche Einschränkung in Haushalt, Beruf und Alltag bedeuten, sondern auch eine psychische Belastung eintritt, da viele Geschädigte mit dem Verlust nicht klarkommen. Wichtig ist auch, dass eine Rücksprache mit dem Unfallchirurgen, dem Orthopäden, dem Psychologen, dem Physiotherapeuten und dem Orthopädietechniker erfolgt, da heutzutage gute Prothesen existieren. Allerdings kosten diese auch unterschiedlich viel Geld, je nach Ausstattung. Die Geschädigten müssen ferner mit einem Physiotherapeuten und Ergotherapeuten zusammenarbeiten, da spezielle Gleichgewichts- und Belastungstrainings erfolgen. Ferner gibt es spezielle Übungen im Bereich der Gangschulung.

231 Des Weiteren ist bei Amputationen zu beachten, dass es zu erheblichen Schmerzen bei den Geschädigten kommt. Es sind Phantomschmerzen im amputierten Teil der Gliedmaßen zu verzeichnen. Außerdem kann eine Amputation zu Allergien führen und zu massiven psychologischen Problemen.

232 Amputationen findet man oftmals auch nach schweren Verkehrsunfällen, wenn erhebliche Weichteilverletzungen vorliegen, bei denen der Arzt auch mit einem Fixateur externe arbeitet. Sehr häufig ist dies zum Beispiel bei Unterschenkelfrakturen mit erheblicher Beschädigung des Knochens und der Weichteile der Fall. Dann steht der Arzt vor der Entscheidung, ob er möglicherweise das Leben des Geschädigten gefährdet oder eine Amputation vornimmt. Insofern kann eine frühzeitige Amputation dann das Leben des Geschädigten retten, den Leidensweg verkürzen und auch zur Rehabilitation beitragen.

233 In jedem Fall ist jedoch von einem erheblichen Dauerschaden auszugehen, der sich in einigen Rechtsgebieten auswirken kann (Sozialrecht, private Unfallversicherung, BUZ). Schließlich spielen naturgemäß auch die vermehrten Bedürfnisse eine Rolle, da oftmals erhebliche Kosten für orthopädische Hilfsmittel auflaufen, die nicht immer vom Sozialhilfeträger voll getragen werden.

3. Arthrose

Von einer **Arthrose** spricht man, wenn eine chronische Erkrankung des Gelenks   **234**
vorliegt durch Abnahme des Gelenkknorpels. Wie bereits bei den Achsfehlstellungen erörtert, ist Hauptgrund der Arthrose eine Schiefhaltung des Körpers, wie sie
bei Achsfehlstellungen der Fall ist, aber auch bei Verletzungen der Gelenkflächen
anlässlich eines Bruchs, eines Knorpelschadens oder eines Bänderschadens. Von
daher ist immer bei derartigen Verletzungen automatisch an die Folgen einer Arthrose zu denken.

Eine Arthrose kann sich grundsätzlich in jedem Gelenk bilden. Häufig tritt sie je-   **235**
doch beim Sprunggelenk auf, beim Knie und bei der Hüfte. Das Problem der Arthrose wird, wenn über eventuelle noch eintretende Dauerschäden geredet wird,
seitens der Versicherer oftmals heruntergespielt. Je nachdem, wie schwer die Arthrose ist und welches Gelenk betroffen ist, kann es hierbei jedoch zu erheblichen
Problemen kommen, die erhebliche Auswirkungen auf Beruf und Alltag haben.

Bei einer beginnenden Arthrose kann es zunächst bei leichten Schmerzen verblei-   **236**
ben mit gewissen Funktionsbeeinträchtigungen der Gelenke. Es kann jedoch auch
später eine Endoprothese erforderlich werden: ein künstliches Gelenk, wie dies
häufig beim Knie und bei der Hüfte geschieht. Oder es wird zu einer Arthrodese
kommen, welches das Endstadium einer Arthose ist, d.h. es kommt zu einer Gelenksversteifung, wie dies häufig beim Sprunggelenk, beim Ellenbogengelenk,
beim Schultergelenk oder bei der Wirbelsäule der Fall ist.

Sowohl die Endoprothese als auch die Arthrodese haben erhebliche Auswirkungen   **237**
für den Beruf und für den Alltag. Das Thema Arthrose darf daher keinesfalls klein-
geredet werden, denn wenn die Abfindungserklärung erst einmal vorbehaltlos unterzeichnet ist, kann später keine Erhöhung der Schadensersatzansprüche mehr gefordert werden, wenn diese Folgen, die durch die Arthrose ausgelöst werden,
eintreten. Der Geschädigte kann dann zum Beispiel seinen Beruf nicht mehr ausüben, weil er eine Endoprothese bekommt oder eine Gelenksversteifung eintritt.
Diesbezüglich ist daher auch mit Orthopäden, Unfallchirurgen, Physiotherapeuten
und Orthopädietechnikern Rücksprache zu halten. In diesem Zusammenhang ist
bei der Arthrose auch wichtig, dass diese nicht heilbar ist. Das heißt, man kann lediglich versuchen, den einsetzenden Prozess hinauszuzögern, sei es, dass durch den
Physiotherapeuten Muskelaufbautraining betrieben wird oder andere physiothera-
peutische Maßnahmen eingeleitet werden.

Das Problem bei der Arthrose ist, dass die Geschädigten dann versuchen, zum Bei-   **238**
spiel das andere Bein mehr zu belasten, um die Schmerzen zu kompensieren. Dies
führt zu einer Schiefstellung, was das Gangbild betrifft. Dies hat dann wieder Auswirkungen auf die Wirbelsäule – mit der Folge, dass beim Geschädigten nun Rückenschmerzen eintreten, die vorher nicht existierten. Resultat ist dann eine Ketten-
folge. Am Ende kann ein komplizierter Bandscheibenvorfall stehen.

Praxistipp

Oftmals empfiehlt es sich, das Thema Arthrose ausgiebig innerhalb der Vergleichsverhandlungen anzusprechen und möglicherweise ein deutlich höheres Schmerzensgeld und deutlich höhere Schadensersatzansprüche geltend zu machen, wenn eine Arthrose als Folge droht. Dies ist oftmals sinnvoller, als entsprechende Vorbehalte zu vereinbaren, weil Arthrosen mittlerweile fast eine Volkskrankheit geworden sind und mit zunehmendem Alter immer mehr Menschen betreffen. Das erschwert den späteren Kausalitätsnachweis, wenn Versicherer argumentieren, dass die Arthrose auch durch sonstige Überbelastungen oder durch eine Stoffwechselerkrankung oder allgemein als degenerativer Prozess eingetreten ist, der mit dem Unfall nichts zu tun hat. Es ist dann nach mehreren Jahren möglicherweise ein Prozess zu führen, um dieses Problem zu klären. Mitunter kann es daher in Absprache mit dem Mandanten sinnvoller sein, sich das Risiko einer Arthrose „abkaufen" zu lassen.

239 Statistisch gesehen gibt es ca. 10 Mio. Deutsche, die unter Arthrose leiden. Weitere 20 Mio. Deutsche haben Knorpelschädigungen mit einer möglicherweise später eintretenden Arthrose. Von daher ist das Problem der Kausalität gar nicht so abwegig. Mittlerweile gibt es auch sehr viele Forschungsthemen im Bereich der Arthrose, da dies so viele Menschen betrifft. Die Uni Tübingen hat zum Beispiel herausgefunden, dass die Ernährung und die Bewegung dabei helfen, das Arthroseproblem in den Griff zu bekommen, denn wenn die Knorpelzelle noch vorhanden ist und lebt, kann durch Ernährung und Bewegung versucht werden, den Knorpel aufzubauen, so dass es zu einer Regeneration der Gelenke kommt.

Praxistipp

Generell sind Arztberichte danach durchzuschauen, ob anhaltende Schmerzen in Gelenken bei den Geschädigten auftreten, da dann oftmals auch Knorpelverletzungen vorliegen und oft eine Arthrose eintritt.

4. Arthrofibrose

240 Eine **Arthrofibrose** ist eine **Gelenksvernarbung**, die mit einer schmerzhaften Bewegungseinschränkung einhergeht. Diese Gelenkserkrankung tritt oftmals nach Verletzungen und Operationen ein. Es kommt zu einer Einschränkung der Beweglichkeit der Gelenke.

241 Teilweise ist in der Forschung hier noch einiges ungeklärt. Geschädigte berichten über eine sehr schmerzhafte Einschränkung der Beweglichkeit. Bei Kreuzbandverletzungen tritt dies sehr häufig im Bereich des Kniegelenks auf.

242 Im Bereich der Arzthaftung spielen derartige Folgen der Arthrofibrose auch eine Rolle, da es auch oftmals zu Arthrofibrosen kommt, wenn Operationsfehler geschehen. Manchmal kann aber auch bei einer ungenügenden postoperativen Nachbehandlung eine solche Arthrofibrose auftreten, wenn eine zu lange Ruhigstellung erfolgt und nicht rechtzeitig mit der Mobilisierung begonnen wurde. Es kommt dann zu einer Kapselschrumpfung, zum Beispiel des Kniegelenks. Gerade wenn Kreuzbandoperationen anstehen und später im Operationsbericht von einer Arthrofibrose die Rede ist, sollten die Alarmglocken läuten, da neben dem handwerklichen Fehler manchmal auch zu früh operiert wird. Es empfiehlt sich daher, immer erst zu operieren, wenn das Kniegelenk frei beweglich und schmerzfrei ist und auch kein Gelenkerguss mehr vorhanden ist.

5. Embolie

Von einer **Embolie** spricht man, wenn ein **Verschluss eines Blutgefäßes** vorliegt. **243** Hierzu können körpereigene, aber auch körperfremde Substanzen wie Fetttropfen, Blutgerinnsel oder Luftblasen führen. Es kommt zu einer Durchblutungsstörung, d.h. es ist kein Rückfluss des Blutes mehr möglich. Meist lag vorher eine Thrombose vor, d.h. auch ein Verschluss eines Blutgefäßes durch ein Blutgerinnsel. Wenn sich jedoch das Gerinnsel von seiner normalen Entstehungsstelle löst, kann dieses mit dem Blut durch den Körper geschwemmt werden und dann zu einer Embolie führen.

Ursachen hierfür können zum Beispiel lange Bettruhe sein, eine Venenentzündung, **244** aber auch eine normale Operation oder ein Gipsverband sowie auch die Auswirkungen von Medikamenten. Durch Ultraschall kann dies erkannt werden. Embolien können bis zum Tod des Geschädigten führen. Es kann eine operative Gerinnselentfernung erfolgen, was naturgemäß mit erneuten Problemen behaftet ist. Folgen einer Thrombose können auch das sog. postthrombotische Syndrom sein. Es kommt zu Schwellungen und Geschwürbildungen mit der Folge, dass eine erhebliche Infektionsgefahr bis zur Amputationsnotwendigkeit des betroffenen Körperteils eintreten kann. Es treten lebenslange Schädigungen auf, mit erheblichen Auswirkungen auf Beruf und Haushalt. Die Embolie kann sowohl Venen als auch Arterien betreffen. Die bekannteste Embolie ist die Lungenembolie, als Folge einer venösen Thrombose im Bein oder im Becken. Es kann aber auch zu einer Verstopfung im Herzbereich kommen oder die Thrombose kann eine Schlagader verschließen. Das kann zum Schlaganfall führen.

In der Mehrzahl der Fälle wird ein Medikament gegeben, in der Regel Heparin. Da- **245** durch soll erreicht werden, dass sich das Blutgerinnsel wieder auflöst. Es werden dann vorbeugend weiterhin blutverdünnende Mittel verschrieben.

6. Epilepsie

Epilepsie ist eine Krankheit, die vom Gehirn ausgeht. Man kann diese behandeln **246** und ausheilen. Es gibt hier spezielle Kliniken und Spezialisten, die man konsultieren sollte. Im Unfallbereich ist hieran immer zu denken, wenn **Kopfverletzungen** vorliegen. Liegen sogar Hirnverletzungen oder schwere Kopfverletzungen vor, ist als eventuell eintretende Dauerfolge die Epilepsie in Betracht zu ziehen.

247 Die Epilepsie muss noch nicht eingetreten sein, kann sich aber später realisieren. Wenn dann die Abfindungserklärung keine Vorbehalte aufweist oder an die Epilepsie nicht gedacht wird, kann dies erhebliche Auswirkungen haben. Normalerweise können Epilepsien mit Medikamenten behandelt werden. Einige Patienten sprechen aber auch auf keine Medikamente an. Dann steht mitunter auch ein komplizierter chirurgischer Eingriff bevor.

248 Epilepsie kann erhebliche Folgeschäden nach sich ziehen, wie Müdigkeit, Kopfschmerzen, kognitive Störungen, Nieren- oder Leberprobleme, Haarausfall, Gewichtsverlust. Es kann zu hohen Konzentrationsschwierigkeiten bis zu Schlaganfällen und Gehirnblutungen kommen. Wenn also eine Kopfverletzung vorliegt, muss das Epilepsierisiko berücksichtigt werden.

249 Ferner ist im verwaltungsrechtlichen Sinne zu beachten, dass Geschädigte mit einer Epilepsie in der Regel ihre Fahrerlaubnis verlieren, da die Teilnahme am Straßenverkehr zu riskant ist. Insofern kann die Epilepsie erhebliche Auswirkungen auf Haushalt, Beruf und Alltag haben. Es ist jedoch auch erwiesen, dass sehr viele Epileptiker durch Medikamente anfallsfrei bleiben.

250 Insofern kann auch hier eventuell mit einem sog. Abkaufen eines Epilepsierisikos, möglicherweise nach umfangreicher Rücksprache mit den entsprechenden Fachärzten, für den Mandanten etwas erreicht werden, da sich das Risiko nicht zwangsläufig in der Zukunft realisieren muss.

7. Fixateur externe

251 **Ein Fixateur externe** heißt übersetzt ein „**äußerer Festhalter**". Es ist ein Haltesystem, um einen Knochenbruch ruhig zu stellen. Der Fixateur externe tritt oftmals bei schweren Verletzungen auf. Er wird insbesondere bei offenen Frakturen mit erheblichen Weichteilschädigungen und auch bei Trümmerfrakturen angewendet.

> *Praxistipp*
> Sollte in einem Arztbericht der Ausdruck Fixateur externe enthalten sein, ist erhöhte Aufmerksamkeit geboten.
>
> Erhebliche Weichteilschädigungen können auch zu einer Infektion des Knochens (Osteitis) führen oder es kommt zu einem Muskelschwund, zur Verkürzung von Sehnen und Bändern, zur Schrumpfung von Gelenkkapseln etc. Fixateurs externes werden auch bei Beckenringfrakturen eingesetzt, da auch hier Weichteilschädigungen vorliegen und Blutverluste eintreten. Hierdurch wird eine Stabilisierung des Knochens erreicht. Wenn ein Fixateur externe verwendet wurde, ist auch immer an eine eventuelle Pininfektion zu denken.

8. Gefäßschäden

252 Die Gefäßinnenwand ist bedeutend, da sie einen reibungslosen Durchfluss des Blutes ermöglicht. Wenn die Gefäßinnenwand beschädigt ist, wird der Blutfluss behindert. Immer wenn endoprothetische Operationen anstehen, kann es auch zu Beschädigungen der Gelenke oder von arteriellen Gefäßen kommen. Aber auch bei Luxationen ist immer daran zu denken und zu prüfen, ob es zu Schädigungen an Gefäßen oder auch an Nerven kommt.

Generell kann gesagt werden, dass es bei jeder Fraktur durch die Gewalteinwirkung **253** zur Mitverletzung eines Blutgefäßes oder von Nerven kommen kann. Bei bestimmten Frakturen sind einzelne Nerven besonders gefährdet. Es ist hier an den Nervus radialis bei der Oberarmschaftfraktur zu denken. Ferner ist der Nervus medianus bei Oberarmbrüchen zu nennen. Bei Hüftgelenksluxationen ist immer an die Verletzung des Nervus ischiadicus zu denken. Der Nervus peroneus kann gefährdet sein bei kniegelenksnahen Frakturen oder bei Kniegelenksluxationen.

9. Infektionen

Eine **Infektion** ist das Eindringen von Krankheitserregern (**Bakterien, Pilze, Vi-** **254** **ren**) in den Wirt oder deren Vermehrung, was zu einer Schädigung führen kann. Sobald die Verletzung operativ behandelt wird, ist an das Infektionsrisiko durch eine Operation zu denken. Bekannt sind die Osteitis, die Knochenentzündung und die infektiöse Arthritis, die eine bakterielle Gelenkinfektion darstellt. Wenn eine solche Gelenkinfektion vorliegt, führt dies zu einer nicht wieder behebbaren Knorpelschädigung. Die Folge ist dann eine Arthrose mit den sich ergebenden Risiken und potentiellen Gefahren.

Eine Infektion kann folgenlos behandelt werden, kann aber auch zu schwersten **255** Schädigungen mit massiven Konsequenzen für Beruf, Haushalt und Alltag führen. Bei größeren Weichteilverletzungen ist auch automatisch immer an etwaige Infektionsgefahren zu denken.

10. Kompartmentsyndrom

Es handelt sich hierbei um die Schädigung von Gewebe und von Organen aufgrund **256** eines Gewebedrucks. Generell kann gesagt werden, dass jede Art von körperlichem Trauma ein **Kompartmentsyndrom** als Folge haben kann. Deswegen ist bei Unfällen immer an dieses Risiko zu denken. Es kann durch einen Druck von innen als Folge einer Blutung entstehen oder aber durch einen Druck von außen, zum Beispiel von einem Gipsverband. Ein solches Kompartmentsyndrom kann zunächst zu einer vorübergehenden Funktionsminderung führen bis hin zum dauerhaften Verlust mit sich ergebenden Muskel- und Nervennekrosen. Das Kompartmentsyndrom als Risiko darf nicht unterschätzt werden, da es zu operativen Folgeeingriffen kommen kann. Unter Umständen müssen entstehende Nekrosen oder Muskeln entfernt werden. Dies führt wiederum zu erheblichen Einschränkungen im Beruf und im Alltag.

257 Generell kann bei Unterschenkelfrakturen und sich ergebenden Operationen an das Kompartmentsyndrom gedacht werden, da statistisch gesehen das Kompartmentsyndrom dort am häufigsten auftritt. Eher seltener tritt es beim Unterarm auf.

258 Ferner ist auch immer bei Unfällen, wenn es zu Quetsch- oder Überrollverletzungen gekommen ist, an das Kompartmentsyndrom zu denken. Wenn ein solches eingetreten ist, müssen oftmals durch eine Operation Spaltungen des Weichteilmantels und der Faszien vorgenommen werden, damit eine Druckreduktion entsteht.

259 Wenn Knochenbrüche, Muskelquetschungen, zum Beispiel durch Einklemmungen im Pkw, oder Weichteilschädigungen vorliegen, ist daher immer an das Kompartmentsyndrom zu denken.

260 Ferner ist auch immer wieder im Operationsbericht die Dauer der Operation zu beachten, weil bei langen Operationen von mehr als 5 Stunden durch die einseitige Lage des Patienten auch ein Kompartmentsyndrom auftreten kann. Von daher werden heute oftmals auch Pausen bei Operationen gemacht, um die Lagerung der Beine zu ändern. Das Kompartmentsyndrom darf nicht unterschätzt werden, da am Ende sogar eine Lähmung oder der Verlust betroffener Gliedmaßen stehen kann. Am Unterarm kann es auch zu einer Gelenksteife kommen. Oftmals sind auch je nach Ausmaß des Kompartmentsyndroms Hauttransplantationen nötig.

11. Morbus Sudeck

261 **Morbus Sudeck** wird auch als **Sudeck-Syndrom** oder in der neueren Medizin als **CRPS** bezeichnet. Dies ist die Abkürzung für „**complex regional pain syndrome**". Woher das Sudeck-Syndrom genau kommt, ist weitestgehend unbekannt. Das Syndrom ist Gegenstand zahlreicher Forschungsprojekte. Zu einem Morbus Sudeck kann es bei jeder Arm- oder Beinverletzung kommen.

262 Die Geschädigten äußern einen Brennschmerz im Arm oder im Bein. Dieser Berührungsschmerz kann so schlimm sein, dass die Geschädigten panische Angst haben, dass der Arm, die Hand oder das Bein von einem Arzt auch nur leicht berührt wird.

Ferner ist in Arztberichten darauf zu achten, ob ein Morbus Sudeck vorlag, da dies erhebliche Auswirkungen mit oft schweren Schäden haben kann. Das Problem beim Morbus Sudeck ist, dass dies zunächst nicht erkannt wird oder von Anwälten bei der Bearbeitung übersehen wird. Ein einfacher harmloser Sturz auf die Hand ohne komplizierte Folgen oder Frakturen kann später zu einem Morbus Sudeck führen. Wenn jetzt entsprechende Abfindungserklärungen unterschrieben wurden und später der Morbus Sudeck nach Unterschrift der Abfindungserklärung auftritt, kann dies erhebliche haftungsrechtliche Probleme auslösen.

263 Es kommt zu einer Schwellung, zu Hautverfärbungen und zu Temperaturveränderungen. Wie genau diese starken Veränderungen zustande kommen, ist heute wissenschaftlich noch nicht geklärt. Man vermutet, dass die Ursache eine Störung im zentralen Nervensystem ist, die die entsprechenden Veränderungen in der Hand oder in dem Arm auslösen kann.

Der Morbus Sudeck kann sowohl nach einem Unfall entstehen, aber auch als Folge **264** einer Operation. Es ist daher auch bei jeder Operation im weitesten Sinne an den Morbus Sudeck zu denken.

Der Morbus Sudeck ist äußerst folgenreich, da er auch oft zu einer Versteifung der **265** Gelenke führt mit allen sich ergebenden Konsequenzen in Beruf und Haushalt.

Ferner ist das Problem beim Morbus Sudeck, dass noch nicht mal eine Fraktur vor- **266** gelegen haben muss. Es kann theoretisch auch eine leichte Prellung als Ursache rei- chen. Von daher kann bei leichten Verletzungen manchmal schon nach ein paar Wo- chen eine Abfindungserklärung unterschrieben worden sein, ohne dass an den Morbus Sudeck gedacht wurde. Das Problem ist ferner, dass dann zu den Schmer- zen und Belastungen oftmals psychische Probleme bei den Geschädigten dazukom- men. Am Ende kann sogar ein Dauerschaden oder ein Personengroßschaden dro- hen.

> *Praxistipp*
> Da diese Erkrankung für die Versicherer erhebliche Auswirkungen haben kann
> und die Forschung diesbezüglich noch keine brauchbaren Ergebnisse liefert und
> zudem auch theoretisch andere Ursachen als ein Unfall zu einem Morbus Sudeck
> führen können, gibt es wegen der Unfallkausalität oftmals Streit zwischen den Ge-
> schädigten und den Versicherern.

Statistisch entsteht ein Morbus Sudeck in ca. 50 % bis 55 % der Fälle nach Fraktu- **267** ren, in ca. 20 % bis 25 % der Fälle nach einem Weichteiltrauma und in 20 % der Fälle nach einem Trauma und nur in 3 % der Fälle nach Infektionen.

Ferner müssen die Morbus Sudeck-Geschädigten oftmals auch psychologisch be- **268** treut werden und unterliegen speziellen Schmerztherapien, da die Beschwerden ex- trem unangenehm sind. Ferner besteht teilweise die Gefahr der Ausbreitung bis zur Schulter.

> *Praxistipp*
> Sollten frühe Symptome für einen Morbus Sudeck auftreten, wie zum Beispiel Rö-
> tung, Schwellung, Angst vor Berührung, so ist hier unverzüglich ein Spezialist auf-
> zusuchen, da der Morbus Sudeck im frühen Stadium wesentlich besser therapiert
> werden kann, als wenn die Erkrankung schon deutlich fortgeschritten ist.

In diesem Zusammenhang empfiehlt sich auch immer die Einschaltung privaten **269** Rehamanagements, da Versicherer ein elementares Interesse haben, Morbus Su- deck-Fälle so schnell wie möglich „in den Griff" zu bekommen. Wenn erst einmal Stadium 2 oder Stadium 3 des Morbus Sudeck eingetreten ist, führt dies zwangsläu- fig zu extremen Kosten, da in der Regel oftmals Arbeitsunfähigkeit, Verrentung und deutlich erhöhte Schadensersatzleistungen die Folge sind.

Die Wissenschaft wird auch weiterhin das Morbus Sudeck-Syndrom stark beschäf- **270** tigen, da bis heute nicht geklärt ist, warum einige Menschen Morbus Sudeck bekommen und andere bei gleicher Ausgangsverletzung nicht. Bekannt ist nur, dass es sich um eine vegetative Fehlsteuerung im zentralen Nervensystem handelt. Generell kann gesagt werden, dass der Morbus Sudeck nach wie vor eines der größten Rätsel der Unfallmedizin darstellt, absolut ernst zu nehmen ist und von Profis und Schmerztherapeuten behandelt werden sollte. Hier hilft nur eine Zusammenarbeit zwischen Geschädigten, Versicherern und Medizinern.

12. Nekrose

271 Die **Nekrose** ist ein **Absterben von Gewebe**. Das Absterben des Gewebes ist die Folge fehlender Blutversorgung.

272 Nekrosen kommen sehr häufig bei Verletzungen von Hüftkopf, Sprungbein (Talus), Kahnbein der Hand und Mondbein vor. Nekrosen sind oft mit erheblichen Dauerschäden verbunden. Im Frühstadium versucht man, das Gelenk noch zu erhalten. Wenn sie jedoch schon fortgeschritten ist, kann das Gelenk meistens nicht mehr erhalten werden. Dann droht eine Totalendoprothese oder eine Versteifung.

273 Bei den Nekrosen gibt es oftmals auch außergerichtlich Streit mit den Versicherern, da diese immer überprüfen, ob die eingetretenen Nekrosen auch wirklich unfallkausal waren oder ob andere Faktoren eine Rolle gespielt haben könnten. Oftmals wird eine Fettstoffwechselstörung, ein Übermaß an Alkohol, Nikotin oder ein vorhandenes Rheumaproblem als Ursache angeführt. Versicherer untersuchen daher auch oftmals die Gegenseite, z.B. wird die gegenüberliegende Hüfte danach untersucht, ob dort auch eine Nekrose auftritt oder eine Nekrose im Frühstadium zu erkennen ist, da dann oftmals eine andere Kausalität vorliegt.

> *Praxistipp*
> Sollte es zu Verbrennungen gekommen sein, treten in dem Zusammenhang Nekrosen auf. Wenn zum Beispiel durch einen Überschlag ein Fahrzeug in Brand geraten ist und der Geschädigte Verbrennungen erlitten hat, ist automatisch immer an das Problem einer Nekrose zu denken.

274 Folge einer Hüftgelenksnekrose ist oftmals, dass dann eine sog. Endoprothese eingebaut wird. Allerdings gibt es 150 Arten von Prothesen, aber bisher nur bei 15 Arten Langzeitanalysen. Ferner sind Operationen, wenn Endoprothesen eingesetzt werden, extrem kompliziert, da die gesamte Muskulatur entfernt wird. Es kommt zu starken Blutungen. Schließlich halten Endoprothesen in der Regel nur 15 Jahre. Deswegen wird zum Beispiel auch beim Knie versucht, eine Endoprothesen-OP so lange wie möglich hinauszuzögern.

> *Praxistipp*
> Da die Hüftkopfnekrose große Probleme mit sich bringen kann, ist bei Schenkelhalsfrakturen immer an die posttraumatische Hüftkopfnekrose zu denken und im Rahmen der Risiken bei komplizierten Schenkelhalsfrakturen immer mit zu be-

rücksichtigen. Hier ist Vorsicht besser, da eine solche später eintretende Nekrose massive Auswirkungen auf den Beruf und den Alltag sowie den Haushalt hat.

13. Offene Frakturen

Wenn ein **Knochenbruch** vorliegt, bei dem es zusätzlich noch zu einer Öffnung der Haut und des Weichteilgewebes kommt, spricht man von einer **offenen Fraktur**. Solange die Haut und die Weichteile nicht verletzt sind, spricht man dagegen von einer **geschlossenen Fraktur**. Offene Frakturen bergen ein Risiko, da eine Wunde vorhanden ist, bei der es leicht zu Infektionen durch Keime und Bakterien kommen kann. Es ist daher in den Arztberichten immer besondere Vorsicht geboten, wenn von offenen Frakturen die Rede ist.   **275**

Offene Frakturen werden meist nach Gradeinteilung **I bis IV** behandelt. Dies ist der Fall, wenn man die Einteilung nach *Tscherne* und *Oestern* vornimmt. Oder aber sie sind eingeteilt nach Grad I bis III, wenn man die Einteilung nach *Gustilo* und *Andersen* vornimmt. Die Einteilung nach *Tscherne* ist am gebräuchlichsten. Hier gibt es 4 Gradeinteilungen.   **276**

■ **Grad I** bedeutet eine einfache Fraktur mit einer geringen Kontamination. Die Weichteile sind im Wesentlichen noch intakt.

■ **Grad II:** Hier liegt schon eine komplexere Fraktur vor, eine erhöhte Kontamination und es ist eine Weichteilschädigung gegeben.

■ **Grad III:** Hier liegt eine Weichteilzerstörung vor mit Gefäß- und Nervenverletzungen, eine Trümmerfraktur mit starker Kontamination. Muskeln und Sehnen sind ebenfalls geschädigt.

■ **Grad IV:** Dies ist die schlimmste Fraktur. Es kommt hier zu einer subtotalen oder totalen Amputation. Man spricht dann davon, wenn weniger als ein Viertel des Weichteilmantels überhaupt noch erhalten ist. In diesem Fall sind auch erhebliche Gefäß- und Nervenstrukturen durchtrennt. Solche massiven Weichteilverletzungen und offenen Frakturen des vierten Grades kommen speziell bei Überrolltraumafällen vor oder bei schweren Quetschungen. Wenn im Arztbericht von einem Fixateur externe die Rede ist, ist Vorsicht geboten: oft liegt eine Fraktur mit Grad IV vor.

Derartige schwere Frakturen bringen auch arzthaftungsrechtliche Probleme mit sich, da mitunter manchmal Infektionen und Schädigungen in der Klinik verursacht werden. Es kann zum Kompartmentsyndrom kommen. Ferner geht es darum, dass operativ in den ersten Stunden das Richtige unternommen wird. Es besteht ein Thrombose- und Embolierisiko.

14. Osteitis

Die nach einem Trauma entstandene Knochenentzündung wird als **Osteitis** bezeichnet. Entweder tritt sie nach einer operativen Behandlung auf oder aufgrund einer offenen Fraktur.   **277**

Ziel der Behandlung ist es, die Infektion so schnell wie möglich zu bekämpfen, da sonst eine chronische Osteitis entsteht. Fast immer sind hier auch erhebliche Weichteilprobleme die Folge. Die Osteitis ist äußerst unangenehm und sehr schwierig in den Griff zu bekommen. Am Ende kann es zu einem kompletten Funktionsverlust kommen, zu Amputationen des jeweiligen Bereichs bis hin zum sog. Multiorganversagen, an dessen Ende der Geschädigte stirbt.

278 Im Frühstadium kommt es bei der Osteitis noch nicht zur Eiterbildung. Später tritt diese ein. Dann muss der gesamte Entzündungsherd großräumig ausgeräumt werden. Osteitisgeschädigte haben je nach Fall oftmals mehrere OP-Eingriffe zu befürchten. Der Verlauf geht mitunter über Jahre.

Praxistipp
Es gibt spezielle Kliniken mit Osteitisabteilungen, bei denen Spezialisten vorhanden sind.

279 Man erkennt oftmals auch bei schweren Weichteilverletzungen und Osteitisproblemen, wenn eine Schwächung des Knochens vorliegt, dass auch hier ein Fixateur externe verwendet wurde. Manchmal muss anschließend auch eine sog. Knochenrekonstruktion vorgenommen werden. Auch dies ist sehr kompliziert und langwierig. Ferner besteht das große Problem, dass oftmals aus ärztlicher Sicht nicht gesagt werden kann, ob die Osteitis in den Griff zu bekommen ist oder nicht. Häufig tritt auch ein chronischer Verlauf ein, wenn bereits Implantate oder Prothesen verwendet wurden. Wenn neben der Knochenentzündung auch noch eine Markentzündung vorliegt, spricht man von einer Osteomyelitis; wenn es zu einer Knochenhautentzündung kommt von einer Periostitis.

280 Generell kann gesagt werden, dass sich die Osteitis als Knocheninfektion immer ergeben kann, wenn Bakterien oder andere Krankheitserreger, zum Beispiel nach einem Knochenbruch, aber auch nach einer Weichteilverletzung oder nach einer Operation am Knochen in den Knochen gelangen und dann zu einer Entzündung führen. Es kann auch zu einer Blutvergiftung kommen.

15. Pseudarthrose

281 Eine **Pseudarthrose** ist eine sog. **Falschgelenkbildung**. Es liegt dann eine fehlende knöcherne Heilung nach einem Bruch vor. Damit eine Fraktur ungestört heilen kann, ist ein möglichst enger Kontakt der Frakturfragmente mit ausreichender Durchblutung und entsprechender Ruhigstellung notwendig. Je nach Schwere der Verletzung, aber auch wenn Fehler in ärztlicher Hinsicht entstehen, kann es zu einer fehlenden knöchernen Heilung kommen. Wenn nach einer Fraktur nach ca. 6 Monaten noch keine Anzeichen einer knöchernen Durchbauung vorliegen, spricht man von einer verzögerten Frakturheilung. Nach 6 Monaten und darüber hinaus spricht man dann von einer sog. Pseudarthrose. Ursachen für die Pseudarthrose können in der Regel die nicht vorhandene Ruhigstellung sein, mangelnde Durchblutung der einzelnen Knochenfragmente oder aber eine Infektion. Man erkennt dies immer daran, dass sich kein Kallus bildet. Beim Kallus handelt es sich um ein Knochengewebe, das gebrochene Knochen zusammenschließt. Ohne eine solche Kallusbildung liegt dann die Pseudarthrose vor.

Praxistipp
Ist daher in den Arztberichten von Pseudarthrosen die Rede, ist immer auch an Komplikationen zu denken, da Pseudarthrosen oftmals zu erheblichen Funktionseinschränkungen führen, die auch dauerhaft bleiben. Die Beweglichkeit ist eingeschränkt und es treten dauerhaft Schmerzen auf.

Bei folgenden Frakturen sollte an ein Pseudarthroserisiko gedacht werden: **282**
- Unterschenkelfraktur;
- Oberschenkelfraktur;
- Oberarmfraktur;
- Unterarmfraktur;
- Kahnbeinfraktur;
- Handwurzelfraktur.

Wenn es zu einem falschen Zusammenwachsen der Knochenfragmente kommt, **283** führt dies auch naturgemäß dazu, dass der Körperteil nicht entsprechend belastet werden kann. Es tritt eine Fehlstellung ein und die Funktion ist eingeschränkt oder es droht sogar ein kompletter Verlust.

Durch die sog. Pseudarthrose können erneute Probleme auftreten, da mitunter eine **284** Folgeoperation droht. Allerdings bedeutet dies auch, dass dadurch nicht automatisch die Pseudarthrose behoben werden kann. Oberarmfrakturen mit Pseudarthrosen lassen sich besser in den Griff bekommen als Oberschenkelfrakturen.

Manchmal kommt es auch nach einer Pseudarthrose mit anschließender Operation **285** zu erneuten Falschgelenksbildungen. Man spricht dann von einem Rezidiv. Auch eine Versteifung des Gelenks ist möglich. Manchmal kann es auch zu den Problemen des Morbus Sudeck mit den sich ergebenden Konsequenzen kommen.

16. Thrombose

Thrombose ist der Verschluss eines Blutgefäßes und ist im engen Zusammenhang **286** mit der Embolie zu sehen. Sie kann in allen Gefäßen auftreten, meistens jedoch bei Beinen und Becken. Eine Thrombose kann durch Bettruhe, Stauung, Venenentzündung, aber auch durch einen Gips sowie durch ein Trauma oder durch Operationen entstehen.

Folge einer Thrombose kann eine Embolie sein. Sie wird medikamentös durch Heparin behandelt. Wichtig ist, dass der Geschädigte nach einer Operation rasch mobilisiert wird. Thrombosen können nach jeder Operation auftreten und sind daher als Operationsrisiko zu verzeichnen. Daneben können sie aber auch allgemein traumatischer Natur sein, z.B. bei Verletzungen oder wenn es zu Quetschungen und großen Weichteilverletzungen kommt.   **287**

17. Verbrennungen

288 Eine **Verbrennung** liegt dann vor, wenn eine Schädigung der Haut oder der Schleimhaut durch Hitzeeinwirkung entsteht. Die Mehrzahl der Verbrennungen geschieht durch Flammen. Häufig kommen diese bei Verletzungsunfällen im Straßenverkehr vor, wenn das Auto Feuer fängt. Wie so oft in der Medizin gibt es hier auch verschiedene Einteilungen nach Schweregrad, je nachdem wie viel Hautfläche verbrannt wurde. Hier ist die Forschung in den letzten Jahren sehr viel weiter gekommen, so dass auch schwerstverletzte Unfallopfer heute ihre Verbrennungen überleben können.

Praxistipp
Wichtig ist hier, dass Spezialkliniken aufgesucht werden und eine Rücksprache mit Spezialisten erfolgt, da dies in der Medizin ein absolutes Spitzenthema ist. Je nach Umfang der Verbrennungen stehen Hauttransplantationen an, entweder mit eigener Haut, mit fremder Haut oder durch Hautersatz. Ferner gibt es auch in dem Bereich der plastischen Chirurgie mittlerweile erhebliche Fortschritte und tolle Ergebnisse.

289 Sind Brandverletzungen im Spiel, muss immer damit gerechnet werden, dass dies sehr langwierig ist. Daher sollte bei entsprechenden Abfindungserklärungen hieran gedacht werden. Plastische chirurgische Eingriffe erfolgen manchmal erst mehrere Jahre nach dem eigentlichen Unfall. Ferner ist zu beachten, dass Brandwunden hochgradig infektionsanfällig sind. Es kann bei Brandverletzungen sekundär auch zu einem Kreislaufschock kommen. Im schlimmsten Fall ist auch ein Funktionsverlust, wie akutes Nierenversagen möglich. Man spricht dann von einer Verbrennungskrankheit. Das Thromboserisiko ist auch recht hoch, da Geschädigte mit Verbrennungen sehr lange im Bett liegen müssen.

290 Daneben spielen bei Verbrennungsgeschädigten sehr oft psychische Probleme eine Rolle. Es ist genau zu prüfen, wo die Verbrennungen sind und ob diese durch Kleidung abdeckt werden können oder im Gesicht oder an sonstigen Körperstellen vorhanden sind, die zu sehen sind.

Praxistipp
Generell kann gesagt werden, dass bei schwereren Verbrennungen, wenn mehr als 10 % der Körperoberfläche betroffen sind, bei Kindern bereits bei 5 % der Körperoberfläche, die Geschädigten sofort in eine Spezialklinik transportiert werden müssen. Wenn Kleinkinder durch Brandverletzungen verletzt werden, sind diese immer in eine Spezialklinik zu bringen. Wenn schwerere Narbenbildungen vorhanden sind, kann mitunter eine lebenslange Nachbehandlung notwendig sein. Daher kann auch generell bei Verbrennungen gesagt werden, dass hier ausgiebige Rücksprachen mit Spezialisten notwendig sind, um das Ausmaß und den Umfang der Verletzungen mit den sich ergebenden Konsequenzen und Risiken besser beur-

teilen zu können, bevor eine Abfindungserklärung bei schweren Verbrennungsschäden unterschrieben wird.

Generell kann zudem gesagt werden, dass Verbrennungsschäden in den letzten Jah-   **291**
ren medizinisch besser versorgt werden konnten. Vor 20 Jahren wären Geschädigte
bereits an Verbrennungen von 30 % KOF (Körperoberfläche) gestorben, heute überleben zum Teil Geschädigte von Verbrennungen mit 75 % KOF. Es gibt heute spezielle Zentren zur Behandlung von Verbrennungen und Spezialkliniken, die über
entsprechende Erfahrung und Know-how verfügen.

§ 11 Anhang

A. Muster zu § 4 – Ansprüche bei Tötung

I. Fragebogen zur Ermittlung des Barunterhaltsschadens

▼

Fragebogen zur Ermittlung des Barunterhaltsschadens   1

a) Alleinverdiener Ehe:
  - ☐ ja
  - ☐ nein

b) Doppelverdiener Ehe:
  - ☐ ja
  - ☐ nein

c) Wer ist gestorben?
  - ☐ Ehemann
  - ☐ Ehefrau

d) Wer macht Ansprüche geltend?
  - ☐ Ehefrau
  - ☐ Ehemann
  - ☐ Kind 1
  - ☐ Kind 2
  - ☐ Kind 3

e) Nettoeinkommen des Verstorbenen:

f) Nettoeinkommen der/des Witwe/Witwers:

g) Fixkosten:

h) Witwenrente:

i) Waisenrente Kind 1:

j) Waisenrente Kind 2:

k) Waisenrente Kind 3:

l) Haftungsquote:

m) Prozentualer Fixkostenanteil Ehemann (Berechnungsmuster 1 siehe § 4 Rn 46):

n) Prozentualer Fixkostenanteil Ehefrau (Berechnungsmuster 1 siehe § 4 Rn 46):

o) Unterhaltsquote Alleinverdiener (Tabelle 1 siehe § 4 Rn 47):

p) Unterhaltsquote Doppelverdiener (Tabelle 2 siehe § 4 Rn 30):

q) Anteile Fixkosten (Tabelle 3 siehe § 4 Rn 31):

II. Fixkostenliste

▼

Fixkostenliste   **2**

I. monatliche Aufwendungen für Wohnung (Liste alphabetisch geordnet)

■ Batteriekosten für Elektrogeräte (z.B. Fernbedienung etc.)   EUR

■ Bettenreinigung   EUR

■ Christbaum mit Zubehör   EUR

■ Energiekosten wie z.b. Gas einschließlich Grundgebühr,   EUR
Heizöl, Fernwärme

■ Ersatzkosten (Ersatz für Haushaltsgeräte, Koch- und Ess-   EUR
geschirr, Küchenutensilien)

■ Feuerlöscherwartung   EUR

■ Gartengeräte, Werkzeug   EUR

■ Gebühr für Straßen- und Gehwegreinigung   EUR

■ Gemeinschaftsanlagen (Strom und Wartung)   EUR

■ Grundsteuer   EUR

■ Hausmeisterkosten   EUR

■ Kaminkehrer samt Abgasmessungen   EUR

■ Kerzen (Zier-, Advents- und Notfallkerzen)   EUR

■ Miete/Mietwert   EUR

■ Müllabfuhr   EUR

■ Nebenkosten, Stromgeld samt Grundgebühr und Zähler-   EUR
miete, Wasser- und Abwasserkosten samt Wasseruhrmie-
te, Warmwasserkosten

■ Reinigungsmaterialien/Putzmittel, Spültaps, Spülersalz,   EUR
Klarspüler, Waschmittel, Entkalker

■ Reparaturaufwendungen (beim Mieter Kleinreparaturen   EUR
gem. Vertrag)

■ Rücklagen Ersatzbeschaffung (z.B. Mobiliar)   EUR

■ Schönheitsreparaturen/Rücklagen (mietvertragliche oder   EUR
übliche)

■ Straßenreinigung   EUR

■ Streumaterial, Eisschaber, Schneeräumgeräte   EUR

- Teppichreinigung   EUR
- Ungezieferbekämpfung   EUR
- Verbrauchserfassungskosten, Zählermiete   EUR
- Wartungskosten Heizkessel samt Brenner/Blitzableiter   EUR
- Wartungskosten EDV, Computer etc. und Rücklage für Neuanschaffung oder Erweiterung   EUR
- Wohnungseinrichtung (Raten/Rücklagen für Neu-/Ersatzkäufe, Instandhaltung) [in der heutigen Zeit eine nicht zu unterschätzende Position, da ganze Wohnungseinrichtungsgegenstände vielfach finanziert werden]   EUR
- Zimmerpflanzen (Schnitt- und Topfpflanzen)   EUR
- Zins- und Instandhaltungsaufwendungen bis zur Höhe der fiktiven Miete [BGH VersR 1988, 954: wenn der Hinterbliebene nicht zur Miete wohnt, sondern ein eigenes Haus besitzt]   EUR

II. monatlicher Aufwand für Garten

- Düngemittel   EUR
- Ersatzpflanzen für Zier- und Nutzgarten   EUR
- Gärtner   EUR
- Herbizide, Insektizide   EUR
- Obstbaumschnitt   EUR
- Rasenmäher (Treibstoff, Wartung)   EUR
- Erde, Mulch   EUR

III. Grabpflege

- Grabpflegekosten bei Fremdvergabe   EUR
- jahreszeitliche Neubepflanzung   EUR

IV. Tierhaltung

- Tierfutter   EUR
- Hundepensionskosten bei Abwesenheit   EUR
- Hundesteuer   EUR
- Tierarztkosten   EUR

V. monatlicher Aufwand für Freizeit, Information, Unterhaltung, Bildung

■ GEZ Gebühren   EUR

■ Büchereinkäufe für Familie/Buchclub   EUR

■ Fernseh- und Radioprogramm-Zeitschrift   EUR

■ Fernsehgebühren wie Pay-TV (Premiere Abos)   EUR

■ Gemeindeblatt/Amtsblatt/Kirchenblatt/Sonntagszeitung EUR

■ Illustrierte/Lesezirkel, Fachzeitschriften   EUR

■ Kabelanschlussgebühr (Sattelitenempfangsgebühr bei Eigenanlage) EUR

■ Kindergartenbeitrag [BGH VersR 1998, 333]   EUR

■ Leasinggebühr für Fernseher und HiFi-Anlage   EUR

■ Tageszeitung, regional und überregional   EUR

■ Telefongrundgebühr/Handygrundgebühr   EUR

■ Trinkgeld Zeitungsträger/Postzusteller   EUR

■ Vereinsbeiträge bei Familienmitgliedschaft für Tennis, Golf, Fußball etc. EUR

VI. monatlicher Aufwand für Versicherungen

■ Auslandkrankenversicherung   EUR

■ Familienunfallversicherung   EUR

■ Familienhaftpflichtversicherung   EUR

■ Familienrechtsschutzversicherung   EUR

■ Gebäudeversicherung, Sturmschaden- u. Leitungswasserschadenversicherung EUR

■ Gewässerschadenversicherung   EUR

■ Hausratsversicherung   EUR

■ Tierhalterhaftpflichtversicherung (Hund, Pferd)   EUR

■ Insassenunfallversicherung   EUR

■ Kaskoversicherung   EUR

■ Kraftfahrzeughaftpflichtversicherung   EUR

■ Krankenversicherung, Krankentagegeldzusatzversicherung EUR

■ Neuwertversicherung Elektro- und Gasgeräte des Hausrats EUR

- Öltankversicherung   EUR
- Privathaftpflichtversicherung   EUR
- Reisegepäckversicherung   EUR
- Sterbegeldversicherung   EUR
- Verkehrs-Rechtsschutzversicherung   EUR

VII. monatlicher Aufwand für Familienfahrzeug

- AU-Untersuchung (jährlich)   EUR
- Automobilclub-Beitrag (wie ADAC, AVD)   EUR
- Benzinkosten (streitig; wohl ja, bei Fahrten, die die Familie betreffen, wie Urlaubsfahrten, Verwandten und Bekanntenbesuche)   EUR
- Garagenmiete/Stellplatzkosten   EUR
- Kraftfahrzeugsteuer   EUR
- Reparaturrücklagen oder Reparaturkosten   EUR
- Rücklagen/Raten für Ersatz- oder Neufahrzeug/Abschreibung   EUR
- Schutzbriefe   EUR
- TÜV-Gebühren (Anfall 2 Jahre)   EUR
- Wagenpflege (Waschen, Konservieren, Pflegemittel, Münzstaubsauger)   EUR
- Wartungsdienst   EUR

▲

III. Muster zur Unterhaltsberechnung

1. Ansprüche Witwe/Witwer

a) Alleinverdiener ohne Kind (ohne Mithaftung)

Alleinverdiener ohne Kind (ohne Mithaftung) 3

Ehemann verstirbt, *Alleinverdiener*, keine Kinder, Nettoeinkommen Ehemann ▉▉▉ EUR, fixe Kosten ▉▉▉ EUR, Witwenrente ▉▉▉ EUR, Mitverschulden 0 %

Lösung:

1. Stufe			
Nettoeinkommen Ehemann			▉▉▉ EUR mtl.
2. Stufe			
abzgl. fixe Kosten		–	▉▉▉ EUR mtl.
		=	▉▉▉ EUR mtl.
3. Stufe			
Unterhaltsquote Witwe	**45%**	=	▉▉▉ EUR mtl.
(Tabelle 1 siehe § 4 Rn 29			
4. Stufe			
zzgl. Anteile fixe Kosten	**100 %**	+	▉▉▉ EUR mtl.
(Tabelle 3 siehe § 4 Rn 31)			
5. Stufe: entfällt		=	▉▉▉ EUR mtl.
6. Stufe			
abzgl. Witwenrente		–	▉▉▉ EUR mtl.
Zwischensumme		=	▉▉▉ EUR mtl.
abzgl. Mitverschuldens	**0 %**	–	▉▉▉ EUR mtl.
Ergebnis Barunterhalt		=	**▉▉▉ EUR mtl.**

b) **Alleinverdiener ohne Kind (mit Mithaftung)**

▼

4 **Alleinverdiener ohne Kind (mit Mithaftung)**

Ehemann verstirbt, *Alleinverdiener*, keine Kinder, Nettoeinkommen Ehemann ▓▓▓▓ EUR, fixe Kosten ▓▓▓▓ EUR, Witwenrente ▓▓▓▓ EUR, Mitverschulden ▓▓▓▓ %

Lösung:

1. Stufe			
Nettoeinkommen Ehemann			▓▓▓▓ EUR mtl.
2. Stufe			
abzgl. fixe Kosten		–	▓▓▓▓ EUR mtl.
		=	▓▓▓▓ EUR mtl.
3. Stufe			
Unterhaltsquote Witwe	**45 %**	=	▓▓▓▓ EUR mtl.
(Tabelle 1 siehe § 4 Rn 29)			
4. Stufe			
zzgl. Anteile fixe Kosten	**100 %**	+	▓▓▓▓ EUR mtl.
(Tabelle 3 siehe § 4 Rn 31)			
5. Stufe: entfällt		=	▓▓▓▓ EUR mtl.
6. Stufe			
abzgl. Witwenrente		–	▓▓▓▓ EUR mtl.
Zwischensumme		=	▓▓▓▓ EUR mtl.
abzgl. Mitverschulden	▓▓▓▓ %	–	▓▓▓▓ EUR mtl.
Ergebnis Barunterhalt		=	▓▓▓▓ **EUR mtl.**

c) Alleinverdiener mit 1 Kind (ohne Mithaftung)

Alleinverdiener mit 1 Kind (ohne Mithaftung) 5

Ehemann verstirbt, *Alleinverdiener*, ein Kind, Nettoeinkommen Ehemann ▓▓▓▓▓ EUR, fixe Kosten ▓▓▓▓▓ EUR, Witwenrente ▓▓▓▓▓ EUR, Mitverschulden 0 %

Lösung:

1. Stufe			
Nettoeinkommen Ehemann			▓▓▓▓▓ EUR mtl.
2. Stufe			
abzgl. fixe Kosten		–	▓▓▓▓▓ EUR mtl.
		=	▓▓▓▓▓ EUR mtl.
3. Stufe			
Unterhaltsquote Witwe	**35 %**	=	▓▓▓▓▓ EUR mtl.
(Tabelle 1 siehe § 4 Rn 29)			
4. Stufe			
zzgl. Anteile fixe Kosten	**66,6 %**	+	▓▓▓▓▓ EUR mtl.
(Tabelle 3 siehe § 4 Rn 31)			
5. Stufe: entfällt		=	▓▓▓▓▓ EUR mtl.
6. Stufe			
abzgl. Witwenrente		–	▓▓▓▓▓ EUR mtl.
Zwischensumme		=	▓▓▓▓▓ EUR mtl.
abzgl. Mitverschulden	**0 %**	–	▓▓▓▓▓ EUR mtl.
Ergebnis Baruntherhalt		=	▓▓▓▓▓**EUR mtl.**

d) Alleinverdiener mit 1 Kind (mit Mithaftung)

▼

6 Alleinverdiener mit 1 Kind (mit Mithaftung)

Ehemann verstirbt, *Alleinverdiener*, ein Kind, Nettoeinkommen Ehemann ▓▓▓▓ EUR, fixe Kosten ▓▓▓▓ EUR, Witwenrente ▓▓▓▓ EUR, Mitverschulden ▓▓▓▓ %

Lösung:

1. Stufe			
Nettoeinkommen Ehemann			▓▓▓▓ EUR mtl.
2. Stufe			
abzgl. fixe Kosten		–	▓▓▓▓ EUR mtl.
		=	▓▓▓▓ EUR mtl.
3. Stufe			
Unterhaltsquote Witwe	**35 %**	=	▓▓▓▓ EUR mtl.
(Tabelle 1 siehe § 4 Rn 29)			
4. Stufe			
zzgl. Anteile fixe Kosten	**66,6 %**	+	▓▓▓▓ EUR mtl.
(Tabelle 3 siehe § 4 Rn 31)			
5. Stufe: entfällt		=	▓▓▓▓ EUR mtl.
6. Stufe			
abzgl. Witwenrente		–	▓▓▓▓ EUR mtl.
Zwischensumme		=	▓▓▓▓ EUR mtl.
abzgl. Mitverschulden	▓▓▓▓ %	–	▓▓▓▓ EUR mtl.
Ergebnis Barunterhalt		=	▓▓▓▓ **EUR mtl.**

▲

e)   Alleinverdiener mit 2 Kindern (ohne Mithaftung)

Alleinverdiener mit 2 Kindern (ohne Mithaftung)   **7**

Ehemann verstirbt, *Alleinverdiener,* zwei Kinder, Nettoeinkommen Ehemann ▓▓▓▓EUR, fixe Kosten ▓▓▓▓ EUR, Witwenrente ▓▓▓▓EUR, Mitverschulden 0 %

Lösung:

1. Stufe				
Nettoeinkommen Ehemann				▓▓▓▓ EUR mtl.
2. Stufe				
abzgl. fixe Kosten		–		▓▓▓▓ EUR mtl.
		=		▓▓▓▓ EUR mtl.
3. Stufe				
Unterhaltsquote Witwe	**30 %**	=		▓▓▓▓ EUR mtl.
(Tabelle 1 siehe § 4 Rn 29)				
4. Stufe				
zzgl. Anteile fixe Kosten	**50 %**	+		▓▓▓▓ EUR mtl.
(Tabelle 3 siehe § 4 Rn 31)				
5. Stufe: entfällt		=		▓▓▓▓ EUR mtl.
6. Stufe				
abzgl. Witwenrente		–		▓▓▓▓ EUR mtl.
Zwischensumme		=		▓▓▓▓ EUR mtl.
abzgl. Mitverschulden	**0 %**	–		▓▓▓▓ EUR mtl.
Ergebnis Barunterhalt		=		▓▓▓▓**EUR mtl.**

f) Alleinverdiener mit 2 Kindern (mit Mithaftung)
▼

8 Alleinverdiener mit 2 Kindern (mit Mithaftung)

Ehemann verstirbt, *Alleinverdiener*, zwei Kinder, Nettoeinkommen Ehemann ▒▒▒▒ EUR, fixe Kosten ▒▒▒▒ EUR, Witwenrente ▒▒▒▒ EUR, Mitverschulden ▒▒▒▒ %

Lösung:

1. Stufe			
Nettoeinkommen Ehemann			▒▒▒▒ EUR mtl.
2. Stufe			
abzgl. fixe Kosten		–	▒▒▒▒ EUR mtl.
		=	▒▒▒▒ EUR mtl.
3. Stufe			
Unterhaltsquote Witwe	30 %	=	▒▒▒▒ EUR mtl.
(Tabelle 1 siehe § 4 Rn 29)			
4. Stufe			
zzgl. Anteile fixe Kosten	50 %	+	▒▒▒▒ EUR mtl.
(Tabelle 3 siehe § 4 Rn 31)			
5. Stufe: entfällt		=	▒▒▒▒ EUR mtl.
6. Stufe			
abzgl. Witwenrente		–	▒▒▒▒ EUR mtl.
Zwischensumme		=	▒▒▒▒ EUR mtl.
abzgl. Mitverschulden	▒▒▒▒ %	–	▒▒▒▒ EUR mtl.
Ergebnis Barunterhalt		=	▒▒▒▒ **EUR mtl.**

▲

g)   Alleinverdiener mit 3 Kindern (ohne Mithaftung)

Alleinverdiener mit 3 Kindern (ohne Mithaftung)   9

Ehemann verstirbt, *Alleinverdiener*, drei Kinder, Nettoeinkommen Ehemann ▓▓▓ EUR, fixe Kosten ▓▓▓ EUR, Witwenrente ▓▓▓ EUR, Mitverschulden ▓▓▓ %

Lösung:

1. Stufe			
Nettoeinkommen Ehemann			▓▓▓ EUR mtl.
2. Stufe			
abzgl. fixe Kosten		–	▓▓▓ EUR mtl.
		=	▓▓▓ EUR mtl.
3. Stufe			
Unterhaltsquote Witwe	**27 %**	=	▓▓▓ EUR mtl.
(Tabelle 1 siehe § 4 Rn 29)			
4. Stufe			
zzgl. Anteile fixe Kosten	**40 %**	+	▓▓▓ EUR mtl.
(Tabelle 3 siehe § 4 Rn 31)			
5. Stufe: entfällt		=	▓▓▓ EUR mtl.
6. Stufe			
abzgl. Witwenrente		–	▓▓▓ EUR mtl.
Zwischensumme		=	▓▓▓ EUR mtl.
abzgl. Mitverschulden	**0 %**	–	▓▓▓ EUR mtl.
Ergebnis Barunterhalt		=	▓▓▓ **EUR mtl.**

h) Alleinverdiener mit 3 Kindern (mit Mithaftung)

▼

10 Alleinverdiener mit 3 Kindern (mit Mithaftung)

Ehemann verstirbt, *Alleinverdiener*, drei Kinder, Nettoeinkommen Ehemann ▨▨▨▨ EUR, fixe Kosten ▨▨▨▨ EUR, Witwenrente ▨▨▨▨ EUR, Mitverschulden ▨▨▨ %

Lösung:

1. Stufe			
Nettoeinkommen Ehemann			▨▨▨ EUR mtl.
2. Stufe			
abzgl. fixe Kosten		–	▨▨▨ EUR mtl.
		=	▨▨▨ EUR mtl.
3. Stufe			
Unterhaltsquote Witwe	**27 %**	=	▨▨▨ EUR mtl.
(Tabelle 1 siehe § 4 Rn 29)			
4. Stufe			
zzgl. Anteile fixe Kosten	**40 %**	+	▨▨▨ EUR mtl.
(Tabelle 3 siehe § 4 Rn 31)			
5. Stufe: entfällt		=	▨▨▨ EUR mtl.
6. Stufe			
abzgl. Witwenrente		–	▨▨▨ EUR mtl.
Zwischensumme		=	▨▨▨ EUR mtl.
abzgl. Mitverschulden	▨▨▨ %	–	▨▨▨ EUR mtl.
Ergebnis Barunterhalt		=	**▨▨▨ EUR mtl.**

▲

i)   Doppelverdiener ohne Kind (ohne Mithaftung)

▼

Doppelverdiener ohne Kind (ohne Mithaftung)   **11**

Ehemann verstirbt, *Doppelverdiener*, keine Kinder, Nettoeinkommen Ehemann ▨▨▨▨ EUR, Nettoeinkommen Witwe (Ehefrau) ▨▨▨▨ EUR, fixe Kosten ▨▨▨▨ EUR, Witwenrente ▨▨▨▨ EUR, Mitverschulden 0 %, prozentualer Fixkostenanteil Ehemann ▨▨▨▨ EUR (▨▨▨▨ % von ▨▨▨▨ EUR, Berechnungsmuster 1 siehe § 4 Rn 45) prozentualer Fixkostenanteil Witwe/Ehefrau ▨▨▨▨ EUR (▨▨▨▨ % von ▨▨▨▨ EUR, Berechnungsmuster 1 siehe § 4 Rn 45)

Lösung:

1. Stufe			
Nettoeinkommen des Getöteten		=	▨▨▨▨ EUR mtl.
2. Stufe			
abzgl. prozentualer Fixkostenanteil Ehemann (Berechnungsmuster 1 siehe § 4 Rn 45)		–	▨▨▨▨ EUR mtl.
		=	▨▨▨▨ EUR mtl.
3. Stufe			
Unterhaltsquote der Witwe (Tabelle 2 siehe § 4 Rn 30)	**50 %**	=	▨▨▨▨ EUR mtl.
4. Stufe			
zzgl. Anteil (Tabelle 3 siehe § 4 Rn 31) des prozentualen Fixkostenanteils Ehemann (Berechnungsmuster 1 siehe § 4 Rn 45)	**100 %**	+	▨▨▨▨ EUR mtl.
Zwischensumme		=	▨▨▨▨ EUR mtl.
5. Stufe			
abzgl. Vorteilsausgleich/ersparter Unterhalt			
Nettoeinkommen Witwe			▨▨▨▨ EUR mtl.
abzgl. prozentualer Fixkostenanteil Witwe (Berechnungsmuster 1 siehe § 4 Rn 46)		–	▨▨▨▨ EUR mtl.
		=	▨▨▨▨ EUR mtl.

Unterhaltsquote getöteter
Ehemann   **50 %** =   ▓▓▓▓▓ EUR mtl.
(Tabelle 2 siehe § 4 Rn 30)

     − ▓▓▓▓ EUR mtl.
     = ▓▓▓▓ EUR mtl.

6. Stufe
abzgl. Witwenrente   − ▓▓▓▓ EUR mtl.
Zwischensumme   = ▓▓▓▓ EUR mtl.
abzgl. Mitverschulden   **0 %**   − ▓▓▓▓ EUR mtl.
Ergebnis Barunterhalt   = ▓▓▓▓ **EUR mtl.**

▲

j) Doppelverdiener ohne Kind (mit Mithaftung)
▼

Doppelverdiener ohne Kind (mit Mithaftung)   **12**

Ehemann verstirbt, *Doppelverdiener*, keine Kinder, Nettoeinkommen Ehemann ▨▨▨ EUR, Nettoeinkommen Witwe (Ehefrau) ▨▨▨ EUR, fixe Kosten ▨▨▨ EUR, Witwenrente ▨▨▨ EUR, Mitverschulden ▨▨▨ %, prozentualer Fixkostenanteil Ehemann ▨▨▨ EUR (▨▨▨ % von ▨▨▨ EUR, Berechnungsmuster 1 siehe § 4 Rn 45) prozentualer Fixkostenanteil Witwe/Ehefrau ▨▨▨ EUR (▨▨▨ % von ▨▨▨ EUR, Berechnungsmuster 1 siehe § 4 Rn 46)

Lösung:

1. Stufe			
Nettoeinkommen des Getöteten		=	▨▨▨ EUR mtl.
2. Stufe			
abzgl. prozentualer Fixkostenanteil Ehemann (Berechnungsmuster 1 siehe § 4 Rn 46)		–	▨▨▨ EUR mtl.
		=	▨▨▨ EUR mtl.
3. Stufe			
Unterhaltsquote der Witwe (Tabelle 2 siehe § 4 Rn 30)	50 %	=	▨▨▨ EUR mtl.
4. Stufe			
zzgl. Anteil (Tabelle 3 siehe § 4 Rn 31) des prozentualen Fixkostenanteils Ehemann (Berechnungsmuster 1 siehe § 4 Rn 46)	100 %	+	▨▨▨ EUR mtl.
		=	▨▨▨ EUR mtl.
5. Stufe			
abzgl. Vorteilsausgleich/ersparter Unterhalt			
Nettoeinkommen Witwe		▨▨▨ EUR mtl.	
abzgl. prozentualer Fixkostenanteil Witwe (Berechnungsmuster 1 siehe § 4 Rn 46)		– ▨▨▨ EUR mtl.	
		= ▨▨▨ EUR mtl.	

Unterhaltsquote getöteter
Ehemann **50 %**
(Tabelle 2 siehe § 4 Rn 30) = ▨▨▨ EUR mtl.

– ▨▨▨ EUR mtl.
= ▨▨▨ EUR mtl.

6. Stufe
abzgl. Mitverschulden ▨▨▨ % = ▨▨▨ EUR mtl.

aber: Quotenvorrecht!
Verrechnung mit erspartem
Unterhalt möglich (Stufe 5) – ▨▨▨ EUR mtl.
= ▨▨▨ EUR mtl.

– ▨▨▨ EUR mtl.
= ▨▨▨ EUR mtl.
abzgl. Witwenrente – ▨▨▨ EUR mtl.
Ergebnis Barunterhalt = **▨▨▨ EUR mtl.**

▲

k)   Doppelverdiener mit 1 Kind (ohne Mithaftung)
▼

Doppelverdiener mit 1 Kind (ohne Mithaftung)   **13**

Ehemann verstirbt, *Doppelverdiener*, ein Kind, Nettoeinkommen Ehemann ▓▓▓ EUR, Nettoeinkommen Witwe (Ehefrau) ▓▓▓ EUR, fixe Kosten ▓▓▓ EUR, Witwenrente ▓▓▓ EUR, Mitverschulden 0 %, prozentualer Fixkostenanteil Ehemann ▓▓▓ EUR (▓▓▓ % von ▓▓▓ EUR,
Berechnungsmuster 1 siehe § 4 Rn 46) prozentualer Fixkostenanteil Witwe/Ehe-
frau ▓▓▓ EUR (▓▓▓ % von ▓▓▓ EUR, Berechnungsmuster 1 siehe § 4
Rn 46)

Lösung:

1. Stufe
Nettoeinkommen des Getö-   = ▓▓▓ EUR mtl.
teten
2. Stufe
abzgl. prozentualer Fixkos-   – ▓▓▓ EUR mtl.
tenanteil Ehemann
(Berechnungsmuster 1 siehe § 4 Rn 46)
                                                  = ▓▓▓ EUR mtl.

3. Stufe
Unterhaltsquote der Witwe   **40 %**   = ▓▓▓ EUR mtl.
(Tabelle 2 siehe § 4 Rn 30)
4. Stufe
zzgl. Anteil   **66,6 %**   + ▓▓▓ EUR mtl.
(Tabelle 3 siehe § 4 Rn 31)
des prozentualen Fixkostenanteils Ehemann
(Berechnungsmuster 1 siehe § 4 Rn 46)
Zwischensumme   = ▓▓▓ EUR mtl.
5. Stufe
abzgl. Vorteilsausgleich/er-
sparter Unterhalt
Nettoeinkommen Witwe   ▓▓▓ EUR mtl.
abzgl. prozentualer Fixkos-   – ▓▓▓ EUR mtl.
tenanteil Witwe
(Berechnungsmuster 1 siehe
§ 4 Rn 46)
                                  = ▓▓▓ EUR mtl.

Unterhaltsquote getöteter
Ehemann   **40 %** =   EUR mtl.
(Tabelle 2 siehe § 4 Rn 30)

                                                 –   EUR mtl.
                                                 =   EUR mtl.

6. Stufe
abzgl. Witwenrente   –   EUR mtl.
Zwischensumme   =   EUR mtl.
abzgl. Mitverschuldens   **0 %**   –   EUR mtl.
Ergebnis Barunterhalt   =   **EUR mtl.**

▲

l)   Doppelverdiener mit 1 Kind (mit Mithaftung)

▼

Doppelverdiener mit 1 Kind (mit Mithaftung)   14

Ehemann verstirbt, *Doppelverdiener*, ein Kind, Nettoeinkommen Ehe-mann ▨▨▨ EUR, Nettoeinkommen Witwe (Ehefrau) ▨▨▨ EUR, fixe Kos-ten ▨▨▨ EUR, Witwenrente ▨▨▨ EUR, Mitverschulden ▨▨▨ %, prozen-tualer Fixkostenanteil Ehemann ▨▨▨ EUR (▨▨▨ % von ▨▨▨ EUR, Berechnungsmuster 1 siehe § 4 Rn 46) prozentualer Fixkostenanteil Witwe/Ehe-frau ▨▨▨ EUR (▨▨▨ % von ▨▨▨ EUR, Berechnungsmuster 1 siehe § 4 Rn 46)

Lösung:

1. Stufe
Nettoeinkommen des Getö-teten		=	▨▨▨ EUR mtl.

2. Stufe
abzgl. prozentualer Fixkos-tenanteil Ehemann (Berechnungsmuster 1 siehe § 4 Rn 46)		–	▨▨▨ EUR mtl.
		=	▨▨▨ EUR mtl.

3. Stufe
Unterhaltsquote der Witwe (Tabelle 2 siehe § 4 Rn 30)	**40 %**	=	▨▨▨ EUR mtl.

4. Stufe
zzgl. Anteil Fiskosten (Tabelle 3 siehe § 4 Rn 31) des prozentualen Fixkosten-anteils Ehemann (Berechnungsmuster 1 siehe § 4 Rn 46)	**66,6 %**	+	▨▨▨ EUR mtl.
Zwischensumme		=	▨▨▨ EUR mtl.

5. Stufe
abzgl. Vorteilsausgleich/er-sparter Unterhalt		
Nettoeinkommen Witwe		▨▨▨ EUR mtl.
abzgl. prozentualer Fixkos-tenanteil Witwe (Berechnungsmuster 1 siehe § 4 Rn 46)	–	▨▨▨ EUR mtl.
	=	▨▨▨ EUR mtl.

Unterhaltsquote getöteter
Ehemann
(Tabelle 2 siehe § 4 Rn 30)   **40 %** = ▓▓▓▓ EUR mtl.

                                           – ▓▓▓▓ EUR mtl.

                                           = ▓▓▓▓ EUR mtl.

6. Stufe
abzgl. Mitverschulden   ▓▓▓▓ %   = ▓▓▓▓ EUR mtl.
                             = ▓▓▓▓ EUR mtl.

aber: Quotenvorrecht!
Verrechnung mit erspartem
Unterhalt möglich (Stufe 5)   – ▓▓▓▓ EUR mtl.
                             = ▓▓▓▓ EUR mtl.

                                           – ▓▓▓▓ EUR mtl.
abzgl. Witwenrente   – ▓▓▓▓ EUR mtl.
Ergebnis Barunterhalt   = ▓▓▓▓ **EUR mtl.**

▲

m)   Doppelverdiener mit 2 Kindern (ohne Mithaftung)

▼

Doppelverdiener mit 2 Kindern (ohne Mithaftung)   **15**

Ehemann verstirbt, *Doppelverdiener*, zwei Kinder, Nettoeinkommen Ehemann ▮▮▮▮ EUR, Nettoeinkommen Witwe (Ehefrau) ▮▮▮▮ EUR, fixe Kosten ▮▮▮▮ EUR, Witwenrente ▮▮▮▮ EUR Mitverschulden 0 %, prozentualer Fixkostenanteil Ehemann ▮▮▮▮ EUR (▮▮▮▮ % von ▮▮▮▮ EUR, Berechnungsmuster 1 siehe § 4 Rn 46) prozentualer Fixkostenanteil Witwe/Ehefrau ▮▮▮▮ EUR (▮▮▮▮ % von ▮▮▮▮ EUR, Berechnungsmuster 1 siehe § 4 Rn 46)

Lösung:

1. Stufe

Nettoeinkommen des Getöteten	=	▮▮▮▮ EUR mtl.

2. Stufe

abzgl. prozentualer Fixkostenanteil Ehemann (Berechnungsmuster 1 siehe § 4 Rn 46)	–	▮▮▮▮ EUR mtl.
	=	▮▮▮▮ EUR mtl.

3. Stufe

Unterhaltsquote der Witwe (Tabelle 2 siehe § 4 Rn 30)	**35 %**	=	▮▮▮▮ EUR mtl.

4. Stufe

zzgl. Anteil (Tabelle 3 siehe § 4 Rn 31) des prozentualen Fixkostenanteils Ehemann (Berechnungsmuster 1 siehe § 4 Rn 46)	**50 %**	+	▮▮▮▮ EUR mtl.
Zwischensumme		=	▮▮▮▮ EUR mtl.

5. Stufe

abzgl. Vorteilsausgleich/ersparter Unterhalt

Nettoeinkommen Witwe	▮▮▮▮ EUR mtl.
abzgl. prozentualer Fixkostenanteil Witwe (Berechnungsmuster 1 siehe § 4 Rn 44)	– ▮▮▮▮ EUR mtl.
	= ▮▮▮▮ EUR mtl.

Unterhaltsquote getöteter
Ehemann
(Tabelle 2 siehe § 4 Rn 30) **35 %** = ▨▨▨▨ EUR mtl.

		–	▨▨▨▨ EUR mtl.
		=	▨▨▨▨ EUR mtl.

6. Stufe
abzgl. Witwenrente   – ▨▨▨▨ EUR mtl.
Zwischensumme   = ▨▨▨▨ EUR mtl.
abzgl. Mitverschulden   **0 %**   – ▨▨▨▨ EUR mtl.
Ergebnis Barunterhalt   = ▨▨▨▨ **EUR mtl.**

n) Doppelverdiener mit 2 Kindern (mit Mithaftung)
▼

Doppelverdiener mit 2 Kindern (mit Mithaftung) **16**

Ehemann verstirbt, *Doppelverdiener,* zwei Kinder, Nettoeinkommen Ehemann ▨ EUR, Nettoeinkommen Witwe (Ehefrau) ▨ EUR, fixe Kosten ▨ EUR, Witwenrente ▨ EUR, Mitverschulden ▨ %, prozentualer Fixkostenanteil Ehemann ▨ EUR (▨ % von ▨ EUR, Berechnungsmuster 1 siehe § 4 Rn 46), prozentualer Fixkostenanteil Witwe/Ehefrau ▨ EUR (▨ % von ▨ EUR, Berechnungsmuster 1 siehe § 4 Rn 46)

Lösung:

1. Stufe
Nettoeinkommen des Getöteten ... = ▨ EUR mtl.

2. Stufe
abzgl. prozentualer Fixkostenanteil Ehemann
(Berechnungsmuster 1 siehe § 4 Rn 46) ... – ▨ EUR mtl.

= ▨ EUR mtl.

3. Stufe
Unterhaltsquote der Witwe **35 %** = ▨ EUR mtl.
(Tabelle 2 siehe § 4 Rn 30)

4. Stufe
zzgl. Anteil **50 %** + ▨ EUR mtl.
(Tabelle 3 siehe § 4 Rn 31)
des prozentualen Fixkostenanteils Ehemann
(Berechnungsmuster 1 siehe § 4 Rn 46)
Zwischensumme = ▨ EUR mtl.

5. Stufe
abzgl. Vorteilsausgleich/ersparter Unterhalt
Nettoeinkommen Witwe ▨ EUR mtl.
abzgl. prozentualer Fixkostenanteil Witwe – ▨ EUR mtl.
(Berechnungsmuster 1 siehe § 4 Rn 46)

= ▨ EUR mtl.

Unterhaltsquote getöteter
Ehemann
(Tabelle 2 siehe § 4 Rn 30)   **35 %** = ▨▨▨▨ EUR mtl.

                                                    −   ▨▨▨▨ EUR mtl.
                                                    =   ▨▨▨▨ EUR mtl.

6. Stufe
abzgl. Mitverschulden   ▨▨▨▨ %
                            = ▨▨▨▨ EUR mtl.

aber: Quotenvorrecht!
Verrechnung mit erspartem   − ▨▨▨▨ EUR mtl.
Unterhalt möglich (Stufe 5) = ▨▨▨▨ EUR mtl.

                                                    −   ▨▨▨▨ EUR mtl.
abzgl. Witwenrente   −   ▨▨▨▨ EUR mtl.
Ergebnis Barunterhalt   =   ▨▨▨▨ **EUR mtl.**

▲

o)   **Doppelverdiener mit 3 Kindern (ohne Mithaftung)**
▼

Doppelverdiener mit 3 Kindern (ohne Mithaftung)   **17**

Ehemann verstirbt, *Doppelverdiener*, drei Kinder, Nettoeinkommen Ehemann ░░░░░░ EUR, Nettoeinkommen Witwe (Ehefrau) ░░░░░░ EUR, fixe Kosten ░░░░░░ EUR, Witwenrente ░░░░░░ EUR, Mitverschulden 0 %, prozentualer Fixkostenanteil Ehemann ░░░░░░ EUR (░░░░░░ % von ░░░░░░ EUR, Berechnungsmuster 1 siehe § 4 Rn 46), prozentualer Fixkostenanteil Witwe/Ehefrau ░░░░░░ EUR (░░░░░░ % von ░░░░░░ EUR, Berechnungsmuster 1 siehe § 4 Rn 46)

Lösung:

1. Stufe			
Nettoeinkommen des Getöteten		=	░░░░░░ EUR mtl.
2. Stufe			
abzgl. prozentualer Fixkostenanteil Ehemann (Berechnungsmuster 1 siehe § 4 Rn 46)		–	░░░░░░ EUR mtl.
		=	░░░░░░ EUR mtl.
3. Stufe			
Unterhaltsquote der Witwe (Tabelle 2 siehe § 4 Rn 30)	**30,5 %**	=	░░░░░░ EUR mtl.
4. Stufe			
zzgl. Anteil (Tabelle 3 siehe § 4 Rn 31) des prozentualen Fixkostenanteils Ehemann (Berechnungsmuster 1 siehe § 4 Rn 46)	**40 %**	+	░░░░░░ EUR mtl.
Zwischensumme		=	░░░░░░ EUR mtl.
5. Stufe			
abzgl. Vorteilsausgleich/ersparter Unterhalt			
Nettoeinkommen Witwe	░░░░░░ EUR mtl.		
abzgl. prozentualer Fixkostenanteil Witwe (Berechnungsmuster 1 siehe § 4 Rn 46)	– ░░░░░░ EUR mtl.		
	= ░░░░░░ EUR mtl.		

Unterhaltsquote getöteter
Ehemann
(Tabelle 2 siehe § 4 Rn 30)   **30,5 %** = ▓▓▓▓▓ EUR mtl.

                                       −   ▓▓▓▓▓ EUR mtl.
                                         =   ▓▓▓▓▓ EUR mtl.

6. Stufe
abzgl. Witwenrente   −   ▓▓▓▓▓ EUR mtl.
Zwischensumme   =   ▓▓▓▓▓ EUR mtl.
abzgl. Mitverschulden   **0 %**   −   ▓▓▓▓▓ EUR mtl.
Ergebnis Barunterhalt   =   ▓▓▓▓▓ **EUR mtl.**

p) Doppelverdiener mit 3 Kindern (mit Mithaftung)
▼

Doppelverdiener mit 3 Kindern (mit Mithaftung)   18

Ehemann verstirbt, *Doppelverdiener*, drei Kinder, Nettoeinkommen Ehemann ▓▓▓ EUR, Nettoeinkommen Witwe (Ehefrau) ▓▓▓ EUR, fixe Kosten ▓▓▓ EUR, Witwenrente ▓▓▓ EUR, Mitverschulden ▓▓▓ %, prozentualer Fixkostenanteil Ehemann ▓▓▓ EUR (▓▓▓ % von ▓▓▓ EUR,
Berechnungsmuster 1 siehe § 4 Rn 46) prozentualer Fixkostenanteil Witwe/Ehe-
frau ▓▓▓ EUR (▓▓▓ % von ▓▓▓ EUR, Berechnungsmuster 1 siehe § 4
Rn 46)

Lösung:

1. Stufe
Nettoeinkommen des Getö-   =   ▓▓▓ EUR mtl.
teten
2. Stufe
abzgl. prozentualer Fixkos-   –   ▓▓▓ EUR mtl.
tenanteil Ehemann
(Berechnungsmuster 1 siehe § 4 Rn 46)
                                                 =   ▓▓▓ EUR mtl.
3. Stufe
Unterhaltsquote der Witwe   **30,5 %**   =   ▓▓▓ EUR mtl.
(Tabelle 2 siehe § 4 Rn 30)
4. Stufe
zzgl. Anteil   **40 %**   +   ▓▓▓ EUR mtl.
(Tabelle 3 siehe § 4 Rn 31)
des prozentualen Fixkostenanteils Ehemann
(Berechnungsmuster 1 siehe § 4 Rn 46)
Zwischensumme   =   ▓▓▓ EUR mtl.
5. Stufe
abzgl. Vorteilsausgleich/ ersparter Unterhalt
Nettoeinkommen Witwe   ▓▓▓ EUR mtl.
abzgl. prozentualer Fixkos- – ▓▓▓ EUR mtl.
tenanteil Witwe
(Berechnungsmuster 1
siehe § 4 Rn 46)
                                                 =   ▓▓▓ EUR mtl.

Unterhaltsquote getöteter
Ehemann
(Tabelle 2 siehe § 4 Rn 30)   **30,5 %** = ▨▨▨ EUR mtl.

	–	▨▨▨ EUR mtl.
	=	▨▨▨ EUR mtl.

6. Stufe
abzgl. Mitverschulden   ▨▨▨ %
= ▨▨▨ EUR mtl.

aber: Quotenvorrecht!
Verrechnung mit erspartem   – ▨▨▨ EUR mtl.
Unterhalt möglich (Stufe 5)   = ▨▨▨ EUR mtl.

	–	▨▨▨ EUR mtl.

abzgl. Witwenrente   – ▨▨▨ EUR mtl.
Ergebnis Barunterhalt   = ▨▨▨ **EUR mtl.**

▲

q)   Doppelverdiener ohne Kind (ohne Mithaftung/mit Vermögensbildung)
▼

Doppelverdiener ohne Kind (ohne Mithaftung/mit Vermögensbildung)   **19**

Ehemann verstirbt, *Doppelverdiener*, keine Kinder, Nettoeinkommen Ehemann ▓▓▓ EUR, Nettoeinkommen Witwe (Ehefrau) ▓▓▓ EUR, fixe Kosten ▓▓▓ EUR, Witwenrente ▓▓▓ EUR, Mitverschulden 0 %, prozentualer Fixkostenanteil Ehemann ▓▓▓ EUR (▓▓▓ % von ▓▓▓ EUR, Berechnungsmuster 1 siehe § 4 Rn 46) prozentualer Fixkostenanteil Witwe/Ehefrau ▓▓▓ EUR (▓▓▓ % von ▓▓▓ EUR, Berechnungsmuster 1 siehe § 4 Rn 46), Vermögensbildung ▓▓▓ EUR

Lösung:

1. Stufe

Nettoeinkommen des Getöteten		=	▓▓▓ EUR mtl.
abzgl. ▓▓▓ % Anteil		–	▓▓▓ EUR mtl.
Vermögensbildung		=	▓▓▓ EUR mtl.

2. Stufe

abzgl. prozentualer Fixkostenanteil Ehemann (Berechnungsmuster 1 siehe § 4 Rn 46)		–	▓▓▓ EUR mtl.
		=	▓▓▓ EUR mtl.

3. Stufe

Unterhaltsquote der Witwe (Tabelle 2 siehe § 4 Rn 30)	**50 %**	=	▓▓▓ EUR mtl.

4. Stufe

zzgl. Anteil (Tabelle 3 siehe § 4 Rn 31) des prozentualen Fixkostenanteils Ehemann (Berechnungsmuster 1 siehe § 4 Rn 46)	**100 %**	+	▓▓▓ EUR mtl.
Zwischensumme		=	▓▓▓ EUR mtl.

5. Stufe

abzgl. Vorteilsausgleich/ersparter Unterhalt		
Nettoeinkommen Witwe		▓▓▓ EUR mtl.
abzgl. ▓▓▓ % Anteil an Vermögensbildung	–	▓▓▓ EUR mtl.
	=	▓▓▓ EUR mtl.

abzgl. prozentualer Fixkos-   – ░░░░ EUR mtl.
tenanteil Witwe
(Berechnungsmuster 1
siehe § 4 Rn 46)
_____
                                 = ░░░░ EUR mtl.
Unterhaltsquote getöteter
Ehemann
(Tabelle 2 siehe § 4 Rn 30)   **50 %** = ░░░░ EUR mtl.

                                              – ░░░░ EUR mtl.
                                              = ░░░░ EUR mtl.
6. Stufe
abzgl. Witwenrente   – ░░░░ EUR mtl.
abzgl. Mitverschulden   ░░░░ %   – ░░░░ EUR mtl.
Ergebnis Barunterhalt   = ░░░░ **EUR mtl.**

▲

538

2. Ansprüche Waisen/Kinder

a) Alleinverdiener mit 1 Kind (ohne Mithaftung)

Alleinverdiener mit 1 Kind (ohne Mithaftung)   **20**

Ehemann (Vater) verstirbt, *Alleinverdiener*, ein Kind, Nettoeinkommen Ehemann ▓▓▓ EUR, fixe Kosten ▓▓▓ EUR, Waisenrente ▓▓▓ EUR, Mithaftung 0 %

Lösung:

1. Stufe
Nettoeinkommen Ehemann/Vater		=	▓▓▓ EUR mtl.

2. Stufe
abzgl. fixe Kosten		–	▓▓▓ EUR mtl.
		=	▓▓▓ EUR mtl.

3. Stufe
Unterhaltsquote Kind	20 %	=	▓▓▓ EUR mtl.
(Tabelle 1 siehe § 4 Rn 29)			

4. Stufe
zzgl. Anteile fixe Kosten	33,3 %	+	▓▓▓ EUR mtl.
(Tabelle 3 siehe § 4 Rn 31)			

5. Stufe: entfällt		=	▓▓▓ EUR mtl.

6. Stufe
abzgl. Waisenrente		–	▓▓▓ EUR mtl.
Zwischensumme		=	▓▓▓ EUR mtl.
abzgl. Mitverschulden	0 %	–	▓▓▓ EUR mtl.
Ergebnis Barunterhalt		=	▓▓▓**EUR mtl.**

b)   Alleinverdiener mit 1 Kind (mit Mithaftung)

21   Alleinverdiener mit 1 Kind (mit Mithaftung)

Ehemann (Vater) verstirbt, Alleinverdiener, ein Kind, Nettoeinkommen Ehemann ▓▓▓▓ EUR, fixe Kosten ▓▓▓▓ EUR, Waisenrente ▓▓▓▓ EUR, Mithaftung ▓▓▓▓ %

Lösung:

1. Stufe			
Nettoeinkommen Ehemann/Vater		=	▓▓▓▓ EUR mtl.
2. Stufe			
abzgl. fixe Kosten		–	▓▓▓▓ EUR mtl.
		=	▓▓▓▓ EUR mtl.
3. Stufe			
Unterhaltsquote Kind	**20 %**	=	▓▓▓▓ EUR mtl.
(Tabelle 1 siehe § 4 Rn 29)			
4. Stufe			
zzgl. Anteile fixe Kosten	**33,3 %**	+	▓▓▓▓ EUR mtl.
(Tabelle 3 siehe § 4 Rn 31)			
5. Stufe: entfällt		=	▓▓▓▓ EUR mtl.
6. Stufe			
abzgl. Waisenrente		–	▓▓▓▓ EUR mtl.
Zwischensumme		=	▓▓▓▓ EUR mtl.
abzgl. Mitverschulden	▓▓▓▓ %	–	▓▓▓▓ EUR mtl.
Ergebnis Barunterhalt		=	▓▓▓▓ **EUR mtl.**

c)   Alleinverdiener mit 2 Kindern (ohne Mithaftung)

Alleinverdiener mit 2 Kindern (ohne Mithaftung)   **22**

Ehemann (Vater) verstirbt, *Alleinverdiener*, zwei Kinder, Nettoeinkommen Ehemann ▨▨▨▨ EUR, fixe Kosten ▨▨▨▨ EUR, Waisenrente ▨▨▨▨ EUR, Mithaftung 0 %

Lösung:

1. Stufe			
Nettoeinkommen Ehemann/Vater		=	▨▨▨▨ EUR mtl.
2. Stufe			
abzgl. fixe Kosten		–	▨▨▨▨ EUR mtl.
		=	▨▨▨▨ EUR mtl.
3. Stufe			
Unterhaltsquote Kind	**15 %**	=	▨▨▨▨ EUR mtl.
(Tabelle 1 siehe § 4 Rn 29)			
4. Stufe			
zzgl. Anteile fixe Kosten	**25 %**	+	▨▨▨▨ EUR mtl.
(Tabelle 3 siehe § 4 Rn 31)			
5. Stufe: entfällt		=	▨▨▨▨ EUR mtl.
6. Stufe			
abzgl. Waisenrente		–	▨▨▨▨ EUR mtl.
Zwischensumme		=	▨▨▨▨ EUR mtl.
abzgl. Mitverschulden	**0 %**	–	▨▨▨▨ EUR mtl.
Ergebnis Barunterhalt		=	▨▨▨▨ **EUR mtl.**

d) Alleinverdiener mit 2 Kindern (mit Mithaftung)
▼

23 Alleinverdiener mit 2 Kindern (mit Mithaftung)

Ehemann (Vater) verstirbt, *Alleinverdiener*, zwei Kindern, Nettoeinkommen Ehemann ▮▮▮▮ EUR, fixe Kosten ▮▮▮▮ EUR, Waisenrente ▮▮▮▮ EUR, Mithaftung ▮▮▮▮ %

Lösung:

1. Stufe			
Nettoeinkommen Ehemann/Vater		=	▮▮▮▮ EUR mtl.
2. Stufe			
abzgl. fixe Kosten		–	▮▮▮▮ EUR mtl.
		=	▮▮▮▮ EUR mtl.
3. Stufe			
Unterhaltsquote Kind	**15 %**	=	▮▮▮▮ EUR mtl.
(Tabelle 1 siehe § 4 Rn 29)			
4. Stufe			
zzgl. Anteile fixe Kosten	**25 %**	+	▮▮▮▮ EUR mtl.
(Tabelle 3 siehe § 4 Rn 31)			
5. Stufe: entfällt		=	▮▮▮▮ EUR mtl.
6. Stufe			
abzgl. Waisenrente		–	▮▮▮▮ EUR mtl.
Zwischensumme		=	▮▮▮▮ EUR mtl.
abzgl. Mitverschulden	▮▮▮▮ %	–	▮▮▮▮ EUR mtl.
Ergebnis Barunterhalt		=	**▮▮▮▮ EUR mtl.**

▲

e) Alleinverdiener mit 3 Kindern (ohne Mithaftung)

Alleinverdiener mit 3 Kindern (ohne Mithaftung) 24

Ehemann (Vater) verstirbt, *Alleinverdiener*, drei Kinder, Nettoeinkommen Ehemann ▓▓▓▓ EUR, fixe Kosten ▓▓▓▓ EUR, Waisenrente ▓▓▓▓ EUR, Mithaftung 0 %

Lösung:

1. Stufe			
Nettoeinkommen Ehemann/Vater		=	▓▓▓▓ EUR mtl.
2. Stufe			
abzgl. fixe Kosten		–	▓▓▓▓ EUR mtl.
		=	▓▓▓▓ EUR mtl.
3. Stufe			
Unterhaltsquote Kind	13 %	=	▓▓▓▓ EUR mtl.
(Tabelle 1 siehe § 4 Rn 29)			
4. Stufe			
zzgl. Anteile fixe Kosten	20 %	+	▓▓▓▓ EUR mtl.
(Tabelle 3 siehe § 4 Rn 31)			
5. Stufe: entfällt		=	▓▓▓▓ EUR mtl.
6. Stufe			
abzgl. Waisenrente		–	▓▓▓▓ EUR mtl.
Zwischensumme		=	▓▓▓▓ EUR mtl.
abzgl. Mitverschulden	0%	–	▓▓▓▓ EUR mtl.
Ergebnis Barunterhalt		=	▓▓▓▓ **EUR mtl.**

f)   **Alleinverdiener mit 3 Kindern (mit Mithaftung)**

25   **Alleinverdiener mit 3 Kindern (mit Mithaftung)**

Ehemann (Vater) verstirbt, *Alleinverdiener*, drei Kinder, Nettoeinkommen Ehemann ▓▓▓▓ EUR, fixe Kosten ▓▓▓▓ EUR, Waisenrente ▓▓▓▓ EUR, Mithaftung ▓▓▓ %

Lösung:

1. Stufe			
Nettoeinkommen Ehemann/Vater		=	▓▓▓ EUR mtl.
2. Stufe			
abzgl. fixe Kosten		–	▓▓▓ EUR mtl.
		=	▓▓▓ EUR mtl.
3. Stufe			
Unterhaltsquote Kind	**13 %**	=	▓▓▓ EUR mtl.
(Tabelle 1 siehe § 4 Rn 29)			
4. Stufe			
zzgl. Anteile fixe Kosten	**20 %**	+	▓▓▓ EUR mtl.
(Tabelle 3 siehe § 4 Rn 31)			
5. Stufe: entfällt		=	▓▓▓ EUR mtl.
6. Stufe			
abzgl. Waisenrente		–	▓▓▓ EUR mtl.
Zwischensumme		=	▓▓▓ EUR mtl.
abzgl. Mitverschulden	▓▓▓ %	–	▓▓▓ EUR mtl.
Ergebnis Barunterhalt		=	**▓▓▓ EUR mtl.**

g)   Doppelverdiener mit 1 Kind (ohne Mithaftung)

▼

Doppelverdiener mit 1 Kind (ohne Mithaftung)   **26**

Ehemann (Vater) verstirbt, *Doppelverdiener*, ein Kind, Nettoeinkommen Ehemann ▓▓▓▓ EUR, Nettoeinkommen Witwe/Ehefrau ▓▓▓▓ EUR, fixe Kosten ▓▓▓▓ EUR, Waisenrente ▓▓▓▓ EUR, Mithaftung 0 %, prozentualer Fixkostenanteil Ehemann/Vater ▓▓▓▓ EUR (▓▓▓ % von ▓▓▓▓ EUR, Berechnungsmuster 1 siehe § 4 Rn 46), prozentualer Fixkostenanteil Ehefrau/Mutter ▓▓▓▓ EUR (▓▓▓ % von ▓▓▓▓ EUR, Berechnungsmuster 1 siehe § 4 Rn 46)

Lösung:

1. Stufe
Nettoeinkommen Ehemann/Vater   =   ▓▓▓▓ EUR mtl.
2. Stufe
abzgl. prozentualer Fixkostenanteil   –   ▓▓▓▓ EUR mtl.
Ehemann/Vater
(Berechnungsmuster 1 siehe § 4
Rn 46)
                                            =   ▓▓▓▓ EUR mtl.
3. Stufe
Unterhaltsquote Kind   **20 %**   =   ▓▓▓▓ EUR mtl.
(Tabelle 1 siehe § 4 Rn 29)
4. Stufe
zzgl. Anteil   **33,3 %**   +   ▓▓▓▓ EUR mtl.
(Tabelle 3 siehe § 4 Rn 31)
des prozentualen Fixkostenanteils   =   ▓▓▓▓ EUR mtl.
des Ehemanns/Vaters
(Berechnungsmuster 1 siehe § 4
Rn 46)
5. Stufe: entfällt
6. Stufe
abzgl. Waisenrente   –   ▓▓▓▓ EUR mtl.
Zwischensumme   =   ▓▓▓▓ EUR mtl.
abzgl. Mitverschulden   **0 %**   –   ▓▓▓▓ EUR mtl.
Ergebnis Barunterhalt   =   ▓▓▓▓ **EUR mtl.**

h) Doppelverdiener mit 1 Kind (mit Mithaftung)
▼

27 **Doppelverdiener mit 1 Kind (mit Mithaftung)**

Ehemann (Vater) verstirbt, *Doppelverdiener*, ein Kind, Nettoeinkommen Ehemann ▓▓▓▓ EUR, Nettoeinkommen Witwe/Ehefrau ▓▓▓▓ EUR, fixe Kosten ▓▓▓▓ EUR, Waisenrente ▓▓▓▓ EUR, Mithaftung ▓▓▓▓ %, prozentualer Fixkostenanteil Ehemann/Vater ▓▓▓▓ EUR (▓▓▓▓ % von ▓▓▓▓ EUR, Berechnungsmuster 1 siehe § 4 Rn 46), prozentualer Fixkostenanteil Ehefrau/Mutter ▓▓▓▓ EUR (▓▓▓▓ % von ▓▓▓▓ EUR, Berechnungsmuster 1 siehe § 4 Rn 46)

Lösung:

1. Stufe			
Nettoeinkommen Ehemann/Vater		=	▓▓▓▓ EUR mtl.
2. Stufe			
abzgl. prozentualer Fixkostenanteil Ehemann/Vater (Berechnungsmuster 1 siehe § 4 Rn 46)		−	▓▓▓▓ EUR mtl.
		=	▓▓▓▓ EUR mtl.
3. Stufe			
Unterhaltsquote Kind (Tabelle 1 siehe § 4 Rn 30)	**20 %**	=	▓▓▓▓ EUR mtl.
4. Stufe			
zzgl. Anteil (Tabelle 3 siehe § 4 Rn 31)	**33,3 %**	+	▓▓▓▓ EUR mtl.
des prozentualen Fixkostenanteils des Ehemanns/Vaters (Berechnungsmuster 1 siehe § 4 Rn 46)		=	▓▓▓▓ EUR mtl.
5. Stufe: entfällt			
6. Stufe			
abzgl. Waisenrente		−	▓▓▓▓ EUR mtl.
Zwischensumme		=	▓▓▓▓ EUR mtl.
abzgl. Mitverschulden	▓▓▓▓ %	−	▓▓▓▓ EUR mtl.
Ergebnis Barunterhalt		=	**▓▓▓▓ EUR mtl.**

▲

i) Doppelverdiener mit 2 Kindern (ohne Mithaftung)

Doppelverdiener mit 2 Kindern (ohne Mithaftung)   **28**

Ehemann (Vater) verstirbt, *Doppelverdiener*, zwei Kinder, Nettoeinkommen Ehemann ▓▓▓▓▓ EUR, Nettoeinkommen Witwe/Ehefrau ▓▓▓▓ EUR, fixe Kosten ▓▓▓▓ EUR, Waisenrente ▓▓▓▓▓ EUR, Mithaftung 0 %, prozentualer Fixkostenanteil Ehemann/Vater ▓▓▓▓ EUR (▓▓▓▓ % von ▓▓▓▓▓ EUR, Berechnungsmuster 1 siehe § 4 Rn 46), prozentualer Fixkostenanteil Ehefrau/Mutter ▓▓▓▓ EUR (▓▓▓ % von ▓▓▓▓ EUR, Berechnungsmuster 1 siehe § 4 Rn 46)

Lösung:

1. Stufe			
Nettoeinkommen Ehemann/Vater		=	▓▓▓▓ EUR mtl.
2. Stufe			
abzgl. prozentualer Fixkostenanteil		–	▓▓▓▓ EUR mtl.
Ehemann/Vater			
(Berechnungsmuster 1 siehe § 4			
Rn 46)			
		=	▓▓▓▓ EUR mtl.
3. Stufe			
Unterhaltsquote Kind	**15 %**	=	▓▓▓▓ EUR mtl.
(Tabelle 1 siehe § 4 Rn 30)			
4. Stufe			
zzgl. Anteil	**25 %**	+	▓▓▓▓ EUR mtl.
(Tabelle 3 siehe § 4 Rn 31)			
des prozentualen Fixkostenanteils		=	▓▓▓▓ EUR mtl.
des			
Ehemanns/Vaters (Berechnungs-			
muster 1 siehe § 4 Rn 46)			
5. Stufe: entfällt			
6. Stufe			
abzgl. Waisenrente		–	▓▓▓▓ EUR mtl.
Zwischensumme		=	▓▓▓▓ EUR mtl.
abzgl. Mitverschulden	**0 %**	–	▓▓▓▓ EUR mtl.
Ergebnis Barunterhalt		=	▓▓▓▓ **EUR mtl.**

j) **Doppelverdiener mit 2 Kindern (mit Mithaftung)**

▼

29 **Doppelverdiener mit 2 Kindern (mit Mithaftung)**

Ehemann (Vater) verstirbt, *Doppelverdiener*, zwei Kinder, Nettoeinkommen Ehemann ▨▨▨▨ EUR, Nettoeinkommen Witwe/Ehefrau ▨▨▨▨ EUR, fixe Kosten ▨▨▨▨ EUR, Waisenrente ▨▨▨▨ EUR, Mithaftung ▨▨▨▨ %, prozentualer Fixkostenanteil Ehemann/Vater ▨▨▨▨ EUR (▨▨▨▨ % von ▨▨▨▨ EUR, Berechnungsmuster 1 siehe § 4 Rn 46), prozentualer Fixkostenanteil Ehefrau/Mutter ▨▨▨▨ EUR (▨▨▨▨ % von ▨▨▨▨ EUR, Berechnungsmuster 1 siehe § 4 Rn 46)

Lösung:

1. Stufe			
Nettoeinkommen Ehemann/Vater		=	▨▨▨▨ EUR mtl.
2. Stufe			
abzgl. prozentualer Fixkostenanteil Ehemann/Vater (Berechnungsmuster 1 siehe § 4 Rn 46)		–	▨▨▨▨ EUR mtl.
		=	▨▨▨▨ EUR mtl.
3. Stufe			
Unterhaltsquote Kind (Tabelle 1 siehe § 4 Rn 29)	**15 %**	=	▨▨▨▨ EUR mtl.
4. Stufe			
zzgl. Anteil (Tabelle 3 siehe § 4 Rn 31)	**25 %**	+	▨▨▨▨ EUR mtl.
des prozentualen Fixkostenanteils des Ehemanns/Vaters (Berechnungsmuster 1 siehe § 4 Rn 46)		=	▨▨▨▨ EUR mtl.
5. Stufe: entfällt			
6. Stufe			
abzgl. Waisenrente		–	▨▨▨▨ EUR mtl.
Zwischensumme		=	▨▨▨▨ EUR mtl.
abzgl. Mitverschulden	▨▨▨▨ %	–	▨▨▨▨ EUR mtl.
Ergebnis Barunterhalt		=	**▨▨▨▨ EUR mtl.**

▲

k) Doppelverdiener mit 3 Kindern (ohne Mithaftung)
▼

Doppelverdiener mit 3 Kindern (ohne Mithaftung)   **30**

Ehemann (Vater) verstirbt, *Doppelverdiener*, drei Kinder, Nettoeinkommen Ehemann ▨▨▨ EUR, Nettoeinkommen Witwe/Ehefrau ▨▨▨ EUR, fixe Kosten ▨▨▨ EUR, Waisenrente ▨▨▨ EUR, Mithaftung 0 %, prozentualer Fixkostenanteil Ehemann/Vater ▨▨▨ EUR (▨▨▨ % von ▨▨▨ EUR, Berechnungsmuster 1 siehe §4 Rn 46), prozentualer Fixkostenanteil Ehefrau/Mutter ▨▨▨ EUR (▨▨▨ % von ▨▨▨ EUR, Berechnungsmuster 1 siehe §4 Rn 46)

Lösung:

1. Stufe
Nettoeinkommen Ehemann/Vater   =   ▨▨▨ EUR mtl.
2. Stufe
abzgl. prozentualer Fixkostenanteil   –   ▨▨▨ EUR mtl.
Ehemann/Vater
(Berechnungsmuster 1 siehe §4
Rn 46)
                                                      =   ▨▨▨ EUR mtl.
3. Stufe
Unterhaltsquote Kind   **13 %**   =   ▨▨▨ EUR mtl.
(Tabelle 1 siehe §4 Rn 29)
4. Stufe
zzgl. Anteil   **20 %**   +   ▨▨▨ EUR mtl.
(Tabelle 3 siehe §4 Rn 31)
des prozentualen Fixkostenanteils   =   ▨▨▨ EUR mtl.
des Ehemanns/Vaters
(Berechnungsmuster 1 siehe §4
Rn 46)
5. Stufe: entfällt
6. Stufe
abzgl. Waisenrente   –   ▨▨▨ EUR mtl.
Zwischensumme   =   ▨▨▨ EUR mtl.
abzgl. Mitverschulden   **0 %**   –   ▨▨▨ EUR mtl.
Ergebnis Barunterhalt   =   ▨▨▨ **EUR mtl.**

▲

l) Doppelverdiener mit 3 Kindern (mit Mithaftung)

▼

31 **Doppelverdiener mit 3 Kindern (mit Mithaftung)**

Ehemann (Vater) verstirbt, *Doppelverdiener,* drei Kinder, Nettoeinkommen Ehemann ▨▨▨▨ EUR, Nettoeinkommen Witwe/Ehefrau ▨▨▨▨ EUR fixe Kosten ▨▨▨▨ EUR, Waisenrente ▨▨▨▨ EUR, Mithaftung ▨▨▨▨ %, prozentualer Fixkostenanteil Ehemann/Vater ▨▨▨▨ EUR (▨▨▨▨ % von ▨▨▨▨ EUR, Berechnungsmuster 1 siehe § 4 Rn 46), prozentualer Fixkostenanteil Ehefrau/Mutter ▨▨▨▨ EUR (▨▨▨▨ % von ▨▨▨▨ EUR, Berechnungsmuster 1 siehe § 4 Rn 46)

Lösung:

1. Stufe

Nettoeinkommen Ehemann/Vater		=	▨▨▨▨ EUR mtl.

2. Stufe

abzgl. prozentualer Fixkostenanteil Ehemann/Vater (Berechnungsmuster 1 siehe § 4 Rn 46)		–	▨▨▨▨ EUR mtl.
		=	▨▨▨▨ EUR mtl.

3. Stufe

Unterhaltsquote Kind (Tabelle 1 siehe § 4 Rn 29)	**13 %**	=	▨▨▨▨ EUR mtl.

4. Stufe

zzgl. Anteil (Tabelle 3 siehe § 4 Rn 31)	**20 %**	+	▨▨▨▨ EUR mtl.
des prozentualen Fixkostenanteils des Ehemanns/Vaters (Berechnungsmuster 1 siehe § 4 Rn 46)		=	▨▨▨▨ EUR mtl.

5. Stufe: entfällt

6. Stufe

abzgl. Waisenrente		–	▨▨▨▨ EUR mtl.
Zwischensumme		=	▨▨▨▨ EUR mtl.
abzgl. Mitverschulden	▨▨▨▨ %	–	▨▨▨▨ EUR mtl.
Ergebnis Barunterhalt		=	▨▨▨▨ **EUR mtl.**

▲

IV. Muster zum Haushaltsführungsschaden
1. Ansprüche bei Alleinverdienerehe
a) Ansprüche des Witwers, wenn Nur-Hausfrau verstirbt

Ansprüche des Witwers, wenn Nur-Hausfrau verstirbt **32**

Berechnung des Haushaltsführungsschadens des **Witwers**

1. Schritt wöchentlicher Arbeitsbedarf reduzierter Haushalt

	Personenhaushalt				Wochenstunden
	% Zuschlag				Wochenstunden
	Abschlag				Wochenstunden
			=		Wochenstunden

2. Schritt Mithilfepflicht Hinterbliebene

Abzug Wochenstunden   Ehegatte
                               Kind 1
                               Kind 2
                               Kind 3
                          =   Wochenstunden

3. Schritt Multiplikation der errechneten wöchentlichen Stundenzahl mit Stundenlohn einer Hilfskraft

(*Schulz-Borck*, Tabelle 1.1)

        Wochenstunden   BAT   /TVÖD   =   EUR mtl.

4. Schritt Aufteilung des errechneten Nettobetrags auf Hinterbliebene gem. Quote

(Tabelle 4 siehe § 4 Rn 117)

        Prozent   =   EUR mtl.

5. Schritt Unterhaltsersparnis

Nettoeinkommen Ehemann:	EUR mtl.
abzgl. fixe Kosten:	EUR mtl.
=	EUR mtl.
davon Abzug Unterhalts-quote der Getöteten (Ehefrau):	%
(Tabelle 1 siehe § 4 Rn 121)	– EUR mtl.
=	EUR mtl.

Zwischenergebnis:		=	EUR mtl.
evtl. Mithaftung	% Haftung	=	EUR mtl.
evtl. Quotenvorrecht		=	EUR mtl.
Ergebnis		=	**EUR mtl.**

▲

b)   Ansprüche der Witwe, wenn Alleinverdiener verstirbt

▼

Ansprüche der Witwe, wenn Alleinverdiener verstirbt   **33**

Berechnung des Haushaltsführungsschadens der **Witwe**

1. Schritt wöchentlicher Arbeitsbedarf reduzierter Haushalt

Personenhaushalt		Wochenstunden
% Zuschlag		Wochenstunden
Abschlag		Wochenstunden
	=	Wochenstunden

2. Schritt Mithilfepflicht Hinterbliebene

Abzug Wochenstunden   Ehegatte
Kind 1
Kind 2
Kind 3

= Wochenstunden

3. Schritt Multiplikation der errechneten wöchentlichen Stundenzahl mit Stundenlohn einer Hilfskraft

(*Schulz-Borck/Hofmann*, Tabelle 5)

Wochenstunden   BAT /TVÖD   =   EUR mtl.

4. Schritt Aufteilung des errechneten Nettobetrags auf Hinterbliebene gem. Quote

(Tabelle 4 siehe § 4 Rn 141)

Prozent		=	EUR mtl.
Zwischenergebnis:		=	EUR mtl.
evtl. Mithaftung	% Haftung	=	EUR mtl.
Ergebnis		=	**EUR mtl.**

▲

c) Ansprüche des Witwers, wenn mitverdienende Ehefrau verstirbt
▼

34 **Ansprüche des Witwers, wenn mitverdienende Ehefrau verstirbt**

Lösung: Berechnung des Haushaltsführungsschadens des Witwers

1. Schritt wöchentlicher Arbeitsbedarf reduzierter Haushalt

Personenhaushalt		Wochenstunden
% Zuschlag		Wochenstunden
Abschlag		Wochenstunden
	=	Wochenstunden

2. Schritt Mithilfepflicht Hinterbliebene

Abzug Wochenstunden		Ehegatte
		Kind 1
		Kind 2
	=	Wochenstunden

3. Schritt Multiplikation der errechneten wöchentlichen Stundenzahl mit Stundenlohn einer Hilfskraft

(*Schulz-Borck/Hofmann*, Tabelle 5)

Wochenstunden   BAT   /TVÖD   =   EUR mtl.

4. Schritt Aufteilung des errechneten Nettobetrags auf Hinterbliebene gem. Quote (Tabelle 4 siehe § 4 Rn 141)

Prozent	=	EUR mtl.
Zwischenergebnis:	=	EUR mtl.
evtl. Mithaftung % Haftung	=	EUR mtl.
Ergebnis Anspruch Haushaltsführungsschaden	=	**EUR mtl.**

▲

d) Ansprüche der Witwe, wenn mitverdienender Ehemann verstirbt

▼

Ansprüche der Witwe, wenn mitverdienender Ehemann verstirbt   **35**

Lösung: Berechnung des Haushaltsführungsschadens der Witwe

1. Schritt wöchentlicher Arbeitsbedarf reduzierter Haushalt

▓▓ Personenhaushalt	▓▓	Wochenstunden
▓▓ % Zuschlag	▓▓	Wochenstunden
▓▓ Abschlag	▓▓	Wochenstunden
▓▓	= ▓▓	Wochenstunden

2. Schritt Mithilfepflicht Hinterbliebene

Abzug Wochenstunden   ▓▓   Ehegatte
   ▓▓   Kind 1
   ▓▓   Kind 2

= ▓▓ Wochenstunden

3. Schritt Multiplikation der errechneten wöchentlichen Stundenzahl mit Stundenlohn einer Hilfskraft

▓▓ Wochenstunden   BAT ▓▓/TVÖD   =   ▓▓ EUR mtl.

(*Schulz-Borck/Hofmann*, Tabelle 5)

4. Schritt Aufteilung des errechneten Nettobetrags auf Hinterbliebene gem. Quote (Tabelle 4 siehe § 4 Rn 131)

▓▓ Prozent	=	▓▓ EUR mtl.
Zwischenergebnis:	=	▓▓ EUR mtl.
evtl. Mithaftung ▓▓ % Haftung	=	▓▓ EUR mtl.
Ergebnis Anspruch Haushaltsführungsschaden	=	**▓▓ EUR mtl.**

▲

2. Ansprüche der Waisen

36 Ansprüche der Waisen

Berechnung des Haushaltsführungsschadens der **Waisen**

1. Schritt wöchentlicher Arbeitsbedarf reduzierter Haushalt

                Personenhaushalt   Wochenstunden

                % Zuschlag   Wochenstunden

                Abschlag   Wochenstunden

                             =   Wochenstunden

2. Schritt Mithilfepflicht Hinterbliebene

Abzug Wochenstunden   Ehegatte

                          Kind 1

                          Kind 2

                          Kind 3

                              =   Wochenstunden

3. Schritt Multiplikation der errechneten wöchentlichen Stundenzahl mit Stundenlohn einer Hilfskraft

        Wochenstunden   BAT ▨▨▨/TVÖD   =   EUR mtl.

(*Schulz-Borck/Hofmann*, Tabelle 5)

4. Schritt Aufteilung des errechneten Nettobetrags auf Hinterbliebene gem. Quote

(Tabelle 4 siehe § 4 Rn 131)

        % (nach Tabelle 4 siehe § 4 Rn 131)   =   EUR mtl.

Zwischenergebnis: =   EUR mtl.

evtl. Mithaftung   % Haftung   =   EUR mtl.

Ergebnis   =   **EUR mtl.**

V. Beerdigungskosten

Beerdigungskosten **37**

Kosten des Sarges (Kissen, Decke, Hemd)	EUR
Kosten der Einsargung	EUR
Kosten der Sargträger	EUR
Blumenschmuck	EUR
Pfarrer	EUR
Musik	EUR
Chor	EUR
Aufbahrungskosten	EUR
Gebühren (kirchliche und behördliche Bestattungsgebühren, Sterbeurkunden)	EUR
Telefongebühren (Vorbereitung der Bestattung sowie Benachrichtigung der Angehörigen)	EUR
Kosten Todesanzeigen (Karten, Zeitungsanzeigen etc.)	EUR
Bewirtungskosten und Unterbringung von Trauergästen	EUR
Überführungskosten an den Heimatort und eventuelle Umbettung	EUR
Kosten Kränze und Erstbepflanzung	EUR
Kosten Grabstein, Grablaterne und sonstige Grabausstattung	EUR
Kosten Trauerkleidung	EUR
Verdienstausfall (Vorbereitungstag und Tag der Beerdigung)	EUR
[OLG Hamm VersR 1956, 666]	
Gesamtkosten	= **EUR**

B. Muster aus § 9 Personenversicherungen: Ärztliche Bescheinigung für die versicherte Person

38 Ärztliche Bescheinigung für die versicherte Person

Zur Vorlage beim Privaten Unfallversicherer

1 Werden dauernde, die Funktionsfähigkeit von Gliedmaßen oder Sinnesorganen bzw. die körperliche oder geistige Leistungsfähigkeit beeinträchtigende Folgen des Unfalles (Invalidität) oder psychische Dauerschäden, gleichgültig welchen Ausmaßes, zurückbleiben?

☐ ja   ☐ nein

2 Wenn ja, an welchen Körperteilen wird die Invalidität verursacht?

3a Lässt sich das Ausmaß der dauernden Beeinträchtigung, d.h. in Höhe des In- validitätsgrades, bereits gutachtlich feststellen?

☐ ja   ☐ nein

3b Wenn nein, wann ist diese Feststellung möglich?

4 Auf welchen Fachgebieten ist eine Untersuchung zur Prüfung der Invaliditäts- frage erforderlich?

Ort/Datum   *Unterschrift des Arztes/Stempel*

▲

C. Allgemeine Unfallversicherungs-Bedingungen (AUB 2010)

Musterbedingungen des GDV (Stand: Oktober 2010)[1]

Sie als Versicherungsnehmer sind unser Vertragspartner.　　　　**39**

Versicherte Person können Sie oder jemand anderer sein.

Wir als Versicherer erbringen die vertraglich vereinbarten Leistungen.

Der Versicherungsumfang

1　Was ist versichert?

1.1　Wir bieten Versicherungsschutz bei Unfällen, die der versicherten Person während der Wirksamkeit des Vertrages zustoßen.

1.2　Der Versicherungsschutz umfasst Unfälle in der ganzen Welt.

1.3　Ein Unfall liegt vor, wenn die versicherte Person durch ein plötzlich von außen auf ihren Körper wirkendes Ereignis (Unfallereignis) unfreiwillig eine Gesundheitsschädigung erleidet.

1.4　Als Unfall gilt auch, wenn durch eine erhöhte Kraftanstrengung an Gliedmaßen oder Wirbelsäule

– ein Gelenk verrenkt wird oder

– Muskeln, Sehnen, Bänder oder Kapseln gezerrt oder zerrissen werden.

1.5　Auf die Regelungen über die Einschränkungen der Leistung (Ziffer 3) sowie die Ausschlüsse (Ziffer 5) weisen wir hin. Sie gelten für alle Leistungsarten.

2　Welche Leistungsarten können vereinbart werden?

Die Leistungsarten, die Sie vereinbaren können, werden im folgenden oder in zusätzlichen Bedingungen beschrieben.

Die von Ihnen mit uns vereinbarten Leistungsarten und die Versicherungssummen ergeben sich aus dem Vertrag.

2.1　Invaliditätsleistung

2.1.1　Voraussetzungen für die Leistung:

2.1.1.1　Die körperliche oder geistige Leistungsfähigkeit der versicherten Person ist unfallbedingt dauerhaft beeinträchtigt (Invalidität). Eine Beeinträchtigung ist dauerhaft, wenn sie voraussichtlich länger als drei Jahre bestehen wird und eine Änderung des Zustandes nicht erwartet werden kann.

1　Unverbindliche Bekanntgabe des Gesamtverbandes der Deutschen Versicherungswirtschaft e.V. – GDV. Zur fakultativen Verwendung. Abweichende Vereinbarungen sind möglich.

Die Invalidität ist

– innerhalb eines Jahres nach dem Unfall eingetreten und

– innerhalb von fünfzehn Monaten nach dem Unfall von einem Arzt schriftlich festgestellt und von Ihnen bei uns geltend gemacht worden.

2.1.1.2 Kein Anspruch auf Invaliditätsleistung besteht, wenn die versicherte Person unfallbedingt innerhalb eines Jahres nach dem Unfall stirbt.

2.1.2 Art und Höhe der Leistung:

2.1.2.1 Die Invaliditätsleistung zahlen wir als Kapitalbetrag.

2.1.2.2 Grundlage für die Berechnung der Leistung bilden die Versicherungssumme und der Grad der unfallbedingten Invalidität.

2.1.2.2.1 Bei Verlust oder völliger Funktionsunfähigkeit der nachstehend genannten Körperteile und Sinnesorgane gelten ausschließlich, die folgenden Invaliditätsgrade:

–	Arm	70 %
–	Arm bis oberhalb des Ellenbogengelenks	65 %
–	Arm unterhalb des Ellenbogengelenks	60 %
–	Hand	55 %
–	Daumen	20 %
–	Zeigefinger	10 %
–	anderer Finger	5 %
–	Bein über der Mitte des Oberschenkels	70 %
–	Bein bis zur Mitte des Oberschenkels	60 %
–	Bein bis unterhalb des Knies	50 %
–	Bein bis zur Mitte des Unterschenkels	45 %
–	Fuß	40 %
–	große Zehe	5 %
–	andere Zehe	2 %
–	Auge	50 %
–	Gehör auf einem Ohr	30 %
–	Geruchssinn	10 %
–	Geschmackssinn	5 %

Bei Teilverlust oder teilweiser Funktionsbeeinträchtigung gilt der entsprechende Teil des jeweiligen Prozentsatzes.

2.1.2.2.2 Für andere Körperteile und Sinnesorgane bemißt sich der Invaliditätsgrad danach, inwieweit die normale körperliche oder geistige Leistungsfähigkeit insgesamt beeinträchtigt ist. Dabei sind ausschließlich medizinische Gesichtspunkte zu berücksichtigen.

2.1.2.2.3 Waren betroffene Körperteile oder Sinnesorgane oder deren Funktionen bereits vor dem Unfall dauernd beeinträchtigt, wird der Invaliditätsgrad um die Vorinvalidität gemindert. Diese ist nach Ziffer 2.1.2.2.1 und Ziffer 2.1.2.2.2 zu bemessen.

2.1.2.2.4 Sind mehrere Körperteile oder Sinnesorgane durch den Unfall beeinträchtigt, werden die nach den vorstehenden Bestimmungen ermittelten Invaliditätsgrade zusammengerechnet. Mehr als 100 % werden jedoch nicht berücksichtigt.

2.1.2.3 Stirbt die versicherte Person
  – aus unfallfremder Ursache innerhalb eines Jahres nach dem Unfall oder

  – gleichgültig, aus welcher Ursache, später als ein Jahr nach dem Unfall,

  und war ein Anspruch auf Invaliditätsleistung entstanden, leisten wir nach dem Invaliditätsgrad, mit dem aufgrund der ärztlichen Befunde zu rechnen gewesen wäre.

2.2 Übergangsleistung

2.2.1 Voraussetzungen für die Leistung:
  Die normale körperliche oder geistige Leistungsfähigkeit der versicherten Person ist im beruflichen oder außerberuflichen Bereich unfallbedingt
  – nach Ablauf von sechs Monaten vom Unfalltag an gerechnet und

  – ohne Mitwirkung von Krankheiten oder Gebrechen

  noch um mindestens 50 % beeinträchtigt.
  Diese Beeinträchtigung hat innerhalb der sechs Monate ununterbrochen bestanden.
  Sie ist von Ihnen spätestens sieben Monate nach Eintritt des Unfalles unter Vorlage eines ärztlichen Attestes bei uns geltend gemacht worden.

2.2.2 Art und Höhe der Leistung:
  Die Übergangsleistung wird in Höhe der vereinbarten Versicherungssumme gezahlt.

2.3 Tagegeld

2.3.1 Voraussetzungen für die Leistung:
  Die versicherte Person ist unfallbedingt
  – in der Arbeitsfähigkeit beeinträchtigt und

  – in ärztlicher Behandlung.

2.3.2 Höhe und Dauer der Leistung:
  Das Tagegeld wird nach der vereinbarten Versicherungssumme berechnet. Es wird nach dem festgestellten Grad der Beeinträchtigung der Berufstätigkeit oder Beschäftigung abgestuft.

Das Tagegeld wird für die Dauer der ärztlichen Behandlung, längstens für ein Jahr, vom Unfalltag an gerechnet, gezahlt.

2.4 Krankenhaustagegeld, ambulante Operationen

2.4.1 Voraussetzungen für die Leistung
Die versicherte Person
– befindet sich wegen des Unfalles in medizinisch notwendiger vollstationärer Heilbehandlung

oder

– unterzieht sich wegen eines Unfalls einer ambulanten chirurgischen Operation und ist deswegen für mindestens × Tage ununterbrochen vollständig arbeitsunfähig bzw. vollständig in ihrem Aufgaben- und Tätigkeitsbereich beeinträchtigt.

Kuren sowie Aufenthalte in Sanatorien und Erholungsheimen gelten nicht als medizinisch notwendige Heilbehandlung.

2.4.2 Höhe und Dauer der Leistung
Das Krankenhaustagegeld wird in Höhe der vereinbarten Versicherungssumme
– für jeden Kalendertag der vollstationären Behandlung gezahlt, längstens jedoch für × Jahre, vom Unfalltag an gerechnet.
– für × Tage bei ambulanten chirurgischen Operationen gezahlt. Ein Anspruch auf Genesungsgeld nach Ziffer... besteht nicht.

2.5 Genesungsgeld

2.5.1 Voraussetzungen für die Leistung:
Die versicherte Person ist aus der vollstationären Behandlung entlassen worden und hatte Anspruch auf Krankenhaus-Tagegeld nach Ziffer 2.4.

2.5.2 Höhe und Dauer der Leistung:
Das Genesungsgeld wird in Höhe der vereinbarten Versicherungssumme für die gleiche Anzahl von Kalendertagen gezahlt, für die wir Krankenhaus-Tagegeld leisten, längstens für 100 Tage.

2.6 Todesfallleistung

2.6.1 Voraussetzungen für die Leistung:
Die versicherte Person ist infolge des Unfalles innerhalb eines Jahres gestorben.
Auf die besonderen Pflichten nach Ziffer 7.5 weisen wir hin.

2.6.2 Höhe der Leistung:
Die Todesfallleistung wird in Höhe der vereinbarten Versicherungssumme gezahlt.

3 **Welche Auswirkung haben Krankheiten oder Gebrechen?**
Als Unfallversicherer leisten wir für Unfallfolgen. Haben Krankheiten oder Gebrechen bei der durch ein Unfallereignis verursachten Gesundheitsschädigung oder deren Folgen mitgewirkt, mindert sich

- im Falle einer Invalidität der Prozentsatz des Invaliditätsgrades,

- im Todesfall und, soweit nichts anderes bestimmt ist, in allen anderen Fällen die Leistung

entsprechend dem Anteil der Krankheit oder des Gebrechens. Beträgt der Mitwirkungsanteil weniger als 25 %, unterbleibt jedoch die Minderung.

4   *GESTRICHEN*

5   In welchen Fällen ist der Versicherungsschutz ausgeschlossen?

5.1   Kein Versicherungsschutz besteht für folgende Unfälle:

5.1.1   Unfälle der versicherten Person durch Geistes- oder Bewusstseinsstörungen, auch soweit diese auf Trunkenheit beruhen, sowie durch Schlaganfälle, epileptische Anfälle oder andere Krampfanfälle, die den ganzen Körper der versicherten Person ergreifen.

Versicherungsschutz besteht jedoch, wenn diese Störungen oder Anfälle durch ein unter diesen Vertrag fallendes Unfallereignis verursacht waren.

5.1.2   Unfälle, die der versicherten Person dadurch zustoßen, dass sie vorsätzlich eine Straftat ausführt oder versucht.

5.1.3   Unfälle, die unmittelbar oder mittelbar durch Kriegs- oder Bürgerkriegsereignisse verursacht sind. Versicherungsschutz besteht jedoch, wenn die versicherte Person auf Reisen im Ausland überraschend von Kriegs- oder Bürgerkriegsereignissen betroffen wird.

Dieser Versicherungsschutz erlischt am Ende des siebten Tages nach Beginn eines Krieges oder Bürgerkrieges auf dem Gebiet des Staates, in dem sich die versicherte Person aufhält.

Die Erweiterung gilt nicht bei Reisen in oder durch Staaten, auf deren Gebiet bereits Krieg oder Bürgerkrieg herrscht. Sie gilt auch nicht für die aktive Teilnahme am Krieg oder Bürgerkrieg sowie für Unfälle durch ABC-Waffen und im Zusammenhang mit einem Krieg oder kriegsähnlichen Zustand zwischen den Ländern China, Deutschland, Frankreich, Großbritannien, Japan, Russland oder USA.

5.1.4   Unfälle der versicherten Person

- als Luftfahrzeugführer (auch Luftsportgeräteführer), soweit er nach deutschem Recht dafür eine Erlaubnis benötigt, sowie als sonstiges Besatzungsmitglied eines Luftfahrzeuges;

- bei einer mit Hilfe eines Luftfahrzeuges auszuübenden beruflichen Tätigkeit;

- bei der Benutzung von Raumfahrzeugen.

5.1.5	Unfälle, die der versicherten Person dadurch zustoßen, dass sie sich als Fahrer, Beifahrer oder Insasse eines Motorfahrzeuges an Fahrtveranstaltungen einschließlich der dazugehörigen Übungsfahrten beteiligt, bei denen es auf die Erzielung von Höchstgeschwindigkeiten ankommt.
5.1.6	Unfälle, die unmittelbar oder mittelbar durch Kernenergie verursacht sind.
5.2	Ausgeschlossen sind außerdem folgende Beeinträchtigungen:
5.2.1	Schäden an Bandscheiben sowie Blutungen aus inneren Organen und Gehirnblutungen. Versicherungsschutz besteht jedoch, wenn ein unter diesen Vertrag fallendes Unfallereignis nach Ziffer 1.3 die überwiegende Ursache ist.
5.2.2	Gesundheitsschäden durch Strahlen.
5.2.3	Gesundheitsschäden durch Heilmaßnahmen oder Eingriffe am Körper der versicherten Person. Versicherungsschutz besteht jedoch, wenn die Heilmaßnahmen oder Eingriffe, auch strahlendiagnostische und -therapeutische, durch einen unter diesen Vertrag fallenden Unfall veranlasst waren.
5.2.4	Infektionen.
5.2.4.1	Sie sind auch dann ausgeschlossen, wenn sie – durch Insektenstiche oder -bisse oder – durch sonstige geringfügige Haut- oder Schleimhautverletzungen verursacht wurden, durch die Krankheitserreger sofort oder später in den Körper gelangten.
5.2.4.2	Versicherungsschutz besteht jedoch für – Tollwut und Wundstarrkrampf sowie für – Infektionen, bei denen die Krankheitserreger durch Unfallverletzungen, die nicht nach Ziffer 5.2.4.1 ausgeschlossen sind, in den Körper gelangten.
5.2.4.3	Für Infektionen, die durch Heilmaßnahmen oder Eingriffe verursacht sind, gilt Ziffer 5.2.3 Satz 2 entsprechend.
5.2.5	Vergiftungen infolge Einnahme fester oder flüssiger Stoffe durch den Schlund. Versicherungsschutz besteht jedoch für Kinder, die zum Zeitpunkt des Unfalles das X. Lebensjahr noch nicht vollendet haben. Ausgeschlossen bleiben Vergiftungen durch Nahrungsmittel.
5.2.6	Krankhafte Störungen infolge psychischer Reaktionen, auch wenn diese durch einen Unfall verursacht wurden.
5.2.7	Bauch- oder Unterleibsbrüche. Versicherungsschutz besteht jedoch, wenn sie durch eine unter diesen Vertrag fallende gewaltsame von außen kommende Einwirkung entstanden sind.

6   **Was müssen Sie bei vereinbartem Kinder-Tarif und bei Änderungen der Berufstätigkeit oder Beschäftigung beachten?**
6.1   Umstellung des Kinder-Tarifs
6.1.1   Bis zum Ablauf des Versicherungsjahres im Sinne von Ziffer 10.5, in dem das nach dem Kinder-Tarif versicherte Kind das X. Lebensjahr vollendet, besteht Versicherungsschutz zu den vereinbarten Versicherungssummen. Danach gilt der zu diesem Zeitpunkt gültige Tarif für Erwachsene. Sie haben jedoch folgendes Wahlrecht:
– Sie zahlen den bisherigen Beitrag, und wir reduzieren die Versicherungssummen entsprechend.

– Sie behalten die bisherigen Versicherungssummen, und wir berechnen einen entsprechend höheren Beitrag.

6.1.2   Über Ihr Wahlrecht werden wir Sie rechtzeitig informieren. Teilen Sie uns das Ergebnis Ihrer Wahl nicht bis spätestens zwei Monate nach Beginn des neuen Versicherungsjahres im Sinne von Ziffer 10.5 mit, setzt sich der Vertrag entsprechend der ersten Wahlmöglichkeit fort.
6.2   Änderung der Berufstätigkeit oder Beschäftigung
6.2.1   Die Höhe der Versicherungssummen bzw. des Beitrages hängt maßgeblich von der Berufstätigkeit oder der Beschäftigung der versicherten Person ab. Grundlage für die Bemessung der Versicherungssummen und Beiträge ist unser geltendes Berufsgruppenverzeichnis. *(Unternehmensindividueller Text zur Fundstelle)*
Eine Änderung der Berufstätigkeit oder Beschäftigung der versicherten Person müssen Sie uns daher unverzüglich mitteilen. Pflichtwehrdienst, Zivildienst oder militärische Reserveübungen fallen nicht darunter.
6.2.2   Errechnen sich bei gleichbleibendem Beitrag nach dem zum Zeitpunkt der Änderung gültigen Tarif niedrigere Versicherungssummen, gelten diese nach Ablauf eines Monats ab der Änderung. Errechnen sich dagegen höhere Versicherungssummen, gelten diese, sobald wir Kenntnis von der Änderung erlangen, spätestens jedoch nach Ablauf eines Monats ab der Änderung.
Errechnen sich dagegen höhere Versicherungssummen, gelten diese, sobald uns Ihre Erklärung zugeht, spätestens jedoch nach Ablauf eines Monats ab der Änderung. Die neu errechneten Versicherungssummen gelten sowohl für berufliche als auch für außerberufliche Unfälle.
6.2.3   Auf Ihren Wunsch führen wir den Vertrag auch mit den bisherigen Versicherungssummen bei erhöhtem oder gesenktem Beitrag weiter, sobald uns Ihre Erklärung zugeht.

Der Leistungsfall

7   **Was ist nach einem Unfall zu beachten (Obliegenheiten)?**
Ohne Ihre Mitwirkung und die der versicherten Person können wir unsere Leistung nicht erbringen.

7.1   Nach einem Unfall, der voraussichtlich eine Leistungspflicht herbeiführt, müssen Sie oder die versicherte Person unverzüglich einen Arzt hinzuziehen, seine Anordnungen befolgen und uns unterrichten.

7.2   Die von uns übersandte Unfallanzeige müssen Sie oder die versicherte Person wahrheitsgemäß ausfüllen und uns unverzüglich zurücksenden; von uns darüber hinaus geforderte sachdienliche Auskünfte müssen in gleicher Weise erteilt werden.

7.3   Werden Ärzte von uns beauftragt, muss sich die versicherte Person auch von diesen untersuchen lassen. Die notwendigen Kosten einschließlich eines dadurch entstandenen Verdienstausfalles tragen wir.

7.4   Die Ärzte, die die versicherte Person – auch aus anderen Anlässen – behandelt oder untersucht haben, andere Versicherer, Versicherungsträger und Behörden sind zu ermächtigen, alle erforderlichen Auskünfte zu erteilen.

7.5   Hat der Unfall den Tod zur Folge, ist uns dies innerhalb von 48 Stunden zu melden, auch wenn uns der Unfall schon angezeigt war.
Uns ist das Recht zu verschaffen, gegebenenfalls eine Obduktion durch einen von uns beauftragten Arzt vornehmen zu lassen.

8   **Welche Folgen hat die Nichtbeachtung von Obliegenheiten?**
Wird eine Obliegenheit nach Ziffer 7 vorsätzlich verletzt, verlieren Sie Ihren Versicherungsschutz. Bei grob fahrlässiger Verletzung einer Obliegenheit sind wir berechtigt, unsere Leistung in einem der Schwere Ihres Verschuldens entsprechenden Verhältnis zu kürzen. Beides gilt nur, wenn wir Sie durch gesonderte Mitteilung in Textform auf diese Rechtsfolgen hingewiesen haben.
Weisen Sie nach, dass Sie die Obliegenheit nicht grob fahrlässig verletzt haben, bleibt der Versicherungsschutz bestehen.
Der Versicherungsschutz bleibt auch bestehen, wenn Sie nachweisen, dass die Verletzung der Obliegenheit weder für den Eintritt oder die Feststellung des Versicherungsfalls noch für die Feststellung oder den Umfang der Leistung ursächlich war. Das gilt nicht, wenn Sie die Obliegenheit arglistig verletzt haben.
Diese Bestimmungen gelten unabhängig davon, ob wir ein uns zustehendes Kündigungsrecht wegen der Verletzung einer vorvertraglichen Anzeigepflicht ausüben.

9   Wann sind die Leistungen fällig?

9.1   Wir sind verpflichtet, innerhalb eines Monats -beim Invaliditätsanspruch innerhalb von drei Monaten – in Textform zu erklären, ob und in welchem Umfang wir einen Anspruch anerkennen. Die Fristen beginnen mit dem Eingang folgender Unterlagen:
– Nachweis des Unfallhergangs und der Unfallfolgen,

– beim Invaliditätsanspruch zusätzlich der Nachweis über den Abschluss des Heilverfahrens, soweit es für die Bemessung der Invalidität notwendig ist.

Die ärztlichen Gebühren, die Ihnen zur Begründung des Leistungsanspruchs entstehen, übernehmen wir
– bei Invalidität bis zu ...‰ der versicherten Summe,

– bei Übergangsleistung bis zu ... % der versicherten Summe,

– bei Tagegeld bis zu ... Tagegeldsatz,

– bei Krankenhaustagegeld bis zu ... Krankenhaustagegeldsatz.

Sonstige Kosten übernehmen wir nicht.

9.2   Erkennen wir den Anspruch an oder haben wir uns mit Ihnen über Grund und Höhe geeinigt, leisten wir innerhalb von zwei Wochen.

9.3   Steht die Leistungspflicht zunächst nur dem Grunde nach fest, zahlen wir -auf Ihren Wunsch -angemessene Vorschüsse.
Vor Abschluss des Heilverfahrens kann eine Invaliditätsleistung innerhalb eines Jahres nach dem Unfall nur bis zur Höhe einer vereinbarten Todesfallsumme beansprucht werden.

9.4   Sie und wir sind berechtigt, den Grad der Invalidität jährlich, längstens bis zu drei Jahren nach dem Unfall, erneut ärztlich bemessen zu lassen. Bei Kindern bis zur Vollendung des X. Lebensjahres verlängert sich diese Frist von drei auf X Jahre. Dieses Recht muss
– von uns zusammen mit unserer Erklärung über unsere Leistungspflicht nach Ziffer 9.1,

– von Ihnen vor Ablauf der Frist

ausgeübt werden.
Ergibt die endgültige Bemessung eine höhere Invaliditätsleistung, als wir bereits erbracht haben, ist der Mehrbetrag mit ... % jährlich zu verzinsen.

9.5   Zur Prüfung der Voraussetzungen für den Rentenbezug sind wir berechtigt, Lebensbescheinigungen anzufordern. Wird die Bescheinigung nicht unverzüglich übersandt, ruht die Rentenzahlung ab der nächsten Fälligkeit.

Die Versicherungsdauer

10   **Wann beginnt und wann endet der Vertrag? Wann ruht der Versicherungsschutz bei militärischen Einsätzen?**

10.1   Beginn des Versicherungsschutzes
        Der Versicherungsschutz beginnt zu dem im Versicherungsschein angegebenen Zeitpunkt, wenn Sie den ersten Beitrag unverzüglich nach Fälligkeit im Sinne von Ziffer 11.2 zahlen.

10.2   Dauer und Ende des Vertrages
        Der Vertrag ist für die im Versicherungsschein angegebene Zeit abgeschlossen.
        Bei einer Vertragsdauer von mindestens einem Jahr verlängert sich der Vertrag um jeweils ein Jahr, wenn nicht Ihnen oder uns spätestens drei Monate vor dem Ablauf der jeweiligen Versicherungsdauer eine Kündigung zugegangen ist.
        Bei einer Vertragsdauer von weniger als einem Jahr endet der Vertrag, ohne dass es einer Kündigung bedarf, zum vorgesehenen Zeitpunkt. Bei einer Vertragsdauer von mehr als drei Jahren können Sie den Vertrag schon zum Ablauf des dritten Jahres oder jedes darauffolgenden Jahres kündigen; die Kündigung muss uns spätestens drei Monate vor dem Ablauf des jeweiligen Versicherungsjahres zugegangen sein.

10.3   Kündigung nach Versicherungsfall
        Den Vertrag können Sie oder wir durch Kündigung beenden, wenn wir eine Leistung erbracht oder Sie gegen uns Klage auf eine Leistung erhoben haben.
        Die Kündigung muss Ihnen oder uns spätestens einen Monat nach Leistung oder -im Falle eines Rechtsstreits -nach Klagrücknahme, Anerkenntnis, Vergleich oder Rechtskraft des Urteils in Schriftform zugegangen sein.
        Kündigen Sie, wird Ihre Kündigung sofort nach ihrem Zugang bei uns wirksam. Sie können jedoch bestimmen, dass die Kündigung zu jedem späteren Zeitpunkt, spätestens jedoch zum Ablauf des Versicherungsjahres, wirksam wird.
        Eine Kündigung durch uns wird einen Monat nach ihrem Zugang bei Ihnen wirksam.

10.4   Ruhen des Versicherungsschutzes bei militärischen Einsätzen
        Der Versicherungsschutz tritt für die versicherte Person außer Kraft, sobald sie Dienst in einer militärischen oder ähnlichen Formation leistet, die an einem Krieg oder kriegsmäßigen Einsatz zwischen den Ländern China, Deutschland, Frankreich, Großbritannien, Japan, Russland oder USA beteiligt ist. Der Versicherungsschutz lebt wieder auf, sobald uns Ihre Anzeige über die Beendigung des Dienstes zugegangen ist.

10.5 Versicherungsjahr

Das Versicherungsjahr erstreckt sich über einen Zeitraum von zwölf Monaten. Besteht die vereinbarte Vertragsdauer jedoch nicht aus ganzen Jahren, wird das erste Versicherungsjahr entsprechend verkürzt. Die folgenden Versicherungsjahre bis zum vereinbarten Vertragsablauf sind jeweils ganze Jahre.

Der Versicherungsbeitrag

11 **Was müssen Sie bei der Beitragszahlung beachten? Was geschieht, wenn Sie einen Beitrag nicht rechtzeitig zahlen?**

11.1 Beitrag und Versicherungsteuer

11.1.1 Beitragszahlung

Die Beiträge können je nach Vereinbarung durch Monats-, Vierteljahres-, Halbjahres- oder Jahresbeiträge entrichtet werden. Die Versicherungsperiode umfasst bei Monatsbeiträgen einen Monat, bei Vierteljahresbeiträgen ein Vierteljahr, bei Halbjahresbeiträgen ein Halbjahr und bei Jahresbeiträgen ein Jahr.

11.1.2 Versicherungsteuer

Der in Rechnung gestellte Beitrag enthält die Versicherungsteuer, die Sie in der jeweils vom Gesetz bestimmten Höhe zu entrichten haben.

11.2 Zahlung und Folgen verspäteter Zahlung/Erster Beitrag

11.2.1 Fälligkeit und Rechtzeitigkeit der Zahlung

Der erste Beitrag wird unverzüglich nach Ablauf von zwei Wochen nach Zugang des Versicherungsscheins fällig.

11.2.2 Späterer Beginn des Versicherungsschutzes

Zahlen Sie den ersten Beitrag nicht rechtzeitig, sondern zu einem späteren Zeitpunkt, beginnt der Versicherungsschutz erst ab diesem Zeitpunkt, sofern Sie durch gesonderte Mitteilung in Textform oder durch einen auffälligen Hinweis im Versicherungsschein auf diese Rechtsfolge aufmerksam gemacht wurden. Das gilt nicht, wenn Sie nachweisen, dass Sie die Nichtzahlung nicht zu vertreten haben.

11.2.3 Rücktritt

Zahlen Sie den ersten Beitrag nicht rechtzeitig, können wir vom Vertrag zurücktreten, solange der Beitrag nicht gezahlt ist. Wir können nicht zurücktreten, wenn Sie nachweisen, dass Sie die Nichtzahlung nicht zu vertreten haben.

11.3 Zahlung und Folgen verspäteter Zahlung/Folgebeitrag

11.3.1 Fälligkeit und Rechtzeitigkeit der Zahlung

Die Folgebeiträge werden zu dem jeweils vereinbarten Zeitpunkt fällig.

11.3.2   Verzug
Wird ein Folgebeitrag nicht rechtzeitig gezahlt, geraten Sie ohne Mahnung in Verzug, es sei denn, dass Sie die verspätete Zahlung nicht zu vertreten haben.

Wir werden Sie auf Ihre Kosten in Textform zur Zahlung auffordern und Ihnen eine Zahlungsfrist von mindestens zwei Wochen setzen. Diese Fristsetzung ist nur wirksam, wenn wir darin die rückständigen Beträge des Beitrags sowie die Zinsen und Kosten im Einzelnen beziffern und die Rechtsfolgen angeben, die nach den Ziffern 11.3.3 und 11.3.4 mit dem Fristablauf verbunden sind.

Wir sind berechtigt, Ersatz des uns durch den Verzug entstandenen Schadens zu verlangen.

11.3.3   Kein Versicherungsschutz
Sind Sie nach Ablauf dieser Zahlungsfrist noch mit der Zahlung in Verzug, besteht ab diesem Zeitpunkt bis zur Zahlung kein Versicherungsschutz, wenn Sie mit der Zahlungsaufforderung nach Ziffer 11.3.2 Absatz 2 darauf hingewiesen wurden.

11.3.4   Kündigung
Sind Sie nach Ablauf dieser Zahlungsfrist noch mit der Zahlung in Verzug, können wir den Vertrag ohne Einhaltung einer Frist kündigen, wenn wir Sie mit der Zahlungsaufforderung nach Ziffer 11.3.2 Absatz 2 darauf hingewiesen haben.

Haben wir gekündigt, und zahlen Sie danach innerhalb eines Monats den angemahnten Beitrag, besteht der Vertrag fort. Für Versicherungsfälle, die zwischen dem Zugang der Kündigung und der Zahlung eingetreten sind, besteht jedoch kein Versicherungsschutz.

11.4   Rechtzeitigkeit der Zahlung bei Lastschriftermächtigung
Ist die Einziehung des Beitrags von einem Konto vereinbart, gilt die Zahlung als rechtzeitig, wenn der Beitrag zu dem Fälligkeitstag eingezogen werden kann und Sie einer berechtigten Einziehung nicht widersprechen.

Konnte der fällige Beitrag ohne Ihr Verschulden von uns nicht eingezogen werden, ist die Zahlung auch dann noch rechtzeitig, wenn sie unverzüglich nach unserer in Textform abgegebenen Zahlungsaufforderung erfolgt.

Kann der fällige Beitrag nicht eingezogen werden, weil Sie die Einzugsermächtigung widerrufen haben, oder haben Sie aus anderen Gründen zu vertreten, dass der Beitrag wiederholt nicht eingezogen werden kann, sind wir berechtigt, künftig Zahlung außerhalb des Lastschriftverfahrens zu verlangen. Sie sind zur Übermittlung des Beitrags erst verpflichtet, wenn Sie von uns hierzu in Textform aufgefordert worden sind.

11.5 Beitrag bei vorzeitiger Vertragsbeendigung
Bei vorzeitiger Beendigung des Vertrages haben wir, soweit nicht etwas anderes bestimmt ist, nur Anspruch auf den Teil des Beitrages, der dem Zeitraum entspricht, in dem Versicherungsschutz bestanden hat.

11.6 Beitragsbefreiung bei der Versicherung von Kindern
Wenn Sie während der Versicherungsdauer sterben und
– Sie bei Versicherungsbeginn das X. Lebensjahr noch nicht vollendet hatten,

– die Versicherung nicht gekündigt war und

– Ihr Tod nicht durch Kriegs- oder Bürgerkriegsereignisse verursacht wurde,

gilt Folgendes:

11.6.1 Die Versicherung wird mit den zu diesem Zeitpunkt geltenden Versicherungssummen bis zum Ablauf des Versicherungsjahres beitragsfrei weitergeführt, in dem das versicherte Kind das X. Lebensjahr vollendet.

11.6.2 Der gesetzliche Vertreter des Kindes wird neuer Versicherungsnehmer, wenn nichts anderes vereinbart ist.

Weitere Bestimmungen

12 **Wie sind die Rechtsverhältnisse der am Vertrag beteiligten Personen zueinander?**

12.1 Ist die Versicherung gegen Unfälle abgeschlossen, die einem anderen zustoßen (Fremdversicherung), steht die Ausübung der Rechte aus dem Vertrag nicht der versicherten Person, sondern Ihnen zu. Sie sind neben der versicherten Person für die Erfüllung der Obliegenheiten verantwortlich.

12.2 Alle für Sie geltenden Bestimmungen sind auf Ihren Rechtsnachfolger und sonstige Anspruchsteller entsprechend anzuwenden.

12.3 Die Versicherungsansprüche können vor Fälligkeit ohne unsere Zustimmung weder übertragen noch verpfändet werden.

13 Was bedeutet die vorvertragliche Anzeigepflicht?

13.1 Vollständigkeit und Richtigkeit von Angaben über gefahrerhebliche Umstände

Sie haben uns bis zur Abgabe Ihrer Vertragserklärung alle Ihnen bekannten Gefahrumstände in Textform anzuzeigen, nach denen wir Sie in Textform gefragt haben und die für unseren Entschluss erheblich sind, den Vertrag mit dem vereinbarten Inhalt zu schließen. Sie sind auch insoweit zur Anzeige verpflichtet, als wir nach Ihrer Vertragserklärung, aber vor unserer Vertragsannahme Fragen im Sinne des S. 1 in Textform stellen. Gefahrerheblich sind die Umstände, die geeignet sind, auf unseren Entschluss Einfluss auszuüben, den Vertrag überhaupt oder mit dem vereinbarten Inhalt abzuschließen.

Soll eine andere Person versichert werden, ist diese neben Ihnen für die wahrheitsgemäße und vollständige Anzeige der gefahrerheblichen Umstände und die Beantwortung der an sie gestellten Fragen verantwortlich.

Wird der Vertrag von Ihrem Vertreter geschlossen und kennt dieser den gefahrerheblichen Umstand, müssen Sie sich so behandeln lassen, als hätten Sie selbst davon Kenntnis gehabt oder dies arglistig verschwiegen.

13.2 Rücktritt

13.2.1 Voraussetzungen und Ausübung des Rücktritts

Unvollständige und unrichtige Angaben zu den gefahrerheblichen Umständen berechtigen uns, vom Versicherungsvertrag zurückzutreten. Dies gilt nur, wenn wir Sie durch gesonderte Mitteilung in Textform auf die Folgen einer Anzeigepflichtverletzung hingewiesen haben.

Wir müssen unser Rücktrittsrecht innerhalb eines Monats schriftlich geltend machen. Dabei haben wir die Umstände anzugeben, auf die wir unsere Erklärung stützen. Innerhalb der Monatsfrist dürfen wir auch nachträglich weitere Umstände zur Begründung unserer Erklärung angeben. Die Frist beginnt mit dem Zeitpunkt, zu dem wir von der Verletzung der Anzeigepflicht, die unser Rücktrittsrecht begründet, Kenntnis erlangen.

Der Rücktritt erfolgt durch Erklärung Ihnen gegenüber.

13.2.2 Ausschluss des Rücktrittsrechts

Wir können uns auf unser Rücktrittsrecht nicht berufen, wenn wir den nicht angezeigten Gefahrumstand oder die Unrichtigkeit der Anzeige kannten.

Wir haben kein Rücktrittsrecht, wenn Sie nachweisen, dass Sie oder Ihr Vertreter die unrichtigen oder unvollständigen Angaben weder vorsätzlich noch grob fahrlässig gemacht haben.

Unser Rücktrittsrecht wegen grob fahrlässiger Verletzung der Anzeigepflicht besteht nicht, wenn Sie nachweisen, dass wir den Vertrag auch bei Kenntnis der nicht angezeigten Umstände, wenn auch zu anderen Bedingungen, geschlossen hätten.

13.2.3   Folgen des Rücktritts
Im Fall des Rücktritts besteht kein Versicherungsschutz. Treten wir nach Eintritt des Versicherungsfalls zurück, dürfen wir den Versicherungsschutz nicht versagen, wenn Sie nachweisen, dass der unvollständig oder unrichtig angezeigte Umstand weder für den Eintritt des Versicherungsfalls noch für die Feststellung oder den Umfang der Leistung ursächlich war. Auch in diesem Fall besteht aber kein Versicherungsschutz, wenn Sie die Anzeigepflicht arglistig verletzt haben.
Uns steht der Teil des Beitrages zu, der der bis zum Wirksamwerden der Rücktrittserklärung abgelaufenen Vertragszeit entspricht.

13.3   Kündigung oder rückwirkende Vertragsanpassung

13.3.1   Ist unser Rücktrittsrecht ausgeschlossen, weil Ihre Verletzung einer Anzeigepflicht weder auf Vorsatz noch auf grober Fahrlässigkeit beruhte, können wir den Versicherungsvertrag unter Einhaltung einer Frist von einem Monat in Schriftform kündigen. Dies gilt nur, wenn wir Sie durch gesonderte Mitteilung in Textform auf die Folgen einer Anzeigepflichtverletzung hingewiesen haben.
Dabei haben wir die Umstände anzugeben, auf die wir unsere Erklärung stützen. Innerhalb der Monatsfrist dürfen wir auch nachträglich weitere Umstände zur Begründung unserer Erklärung angeben. Die Frist beginnt mit dem Zeitpunkt, zu dem wir von der Verletzung Ihrer Anzeigepflicht Kenntnis erlangt haben.
Wir können uns auf unser Kündigungsrecht wegen Anzeigepflichtverletzung nicht berufen, wenn wir den nicht angezeigten Gefahrumstand oder die Unrichtigkeit der Anzeige kannten.
Das Kündigungsrecht ist auch ausgeschlossen, wenn Sie nachweisen, dass wir den Vertrag auch bei Kenntnis der nicht angezeigten Umstände, wenn auch zu anderen Bedingungen, geschlossen hätten.

13.3.2   Können wir nicht zurücktreten oder kündigen, weil wir den Vertrag auch bei Kenntnis der nicht angezeigten Umstände, aber zu anderen Bedingungen geschlossen hätten, werden die anderen Bedingungen auf unser Verlangen rückwirkend Vertragsbestandteil. Haben Sie die Pflichtverletzung nicht zu vertreten, werden die anderen Bedingungen ab der laufenden Versicherungsperiode Vertragsbestandteil. Dies gilt nur, wenn wir Sie durch gesonderte Mitteilung in Textform auf die Folgen einer Anzeigepflichtverletzung hingewiesen haben.

Wir müssen die Vertragsanpassung innerhalb eines Monats schriftlich geltend machen. Dabei haben wir die Umstände anzugeben, auf die wir unsere Erklärung stützen. Innerhalb der Monatsfrist dürfen wir auch nachträglich weitere Umstände zur Begründung unserer Erklärung angeben. Die Frist beginnt mit dem Zeitpunkt, zu dem wir von der Verletzung der Anzeigepflicht, die uns zur Vertragsanpassung berechtigt, Kenntnis erlangen.

Wir können uns auf eine Vertragsanpassung nicht berufen, wenn wir den nicht angezeigten Gefahrumstand oder die Unrichtigkeit der Anzeige kannten.

Erhöht sich durch die Vertragsanpassung der Beitrag um mehr als 10 % oder schließen wir die Gefahrabsicherung für den nicht angezeigten Umstand aus, können Sie den Vertrag innerhalb eines Monats nach Zugang unserer Mitteilung fristlos in Schriftform kündigen.

13.4 Anfechtung
Unser Recht, den Vertrag wegen arglistiger Täuschung anzufechten, bleibt unberührt. Im Fall der Anfechtung steht uns der Teil des Beitrages zu, der der bis zum Wirksamwerden der Anfechtungserklärung abgelaufenen Vertragszeit entspricht.

14 *GESTRICHEN*

15 Wann verjähren die Ansprüche aus dem Vertrag?

15.1 Die Ansprüche aus dem Versicherungsvertrag verjähren in drei Jahren. Die Fristberechnung richtet sich nach den allgemeinen Vorschriften des Bürgerlichen Gesetzbuches.

15.2 Ist ein Anspruch aus dem Versicherungsvertrag bei uns angemeldet worden, ist die Verjährung von der Anmeldung bis zu dem Zeitpunkt gehemmt, zu dem Ihnen unsere Entscheidung in Textform zugeht.

16 **Welches Gericht ist zuständig?**

16.1 Für Klagen aus dem Versicherungsvertrag gegen uns bestimmt sich die gerichtliche Zuständigkeit nach unserem Sitz oder dem unserer für den Versicherungsvertrag zuständigen Niederlassung. Örtlich zuständig ist auch das Gericht, in dessen Bezirk Sie zur Zeit der Klageerhebung Ihren Wohnsitz oder, in Ermangelung eines solchen, Ihren gewöhnlichen Aufenthalt haben.

16.2 Klagen aus dem Versicherungsvertrag gegen Sie müssen bei dem Gericht erhoben werden, das für Ihren Wohnsitz oder, in Ermangelung eines solchen, den Ort Ihres gewöhnlichen Aufenthalts zuständig ist.

17 **Was ist bei Mitteilungen an uns zu beachten? Was gilt bei Änderung Ihrer Anschrift?**

17.1 Alle für uns bestimmten Anzeigen und Erklärungen sollen an unsere Hauptverwaltung oder an die im Versicherungsschein oder in dessen Nachträgen als zuständig bezeichnete Geschäftsstelle gerichtet werden.

17.2   Haben Sie uns eine Änderung Ihrer Anschrift nicht mitgeteilt, genügt für eine Willenserklärung, die Ihnen gegenüber abzugeben ist, die Absendung eines eingeschriebenen Briefes an die letzte uns bekannte Anschrift. Die Erklärung gilt drei Tage nach der Absendung des Briefes als zugegangen. Dies gilt entsprechend für den Fall einer Änderung Ihres Namens.

18   **Welches Recht findet Anwendung?**
         Für diesen Vertrag gilt deutsches Recht.

D. Allgemeine Unfallversicherungs-Bedingungen (AUB 2008)

Musterbedingungen des GDV (Stand: September 2007)[2]

Sie als Versicherungsnehmer sind unser Vertragspartner.   **40**

Versicherte Person können Sie oder jemand anderer sein.

Wir als Versicherer erbringen die vertraglich vereinbarten Leistungen.

Der Versicherungsumfang

1   Was ist versichert?

1.1   Wir bieten Versicherungsschutz bei Unfällen, die der versicherten Person während der Wirksamkeit des Vertrages zustoßen.

1.2   Der Versicherungsschutz umfasst Unfälle in der ganzen Welt.

1.3   Ein Unfall liegt vor, wenn die versicherte Person durch ein plötzlich von außen auf ihren Körper wirkendes Ereignis (Unfallereignis) unfreiwillig eine Gesundheitsschädigung erleidet.

1.4   Als Unfall gilt auch, wenn durch eine erhöhte Kraftanstrengung an Gliedmaßen oder Wirbelsäule
         – ein Gelenk verrenkt wird oder
         – Muskeln, Sehnen, Bänder oder Kapseln gezerrt oder zerrissen werden.

1.5   Auf die Regelungen über die Einschränkungen der Leistung (Ziffer 3) sowie die Ausschlüsse (Ziffer 5) weisen wir hin. Sie gelten für alle Leistungsarten.

2   Welche Leistungsarten können vereinbart werden?
         Die Leistungsarten, die Sie vereinbaren können, werden im Folgenden oder in zusätzlichen Bedingungen beschrieben.
         Die von Ihnen mit uns vereinbarten Leistungsarten und die Versicherungssummen ergeben sich aus dem Vertrag.

2.1   Invaliditätsleistung

---

2   Unverbindliche Bekanntgabe des Gesamtverbandes der Deutschen Versicherungswirtschaft e.V. – GDV. Zur fakultativen Verwendung. Abweichende Vereinbarungen sind möglich.

2.1.1 **Voraussetzungen für die Leistung:**

2.1.1.1 Die körperliche oder geistige Leistungsfähigkeit der versicherten Person ist unfallbedingt dauerhaft beeinträchtigt (Invalidität). Eine Beeinträchtigung ist dauerhaft, wenn sie voraussichtlich länger als drei Jahre bestehen wird und eine Änderung des Zustandes nicht erwartet werden kann.

Die Invalidität ist
- innerhalb eines Jahres nach dem Unfall eingetreten und
- innerhalb von fünfzehn Monaten nach dem Unfall von einem Arzt schriftlich festgestellt und von Ihnen bei uns geltend gemacht worden.

2.1.1.2 Kein Anspruch auf Invaliditätsleistung besteht, wenn die versicherte Person unfallbedingt innerhalb eines Jahres nach dem Unfall stirbt.

2.1.2 **Art und Höhe der Leistung:**

2.1.2.1 Die Invaliditätsleistung zahlen wir als Kapitalbetrag.

2.1.2.2 Grundlage für die Berechnung der Leistung bilden die Versicherungssumme und der Grad der unfallbedingten Invalidität.

2.1.2.2.1 Bei Verlust oder völliger Funktionsunfähigkeit der nachstehend genannten Körperteile und Sinnesorgane gelten ausschließlich die folgenden Invaliditätsgrade:

– Arm	70 %
– Arm bis oberhalb des Ellenbogengelenks	65 %
– Arm unterhalb des Ellenbogengelenks	60 %
– Hand	55 %
– Daumen	20 %
– Zeigefinger	10 %
– anderer Finger	5 %
– Bein über der Mitte des Oberschenkels	70 %
– Bein bis zur Mitte des Oberschenkels	60 %
– Bein bis unterhalb des Knies	50 %
– Bein bis zur Mitte des Unterschenkels	45 %
– Fuß	40 %
– große Zehe	5 %
– andere Zehe	2 %
– Auge	50 %
– Gehör auf einem Ohr	30 %
– Geruchssinn	10 %
– Geschmackssinn	5 %

Bei Teilverlust oder teilweiser Funktionsbeeinträchtigung gilt der entsprechende Teil des jeweiligen Prozentsatzes.

2.1.2.2.2 Für andere Körperteile und Sinnesorgane bemisst sich der Invaliditätsgrad danach, inwieweit die normale körperliche oder geistige Leistungsfähigkeit insgesamt beeinträchtigt ist. Dabei sind ausschließlich medizinische Gesichtspunkte zu berücksichtigen.

2.1.2.2.3 Waren betroffene Körperteile oder Sinnesorgane oder deren Funktionen bereits vor dem Unfall dauernd beeinträchtigt, wird der Invaliditätsgrad um die Vorinvalidität gemindert. Diese ist nach Ziffer 2.1.2.2.1 und Ziffer 2.1.2.2.2 zu bemessen.

2.1.2.2.4 Sind mehrere Körperteile oder Sinnesorgane durch den Unfall beeinträchtigt, werden die nach den vorstehenden Bestimmungen ermittelten Invaliditätsgrade zusammengerechnet. Mehr als 100 % werden jedoch nicht berücksichtigt.

2.1.2.3 Stirbt die versicherte Person
– aus unfallfremder Ursache innerhalb eines Jahres nach dem Unfall oder
– gleichgültig, aus welcher Ursache, später als ein Jahr nach dem Unfall,

und war ein Anspruch auf Invaliditätsleistung entstanden, leisten wir nach dem Invaliditätsgrad, mit dem aufgrund der ärztlichen Befunde zu rechnen gewesen wäre.

2.2 Übergangsleistung

2.2.1 Voraussetzungen für die Leistung:
Die normale körperliche oder geistige Leistungsfähigkeit der versicherten Person ist im beruflichen oder außerberuflichen Bereich unfallbedingt
– nach Ablauf von sechs Monaten vom Unfalltag an gerechnet und
– ohne Mitwirkung von Krankheiten oder Gebrechen
noch um mindestens 50 % beeinträchtigt.
Diese Beeinträchtigung hat innerhalb der sechs Monate ununterbrochen bestanden.
Sie ist von Ihnen spätestens sieben Monate nach Eintritt des Unfalles unter Vorlage eines ärztlichen Attestes bei uns geltend gemacht worden.

2.2.2 Art und Höhe der Leistung:
Die Übergangsleistung wird in Höhe der vereinbarten Versicherungssumme gezahlt.

2.3 Tagegeld

2.3.1 Voraussetzungen für die Leistung:
Die versicherte Person ist unfallbedingt
– in der Arbeitsfähigkeit beeinträchtigt und
– in ärztlicher Behandlung.

Das Tagegeld wird nach der vereinbarten Versicherungssumme berechnet. Es wird nach dem festgestellten Grad der Beeinträchtigung der Berufstätigkeit oder Beschäftigung abgestuft.

Das Tagegeld wird für die Dauer der ärztlichen Behandlung, längstens für ein Jahr, vom Unfalltag an gerechnet, gezahlt.

2.4 Krankenhaus-Tagegeld

2.4.1 Voraussetzungen für die Leistung:

Die versicherte Person befindet sich wegen des Unfalles in medizinisch notwendiger vollstationärer Heilbehandlung.

Kuren sowie Aufenthalte in Sanatorien und Erholungsheimen gelten nicht als medizinisch notwendige Heilbehandlung.

2.4.2 Höhe und Dauer der Leistung:

Das Krankenhaus-Tagegeld wird in Höhe der vereinbarten Versicherungssumme für jeden Kalendertag der vollstationären Behandlung gezahlt, längstens jedoch für zwei Jahre, vom Unfalltag an gerechnet.

2.5 Genesungsgeld

2.5.1 Voraussetzungen für die Leistung:

Die versicherte Person ist aus der vollstationären Behandlung entlassen worden und hatte Anspruch auf Krankenhaus-Tagegeld nach Ziffer 2.4.

2.5.2 Höhe und Dauer der Leistung:

Das Genesungsgeld wird in Höhe der vereinbarten Versicherungssumme für die gleiche Anzahl von Kalendertagen gezahlt, für die wir Krankenhaus-Tagegeld leisten, längstens für 100 Tage.

2.6 Todesfallleistung

2.6.1 Voraussetzungen für die Leistung:

Die versicherte Person ist infolge des Unfalles innerhalb eines Jahres gestorben.

Auf die besonderen Pflichten nach Ziffer 7.5 weisen wir hin.

2.6.2 Höhe der Leistung:

Die Todesfallleistung wird in Höhe der vereinbarten Versicherungssumme gezahlt.

3 Welche Auswirkung haben Krankheiten oder Gebrechen?

Als Unfallversicherer leisten wir für Unfallfolgen. Haben Krankheiten oder Gebrechen bei der durch ein Unfallereignis verursachten Gesundheitsschädigung oder deren Folgen mitgewirkt, mindert sich

– im Falle einer Invalidität der Prozentsatz des Invaliditätsgrades,

– im Todesfall und, soweit nichts anderes bestimmt ist, in allen anderen Fällen die Leistung

entsprechend dem Anteil der Krankheit oder des Gebrechens.

Beträgt der Mitwirkungsanteil weniger als 25 %, unterbleibt jedoch die Minderung.

4 *GESTRICHEN*

5 **In welchen Fällen ist der Versicherungsschutz ausgeschlossen?**

5.1 Kein Versicherungsschutz besteht für folgende Unfälle:

5.1.1 Unfälle der versicherten Person durch Geistes- oder Bewusstseinsstörungen, auch soweit diese auf Trunkenheit beruhen, sowie durch Schlaganfälle, epileptische Anfälle oder andere Krampfanfälle, die den ganzen Körper der versicherten Person ergreifen.

Versicherungsschutz besteht jedoch, wenn diese Störungen oder Anfälle durch ein unter diesen Vertrag fallendes Unfallereignis verursacht waren.

5.1.2 Unfälle, die der versicherten Person dadurch zustoßen, dass sie vorsätzlich eine Straftat ausführt oder versucht.

5.1.3 Unfälle, die unmittelbar oder mittelbar durch Kriegs- oder Bürgerkriegsereignisse verursacht sind.

Versicherungsschutz besteht jedoch, wenn die versicherte Person auf Reisen im Ausland überraschend von Kriegs- oder Bürgerkriegsereignissen betroffen wird.

Dieser Versicherungsschutz erlischt am Ende des siebten Tages nach Beginn eines Krieges oder Bürgerkrieges auf dem Gebiet des Staates, in dem sich die versicherte Person aufhält.

Die Erweiterung gilt nicht bei Reisen in oder durch Staaten, auf deren Gebiet bereits Krieg oder Bürgerkrieg herrscht. Sie gilt auch nicht für die aktive Teilnahme am Krieg oder Bürgerkrieg sowie für Unfälle durch ABC-Waffen und im Zusammenhang mit einem Krieg oder kriegsähnlichen Zustand zwischen den Ländern China, Deutschland, Frankreich, Großbritannien, Japan, Russland oder USA.

5.1.4 Unfälle der versicherten Person
- als Luftfahrzeugführer (auch Luftsportgeräteführer), soweit er nach deutschem Recht dafür eine Erlaubnis benötigt, sowie als sonstiges Besatzungsmitglied eines Luftfahrzeuges;
- bei einer mit Hilfe eines Luftfahrzeuges auszuübenden beruflichen Tätigkeit;
- bei der Benutzung von Raumfahrzeugen.

5.1.5 Unfälle, die der versicherten Person dadurch zustoßen, dass sie sich als Fahrer, Beifahrer oder Insasse eines Motorfahrzeuges an Fahrtveranstaltungen einschließlich der dazugehörigen Übungsfahrten beteiligt, bei denen es auf die Erzielung von Höchstgeschwindigkeiten ankommt.

5.1.6 Unfälle, die unmittelbar oder mittelbar durch Kernenergie verursacht sind.

5.2 Ausgeschlossen sind außerdem folgende Beeinträchtigungen:

5.2.1 Schäden an Bandscheiben sowie Blutungen aus inneren Organen und Gehirnblutungen.

Versicherungsschutz besteht jedoch, wenn ein unter diesen Vertrag fallendes Unfallereignis nach Ziffer 1.3 die überwiegende Ursache ist.

5.2.2 Gesundheitsschäden durch Strahlen.

5.2.3 Gesundheitsschäden durch Heilmaßnahmen oder Eingriffe am Körper der versicherten Person.

Versicherungsschutz besteht jedoch, wenn die Heilmaßnahmen oder Eingriffe, auch strahlendiagnostische und -therapeutische, durch einen unter diesen Vertrag fallenden Unfall veranlasst waren.

5.2.4 Infektionen.

5.2.4.1 Sie sind auch dann ausgeschlossen, wenn sie
- durch Insektenstiche oder -bisse oder
- durch sonstige geringfügige Haut- oder Schleimhautverletzungen

verursacht wurden, durch die Krankheitserreger sofort oder später in den Körper gelangten.

5.2.4.2 Versicherungsschutz besteht jedoch für
- Tollwut und Wundstarrkrampf sowie für
- Infektionen, bei denen die Krankheitserreger durch Unfallverletzungen, die nicht nach Ziffer 5.2.4.1 ausgeschlossen sind, in den Körper gelangten.

5.2.4.3 Für Infektionen, die durch Heilmaßnahmen oder Eingriffe verursacht sind, gilt Ziffer 5.2.3 Satz 2 entsprechend.

5.2.5 Vergiftungen infolge Einnahme fester oder flüssiger Stoffe durch den Schlund.

Versicherungsschutz besteht jedoch für Kinder, die zum Zeitpunkt des Unfalles das X. Lebensjahr noch nicht vollendet haben. Ausgeschlossen bleiben Vergiftungen durch Nahrungsmittel.

5.2.6 Krankhafte Störungen infolge psychischer Reaktionen, auch wenn diese durch einen Unfall verursacht wurden.

5.2.7 Bauch- oder Unterleibsbrüche.

Versicherungsschutz besteht jedoch, wenn sie durch eine unter diesen Vertrag fallende gewaltsame von außen kommende Einwirkung entstanden sind.

6 **Was müssen Sie bei vereinbartem Kinder-Tarif und bei Änderungen der Berufstätigkeit oder Beschäftigung beachten?**

6.1 **Umstellung des Kinder-Tarifs**

6.1.1 Bis zum Ablauf des Versicherungsjahres, in dem das nach dem Kinder-Tarif versicherte Kind das X. Lebensjahr vollendet, besteht Versicherungsschutz zu den vereinbarten Versicherungssummen. Danach gilt der zu diesem Zeitpunkt gültige Tarif für Erwachsene. Sie haben jedoch folgendes Wahlrecht:
- Sie zahlen den bisherigen Beitrag, und wir reduzieren die Versicherungssummen entsprechend.

 – Sie behalten die bisherigen Versicherungssummen, und wir berechnen einen entsprechend höheren Beitrag.

6.1.2 Über Ihr Wahlrecht werden wir Sie rechtzeitig informieren. Teilen Sie uns das Ergebnis Ihrer Wahl nicht bis spätestens zwei Monate nach Beginn des neuen Versicherungsjahres mit, setzt sich der Vertrag entsprechend der ersten Wahlmöglichkeit fort.

6.2 **Änderung der Berufstätigkeit oder Beschäftigung**

6.2.1 Die Höhe der Versicherungssummen bzw. des Beitrags hängt maßgeblich von der Berufstätigkeit oder der Beschäftigung der versicherten Person ab. Grundlage für die Bemessung der Versicherungssummen und Beiträge ist unser geltendes Berufsgruppenverzeichnis. *(Unternehmensindividueller Text zur Fundstelle)*

Eine Änderung der Berufstätigkeit oder Beschäftigung der versicherten Person müssen Sie uns daher unverzüglich mitteilen. Pflichtwehrdienst, Zivildienst oder militärische Reserveübungen fallen nicht darunter.

6.2.2 Errechnen sich bei gleichbleibendem Beitrag nach dem zum Zeitpunkt der Änderung gültigen Tarif niedrigere Versicherungssummen, gelten diese nach Ablauf eines Monats ab der Änderung. Errechnen sich dagegen höhere Versicherungssummen, gelten diese, sobald wir Kenntnis von der Änderung erlangen, spätestens jedoch nach Ablauf eines Monats ab der Änderung.

Errechnen sich dagegen höhere Versicherungssummen, gelten diese, sobald uns Ihre Erklärung zugeht, spätestens jedoch nach Ablauf eines Monats ab der Änderung. Die neu errechneten Versicherungssummen gelten sowohl für berufliche als auch für außerberufliche Unfälle.

6.2.3 Auf Ihren Wunsch führen wir den Vertrag auch mit den bisherigen Versicherungssummen bei erhöhtem oder gesenktem Beitrag weiter, sobald uns Ihre Erklärung zugeht.

Der Leistungsfall

7 **Was ist nach einem Unfall zu beachten (Obliegenheiten)?**
Ohne Ihre Mitwirkung und die der versicherten Person können wir unsere Leistung nicht erbringen.

7.1 Nach einem Unfall, der voraussichtlich eine Leistungspflicht herbeiführt, müssen Sie oder die versicherte Person unverzüglich einen Arzt hinzuziehen, seine Anordnungen befolgen und uns unterrichten.

7.2 Die von uns übersandte Unfallanzeige müssen Sie oder die versicherte Person wahrheitsgemäß ausfüllen und uns unverzüglich zurücksenden; von uns darüber hinaus geforderte sachdienliche Auskünfte müssen in gleicher Weise erteilt werden.

7.3 Werden Ärzte von uns beauftragt, muss sich die versicherte Person auch von diesen untersuchen lassen. Die notwendigen Kosten einschließlich eines dadurch entstandenen Verdienstausfalles tragen wir.

7.4 Die Ärzte, die die versicherte Person – auch aus anderen Anlässen – behandelt oder untersucht haben, andere Versicherer, Versicherungsträger und Behörden sind zu ermächtigen, alle erforderlichen Auskünfte zu erteilen.

7.5 Hat der Unfall den Tod zur Folge, ist uns dies innerhalb von 48 Stunden zu melden, auch wenn uns der Unfall schon angezeigt war.

Uns ist das Recht zu verschaffen, gegebenenfalls eine Obduktion durch einen von uns beauftragten Arzt vornehmen zu lassen.

8 **Welche Folgen hat die Nichtbeachtung von Obliegenheiten?**

Wird eine Obliegenheit nach Ziffer 7 vorsätzlich verletzt, verlieren Sie Ihren Versicherungsschutz. Bei grob fahrlässiger Verletzung einer Obliegenheit sind wir berechtigt, unsere Leistung in einem der Schwere Ihres Verschuldens entsprechenden Verhältnis zu kürzen. Beides gilt nur, wenn wir Sie durch gesonderte Mitteilung in Textform auf diese Rechtsfolgen hingewiesen haben.

Weisen Sie nach, dass Sie die Obliegenheit nicht grob fahrlässig verletzt haben, bleibt der Versicherungsschutz bestehen.

Der Versicherungsschutz bleibt auch bestehen, wenn Sie nachweisen, dass die Verletzung der Obliegenheit weder für den Eintritt oder die Feststellung des Versicherungsfalls noch für die Feststellung oder den Umfang der Leistung ursächlich war. Das gilt nicht, wenn Sie die Obliegenheit arglistig verletzt haben.

Diese Bestimmungen gelten unabhängig davon, ob wir ein uns zustehendes Kündigungsrecht wegen der Verletzung einer vorvertraglichen Anzeigepflicht ausüben.

9 **Wann sind die Leistungen fällig?**

9.1 Wir sind verpflichtet, innerhalb eines Monats – beim Invaliditätsanspruch innerhalb von drei Monaten – in Textform zu erklären, ob und in welchem Umfang wir einen Anspruch anerkennen. Die Fristen beginnen mit dem Eingang folgender Unterlagen:

– Nachweis des Unfallhergangs und der Unfallfolgen,
– beim Invaliditätsanspruch zusätzlich der Nachweis über den Abschluss des Heilverfahrens, soweit es für die Bemessung der Invalidität notwendig ist.

Die ärztlichen Gebühren, die Ihnen zur Begründung des Leistungsanspruchs entstehen, übernehmen wir

– bei Invalidität bis zu ... ‰ der versicherten Summe,
– bei Übergangsleistung bis zu ... % der versicherten Summe,
– bei Tagegeld bis zu ... Tagegeldsatz,

- bei Krankenhaustagegeld bis zu ... Krankenhaustagegeldsatz.
Sonstige Kosten übernehmen wir nicht.

9.2 Erkennen wir den Anspruch an oder haben wir uns mit Ihnen über Grund und Höhe geeinigt, leisten wir innerhalb von zwei Wochen.

9.3 Steht die Leistungspflicht zunächst nur dem Grunde nach fest, zahlen wir – auf Ihren Wunsch – angemessene Vorschüsse.

Vor Abschluss des Heilverfahrens kann eine Invaliditätsleistung innerhalb eines Jahres nach dem Unfall nur bis zur Höhe einer vereinbarten Todesfallsumme beansprucht werden.

9.4 Sie und wir sind berechtigt, den Grad der Invalidität jährlich, längstens bis zu drei Jahren nach dem Unfall, erneut ärztlich bemessen zu lassen. Bei Kindern bis zur Vollendung des X. Lebensjahres verlängert sich diese Frist von drei auf X Jahre. Dieses Recht muss
- von uns zusammen mit unserer Erklärung über unsere Leistungspflicht nach Ziffer 9.1,
- von Ihnen vor Ablauf der Frist
ausgeübt werden.

Ergibt die endgültige Bemessung eine höhere Invaliditätsleistung, als wir bereits erbracht haben, ist der Mehrbetrag mit ... % jährlich zu verzinsen.

9.5 Zur Prüfung der Voraussetzungen für den Rentenbezug sind wir berechtigt, Lebensbescheinigungen anzufordern. Wird die Bescheinigung nicht unverzüglich übersandt, ruht die Rentenzahlung ab der nächsten Fälligkeit.

Die Versicherungsdauer

10 **Wann beginnt und wann endet der Vertrag? Wann ruht der Versicherungsschutz bei militärischen Einsätzen?**

10.1 **Beginn des Versicherungsschutzes**
Der Versicherungsschutz beginnt zu dem im Versicherungsschein angegebenen Zeitpunkt, wenn Sie den ersten oder einmaligen Beitrag unverzüglich nach Fälligkeit im Sinne von Ziffer 11.2 zahlen.

10.2 **Dauer und Ende des Vertrages**
Der Vertrag ist für die im Versicherungsschein angegebene Zeit abgeschlossen.

Bei einer Vertragsdauer von mindestens einem Jahr verlängert sich der Vertrag um jeweils ein Jahr, wenn nicht Ihnen oder uns spätestens drei Monate vor dem Ablauf des jeweiligen Versicherungsjahres eine Kündigung zugegangen ist.

Bei einer Vertragsdauer von weniger als einem Jahr endet der Vertrag, ohne dass es einer Kündigung bedarf, zum vorgesehenen Zeitpunkt.

Bei einer Vertragsdauer von mehr als drei Jahren kann der Vertrag schon zum Ablauf des dritten Jahres oder jedes darauffolgenden Jahres gekündigt werden; die Kündigung muss Ihnen oder uns spätestens drei Monate vor dem Ablauf des jeweiligen Versicherungsjahres zugegangen sein.

10.3   Kündigung nach Versicherungsfall

Den Vertrag können Sie oder wir durch Kündigung beenden, wenn wir eine Leistung erbracht oder Sie gegen uns Klage auf eine Leistung erhoben haben.

Die Kündigung muss Ihnen oder uns spätestens einen Monat nach Leistung oder – im Falle eines Rechtsstreits – nach Klagrücknahme, Anerkenntnis, Vergleich oder Rechtskraft des Urteils in Schriftform zugegangen sein.

Kündigen Sie, wird Ihre Kündigung sofort nach ihrem Zugang bei uns wirksam. Sie können jedoch bestimmen, dass die Kündigung zu einem späteren Zeitpunkt, spätestens jedoch zum Ende der laufenden Versicherungsperiode, wirksam wird.

Eine Kündigung durch uns wird einen Monat nach ihrem Zugang bei Ihnen wirksam.

10.4   Ruhen des Versicherungsschutzes bei militärischen Einsätzen

Der Versicherungsschutz tritt für die versicherte Person außer Kraft, sobald sie Dienst in einer militärischen oder ähnlichen Formation leistet, die an einem Krieg oder kriegsmäßigen Einsatz zwischen den Ländern China, Deutschland, Frankreich, Großbritannien, Japan, Russland oder USA beteiligt ist. Der Versicherungsschutz lebt wieder auf, sobald uns Ihre Anzeige über die Beendigung des Dienstes zugegangen ist.

Der Versicherungsbeitrag

11   Was müssen Sie bei der Beitragszahlung beachten? Was geschieht, wenn Sie einen Beitrag nicht rechtzeitig zahlen?

11.1   Beitrag und Versicherungsteuer

Der in Rechnung gestellte Beitrag enthält die Versicherungsteuer, die Sie in der jeweils vom Gesetz bestimmten Höhe zu entrichten haben.

11.2   Zahlung und Folgen verspäteter Zahlung/Erster oder einmaliger Beitrag

11.2.1   Fälligkeit und Rechtzeitigkeit der Zahlung

Der erste oder einmalige Beitrag wird unverzüglich nach Ablauf von zwei Wochen nach Zugang des Versicherungsscheins fällig.

Ist die Zahlung des Jahresbeitrags in Raten vereinbart, gilt als erster Beitrag nur die erste Rate des ersten Jahresbeitrags.

11.2.2 Späterer Beginn des Versicherungsschutzes

Zahlen Sie den ersten oder einmaligen Beitrag nicht rechtzeitig, sondern zu einem späteren Zeitpunkt, beginnt der Versicherungsschutz erst ab diesem Zeitpunkt, sofern Sie durch gesonderte Mitteilung in Textform oder durch einen auffälligen Hinweis im Versicherungsschein auf diese Rechtsfolge aufmerksam gemacht wurden. Das gilt nicht, wenn Sie nachweisen, dass Sie die Nichtzahlung nicht zu vertreten haben.

11.2.3 Rücktritt

Zahlen Sie den ersten oder einmaligen Beitrag nicht rechtzeitig, können wir vom Vertrag zurücktreten, solange der Beitrag nicht gezahlt ist. Wir können nicht zurücktreten, wenn Sie nachweisen, dass Sie die Nichtzahlung nicht zu vertreten haben.

11.3 Zahlung und Folgen verspäteter Zahlung/Folgebeitrag

11.3.1 Fälligkeit und Rechtzeitigkeit der Zahlung

Die Folgebeiträge werden zu dem jeweils vereinbarten Zeitpunkt fällig.

11.3.2 Verzug

Wird ein Folgebeitrag nicht rechtzeitig gezahlt, geraten Sie ohne Mahnung in Verzug, es sei denn, dass Sie die verspätete Zahlung nicht zu vertreten haben.

Wir werden Sie auf Ihre Kosten in Textform zur Zahlung auffordern und Ihnen eine Zahlungsfrist von mindestens zwei Wochen setzen. Diese Fristsetzung ist nur wirksam, wenn wir darin die rückständigen Beträge des Beitrags sowie die Zinsen und Kosten im Einzelnen beziffern und die Rechtsfolgen angeben, die nach den Ziffern 11.3.3 und 11.3.4 mit dem Fristablauf verbunden sind.

Wir sind berechtigt, Ersatz des uns durch den Verzug entstandenen Schadens zu verlangen.

11.3.3 Kein Versicherungsschutz

Sind Sie nach Ablauf dieser Zahlungsfrist noch mit der Zahlung in Verzug, besteht ab diesem Zeitpunkt bis zur Zahlung kein Versicherungsschutz, wenn Sie mit der Zahlungsaufforderung nach Ziffer 11.3.2 Absatz 2 darauf hingewiesen wurden.

11.3.4 Kündigung

Sind Sie nach Ablauf dieser Zahlungsfrist noch mit der Zahlung in Verzug, können wir den Vertrag ohne Einhaltung einer Frist kündigen, wenn wir Sie mit der Zahlungsaufforderung nach Ziffer 11.3.2 Absatz 2 darauf hingewiesen haben.

Haben wir gekündigt, und zahlen Sie danach innerhalb eines Monats den angemahnten Beitrag, besteht der Vertrag fort. Für Versicherungsfälle, die zwischen dem Zugang der Kündigung und der Zahlung eingetreten sind, besteht jedoch kein Versicherungsschutz.

11.4 **Rechtzeitigkeit der Zahlung bei Lastschriftermächtigung**
Ist die Einziehung des Beitrags von einem Konto vereinbart, gilt die Zahlung als rechtzeitig, wenn der Beitrag zu dem Fälligkeitstag eingezogen werden kann und Sie einer berechtigten Einziehung nicht widersprechen.
Konnte der fällige Beitrag ohne Ihr Verschulden von uns nicht eingezogen werden, ist die Zahlung auch dann noch rechtzeitig, wenn sie unverzüglich nach unserer in Textform abgegebenen Zahlungsaufforderung erfolgt.
Kann der fällige Beitrag nicht eingezogen werden, weil Sie die Einzugsermächtigung widerrufen haben, oder haben Sie aus anderen Gründen zu vertreten, dass der Beitrag wiederholt nicht eingezogen werden kann, sind wir berechtigt, künftig Zahlung außerhalb des Lastschriftverfahrens zu verlangen. Sie sind zur Übermittlung des Beitrags erst verpflichtet, wenn Sie von uns hierzu in Textform aufgefordert worden sind.

11.5 **Teilzahlung und Folgen bei verspäteter Zahlung**
Ist die Zahlung des Jahresbeitrags in Raten vereinbart, sind die noch ausstehenden Raten sofort fällig, wenn Sie mit der Zahlung einer Rate in Verzug sind.
Ferner können wir für die Zukunft jährliche Beitragszahlung verlangen.

11.6 **Beitrag bei vorzeitiger Vertragsbeendigung**
Bei vorzeitiger Beendigung des Vertrages haben wir, soweit nicht etwas anderes bestimmt ist, nur Anspruch auf den Teil des Beitrags, der dem Zeitraum entspricht, in dem Versicherungsschutz bestanden hat.

11.7 **Beitragsbefreiung bei der Versicherung von Kindern**
Wenn Sie während der Versicherungsdauer sterben und
– Sie bei Versicherungsbeginn das X. Lebensjahr noch nicht vollendet hatten,
– die Versicherung nicht gekündigt war und
– Ihr Tod nicht durch Kriegs- oder Bürgerkriegsereignisse verursacht wurde,
gilt Folgendes:

11.7.1 Die Versicherung wird mit den zu diesem Zeitpunkt geltenden Versicherungssummen bis zum Ablauf des Versicherungsjahres beitragsfrei weitergeführt, in dem das versicherte Kind das X. Lebensjahr vollendet.

11.7.2 Der gesetzliche Vertreter des Kindes wird neuer Versicherungsnehmer, wenn nichts anderes vereinbart ist.

Weitere Bestimmungen

12 **Wie sind die Rechtsverhältnisse der am Vertrag beteiligten Personen zueinander?**

12.1 Ist die Versicherung gegen Unfälle abgeschlossen, die einem anderen zustoßen (Fremdversicherung), steht die Ausübung der Rechte aus dem Vertrag nicht der versicherten Person, sondern Ihnen zu. Sie sind neben der versicherten Person für die Erfüllung der Obliegenheiten verantwortlich.

12.2 Alle für Sie geltenden Bestimmungen sind auf Ihren Rechtsnachfolger und sonstige Anspruchsteller entsprechend anzuwenden.

12.3 Die Versicherungsansprüche können vor Fälligkeit ohne unsere Zustimmung weder übertragen noch verpfändet werden.

13 **Was bedeutet die vorvertragliche Anzeigepflicht?**

13.1 **Vollständigkeit und Richtigkeit von Angaben über gefahrerhebliche Umstände**

Sie haben uns bis zur Abgabe Ihrer Vertragserklärung alle Ihnen bekannten Gefahrumstände in Textform anzuzeigen, nach denen wir Sie in Textform gefragt haben und die für unseren Entschluss erheblich sind, den Vertrag mit dem vereinbarten Inhalt zu schließen. Sie sind auch insoweit zur Anzeige verpflichtet, als wir nach Ihrer Vertragserklärung, aber vor unserer Vertragsannahme Fragen im Sinne des S. 1 in Textform stellen. Gefahrerheblich sind die Umstände, die geeignet sind, auf unseren Entschluss Einfluss auszuüben, den Vertrag überhaupt oder mit dem vereinbarten Inhalt abzuschließen.

Soll eine andere Person versichert werden, ist diese neben Ihnen für die wahrheitsgemäße und vollständige Anzeige der gefahrerheblichen Umstände und die Beantwortung der an sie gestellten Fragen verantwortlich.

Wird der Vertrag von Ihrem Vertreter geschlossen und kennt dieser den gefahrerheblichen Umstand, müssen Sie sich so behandeln lassen, als hätten Sie selbst davon Kenntnis gehabt oder dies arglistig verschwiegen.

13.2 **Rücktritt**

13.2.1 **Voraussetzungen und Ausübung des Rücktritts**

Unvollständige und unrichtige Angaben zu den gefahrerheblichen Umständen berechtigen uns, vom Versicherungsvertrag zurückzutreten. Dies gilt nur, wenn wir Sie durch gesonderte Mitteilung in Textform auf die Folgen einer Anzeigepflichtverletzung hingewiesen haben.

Wir müssen unser Rücktrittsrecht innerhalb eines Monats schriftlich geltend machen. Dabei haben wir die Umstände anzugeben, auf die wir unsere Erklärung stützen. Innerhalb der Monatsfrist dürfen wir auch nachträglich weitere Umstände zur Begründung unserer Erklärung angeben. Die Frist beginnt mit dem Zeitpunkt, zu dem wir von der Verletzung der Anzeigepflicht, die unser Rücktrittsrecht begründet, Kenntnis erlangen.

Der Rücktritt erfolgt durch Erklärung Ihnen gegenüber.

13.2.2   **Ausschluss des Rücktrittsrechts**

Wir können uns auf unser Rücktrittsrecht nicht berufen, wenn wir den nicht angezeigten Gefahrumstand oder die Unrichtigkeit der Anzeige kannten.

Wir haben kein Rücktrittsrecht, wenn Sie nachweisen, dass Sie oder Ihr Vertreter die unrichtigen oder unvollständigen Angaben weder vorsätzlich noch grob fahrlässig gemacht haben.

Unser Rücktrittsrecht wegen grob fahrlässiger Verletzung der Anzeigepflicht besteht nicht, wenn Sie nachweisen, dass wir den Vertrag auch bei Kenntnis der nicht angezeigten Umstände, wenn auch zu anderen Bedingungen, geschlossen hätten.

13.2.3   **Folgen des Rücktritts**

Im Fall des Rücktritts besteht kein Versicherungsschutz.

Treten wir nach Eintritt des Versicherungsfalls zurück, dürfen wir den Versicherungsschutz nicht versagen, wenn Sie nachweisen, dass der unvollständig oder unrichtig angezeigte Umstand weder für den Eintritt des Versicherungsfalls noch für die Feststellung oder den Umfang der Leistung ursächlich war. Auch in diesem Fall besteht aber kein Versicherungsschutz, wenn Sie die Anzeigepflicht arglistig verletzt haben.

Uns steht der Teil des Beitrags zu, der der bis zum Wirksamwerden der Rücktrittserklärung abgelaufenen Vertragszeit entspricht.

13.3   **Kündigung oder rückwirkende Vertragsanpassung**

13.3.1   Ist unser Rücktrittsrecht ausgeschlossen, weil Ihre Verletzung einer Anzeigepflicht weder auf Vorsatz noch auf grober Fahrlässigkeit beruhte, können wir den Versicherungsvertrag unter Einhaltung einer Frist von einem Monat in Schriftform kündigen. Dies gilt nur, wenn wir Sie durch gesonderte Mitteilung in Textform auf die Folgen einer Anzeigepflichtverletzung hingewiesen haben.

Dabei haben wir die Umstände anzugeben, auf die wir unsere Erklärung stützen. Innerhalb der Monatsfrist dürfen wir auch nachträglich weitere Umstände zur Begründung unserer Erklärung angeben. Die Frist beginnt mit dem Zeitpunkt, zu dem wir von der Verletzung Ihrer Anzeigepflicht Kenntnis erlangt haben.

Wir können uns auf unser Kündigungsrecht wegen Anzeigepflichtverletzung nicht berufen, wenn wir den nicht angezeigten Gefahrumstand oder die Unrichtigkeit der Anzeige kannten.
Das Kündigungsrecht ist auch ausgeschlossen, wenn Sie nachweisen, dass wir den Vertrag auch bei Kenntnis der nicht angezeigten Umstände, wenn auch zu anderen Bedingungen, geschlossen hätten.

13.3.2 Können wir nicht zurücktreten oder kündigen, weil wir den Vertrag auch bei Kenntnis der nicht angezeigten Umstände, aber zu anderen Bedingungen geschlossen hätten, werden die anderen Bedingungen auf unser Verlangen rückwirkend Vertragsbestandteil. Haben Sie die Pflichtverletzung nicht zu vertreten, werden die anderen Bedingungen ab der laufenden Versicherungsperiode Vertragsbestandteil. Dies gilt nur, wenn wir Sie durch gesonderte Mitteilung in Textform auf die Folgen einer Anzeigepflichtverletzung hingewiesen haben.
Wir müssen die Vertragsanpassung innerhalb eines Monats schriftlich geltend machen. Dabei haben wir die Umstände anzugeben, auf die wir unsere Erklärung stützen. Innerhalb der Monatsfrist dürfen wir auch nachträglich weitere Umstände zur Begründung unserer Erklärung angeben. Die Frist beginnt mit dem Zeitpunkt, zu dem wir von der Verletzung der Anzeigepflicht, die uns zur Vertragsanpassung berechtigt, Kenntnis erlangen.
Wir können uns auf eine Vertragsanpassung nicht berufen, wenn wir den nicht angezeigten Gefahrumstand oder die Unrichtigkeit der Anzeige kannten.
Erhöht sich durch die Vertragsanpassung der Beitrag um mehr als 10 % oder schließen wir die Gefahrabsicherung für den nicht angezeigten Umstand aus, können Sie den Vertrag innerhalb eines Monats nach Zugang unserer Mitteilung fristlos in Schriftform kündigen.

13.4 Anfechtung
Unser Recht, den Vertrag wegen arglistiger Täuschung anzufechten, bleibt unberührt. Im Fall der Anfechtung steht uns der Teil des Beitrags zu, der der bis zum Wirksamwerden der Anfechtungserklärung abgelaufenen Vertragszeit entspricht.

14 GESTRICHEN

15 Wann verjähren die Ansprüche aus dem Vertrag?

15.1 Die Ansprüche aus dem Versicherungsvertrag verjähren in drei Jahren. Die Fristberechnung richtet sich nach den allgemeinen Vorschriften des Bürgerlichen Gesetzbuches.

15.2 Ist ein Anspruch aus dem Versicherungsvertrag bei uns angemeldet worden, ist die Verjährung von der Anmeldung bis zu dem Zeitpunkt gehemmt, zu dem Ihnen unsere Entscheidung in Textform zugeht.

16   **Welches Gericht ist zuständig?**

16.1   Für Klagen aus dem Versicherungsvertrag gegen uns bestimmt sich die gerichtliche Zuständigkeit nach unserem Sitz oder dem unserer für den Versicherungsvertrag zuständigen Niederlassung. Örtlich zuständig ist auch das Gericht, in dessen Bezirk Sie zur Zeit der Klageerhebung Ihren Wohnsitz oder, in Ermangelung eines solchen, Ihren gewöhnlichen Aufenthalt haben.

16.2   Klagen aus dem Versicherungsvertrag gegen Sie müssen bei dem Gericht erhoben werden, das für Ihren Wohnsitz oder, in Ermangelung eines solchen, den Ort Ihres gewöhnlichen Aufenthalts zuständig ist.

17   **Was ist bei Mitteilungen an uns zu beachten? Was gilt bei Änderung Ihrer Anschrift?**

17.1   Alle für uns bestimmten Anzeigen und Erklärungen sollen an unsere Hauptverwaltung oder an die im Versicherungsschein oder in dessen Nachträgen als zuständig bezeichnete Geschäftsstelle gerichtet werden.

17.2   Haben Sie uns eine Änderung Ihrer Anschrift nicht mitgeteilt, genügt für eine Willenserklärung, die Ihnen gegenüber abzugeben ist, die Absendung eines eingeschriebenen Briefes an die letzte uns bekannte Anschrift. Die Erklärung gilt drei Tage nach der Absendung des Briefes als zugegangen. Dies gilt entsprechend für den Fall einer Änderung Ihres Namens.

18   **Welches Recht findet Anwendung?**

Für diesen Vertrag gilt deutsches Recht.

E.   Allgemeine Unfallversicherungs-Bedingungen (AUB 99)

GDV-Musterbedingungen[3]

41   Sie als Versicherungsnehmer sind unser Vertragspartner.

Versicherte Person können Sie oder jemand anderer sein.

Wir als Versicherer erbringen die vertraglich vereinbarten Leistungen.

Der Versicherungsumfang

1   **Was ist versichert?**

1.1   Wir bieten Versicherungsschutz bei Unfällen, die der versicherten Person während der Wirksamkeit des Vertrages zustoßen.

1.2   Der Versicherungsschutz umfaßt Unfälle in der ganzen Welt.

---

3   Unverbindliche Empfehlung des Gesamtverbandes der Deutschen Versicherungswirtschaft e.V. – GDV. Abweichende Vereinbarungen sind möglich.

1.3   Ein Unfall liegt vor, wenn die versicherte Person durch ein plötzlich von außen auf ihren Körper wirkendes Ereignis (Unfallereignis) unfreiwillig eine Gesundheitsschädigung erleidet.

1.4   Als Unfall gilt auch, wenn durch eine erhöhte Kraftanstrengung an Gliedmaßen oder Wirbelsäule
– ein Gelenk verrenkt wird oder
– Muskeln, Sehnen, Bänder oder Kapseln gezerrt oder zerrissen werden.

1.5   Auf die Regelungen über die Einschränkungen der Leistung (Ziffer 3), *nicht versicherbare Personen (Ziffer 4)* sowie die Ausschlüsse (Ziffer 5) weisen wir hin. Sie gelten für alle Leistungsarten.

2   **Welche Leistungsarten können vereinbart werden?**
Die Leistungsarten, die Sie vereinbaren können, werden im Folgenden oder in zusätzlichen Bedingungen beschrieben.
Die von Ihnen mit uns vereinbarten Leistungsarten und die Versicherungssummen ergeben sich aus dem Vertrag.

2.1   **Invaliditätsleistung**
Soweit nicht etwas anderes vereinbart ist, gilt:

2.1.1   **Voraussetzungen für die Leistung:**

2.1.1.1 Die versicherte Person ist durch den Unfall auf Dauer in ihrer körperlichen oder geistigen Leistungsfähigkeit beeinträchtigt (Invalidität).
Die Invalidität ist
– innerhalb eines Jahres nach dem Unfall eingetreten und
– innerhalb von fünfzehn Monaten nach dem Unfall von einem Arzt schriftlich festgestellt und von Ihnen bei uns geltend gemacht worden.

2.1.1.2 Kein Anspruch auf Invaliditätsleistung besteht, wenn die versicherte Person unfallbedingt innerhalb eines Jahres nach dem Unfall stirbt.

2.1.2   **Art und Höhe der Leistung:**

2.1.2.1 Die Invaliditätsleistung zahlen wir
– als Kapitalbetrag bei Unfällen der versicherten Person vor Vollendung des 65. Lebensjahres,
– als Rente nach Ziffer 2.1.2.3 bei Unfällen nach diesem Zeitpunkt.

2.1.2.2 Grundlage für die Berechnung der Leistung bilden die Versicherungssumme und der Grad der unfallbedingten Invalidität.

2.1.2.2.1 Bei Verlust oder Funktionsunfähigkeit der nachstehend genannten Körperteile und Sinnesorgane gelten ausschließlich, *soweit nicht etwas anderes vereinbart ist,* die folgenden Invaliditätsgrade:
– Arm im Schultergelenk   70 %
– Arm bis oberhalb des Ellenbogengelenks   65 %
– Arm unterhalb des Ellenbogengelenks   60 %
– Hand im Handgelenk   55 %

– Daumen	20 %
– Zeigefinger	10 %
– anderer Finger	5 %
– Bein über der Mitte des Oberschenkels	70 %
– Bein bis zur Mitte des Oberschenkels	60 %
– Bein bis unterhalb des Knies	50 %
– Bein bis zur Mitte des Unterschenkels	45 %
– Fuß im Fußgelenk	40 %
– große Zehe	5 %
– andere Zehe	2 %
– Auge	50 %
– Gehör auf einem Ohr	30 %
– Geruchssinn	10 %
– Geschmackssinn	5 %

Bei Teilverlust oder Funktionsbeeinträchtigung gilt der entsprechende Teil des jeweiligen Prozentsatzes.

2.1.2.2.2 Für andere Körperteile und Sinnesorgane bemisst sich der Invaliditätsgrad danach, inwieweit die normale körperliche oder geistige Leistungsfähigkeit insgesamt beeinträchtigt ist. Dabei sind ausschließlich medizinische Gesichtspunkte zu berücksichtigen.

2.1.2.2.3 Waren betroffene Körperteile oder Sinnesorgane oder deren Funktionen bereits vor dem Unfall dauernd beeinträchtigt, wird der Invaliditätsgrad um die Vorinvalidität gemindert. Diese ist nach Ziffer 2.1.2.2.1 und Ziffer 2.1.2.2.2 zu bemessen.

2.1.2.2.4 Sind mehrere Körperteile oder Sinnesorgane durch den Unfall beeinträchtigt, werden die nach den vorstehenden Bestimmungen ermittelten Invaliditätsgrade zusammengerechnet. Mehr als 100 % werden jedoch nicht berücksichtigt.

2.1.2.3 Wird nach Ziffer 2.1.2.1 Rente gezahlt, erhalten Sie anstelle einer Kapitalleistung von jeweils 1.000 DM/Euro die folgenden Jahresrentenbeträge.

Der Jahresrentenbetrag richtet sich nach dem am Unfalltag vollendeten Lebensjahr der versicherten Person.

Alter	Betrag der Jahresrente in DM/Euro für	
	Männer	Frauen
65	....	....
66	....	....
67	....	....
68	....	....
69	....	....
70	....	....
71	....	....

72	....	....
73	....	....
74	....	....
75 und darüber	....	....

Die Rente zahlen wir rückwirkend ab Beginn des Monats, in dem sich der Unfall ereignet hat, bis zum Ende des ..., in dem die versicherte Person stirbt. Sie wird ... im Voraus gezahlt.

2.1.2.4 Stirbt die versicherte Person
- aus unfallfremder Ursache innerhalb eines Jahres nach dem Unfall oder
- gleichgültig, aus welcher Ursache, später als ein Jahr nach dem Unfall,

und war ein Anspruch auf Invaliditätsleistung entstanden, leisten wir nach dem Invaliditätsgrad, mit dem aufgrund der ärztlichen Befunde zu rechnen gewesen wäre.

2.2 Übergangsleistung
Soweit nicht etwas anderes vereinbart ist, gilt:

2.2.1 Voraussetzungen für die Leistung:
Die normale körperliche oder geistige Leistungsfähigkeit der versicherten Person ist im beruflichen oder außerberuflichen Bereich unfallbedingt
- nach Ablauf von sechs Monaten vom Unfalltag an gerechnet und
- ohne Mitwirkung von Krankheiten oder Gebrechen

noch um mindestens 50 % beeinträchtigt.
Diese Beeinträchtigung hat innerhalb der sechs Monate ununterbrochen bestanden.
Sie ist von Ihnen spätestens sieben Monate nach Eintritt des Unfalles unter Vorlage eines ärztlichen Attestes bei uns geltend gemacht worden.

2.2.2 Art und Höhe der Leistung:
Die Übergangsleistung wird in Höhe der vereinbarten Versicherungssumme gezahlt.

2.3 Tagegeld
Soweit nicht etwas anderes vereinbart ist, gilt:

2.3.1 Voraussetzungen für die Leistung:
Die versicherte Person ist unfallbedingt
- in der Arbeitsfähigkeit beeinträchtigt und
- in ärztlicher Behandlung.

2.3.2 Höhe und Dauer der Leistung:
Das Tagegeld wird nach der vereinbarten Versicherungssumme berechnet. Es wird nach dem festgestellten Grad der Beeinträchtigung der Berufstätigkeit oder Beschäftigung abgestuft.

Das Tagegeld wird für die Dauer der ärztlichen Behandlung, längstens für ein Jahr, vom Unfalltag an gerechnet, gezahlt.

2.4 Krankenhaus-Tagegeld
Soweit nicht etwas anderes vereinbart ist, gilt:

2.4.1 Voraussetzungen für die Leistung:
Die versicherte Person befindet sich wegen des Unfalles in medizinisch notwendiger vollstationärer Heilbehandlung.
Kuren sowie Aufenthalte in Sanatorien und Erholungsheimen gelten nicht als medizinisch notwendige Heilbehandlung.

2.4.2 Höhe und Dauer der Leistung:
Das Krankenhaus-Tagegeld wird in Höhe der vereinbarten Versicherungssumme für jeden Kalendertag der vollstationären Behandlung gezahlt, längstens jedoch für zwei Jahre, vom Unfalltag an gerechnet.

2.5 Genesungsgeld
Soweit nicht etwas anderes vereinbart ist, gilt:

2.5.1 Voraussetzungen für die Leistung:
Die versicherte Person ist aus der vollstationären Behandlung entlassen worden und hatte Anspruch auf Krankenhaus-Tagegeld nach Ziffer 2.4.

2.5.2 Höhe und Dauer der Leistung:
Das Genesungsgeld wird in Höhe der vereinbarten Versicherungssumme für die gleiche Anzahl von Kalendertagen gezahlt, für die wir Krankenhaus-Tagegeld leisten, längstens für 100 Tage.

2.6 Todesfallleistung
Soweit nicht etwas anderes vereinbart ist, gilt:

2.6.1 Voraussetzungen für die Leistung:
Die versicherte Person ist infolge des Unfalles innerhalb eines Jahres gestorben.
Auf die besonderen Pflichten nach Ziffer 7.5 weisen wir hin.

2.6.2 Höhe der Leistung:
Die Todesfallleistung wird in Höhe der vereinbarten Versicherungssumme gezahlt.

3 Welche Auswirkung haben Krankheiten oder Gebrechen?
Soweit nicht etwas anderes vereinbart ist, gilt:
Als Unfallversicherer leisten wir für Unfallfolgen. Haben Krankheiten oder Gebrechen bei der durch ein Unfallereignis verursachten Gesundheitsschädigung oder deren Folgen mitgewirkt, mindert sich
– im Falle einer Invalidität der Prozentsatz des Invaliditätsgrades,
– im Todesfall und, soweit nichts anderes bestimmt ist, in allen anderen Fällen die Leistung
entsprechend dem Anteil der Krankheit oder des Gebrechens.
Beträgt der Mitwirkungsanteil weniger als 25 %, unterbleibt jedoch die Minderung.

4   *(Welche Personen sind nicht versicherbar?)*
         Diese Musterbedingungen enthalten keinen Textvorschlag (vergleiche
         „Erläuterungen" zu Ziffer 4).

5   **In welchen Fällen ist der Versicherungsschutz ausgeschlossen?**
         Soweit nicht etwas anderes vereinbart ist, gilt:

5.1   Kein Versicherungsschutz besteht für folgende Unfälle:

5.1.1 Unfälle der versicherten Person durch Geistes- oder Bewußtseinsstö-
         rungen, auch soweit diese auf Trunkenheit beruhen, sowie durch
         Schlaganfälle, epileptische Anfälle oder andere Krampfanfälle, die den
         ganzen Körper der versicherten Person ergreifen.
         Versicherungsschutz besteht jedoch, wenn diese Störungen oder Anfäl-
         le durch ein unter diesen Vertrag fallendes Unfallereignis verursacht
         waren.

5.1.2 Unfälle, die der versicherten Person dadurch zustoßen, daß sie vorsätz-
         lich eine Straftat ausführt oder versucht.

5.1.3 Unfälle, die unmittelbar oder mittelbar durch Kriegs- oder Bürger-
         kriegsereignisse verursacht sind.
         Versicherungsschutz besteht jedoch, wenn die versicherte Person auf
         Reisen im Ausland überraschend von Kriegs- oder Bürgerkriegsereig-
         nissen betroffen wird.
         Dieser Versicherungsschutz erlischt am Ende des siebten Tages nach
         Beginn eines Krieges oder Bürgerkrieges auf dem Gebiet des Staates,
         in dem sich die versicherte Person aufhält.
         Die Erweiterung gilt nicht bei Reisen in oder durch Staaten, auf deren
         Gebiet bereits Krieg oder Bürgerkrieg herrscht. Sie gilt auch nicht für
         die aktive Teilnahme am Krieg oder Bürgerkrieg sowie für Unfälle
         durch ABC-Waffen und im Zusammenhang mit einem Krieg oder
         kriegsähnlichen Zustand zwischen den Ländern China, Deutschland,
         Frankreich, Großbritannien, Japan, Rußland oder USA.

5.1.4 Unfälle der versicherten Person
         –   als Luftfahrzeugführer (auch Luftsportgeräteführer), soweit er
             nach deutschem Recht dafür eine Erlaubnis benötigt, sowie als
             sonstiges Besatzungsmitglied eines Luftfahrzeuges;
         –   bei einer mit Hilfe eines Luftfahrzeuges auszuübenden beruflichen
             Tätigkeit;
         –   bei der Benutzung von Raumfahrzeugen.

5.1.5 Unfälle, die der versicherten Person dadurch zustoßen, daß sie sich als
         Fahrer, Beifahrer oder Insasse eines Motorfahrzeuges an Fahrtver-
         anstaltungen einschließlich der dazugehörigen Übungsfahrten beteiligt,
         bei denen es auf die Erzielung von Höchstgeschwindigkeiten ankommt.

5.1.6 Unfälle, die unmittelbar oder mittelbar durch Kernenergie verursacht
         sind.

5.2	Ausgeschlossen sind außerdem folgende Beeinträchtigungen:
5.2.1	Schäden an Bandscheiben sowie Blutungen aus inneren Organen und Gehirnblutungen.
	Versicherungsschutz besteht jedoch, wenn ein unter diesen Vertrag fallendes Unfallereignis nach Ziffer 1.3 die überwiegende Ursache ist.
5.2.2	Gesundheitsschäden durch Strahlen.
5.2.3	Gesundheitsschäden durch Heilmaßnahmen oder Eingriffe am Körper der versicherten Person.
	Versicherungsschutz besteht jedoch, wenn die Heilmaßnahmen oder Eingriffe, auch strahlendiagnostische und -therapeutische, durch einen unter diesen Vertrag fallenden Unfall veranlaßt waren.
5.2.4	Infektionen.
5.2.4.1	Sie sind auch dann ausgeschlossen, wenn sie
	– durch Insektenstiche oder -bisse oder
	– durch sonstige geringfügige Haut- oder Schleimhautverletzungen verursacht wurden, durch die Krankheitserreger sofort oder später in den Körper gelangten.
5.2.4.2	Versicherungsschutz besteht jedoch für
	– Tollwut und Wundstarrkrampf sowie für
	– Infektionen, bei denen die Krankheitserreger durch Unfallverletzungen, die nicht nach Ziffer 5.2.4.1 ausgeschlossen sind, in den Körper gelangten.
5.2.4.3	Für Infektionen, die durch Heilmaßnahmen oder Eingriffe verursacht sind, gilt Ziffer 5.2.3 Satz 2 entsprechend.
5.2.5	Vergiftungen infolge Einnahme fester oder flüssiger Stoffe durch den Schlund.
	Versicherungsschutz besteht jedoch für Kinder, die zum Zeitpunkt des Unfalles das 10. Lebensjahr noch nicht vollendet haben. Ausgeschlossen bleiben Vergiftungen durch Nahrungsmittel.
5.2.6	Krankhafte Störungen infolge psychischer Reaktionen, auch wenn diese durch einen Unfall verursacht wurden.
5.2.7	Bauch- oder Unterleibsbrüche.
	Versicherungsschutz besteht jedoch, wenn sie durch eine unter diesen Vertrag fallende gewaltsame von außen kommende Einwirkung entstanden sind.
6	**Was müssen Sie bei vereinbartem Kinder-Tarif und bei Änderungen der Berufstätigkeit oder Beschäftigung beachten?**
6.1	**Umstellung des Kinder-Tarifs**

6.1.1 Bis zum Ablauf des Versicherungsjahres, in dem das nach dem Kinder-Tarif versicherte Kind das 18. Lebensjahr vollendet, besteht Versicherungsschutz zu den vereinbarten Versicherungssummen. Danach gilt der zu diesem Zeitpunkt gültige Tarif für Erwachsene. Sie haben jedoch folgendes Wahlrecht:
  - Sie zahlen den bisherigen Beitrag, und wir reduzieren die Versicherungssummen entsprechend.
  - Sie behalten die bisherigen Versicherungssummen, und wir berechnen einen entsprechend höheren Beitrag.

6.1.2 Über Ihr Wahlrecht werden wir Sie rechtzeitig informieren. Teilen Sie uns das Ergebnis Ihrer Wahl nicht bis spätestens zwei Monate nach Beginn des neuen Versicherungsjahres mit, setzt sich der Vertrag entsprechend der ersten Wahlmöglichkeit fort.

6.2 Änderung der Berufstätigkeit oder Beschäftigung

6.2.1 Eine Änderung der Berufstätigkeit oder Beschäftigung der versicherten Person (Pflichtwehrdienst, Zivildienst oder militärische Reserveübungen fallen nicht darunter) müssen Sie uns unverzüglich mitteilen, weil die Höhe der Versicherungssummen bzw. des Beitrags maßgeblich von diesen Umständen abhängt.

6.2.2 Errechnen sich bei gleichbleibendem Beitrag nach dem zum Zeitpunkt der Änderung gültigen Tarif niedrigere Versicherungssummen, gelten diese nach Ablauf von zwei Monaten ab der Änderung. Errechnen sich dagegen höhere Versicherungssummen, gelten diese nach Ablauf eines Monats ab der Änderung.
Die neu errechneten Versicherungssummen gelten sowohl für berufliche als auch für außerberufliche Unfälle.

6.2.3 Auf Ihren Wunsch führen wir den Vertrag auch mit den bisherigen Versicherungssummen bei erhöhtem oder gesenktem Beitrag weiter, sobald uns Ihre Erklärung zugeht.

Der Leistungsfall

7 Was ist nach einem Unfall zu beachten (Obliegenheiten)?
Ohne Ihre Mitwirkung und die der versicherten Person können wir unsere Leistung nicht erbringen.

7.1 Nach einem Unfall, der voraussichtlich eine Leistungspflicht herbeiführt, müssen Sie oder die versicherte Person unverzüglich einen Arzt hinzuziehen, seine Anordnungen befolgen und uns unterrichten.

7.2 Die von uns übersandte Unfallanzeige müssen Sie oder die versicherte Person wahrheitsgemäß ausfüllen und uns unverzüglich zurücksenden; von uns darüber hinaus geforderte sachdienliche Auskünfte müssen in gleicher Weise erteilt werden.

7.3	Werden Ärzte von uns beauftragt, muß sich die versicherte Person auch von diesen untersuchen lassen. Die notwendigen Kosten einschließlich eines dadurch entstandenen Verdienstausfalles tragen wir.
7.4	Die Ärzte, die die versicherte Person – auch aus anderen Anlässen – behandelt oder untersucht haben, andere Versicherer, Versicherungsträger und Behörden sind zu ermächtigen, alle erforderlichen Auskünfte zu erteilen.
7.5	Hat der Unfall den Tod zur Folge, ist uns dies innerhalb von 48 Stunden zu melden, auch wenn uns der Unfall schon angezeigt war.
	Uns ist das Recht zu verschaffen, gegebenenfalls eine Obduktion durch einen von uns beauftragten Arzt vornehmen zu lassen.
8	**Welche Folgen hat die Nichtbeachtung von Obliegenheiten?**
	Soweit nicht etwas anderes vereinbart ist, gilt:
	Wird eine nach Eintritt eines Unfalles zu erfüllende Obliegenheit verletzt, verlieren Sie den Versicherungsschutz, es sei denn, Sie haben die Obliegenheit weder vorsätzlich noch grob fahrlässig verletzt.
	Bei grob fahrlässiger Verletzung behalten Sie insoweit den Versicherungsschutz, als die Verletzung weder Einfluß auf die Feststellung des Leistungsfalls noch auf die Bemessung der Leistung gehabt hat.
	Bei vorsätzlicher Verletzung behalten Sie in diesen Fällen den Versicherungsschutz insoweit nur, wenn die Verletzung nicht geeignet war, unsere Interessen ernsthaft zu beeinträchtigen, oder wenn Sie kein erhebliches Verschulden trifft.
9	**Wann sind die Leistungen fällig?**
9.1	Wir sind verpflichtet, innerhalb eines Monats – beim Invaliditätsanspruch innerhalb von drei Monaten – zu erklären, ob und in welcher Höhe wir einen Anspruch anerkennen. Die Fristen beginnen mit dem Eingang folgender Unterlagen:
	– Nachweis des Unfallhergangs und der Unfallfolgen,
	– beim Invaliditätsanspruch zusätzlich der Nachweis über den Abschluß des Heilverfahrens, soweit es für die Bemessung der Invalidität notwendig ist.
	Die ärztlichen Gebühren, die Ihnen zur Begründung des Leistungsanspruchs entstehen, übernehmen wir
	bei Invalidität bis zu ... ‰ der versicherten Summe,
	bei Übergangsleistung bis zu ... % der versicherten Summe,
	bei Tagegeld bis zu ... Tagegeldsatz,
	bei Krankenhaustagegeld bis zu ... Krankenhaustagegeldsatz.
9.2	Erkennen wir den Anspruch an oder haben wir uns mit Ihnen über Grund und Höhe geeinigt, leisten wir innerhalb von zwei Wochen.
9.3	Steht die Leistungspflicht zunächst nur dem Grunde nach fest, zahlen wir – auf Ihren Wunsch – angemessene Vorschüsse.

Vor Abschluß des Heilverfahrens kann eine Invaliditätsleistung innerhalb eines Jahres nach dem Unfall nur bis zur Höhe einer vereinbarten
Todesfallsumme beansprucht werden.

9.4 Sie und wir sind berechtigt, den Grad der Invalidität jährlich, längstens
bis zu drei Jahren nach dem Unfall, erneut ärztlich bemessen zu lassen.
Bei Kindern bis zur Vollendung des 14. Lebensjahres verlängert sich
diese Frist von drei auf fünf Jahre. Dieses Recht muß
– von uns zusammen mit unserer Erklärung über unsere Leistungspflicht nach Ziffer 9.1,
– von Ihnen spätestens drei Monate vor Ablauf der Frist
ausgeübt werden.
Ergibt die endgültige Bemessung eine höhere Invaliditätsleistung, als
wir bereits erbracht haben, ist der Mehrbetrag mit ... % jährlich zu verzinsen.

9.5 Zur Prüfung der Voraussetzungen für den Rentenbezug sind wir berechtigt, Lebensbescheinigungen anzufordern. Wird die Bescheinigung
nicht unverzüglich übersandt, ruht die Rentenzahlung ab der nächsten
Fälligkeit.

Die Versicherungsdauer

10 **Wann beginnt und wann endet der Vertrag? Wann ruht der Versicherungsschutz bei militärischen Einsätzen?**

10.1 **Beginn des Versicherungsschutzes**
Der Versicherungsschutz beginnt zu dem im Versicherungsschein angegebenen Zeitpunkt, wenn Sie den ersten oder einmaligen Beitrag rechtzeitig im Sinne von Ziffer 11.2 zahlen.

10.2 **Dauer und Ende des Vertrages**
Der Vertrag ist für die im Versicherungsschein angegebene Zeit abge-
schlossen.
Bei einer Vertragsdauer von mindestens einem Jahr verlängert sich der
Vertrag um jeweils ein Jahr, wenn nicht Ihnen oder uns spätestens drei
Monate vor dem Ablauf des jeweiligen Versicherungsjahres eine Kündigung zugegangen ist.
Bei einer Vertragsdauer von weniger als einem Jahr endet der Vertrag,
ohne daß es einer Kündigung bedarf, zum vorgesehenen Zeitpunkt.
Bei einer Vertragsdauer von mehr als fünf Jahren kann der Vertrag schon
zum Ablauf des fünften Jahres oder jedes darauffolgenden Jahres gekündigt werden; die Kündigung muß Ihnen oder uns spätestens drei Monate vor dem Ablauf des jeweiligen Versicherungsjahres zugegangen
sein.

10.3 **Kündigung nach Versicherungsfall**
Den Vertrag können Sie oder wir durch Kündigung beenden, wenn wir eine Leistung erbracht oder Sie gegen uns Klage auf eine Leistung erhoben haben.
Die Kündigung muß Ihnen oder uns spätestens einen Monat nach Leistung oder – im Falle eines Rechtsstreits – nach Klagrücknahme, Anerkenntnis, Vergleich oder Rechtskraft des Urteils zugegangen sein.
Kündigen Sie, wird Ihre Kündigung sofort nach ihrem Zugang bei uns wirksam. Sie können jedoch bestimmen, daß die Kündigung zu einem späteren Zeitpunkt, spätestens jedoch zum Ende des laufenden Versicherungsjahres, wirksam wird.
Eine Kündigung durch uns wird einen Monat nach ihrem Zugang bei Ihnen wirksam.

10.4 **Ruhen des Versicherungsschutzes bei militärischen Einsätzen**
Der Versicherungsschutz tritt für die versicherte Person außer Kraft, sobald sie Dienst in einer militärischen oder ähnlichen Formation leistet, die an einem Krieg oder kriegsmäßigen Einsatz zwischen den Ländern China, Deutschland, Frankreich, Großbritannien, Japan, Rußland oder USA beteiligt ist. Der Versicherungsschutz lebt wieder auf, sobald uns Ihre Anzeige über die Beendigung des Dienstes zugegangen ist.

Der Versicherungsbeitrag

11 **Was müssen Sie bei der Beitragszahlung beachten? Was geschieht, wenn Sie einen Beitrag nicht rechtzeitig zahlen?**

11.1 **Beitrag und Versicherungsteuer**
Der in Rechnung gestellte Beitrag enthält die Versicherungsteuer, die Sie in der jeweils vom Gesetz bestimmten Höhe zu entrichten haben.

11.2 **Zahlung und Folgen verspäteter Zahlung/Erster oder einmaliger Beitrag**

11.2.1 **Fälligkeit und Rechtzeitigkeit der Zahlung**
Der erste oder einmalige Beitrag wird – wenn nichts anderes vereinbart ist – sofort nach Abschluß des Vertrages fällig.
Die Zahlung gilt als rechtzeitig, wenn sie unverzüglich nach Erhalt des Versicherungsscheins und der Zahlungsaufforderung (*sowie nach Ablauf der im Versicherungsschein genannten Widerspruchsfrist von 14 Tagen*) erfolgt.
Ist Zahlung des Jahresbeitrags in Raten vereinbart, gilt als erster Beitrag nur die erste Rate des ersten Jahresbeitrags.

11.2.2 **Späterer Beginn des Versicherungsschutzes**
Zahlen Sie den ersten oder einmaligen Beitrag nicht rechtzeitig, sondern zu einem späteren Zeitpunkt, beginnt der Versicherungsschutz erst ab diesem Zeitpunkt.

11.2.3   Rücktritt

Zahlen Sie den ersten oder einmaligen Beitrag nicht rechtzeitig, können wir vom Vertrag zurücktreten, solange der Beitrag nicht gezahlt ist. Es gilt als Rücktritt, wenn wir den ersten oder einmaligen Beitrag nicht innerhalb von drei Monaten nach Abschluß des Vertrages gerichtlich geltend machen.

11.3   Zahlung und Folgen verspäteter Zahlung/Folgebeitrag

11.3.1   Fälligkeit und Rechtzeitigkeit der Zahlung

Die Folgebeiträge sind, soweit nicht etwas anderes bestimmt ist, am Monatsersten des vereinbarten Beitragszeitraums fällig.

Die Zahlung gilt als rechtzeitig, wenn sie zu dem im Versicherungsschein oder in der Beitragsrechnung angegebenen Zeitpunkt erfolgt.

11.3.2   Verzug

Wird der Folgebeitrag nicht rechtzeitig gezahlt, geraten Sie ohne Mahnung in Verzug, es sei denn, daß Sie die verspätete Zahlung nicht zu vertreten haben.

Wir werden Sie schriftlich zur Zahlung auffordern und Ihnen eine Zahlungsfrist von mindestens zwei Wochen setzen.

Wir sind berechtigt, Ersatz des uns durch den Verzug entstandenen Schadens zu verlangen.

11.3.3   Kein Versicherungsschutz

Sind Sie nach Ablauf dieser Zahlungsfrist noch mit der Zahlung in Verzug, besteht ab diesem Zeitpunkt bis zur Zahlung kein Versicherungsschutz, wenn Sie mit der Zahlungsaufforderung nach Ziffer 11.3.2 Absatz 2 darauf hingewiesen wurden.

11.3.4   Kündigung

Sind Sie nach Ablauf dieser Zahlungsfrist noch mit der Zahlung in Verzug, können wir den Vertrag kündigen, wenn wir Sie mit der Zahlungsaufforderung nach Ziffer 11.3.2 Absatz 2 darauf hingewiesen haben.

Haben wir gekündigt, und zahlen Sie danach innerhalb eines Monats den angemahnten Beitrag, besteht der Vertrag fort. Für Versicherungsfälle, die zwischen dem Zugang der Kündigung und der Zahlung eingetreten sind, besteht jedoch kein Versicherungsschutz.

11.4   Rechtzeitigkeit der Zahlung bei Lastschriftermächtigung

Ist die Einziehung des Beitrags von einem Konto vereinbart, gilt die Zahlung als rechtzeitig, wenn der Beitrag zu dem im Versicherungsschein angegebenen Fälligkeitstag eingezogen werden kann und Sie einer berechtigten Einziehung nicht widersprechen.

Konnte der fällige Beitrag ohne Ihr Verschulden von uns nicht eingezogen werden, ist die Zahlung auch dann noch rechtzeitig, wenn sie unverzüglich nach unserer schriftlichen Zahlungsaufforderung erfolgt.

Haben Sie zu vertreten, daß der Beitrag nicht eingezogen werden kann, sind wir berechtigt, künftig Zahlung außerhalb des Lastschriftverfahrens zu verlangen.

11.5   **Teilzahlung und Folgen bei verspäteter Zahlung**
Ist die Zahlung des Jahresbeitrags in Raten vereinbart, sind die noch ausstehenden Raten sofort fällig, wenn Sie mit der Zahlung einer Rate in Verzug sind.
Ferner können wir für die Zukunft jährliche Beitragszahlung verlangen.

11.6   **Beitrag bei vorzeitiger Vertragsbeendigung**
Bei vorzeitiger Beendigung des Vertrages haben wir, soweit nicht etwas anderes bestimmt ist, nur Anspruch auf den Teil des Beitrags, der der abgelaufenen Vertragszeit entspricht.

11.7   **Beitragsbefreiung bei der Versicherung von Kindern**
Wenn Sie während der Versicherungsdauer sterben und
– Sie bei Versicherungsbeginn das 45. Lebensjahr noch nicht vollendet hatten,
– die Versicherung nicht gekündigt war und
– Ihr Tod nicht durch Kriegs- oder Bürgerkriegsereignisse verursacht wurde,
gilt Folgendes:

11.7.1   Die Versicherung wird mit den zu diesem Zeitpunkt geltenden Versicherungssummen bis zum Ablauf des Versicherungsjahres beitragsfrei weitergeführt, in dem das versicherte Kind das 18. Lebensjahr vollendet.

11.7.2   Der gesetzliche Vertreter des Kindes wird neuer Versicherungsnehmer, wenn nichts anderes vereinbart ist.

Weitere Bestimmungen

12   **Wie sind die Rechtsverhältnisse der am Vertrag beteiligten Personen zueinander?**

12.1   Ist die Versicherung gegen Unfälle abgeschlossen, die einem anderen zustoßen (Fremdversicherung), steht die Ausübung der Rechte aus dem Vertrag nicht der versicherten Person, sondern Ihnen zu. Sie sind neben der versicherten Person für die Erfüllung der Obliegenheiten verantwortlich.

12.2   Alle für Sie geltenden Bestimmungen sind auf Ihren Rechtsnachfolger und sonstige Anspruchsteller entsprechend anzuwenden.

12.3   Die Versicherungsansprüche können vor Fälligkeit ohne unsere Zustimmung weder übertragen noch verpfändet werden.

13   Was bedeutet die vorvertragliche Anzeigepflicht?
13.1   Vollständigkeit und Richtigkeit von Angaben über gefahrerhebliche Umstände

Sie oder Ihr Bevollmächtigter sind verpflichtet, uns bei Abschluß des Vertrages alle Ihnen bekannten gefahrerheblichen Umstände schriftlich, wahrheitsgemäß und vollständig anzuzeigen, insbesondere die im Versicherungsantrag gestellten Fragen ebenso zu beantworten. Gefahrerheblich sind die Umstände, die geeignet sind, auf unseren Entschluß Einfluß auszuüben, den Vertrag überhaupt oder mit dem vereinbarten Inhalt abzuschließen. Ein Umstand, nach dem wir ausdrücklich und schriftlich gefragt haben, gilt im Zweifel als gefahrerheblich.

Die versicherte Person ist neben Ihnen für die wahrheitsgemäße und vollständige Anzeige der gefahrerheblichen Umstände und die Beantwortung der an sie gestellten Fragen verantwortlich.

Wird der Vertrag von Ihrem Bevollmächtigten oder einem Vertreter ohne Vertretungsmacht geschlossen und kennt dieser den gefahrerheblichen Umstand, müssen Sie sich so behandeln lassen, als hätten Sie selbst davon Kenntnis gehabt oder dies arglistig verschwiegen.

13.2   Rücktritt
13.2.1 Voraussetzungen und Ausübung des Rücktritts

Unvollständige und unrichtige Angaben zu den gefahrerheblichen Umständen berechtigen uns, vom Versicherungsvertrag zurückzutreten. Dies gilt auch dann, wenn ein Umstand nicht oder unrichtig angezeigt wurde, weil Sie sich der Kenntnis der Wahrheit arglistig entzogen haben.

Der Rücktritt kann nur innerhalb eines Monats erfolgen. Die Frist beginnt mit dem Zeitpunkt, in dem wir von der Verletzung der Anzeigepflicht Kenntnis erlangen. Der Rücktritt erfolgt durch Erklärung Ihnen gegenüber.

13.2.2 Ausschluß des Rücktrittsrechts

Wir haben kein Rücktrittsrecht, wenn wir die nichtangezeigten gefahrerheblichen Umstände oder deren unrichtige Anzeige kannten.

Dasselbe gilt, wenn Sie nachweisen, daß die unrichtigen oder unvollständigen Angaben weder von Ihnen noch von Ihrem Bevollmächtigten schuldhaft gemacht wurden.

Hatten Sie die gefahrerheblichen Umstände anhand schriftlicher von uns gestellter Fragen anzuzeigen, können wir wegen einer unterbliebenen Anzeige eines Umstands, nach dem nicht ausdrücklich gefragt worden ist, nur zurücktreten, wenn dieser Umstand entweder von Ihnen oder von Ihrem Bevollmächtigten arglistig verschwiegen wurde.

13.2.3 Folgen des Rücktritts

Im Fall des Rücktritts besteht kein Versicherungsschutz.

Ist der Versicherungsfall bereits eingetreten, dürfen wir den Versicherungsschutz nicht versagen, wenn Sie nachweisen, daß der unvollständig oder unrichtig angezeigte Umstand weder auf den Eintritt des Versicherungsfalls noch auf den Umfang der Leistung Einfluß gehabt hat.

Im Fall des Rücktritts sind wir und Sie verpflichtet, die empfangenen Leistungen zurückzugewähren; eine Geldsumme ist vom Zeitpunkt des Empfangs an zu verzinsen. Wir behalten aber unseren Anspruch auf den Teil des Beitrags, der der im Zeitpunkt des Rücktritts abgelaufenen Vertragszeit entspricht.

13.3 Beitragsänderung oder Kündigungsrecht

Ist unser Rücktrittsrecht ausgeschlossen, weil Ihre Anzeigepflicht ohne Verschulden verletzt wurde, haben wir, falls für die höhere Gefahr ein höherer Beitrag angemessen ist, auf diesen Beitrag ab Beginn der laufenden Versicherungsperiode Anspruch. Das gleiche gilt, wenn uns bei Abschluß des Vertrages ein für die Übernahme der Gefahr erheblicher Umstand nicht angezeigt worden ist, weil er Ihnen nicht bekannt war.

Wird die höhere Gefahr nach den für unseren Geschäftsbetrieb maßgebenden Grundsätzen auch gegen einen höheren Beitrag nicht übernommen, können wir den Versicherungsvertrag unter Einhaltung einer Kündigungsfrist von einem Monat, nachdem wir von der Anzeigepflichtverletzung Kenntnis erlangt haben, kündigen. Die Kündigung wird einen Monat nach dem Zugang bei Ihnen wirksam.

Das Recht auf Beitragserhöhung oder Kündigung erlischt, wenn es nicht innerhalb eines Monats von dem Zeitpunkt an geltend gemacht wird, in dem wir von der Verletzung der Anzeigepflicht oder von dem nicht angezeigten Umstand Kenntnis erlangt haben.

13.4 Anfechtung

Unser Recht, den Vertrag wegen arglistiger Täuschung über Gefahrumstände anzufechten, bleibt unberührt.

14 Wie können Sie den Verlust von Ansprüchen vermeiden?

14.1 Sie haben keinen Anspruch auf Versicherungsschutz, wenn Sie den Anspruch auf die Leistung nicht innerhalb von sechs Monaten gerichtlich geltend gemacht haben.

14.2 Die Frist beginnt mit dem Zugang unserer schriftlichen Ablehnung. Die Rechtsfolgen der Fristversäumnis treten nur ein, wenn wir dabei auf die Notwendigkeit der fristgerechten gerichtlichen Geltendmachung hingewiesen haben.

15 Wann verjähren die Ansprüche aus dem Vertrag?

15.1 Die Ansprüche aus dem Versicherungsvertrag verjähren in zwei Jahren. Die Frist beginnt mit dem Schluß des Jahres, in dem die Leistung verlangt werden kann.

15.2   Haben Sie einen Anspruch bei uns angemeldet, zählt der Zeitraum von der Anmeldung bis zum Zugang unserer schriftlichen Entscheidung bei der Fristberechnung nicht mit.

16   **Welches Gericht ist zuständig?**

16.1   Für Klagen aus dem Versicherungsvertrag gegen uns bestimmt sich die gerichtliche Zuständigkeit nach dem für unseren Sitz oder unserer für den Versicherungsvertrag zuständigen Niederlassung. Hat ein Versicherungsagent am Zustandekommen des Vertrages mitgewirkt, ist auch das Gericht des Ortes zuständig, an dem der Versicherungsagent zur Zeit der Vermittlung oder des Abschlusses seine gewerbliche Niederlassung oder – bei Fehlen einer gewerblichen Niederlassung – seinen Wohnsitz hatte.

16.2   Wir können Klagen gegen Sie bei dem für Ihren Wohnsitz zuständigen Gericht erheben.

17   **Was ist bei Mitteilungen an uns zu beachten? Was gilt bei Änderung Ihrer Anschrift?**

17.1   Alle für uns bestimmten Anzeigen und Erklärungen müssen Sie schriftlich abgeben. Sie sollen an unsere Hauptverwaltung oder an die im Versicherungsschein oder in dessen Nachträgen als zuständig bezeichnete Geschäftsstelle gerichtet werden.

17.2   Haben Sie uns eine Änderung Ihrer Anschrift nicht mitgeteilt, genügt für eine Willenserklärung, die Ihnen gegenüber abzugeben ist, die Absendung eines eingeschriebenen Briefes an die letzte uns bekannte Anschrift. Die Erklärung wird zu dem Zeitpunkt wirksam, in dem sie Ihnen ohne die Anschriftenänderung bei regelmäßiger Beförderung zugegangen sein würde.

18   **Welches Recht findet Anwendung?**
Für diesen Vertrag gilt deutsches Recht.

F. Allgemeine Unfallversicherungs-Bedingungen (AUB 94)

VdS-Musterbedingungen[4]

§ 1 Der Versicherungsfall   42

I. Der Versicherer bietet Versicherungsschutz bei Unfällen, die dem Versicherten während der Wirksamkeit des Vertrages zustoßen.

Die Leistungsarten, die versichert werden können, ergeben sich aus § 7; aus Antrag und Versicherungsschein ist ersichtlich, welche Leistungsarten jeweils vertraglich vereinbart sind.

---

4   Unverbindliche Empfehlung des Verbandes der Schadenversicherer e.V. – VdS. Abweichende Vereinbarungen sind möglich. Stand: 1.1.1995.

II. Der Versicherungsschutz umfaßt Unfälle in der ganzen Welt.

III. Ein Unfall liegt vor, wenn der Versicherte durch ein plötzlich von außen auf seinen Körper wirkendes Ereignis (Unfallereignis) unfreiwillig eine Gesundheitsschädigung erleidet.

IV. Als Unfall gilt auch, wenn durch eine erhöhte Kraftanstrengung an Gliedmaßen oder Wirbelsäule

(1) ein Gelenk verrenkt wird oder

(2) Muskeln, Sehnen, Bänder oder Kapseln gezerrt oder zerrissen werden.

§ 2 Ausschlüsse

Soweit nicht etwas anderes vereinbart ist, gilt:

Nicht unter den Versicherungsschutz fallen:

I. (1) Unfälle durch Geistes- oder Bewußtseinsstörungen, auch soweit diese auf Trunkenheit beruhen, sowie durch Schlaganfälle, epileptische Anfälle oder andere Krampfanfälle, die den ganzen Körper des Versicherten ergreifen.

Versicherungsschutz besteht jedoch, wenn diese Störungen oder Anfälle durch ein unter diesen Vertrag fallendes Unfallereignis verursacht waren.

(2) Unfälle, die dem Versicherten dadurch zustoßen, daß er vorsätzlich eine Straftat ausführt oder versucht.

(3) Unfälle, die unmittelbar oder mittelbar durch Kriegs- oder Bürgerkriegsereignisse verursacht sind;

Unfälle durch innere Unruhen, wenn der Versicherte auf Seiten der Unruhestifter teilgenommen hat.

(4) Unfälle des Versicherten

a) als Luftfahrzeugführer (auch Luftsportgeräteführer), soweit er nach deutschem Recht dafür eine Erlaubnis benötigt,

sowie als sonstiges Besatzungsmitglied eines Luftfahrzeuges;

b) bei einer mit Hilfe eines Luftfahrzeuges auszuübenden beruflichen Tätigkeit;

c) bei der Benutzung von Raumfahrzeugen.

(5) Unfälle, die dem Versicherten dadurch zustoßen, daß er sich als Fahrer, Beifahrer oder Insasse eines Motorfahrzeuges an Fahrtveranstaltungen einschließlich der dazugehörigen Übungsfahrten beteiligt, bei denen es auf die Erzielung von Höchstgeschwindigkeiten ankommt.

(6) Unfälle, die unmittelbar oder mittelbar durch Kernenergie verursacht sind.

II. (1) Gesundheitsschädigungen durch Strahlen.

(2) Gesundheitsschädigungen durch Heilmaßnahmen oder Eingriffe, die der Versicherte an seinem Körper vornimmt oder vornehmen läßt.

Versicherungsschutz besteht jedoch, wenn die Eingriffe oder Heilmaßnahmen, auch strahlendiagnostische und -therapeutische, durch einen unter diesen Vertrag fallenden Unfall veranlaßt waren.

(3) Infektionen.

Versicherungsschutz besteht jedoch, wenn die Krankheitserreger durch eine unter diesen Vertrag fallende Unfallverletzung in den Körper gelangt sind.

Nicht als Unfallverletzungen gelten dabei Haut- oder Schleimhautverletzungen, die als solche geringfügig sind und durch die Krankheitserreger sofort oder später in den Körper gelangen; für Tollwut und Wundstarrkrampf entfällt diese Einschränkung.

Für Infektionen, die durch Heilmaßnahmen verursacht sind, gilt (2) Satz 2 entsprechend.

(4) Vergiftungen infolge Einnahme fester oder flüssiger Stoffe durch den Schlund.

III. (1) Bauch- oder Unterleibsbrüche.

Versicherungsschutz besteht jedoch, wenn sie durch eine unter diesen Vertrag fallende gewaltsame von außen kommende Einwirkung entstanden sind.

(2) Schädigungen an Bandscheiben sowie Blutungen aus inneren Organen und Gehirnblutungen.

Versicherungsschutz besteht jedoch, wenn ein unter diesen Vertrag fallendes Unfallereignis im Sinne des § 1 III. die überwiegende Ursache ist.

IV. Krankhafte Störungen infolge psychischer Reaktionen, gleichgültig, wodurch diese verursacht sind.

§ 3 Nicht versicherbare Personen

Soweit nicht etwas anderes vereinbart ist, gilt:

I. Nicht versicherbar und trotz Beitragszahlung nicht versichert sind dauernd pflegebedürftige Personen sowie Geisteskranke.

Pflegebedürftig ist, wer für die Verrichtungen des täglichen Lebens überwiegend fremder Hilfe bedarf.

II. Der Versicherungsschutz erlischt, sobald der Versicherte im Sinne von I. nicht mehr versicherbar ist. Gleichzeitig endet die Versicherung.

III. Der für dauernd pflegebedürftige Personen sowie Geisteskranke seit Vertragsabschluß bzw. Eintritt der Versicherungsunfähigkeit entrichtete Beitrag ist zurückzuzahlen.

§ 3a Vorvertragliche Anzeigepflichten des Versicherungsnehmers

Soweit nicht etwas anderes vereinbart ist, gilt:

Der Versicherungsnehmer hat alle Antragsfragen wahrheitsgemäß zu beantworten. Bei schuldhafter Verletzung dieser Obliegenheit kann der Versicherer nach den Bestimmungen der §§ 16 bis 22 des Gesetzes über den Versicherungsvertrag (siehe im Anhang zu diesen Bedingungen) vom Vertrag zurücktreten oder diesen anfechten und leistungsfrei sein.

§ 3b Widerrufs- und Widerspruchsrecht des Versicherungsnehmers

I. Der Versicherungsnehmer hat bei einem mehrjährigen Vertrag ein gesetzliches Widerrufsrecht, über das er belehrt werden muß. Das Widerrufsrecht besteht nicht, wenn und soweit der Versicherer auf Wunsch des Versicherungsnehmers sofortigen Versicherungsschutz gewährt oder wenn die Versicherung nach dem Inhalt des Antrages für die bereits ausgeübte gewerbliche oder selbständige Tätigkeit des Versicherungsnehmers bestimmt ist.

Unterbleibt die Belehrung, erlischt das Widerrufsrecht einen Monat nach Zahlung des ersten Beitrags.

II. Werden die für den Vertrag geltenden Versicherungsbedingungen oder die weitere für den Vertragsinhalt maßgebliche Verbraucherinformation erst zusammen mit dem Versicherungsschein übersandt, hat der Versicherungsnehmer anstelle des Widerrufsrechts nach I. ein gesetzliches Widerspruchsrecht, über das er belehrt werden muß.

Fehlt diese Belehrung oder liegen dem Versicherungsnehmer der Versicherungsschein, die Versicherungsbedingungen oder die Verbraucherinformation nicht vollständig vor, kann dieser noch innerhalb eines Jahres nach Zahlung des ersten Beitrags widersprechen.

§ 4 Beginn und Ende des Versicherungsschutzes/Vertragliche Gestaltungsrechte

I. Der Versicherungsschutz beginnt, sobald der erste Beitrag gezahlt ist, jedoch frühestens zu dem im Versicherungsschein angegebenen Zeitpunkt. Wird der erste Beitrag erst danach angefordert, dann aber innerhalb von 14 Tagen gezahlt, so beginnt der Versicherungsschutz zu dem im Versicherungsschein angegebenen Zeitpunkt.

II. Der Vertrag kann beendet werden durch schriftliche Kündigung eines der Vertragspartner

(1) zum Ablauf der vereinbarten Dauer.

Die Kündigung muß spätestens drei Monate vor dem Ablauf zugegangen sein; anderenfalls verlängert sich der Vertrag jeweils um ein Jahr;

(2) zum Ende des fünften oder jedes darauf folgenden Jahres, wenn ein Vertrag für eine Dauer von mehr als fünf Jahren vereinbart wurde.

Die Kündigung muß spätestens drei Monate vor Ablauf des fünften oder des jeweiligen folgenden Jahres dem Vertragspartner zugegangen sein;

(3) wenn der Versicherer eine Leistung nach § 7 erbracht hat oder gegen ihn Klage auf eine solche Leistung erhoben worden ist.

Die Kündigung muß spätestens einen Monat nach Leistung oder – im Falle eines Rechtsstreits – nach Klagrücknahme, Anerkenntnis, Vergleich oder Rechtskraft des Urteils zugegangen sein. Sie wird erst nach Ablauf eines Monats ab Zugang wirksam.

III. Der Vertrag endet ohne Kündigung, wenn die vereinbarte Dauer weniger als ein Jahr beträgt, zu dem im Versicherungsschein angegebenen Zeitpunkt.

Soweit nicht etwas anderes vereinbart ist, gilt:

IV. Der Versicherungsschutz tritt außer Kraft, sobald der Versicherte im Krieg oder kriegsmäßigen Einsatz Dienst in einer militärischen oder ähnlichen Formation leistet. Der Versicherungsschutz lebt wieder auf, sobald dem Versicherer die Anzeige des Versicherungsnehmers über die Beendigung des Dienstes zugegangen ist.

§ 5 Beiträge, Fälligkeit und Verzug

Soweit nicht etwas anderes vereinbart ist, gilt:

I. Die Beiträge enthalten die jeweilige Versicherungsteuer und die vereinbarten Nebenkosten.

Der erste oder einmalige Beitrag ist, wenn nichts anderes bestimmt ist, sofort nach Abschluß des Versicherungsvertrages fällig.

Folgebeiträge sind am Ersten des Fälligkeitsmonats zu zahlen, sofern nichts anderes vereinbart wurde.

II. Bei nicht rechtzeitiger Zahlung des Beitrags gelten die Bestimmungen der §§ 38 und 39 des Gesetzes über den Versicherungsvertrag (VVG).

Bei Teilzahlung des Jahresbeitrags werden die noch ausstehenden Raten des Jahresbeitrags sofort fällig, wenn der Versicherungsnehmer mit der Zahlung einer Rate in Verzug gerät.

Rückständige Folgebeiträge können nur innerhalb eines Jahres seit Ablauf der nach § 39 Abs. 1 VVG gesetzten Zahlungsfristen gerichtlich geltend gemacht werden.

III. Bei vorzeitiger Beendigung des Vertrages hat der Versicherer nur Anspruch auf den Teil des Beitrags, der der abgelaufenen Versicherungszeit entspricht.

IV. Im Fall des § 4 IV. wird die Pflicht zur Beitragszahlung unterbrochen.

§ 6 Änderung der Berufstätigkeit oder Beschäftigung, Wehrdienst

I. Während der Vertragsdauer eintretende Änderungen der Berufstätigkeit oder Beschäftigung des Versicherten sind unverzüglich anzuzeigen.

Die Ableistung von Pflichtwehrdienst oder Zivildienst sowie die Teilnahme an militärischen Reserveübungen gelten nicht als Änderung der Berufstätigkeit oder Beschäftigung.

II. (1) Ergibt sich für eine neue Berufstätigkeit oder Beschäftigung des Versicherten nach dem zur Zeit der Änderung gültigen Tarif des Versicherers ein niedrigerer Beitrag, so ist nach Ablauf eines Monats vom Zugang der Anzeige an nur dieser zu zahlen.

(2) Ergibt sich ein höherer Beitrag, so wird noch für zwei Monate von dem Zeitpunkt der Änderung der Berufstätigkeit oder Beschäftigung an Versicherungsschutz nach den bisherigen Versicherungssummen geboten. Tritt nach Ablauf dieser Frist ein Unfall ein, ohne daß eine Änderungsanzeige erfolgt oder eine Einigung über den Beitrag erzielt worden ist, so vermindern sich die Versicherungssummen im Verhältnis des erforderlichen Beitrags zum bisherigen Beitrag.

(3)

a) Bietet der Versicherer für die neue Berufstätigkeit oder Beschäftigung nach seinem Tarif keinen Versicherungsschutz, kann der Versicherer den Vertrag kündigen. Die Kündigung wird einen Monat nach Zugang wirksam. Das Kündigungsrecht erlischt,

■ wenn es nicht innerhalb eines Monats von dem Zeitpunkt an ausgeübt wird, zu dem der Versicherer von der Änderung Kenntnis erlangt hat, oder

■ wenn der Versicherte seine vorherige Berufstätigkeit oder Beschäftigung wieder aufgenommen hat.

b) Hat der Versicherungsnehmer die Änderungsanzeige nicht unverzüglich gemacht, ist der Versicherer von der Verpflichtung zur Leistung frei, wenn der Unfall später als einen Monat nach dem Zeitpunkt eintritt, zu welchem die Anzeige dem Versicherer hätte zugehen müssen.

Die Verpflichtung des Versicherers bleibt bestehen, wenn ihm die neue Berufstätigkeit oder Beschäftigung zu dem Zeitpunkt bekannt war, zu dem ihm die Anzeige hätte zugehen müssen. Das Gleiche gilt, wenn bei Eintritt des Unfalles

■ die Frist für die Kündigung des Versicherers abgelaufen und eine Kündigung nicht erfolgt ist oder

■ wenn die neue Berufstätigkeit oder Beschäftigung keinen Einfluß auf den Eintritt des Unfalles und auf den Umfang der Leistung des Versicherers gehabt hat.

§ 7 Die Leistungsarten

Die jeweils vereinbarten Leistungsarten und deren Höhe (Versicherungssummen) ergeben sich aus dem Vertrag. Für die Entstehung des Anspruchs und die Bemessung der Leistungen gelten die nachfolgenden Bestimmungen.

I. Invaliditätsleistung

Soweit nicht etwas anderes vereinbart ist, gilt:

(1) Führt der Unfall zu einer dauernden Beeinträchtigung der körperlichen oder geistigen Leistungsfähigkeit (Invalidität) des Versicherten, so entsteht Anspruch auf Kapitalleistung aus der für den Invaliditätsfall versicherten Summe. Hat der Versicherte bei Eintritt des Unfalles das 65. Lebensjahr vollendet, so wird die Leistung als Rente gemäß § 14 erbracht.

Die Invalidität muß innerhalb eines Jahres nach dem Unfall eingetreten sowie spätestens vor Ablauf einer Frist von weiteren drei Monaten ärztlich festgestellt und geltend gemacht sein.

(2) Die Höhe der Leistung richtet sich nach dem Grad der Invalidität.

a) Als feste Invaliditätsgrade gelten – unter Ausschluß des Nachweises einer höheren oder geringeren Invalidität – bei Verlust oder Funktionsunfähigkeit

eines Armes im Schultergelenk	70 Prozent
eines Armes bis oberhalb des Ellenbogengelenks	65 Prozent
eines Armes unterhalb des Ellenbogengelenks	60 Prozent
einer Hand im Handgelenk	55 Prozent
eines Daumens	20 Prozent
eines Zeigefingers	10 Prozent
eines anderen Fingers	5 Prozent
eines Beines über der Mitte des Oberschenkels	70 Prozent
eines Beines bis zur Mitte des Oberschenkels	60 Prozent
eines Beines bis unterhalb des Knies	50 Prozent
eines Beines bis zur Mitte des Unterschenkels	45 Prozent
eines Fußes im Fußgelenk	40 Prozent
einer großen Zehe	5 Prozent
einer anderen Zehe	2 Prozent
eines Auges	50 Prozent
des Gehörs auf einem Ohr	30 Prozent
des Geruchs	10 Prozent
des Geschmacks	5 Prozent

b) Bei Teilverlust oder Funktionsbeeinträchtigung eines dieser Körperteile oder Sinnesorgane wird der entsprechende Teil des Prozentsatzes nach a) angenommen.

c) Werden durch den Unfall Körperteile oder Sinnesorgane betroffen, deren Verlust oder Funktionsunfähigkeit nicht nach a) oder b) geregelt sind, so ist für diese maßgebend, inwieweit die normale körperliche oder geistige Leistungsfähigkeit unter ausschließlicher Berücksichtigung medizinischer Gesichtspunkte beeinträchtigt ist.

d) Sind durch den Unfall mehrere körperliche oder geistige Funktionen beeinträchtigt, so werden die Invaliditätsgrade, die sich nach (2) ergeben, zusammengerechnet. Mehr als 100 Prozent werden jedoch nicht angenommen.

(3) Wird durch den Unfall eine körperliche oder geistige Funktion betroffen, die schon vorher dauernd beeinträchtigt war, so wird ein Abzug in Höhe dieser Vorinvalidität vorgenommen. Diese ist nach (2) zu bemessen.

(4) Tritt der Tod unfallbedingt innerhalb eines Jahres nach dem Unfall ein, so besteht kein Anspruch auf Invaliditätsleistung.

(5) Stirbt der Versicherte aus unfallfremder Ursache innerhalb eines Jahres nach dem Unfall oder – gleichgültig, aus welcher Ursache – später als ein Jahr nach dem

Unfall und war ein Anspruch auf Invaliditätsleistung nach (1) entstanden, so ist nach dem Invaliditätsgrad zu leisten, mit dem aufgrund der zuletzt erhobenen ärztlichen Befunde zu rechnen gewesen wäre.

II. Übergangsleistung

Soweit nicht etwas anderes vereinbart ist, gilt:

Besteht nach Ablauf von sechs Monaten seit Eintritt des Unfalles ohne Mitwirkung von Krankheiten oder Gebrechen noch eine unfallbedingte Beeinträchtigung der normalen körperlichen oder geistigen Leistungsfähigkeit im beruflichen oder außerberuflichen Bereich von mehr als 50 Prozent und hat diese Beeinträchtigung bis dahin ununterbrochen bestanden, so wird die im Vertrag vereinbarte Übergangsleistung erbracht.

Zur Geltendmachung wird auf § 9 VI. verwiesen.

III. Tagegeld

Soweit nicht etwas anderes vereinbart ist, gilt:

(1) Führt der Unfall zu einer Beeinträchtigung der Arbeitsfähigkeit, so wird für die Dauer der ärztlichen Behandlung Tagegeld gezahlt. Das Tagegeld wird nach dem Grad der Beeinträchtigung abgestuft. Die Bemessung des Beeinträchtigungsgrades richtet sich nach der Berufstätigkeit oder Beschäftigung des Versicherten.

(2) Das Tagegeld wird längstens für ein Jahr, vom Unfalltage an gerechnet, gezahlt.

IV. Krankenhaustagegeld

Soweit nicht etwas anderes vereinbart ist, gilt:

(1) Krankenhaustagegeld wird für jeden Kalendertag gezahlt, an dem sich der Versicherte wegen des Unfalles in medizinisch notwendiger vollstationärer Heilbehandlung befindet, längstens jedoch für zwei Jahre, vom Unfalltage an gerechnet.

(2) Krankenhaustagegeld entfällt bei einem Aufenthalt in Sanatorien, Erholungsheimen und Kuranstalten.

V. Genesungsgeld

Soweit nicht etwas anderes vereinbart ist, gilt:

(1) Genesungsgeld wird für die gleiche Anzahl von Kalendertagen gezahlt, für die Krankenhaustagegeld geleistet wird, längstens jedoch für 100 Tage, und zwar

für den	1. bis	10. Tag	... Prozent
für den	11. bis	20. Tag	... Prozent
für den	21. bis	100. Tag	... Prozent

des Krankenhaustagegeldes.

(2) Mehrere vollstationäre Krankenhausaufenthalte wegen desselben Unfalles gelten als ein ununterbrochener Krankenhausaufenthalt.

(3) Der Anspruch auf Genesungsgeld entsteht mit der Entlassung aus dem Krankenhaus.

VI. Todesfallleistung

Soweit nicht etwas anderes vereinbart ist, gilt:

Führt der Unfall innerhalb eines Jahres zum Tode, so entsteht Anspruch auf Leistung nach der für den Todesfall versicherten Summe.

Zur Geltendmachung wird auf § 9 VII. verwiesen.

§ 8 Einschränkung der Leistungen

Soweit nicht etwas anderes vereinbart ist, gilt:

Haben Krankheiten oder Gebrechen bei der durch ein Unfallereignis hervorgerufenen Gesundheitsschädigung oder deren Folgen mitgewirkt, so wird die Leistung entsprechend dem Anteil der Krankheit oder des Gebrechens gekürzt, wenn dieser Anteil mindestens 25 Prozent beträgt.

§ 9 Die Obliegenheiten nach Eintritt eines Unfalles

I. Nach einem Unfall, der voraussichtlich eine Leistungspflicht herbeiführt, ist unverzüglich ein Arzt hinzuzuziehen und der Versicherer zu unterrichten.

Der Versicherte hat den ärztlichen Anordnungen nachzukommen und auch im Übrigen die Unfallfolgen möglichst zu mindern.

II. Die vom Versicherer übersandte Unfallanzeige ist wahrheitsgemäß auszufüllen und umgehend an den Versicherer zurückzusenden. Darüber hinaus geforderte sachdienliche Auskünfte sind unverzüglich zu erteilen.

III. Der Versicherte hat darauf hinzuwirken, daß die vom Versicherer angeforderten Berichte und Gutachten alsbald erstattet werden.

IV. Der Versicherte hat sich von den vom Versicherer beauftragten Ärzten untersuchen zu lassen. Die notwendigen Kosten einschließlich eines dadurch entstandenen Verdienstausfalles trägt der Versicherer.

V. Die Ärzte, die den Versicherten – auch aus anderen Anlässen – behandelt oder untersucht haben, andere Versicherer, Versicherungsträger und Behörden sind zu ermächtigen, alle erforderlichen Auskünfte zu erteilen.

VI. Der Versicherungsnehmer hat einen Anspruch auf Zahlung der Übergangsleistung spätestens sieben Monate nach Eintritt des Unfalles geltend zu machen und unter Vorlage eines ärztlichen Attestes zu begründen.

VII. Hat der Unfall den Tod zur Folge, so ist dies innerhalb von 48 Stunden zu melden, auch wenn der Unfall schon angezeigt ist. Die Meldung soll telegrafisch erfolgen. Dem Versicherer ist das Recht zu verschaffen, eine Obduktion durch einen von ihm beauftragten Arzt vornehmen zu lassen.

§ 10 Folgen von Obliegenheitsverletzungen

Soweit nicht etwas anderes vereinbart ist, gilt:

Wird eine nach Eintritt des Unfalles zu erfüllende Obliegenheit verletzt, so ist der Versicherer von der Leistungspflicht frei, es sei denn, daß die Verletzung weder auf Vorsatz noch auf grober Fahrlässigkeit beruht. Bei grobfahrlässiger Verletzung bleibt er zur Leistung verpflichtet, soweit die Verletzung weder Einfluß auf die Feststellung des Unfalles noch auf die Bemessung der Leistung gehabt hat.

§ 11 Fälligkeit der Leistungen

I. Sobald dem Versicherer die Unterlagen zugegangen sind, die der Versicherungsnehmer zum Nachweis des Unfallhergangs und der Unfallfolgen sowie über den Abschluß des für die Bemessung der Invalidität notwendigen Heilverfahrens beizubringen hat, ist der Versicherer verpflichtet, innerhalb eines Monats – beim Invaliditätsanspruch innerhalb von drei Monaten – zu erklären, ob und in welcher Höhe er einen Anspruch anerkennt.

Die ärztlichen Gebühren, die dem Versicherungsnehmer zur Begründung des Leistungsanspruches entstehen, übernimmt der Versicherer

- bei Invalidität bis zu ... Prozent der versicherten Summe,
- bei Übergangsleistung bis zu ... Prozent der versicherten Summe,
- bei Tagegeld bis zu ... Tagegeldsatz,
- bei Krankenhaustagegeld bis zu ... Krankenhaustagegeldsatz.

II. Erkennt der Versicherer den Anspruch an oder haben sich Versicherungsnehmer und Versicherer über Grund und Höhe geeinigt, so erbringt der Versicherer die Leistung innerhalb von zwei Wochen.

Vor Abschluß des Heilverfahrens kann eine Invaliditätsleistung innerhalb eines Jahres nach Eintritt des Unfalles nur beansprucht werden, wenn und soweit eine Todesfallsumme versichert ist.

III. Steht die Leistungspflicht zunächst nur dem Grunde nach fest, so zahlt der Versicherer auf Verlangen des Versicherungsnehmers angemessene Vorschüsse.

IV. Versicherungsnehmer und Versicherer sind berechtigt, den Grad der Invalidität jährlich, längstens bis zu drei Jahren nach Eintritt des Unfalles, erneut ärztlich bemessen zu lassen.

Dieses Recht muß seitens des Versicherers mit Abgabe seiner Erklärung entsprechend I., seitens des Versicherungsnehmers innerhalb eines Monats ab Zugang dieser Erklärung ausgeübt werden.

Ergibt die endgültige Bemessung eine höhere Invaliditätsleistung, als sie der Versicherer bereits erbracht hat, so ist der Mehrbetrag mit ... Prozent jährlich zu verzinsen.

§ 12 Rechtsverhältnisse am Vertrag beteiligter Personen

I. Ist die Versicherung gegen Unfälle abgeschlossen, die einem anderen zustoßen (Fremdversicherung), so steht die Ausübung der Rechte aus dem Vertrag nicht dem Versicherten, sondern dem Versicherungsnehmer zu. Er ist neben dem Versicherten für die Erfüllung der Obliegenheiten verantwortlich.

II. Alle für den Versicherungsnehmer geltenden Bestimmungen sind auf dessen Rechtsnachfolger und sonstige Anspruchsteller entsprechend anzuwenden.

III. Die Versicherungsansprüche können vor Fälligkeit ohne Zustimmung des Versicherers weder übertragen noch verpfändet werden.

§ 13 Anzeigen und Willenserklärungen

I. Alle für den Versicherer bestimmten Anzeigen und Erklärungen sind schriftlich abzugeben und sollen an die Hauptverwaltung des Versicherers oder an die im Versicherungsschein oder in dessen Nachträgen als zuständig bezeichnete Geschäftsstelle gerichtet werden. Die Versicherungsagenten sind zu deren Entgegennahme nicht bevollmächtigt.

II. Hat der Versicherungsnehmer seine Anschrift geändert, die Änderung aber dem Versicherer nicht mitgeteilt, so genügt für eine Willenserklärung, die dem Versicherungsnehmer gegenüber abzugeben ist, die Absendung eines eingeschriebenen Briefes nach der letzten dem Versicherer bekannten Anschrift. Die Erklärung wird zu dem Zeitpunkt wirksam, zu welchem sie ohne die Anschriftenänderung bei regelmäßiger Beförderung dem Versicherungsnehmer zugegangen sein würde.

§ 14 Rentenzahlung bei Invalidität

Soweit nicht etwas anderes vereinbart ist, gilt:

I. Soweit bei Invalidität Rentenzahlung vorgesehen ist (§ 7 I. (1)), ergeben sich für eine Kapitalleistung von 1.000 DM die folgenden Jahresrentenbeträge. Der Berechnung wird das am Unfalltag vollendete Lebensjahr zugrunde gelegt.

Alter	Betrag der Jahresrente in DM für	
	Männer	Frauen
65	....	....
66	....	....
67	....	....
68	....	....
69	....	....
70	....	....
71	....	....
72	....	....
73	....	....
74	....	....
75 und darüber	....	....

II. Die Rente wird vom Abschluß der ärztlichen Behandlung, spätestens vom Ablauf des auf den Unfall folgenden Jahres an, bis zum Ende des Vierteljahres entrichtet, in dem der Versicherte stirbt. Sie wird jeweils am Ersten eines Vierteljahres im Voraus gezahlt.

Der Versicherer ist zur Überprüfung der Voraussetzungen für den Rentenbezug berechtigt, Lebensbescheinigungen anzufordern. Wird die Bescheinigung nicht unverzüglich übersandt, ruht die Rentenzahlung ab der nächsten Fälligkeit.

III. Versicherungsnehmer und Versicherer können innerhalb von drei Jahren nach erstmaliger Bemessung der Rente jährlich eine Neubemessung verlangen.

§ 15 Verjährung und Klagefrist

Soweit nicht etwas anderes vereinbart ist, gilt:

I. Die Ansprüche aus diesem Versicherungsvertrag verjähren in zwei Jahren. Die Verjährung beginnt mit dem Schluß des Jahres, in dem die Leistung verlangt werden kann.

Ist ein Anspruch des Versicherungsnehmers bei dem Versicherer angemeldet worden, ist die Verjährung bis zum Eingang der schriftlichen Entscheidung des Versicherers gehemmt.

II. Vom Versicherer nicht anerkannte Ansprüche sind ausgeschlossen, wenn der Versicherungsnehmer ab Zugang der Erklärung des Versicherers eine Frist von sechs Monaten verstreichen läßt, ohne die Ansprüche gerichtlich geltend zu machen.

Die Frist beginnt mit dem Zugang der abschließenden schriftlichen Erklärung des Versicherers. Die Rechtsfolgen der Fristversäumnis treten nur ein, wenn der Versicherer in seiner Erklärung auf die Notwendigkeit der gerichtlichen Geltendmachung hingewiesen hatte.

§ 16 Gerichtsstände

I. Für Klagen aus dem Versicherungsvertrag gegen den Versicherer bestimmt sich die gerichtliche Zuständigkeit nach dem Sitz des Versicherers oder seiner für den Versicherungsvertrag zuständigen Niederlassung. Hat ein Versicherungsagent am Zustandekommen des Vertrages mitgewirkt, ist auch das Gericht des Ortes zuständig, an dem der Versicherungsagent zur Zeit der Vermittlung oder des Abschlusses seine gewerbliche Niederlassung oder – bei Fehlen einer gewerblichen Niederlassung – seinen Wohnsitz hatte.

II. Klagen des Versicherers gegen den Versicherungsnehmer können bei dem für den Wohnsitz des Versicherungsnehmers zuständigen Gericht erhoben werden. Soweit es sich bei dem Vertrag um eine betriebliche Versicherung handelt, kann der Versicherer seine Ansprüche auch bei dem für den Sitz oder die Niederlassung des Gewerbebetriebes zuständigen Gericht geltend machen.

§ 17 Schlußbestimmung

Soweit nicht in den Versicherungsbedingungen Abweichendes bestimmt ist, gelten die gesetzlichen Vorschriften. Dies gilt insbesondere für die im Anhang aufgeführten Gesetzesbestimmungen, die nach Maßgabe der Versicherungsbedingungen Inhalt des Versicherungsvertrages sind.

Anhang

Auszug aus dem Gesetz über den Versicherungsvertrag vom 30. Mai 1908 (VVG) mit späteren Änderungen

§ 16

(1) Der Versicherungsnehmer hat bei der Schließung des Vertrages alle ihm bekannten Umstände, die für die Übernahme der Gefahr erheblich sind, dem Versicherer anzuzeigen. Erheblich sind die Gefahrumstände, die geeignet sind, auf den Entschluß des Versicherers, den Vertrag überhaupt oder mit dem vereinbarten Inhalt abzuschließen, einen Einfluß auszuüben. Ein Umstand, nach welchem der Versicherer ausdrücklich und schriftlich gefragt hat, gilt im Zweifel als erheblich.

(2) Ist dieser Vorschrift zuwider die Anzeige eines erheblichen Umstandes unterblieben, so kann der Versicherer von dem Vertrage zurücktreten. Das gleiche gilt, wenn die Anzeige eines erheblichen Umstandes deshalb unterblieben ist, weil sich der Versicherungsnehmer der Kenntnis des Umstandes arglistig entzogen hat.

(3) Der Rücktritt ist ausgeschlossen, wenn der Versicherer den nicht angezeigten Umstand kannte oder wenn die Anzeige ohne Verschulden des Versicherungsnehmers unterblieben ist.

§ 17

(1) Der Versicherer kann von dem Vertrag auch dann zurücktreten, wenn über einen erheblichen Umstand eine unrichtige Anzeige gemacht worden ist.

(2) Der Rücktritt ist ausgeschlossen, wenn die Unrichtigkeit dem Versicherer bekannt war oder die Anzeige ohne Verschulden des Versicherungsnehmers unrichtig gemacht worden ist.

§ 18

Hatte der Versicherungsnehmer die Gefahrumstände anhand schriftlicher von dem Versicherer gestellter Fragen anzuzeigen, so kann der Versicherer wegen unterbliebener Anzeige eines Umstandes, nach welchem nicht ausdrücklich gefragt worden ist, nur im Falle arglistiger Verschweigung zurücktreten.

§ 19

Wird der Vertrag von einem Bevollmächtigten oder von einem Vertreter ohne Vertretungsvollmacht geschlossen, so kommt für das Rücktrittsrecht des Versicherers nicht nur die Kenntnis und die Arglist des Vertreters, sondern auch die Kenntnis und die Arglist des Versicherungsnehmers in Betracht. Der Versicherungsnehmer kann sich darauf, daß die Anzeige eines erheblichen Umstandes ohne Verschulden unterblieben oder unrichtig gemacht ist, nur berufen, wenn weder dem Vertreter noch ihm selbst ein Verschulden zu Last fällt.

§ 20

(1) Der Rücktritt kann nur innerhalb eines Monats erfolgen. Die Frist beginnt mit dem Zeitpunkt, in welchem der Versicherer von der Verletzung der Anzeigepflicht Kenntnis erlangt.

(2) Der Rücktritt erfolgt durch Erklärung gegenüber dem Versicherungsnehmer. Im Falle des Rücktritts sind, soweit dieses Gesetz nicht in Ansehung der Prämie ein anderes bestimmt, beide Teile verpflichtet, einander die empfangenen Leistungen zurückzugewähren; eine Geldsumme ist von der Zeit des Empfanges an zu verzinsen.

§ 21

Tritt der Versicherer zurück, nachdem der Versicherungsfall eingetreten ist, so bleibt seine Verpflichtung zur Leistung gleichwohl bestehen, wenn der Umstand, in Ansehung dessen die Anzeigepflicht verletzt ist, keinen Einfluß auf den Eintritt des Versicherungsfalls und auf den Umfang der Leistung des Versicherers gehabt hat.

§ 22

Das Recht des Versicherers, den Vertrag wegen arglistiger Täuschung über Gefahrumstände anzufechten, bleibt unberührt.

§ 38

(1) Wird die erste oder einmalige Prämie nicht rechtzeitig gezahlt, so ist der Versicherer, solange die Zahlung nicht bewirkt ist, berechtigt, vom Vertrage zurückzutreten. Es gilt als Rücktritt, wenn der Anspruch auf die Prämie nicht innerhalb von drei Monaten vom Fälligkeitstage an gerichtlich geltend gemacht wird.

(2) Ist die Prämie zur Zeit des Eintritts des Versicherungsfalls noch nicht gezahlt, so ist der Versicherer von der Verpflichtung zur Leistung frei.

§ 39

(1) Wird eine Folgeprämie nicht rechtzeitig gezahlt, so kann der Versicherer dem Versicherungsnehmer auf dessen Kosten schriftlich eine Zahlungsfrist von mindestens zwei Wochen bestimmen; zur Unterzeichnung genügt eine Nachbildung der eigenhändigen Unterschrift. Dabei sind die Rechtsfolgen anzugeben, die nach Abs. 2, 3 mit dem Ablaufe der Frist verbunden sind. Eine Fristbestimmung, die ohne Beachtung dieser Vorschriften erfolgt, ist unwirksam.

(2) Tritt der Versicherungsfall nach dem Ablaufe der Frist ein und ist der Versicherungsnehmer zur Zeit des Eintritts mit der Zahlung der Prämie oder der geschuldeten Zinsen oder Kosten im Verzuge, so ist der Versicherer von der Verpflichtung zur Leistung frei.

(3) Der Versicherer kann nach dem Ablaufe der Frist, wenn der Versicherungsnehmer mit der Zahlung im Verzuge ist, das Versicherungsverhältnis ohne Einhaltung einer Kündigungsfrist kündigen. Die Kündigung kann bereits bei der Bestimmung der Zahlungsfrist dergestalt erfolgen, daß sie mit Fristablauf wirksam wird, wenn der Versicherungsnehmer in diesem Zeitpunkt mit der Zahlung im Verzuge ist; hierauf ist der Versicherungsnehmer bei der Kündigung ausdrücklich hinzuweisen. Die Wirkungen der Kündigung fallen fort, wenn der Versicherungsnehmer innerhalb eines Monats nach der Kündigung oder, falls die Kündigung mit der Fristbestimmung verbunden worden ist, innerhalb eines Monats nach dem Ablaufe der Zahlungsfrist die Zahlung nachholt, soweit nicht der Versicherungsfall bereits eingetreten ist.

(4) Soweit die in Abs. 2, 3 bezeichneten Rechtsfolgen davon abhängen, daß Zinsen oder Kosten nicht gezahlt worden sind, treten sie nur ein, wenn die Fristbestimmung die Höhe der Zinsen oder den Betrag der Kosten angibt.

G. Allgemeine Unfallversicherungs-Bedingungen (AUB 88)[5]

§ 1 Der Versicherungsfall   43

I. Der Versicherer bietet Versicherungsschutz bei Unfällen, die dem Versicherten während der Wirksamkeit des Vertrages zustoßen.

Die Leistungsarten, die versichert werden können, ergeben sich aus § 7; aus Antrag und Versicherungsschein ist ersichtlich, welche Leistungsarten jeweils vertraglich vereinbart sind.

II. Der Versicherungsschutz umfaßt Unfälle in der ganzen Welt.

III. Ein Unfall liegt vor, wenn der Versicherte durch ein plötzlich von außen auf seinen Körper wirkendes Ereignis (Unfallereignis) unfreiwillig eine Gesundheitsschädigung erleidet.

IV. Als Unfall gilt auch, wenn durch eine erhöhte Kraftanstrengung an Gliedmaßen oder Wirbelsäule

(1) ein Gelenk verrenkt wird oder

(2) Muskeln, Sehnen, Bänder oder Kapseln gezerrt oder zerrissen werden.

§ 2 Ausschlüsse

Nicht unter den Versicherungsschutz fallen:

I. (1) Unfälle durch Geistes- oder Bewußtseinsstörungen, auch soweit diese auf Trunkenheit beruhen, sowie durch Schlaganfälle, epileptische Anfälle oder andere Krampfanfälle, die den ganzen Körper des Versicherten ergreifen.

---

5   VerBAV 1987 S. 418; 1988 S. 4; 1991 S. 272.

Versicherungsschutz besteht jedoch, wenn diese Störungen oder Anfälle durch ein unter diesen Vertrag fallendes Unfallereignis verursacht waren.

(2) Unfälle, die dem Versicherten dadurch zustoßen, daß er vorsätzlich eine Straftat ausführt oder versucht.

(3) Unfälle, die unmittelbar oder mittelbar durch Kriegs- oder Bürgerkriegsereignisse verursacht sind;

Unfälle durch innere Unruhen, wenn der Versicherte auf Seiten der Unruhestifter teilgenommen hat.

(4) Unfälle des Versicherten

a) bei der Benutzung von Luftfahrzeugen (Fluggeräten) ohne Motor, Motorseglern, Ultraleichtflugzeugen und Raumfahrzeugen sowie beim Fallschirmspringen;

b) als Luftfahrzeugführer oder als sonstiges Besatzungsmitglied eines Luftfahrzeuges;

c) bei einer mit Hilfe eines Luftfahrzeuges auszuübenden beruflichen Tätigkeit;

(5) Unfälle, die dem Versicherten dadurch zustoßen, daß er sich als Fahrer, Beifahrer oder Insasse eines Motorfahrzeuges an Fahrtveranstaltungen einschließlich der dazugehörigen Übungsfahrten beteiligt, bei denen es auf die Erzielung von Höchstgeschwindigkeiten ankommt.

Unfälle, die unmittelbar oder mittelbar durch Kernenergie verursacht sind.

II. (1) Gesundheitsschädigungen durch Strahlen.

(2) Gesundheitsschädigungen durch Heilmaßnahmen oder Eingriffe, die der Versicherte an seinem Körper vornimmt oder vornehmen läßt.

Versicherungsschutz besteht jedoch, wenn die Eingriffe oder Heilmaßnahmen, auch strahlendiagnostische und -therapeutische, durch einen unter diesen Vertrag fallenden Unfall veranlaßt waren.

(3) Infektionen.

Versicherungsschutz besteht jedoch, wenn die Krankheitserreger durch eine unter diesen Vertrag fallende Unfallverletzung in den Körper gelangt sind.

Nicht als Unfallverletzungen gelten dabei Haut- oder Schleimhautverletzungen, die als solche geringfügig sind und durch die Krankheitserreger sofort oder später in den Körper gelangen; für Tollwut und Wundstarrkrampf entfällt diese Einschränkung.

Für Infektionen, die durch Heilmaßnahmen verursacht sind, gilt (2) Satz 2 entsprechend.

(4) Vergiftungen infolge Einnahme fester oder flüssiger Stoffe durch den Schlund.

III. (1) Bauch- oder Unterleibsbrüche.

Versicherungsschutz besteht jedoch, wenn sie durch eine unter diesen Vertrag fallende gewaltsame von außen kommende Einwirkung entstanden sind.

(2) Schädigungen an Bandscheiben sowie Blutungen aus inneren Organen und Gehirnblutungen.

Versicherungsschutz besteht jedoch, wenn ein unter diesen Vertrag fallendes Unfallereignis im Sinne des § 1 III. die überwiegende Ursache ist.

IV. Krankhafte Störungen infolge psychischer Reaktionen, gleichgültig, wodurch diese verursacht sind.

§ 3 Nicht versicherbare Personen

I. Nicht versicherbar und trotz Beitragszahlung nicht versichert sind dauernd pflegebedürftige Personen sowie Geisteskranke.

Pflegebedürftig ist, wer für die Verrichtungen des täglichen Lebens überwiegend fremder Hilfe bedarf.

II. Der Versicherungsschutz erlischt, sobald der Versicherte im Sinne von I. nicht mehr versicherbar ist. Gleichzeitig endet die Versicherung.

III. Der für dauernd pflegebedürftige Personen sowie Geisteskranke seit Vertragsabschluß bzw. Eintritt der Versicherungsunfähigkeit entrichtete Beitrag ist zurückzuzahlen.

§ 4 Beginn und Ende des Versicherungsschutzes

I. Der Versicherungsschutz beginnt, sobald der erste Beitrag gezahlt ist, jedoch frühestens zu dem im Versicherungsschein angegebenen Zeitpunkt. Wird der erste Beitrag erst danach angefordert, dann aber innerhalb von 14 Tagen gezahlt, so beginnt der Versicherungsschutz zu dem im Versicherungsschein angegebenen Zeitpunkt.

II. Der Vertrag kann beendet werden durch schriftliche Kündigung eines der Vertragspartner

(1) zum Ablauf der vereinbarten Dauer.

Die Kündigung muß spätestens drei Monate vor dem Ablauf zugegangen sein; anderenfalls verlängert sich der Vertrag jeweils um ein Jahr;

(2) wenn der Versicherer eine Leistung nach § 7 erbracht hat oder gegen ihn Klage auf eine solche Leistung erhoben worden ist.

Die Kündigung muß spätestens einen Monat nach Leistung oder – im Falle eines Rechtsstreits – nach Klagrücknahme, Anerkenntnis, Vergleich oder Rechtskraft des Urteils zugegangen sein. Sie wird erst nach Ablauf eines Monats ab Zugang wirksam.

III. Der Vertrag endet ohne Kündigung, wenn die vereinbarte Dauer weniger als ein Jahr beträgt, zu dem im Versicherungsschein angegebenen Zeitpunkt.

IV. Der Versicherungsschutz tritt außer Kraft, sobald der Versicherte im Krieg oder kriegsmäßigen Einsatz Dienst in einer militärischen oder ähnlichen Formation leistet. Der Versicherungsschutz lebt wieder auf, sobald dem Versicherer die Anzeige des Versicherungsnehmers über die Beendigung des Dienstes zugegangen ist.

§ 5 Beitragszahlung

I. Der Versicherungsnehmer hat den ersten Beitrag einschließlich der Versicherungssteuer und der vereinbarten Nebenkosten unverzüglich nach Zugang des Versicherungsscheins, Folgebeiträge am jeweiligen Fälligkeitstage zu zahlen.

II. Bei nicht rechtzeitiger Zahlung des Beitrags gelten die Bestimmungen der §§ 38 und 39 des Gesetzes über den Versicherungsvertrag (VVG).

Bei Teilzahlung des Jahresbeitrags werden die noch ausstehenden Raten des Jahresbeitrags sofort fällig, wenn der Versicherungsnehmer mit der Zahlung einer Rate in Verzug gerät.

Rückständige Folgebeiträge können nur innerhalb eines Jahres seit Ablauf der nach § 39 Abs. 1 VVG gesetzten Zahlungsfristen gerichtlich geltend gemacht werden.

III. Bei vorzeitiger Beendigung des Vertrages hat der Versicherer nur Anspruch auf den Teil des Beitrags, der der abgelaufenen Versicherungszeit entspricht.

IV. Im Fall des § 4 IV. wird die Pflicht zur Beitragszahlung unterbrochen.

§ 6 Änderung der Berufstätigkeit oder Beschäftigung, Wehrdienst

I. Während der Vertragsdauer eintretende Änderungen der Berufstätigkeit oder Beschäftigung des Versicherten sind unverzüglich anzuzeigen.

Die Ableistung von Pflichtwehrdienst oder Zivildienst sowie die Teilnahme an militärischen Reserveübungen gelten nicht als Änderung der Berufstätigkeit oder Beschäftigung.

II. (1) Ergibt sich für eine neue Berufstätigkeit oder Beschäftigung des Versicherten nach dem zur Zeit der Änderung gültigen Tarif des Versicherers ein niedrigerer Beitrag, so ist nach Ablauf eines Monats vom Zugang der Anzeige an nur dieser zu zahlen.

(2) Ergibt sich ein höherer Beitrag, so wird noch für zwei Monate von dem Zeitpunkt der Änderung der Berufstätigkeit oder Beschäftigung an Versicherungsschutz nach den bisherigen Versicherungssummen geboten. Tritt nach Ablauf dieser Frist ein Unfall ein, ohne daß eine Änderungsanzeige erfolgt oder eine Einigung über den Beitrag erzielt worden ist, so vermindern sich die Versicherungssummen im Verhältnis des erforderlichen Beitrags zum bisherigen Beitrag.

§ 7 Die Leistungsarten

Die jeweils vereinbarten Leistungsarten und deren Höhe (Versicherungssummen) ergeben sich aus dem Vertrag. Für die Entstehung des Anspruchs und die Bemessung der Leistungen gelten die nachfolgenden Bestimmungen.

I. Invaliditätsleistung

(1) Führt der Unfall zu einer dauernden Beeinträchtigung der körperlichen oder geistigen Leistungsfähigkeit (Invalidität) des Versicherten, so entsteht Anspruch auf Kapitalleistung aus der für den Invaliditätsfall versicherten Summe. Hat der Versicherte bei Eintritt des Unfalles das 65. Lebensjahr vollendet, so wird die Leistung als Rente gemäß § 14 erbracht.

Die Invalidität muß innerhalb eines Jahres nach dem Unfall eingetreten sowie spätestens vor Ablauf einer Frist von weiteren drei Monaten ärztlich festgestellt und geltend gemacht sein.

(2) Die Höhe der Leistung richtet sich nach dem Grad der Invalidität.

a) Als feste Invaliditätsgrade gelten – unter Ausschluß des Nachweises einer höheren oder geringeren Invalidität – bei Verlust oder Funktionsunfähigkeit

eines Armes im Schultergelenk	70 Prozent
eines Armes bis oberhalb des Ellenbogengelenks	65 Prozent
eines Armes unterhalb des Ellenbogengelenks	60 Prozent
einer Hand im Handgelenk	55 Prozent
eines Daumens	20 Prozent
eines Zeigefingers	10 Prozent
eines anderen Fingers	5 Prozent
eines Beines über der Mitte des Oberschenkels	70 Prozent
eines Beines bis zur Mitte des Oberschenkels	60 Prozent
eines Beines bis unterhalb des Knies	50 Prozent
eines Beines bis zur Mitte des Unterschenkels	45 Prozent
eines Fußes im Fußgelenk	40 Prozent
einer großen Zehe	5 Prozent
einer anderen Zehe	2 Prozent
eines Auges	50 Prozent
des Gehörs auf einem Ohr	30 Prozent
des Geruchs	10 Prozent
des Geschmacks	5 Prozent

b) Bei Teilverlust oder Funktionsbeeinträchtigung eines dieser Körperteile oder Sinnesorgane wird der entsprechende Teil des Prozentsatzes nach a) angenommen.

c) Werden durch den Unfall Körperteile oder Sinnesorgane betroffen, deren Verlust oder Funktionsunfähigkeit nicht nach a) oder b) geregelt sind, so ist für diese maßgebend, inwieweit die normale körperliche oder geistige Leistungsfähigkeit unter ausschließlicher Berücksichtigung medizinischer Gesichtspunkte beeinträchtigt ist.

d) Sind durch den Unfall mehrere körperliche oder geistige Funktionen beeinträchtigt, so werden die Invaliditätsgrade, die sich nach (2) ergeben, zusammengerechnet. Mehr als 100 Prozent werden jedoch nicht angenommen.

(3) Wird durch den Unfall eine körperliche oder geistige Funktion betroffen, die schon vorher dauernd beeinträchtigt war, so wird ein Abzug in Höhe dieser Vorinvalidität vorgenommen. Diese ist nach (2) zu bemessen.

(4) Tritt der Tod unfallbedingt innerhalb eines Jahres nach dem Unfall ein, so besteht kein Anspruch auf Invaliditätsleistung.

(5) Stirbt der Versicherte aus unfallfremder Ursache innerhalb eines Jahres nach dem Unfall oder – gleichgültig, aus welcher Ursache – später als ein Jahr nach dem Unfall und war ein Anspruch auf Invaliditätsleistung nach (1) entstanden, so ist nach dem Invaliditätsgrad zu leisten, mit dem aufgrund der zuletzt erhobenen ärztlichen Befunde zu rechnen gewesen wäre.

II. Übergangsleistung

Besteht nach Ablauf von sechs Monaten seit Eintritt des Unfalles ohne Mitwirkung von Krankheiten oder Gebrechen noch eine unfallbedingte Beeinträchtigung der normalen körperlichen oder geistigen Leistungsfähigkeit im beruflichen oder außerberuflichen Bereich von mehr als 50 Prozent und hat diese Beeinträchtigung bis dahin ununterbrochen bestanden, so wird die im Vertrag vereinbarte Übergangsleistung erbracht. Zur Geltendmachung wird auf § 9 VI. verwiesen.

III. Tagegeld

(1) Führt der Unfall zu einer Beeinträchtigung der Arbeitsfähigkeit, so wird für die Dauer der ärztlichen Behandlung Tagegeld gezahlt. Das Tagegeld wird nach dem Grad der Beeinträchtigung abgestuft. Die Bemessung des Beeinträchtigungsgrades richtet sich nach der Berufstätigkeit oder Beschäftigung des Versicherten.

(2) Das Tagegeld wird längstens für ein Jahr, vom Unfalltage an gerechnet, gezahlt.

IV. Krankenhaustagegeld

(1) Krankenhaustagegeld wird für jeden Kalendertag gezahlt, an dem sich der Versicherte wegen des Unfalles in medizinisch notwendiger vollstationärer Heilbehandlung befindet, längstens jedoch für zwei Jahre, vom Unfalltage an gerechnet.

(2) Krankenhaustagegeld entfällt bei einem Aufenthalt in Sanatorien, Erholungsheimen und Kuranstalten.

V. Genesungsgeld

(1) Genesungsgeld wird für die gleiche Anzahl von Kalendertagen gezahlt, für die Krankenhaustagegeld geleistet wird, längstens jedoch für 100 Tage, und zwar

für den	1. bis	10. Tag	100 Prozent
für den	11. bis	20. Tag	50 Prozent
für den	21. bis	100. Tag	25 Prozent

des Krankenhaustagegeldes.

(2) Mehrere vollstationäre Krankenhausaufenthalte wegen desselben Unfalles gelten als ein ununterbrochener Krankenhausaufenthalt.

(3) Der Anspruch auf Genesungsgeld entsteht mit der Entlassung aus dem Krankenhaus.

VI. Todesfallleistung

Führt der Unfall innerhalb eines Jahres zum Tode, so entsteht Anspruch auf Leistung nach der für den Todesfall versicherten Summe. Zur Geltendmachung wird auf § 9 VII. verwiesen.

§ 8 Einschränkung der Leistungen

Haben Krankheiten oder Gebrechen bei der durch ein Unfallereignis hervorgerufenen Gesundheitsschädigung oder deren Folgen mitgewirkt, so wird die Leistung entsprechend dem Anteil der Krankheit oder des Gebrechens gekürzt, wenn dieser Anteil mindestens 25 Prozent beträgt.

§ 9 Die Obliegenheiten nach Eintritt eines Unfalles

I. Nach einem Unfall, der voraussichtlich eine Leistungspflicht herbeiführt, ist unverzüglich ein Arzt hinzuzuziehen und der Versicherer zu unterrichten.

Der Versicherte hat den ärztlichen Anordnungen nachzukommen und auch im Übrigen die Unfallfolgen möglichst zu mindern.

II. Die vom Versicherer übersandte Unfallanzeige ist wahrheitsgemäß auszufüllen und umgehend an den Versicherer zurückzusenden. Darüber hinaus geforderte sachdienliche Auskünfte sind unverzüglich zu erteilen.

III. Der Versicherte hat darauf hinzuwirken, daß die vom Versicherer angeforderten Berichte und Gutachten alsbald erstattet werden.

IV. Der Versicherte hat sich von den vom Versicherer beauftragten Ärzten untersuchen zu lassen. Die notwendigen Kosten einschließlich eines dadurch entstandenen Verdienstausfalles trägt der Versicherer.

V. Die Ärzte, die den Versicherten – auch aus anderen Anlässen – behandelt oder untersucht haben, andere Versicherer, Versicherungsträger und Behörden sind zu ermächtigen, alle erforderlichen Auskünfte zu erteilen.

VI. Der Versicherungsnehmer hat einen Anspruch auf Zahlung der Übergangsleistung spätestens sieben Monate nach Eintritt des Unfalles geltend zu machen und unter Vorlage eines ärztlichen Attestes zu begründen.

VII. Hat der Unfall den Tod zur Folge, so ist dies innerhalb von 48 Stunden zu melden, auch wenn der Unfall schon angezeigt ist. Die Meldung soll telegrafisch erfolgen. Dem Versicherer ist das Recht zu verschaffen, eine Obduktion durch einen von ihm beauftragten Arzt vornehmen zu lassen.

§ 10 Folgen von Obliegenheitsverletzungen

Wird eine nach Eintritt des Unfalles zu erfüllende Obliegenheit verletzt, so ist der Versicherer von der Leistungspflicht frei, es sei denn, daß die Verletzung weder auf Vorsatz noch auf grober Fahrlässigkeit beruht. Bei grobfahrlässiger Verletzung bleibt er zur Leistung verpflichtet, soweit die Verletzung weder Einfluß auf die Feststellung des Unfalles noch auf die Bemessung der Leistung gehabt hat.

§ 11 Fälligkeit der Leistungen

I. Sobald dem Versicherer die Unterlagen zugegangen sind, die der Versicherungsnehmer zum Nachweis des Unfallhergangs und der Unfallfolgen sowie über den Abschluß des für die Bemessung der Invalidität notwendigen Heilverfahrens beizubringen hat, ist der Versicherer verpflichtet, innerhalb eines Monats – beim Invaliditätsanspruch innerhalb von drei Monaten – zu erklären, ob und in welcher Höhe er einen Anspruch anerkennt.

Die ärztlichen Gebühren, die dem Versicherungsnehmer zur Begründung des Leistungsanspruches entstehen, übernimmt der Versicherer
■ bei Invalidität bis zu 1 Prozent der versicherten Summe,
■ bei Übergangsleistung bis zu 1 Prozent der versicherten Summe,
■ bei Tagegeld bis zu einem Tagegeldsatz,
■ bei Krankenhaustagegeld bis zu einem Krankenhaustagegeldsatz.

II. Erkennt der Versicherer den Anspruch an oder haben sich Versicherungsnehmer und Versicherer über Grund und Höhe geeinigt, so erbringt der Versicherer die Leistung innerhalb von zwei Wochen.

Vor Abschluß des Heilverfahrens kann eine Invaliditätsleistung innerhalb eines Jahres nach Eintritt des Unfalles nur beansprucht werden, wenn und soweit eine Todesfallsumme versichert ist.

III. Steht die Leistungspflicht zunächst nur dem Grunde nach fest, so zahlt der Versicherer auf Verlangen des Versicherungsnehmers angemessene Vorschüsse.

IV. Versicherungsnehmer und Versicherer sind berechtigt, den Grad der Invalidität jährlich, längstens bis zu drei Jahren nach Eintritt des Unfalles, erneut ärztlich bemessen zu lassen.

Dieses Recht muß seitens des Versicherers mit Abgabe seiner Erklärung entsprechend I., seitens des Versicherungsnehmers innerhalb eines Monats ab Zugang dieser Erklärung ausgeübt werden.

Ergibt die endgültige Bemessung eine höhere Invaliditätsleistung, als sie der Versicherer bereits erbracht hat, so ist der Mehrbetrag mit 5 Prozent jährlich zu verzinsen.

V. Vom Versicherer nicht anerkannte Ansprüche sind ausgeschlossen, wenn der Versicherungsnehmer ab Zugang der Erklärung des Versicherers eine Frist von sechs Monaten verstreichen läßt, ohne die Ansprüche gerichtlich geltend zu machen.

Die Frist beginnt mit dem Zugang der abschließenden Erklärung des Versicherers. Die Rechtsfolgen der Fristversäumnis treten nur ein, wenn der Versicherer in seiner Erklärung auf die Notwendigkeit der gerichtlichen Geltendmachung hingewiesen hatte.

§ 12 Rechtsverhältnisse am Vertrag beteiligter Personen

I. Ist die Versicherung gegen Unfälle abgeschlossen, die einem anderen zustoßen (Fremdversicherung), so steht die Ausübung der Rechte aus dem Vertrag nicht dem Versicherten, sondern dem Versicherungsnehmer zu. Er ist neben dem Versicherten für die Erfüllung der Obliegenheiten verantwortlich.

II. Alle für den Versicherungsnehmer geltenden Bestimmungen sind auf dessen Rechtsnachfolger und sonstige Anspruchsteller entsprechend anzuwenden.

III. Die Versicherungsansprüche können vor Fälligkeit ohne Zustimmung des Versicherers weder übertragen noch verpfändet werden.

§ 13 Anzeigen und Willenserklärungen

Alle für den Versicherer bestimmten Anzeigen und Erklärungen sind schriftlich abzugeben und sollen an die Hauptverwaltung des Versicherers oder an die im Versicherungsschein oder in dessen Nachträgen als zuständig bezeichnete Stelle gerichtet werden. Die Vermittler sind zur Entgegennahme nicht bevollmächtigt.

§ 14 Rentenzahlung bei Invalidität

I. Soweit bei Invalidität Rentenzahlung vorgesehen ist (§ 7 I. (1)), ergeben sich für eine Kapitalleistung von 1.000 DM die folgenden Jahresrentenbeträge. Der Berechnung wird das am Unfalltag vollendete Lebensjahr zugrunde gelegt.

Alter	Betrag der Jahresrente in DM für	
	Männer	Frauen
65	106,22	87,89
66	110,52	91,34
67	115,08	95,08
68	119,90	99,13
69	125,01	103,52
70	130,41	108,29
71	136,12	113,46
72	142,16	119,08
73	148,57	125,16
74	155,38	131,75
75 und darüber	162,65	138,89

II. Die Rente wird vom Abschluß der ärztlichen Behandlung, spätestens vom Ablauf des auf den Unfall folgenden Jahres an, bis zum Ende des Vierteljahres entrichtet, in dem der Versicherte stirbt. Sie wird jeweils am Ersten eines Vierteljahres im Voraus gezahlt.

III. Versicherungsnehmer und Versicherer können innerhalb von drei Jahren nach erstmaliger Bemessung der Rente jährlich eine Neubemessung verlangen.

IV. Die in I. genannten Jahresrentenbeträge können mit Zustimmung der Aufsichtsbehörde auch für bestehende Versicherungen geändert werden.

Stichwortverzeichnis

fette Zahlen = Paragrafen, magere Zahlen = Randnummern